JN194467

古代都城の空間操作と荘厳

岩永省三
Shozo Iwanaga

すいれん舎

目　次

古代都城の空間操作と荘厳

序　論

日本における国家形成過程

本書は筆者が発表してきた論考のうち，日本の古代都城に関するもの，王宮中枢部や儀式空間の構造やその変動，都城制の受容や変容の特性，都城を荘厳する仏寺の構成要素にかかわるものをまとめたものである。

筆者は日本における階級社会，国家の形成過程も研究テーマとしてきた。弥生時代に階層分化が始まって以来，古代国家としての律令国家が成立するまでのプロセスの実態とその特殊性・普遍性の解明に努めてきた。そして古代都城，特にその中枢部たる宮は，天皇の日常生活，天皇や貴族・官僚による政治・儀式が展開した場であり，その空間的構造の通時的変化に，天皇と臣下との身分的関係，政治や儀式の執行形態，官僚機構の組織や成熟度などとその変動が，直接・間接に反映されていることから，特に注力して研究してきた。

筆者の国家形成過程論の詳述は次に上梓を予定する書物に譲るが，概要を記しておく。

初期農耕社会たる弥生時代600年間に，共同体の首長層が政治的に成長を遂げ，3世紀後半から4世紀にかけて首長層の広域的政治的連合体が形成された。その規模は血縁的あるいは擬制的血縁関係を結びうる範囲を遥かに超えており，結合の紐帯は未だ明らかでないが連合は緩いものであっただろう。

4～6世紀の間に，部族・部族連合や首長制社会を超えた広域社会の形成のなかで，社会の内外における利害関係の分裂・対立が先鋭化し，そうした矛盾を抑え込むより強力な統治機関設立の要請が生じた。それとともに，対外関係の緊張は公的領域観念や民族性意識（これらがまさに支配者集団のアイデンティティー形成にかかわる――被支配者層のそれとは別）が醸成された。6世紀に入ると，大王家の側に，大王家が諸豪族に対して獲得した優位性を固定化・強化するために，大王家を頂点として諸豪族を再編しようとする強固な意思が形成され，それを実現しうる力の蓄積（中央政権内部での王権の伸長，地方に対する優位の確立と直接支配）がなされ，軍事的あるいは平和的手段によって，大王家の優位性が確かとなっていった。その基礎には，①権力機構の中枢部として，支配者層の大王を中心とする階級的な結集と，②支配者層を支える安定的な社会組織・秩序の形成があるので，それぞれを詳述しておく。

①支配者層の大王を中心とする階級的な結集について。

5世紀後半を境に首長位の（父系直系による）継承が安定化し，個々の政治的有力集団がそれぞれ族組織として安定化したことを前提に，複数の有力集団が父系原理を基本とする擬血縁集団の形をとって結集した［田中 1995］。支配者層の政治的結集がそのような特殊な形を取った原因として，田中良之は，5世紀代の対外的緊張関係と中国から導入した父系イデオロギー・家父長制イデオロギーの影響下で，支配者層において強い父系出自観念が形成されえたことを指摘した。この動きは倭国の中枢部・周辺部を問わず進行したとみられるが，中枢部ではウヂの形成として把握できる。ウヂに相当する集団が形成されてもすぐにそれを取り込んだ機構が形成できたのではなく，5世紀段階では地方豪族を王宮に出仕させて，稲荷山古墳出土鉄剣の銘文（杖刀人）が示すように，「〇〇人」などの職務に任じて奉仕させるに留まっていたが，6世紀に入ってようやく，ウヂの形成を前提に，各ウヂがカバネ名を負い特定の職掌を帯びて王権に対する奉仕関係に入り，部民の保有を認められる体制，すなわち宮廷でのさまざまな職掌をウヂごとに担う体制が構築された。社会の基層構造の変化を基礎に上部構造が構築されるまでには若干のタイムラグがあったのである。

各ウヂの統率者にはカバネという身分表示が与えられ，宮廷内での序列化がなされた。このウヂを基本に，中央ではウヂによる政治的職務の分掌体制が形成され，ウヂの統率者たちの集団が律令体制期の官僚機構上層部の基礎となった。各ウヂどうしの関係，あるいは各ウヂと大王家との関係は，7世紀後半に至るまでに神話の中での祖先神どうしの系譜関係として擬制的に表現・系列化されていったと考えられる。首長層の階級的連携と首長層間の階層的序列形成が，擬制的同族関係の形成というかたちで表現され，首長層の平等対等の連携（元老院型）でなく，擬制コニカルクラン的ピラミッド体制とみなされることによって，その頂上に大王（天皇）を戴く体制を護持するイデオロギー的正当化が達成されることになる。

地方では，5世紀段階では地方官が存在していなかったが，6世紀に入ると，在地首長層が国造・伴造として組織され，物資を調達・貢納し労働要員の徴発・動員に携わるとともに，領域内に設定された部民の管理・支配を承認される体制ができあがり，ゆくゆくの郡司層＝官僚機構末端部・地方官僚の基礎となったのである。

もちろん，この段階のウヂごとの職務分掌あるいは国造・伴造を介した人民の分割支配（伴造・部民制）は「タテ割リ」的体制であり，7世紀後半における集中的・重層的権力体系（官僚制）および公民的編戸（人民の地域的編成）への原理転換は，前者の行き詰まりと解体の結果ではあるにせよ，5世紀後半から6世紀の段階で王権を中心に結集しえた畿内・近国のウヂ統率者集団が推古朝の群卿・大夫層の基礎となり，さらには律令官僚制の骨格を形成したことは，奈良時代初期に一ウヂから一議政官を出す原則があったことにも表れている。また，この段階で族制的ではあっても在地首長層の取り込みに成功したことが国司—郡司制の実施を可能にした。

②他方，社会の基層構造においては，支配者層を支える安定的な社会組織・秩序の形成が可能になった。5世紀後半までに鉄製農工具の普及によって農民の生産力は上昇しており，それを前提に可能となった未開発地の開発が傍系親族の独立運動を引き起こし群集墳の増大をもたらしたが，5世紀後半以降8世紀初頭までには基本的に安定した経営単位が成立していたのである［田中 1995］。こうした農民層の基本的経営単位の範囲が安定していたことを前提にしてはじめて，それを権力の側で掌握する対象として認知し，のちの徴税単位，常備軍の兵士の徴発体制が設定されえた。近年，古墳時代の武器・武具類に基づく軍事編成論が盛んであるが，組織原理の族制的編成から領域的編成への変質がより重要である。ここでも大化前代の「タテ割リ」

的体制の整備が，その克服としての律令軍制（徴兵制に基づく軍団制）を準備したのである。

こうしてみると，5世紀後半〜6世紀の時期に，首長の政治的地位や家長の地位の安定的父系継承システムが成立したのを基礎にして，大王を中心とした支配者層の階級的結集とそれに基づく全国的統治・支配機構が樹立されるとともに，安定した経営単位の成立を前提にして，収取システムが形成された。この段階の統治・支配機構や収取システムは，族制的「タテ割り」体制であり，やがて原理転換を余儀なくされたとはいえ，古代国家の律令体制は，まさに，その前提・基礎の上にしか形成されえなかった。

地域による人民の区分，常備軍，徴税制度，官僚機構といった国家に不可欠な属性すべてについて，その確立に必要な条件を，支配者層の族組織としての安定，被支配者としての農民層の経営単位としての安定が準備したのである。そのような意味で，親族構造変動と国家形成は密接に連動しており，文献史学者の主流的見解のように，古代国家が未開社会の上に忽然と形成されたのではなかった。

一方，見方を変えると，その共同体（＝族的集団），およびそれをベースにした首長の支配が，非中央地域では解体されずに根強く残る。これこそ石母田正が在地首長制概念でとらえらえようとしたものであり，これは律令国家の地方支配制度における，郡司による在地支配として継承された。人民支配では個別人身支配を一応達成したかにみえるが，その支配システムの作動・維持には在地首長の権力が不可欠であり，それを解体させきらずに国家権力機構中に温存してしまった点で官僚制としては不徹底であった。

こうして中央集権的支配体制の確立のために必要な社会の基盤が整備され，権力構造（政治機構＋特定人間集団）の制度的体系化がなされていった。

都城の出現と王宮の整備

以上のような過程を経て成立した古代国家は，大王ないし天皇が住む宮を中心に支配者集団が結集した都城をもつに至る。

ただし，日本における古代都城は，社会的分業の発展によって自生的に発生した集住ではなく，権力が政治的・計画的に造り上げた計画都市である。氏姓制度に基づく，氏ごとの縦割り的職掌分担体制の下で，王宮の周囲に王家の家政機関や職務執行機関が散在する状態にしか達していなかった中で，隋の建国と対高句麗戦の開始を背景として，遣隋使の開始以降，隋・唐を中心とした東アジア世界で相応の地位を獲得し，朝鮮半島での権益を維持するために，国政の整備が緊急の課題となり，大化改新後の中央集権化政策の一環として，中国起源の都市プランの導入が指向された。しかし，主要氏族の集住と家政機関・国家機関の空間的集中を目指す画期的都城として計画された難波長柄豊崎宮は，中大兄と孝徳の不和，皇極・中大兄の飛鳥帰還などによる意図せざる結果によって未完に終わった。

壬申の乱で勝利し即位した天武は飛鳥浄御原宮を造営したが，飛鳥では天皇の宮殿の周りに内廷機関や外廷機関を集中させるのは困難であった。天武・持統朝は，新羅との修好によって，白村江での敗戦後の臨戦態勢が多少緩んだとしても，激烈な国際環境の中で政体として生き残るために権力を集中させ，人民を掌握し，労働力や生産物を確実に徴発し，対外戦争に耐えうる体制を建設するという大化の改新以降の基本路線［石母田 1973］は継続され，唐との国交再開を見据えて，都城・律令・銭貨といった当時の東アジアの一等国が備えるべき要素の完備を進めた時代であった。天武は飛鳥浄御原宮の限界を超え，天皇の宮殿の周りに家政機関や国家機関を集中させ，それを取り巻く「京」に皇親や官人を集住せしめる広大な都城の建設にとりかかり，事業を継承した持統が藤原京として完成させた。

古代国家を研究するにあたっては，支配者集団による広域支配・統治を可能とし永続的に維持するための諸機構・組織・制度と，それを支える社会的・経済的インフラの研究が基本的ではあるが，どうしてもそれではすくいきれない部分がある。社会・国家の中枢に座る王という存在を避けて通れない。日本古代の場合，時期によって呼称が変わるが，倭国王ないし天皇という「王」の権威・権力を正当化し，それを発動させるさまざまな装置を，システム的要素のみならず神話・儀礼などのマジカルな要素を含めて解明しなければならない。また王を中心とする権力核が，いかに形成され維持され変質を遂げていったかも重要な課題である。王の支配が展開する拠点としての宮の構造や機能の研究が重要な所以はそこでもある。

天武朝から持統朝にかけて，日本の国号や天皇号が確立し［森 1998］，王権神話が体系化され，即位式や大嘗祭が整備されるなど，君主の地位の神格化がはかられた。即位式は中国風儀礼の導入であったが，唐の皇帝と異なる天皇の国土支配の正当性を確認する擬古的な祭式として大嘗祭が創出された。大嘗祭を挙行する大嘗宮の実態は飛鳥浄御原宮・藤原宮では未発見だが，平城宮で 6 回分の遺構が発見された。儀礼執行の場とその整備過程が考古学的に物証をもって把握できるとともに，神話と儀礼のパラレルな整備過程を解明できる稀有な素材である。

第 1 章「**大嘗宮移動論**」では，奈良時代の 6 時期の大嘗宮遺構を素材に，その建設地の移動規則を明らかにし，そのような移動方式を採った意義，大嘗祭が東区朝堂院で挙行された意義を考察し，王権を支える支配者集団結集方式の呪術的側面を検討した。

第 2 章「**大嘗宮移動論補説**」では，平城宮最初の大嘗宮である元正大嘗宮から遡って藤原宮での文武大嘗宮・元明大嘗宮の位置を推定してみた（結果的にはその推定は外れていた）。また，平城宮の淳仁大嘗宮の計画変更の痕跡から正殿移動原則を再確認した。

第 3 章「**大嘗宮の付属施設**」では，大嘗宮周囲の付属的建物群の時期比定を行い，大嘗宮施設の整備過程を検討した。

王宮の空間操作

以上の大嘗宮遺構の検討の際に，王宮ないしその構成要素の造り替えは，現実的・実際的必要性のみによるのでなく，呪的意義づけが隠されており，天皇の支配を支える重要な要素とみなせるのではないかという着想を得た。

藤原京が完成して以降，都城の場所は天皇の代替わりの影響を受けなくなった。しかし，それ以前は歴代の大王ごとに一度以上宮の場所を替える歴代遷宮が行われてきた。

支配機構が未熟で小規模であり，王宮以外に付属施設をほとんどもたない段階では移動させやすい。6世紀以降，全国支配のための部民制・国造制・屯倉制などが整備されるにつれて，王家の家政機関（内廷）からの一般行政機関（外廷）の分離が進むものの，有力氏による世襲的職務分掌体制下では，王宮は内廷だけを包含し，外廷諸機関（国政処理機関やその付属施設）は，朝廷を構成する有力氏の統率者の本拠地（邸宅）や有力な皇親の邸宅などに分散しており，王宮付近に集中していなかったと推定できる。そうした氏ごとの職務分掌体制から，機能別に設けられた官司に官僚群が出仕して職務を行う中央集権的官司制を整備するには，外廷機能を特定氏族から分離して，内廷・外廷諸機関を王宮付近に集合させる必要がある。大化直前には外廷機構の多くを蘇我氏が掌握するようになっていたが分散性は克服されず，ようやく蘇我本宗家の滅亡によってそれらを中央政府の統括下に集約して国家機構を一元化する条件が整い，国政執行の空間的構成の統合が目指されるようになった。さらに難波長柄豊碕宮への遷都は主要氏族の集住と内廷機構・外廷機構の空間的集中を初めて可能にした。実際には，難波長柄豊碕宮では，宮中枢の周囲にそれほど多くの官衙空間を想定できないし，皇子宮や有力豪族居宅が難波に移ってはいないとする説があるが，それは中大兄と孝徳の不和，皇極・中大兄の飛鳥帰還などによる意図せざる結果であって，宮の設計時点では，各種国政機能を宮外の皇子宮や豪族宅で分散的に行う大化前代方式を否定し，宮内に諸官衙を集中させる画期的構想であったこと自体は否定できないであろう。飛鳥帰還後，飛鳥岡本宮（斉明）・飛鳥浄御原宮（天武・持統）では再び国政機関がややばらけた状態に戻るとはいえ，王宮の周囲に諸機関を集中させ始めると，宮は容易に動かせなくなる。歴代遷宮の終焉と，王宮の周囲に家政機関・国家機関を集中させる方式の導入は対応した現象であった。

しかし歴代遷宮の終焉後にも，天皇の代替わりに伴う宮内の空間処理，あるいは天皇と太上天皇の併存状況に対応する空間処理が必要であった。

第4章「内裏改作論」では，平城宮内裏の改作を検討し，それが歴代遷宮停止後に残った代替わりごとの天皇の居住地の更新であり，天皇の支配の安定化・正当化のために，当時最新の機構と法制の整備と並んで用いられた，大化前代の古い歴史的資源を再構成して創出された擬古的方式の一環として評価した。

第5章「二重権力空間構造絵論」では，天皇と太上天皇の御在所並列を取り上げ，生前譲位がもたらした二重権力状況の空間処理法を問題とするとともに，平安時代の摂関政治期・院政期における天皇・太上天皇の関係の空間的表現との比較検討も行った。

都城制の受容と変容—取捨・改変の必然性

日本が導入した都城制のモデルは中国の古代都市であった。ただし，中国の古代都市はすでに長い発展の歴史をもち，社会の成熟度と，特に北朝の遊牧民国家の軍事的編成に見合った，熟成された構造と高度に発達した思想的背景をもっていた［妹尾 1998, 2001］。したがって，中国的帝国都市が当時の日本社会の到達水準の未熟さと不整合を生じるのは不可避であるとともに，外交上の事情，特に唐・新羅との不断の緊張関係によって，都城制導入はそのままの模倣ではなく，都市を支える中国思想を基層としつつも，在来思想に基づく儀礼や政治形態との重層化がなされた。これは，都市のみならず，国家機構・思想・儀礼など，先進国中華帝国で練り上げられたさまざまな文化的政治的資源を導入しつつも，それらを意識的に取捨選択・改変し，在来的要素と重層化させ，単純に表面化・卓越させることがなかった事実と一体の現象であり，支配者層のアイデンティティーの表出形態でもあった。

そのような取捨選択・改変には二つの側面があり，外交姿勢と相関している。一つは，国家・民族のアイデンティティー形成・維持のために，あえて唐と異なる点を作り出そうとする異化的改変の側面がある。それは同時に唐を半島から追い出し，急速に強大化した新羅との差異の追及の側面でもある。他方は，律令継受の場合と同様に，社会の発達度の中国との差に基づき社会の実情に合わせて取捨選択・改変する側面である。

第6章「古代都城における帝国標章の浮沈」では，天皇の宮の中枢部の構造変化について，律令国家の対外関係，国内の隼人・蝦夷などに対する政策を通時的に確認し，「東夷の小帝国」［石母田 1973］たることを表示する構造

「帝国標章」の発現時期・事情を考察し，それらの地方における疑似空間である大宰府政庁や国庁などとの関係について検討した。

第7章「日本における都城制の受容と変容」では，中国の都城設計思想・理念が具体的に日本の都城の設計に与えた影響のあり様を明らかにするために，日本の都城の平面構造などにおける中国起源要素の受容様態，日本独自要素の発現様態を追跡し，都城制の日本への導入・受容に際しての取捨選択・換骨奪胎の様相を詳述し，その特性と成因を明らかにした。唐は安史の乱以後，国内・国際情勢の大きな変動に見舞われ，日本もほぼ同じ時期から社会基盤の変動による国内情勢の変化を経験し，都城のあり方においても両国ともになし崩し的変容が生じていったが，そうした状況についても言及した。

都城の荘厳

古代都城を荘厳したのは壮麗な仏教寺院であった。古代の仏教は，東アジア世界最高の百科全書的知識体系をなしており［杉山 1968］，仏教寺院には，当時の最高技術を駆使して製作された建築物や仏像彫刻が充満していた。第8章以下には，寺院建築の屋根を覆った瓦，一般の木造仏塔とは異なる特殊な構造をもつ段台状仏塔，金銅仏に関する論考を集めた。第1～7章の論考とは異質だが，筆者の古代国家・古代都市研究の一環をなすため収録した。

第8章「老司式・鴻臚館式軒瓦出現の背景」では，筑前・観世音寺の創建瓦「老司Ⅰ式」，大宰府政庁の創建瓦「鴻臚館Ⅰ式」の祖型と成立年代を検討し，その出現の歴史的背景を考察した。観世音寺と大宰府政庁の並行的整備は，西海道の統治を聖俗両面から担う機関が並行して具体化されていったことを意味する。これは，陸奥国における郡山遺跡＋郡山廃寺，それを継承する多賀城＋多賀城廃寺の建設と並行し，律令国家がその統治領域の南北両端で模索した広域統治機構建設の具現化であった。

第9章「正倉院正倉の奈良時代平瓦をめぐる諸問題」では，東大寺正倉院正倉に葺かれた多量の桶巻作り平瓦の製作技術を明らかにし，製作地と正倉に葺かれるに至った歴史的事情について検討した。東大寺のみならず，並行した新薬師寺の造営過程にも言及した。

第10章**「頭塔の系譜と造立事情」**では，新薬師寺西方にある特異な構造の段台状仏塔である頭塔を扱った。頭塔には上下2層があり，上層は東大寺と密接な関係のもとに造顕された。上層頭塔造営当時の東大寺の教理的傾向を知るために東大寺大仏の造顕思想を一瞥し，それとの連関のもとで上層頭塔の教理的構想と造顕の事情について考察し，下層頭塔の造顕事情についても検討した。ここでは，光明皇太后と孝謙天皇との関係が問題となった。

第11章**「段台状仏塔の構造と系譜」**では，行基が造営し，頭塔に類似した段台状仏塔である和泉・大野寺土塔の系譜，モデルとなった塼塔の情報流入契機も検討した。

第12章**「蟹満寺本尊・薬師寺金堂本尊をめぐる諸問題」**では，現存する古代の仏像彫刻の白眉といわれる平城京・薬師寺金堂本尊，それとの類似で仏像彫刻史上の問題作である山城・蟹満寺釈迦像の年代観を中心に，本薬師寺と平城薬師寺の関係，唐の仏像の様式変化などを検討した。

参考文献

石母田正　1973『日本古代国家論』第1部，岩波書店

杉山二郎　1968『大仏建立』学生社

妹尾達彦　1998「帝国の宇宙論—中華帝国の祭天儀礼—」『王権のコスモロジー』弘文堂

妹尾達彦　2001『長安の都市計画』講談社

田中良之　1995『古墳時代親族構造の研究』柏書房

森　公章　1998『古代日本の対外認識と通交』吉川弘文館

第1章　大嘗宮移動論
——幻想の議政官合議制——

はじめに

大嘗祭とは，天皇即位後の最初の新嘗祭であり，天皇就任の祭儀の一環である。大宝令や養老令の神祇令では「毎世」の大嘗とされている。1989年に即位した現天皇も大嘗祭を挙行したことは記憶に生々しい[補1)]。筆者はその後に江戸城本丸天守台の見学に行った際，なぜか残されていた大嘗宮の仮設建物の1棟を実見することができた。

この大嘗祭で用いられ，儀式の終了とともに撤去された仮設の建物群が大嘗宮である。大嘗宮の構造については，『貞観儀式』（以下『儀式』と略す）『延喜式』などの記載から推定されてきたが，あくまで平安時代の記録であり，どのような過程を経て儀礼やそれを挙行する場が整備されてきたのかは，長らく不明であった。

ところが1984年以降，平城宮で6回分の大嘗宮遺構が発見され，奈良時代の大嘗宮の構造と時間的変化が細部に至るまで判明し，『儀式』『延喜式』に基づいて推定されてきた平安時代の大嘗宮との細かい比較も可能となった点で，宮廷儀礼の研究上画期的な発見となった。しかし，天皇がまさしく即位にかかわる儀礼を行った大嘗宮の遺構に対して，古墳時代の首長権継承儀礼の場やそこでの祭式・祭器に執拗な関心を抱く考古学者からは，何故かたいした関心をもたれぬままに現在に至り，平城宮東区朝堂院朝庭に平面表示された淳仁大嘗宮遺構は草に覆われ訪れる人もない。

ここで私は，平城宮の大嘗宮遺構を素材に，大嘗宮が設けられた場所の変化の中から規則性を見出し，意図的行為を行った理由についての作業仮説を

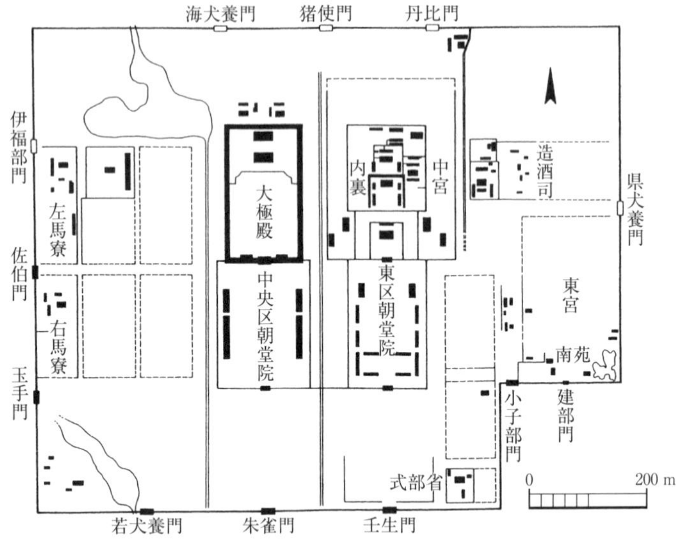

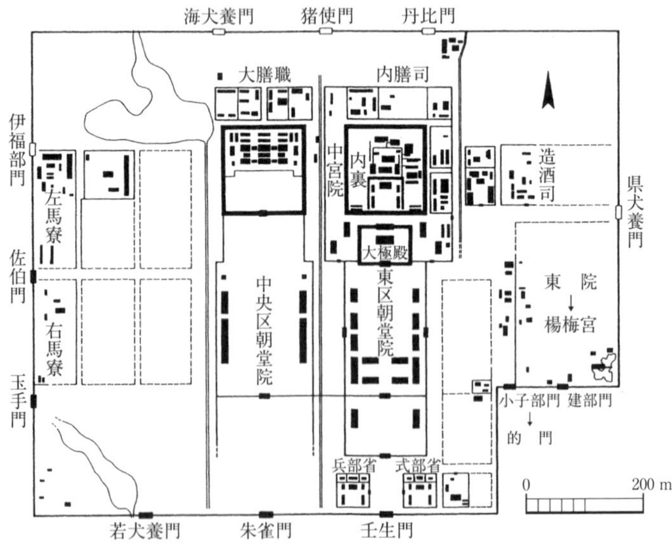

図 1　奈良時代前半の平城宮（上），後半の平城宮（下）（[小沢 2003]。一部改変）

提示し，文献史学・神話学の成果を参照しつつ，大嘗宮に現れたさまざまな事象を統一的に説明する論理を模索していきたい。これが，律令国家確立前の政治組織が，律令国家にどのように継承され，また変質していったのかという問題，さらには王権論とやがて切り結ぶ。

なお「朝堂院」の呼称は確実には延暦11年以降の長岡宮期後半に始まるから，奈良時代については単に「朝堂」と呼ぶのが正しい。しかし，広大な朝庭と，宮によって異なるが4・8・12・14（以上）棟の朝堂建物からなる中枢空間全体を指す語が必要であり，個別の朝堂建物と院全体を区別する必要もあるので，長岡宮期前半以前についても便宜的に朝堂院の語を用いる。なお平城宮（図1）では中央区に4堂，東区に12堂をもつ機能の異なる朝堂院が併存するので，混同を避けるために，必要に応じて四堂院，十二堂院という語も用いる。

Ⅰ　奈良時代の大嘗宮遺構の検討

A　大嘗宮遺構の発見と天皇比定

大嘗祭は，稲の生育の関係から，天皇の即位が7月以前ならばその年の11月，8月以後ならば翌年の11月に執行されることが多い。その次第は『儀式』（871年頃）や『延喜式』巻7（927年）に詳しい。

これは平安時代における次第であるが概略を記す。祭儀に先立ち黒酒・白酒を作る稲をとる悠紀・主基の両国を卜定し，北野斎場を設けさまざまな準備にとりかかる。11月の卯日の7日前に大極殿前庭に大嘗宮を造り始め5日のうちに終わる。寅日に鎮魂祭があり，卯日から午日まで大嘗の祭儀が続く。

卯日の夜に廻立殿で湯浴み（禊ぎ）し，祭服を着した天皇は大嘗宮悠紀正殿に入り，八重の神座に着座する。神饌行立，親饌神供，御衾の秘儀などを執行する。ふたたび廻立殿で湯浴，祭服を着した後，主基正殿で同じ儀式を行い，廻立殿を経て退出する。この間，殿外では，国栖奏，悠紀・主基両国の風俗歌舞，語部の古詞奏上，隼人舞が行われる。

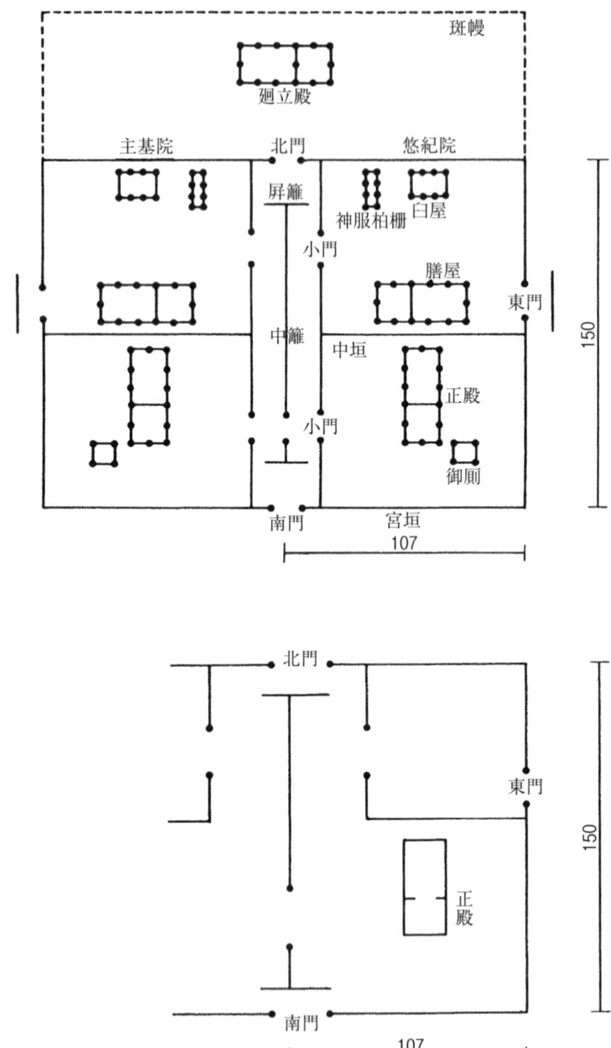

図２　『儀式』から復原される大嘗宮（上），『延喜式』から復原される大嘗宮（下）
［奈文研 1986］（単位：尺）

辰日の朝，大嘗宮を解体し跡地で鎮祭を行う。豊楽院にて辰日に悠紀節会，巳日に主基節会を行う。午日に豊楽院で豊明節会を行う。辰日の神寿詞奏上・剣鏡奉上は，古い即位式が二次的に大嘗祭に付加されたとみられる［加茂 1983］。

この大嘗祭で用いられ，儀式の終了とともに撤去された仮設の建物群が大嘗宮である。大嘗宮の構造については，『儀式』『延喜式』などの記載から推定されてきたが［関野 1939；池 1983］（図2），平城宮では1984年以来，奈良文化財研究所（以下，奈文研と略す）の調査によって，東区朝堂院朝庭部で5時期，西区朝堂院朝庭部で1時期の大嘗宮遺構が検出されている。『儀式』『延喜式』から推定される大嘗宮と規模や建物配置が大差がなく，大嘗宮であると異論なく了解できたのである。すなわち，東西210尺前後，南北150尺前後の長方形区画を宮垣で囲い，内部を東西に二分して東半分を悠紀院，西半分を主基院とし，それぞれに南北棟の正殿，東西棟の膳屋・臼屋，御厠などを配し，膳屋・臼屋をさらに垣で囲う。平城宮での一連の発見によって，奈良時代の大嘗宮の構造と時間的変化が細部に至るまで判明し，『儀式』『延喜式』に基づいて推定されてきた平安時代の大嘗宮との細かい比較も可能となった点で，宮廷儀礼の研究上画期的な発見となった。しかし，天皇がまさしく即位儀礼を行った大嘗宮の遺構に対して，古墳時代の首長権継承儀礼の場やそこでの祭式・祭器に執拗な関心を抱く考古学者からは，なぜかたいした関心を持たれぬままに現在に至っている。

まず平城宮の大嘗宮遺構とその変遷を，奈文研の調査成果を参照しつつ詳細に検討しよう（図3～8）。

平城宮の大嘗宮を，奈文研での呼称にならって，古い順に東区01期・東区02期・東区A期・中央区・東区B期・東区C期と呼ぼう。東区A～C期の前に，東区01・02期があるのは，1984年に最初に大嘗宮と認識されA期と命名された遺構より古い01・02期大嘗宮が，1993年にはじめて認識されたという経緯による。

6時期の大嘗宮の天皇比定については確定するまで紆余曲折があったので，振り返っておく（表1）。第163次調査でA期を検出し，調査者は聖武

表１　大嘗宮の天皇比定の変遷

	東区 01	東区 02	東区 A	中央区	東区 B	東区 C
163 次			聖武			
169 次			元正か聖武		←　淳仁以降　→	
今泉［1989］			元正		聖武	称徳
橋本・山岸			淳仁		光仁	桓武
上野［1993］	元正	聖武	淳仁		光仁	桓武
金子［1886］			称徳		光仁	桓武
367・376 次				称徳		

の大嘗宮にあてた。根拠は，①大嘗宮北面の宮垣 SA11800 が大極殿院下層建物群の南面塀 SA11250 から 300 尺の位置にあり，廻立殿相当建物 SB11900 が SA1250 と SA11800 の中間にあることから，A 期は下層朝堂の時期である。② SB11900 の柱抜取穴から出土した瓦 6225A は東区朝堂院上層所用であり上層の造営期に近い［奈文研 1985］。第 169 次調査で B・C 期を検出し，B 期の膳屋柱掘形から平城宮Ⅳ～Ⅴ期の土器（天平勝宝～宝亀年間）が出土したことから，調査者は A 期を元正か聖武，B・C 期を淳仁以降の 4 代のいずれかとした［奈文研 1986］。その 4 代のうち淳仁・光仁・桓武は『続日本紀』に大嘗の場を「太政官院（乾政官院）」と明記しているから，その記録のいずれかが誤っていたのか，東区朝堂院上層遺構を「太政官院」と呼んだのかが大きな問題となった。今泉隆雄は出土土器を無視し，かつ上層遺構が太政官院ではありえぬとして，A 期：元正，B 期：聖武，C 期：称徳とした［今泉 1989］。橋本義則・山岸常人は A 期：淳仁，B 期：光仁，C 期：桓武とした［橋本・山岸 1991］。その後上野邦一が，大嘗宮ではない仮設儀式遺構とされてきた遺構群の中に，A 期より古い 01 期・02 期の存在を認識した［上野 1993］。上野は，遺構の共通性から 01・02 期が連続した古い時期，A・B・C 期が連続した新しい時期と考え，01・02 期を元正・聖武，A 期：淳仁，B 期：光仁，C 期：桓武に比定し，大方の賛同を得るようになった。ただし金子裕之は A 期が称徳の可能性を考えていた［金子 1996］。2004 年に第 367・376 次調査で発見された西区大嘗宮は，柱穴内出土遺物の年代および場所が太政官院（乾政官院）ではないことから，史料に大

表2　奈良時代の大嘗祭（[奈文研 2005] より。一部改変）

	年月日	天皇	悠紀国	主基国	史　料	史料出典『続日本紀』	推定位置
①	716年11月19日（霊亀2）	元正	遠江	但馬	辛卯，大嘗す。親王已下，及び百官人らに禄を賜うこと差あり。由機の遠江・須機の但馬国の郡司二人に位一階を進む。	霊亀2年11月辛卯条	東区朝堂院朝庭（01期）
②	724年11月23日（神亀1）	聖武	備前	播磨	己卯，大嘗す。備前国を由機とし，播磨国を須機とす。従五位下石上朝臣勝男・石上朝臣乙麻呂，従六位上石上朝臣諸男，従七位上榎井朝臣大嶋ら，内の物部を率いて，神楯を斎宮の南北二門に立つ。	神亀元年11月己卯条	東区朝堂院朝庭（02期）
③	749年11月25日（天平勝宝1）	孝謙	因幡	美濃	乙卯，**南薬園新宮**において大嘗す。因幡をもって由機国とし，美濃を須岐国とす。	天平勝宝元年11月乙卯条	南薬園新宮
④	758年11月23日（天平宝字2）	淳仁	丹波	播磨	辛卯，**乾政官院**に御して，大嘗の事を行う。丹波国を由機とし，播磨国を須岐とす。	天平宝字2年11月辛卯条	東区朝堂院朝庭（A期）
⑤	765年11月22日か（天平神護1）	称徳	美濃	越前	癸酉，是より先，廃帝，既に淡路に遷る。天皇，重ねて万機に臨む。ここにおいて，更に大嘗の事を行う。美濃国をもって由機とし，越前国を須伎とす。〔実際の祭日は22日己卯か〕	天平神護元年11月癸酉〈16日〉条	中央区朝堂院朝庭
⑥	771年11月21日（宝亀2）	光仁	参河	因幡	癸卯，**太政官院**に御して，大嘗の事を行う。参河国を由機とし，因幡国を須岐とす。参議従三位式部卿石上朝臣宅嗣・丹波守正五位上石上朝臣息嗣・勅旨少輔従五位上兼春宮員外亮石上朝臣家成・散位従七位上榎井朝臣種人，神楯桙を立つ。大和守従四位上大伴宿祢古慈斐・左大弁従四位上兼播磨守佐伯宿祢今毛人，門を開く。内蔵頭従四位下阿倍朝臣息道・助従五位下阿倍朝臣草麻呂，諸司宿侍の名簿を奏す。右大臣大中臣朝臣清麻呂，神寿詞を奏す。弁官史両国の献物を奏す。右大臣に絁六十疋を賜う。五位巳上に衾人ごとに一領を賜う。	宝亀2年11月癸卯条	東区朝堂院朝庭（B期）
⑦	781年11月13日（天応1）	桓武	越前	備前	丁卯，**太政官院**に御して，大嘗の事を行う。越前国をもって由機とし，備前を須機とす。両国種種翫好の物を献る。土風歌舞を庭に奏す。五位巳上に禄を賜うこと差あり。	天応元年11月丁卯条	東区朝堂院朝庭（C期）

嘗祭の場が記されていない称徳にあたることが判明した [奈文研 2005]。

B　大嘗宮の造営場所とその性格

筆者も上野の天皇比定を承認する。その上で明らかになった事実関係を確認しておこう。

①大嘗宮の場所は基本的に東区朝堂院

奈良時代の大嘗宮の位置と天皇比定が明らかになってみると，南薬園新宮で行ったことが明記されている孝謙，孝謙が重祚した称徳を除く五代の大嘗祭は，平城宮の東区朝堂院で挙行されたことがわかる。孝謙・称徳の大嘗宮が別の場所であるのは別個に検討を要するが，基本的には建物を12棟配した東区朝堂院の朝庭が大嘗祭の場であったと考えてよい。

②東区朝堂院は奈良時代後半には太政官院（乾政官院）と呼ばれた

『続日本紀』の記載とあわせると，東区A期を淳仁，同B期を光仁，同C期を桓武の大嘗宮とする限り，太政官院（乾政官院）＝朝堂と認めざるをえない［上野 1993］。すでに上野の論考以前に保坂佳男は，長岡宮の朝堂院が太政官院と呼ばれたと指摘していたが［保坂 1984］，平城宮については，橋本義則・山岸常人のように，長岡宮の朝堂院が太政官院と呼ばれ内部に百官の朝座が設けられていたことから，平城宮の太政官院にも百官の朝座が設けられたのなら，奈良時代後半でそのような施設は東区朝堂院のみであることを主たる根拠として，朝堂院＝太政官院（乾政官院）であることを肯定する説［橋本・山岸 1991］がありはしたものの，今泉隆雄は平城宮東区朝堂院上層遺構が太政官院であることを否定し［今泉 1989］，町田章も太政官と考えられてきた塼積み官衙地区が大嘗祭を行うには規模が小さいので太政官ではないと述べ，太政官と朝堂院はそもそも別物と考えていた［町田 1986, 1991］。要は，太政官院（乾政官院）＝太政官曹司（本庁）と考え，朝堂院とは別物という見解が主流だった。しかし，淳仁・光仁・桓武大嘗宮の位置の確定により太政官院＝朝堂院と認めざるをえないとなると，朝堂院をあえて太政官院と呼ぶようになった歴史的経緯が問題となる。

③下層遺構も十二堂の朝堂院

東区朝堂院上層遺構は礎石建物で奈良時代後半の大極殿院と一体の遺構であるから朝堂院であることに学界内の異論はない。しかし下層遺構の性格については，朝堂院［今泉 1984；金子 1987］，太政官，東宮［町田 1986, 1989, 1991］など見解が割れていた。しかし，下層遺構にも遷都当初から12棟の建物が存在することが確定したのに加え，01・02期大嘗宮が下層遺構に属すると判明したことによって，大嘗宮を設けたという意味において下層・上層を通じて性格が終始不変であり，下層遺構も上層遺構と同じく 12 堂を設ける朝堂院であることが明らかとなり，機能・構造の異なった 2 朝堂院の奈良時代を通じての併存説［今泉 1984, 1989］を補強することとなった。

ただし，東区下層正殿 SB9140 が大極殿といえるかどうかは検討を要する。大極殿については，下層遺構の時期の大極殿は中央区大極殿院の SB7200 であることが確定しているから，SB7200 が存在した期間については，大極殿が同時に 1 カ所と考える限り，SB9140 は大極殿ではない。その場合でも平城還都直後は微妙であり，天平勝宝元（749）年の孝謙即位が大極殿という記載はあるものの，天平宝字 2（758）年の淳仁即位まで大極殿や元日朝賀の記事がなくなり，淳仁即位後再び続出することから，孝謙即位が実は下層の SB9140 においてであり，『日本書紀』があえて「大極殿」と記したという説がある一方で，環都後まもなく東区上層正殿 SB9150 が大極殿として建てられたとする説も有力である。いずれにせよ恭仁遷都以前の SB9140 を大極殿とはみないのだが，近年は SB7200 と SB9140 で大極殿の機能を分担していたとする説［渡辺 2001］が有力になりつつあり，呼称はともかく日常的政務空間の正殿としての性格が SB9140 から SB9150 へと継承されたとみるほうが，十二堂院の性格の不変と整合的である。

C　大嘗宮の位置と建物配置

東区 01・02・A・B・C 期大嘗宮の位置と相互の関係を仔細に検討してみよう（図 3〜7）。なお上野が設定した 01 期と 02 期の前後関係は重複がないため決定できず，上野は 02 期が古い可能性を示唆した。しかし後述する理由によって 01 期が古いと考える。

01 期大嘗宮の位置は（図 3），東区朝堂院下層遺構を基準に決定されている。北面宮垣が上野が推定した位置であれば，下層東第一堂 SB11740 の基壇北縁とほぼ揃えているともみられるが，3 尺ほど北に寄るため，下層朝堂院北面区画塀 SA11250 から 180 尺（150 大尺）とみたほうがよい。また，悠紀院膳屋 SB11796 と主基院膳屋 SB11840 の間の距離（23.6m＝80 尺）は，大極殿院下層南門 SB11210 の基壇幅に合わせている。それ以外の建物は北面宮垣および大嘗宮中軸線を基準としている。正殿 SB11813 の北妻は北面宮垣から 75 尺，南面宮垣から 60 尺であり，正殿の西側柱と大嘗宮中軸線との距離は 30 尺，正殿南妻と南面宮垣の距離は 20 尺である。膳屋 SB11796 西妻と中軸線との距離は 40 尺，膳屋北側柱と北面宮垣との距離は 20 尺，膳屋南側柱と正殿北妻との距離は 40 尺である。以上から，南面宮垣と北面宮垣との距離は 135 尺となる。

02 期大嘗宮は（図 4），01 期大嘗宮をそのまま南にずらした関係にあり，正殿 SB11812 と膳屋 SB11795 は，01 期正殿 SB11813 と膳屋 SB11796 を約 40 尺南に移動した位置にある。01 期正殿の桁行長が 40 尺，正殿北妻と膳屋南側柱の距離が 40 尺であるため，結果として 02 期正殿 SB11812 の北妻は 01 期正殿 SB11813 の南妻のすぐ南側，02 期膳屋 SB11795 の南側柱列は 01 期正殿 SB11813 の北妻と同位置となる。つまり，02 期の正殿と膳屋は 01 期正殿の位置を避けてその南北に造ったとみられる。なお 02 期の北面宮垣・南面宮垣は，01 期の垣を 40 尺南下させたのではなく，なぜか約 30 尺しか南下させていないので，北面宮垣と膳屋 SB11795 の距離は 30 尺と 01 期より 10 尺広く，逆に正殿 SB11812 と南面宮垣との距離は 5 尺と 01 期より 15 尺も狭くなっている。後者が 10 尺にならないのは，正殿 SB11812 が 01 期正殿 SB11813 より 42 尺下がり，大嘗宮の南北長が 132 尺と 01 期より 3 尺短くなっているからである。これらのことは宮垣の位置決めをする際の施工ミスかもしれない。なお，02 期には膳屋 SB11795 の北側に臼屋 SB11797 があるが，01 期には膳屋 SB11796 の北で臼屋を検出していないのは，削平のためであろう。

A 期大嘗宮は（図 5），02 期大嘗宮をさらに南にずらした関係にあり，02 期正殿 SB11812 の位置を現地に再現して大嘗宮の割付の基準としているようである。すなわち，SB11812 の北妻のすぐ北側に北面宮垣 SA11800 を，SB11812 の東側柱列のすぐ東側に膳屋・臼屋を囲う区画の西面垣 SA11825 を設ける。それらを北限・西限としてほぼ 60 尺四方の区画を設けるが，東西長 60 尺は桁行長 40 尺の膳屋 SB11785 の東西に 10 尺ずつの空きを取った

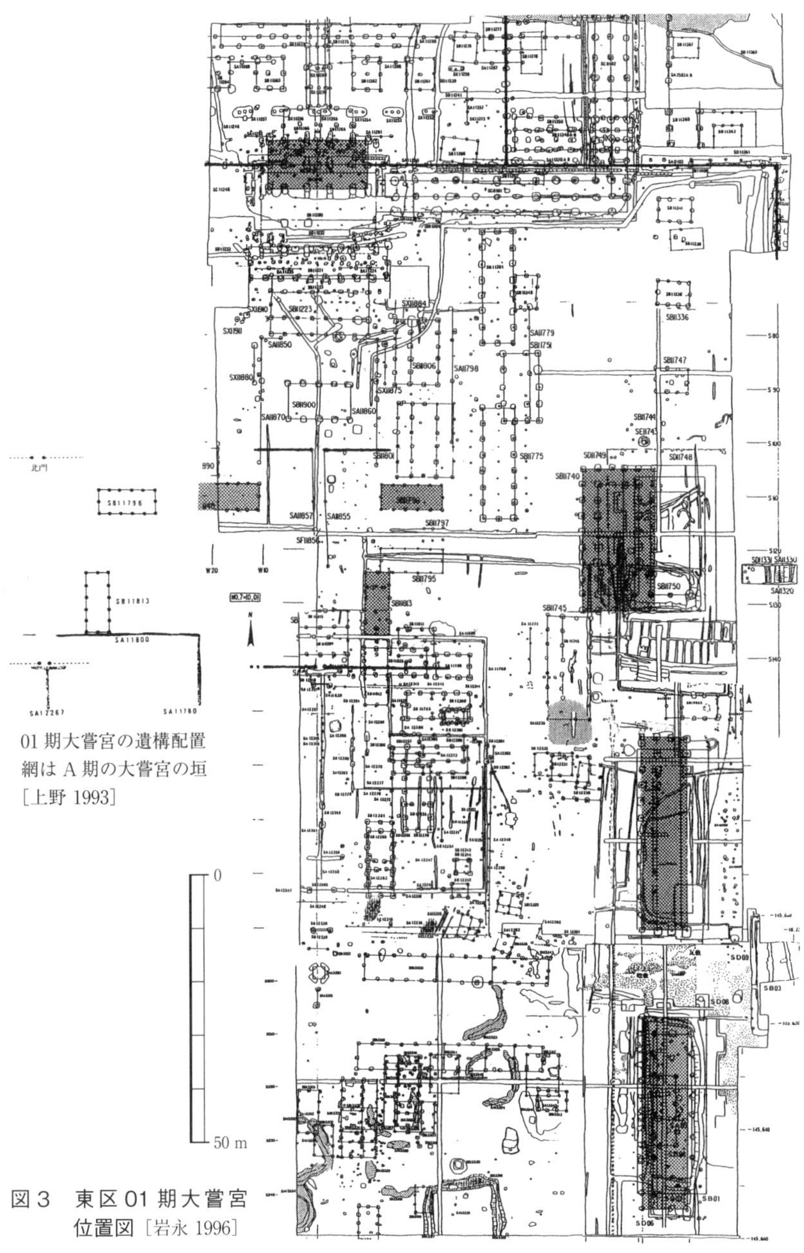

01期大嘗宮の遺構配置
網はA期の大嘗宮の垣
［上野 1993］

図3　東区01期大嘗宮位置図［岩永 1996］

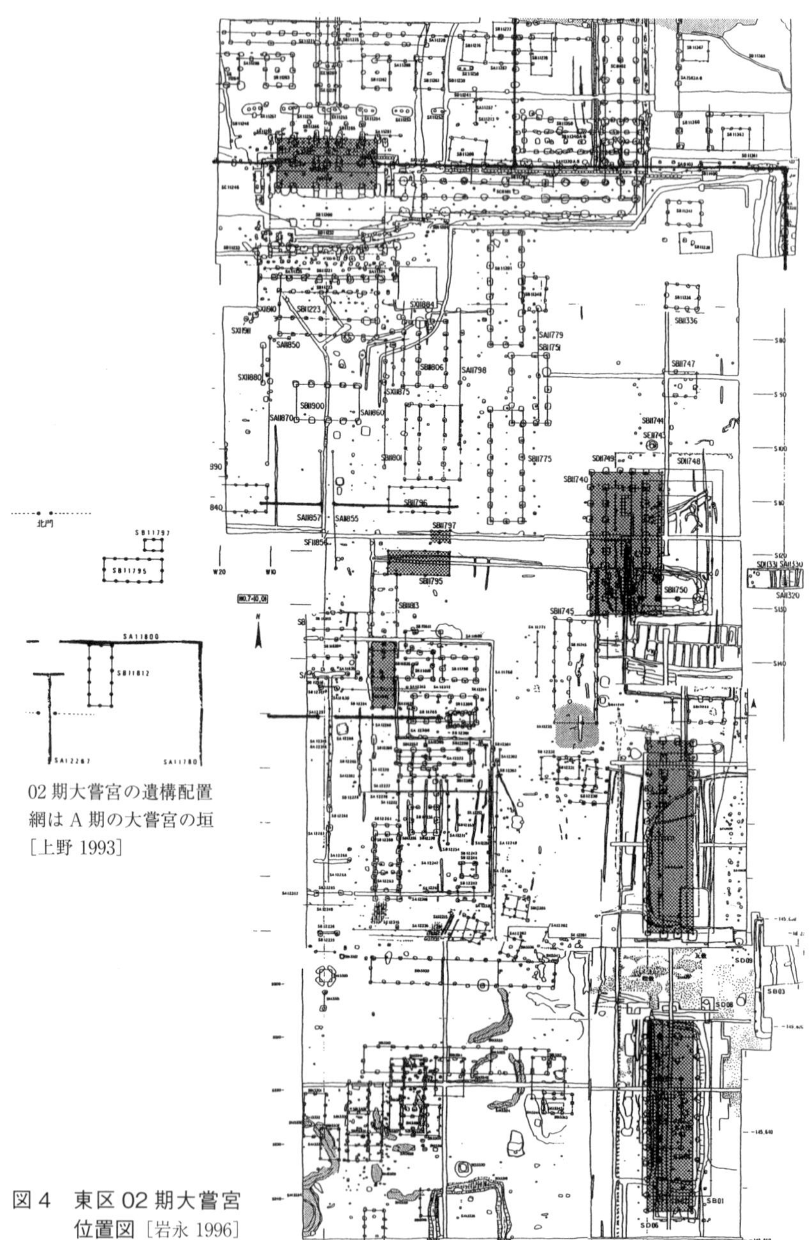

02 期大嘗宮の遺構配置
網は A 期の大嘗宮の垣
[上野 1993]

図４　東区 02 期大嘗宮位置図［岩永 1996］

図５　東区Ａ期大嘗宮位置図

［岩永 1996］

遺構配置図中の数値は，概報によるもので，本稿案と異なる所があるので要注意。

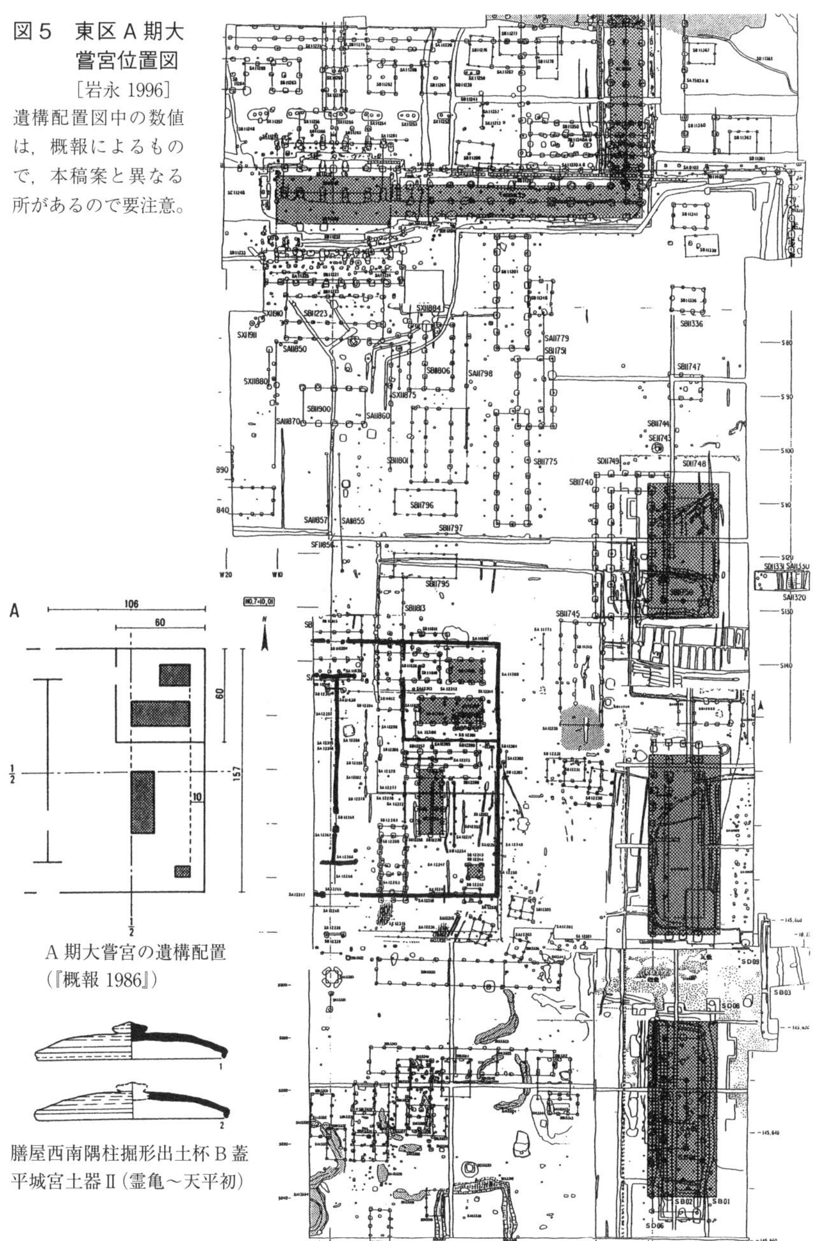

Ａ期大嘗宮の遺構配置（『概報 1986』）

膳屋西南隅柱掘形出土杯Ｂ蓋　平城宮土器Ⅱ（霊亀～天平初）

数値である。

正殿 SB12255 の北妻は 02 期正殿 SB11812 南妻から 38 尺南の位置にあるが，後述するように計画 40 尺の施工誤差とみなせる。あるいは北面宮垣 SA11800 の心から南へ 80 尺と考えたほうがいいかもしれない。SB12255 は 02 期正殿より東に 26 尺寄っているが，これは膳屋区画西面垣 SA11825 の南延長線から 10 尺東に西側柱筋を乗せた結果である。そして，正殿 12255 の南妻から 39 尺南に南面宮垣 SA12318 があるが，これも計画 40 尺の施工ミスであろう。正殿の東側柱と東面宮垣との距離は 35 尺となる。

こうしてみると，大嘗宮の南北長 159 尺は，正殿の桁行長 40 尺の 4 倍たる 160 尺が計画寸法であり，正殿 SB12255 の北妻・南妻はそれぞれ区画の 2 等分線，4 等分線上に載ることとなる。

かつて A 期大嘗宮を下層と認定した根拠は，北面宮垣が下層朝堂院北面区画塀 SA11250 からちょうど 300 尺（250 大尺）の距離にあることであったが，A 期の帰属が上層・下層のどちらであるにせよ，北面宮垣の位置は 02 期正殿の北妻位置を狙って宮垣を設けた結果であって，SA11250 からの距離がほぼ完数となったのには大きな意味がないと考えられる。

B 期大嘗宮は（図 6），A 期大嘗宮をさらに南にずらした関係にある。正殿 SB12260 は，A 期正殿と比較して，棟通り位置を 01 期正殿・02 期正殿の棟通り位置まで西に戻し，妻位置を A 期正殿より 41 尺（計画 40 尺か）南に移動した位置にある。正殿を基準に，正殿の南妻から 22 尺（計画 20 尺か）に南面宮垣，正殿の南妻位置で東側柱筋から 61.5 尺（計画 60 尺か）に東面宮垣を置く。正殿の西側柱筋は大嘗宮中軸線から 30 尺となる。

膳屋 SB12280 は，A 期膳屋より 34 尺南に移動した位置にあるが，位置決めは正殿 SB12260 の東側柱筋に西妻を置き，正殿の北妻から 45 尺に棟通りを置いたとみるべきであろう。桁行長は 47.5 尺と A 期までの 40 尺より大きくする。膳屋の西妻から 26.5 尺（計画 26 尺か）西，南側柱筋から 10 尺南に膳屋・臼屋を囲む垣を設ける。膳屋区画西面垣は，正殿の西側柱筋の北延長より 10 尺西にくるように膳屋の西妻から 26 尺で計画されたのであろう。膳屋の東妻から 15.5 尺に東面宮垣を設けた結果，東面宮垣は膳屋の西妻か

図6　東区B期大嘗宮位置図
［岩永 1996］
遺構配置図中の数値は，概報によるもので，本稿案と異なる所があるので要注意。

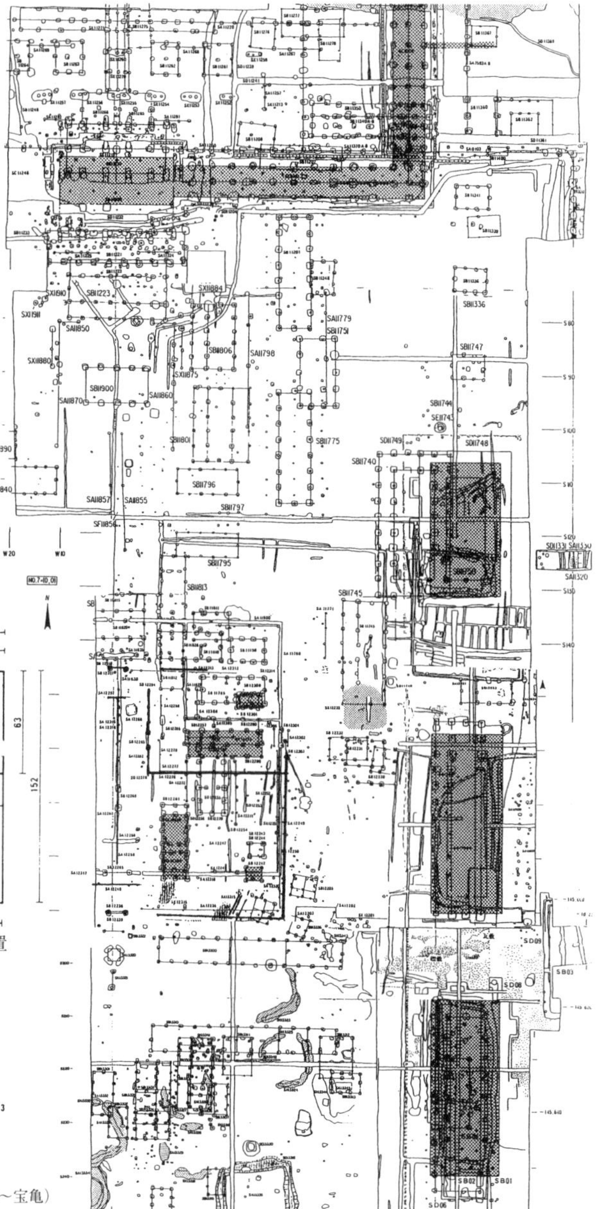

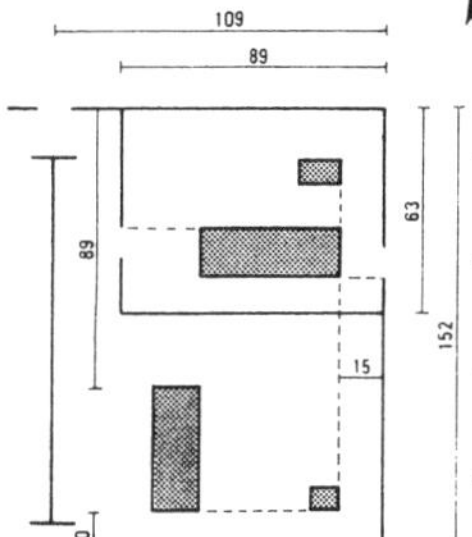

B期大嘗宮の遺構配置
（『概報 1986』）

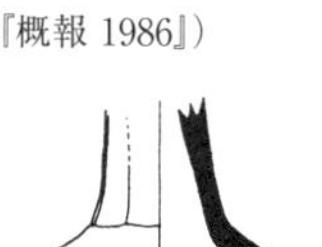

膳屋北側柱筋東から二つ目
柱掘形出土高杯脚部
平城宮土器Ⅳ～Ⅴ（天平勝宝～宝亀）

ら63尺となるのに対し，正殿の南妻位置で正殿の東側柱筋から61.5尺となるために，両者の差によって東面宮垣が北で東に振れることとなり，それと直行するように大嘗宮の南面宮垣・北面宮垣を設けたため，いずれも東で南に振れることになった。その結果，膳屋区画の南北長は，東端で64尺，西端で65尺と差が出ている。

C期大嘗宮は（図7），B期大嘗宮を少し北にずらした関係にある。正殿SB12261は，B期正殿を6尺北に移動した位置にある。正殿を基準に，正殿の南妻から25尺に南面宮垣，正殿の東側柱筋から60尺に東面宮垣を置く。正殿の西側柱筋は大嘗宮中軸線から29尺（計画30尺か）となる。

膳屋SB12290は，B期膳屋より8尺北に移動した位置にあるが，位置決めは正殿SB12260の東側柱筋に西妻を置き，正殿の北妻から46尺（計画45尺か）に棟通りを置いたとみるべきであろう。桁行長は47.5尺とB期と同じである。膳屋の西妻から16尺西，南側柱筋から17尺南に膳屋・臼屋を囲む垣を設ける。膳屋区画西面垣は，正殿の西側柱筋と揃えている。膳屋の東妻から13.5尺に東面宮垣を設けた結果，東面宮垣は膳屋の西妻から61尺となるのに対し，正殿の南妻位置で正殿の東側柱筋から60尺となるために，両者の差によって東面宮垣が北で東に振れることとなり，それと直行するように大嘗宮の南面宮垣・北面宮垣を設けたため，いずれも東で南に振れることになった。その結果，膳屋区画の南北長は，東端で61尺，西端で62尺と差が出ている。

D　大嘗宮の位置決定上の原則

以上のような大嘗宮の位置の時期的変化を通覧し，あらためて天皇比定を確認すると，いくつかの原則が看取できる。

①正殿の南北方向移動（図8）

先代の正殿と重ならないように桁行長と同じ40尺ずつ南にずらしていくのが当初設定した原則であったと推定できる。01期（元正）・02期（聖武）が連続し，40尺空けてA期（淳仁），B期（光仁）が連続し，C期（桓武）は原則を破ってB期（光仁）と重複する。孝謙大嘗宮が存在しないのは，

図7　東区C期大嘗宮位置図
[岩永 1996]
遺構配置図中の数値は，概報によるもので，本稿案と異なる所があるので要注意。

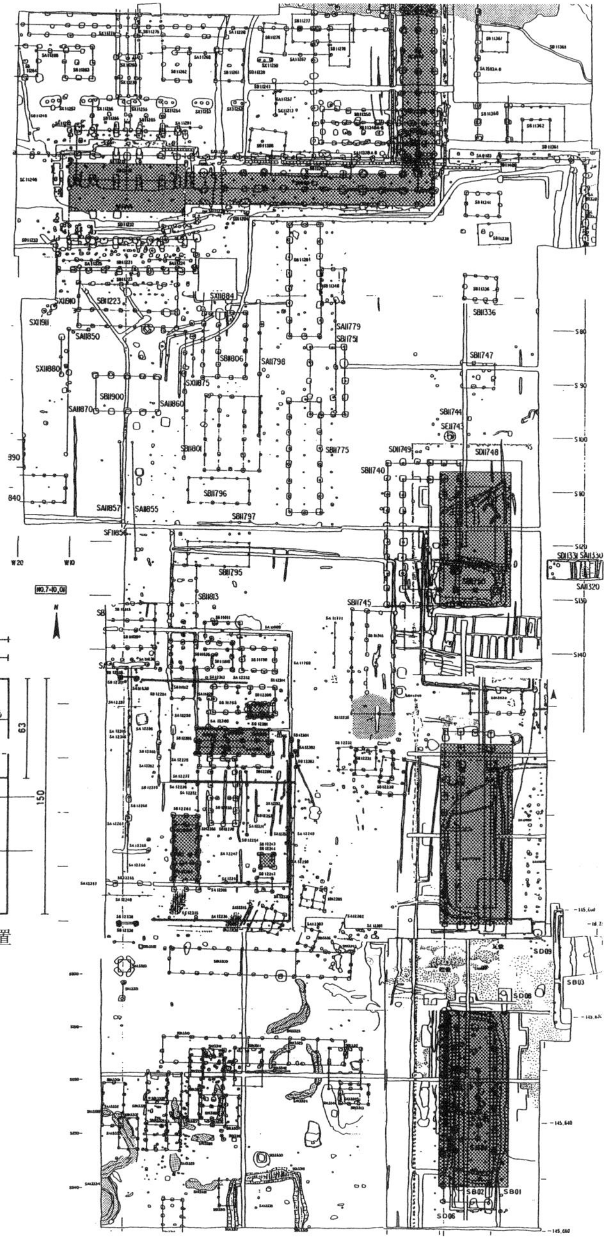

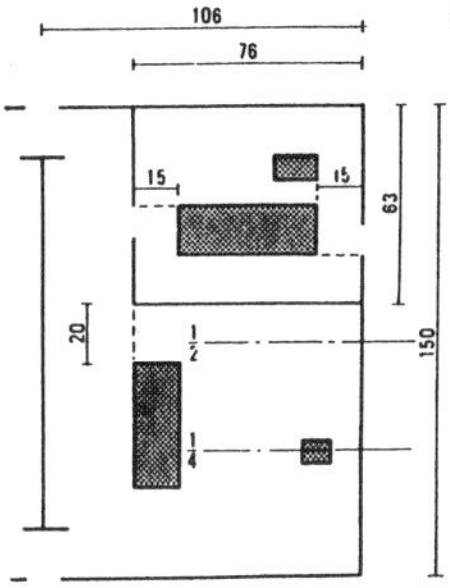

C期大嘗宮の遺構配置
(『概報 1986』)

『続日本紀』が記すように南薬園新宮で大嘗祭が行われたからであり，その理由は，孝謙の大嘗祭が挙行された天平勝宝元（749）年に，東区朝堂院では改作工事が行われており，祭儀に使えない状態だったと考える説［上野1993］，あるいは孝謙がすでに仏教と関係をもっていたので神事と仏事の混交を忌避したとみる説［瀧浪 1998］がある。聖武正殿と淳仁正殿の間の40尺の空閑地は，本来は孝謙正殿が収まるべき場所であったと考えられる。淳仁正殿が東にずれるのは，淳仁を擁立した藤原仲麻呂が威信をかけて大嘗宮の大型化を図り，正殿の南北位置の原則を守りつつ東西幅を拡大したからと考えられる。本来淳仁正殿の南にくるはずであった称徳正殿が存在しないのは，中央区朝堂院で大嘗祭が行われたからである。孝謙が東区朝堂院を大嘗祭に用いなかったので，次の淳仁が孝謙正殿使用予定地40尺分を空けて正殿を営んだ先例にならえば，光仁正殿は淳仁正殿の南に称徳正殿使用予定地40尺分の空閑地を設けて営まれるべきであったのだろうが，空けていない理由は，称徳が重祚したため，孝謙正殿予定地をもって称徳分とみなしたからであろう。桓武正殿は光仁正殿と40尺ずらすべきところを，6尺しかずらさず，しかも北向きにずらしている。桓武正殿と光仁正殿との重複が大きい理由はⅢ D ①で述べる。

②膳屋の位置決定

正殿と同様に重ならないように南にずらすのが原則であったが，移動距離は南40尺（01－02），南90尺（02－A），南34尺（A－B），北7.5尺（B－C）であり，正殿ほど規制が強くなかったので，40尺ないしその倍数に限らない。正殿との距離も，40尺（01），42尺（02），28尺（A），37尺（B），38尺（C）と一定しない。膳屋の西妻位置の正殿との位置関係は，正殿の棟通り（01・02），西側柱筋（A），東側柱筋（B・C）と推移する。なおA－B期間にくる称徳膳屋は，桁行長40尺は01・02・A期と同じ，正殿との距離40尺は01・02期と同じ，西妻位置の正殿との位置関係は東側柱筋でB・C期の先駆であり，新旧の要素をあわせもつ。

③臼屋の位置決定

01期は不明だが，以後は終始，東妻を膳屋東妻と揃える。南北方向の位

図8　大嘗宮正殿の位置
左：原則が貫徹した場合と原則攪乱要因
右：実現した状況

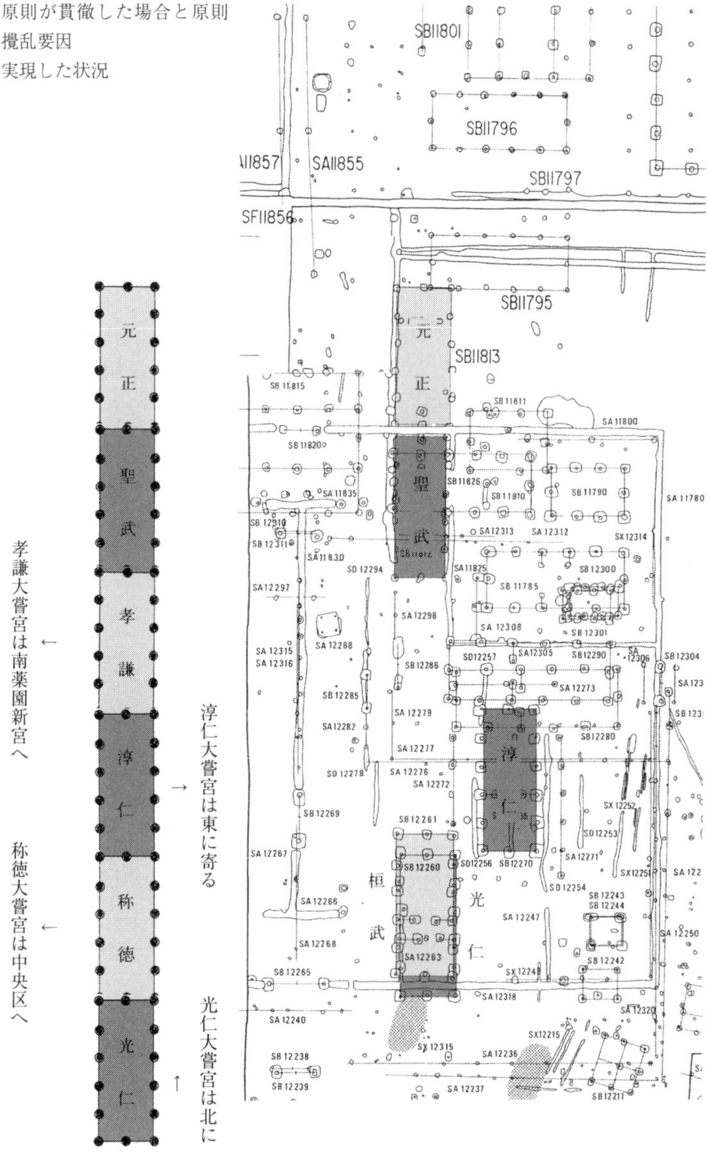

置は，膳屋と北面宮垣の中間に置く（A）→宮垣に寄せる（称徳・B）→膳屋に寄せる（C）と推移する。

④御厠の位置決定

01・02期は不明だが，南北方向の位置は，正殿より南（A）→北妻を正殿の南妻に揃える（称徳）→南側を正殿の南妻に揃える（B）→正殿の南妻より北（C）と，しだいに北上する。東西方向の位置を膳屋の東妻と揃える位置で見ると，東妻（A）→西側（称徳）→東妻（B）→中軸（C）と一定しない。

⑤朝堂院建物と大嘗宮との位置的関係

朝堂院建物と大嘗宮との距離が完数になるなどの計画性が最も顕著に現れるのは最初の大嘗宮であり，2回目からは前回の大嘗宮からずらしていくため，朝堂院建物との関係は計画性を失っていく。上野は，01期と02期を比較して，02期のほうが計画性が劣るので古いと考えたが，むしろ逆と考えるべきである。

E　派生する問題点

①廻立殿が明確ではない

「儀式」によれば廻立殿は桁行5間・梁行2間の東西棟で2間分と3間分を分かつ間仕切りがある。しかし，中央区および東区大嘗宮の北側にちょうどこの規模・構造の東西棟はないので，中軸線を跨ぐ東西棟建物を南から順にみていく。

SB11815は，A期北門の付近にあり，8間×2間で南北両廂が付く[補2)]。01・02・A期と重複するので，B期ないしC期とは並存しうる。しかし廂が北面宮垣と5.5尺しか離れておらず難がある。

SB11900は，01期北門の北側にあり，4間×1間の変則的建物で，A期大嘗宮を初めて検出した調査では，この建物の棟通りがA期大嘗宮北面宮垣と下層朝堂院北面区画塀SA11250からおのおの150尺の等距離にあることから，A期を下層，SB11900をA期の廻立殿とした［奈文研 1985］。しかしSB11900の柱抜き取り穴から軒丸瓦6225Aが出土しているから01期（元正）・02期（聖武）に伴うものではない。ただしA期が淳仁大嘗宮となったので，SB11900がA期に伴う可能性は消えていない。すでに上野は，SB11900が上層閣門からでも130尺というラウンドな数値の距離となり，柱穴の規模が01期・02期の正殿・膳屋と不釣合いで，同時にB・C期の北門からの距離が178尺で端数があることを根拠に，A期の廻立殿だと主張している［上野1993］。

SB11223は，上層閣門の南側にあり，7間×2間で南北両厢が付く。

SB11221は上層閣門南面階段に接し，9間×2間で，床張り構造である。遺構の重複関係から桓武即位式の後のもので大嘗宮関連遺構と考えられている［奈文研1993］。

このほか奈文研内部の検討会の席上，町田章は大極殿閣門を廻立殿にあてる提案をしているが，浅川滋男は，大嘗宮建物が仮設建物に一時的に聖性を付与することが重要であり，常設のしっかりした閣門を廻立殿にあてることに疑問を呈し，小柱穴でもまとまっているものを候補にすべきことを提唱した［奈文研1992］。おそらくこれを受けて上野は，閣門の南側で中軸線の左右に有って建物にまとめられていなかった小柱穴群の中から8間×1間ないし8間×2間の建物SBOK1，SBOK2を推定し，01・01期の廻立殿にあてた［上野1993］。

中央区では称徳大嘗宮の北側にSB18660があるが，5間×4間で，5間×2間の東西棟を2棟接合したような特異な平面で，いわゆる「ならび堂」でもなく，上部構造の推定に興味がもたれる。

結局，中央区で1棟，東区で6棟の候補があるが，規模・構造や大嘗宮からの距離はバラバラである。すでに上野は奈良時代には廻立殿の平面や規模は一定していなかったと指摘したが［上野1993］，候補の中のいずれが廻立殿になるにせよ上野の指摘の通りである。大嘗宮本体が細かい所はともかく『儀式』から復元された大嘗宮と大差ないのに比して際立つ特徴であって，儀式中で廻立殿にかかわる部分が，自由度が高く定型化が遅れたことの反映であろう。

②称徳大嘗宮の問題（図９）

中央区朝堂院における称徳大嘗宮の位置を検討しよう。大嘗宮が営まれた時期には，すでに第一次大極殿院南門や南面築地回廊の石材は撤去され上面に内庭広場と一連の礫敷が施されていた。しかし旧南門や旧回廊の南縁部分は朝庭より一段高い段をなして残っていた。試みにそれらの段から称徳大嘗宮北面宮垣までの距離を測ると，南門階段縁からは134尺，回廊基壇縁からは147尺という端数のある数値となる。ところが，東区朝堂院における元正大嘗宮の位置を本来時期が違うはずの上層遺構から測ってみると，大極殿院閤門南面階段縁から134尺，回廊基壇縁からは147尺となり端数のある数値がぴったり一致する。これは偶然の結果とは考えがたい。元正大嘗宮は東区下層朝堂院の時期であることを勘案すると，次のような手順が推定できる。称徳大嘗宮の設営にあたって，中央区朝堂院での最初の大嘗宮であるから，東区朝堂院最初の大嘗宮である元正大嘗宮にならった位置に置くことが決定され，元正大嘗宮の位置を何らかの記録に則って東区朝堂院朝庭に縄張りし，大極殿閤門ないし回廊からの距離を測って，中央区朝堂院で再現したのであろう。このような手間をかけることは我々現代人には不自然のようにみえるが，東区朝堂院における５回の大嘗宮正殿を，前回の位置を割り出した上で（施工上の誤差はあるにせよ）きっちり40尺ずつ移動することを厭わなかった宮廷人の「合理的」思考からすれば，ありえないことではないと考える。

孝謙は何らかの事情によって南薬園新宮で大嘗祭を営まざるをえなかった。称徳としての重祚に際して大嘗宮を宮内に戻したが，あえて東区を避け中央区に移した。称徳が中央区にこだわった理由はⅢＤ③で述べる。

ここで問題となるのが，称徳大嘗宮と重複するSB18661・SB18663・SB18664・SA18665・SA18666から構成される区画である。称徳大嘗宮より新しいが時期は確定できず，渡辺晃宏は①称徳の西宮関連施設，②平城太上天皇の西宮関連施設，③道鏡の法王宮の可能性をあげている［奈文研2005］。時期決定は今後の調査に期待したいが，私は道鏡法王宮説に魅力を感じる。この区画の北面区画塀SA18665は，称徳大嘗宮北面宮垣の45尺南

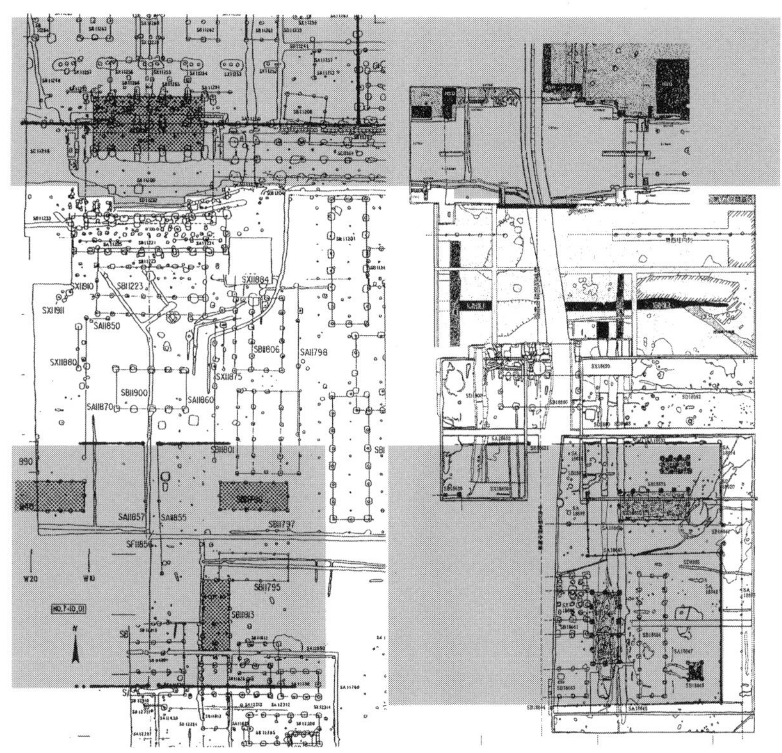

図９　元正大嘗宮（左）と称徳大嘗宮（右）の位置関係

にあり，大嘗宮東門の北柱穴と重複し，東西棟建物 SB18661・18663，南北棟建物 SB18664 の３棟は大嘗宮正殿を避けつつ東西から挟み込むように建てられている。正殿と脇殿とで称徳大嘗宮悠紀殿・主基殿を抱き抱えているかにみえ，称徳大嘗宮を意識した建物配置と考えられる。道鏡の権威の梃入れを図りたい称徳の意思，あるいは称徳後の皇位を狙っていた道鏡の意思の表明とも考えたいが，現時点では臆測にすぎない。

Ⅱ　太政官と藤原氏

以上の大嘗宮遺構から看取された事実関係の成因をいかに説明すればよいのであろうか。大嘗宮の場所は称徳を除けば，基本的には十二堂をもつ東区朝堂院に設けられた。東区朝堂院は奈良時代後半には太政官院（乾政官院）と呼ばれた。東区朝堂院における大嘗宮は，上記ＩＤに述べたような規則性をもってずらしながら建設された，特に正殿についてはより強い規制力でもって意図的に重複を避けてずらされたとしか考えようがない。このような意図的行為を行った理由についての作業仮説を提示し，これらの諸事象を統一的に説明する論理を模索していきたい。そのためには，視野を広く取って文献史学・神話学の成果を渉猟し学ぶところから始めなければならない。

そのような作業の中から，原則から外れる称徳大嘗宮の意義や，廻立殿の定型化の遅れの理由も明らかになっていくであろう。

A　太政官の性格―天皇と議政官合議制

東区朝堂院は奈良時代後半には太政官院（乾政官院）と呼ばれた。内裏聴政が一般化し太政官院が朝堂院と改称され（確実には延暦11年以降），大極殿閤門が消失するなどの動きが生じた桓武朝後半以降は別にして，奈良時代前半においても，呼称はともかく，朝堂院に大きな性格の差はなかったのではないか。大嘗祭が行われた場としての朝堂院＝太政官院（乾政官院）の性格を考えるには，太政官の性格まで遡らなければならない。

律令国家における最終的な権力の所在については，天皇が専制的権力を保持していたとみる専制君主制説と，実質的な権力は中央貴族全体によって保持されていたとみる貴族制説が，ある時期まで対立していた［佐藤 1975；長山 1992］。

その場合問題となるのは天皇と太政官・貴族層との権力関係であり，太政官の本質・性格である。太政官は，大宝令の規定では，国家行政の最高執行機関として位置づけられた。合議をおこなう議政官は，左大臣・右大臣・大納言と令外の中納言・参議から構成され，議政官組織が単行法令・行政命令の立案・審議の府として法定された。この太政官が天皇権力を抑制する貴族勢力による支配機構―貴族の城塞なのか，天皇権力を強化・体制化するものなのか［長山 1992］。以下に先学の説をたどってみよう。

①関・早川説―貴族層＞天皇説

天皇の絶対性・専制性・神聖性を前提とせずに，律令国家における天皇の権力と太政官の議政官組織の権能とを対置させて両者の関係を問うという問題意識が学界に登場したのは，第二次世界大戦後だった［早川 1986］。王権に対する畿内貴族の優越性を評価する立場で，天皇の絶対性を認めながらも，畿内豪族との間の緊張関係を重視する。そして，律令国家における本来的な政治形態は，太政官における一定範囲の有力貴族の大半による合議制であり，その政策が貴族階級全体の利害を強く反映したとみなす。つまり，政治的に無視できない勢力をもち，天皇に対してもある程度の独自性をもつ，一定範囲の有力貴族の大半が，代表一人を議政官に送り込み政権に参加するのが 8 世紀初頭の太政官の構造原理であり，律令国家は君主制の形をとってはいるが，実際は貴族制的支配の性格が濃厚であるととらえる。

ⓐ関晃説（貴族共和制論）

戦後のマルクス主義古代史学が，伝統的国史学と同様に，古代天皇が専制君主であったことを無条件に前提とし，権力の実質的な基礎や具体的な発現の仕方を検討していないとして，関は貴族共和制論を提唱した［関 1959a］。関は，律令国家における権力関係は，大化の改新で達成された畿内勢力（天皇を中心とする畿内豪族勢力）による全国制覇を制度的に完成させたもので，畿内貴族が全国の支配権を握ったとする「畿内政権論」を提唱した［関 1952, 1954］。関によれば，畿内政権の支配層の内部には，常に専制君主を指向する皇権と，5 世紀以来の貴族共和制を維持するべく結束して全国を抑えることにより権力の基礎を確実化してさらに拡大化しようとする貴族の立場という二つの極が対立する。律令体制はいずれか一方の原理に貫かれているのでなく，両者の合作によって国家権力の強力な発揚を目指しており，君主制的形態をとっているが，実際は貴族制的支配が行われた国家であり，律令政治の実態は貴族共和制であるという。また関は，朝政に参議し奏宣の任に当たる大夫という政治的地位の存在を指摘し，のちに他の研究者が議政官合議制論を展開する端緒となった［関 1959b］。

ⓑ早川庄八説

早川は，関の構想を継承して，畿内政権の構造とそれを継承した律令国家の本質を明らかにしようとした。律令国家は，大王のもとに畿内豪族が連合して畿外を支配する畿内政権の構造を継承し，機内の有力豪族が，中国から継受した律令法を武器に，天皇のもとに結集して官僚制的に再編成し，畿外の首長層を郡司に任用して国家の末端に組み入れ，従来の地域的王権が全国へ支配を拡大したものである。

中央政府においては，畿内有力氏族の代表者から構成される合議体の太政官が，支配階級の利害を代表する最高機関であって，その合議体と天皇との関係に天皇制の本質が表現される。太政官の議政官組織は，畿内およびその周辺に本拠を有する伝統的な有力豪族の長によって編成される。この議政官合議制は大化前代の大夫合議制（畿内政権の政策を大王＝天皇の意思のみによってではなく支配者層の合議の結果をも加味して決定する）を受け継いでおり，その合議によって奏任官のみならず勅任官任用候補者を銓衡する権限をもつから，律令国家の権力機構の中枢に位置する諸官職の詮議権を獲得している。すなわち，律令法上は天皇が法を超越した存在ではあったが，王権よりむしろ畿内貴族の権力のほうが優越し，議政官組織に結集した畿内貴族が天皇の意志を審議し，その恣意を掣肘する権限を有していた。［早川 1984］そして，そのような議政官組織と天皇との潜在的対立緊張関係（議政官の権限が唐よりも大きく天皇大権に介入しえた）が律令国家の本質的構造として想定できる。

議政官合議制の存在は，①大化前代における大夫合議制からの類推，②大宝令成立以後の議政官の構成メンバーは氏族代表的性格が強いという安部武彦の指摘があること，③平安時代の公卿会議である陣定が合議制をとっていることからの類推，である［早川 1986B］。

②早川批判説その1―貴族層⇔天皇説

太政官―八省の統轄関係とは別に，直接各役所と天皇との結合関係が有り，それを古い特殊な局面の残存とみる。

ⓐ吉田孝説

吉田は太政官が天皇の恣意を制約した面を認めつつも，天皇と畿内豪族層（その権力機関としての太政官）との関係は並列的な権力の強弱関係の問題に還元はできず，畿内豪族層に共立された司祭者的首長として超越的地位にあり，直接執政者としての性格が薄く，権力行使の主体たる太政官（畿内豪族の権力機関）と役割分担をしており，権力をめぐる対立関係にはないと考えた［吉田 1983］。

ⓑ大津透説

大津は，律令制自体が古い大和王権あるいは畿内豪族を中心とする氏族制の要素を残すとみた。合議体としての太政官は，旧来のあり方（族制的原理）が残ったもので，律令太政官の原型ができたのは持統朝であり，天武朝の納言に議政官の性格はなかったが，持統朝に大夫合議制的なあり方にもどって成立したとみる［大津 2000］。そして大化前代において，大王即位に際し神璽奉上した主体は群臣＝畿内豪族であるから，即位式は畿内豪族による大王を中心とする神話的氏姓的秩序の確認の場であり，大夫層によって皇位は認められたという面があるという。律令制期において天皇と五位以上官人とは特別の関係にあった。具体的には天皇が五位以上官人に神話的・呪術的意味を担った霊の分与として位階・礼服・礼冠を与えて人格的結合を強め，節会などで共同体的意識を共有していた。したがって，天皇制の存立基盤は五位以上官人集団（畿内豪族・大夫層）であるから，彼らの代表者である議政官組織＝太政官と天皇との関係も基本的には相互依存であり，強い緊張関係を想定するのは正しくない［大津 1994］。

③早川批判説その2―貴族層＜天皇説

ⓐ石母田正説

石母田は，関晃説のうち天皇権力が絶対的ではなかったとする部分を継承して「貴族的王制」論を提唱した［石母田 1962］。大化前代に王権を中心に結集した畿内・近国の首長層すなわち「臣連」または群卿・大夫層は，律令制国家においては整然たる国家機構と官僚制をもつにいたる。太政官はそのなかで議政官の地位を占有した世襲的閥族としての官人貴族層の「城塞」としての役割を果たし，君主の統治権を制約した。唐と異なり政策の審議・決定の権能とその執行の権能とが，太政官というひとつの機関に集中され統合されているので，君主権に対する官人貴族層の相対的地位がより強い。君主の統治権が，支配階級の共同機関としての国家機構，貴族階級の城塞としての太政官・八省によってそれだけ制約されており，国家が天皇制の一部分を機構内に編成したといえる。

しかしその一方で，関晃説の貴族共和制論は明確に否定し，太政官といえども天皇の専制を排すものではないとして，国制全体の中の太政官の位置づけを相対化した。天皇固有の大権事項として官制大権があり，太政官は自己の機関の構成を決定する権限をもたず(太政官自身の構成を自決できない)，その合議体は「自立的」なものでなく，天皇の大権に依存する「他律的」な合議体であったとみている。律令官僚制に結集する豪族勢力こそが他律的であった［石母田 1971］。

ⓑ長山泰孝説

律令国家の本来的政治形態である有力貴族による合議体制が，8 世紀初頭以降崩れて天皇専制あるいは特定貴族による専制への傾斜が現れてくる。王権と貴族権力との一定の対抗関係が存するにせよ，その主体はあくまで王権の側にある。8 世紀において継続的に議政官となった氏族は少数であり，議政官人事の実際は貴族の自立的決定ではなく，王権の意思に左右された。つまり，大化前代以来の伝統貴族の枠内ではあるが，王権との個人的なつながりを重視して天皇政治を安定的に支持すべき基盤として選択された氏族が議政官になったので，貴族による自立的な決定ではなく，政治的・社会的地位や実力で一義的に決定されたものでもない。つまり，国家機構の創出に関しては，階級としての共同利害を実現しようとする官人貴族層の志向が公的，王権が私的なのではなく，むしろ王権こそが公的な性格を担う存在であり，官人貴族層は個別的利害にとらわれるので，自身の力によって国家機構を創出することは困難であるから，それを自らの権力の拡大を志向する王権に委ねることによって，彼ら自身の共同利害を守る国家機構をもつことが可能になったととらえた［長山 1992］。

ⓒ佐藤宗諄説

天皇が独自の政治権力―大権をもち，天皇の私的機関が公的な官僚機構の中に編成されたことは，律令国家における天皇権力の強さ，貴族勢力の弱体を示す。太政官での諸氏族の政務が合議制であっても，天皇権力を侵害しない範囲であって，詔勅の作成過程，内印の存在などに天皇の権限の保持が示されている［佐藤 1975］。

④早川批判説その3―貴族層<天皇説＋貴族の城塞としての議政官組織否定説

ⓐ吉川真司説

律令太政官制と合議制を検討し，律令国家の太政官の合議機能は，大夫合議制の伝統の上に，最終決定権を有さなかった唐の合議制（「議」の制）と宰相制を継受して形成されたもので，早川が重視した勅任官の詮議も，議政官が天皇の輔弼官として行ったにすぎず，詮議権を議政官が掌握したと解する必要はない。すなわち，合議制は君主制の一部として評価可能で，合議体が存在するからといって，君主制が制約を受けていたとはいえず，君主制とは対立しない。律令国家に「貴族制」的要素を検出するのは困難で，君主制が実質的・規範的に貫徹しており，太政官・合議制はあくまでその枠内で機能した［吉川 1998］。

ⓑ倉本一宏説

大化前代には特定範囲の氏族の代表が参加する国制を審議する合議体が国政を領導したが，8世紀の議政官構成を検討すると，「大化前代以来の有力氏族の代表1名ずつで構成され，貴族勢力の総意を結集するための城塞として機能した議政官組織」という図式は成立しない。6世紀以来の有力氏族は，7世紀末までは国政の重要部分を占めていたが，律令制成立を機に議定の場から後退，五位程度の官人を出す特権階層に留まることが制度的に保証されたのと引き換えに，藤原氏が議政官の大部分を占め天皇家と結び付いた権臣となることによって行われる太政官政治領導を支配者層の総意として容認し，その下に支配者層として結集することに妥協した。律令制成立の時点で，藤原氏が王権の一部と身内的結合を結び，連続する世代において議政官や権臣を出し続けることが約束されており，他の氏族は蔭位制が逆に官人としての地位を低下させ，議定の場から徐々に排除されていくことが決定されていたと考えた。つまり日本の律令国家における太政官会議の本質は，大化前代の実質的に機能した氏族合議体の国政主導が7世紀後半に骨抜きにされたものであり，有力氏族の代表による合議体ではなく，天皇および天皇とミウチ的結合を構築した藤原氏とが共同で太政官政治を主導したもので，律令制下においては大化前代以来の旧豪族代表による氏族合議体や天皇権力に対抗する「貴族勢力」は存在しなかった，とみている［倉本 1991, 1997］。

以上，マルクス主義的な天皇—専制君主論を批判する関・早川説登場以後，近年に至るまでの学説を概観してきたが，太政官における議政官合議制が，大化前代の大夫合議制の継承したものではあっても，8世紀初頭以後は，構成員たる議政官氏族も大化前代以来の伝統貴族全体ではなく，あらたに王権によって選択された貴族であり，議政官の地位を継続的に占有した氏族は限られるので，彼らが全貴族層の意思を代弁したか疑わしく，貴族層が利害関係を共有しえなくなっていた。しかも太政官が自らの構成を自決できず，政策の最終決定機関というより天皇の諮問機関の性格が強くなっており，天皇の統治権を制約する面は小さく，君主制の一部としての合議制であり，合議体としてはすでに形骸化し骨抜きにされていたとみる説が有力となっているようである。しからば骨抜きにした主体は誰であろうか。

B　貴族層における藤原氏の権勢

Aでは，律令体制の中での天皇と貴族層との関係を直接に対比的にとらえる面から単純化して諸説を整理したが，その際に注意を要するのは貴族層の内実であり，7世紀後葉から8世紀における藤原氏の勢力の評価である。藤原氏の利害は他の貴族層と同じ側にあったのか，王権側にあったのか。他の氏族を出し抜いて天皇家の外戚となり他氏を排斥していった歴史の結末は明らかとして，それが律令体制の形成期から制度的に保障されたことだったのか否かが問題である。藤原氏の権力の評価が，貴族層総体のとらえ方を大きく左右する。既存の説には4者がある。

①藤原氏策謀史観－二神約諾史観

上山春平は藤原不比等の主導性と政治的力量を強調し，彼の政治的野望を想定する。大宝律令の制定や平城京への遷都，平城宮のプランや内部構造の決定など，国家制度整備の背後に不比等の指導を大きく評価した上で，天皇家の外戚となり天皇をコントロールし，弱小だった藤原氏の先祖が大きな役割を果たす記紀神話を編纂した点に藤原不比等の恣意を考える［上山 1972, 1977］。

倉本一宏は，持統天皇と不比等およびそれぞれの子孫が皇統と輔政を継承することが決定した時点で発生したミウチ性が藤原氏の本質であるとする。すなわち持統が自己の皇統（天武嫡系でなく天智－持統系）の存続のために，皇親を遠ざけ，皇位継承件のない安全なミウチたる藤原氏を自己の皇統の後見者とした時点で，持統系天皇家とその母方集団たる藤原氏がミウチとして結合して国政中枢部を形成し，その周囲に畿内を基盤とする貴族層や皇親が，内部的には分裂しながらも，被支配者層や畿外勢力に対しては支配階級として結集しながら取り巻くという二重構造が確定したとみる［倉本 1997］。

②王権意思説

①を批判する。河内祥輔は，藤原氏の母氏である中臣氏は中流貴族で，しかもそこから分氏したばかりの弱体藤原氏の藤原不比等を登用した主体として，王権の意思で説明する［河内 1986］。長山泰孝は，河内説を支持し，そもそも中流貴族の中臣氏から分氏したばかりの弱体藤原氏の不比等を登用し，8世紀を通じて諸氏族中第一等の地位を築かせたのは王権の意思であり，藤原氏の権勢は王権を離れては存在しえなかったと考えた［長山 1992］。

③支配者層共通利害説

①②をともに批判する。水林彪は，当時の国制は不比等の意思や天皇の恣意がそのまま通用するようなデスポティズムではなく，当時の支配層の共同利害にもとづく共通理念が，歴代天皇や不比等の意思をあらしめ，人々にそ

れを納得もさせたとみる。その共通理念とは，7世紀末に出現した律令国家という新しい政治体制の意味を語ろうとする政治思想であり，それが支配層の共同意識として形成されたのは，中国を中心とする古代帝国主義世界への対応という国際的契機を主要因として畿内王権が畿外在地首長層を以前よりも強い統制下に置いて緊密に統合された統一国家を形成し，それを王権と畿外在地首長層との共同体として編成する必要性からであったという［水林2001］。

④二神約諾史観批判

①を批判する。吉川真司は，二神約諾史観（現実世界における藤原氏の国政補佐の根拠は，天照大神が天孫降臨に際して中臣・藤原の祖である天児屋根命に近侍・護衛を命じたからであるとする考え方）およびそれに類した，藤原氏の始源において天皇家との約諾がなされ両者の特殊な関係が発達して後の摂関政治を生み出したという考え方を批判し，藤原氏がキサキを出すミウチ的親族集団というだけで発展したのではなく，鎌足以来の累代の天皇家への奉仕と功績，とくに鎌足・不比等の「文明化の前衛」＝儒教と仏教を思想的基盤とする律令制の整備＝新しい国家体制の構築，に対する功績が有利な初期条件となって婚姻による天皇家との密着をもたらし，それが時々の政治状況の中で再生産されたと考えた［吉川1995］。

②説が抽象的に述べている王権を持統系皇統（天武嫡系でなく天智―持統系）を核とするものとすれば①と大差なくなってしまう。たしかに8世紀における藤原氏の権力の評価については，結果を先取りした予定調和説に陥る危険があるので，吉川の批判に従うべきであろうが，天皇家との婚姻関係やさまざまな奉仕と功績，蔭位制などの制度的な裏付けがあっても，有利な初期条件で藤原氏の権力の永続が100％保証されていたわけではないから天然痘の流行による房前・麻呂・武智麻呂・宇合の急逝と藤原氏勢力の一時的後退や，道鏡と孝謙太上天皇との個人的結合の出現によって仲麻呂の専制体制があっけなく敗退した例を引くまでもなく，歴史の展開の中で勢力が潰える可能性もあった。また天武系王統も現実に称徳で途絶えたわけで，藤原氏にせよ天皇家にせよ，権力核の永続を図るためには，それを取り巻く貴族層の

取り込みと共同幻想の醸成が不可欠であっただろう。この視覚の中で大嘗祭などの宮廷祭儀を考えることができる。

Ⅲ　大嘗宮の移動をめぐって

A　朝堂院という場の性格

ⅡA・Bで概観した太政官の性格，藤原氏の権勢に関する諸説を通覧すると，奈良時代において，必ずしも大化前代以来の有力氏族が常時議政官を占めたわけではなく［長山 1991］，律令体制の確立期であった7世紀末〜8世紀初頭において藤原不比等が，国家制度整備に多大な能力を発揮し，さらに天皇の外戚となったことに起因する藤原氏の優位性の形成とその維持，他氏の衰退が奈良時代を通じて進行したことは確かである。しかし律令制形成期においては，天皇制は畿内の有力氏族に支えられており，彼らの勢力均衡の上に立った共同体制こそが律令体制上の健全な政治形態であり，それは朝堂院における有力貴族の合議制によって運営されるという建前が了解されていたのではないか。それは藤原氏の優位性の顕在化と反比例して形骸化していくが，議政官を出す母体たる有力氏族の共同体制の政治的意義は，淳仁・称徳朝において一氏族あるいは一個人（藤原仲麻呂・道鏡）への権力集中の危険性が顕在化するたびに再認識された［長山 1992］ように意識され続け，権力核の藩屏としてその周囲に諸氏族を結集させるための共同幻想として維持されたのではないか。そして大規模な儀式を挙行する朝堂院（十二堂院）は，共同幻想を再生産する場であり，そこが太政官院と呼ばれたのも，律令制成立当初の有力貴族による共同体制の共同性の象徴として存続したからではないか。

広大な朝堂院を有した宮は，律令体制形成前の難波長柄豊碕宮で出現した。この広大な宮は，縦割りの部民制的徴発を改めた評制に基づく物資・労働力の徴発が現実的基盤となって完成できた［吉川 1997］。そもそも朝堂院は，議政官を中心とする五位以上の官人の侍候空間であり，彼らが朝堂に侍候して天皇の下命を待ち，また上申される国政案件を審議した。また諸官人が官司ごとに着座し国制を処理した。大化前代とくに推古朝の大王宮では大臣・大夫が閤門外の朝堂に侍候して国政を執った。大臣・大夫の直接の後身は議政官であるが，大臣・大夫の政治的役割は，議政官に限らず五位以上官人に広く継承されたので，朝堂院の起源は大化前代の朝堂に求めることができる［吉川 1996A］。

難波長柄豊碕宮では，14 棟以上の朝堂を配した大規模な空間として朝堂院が成立した。このような広大な朝堂院の空間は，大化前代の大夫合議制を継承する場として必要だった。当然太政官制の成立前であるが，大化 5 年に「八省百官」が発足したとされ，彼らが口頭決裁を中心とする政務を行う場として広大な空間が必要になった［吉川 1997］。

このような大空間は，天武の浄御原宮ではみられぬものの（その理由が浄御原宮の狭隘さという物理的要因によるのか，大夫合議制的性格の後退という天武朝固有の要因によるのかは検討の余地がある），藤原宮・平城宮前期・平城宮後期・長岡宮・平安宮と面積を減少させつつも継承された。太政官の成立以前と以後とで十二堂院の基本的構造が変わらなかったということは，政務の場として変わらなかったということであり，有力氏族＝五位以上官人が政務・儀式に集合する場の必要性が健在であったことによるのであろう。

そして，朝堂院の奈良時代前半の呼称は不明であるが，奈良時代後半においてことさらに「太政官院」と呼ばれたのは，合議に参加する議政官を出す母体たる有力氏族が集合する場としての十二堂院の政治的意義が，実質が形骸化しつつあった時期にかえって再認識されたからではないか。光仁・桓武両天皇による藤原氏の勢力抑制と他有力貴族の登用は，ある程度藤原氏の勢力を抑制して諸氏族共同体制を回復することを目指していたという［長山 1992］。しかし，太政官院の侍候機能が内裏に吸収され，朝堂での口頭政務が曹司に移行すると［吉川 1996A］，太政官構成員の侍候施設でなくなりもっぱら儀式の場と化したことによって太政官院の呼称を失い「朝堂院」と呼ばれるようになった。

B　大嘗祭の性格

五位以上官人の出身母体としての有力氏は，政権の中における自らの地位の正当性の根拠を，始祖以来代々王権に奉仕し政治的地位と職掌を継承してきたことに求め，『古事記』や『日本書紀』の形で正統化された王権神話の中での始祖の活躍に求めた。そこに登場する氏は『古事記』や『日本書紀』を編纂した当時において現実に政権中枢を占めていた有力な氏であって，それぞれ独自に別々にもっていた神話を王権神話と結合させ，自分の氏の始祖を王統譜と結合できた氏であった。

朝堂院の朝庭で行われた代表的な儀式が大嘗祭であった。なぜ大嘗祭が基本的には平城宮の東区朝堂院で行われたのか考えてみよう。そのためには大嘗祭の本質が重要となるが，それについては，皇位就任儀式―聖性付与説，服属儀礼説，皇位就任儀式―呪能獲得説に大別できる。

神話と祭式との関係については，決して単純に神話が祭式から発生したとはいえないが，西郷信綱は，古事記の神代の物語については，王権の縁起をかたる聖なる神話として祭式に基礎付けられており，祭式との間に弁証法的関係をもち，両者が日本古代王権の政治的・魔術的過程の二つの側面であるとみている。そして，神代の物語は何らかの祭式行為と関連を有するが，祭式の単純な反映や説明ではなく，また祭式を原因とするのでなくモチーフとしている関係にあるとする［西郷 1967］。

①皇位就任儀式－聖性付与説

折口信夫が，大嘗祭に対応する祭儀神話を天孫降臨神話とみなし，大嘗宮に設けられた神座の寝具を，天孫降臨の際にニニギがくるまって降った真床覆衾にあて，この寝具（物忌みのための寝具）に新たに就任した天皇が籠り，それによって「天皇霊」を体内に取り入れたと説いたのが震源地である［折口 1930］。この説は大嘗祭研究に深甚の影響を与えた。たとえば，西郷信綱は，天孫降臨時にホノニニギが生まれたての嬰児として真床覆衾にくるまって天降ったのは（紀本文，一書〔第四〕），大嘗殿において神座（カミクラ）で衾（子宮の羊膜を象徴）にくるまり臥す所作を演じ，天照大神の子としてこの世に再誕しようとする模擬行為を行ったことの神話的表現であり，歴代の天皇がみなホノニニギであるのは，モータルな存在としての王が世々交代することによって王権を永遠化しようとする王権の論理であることなどを指摘し，天孫降臨と天の岩屋戸は同根の話であるとした。つまり，大神の岩屋戸ごもりのあと，八百万の神々が天の安河原に集い大々的に祭りをしたという次第がモチーフとするのが，天子の魂に活を入れる鎮魂祭のみを下地にするのではなく大嘗祭であること，岩屋戸ごもりという行為の意味は，天子が大嘗殿にこもって死と復活の擬態を演じ，新しい君主が春とともに誕生する秘儀としての大嘗祭ぬきには理解不能であり，同じ大嘗祭が，冬至の太陽の復活を主にする話と，王の誕生＝即位を主にする話とに分かれて説話化されたととらえた［西郷 1967］。つまり，祭式的行為が神話に変ずることを重視しているわけであり，神話の創生にさきだつ祭式の存在を前提としている。また三品彰英は，折口の真床覆衾と天皇霊に関する論には賛成していないが，天孫降臨神話が大嘗祭の原義を語るものと認めた上で，大嘗祭と天孫降臨神話との発展段階の有機的関係を論じ，大嘗祭の原態は新天皇が新穀をみずから食し稲魂と融即する儀礼とみた［三品 1973］。

②服属儀礼説

これらの説について岡田精司が強く批判し［岡田 1983］，大嘗祭の中心である大嘗宮での神事の核心は神饌親供と聖婚であり，豊明の宴も不可欠であるが，天孫降臨神話にはそれらの場面はなく，大嘗祭は記紀神話に影を落としておらず，他方で大嘗祭には王者としての聖性付与，王位を象徴する宝器の付与といった，王位継承に不可欠な儀礼行為が含まれていない点で王位就任儀礼にふさわしくないと断じた。とくに折口説で大嘗祭における聖性付与装置とみた神座寝具＝真床覆衾（天皇霊付着）説は実証的裏付けを欠くとして批判し，寝具は聖婚儀礼のためのものであるとし，むしろ天孫降臨神話にみられる高千穂峰，宝器授与，五伴緒の随伴，武将神の先導などの要素は，律令以前の大王就任儀礼とそれを継承した律令制の即位儀における高御座登壇と宝器奉献を中心とする次第と対応しており，天孫降臨神話は即位儀の祭儀神話として成立したと主張した。そして，大嘗祭は5～7世紀の王権儀礼としての収穫祭＝新嘗を基盤として浄御原令においてあらたに成立したとし，即位儀以外にもう一つの就任儀礼を設定した理由は，律令制以前に行われていた地方国造層の食物献上を媒介とした服属儀礼に代わるものとして，天武朝に「律令的国郡制」に対応する服属儀礼が必要となり，また即位儀の唐風化によって伝統的様式の就任儀礼が新たに必要とされたと考えた［岡田 1983］。この岡田の説は即位儀礼としては践祚儀のほうが大嘗祭より古く，大嘗祭をむしろ新しくみるものであった［吉村 1989］。

大津透は，大嘗祭を，悠紀・主基国に卜定された畿外の国から献上された新穀を天皇に食べてもらうことによって，天皇が畿外を「食国」として服属させるという関係を象徴する儀式とみる。そして，大化前代には四方国の多くの国造が儀式に参加したと推測し，畿外の国造全体が天皇に服属することを象徴的に意味し，天皇の即位を保障した儀式ととらえている。儀式の場の形態や式次第が奈良時代以降のようなものに定まったのがいつか言及してはいないが，儀式自体は大化前代に遡る古いものとみている。そして，律令国家の地方支配の前提には，地方豪族の服属奉仕があるとし，彼らの服属の神話での理由付けを，オオクニヌシの国譲り神話とみた。そして，奈良時代を通じて出雲国造だけが新任時や遷都時に神賀詞の奏上を行うのは，前代の遺制というよりか，出雲の神が国ツ神を代表して天ツ神に服属したオホクニヌシの国譲り神話をふまえ，それを演じて実体化したという意味があるとみた［大津 1999］。神話を前提にした儀式化とみる点では折口・三品説と近いが，該当する神話を国譲り神話とする点が異なるのである。

③皇位就任儀式—呪能獲得説

岡田精司の説では大嘗祭を確実に反映した神話は存在しないとみるのに対し，水林彪は，松前健らが提唱した海神宮（わたのかみのみや）神話に大嘗祭の儀式との類似を指摘する説［松前 1970］を受けて，海神宮神話こそが大嘗祭の祭儀神話と断じ，天神御子が海原を服属させ自然制御に必要な海の呪力を獲得する物語が王権の形成に決定的に重要であったため，それを祭儀神話とする大嘗祭が皇位就任儀式になったとした。さらにそれだけでなく，大嘗祭に含まれる悠紀・主基両国からの稲の献上の儀式と，辰日・巳日・午日の儀式（食物の献上と臣下への下賜），は，天神御子が葦原中国を服属させる大国主神の国譲り神話と神倭伊波礼毗古東征神話を祭儀神話とし，さらに天神御子・天皇が在地首長の娘と聖婚して地上の王となるのに必要な葦原中国の呪力を獲得する闕史八代の物語を祭儀神話とすると説いた。そして，皇位就任儀式の中に践祚と大嘗祭がある理由は，天神御子が獲得すべき呪能には大地・水・稲といった自然制御のための呪能とともに，武力・祭祀といった政治的支配のための呪能があり，それぞれにそれを獲得する物語と儀式が必要であったことによるという［水林 2001］。

水林は，神倭伊波礼毗古の東征物語を大嘗祭の辰日・巳日・午日の儀式の祭儀神話とみなすにつけて，東征物語が表象するその儀式の目的を①畿外の諸勢力が畿内王権としての天皇王権のもとに服属することを示すこと，②天皇と天皇王権を支える臣下たちとが「共同体」を形成することと考え，その推論を導いた根拠として，①悠紀・主基国が一貫して畿外から選ばれたこと，②悠紀・主基国からの献上物が五位以上の臣下＝中央官人に対して下賜されたことをあげ，それが『古事記』編纂の頃の実際の国制を反映しているとみた。その国制とは，関晃［関 1952, 1954, 1976］・早川庄八［早川 1978, 1984, 1986a, 1986b］・大津透［大津 1985］らが考える律令国家論を水林が受容し「複合国家的律令国家論」と呼んだもので，①「畿内国家」を盟主とする「地域的小国家群」から構成される「複合国家秩序」であり，「天皇王権」は「畿内国家の王権」という側面と「全律令国家」の王権という側面との二重の性格を有し，②盟主としての「畿内国家」の内部構造はデスポティズムではなく畿内豪族層が天皇王権を強く拘束する貴族制的国制であるとされた［水林 2001］。

大嘗祭を王位就任儀礼とみる説はかつて有力であったが，上述の学説整理でも示したように今日では疑問が呈されており，岡田精司・大津透・水林彪の説のように服属儀礼とみるのがより妥当なのであろうが，大津透が注目した「食国」の服属の側面と共に，天皇が統治すべき国土を対象として認知することの祭式的表現としての側面も無視しがたいと思う。さきに大津が出雲国造の神賀詞の奏上を国譲り神話の実体化として評価したことを述べたが，これを参考にすれば大嘗祭は，律令国家による全国支配を正当化する政治性が強烈な祭式であり，大化前代に遠く遡る古拙な祭式とみるよりか，7世紀後半における国家機構の急速な整備と並行して，天孫降臨神話・国譲り神話などの体系化を前提に，あらたに創出された儀礼とみるのが順当である。その意味で神話と儀礼のパラレルな形成が明らかな貴重な例であり，儀礼執行の場とその形成・整備過程が大嘗宮遺構の変遷として考古学的にも物証をもって把握できるという，まさしく稀有な例であり，その意味でも藤原宮跡における文武・元明大嘗宮の発掘調査が渇望されるのである[補3)]。本章で明らかにした悠紀殿・主基殿非重複40尺移動などの原則はすでに確立していたのであろうか。

C　大嘗祭の十二堂院での挙行理由

藤原宮まで，朝堂院は12棟ないしそれ以上の堂を配する院だけであったが，平城宮に至って，4堂を配する中央区朝堂院と12堂を配する東区朝堂院が並列する構造に変わった。両者の並列の事情については，今泉隆雄の研究があり，四堂院はおもに儀式・饗宴の場であり，着座は位階の論理により，五位以上が第一堂，六位以下が第二堂に座す。十二堂院は聴政といった政務の場であり，着座は官職の論理により，12棟の堂それぞれに官司ごとの座がある［今泉 1984, 1989］。

このように朝堂院には機能に応じた二つがあるが，大嘗祭が奈良時代前半・後半を通して，四堂院のほうではなく，ことさらに十二堂院で挙行された必然性を十二堂院の性格から解明する必要がある。十二堂院は難波長柄豊碕宮で出現した14棟以上の朝堂を配する朝堂院を起源とする日本独自のもので，王権に奉仕する諸々の氏が職務ごとに集まり政務を行う場であった。その十二堂院が奈良時代後半には太政官院と呼ばれたが，その理由はⅢAですでに述べたように，議政官を出す母体たる有力氏族の共同体制の政治的意義が，形骸化が進行する中でも天皇や貴族層に意識され続け，十二堂院で挙行される盛大な国家祭儀は，権力核の藩屏としてその周囲に諸氏族を結集させるための共同幻想を再生産する場であり，そこが太政官院と呼ばれたのは，律令制成立当初の有力貴族による共同体制の共同性の象徴として意識され直したからであろう。

大嘗祭が執行される中で，諸氏族が控える場の中心で，天皇が聖性を付与されたり，呪能を獲得したりする……天孫が神々を伴って海原や葦原中国を服属させ，地上世界を支配する正統性を獲得した神代の出来事が再来する。そういった場面に登場する神々は，現実に５位以上官人を輩出した氏族の祖先神と意識されていたのだろう。

朝堂院すなわち太政官院は，広大な朝庭の周囲に，政権を構成する諸氏族が職掌ごとに座す建物を配する構造をもち，諸氏族が各職掌＝奉事根源に奉仕する古い姿を観念的に留める場であった。つまり十二堂院は律令国家の国家秩序を象徴する場だった。大化前代の大夫合議制の記憶を留め，骨抜きにされたとはいいながら厳然と続いている議政官合議制が展開する場であった。議政官たちの出身母体（氏族）は，神話世界で天孫の眷属として重要な役割を果たした神々の末裔であり，国家祭儀で彼らが十二堂院に集うとき幻想の共同体パンテオンが地上に再現されたのであった。したがって，神話を再現する祭儀は，そのような場所で挙行される必要があった。

それに対して四堂院は，難波長柄豊碕宮・藤原宮にはなく，平城宮から出現する起源の新しい施設であり，しかも官人が位階の論理によって着座する場であるから，上記のような内容の神話の表現の場としてはふさわしくない。四堂院は大嘗祭の午日の宴の場所であったと推定され，十二堂院と並行して宴を設営する必要があったといういたって現実的事情もあろうが，上記のような原理が貫徹する場であり，そもそも大嘗祭にはふさわしくない。ではなぜ称徳は四堂院（中央区）に大嘗宮を設けたのか。本章の最後で答えよう。

D　大嘗宮の属性の形成

①ずれていく大嘗宮

大嘗祭の儀式としての重要性にもかかわらず挙行主体が神祇官ではなく格が低い国司・郡司であり，仮設の質素な建物でなされた理由について，水林は大嘗祭が「諸地域小国家の王権」が「天皇王権」に服属することを示す儀式であり，帰順者として支配される側から行う儀式であったからと考えた［水林 2001］。これは天武が新しい服属儀礼として，毎年の新嘗に際して悠紀・主基の斎田を設定し，国郡司以下を奉仕させようとしたのに起源する［岡田 1983］。私は，仮設の質素な建物でなされた理由については，そのたびごとに，この世の始原，最初のこととして演出される必要があった――アルカイスムスが標榜された――からであると考えたい。この観点を導入すれば，ⅠＤで述べた，大嘗祭が新たに挙行されるたびに大嘗宮が意図的にずらされ，特に悠紀殿・主基殿を前回と重複しないように40尺移動させる原則を（桓武を除いて）遵守しようとした理由が判明する。すなわち，歴代の天皇が皆，天神御子として，聖性を付与され，呪能を獲得し，神々を伴って海原や葦原中国を服属させ，地上世界を支配する正統性を獲得する……時間を原初に戻し太古の混沌の中からあらたに代を創め，モータルな存在としての王が世々交代することによって王権を永遠化するためには，既設の施設を用いずに大嘗祭のたびに黒木造りに草葺の「原始的」殿舎を設け，そのたびごとに最初のこととして演出するために，正殿は過去の記録に基づいて前回の正殿位置を現場で確認し，重複しないように細心の注意を払って「新たな」場所に設けることが不可欠であったのであろう。もちろん偽のアルカイスムである。そうとう強引な理屈付けであることは重々承知しているが，一つの考え方として提案したい。

議政官合議制が骨抜きにされ形骸化しても，藤原氏の寡頭制がどんどん進行していっても，建前としての大夫合議制は残り，神話や儀礼，歴史を資源として動員しつつ偽のアルカイスムとして，大嘗祭はプリミティヴな装いで始原への回帰であるかのように挙行された。

では何ゆえに桓武は，従前の原則を破ってまで，大嘗宮正殿を光仁大嘗宮正殿と大きく重複させたのか。しかも桓武大嘗宮は細部に至るまで光仁大嘗宮を模倣した節がある。これは，天武系に替わる新王朝樹立の意識を強くもっていた［滝川 1967；林 1972；早川 1984, 1987；清水 1995］とされる桓武が，復活した天智系王統の始祖としての光仁との血統的つながりの具体的表現をきわめて重視したからであろう。

②廻立殿の成立[補4)]

廻立殿は，悠紀殿・主基殿に入る前に湯浴みをし，浴槽の中で天の羽衣を着して天上の身分に変身する場であった［西郷 1967］。ＩＥ①で述べたように平城宮では，中央区で１棟，東区で６棟の候補がある。そのほかに，町田章が大極殿院閤門のごとき常設の建物でも，儀式の際だけ聖化して廻立殿として用いた可能性を述べたのに対し，浅川滋男は，大嘗宮建物が仮設建物に一時的に聖性を付与することが重要であり，常設のしっかりした閤門を廻立殿にあてることに疑問を呈した［奈文研 1992］。大嘗祭では，時間を原初に戻し太古の混沌の中からあらたに代を創めるために，既設の施設を用いずに大嘗祭のたびに黒木造りに草葺の「原始的」殿舎を設けることにこそ意味があったという説［西郷，1967］に従えば，大極殿院閤門＝廻立殿説は成立困難だろう。平城宮の廻立殿候補中のいずれが廻立殿になるにせよ，奈良時代には廻立殿の構造や規模，大嘗宮との位置関係は一定していない。大嘗宮本体が細かいところはともかく『儀式』から復元された大嘗宮と大差ないのに比して際立つ特徴であって，儀式中で廻立殿にかかわる部分が，自由度が高く定型化が遅れたことの反映とみられ，廻立殿を使用する部分に関する規範が，他の部分より遅れて奈良時代の中でしだいに整備されてきたことを示す可能性があろう。

かつて折口信夫は，「天子様の復活祭」を悠紀殿・主基殿の２カ所で行う必要性に乏しいことから，本来は廻立殿が天皇の物忌みのための御殿であって，そこでなされた復活の行事が，二次的に悠紀殿・主基殿へ移っていって幾度も復活の式をするようになったと考えたが［折口 1930］，大嘗宮遺構の状況からすれば，廻立殿にかかわる部分が先に成立していたとは考えがたい。これは，廻立殿における鎮魂復活あるいは聖婚儀礼をより本源的と考える折口説には不利であろう。

③称徳大嘗宮の異質性

称徳大嘗宮は，規模構造は平城宮内の他の大嘗宮と大差ないが唯一中央区に設けられた。称徳が中央区にこだわった理由は，天平宝字６（762）年以降に淳仁と激しく対立した経緯から淳仁大嘗宮の場を忌避した可能性，および中央区に造営された西宮を自分と道鏡の権力の拠点にしようとしていたことによるのであろう。あるいは，称徳は自分の重祚を契機に大嘗宮の場を中央区へ移し，以後の固定を企てたのかもしれない。中央区朝堂院での最初の大嘗宮であるから，東区朝堂院最初の大嘗宮である元正大嘗宮にならった位置に置くことにこだわった結果が，ⅠＥ②で述べた異様な距離の一致ではないか。すなわち，中央区朝堂院北端の段から称徳大嘗宮北面宮垣までの距離が，南門階段縁からは134尺，回廊基壇縁からは147尺という端数のある数値であるが，東区朝堂院における元正大嘗宮の位置を本来時期が違うはずの上層遺構から測ると，大極殿院閤門南面階段縁から134尺，回廊基壇縁からは147尺となり，端数のある数値がぴったり一致している。称徳が，元正大嘗宮を意識したのは，かつて皇太子時代に，元正太上天皇の詔を受け聖武からの皇位継承の正当性を認められていた事情も関係しよう。しかし大嘗宮の中央区への固定は，道鏡の即位が阻止され，光仁が大嘗宮を東区朝堂院に戻したために実現しなかった。

それにしても，大嘗宮が中央区にも存在することは，ⅢＣですでに述べた考え方の破綻を宣告しているに等しいのであろうか。否である。孝謙は南薬園新宮で大嘗祭を営まざるをえなかったのだが，これは，父である聖武にならって「三宝子」たることを意識した孝謙が，十二堂院での執行を忌避したからとする説がある［瀧浪 1998］。称徳としての重祚に際して大嘗宮を宮内に戻したが，あえて東区を避け中央区に移した。中央区で可とした理由は上述の2点に加え，すでに出家した称徳がもはや神事と仏事の混交を忌避せずに出家者と在俗者を一緒に大嘗祭に奉仕させた点［瀧浪 1998］にも表れているように，称徳は貴族層の常識にあえて逆らおうとした節があるから，ⅢＣで示したような大嘗祭を十二堂院で挙行する貴族層の暗黙の了解などには頓着しなかったのであろう。しかし，権力核崩壊の危機を辛くも脱した藤原氏（永手・良継・百川・蔵下麻呂・楓麻呂ら）の推戴によって即位できた光仁が，大嘗宮を東区朝堂院に戻したのは当然であった。

謝辞

1997年5月12日，奈良国立文化財研究所（当時）考古第一調査室で，太政官についての私の拙い質問に対して懇切に答えて下さった古尾谷知浩氏に，あらためて感謝申し上げます。（2005年11月3日）

参考文献

池　浩三　1983『家屋文鏡の世界』相模書房
石母田正　1962「古代史概説」『岩波講座日本歴史1　原始および古代』岩波書店
石母田正　1971『日本の古代国家』岩波書店
今泉隆雄　1984「律令制都城の成立と展開」『講座日本歴史』2，東京大学出版会
今泉隆雄　1989「再び平城宮の大極殿朝堂について」『律令国家の構造』吉川弘文館
岩永省三　1996「平城宮」『古代都城の儀礼空間と構造』奈良国立文化財研究所
上野邦一　1993「平城宮の大嘗宮再考」『建築史学』20
上山春平　1972『神々の体系』中央公論社
上山春平　1977『埋もれた巨像—国家論の試み—』岩波書店
大津　透　1985「律令国家と畿内」『日本書紀研究』13，塙書房
大津　透　1994「古代天皇制論」『岩波講座日本通史4　古代3』，岩波書店
大津　透　1999『古代の天皇制』岩波書店
大津　透　2000「解説」早川庄八著『天皇と古代国家』講談社
岡田精司　1983「大王就任儀礼の原形とその展開」『日本史研究』245
小澤　毅　2003『日本古代宮都構造の研究』青木書店
折口信夫　1930「大嘗祭の本義」『古代研究・民俗学篇二』（『折口信夫全集』3，中央公論社，1966，に再録）
金子裕之　1987「平城宮」『古代を考える　宮都発掘』吉川弘文館
金子裕之　1996「大嘗祭」『考古学による日本歴史5　政治』，雄山閣出版
加茂正典　1983「大嘗祭“辰日前段行事”考」『文化史学』39
河内祥輔　1986『古代政治史における天皇制の論理』吉川弘文館
倉林正次　1971「大嘗祭の成立」『古代の日本』2，角川書店
倉本一宏　1991「氏族合議制の成立」『ヒストリア』131
倉本一宏　1997「議政官組織の構成原理」『史学雑誌』96-11
西郷信綱　1967『古事記の世界』岩波書店
佐藤宗諄　1975「律令太政官制と天皇」『大系日本国家史1　古代』，東京大学出版会
清水みき　1995「桓武朝における遷都の論理」『日本古代国家の展開』上，思文閣出版
関　　晃　1952「律令支配層の成立とその構造」『新日本史大系』2，朝倉書店
関　　晃　1954「畿内制の成立」『山梨大学学芸学部研究報告』5

関　　晃　1959a「大化改新と天皇権力」『歴史学研究』228
関　　晃　1959b「大化前後の大夫について」『山梨大学学芸学部研究報告』10
関　　晃　1976「律令貴族論」『岩波講座日本歴史』3，岩波書店
関野　克　1939「貞観儀式大嘗宮の研究上・下」『建築史』1-1・2
滝川政次郎　1967「革命思想と長岡遷都」『法制史論叢第二冊　京制並に都城制の研究』角川書店
瀧浪貞子　1998『最期の女帝　孝謙天皇』吉川弘文館
長山泰孝　1992『古代国家と王権』吉川弘文館
奈良国立文化財研究所　1985「第二次朝堂院地区の調査　第161・163次」『昭和59年度平城宮跡発掘調査部発掘調査概報』
奈良国立文化財研究所　1986「推定第二次朝堂院朝庭地区の調査　第169次」『昭和60年度平城宮跡発掘調査部発掘調査概報』
奈良国立文化財研究所　1992『第二次大極殿院検討会記録（1）』
奈良国立文化財研究所　1993『平城宮発掘調査報告XⅣ』
奈良文化財研究所　2005「中央区朝堂院の調査—第367・376次調査」『奈良文化財研究所紀要2005』
橋本義則・山岸常人　1991「書評　鈴木亘著『平安宮内裏の研究』」『建築史学』17
早川庄八　1978「太政官処分について」『日本古代の社会と経済』上巻，吉川弘文館
早川庄八　1984「古代天皇制と太政官政治」『講座日本歴史』2，東京大学出版会
早川庄八　1986A『日本古代官僚制の研究』岩波書店
早川庄八　1986B「天皇と太政官の権能」『日本史研究の新視点』吉川弘文館
早川庄八　1987「律令国家・王朝国家における天皇」『日本の社会史3』岩波書店
林　陸朗　1972『長岡京の謎』新人物往来社
保坂佳男　1984「朝堂院の変遷について」『慶応義塾大学国史研究会年報』5
町田　章　1986『平城京』ニューサイエンス社
町田　章　1989「平城宮の建設」『古代史復元』8，講談社
町田　章　1991「平城京」『新版古代の日本』6，角川書店
松前　健　1970『日本神話の形成』塙書房
三品彰英　1973『古代祭祀と穀霊信仰』平凡社
水林　彪　2001『記紀神話と王権の祭り　新訂版』岩波書店
吉川真司　1995「天皇家と藤原氏」『岩波講座日本通史』5，岩波書店
吉川真司　1996a「宮廷儀式と太極殿・朝堂院」『古代都城の儀礼空間と構造』奈良文化財研究所
吉川真司　1996b「朝堂と曹司」『都城における行政機構の成立と展開』奈良国立文化財研究所
吉川真司　1997「難波長柄豊碕宮の歴史的位置」『日本古代国家の史的特質』思文閣

出版
吉川真司　1998『律令官僚制の研究』塙書房
吉田　孝　1983『律令国家と古代の社会』岩波書店
吉村武彦　1989「古代の王位継承と群臣」『日本歴史』496
渡辺晃宏　2001『平城京と木簡の世紀』講談社

補記

筆者は九州大学着任前に奈良国立文化財研究所（当時）で平城宮跡の調査研究に携わっていた。数々の発掘調査を経験し，諸先輩・同僚諸氏の叱咤を受けつつ，狭隘だった視野をじょじょに広げ，自分なりの研究テーマを見出して勉強していたが，生来の怠惰が祟り，十分に追究する前に筑前国への移住を余儀なくされた。しかし古代国家のまさに中枢部の実態をつぶさに観察できた経験は，日本における国家形成過程とその特質を研究する上で，何物にも替えがたいものであった。奈文研で勉強させて頂いた成果を少しでも残そうと小稿を書いたが，内容はひどいものであり，ご叱正をお願いしたい。以下，若干の補足をしておく。

「はじめに」について。私は，古墳時代の首長権継承儀礼を大嘗祭と結びつけよと主張するものではない。むしろ逆である。赤坂憲雄が，昭和天皇の葬儀に際する一考古学者の発言……「古文献で学んだ古代の葬制を髣髴とさせ，皇室の強い伝統を感じさせた」……に呆れはてて再三批判している［吉本・赤坂 1990；赤坂 1993］。岡田精司も「考古学者の間では，大嘗祭を古墳祭祀や人物埴輪と結びつけて論じる傾向がある」と指摘する［岡田 1983］。偽のアルカイスムを古い由来のものと誤認しないように自戒したい。文化人類学の王権や儀礼にかかわる各種モデルが，コロニアル・コンタクトの影響で本来の姿を失った社会に基づいてつくられていることがあるので，安易に用いる前に点検が必要なようである。

ＩＣについて。小稿では大嘗宮の細部構造などを分析するに際し，報告書類に掲載された遺構図をコピーして貼り合わせ400分の1の図を作成してから建物間の距離などを測り，時期に応じて1尺＝0.294～0.296mとして天平尺に換算した数値を用いた。あまり正確ではないことは重々承知している。20分の1の実測野帳など生データを使用できる奈文研の諸氏には，ぜひとも再検討して頂いて，小稿の誤りを正し，より妥当な見解を導いて下さることを切望する。

ＩＤ①について。正殿40尺移動原則を継続すれば，いずれ大嘗宮は朝堂院第五堂にぶつかるので，それ以前に再び北上させざるをえない。東区朝堂院の場合，あと5回分しか収まらない。北上させるに際して正殿の重複をいかにして回避するつもりであったのか。淳仁大嘗宮のように中軸線を変えずに正殿だけ横にずらすなど，何らかの方策が平城遷都当初から考えられていたはずだが知るすべがない。平安宮においては，大嘗祭自体の型式化の進展によって，正殿の移動をやめて第二堂横に固定させるようになった可能性が大きいが，今のところ大嘗宮遺構の検出が望めないのが残念だ。

ⅢＡについて。脱稿後，古尾谷知浩から，十二朝堂と太政官は起源の上で結び付いておらず，十二朝堂に集まる人の属性は太政官のみではないので，律令制成立以前のあり方に引きつけて「太政官院」の名を説明するのは難しく，むしろ十二朝堂での太政官による最終決裁が定着した奈良時代後半に生じた名称とみるべきとのご指摘を受けた。太政官の意味にも広義・狭義の幅があるが，「太政官院」と呼ぶ場合の太政官を，大宝令での太政官―八省の階等制の成立を前提に，太政官に統轄される八省をも含み，さらには官僚機構に結集した貴族層を含む漠とした広がりをもたされた語と考えれば，その性格を奈良時代前半に遡らせうるし，さらに古い体制の記憶を呼び覚ます名とみることもできよう。奈良時代後半でも十二堂院で狭義の太政官のみが機能したわけではなかろうし，共同幻想の形成には曖昧さが必須である。

ⅢＢ①について。怪しい魅力で多くの人をとらえてきた折口信夫の大嘗祭論とくに真床覆衾論・天皇霊論に対する批判は枚挙に暇がないが，以下の文献を参考にすると，1909年に公布された登極令で創出された大嘗祭を古代宮廷神事の再現と信じた折口が，それを支えるイデオロギーの構築を目指した，帝国憲法下の「大嘗祭の本義」といえるようだ。なお折口批判論の中での岡田精司と岡田荘司の鋭い対立については，［赤坂 1990, 1993］［岡田精司 1992］を参照。岡田荘司が，天皇即神論と折口説を葬り，象徴天皇制に相応しい神格獲得と無関係の大嘗祭イメージの創出を目指したと指摘する。そして岡田（荘）説は，宮内庁が大嘗祭違憲という攻撃をかわす格好の助け舟となった［中村 1994］。

赤坂憲雄　1988『王と天皇』筑摩書房
赤坂憲雄　1990『象徴天皇という物語』筑摩書房
赤坂憲雄　1993『結社と王権』作品社
岡田精司　1983「大王就任儀礼の原形とその展開」『日本史研究』245
岡田精司　1989「解説　即位・大嘗祭研究の問題点（一）」『天皇代替わり儀式の歴史的展開』柏書房
岡田精司　1990「折口信夫の大嘗祭論と登極令」『仏教と社会』永田文昌堂
岡田精司　1992「即位儀・大嘗祭をめぐる問題点」『古代祭祀の史的研究』塙書房
岡田荘司　1989「大嘗祭―“真床覆衾”論と寝座の意味―」『国学院雑誌』90-12
中村生雄　1994「王権の儀礼と構造」『日本の神と王権』法蔵館
水林　彪　2001「世界関係の転回と天皇王権の形成」『記紀神話と王権の祭り』岩波書店
吉本隆明・赤坂憲雄　1990『天皇制の基層』作品社

ⅢＢについて。吉本隆明・赤坂憲雄の対談中で，（吉本）「平安朝以前の大嘗祭の記録ややり方」がわからなくて「僕はがっかりした」，（赤坂）「大嘗祭についての記録とか文献というのは，平安の半ば以降のもの」なので，「文献実証主義の立場を貫こうと思えば，古代の大嘗祭に関しては沈黙せざるを得ない」とある［吉本・赤坂 1990］。この対談時にはすでに平城宮跡で大嘗宮が発見され始めており，秘儀の終了後ただちに撤去され跡形もなくなったはずの大嘗宮の跡形が6回分も残っているのに，今日に至るまでの大嘗祭に関する議論の中で，平城宮の大嘗宮遺構を分析した文献史・宗教史・思想史学者がほとんどいないのは不思議なことだ。

ⅢＢの最後に述べた文武・元明大嘗宮の調査の必要性は，私の経験からいっても，実際に現場に立っておられる奈文研の諸氏は，はるかに尖鋭・鮮明な問題意識で，確固たる学問的問題意識に裏付けられた調査計画を立案し，日々の発掘調査の中で仮説の検証を積み重ね，都城制研究を推進しておられるわけであるから，私のような外野席の人間が那津官家からいう必要もないことではある（補注３参照）。

最初の大嘗祭を行った天皇が天武か持統か説が分かれているが，いずれにせよ彼らの大嘗宮については，飛鳥浄御原宮東南槨（エビノコ槨）の南側平坦地が有力候補地である。ここには小澤毅によって朝堂が想定されている［小澤 2003］。人家の建て込む場所で発掘調査は困難であろうが，調査の機会があった折には小規模建物にぜひともご注意いただきたい[補5]。

ⅢCについて。水林彪は，前期平城宮の中央区朝堂院を太政官管轄の「政」の空間（太政官朝堂），東区朝堂院を神祇官管轄の「祭」の空間（神祇官朝堂）とした（「平城宮読解—前期平城宮中央区・東区二元的秩序の意味—」『日本古代王権の成立』青木書店，2002）。しかし東区が，掘立柱・桧皮葺で建てられた理由は依然として問題だが，難波長柄豊崎宮や藤原宮の朝堂院を継承した「政」の場であることは否定できないと考える。本章では，その「政」の場で大嘗祭が挙行された事情を考えてみたのである。なお。養老令では神祇官の長官＝伯の位階は八省の卿の位階（正四位上または下）よりも下の従四位下であり，神祇官を太政官と対等の官司と考えるのは無理であるから，神祇官が，個々の祭祀はともかく東区朝堂院全体を管掌できたのか疑問である。

ⅢD①について。文献史料からうかがえる奈良時代の大嘗祭の画期は，光仁あるいは桓武にある［岡田 1983；加茂 1983］。光仁大嘗祭では，悠紀・主基の斎田が国土の東西の国から象徴的に選ばれるようになり，卯日に中臣による神寿詞奏上が行われた。桓武大嘗祭では，神寿詞奏上が辰日に移動し，同日に忌部による剣鏡奉上も行われるようになり，いわゆる「辰日前段行事」［倉林 1971］が成立する。剣鏡奉上はそもそも律令以前の大王就任儀礼に起源するもので，そこではまず群臣が宝器を捧げ，別の日に檀＝高御座に昇り即位した［岡田 1983］。神祇令では践祚の日に高御座に昇り，中臣の神寿詞奏上を受け，忌部の神璽奉献を受けるようになった。桓武以後，践祚と即位が分離し，王位に就任した即日神璽の継受が済んでしまい，後日に即位礼を挙行するようになったことから，宝器献上は即位礼から脱落し，大嘗祭辰日前段に行われるようになった［岡田 1983］。

さて，大嘗宮遺構の上では，光仁大嘗宮と桓武大嘗宮は類似度が高いが，称徳大嘗宮とも大差がなく，称徳→光仁→桓武への式次第の変更が大嘗宮の構造に影響したとはいいがたい。しかし，大極殿前庭の儀式遺構では，光仁および桓武の即位時に儀式が整備されたことがうかがえる［奈文研 1993］。本章では全く検討できなかったが，東区朝堂院の大嘗宮の周囲では多くの仮設建物が検出されており，これらの時期と儀式を特定する研究が進めば，大嘗祭の整備過程も明らかにできよう。個々の遺構の時期決定が柱穴の出土遺物などから容易にできるわけではないのは重々承知しているが，大嘗宮の宮垣からの距離など検討の余地はあろう。朝集殿下層建物の存否問題に決着を付けた後，近々と予想される東区朝堂院の正式報告書の刊行が待望される[補6]。さらに称徳大嘗宮との関係で，中央区朝堂院朝庭部の発掘調査の進展にも期待したい。すでに中央区大極殿院の塼積み擁壁の南側で検出された建物 SB7140（宝幢説も有力）について大嘗祭関連施設説が提唱されている一方で［奈文研 1993］[補7]，朝堂院で称徳大嘗宮が発見された以上，朝庭部の儀式遺構の全貌を解明しないわけにはいくまい。かつて私が担当した第 140 次調査で朝庭部に伸ばしたトレンチでは，競馬や騎射の行事に用いた馬埒（馬場の柵）を 7 条検出したが，他にも儀式遺構があるはずである。

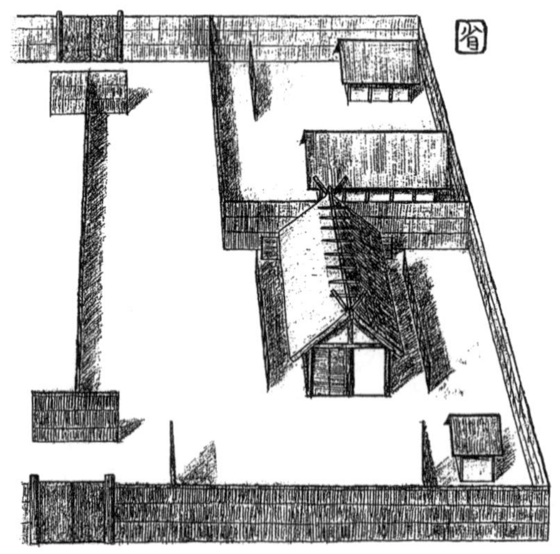

淳二大嘗宮復原図

独立法人化および東京文化財研究所との統合以降，奈文研の業務における都城制研究の比重は縮小気味だと聞いている。さらに国立博物館と統合すれば，この傾向にはますます拍車がかかるだろう[補8]。しかし私は平城宮や藤原宮の調査・研究は，見かけは地味だが，ポンペイやヘルクラネウムの調査に勝るとも劣らない意義をもった大プロジェクトだと思っている。正倉院宝物は平城宮から持ち出された動産であるが，持ち出せなかったもの（不動産＋動産）の中には，日本の古代国家と王権の秘密を解き明かす鍵が隠されている。ますます奈文研の都城制研究が充実することを願って筆をおく。(2005年11月23日)

補註

1）　この記述は当論文を執筆した2005年時点のものである。本書が出版される時点では「現天皇」は譲位し「上皇」になっているはずである。新聞報道によれば次期天皇の大嘗祭にあたっては，経費節減のために「膳屋」などがプレハブ造りになるという。

2）　図8ではSB11815は4間×2間で南北両廂付きとなっている。これは第169次調査の概報による。しかし，その後検討した結果，桁行8間とすべきと考えたので修正した。本書第2章『大嘗宮移動論補説』参照。

3）　当論文執筆後の2008年から藤原宮朝堂区画朝庭部の発掘調査が開始され，2008年4月～11月の第153次調査で大極殿院南門の東南側，2010年4月～2011年1月の第163次調査で第153次調査区の南隣が調査され，2010年7月に「大嘗宮発見」と報道発表されたが，11月に入り事実誤認と発表され，大嘗宮は「幻」となった。その後，2011年の第169次調査で第163次調査区の南隣が調査されたが，大嘗宮遺構は存在しないことが確認され，その後，南進策は中断されたようである。第169次調査区の南端は東第二堂の北から2間目くらいまで及んでいるから，この位置まで大嘗宮は全く存在しないことになる。したがって，文武大嘗宮・元明大嘗宮は，朝堂区画内に存在するならそれ以南，あるいは朝堂区画外の別の場所にあったことになる。したがって学問的課題としてそれらの探索が必要である状況は現在でも変わりはないが，第169次より南に調査を進めることは当面なさそうだ，と聞いている。残念なことである。藤原宮における大嘗宮をめぐる問題については，本書第2章『大嘗宮移動論補説』参照。

4）　廻立殿はじめ，大嘗宮の付属施設については，本書第3章『大嘗宮の付属施設』参照。

5）　ここでは飛鳥浄御原宮東南郭の南側に朝堂を想定する説［林部 2001；小沢 2003］に従ったが，同所での朝堂の存在を否定する説［志村 2015］もある。いずれにせよ持統大嘗祭がどこで執行されたのか，飛鳥浄御原宮の周囲には大嘗宮を設けられるような平坦な空閑地の候補が限られるので問題である。

小澤　毅　2003『日本古代宮都構造の研究』青木書店
志村佳名子　2015『日本古代の王宮構造と政務・儀礼』塙書房

林部　均　2001『古代宮都形成過程の研究』青木書店

6）2018年12月現在，東区朝堂院の正式報告書は未刊行である。「朝集殿下層建物の存否問題」に決着がつけば，東区朝堂区画の発掘調査が完了するので，報告書の編集にかかると聞いていたのでこのように書いた。なお，「朝集殿下層建物の存否問題」であるが，第267・370・394・399次調査の結果，下層建物は存在しないと結論付けられている［奈文研　1997, 2005, 2006, 2007］。しかし，藤原宮・平城宮東区上層・平安宮には朝集殿が存在するので，平城宮東区下層に存在しないのは繋がりが悪い。第267・370・394・399次調査では上層朝集殿付近の下層には南北棟建物が存在しないことを確認しているが，朝集殿院内に未調査地が存在しており，通常の朝集殿の位置とずれて存在する可能性を全否定はできない問題点が残る。

奈良国立文化財研究所　1997「第二次朝堂院南面築地の調査—第267次」『奈良文化財研究所年報1997—Ⅲ』

奈良文化財研究所　2005「朝集殿院の調査—第370次」『奈良文化財研究所紀要2005』

奈良文化財研究所　2006「朝集殿院の調査—第394次・第399次」『奈良文化財研究所紀要2006』

奈良文化財研究所　2007「朝集殿院の調査—第399次」『奈良文化財研究所紀要2007』

7）第一次大極殿院の塼積み擁壁の南側で検出された「建物SB7140」については，大嘗祭関連施設説［奈文研 1993；金子 2002］のほか，2時期の宝幢説［吉川 1999, 2007；西本 2004］があり，宝幢説でも時期が奈良時代前半説［吉川 1999, 2007］，称徳朝説［西本 2004］に分かれていた。近年，再調査がなされ，称徳朝に属す宝幢遺構で元日朝賀にかかわるものと確定した［奈文研 2015］。したがって，「SB7140」が称徳大嘗祭にかかわるものではなくなったようだが，中央区朝堂区画朝庭部での称徳大嘗宮関連施設の探索の必要性は依然としてある。

金子裕之　2002「平城宮の宝幢遺構をめぐって」『延喜式研究』18

奈良国立文化財研究所　1993『平城宮発掘調査報告』XⅣ

奈良文化財研究所　2015「平城宮第一次大極殿院広場の調査—第520次」『奈良文化財研究所紀要2015』

西本昌弘　2004「孝謙・称徳天皇の西宮と宝幢遺構」『続日本紀の諸相』塙書房

吉川真司　1999「長岡宮時代の朝廷儀礼」『年報　都城』10

吉川真司　2007「大極殿儀式と時期区分論」『国立歴史民俗博物館研究報告』134

8）2018年現在，奈良文化財研究所は，東京文化財研究所・東京国立博物館・京都国立博物館・奈良国立博物館・九州国立博物館・アジア太平洋無形文化遺産研究

センターとともに，独立行政法人国立文化財機構を形成している。筆者が在籍していた当時は，平城宮跡発掘調査部，飛鳥・藤原宮跡発掘調査部があり，平城宮席発掘調査部には考古第一・考古第二・考古第三・史料・計測修景・遺構の6調査室があり，各調査室から1人ずつの6人で1現場班を構成していた。現在は，組織全体の人員削減もあり，平城宮跡発掘調査部と飛鳥・藤原宮跡発掘調査部が統合されて都城発掘調査部となり，考古第一・考古第二・考古第三・史料・遺構の5研究室という構成になっているし，調査面積が減少傾向にあることは間違いなかろう。奈文研の業務全体の中での都城制研究の比重がどの程度縮小気味か部外者の筆者にはわからぬが，特別史跡をフィールドに抱える組織として研究の質の向上が図られれば幸いである。もっとも，筆者が在籍していた1980年代前半の最高幹部の一人は「もはや平城宮で分かるべきことは自分らが解明してしまったから，これ以上調査しても新しいことは何も出てこない。」，「調査部の地這い虫より埋文センター職員のほうが格が上。成果を出せばセンターに上げてやるぞ」などと公言していたから，当時すでに都城制研究が軽く見られ始めていたことはいえるだろう。平城で「地這い虫」として頑張っていた筆者は，この発言を聞き大変悔しい思いをしたのを昨日のことのように覚えている。しかし，「これ以上調査しても新しいことは何も出てこない」などということが全く間違いであることは，その後の平城宮・藤原宮の発掘調査成果自体から証明できることであるし，そもそも当該発言は研究課題設定の放棄，研究という営みの否定・放棄以外の何物でもない。

第2章　大嘗宮移動論補説

はじめに

大嘗祭とは，天皇即位後の最初の新嘗祭であり，天皇就任の祭儀の一環である。大宝令や養老令の神祇令では「毎世」の大嘗とされている。大嘗祭は，稲の生育の関係から，天皇の即位が7月以前ならばその年の11月，8月以後ならば翌年の11月に執行されることが多い。その次第は『貞観儀式』（871年頃，以下『儀式』と略す）や『延喜式』巻7（927年）に詳しい。

この大嘗祭で用いられ，儀式の終了とともに撤去された仮設の建物群が大嘗宮である。古代の大嘗宮の構造については，『儀式』や『延喜式』などの記載から推定されてきたが［関野 1939；池 1983］，あくまで平安時代の記録であり，どのような過程を経て儀礼やそれを挙行する場が整備されてきたのかは，長らく不明であった。

ところが1984年以降，奈良文化財研究所（以下，奈文研と略す）の調査によって，平城宮の東区朝堂院朝庭部で5時期［奈文研 1985, 1986；上野 1993］，中央区朝堂院朝庭部で1時期［奈文研 2005］の大嘗宮遺構が検出され，奈良時代の大嘗宮の構造と時間的変化が細部に至るまで判明し，『儀式』『延喜式』に基づいて推定されてきた平安時代の大嘗宮との細かい比較も可能となった点で，宮廷儀礼の研究上画期的な発見となった。大嘗宮本体の基本的な建物配置は，平安時代と大差なく，東西180〜210尺前後，南北130〜150尺前後の長方形区画を宮垣で囲い，内部を東西に二分して東半分を悠紀院，西半分を主基院とし，それぞれに南北棟の正殿，東西棟の膳屋・臼屋，御厠などを配し，膳屋・臼屋をさらに垣で囲う。

平城宮の6時期の大嘗宮を，奈文研での呼称にならって，古い順に東区

01期・東区02期・東区A期・中央区・東区B期・東区C期と呼ぶ。東区A〜C期の前に，東区01・02期があるのは，1984年に最初に大嘗宮と認識されA期と命名された遺構より古い01・02期大嘗宮が，1993年にはじめて認識されたという経緯による。

これらの大嘗宮遺構にかかわる調査成果は，いまだに概報しか公表されていないが，大嘗宮本体については，同時期の建物の組み合わせや天皇比定（01—元正，02—聖武，A—淳仁，西区—称徳，B—光仁，C—桓武）についてほぼ確定しているとみなせるので，私は「大嘗宮移動論」で若干の検討を行った（本書第1章）。そこでは朝堂院朝庭における大嘗宮の位置の変化を律する原則を見出した。そして，一見不可思議な移動をあえて行った理由についての作業仮説を提示し，文献史学・神話学の成果を参照しつつ，大嘗宮に現れたさまざまな事象を統一的に説明する論理を探索した。

大嘗祭は，律令国家による全国支配を正当化する政治性が強烈な祭式であり，大化前代に遠く遡る古拙な祭式とみるよりか，7世紀後半における国家機構の急速な整備と並行して，天孫降臨神話・国譲り神話などの体系化を前提に，あらたに創出された儀礼とみるのが妥当である。その意味で神話と儀礼のパラレルな形成が明らかな貴重な例であり，儀礼執行の場とその形成・整備過程が大嘗宮遺構の変遷として考古学的にも物証をもって把握できるという，まさしく稀有な例である。その意味で，平城宮を遡る藤原宮・飛鳥浄御原宮における大嘗宮遺構の解明が渇望される。

最初の大嘗祭を行った天皇が天武か持統か説が分かれているが[補1]，いずれにせよ彼らの大嘗宮については，飛鳥浄御原宮東南槨（エビノコ槨）の南側平坦地が有力候補地である。ここには小澤毅によって朝堂が想定されているが［小澤 2003］，人家の建て込む場所であり，大嘗宮遺構の検出が近々に望める状況ではない[補2]。

それに対して藤原宮では，奈文研によって朝堂院の解明が着々と進められており，縦横に走る後世の耕作溝（いわゆるミゾミゾ）による攪乱にもかかわらず，朝庭部における遺構の遺存状態が案外良好で，大嘗宮遺構のような小規模柱穴も発見が期待される。

本章では，Ⅰで藤原宮の大嘗宮大嘗宮について検討し，Ⅱで平城宮の大嘗宮について本書第1章・第3章で論じ残した点を補説する。

Ⅰ　藤原宮の大嘗宮

藤原宮では，文武天皇・元明天皇の大嘗祭が行われた。両者の大嘗宮はともに未調査であるが，2010年4月から朝堂院朝庭の大嘗宮推定位置の調査が始まると聞いており，同年内には，その一部が姿を現している可能性が大きいから，その成果の発表あるいは今後の調査の進展を待ってから，じっくり考察を加えるべきであり，あわてる必要はないかもしれない。

しかし，平城宮における6期の大嘗宮（元正・聖武・淳仁・称徳・光仁・桓武）の調査成果，あるいはその検討結果［岩永 2006a, 2006b］に基づいて，現時点で文武・元明大嘗宮について推定できることを考え，来るべき調査に備えておくことも無駄ではあるまい。

A　大嘗宮の北限と廻立殿の存否（図1）

平城宮の初期大嘗宮である元正大嘗宮と聖武大嘗宮は，正殿・膳屋の規模（桁行40尺）と位置関係（膳屋が大嘗宮中軸線と40尺離れ，膳屋と正殿が40尺離れる）がまったく等しい。建物と宮垣の位置関係が多少異なるが，藤原宮時代のプランが維持・継承された可能性が強いと考える（補説参照）。では，文武・元明大嘗宮の位置はどこに考えられるか。平城宮における最初の大嘗宮である元正大嘗宮（01期）の位置を参考にしよう。平城宮朝堂院の規模は藤原宮朝堂院より3割ほど小さいから，大嘗宮と周囲の区画施設や建物との距離関係については，藤原宮を踏襲している保証はない。しかし試みに元正大嘗宮を藤原宮朝庭に割り付けてみよう。元正大嘗宮の北面宮垣は下層朝堂院北面区画塀SA11250から180尺（150大尺）の位置にある。そこで，藤原宮朝堂院北面回廊SC9000棟通りから180尺南の位置に大嘗宮北面宮垣を想定すると，その位置は第153次調査区で検出した幢竿支柱列SX10770～10778［奈文研 2009］（補説参照）から50尺南となる。またその位置は第 153 次調査区南壁から南へ 4m ほどしか離れていない（補説参照）。

『儀式』から復原される大嘗宮には宮の北側に 5×2 間で東西棟の廻立殿がある。廻立殿は悠紀殿・主基殿に入る前に湯浴みをし，浴槽の中で天の羽衣を着して天上の身分に変身する場であり，かつて折口信夫が，本来は廻立殿こそが天皇の物忌のための御殿であって，そこでなされた復活の行事が，二次的に悠紀殿・主基殿へ移ったと評価したこともあり［折口 1930］，どのようにして成立したのかが注目される。藤原宮第 153 次調査区には大嘗宮関連遺構が検出されていないから，さきの位置に大嘗宮北面宮垣を考える場合，廻立殿相当建物が存在しないことになる。もちろん廻立殿が第 153 次調査区より南に位置する可能性，大嘗宮本体がさらに南に位置する可能性も捨てきれない。しかし平城宮においては，淳仁・称徳・光仁・桓武の 4 代の大嘗宮については，『儀式』から復元される平面形態とは異なるものの廻立殿相当の可能性がある建物が存在するのに対し，元正・聖武 2 代の大嘗宮に伴う廻立殿は検出されていないから［岩永 2006b］[1)]，そのあり方は藤原宮を継承した可能性が強く，文武・元明大嘗宮においても廻立殿が未成立の可能性を強く考えておきたい。また，大嘗宮北面宮垣の位置が確定しておらず断定はできないが，大極殿院南門と大嘗宮の間に幢竿を除けば儀式用の仮設建物がないとみておく。

B　大嘗宮の移動方式

平城宮東区朝堂院内における大嘗宮建設地の移動（ずれ）には重大な意味が隠されていた［岩永 2006A］。すなわち，元正・聖武・淳仁・光仁の 4 代の大嘗宮は，大嘗祭が新たに挙行されるたびに意図的に南へずらされ，特に正殿の悠紀殿・主基殿を前回と重複しないように移動させている（Ⅱ A で詳述）。そのような不可思議な原則を（桓武を除いて）遵守しようとした理由は，歴代の天皇が皆，天神御子としての聖性を付与され呪能を獲得し，海原や葦原中国を服属させ地上世界を支配する正統性を獲得するために，時間を原初に戻し太古の混沌の中からあらたに代を創め，モータルな存在としての王が世々交代することによって王権を永遠化するためには，既設の施設を用いず

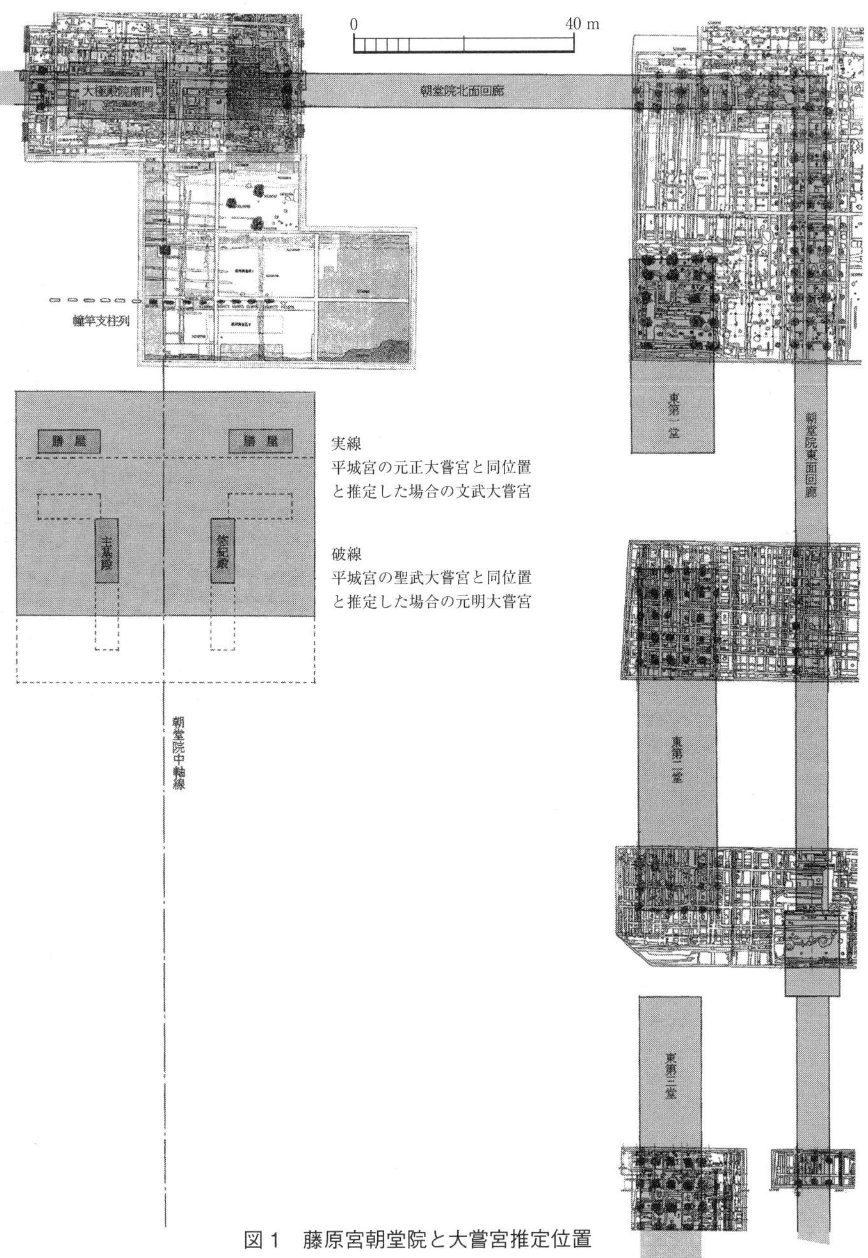

図１　藤原宮朝堂院と大嘗宮推定位置

に大嘗祭のたびに黒木造りに草葺の「原始的」殿舎を設け，そのつど最初のこととして演出する必要があったからであり，正殿は過去の記録に基づいて前回の正殿位置を現場で確認し，重複しないように細心の注意を払って「新たな」場所に設けることが不可欠だったのである。しかし桓武が光仁大嘗宮の位置をほとんど踏襲して重複させたため（理由は後述），大嘗宮の南進は朝堂第二堂南妻位置で停止してしまった。平安宮での状況を遺構で確認することはできないが，『貞観儀式』などの記載では「朝堂第二殿前」とされている。その位置が平城天皇の大嘗宮から固定していたとすれば，その理由は桓武大嘗宮の位置を先例として踏襲した以外に考えられず，他に「朝堂第二殿前」であることの合理的説明は不可能である。つまり『儀式』や『延喜式』が記す大嘗宮は，動くべき大嘗宮が動きを止め化石化した姿であった。こうした形式化は，平安初期が天皇の権能と支配の神話的正当化を背後に退け，氏族制的・神話的要素を色濃く残す従前の支配者集団の統合秩序を転換した時期［大隈 2001］であることと対応している。

このような平城宮から平安宮への儀式の形式化の流れからみると，藤原宮において文武大嘗宮と元明大嘗宮が空間的にいかなる関係にあるかが大きな問題である。平城宮と同じ正殿 40 尺移動（重複回避）原則であった可能性もあるが，大規模な朝庭を活かした大嘗宮全体の重複回避移動（大嘗宮の南北長を元正大嘗宮と同じ 135 尺とすれば 135 尺以上の移動，）を行っていた可能性も想定しておくべきであろう。

C　幢竿支柱列（図 1）

大嘗宮に直接かかわる遺構かどうか問題があるが，第 153 次調査区で検出した幢竿支柱列 SX10770～10778 にふれておく（補説参照）。これらは大極殿院南門の階段南端から 100 尺にあるが，平城宮東区朝堂院では，この位置に幢竿支柱列がない。第 153 次調査の所見では「既に完成された儀式の形態が成立していた」とみているが［奈文研 2009］，平城宮に継承されなかった点からみて，むしろいまだ儀式形態は模索段階にあって定型化してはいなかったと評価すべきであろう。なお幢竿支柱の数について，第 153 次調査所見では，2本柱を併置する幢竿支柱を13基と推定している。これは東から7基目のSX10771が朝堂院中軸線上に載るとみて6×2+1=13として求めたのであろう。しかし朝堂院中軸線の位置を再検討すると，SX10770・SX10771の間（厳密に中央ではないが）にくるとみたほうがよい。そうすると，7×2=14で2本柱併置の幢竿支柱は14基とみるべきではなかろうか（補説参照）。周知のように平城宮・長岡宮・平安宮の大極殿南庭には7本の宝幢（烏形・日像・月像・四神）が樹立され，7本には意味がありそうである。7本の宝幢間の間隔は，平城宮東区のみが25尺で，平城宮中央区北列・南列，長岡宮，平安宮が20尺である［吉川 1999］。藤原宮の幢竿支柱列SX10770～10778の間隔は10尺であり宝幢の半分である。幢竿にいかなる幢幡が付けられたか想像の域を出ないが，宝幢と同じ7種が2分の1スケールで2セットと併置されていたと考えてみてはどうか。

その当否はともかく，概報が指摘するように大型の宝幢7基を横一列に配すのは，大極殿院の中であろう（補説参照）。概報では大極殿院南門と幢竿支柱列の間にある大型柱穴SX10760・10765～16767について，配置が特異であるが未調査地分を含めて7基と推定できることから宝幢の可能性を示唆している。これが当たっていたとしても，平城宮でこの位置に宝幢遺構はなく，その点でも儀式形態は模索段階であったと評価できよう（補説参照）。

Ⅱ　平城宮の大嘗宮再考

A　淳仁大嘗宮の計画変更（図2）

平城宮東区朝堂院における5時期の大嘗宮の移動様相を再確認しておく。最も重要なのが正殿の南北方向移動である。当初設定した原則は，「あらたに大嘗宮を造営する際に，前回と正殿が重ならないように桁行長と同じ40尺ずつ南にずらす」であったと推定できる（図2左）。遺構の現状では，元正（01期）・聖武（02期）が連続し，40尺空けて東にずらして淳仁（A期）を設け，光仁（B期）は01・02期の位置まで戻して40尺ずらし，桓武（C期）は原則を破ってB期とほぼ重複させるなど，原則から外れているが，それらは説明が可能である。

孝謙大嘗宮が存在しないのは,『続日本紀』が記すように南薬園新宮で大嘗祭が行われたからであり,その理由は,孝謙の大嘗祭が挙行された天平勝宝元年(749)に,東区朝堂院では改作工事が行われており,祭儀に使えない状態だったと考える説[上野 1993],あるいは孝謙がすでに仏教と関係を持っていたので神事と仏事の混交を忌避したとみる説[瀧浪 1998]がある。聖武正殿と淳仁正殿の間の南北方向40尺の空閑地は,本来は孝謙正殿が収まるべき場所であったと考えられる。淳仁正殿が東にずれるのは,淳仁を擁立した藤原仲麻呂が威信をかけて大嘗宮の大型化を図り,正殿の南北位置の原則を守りつつ東西幅を拡大したからと考えられる。A期が発見された当時,聖武大嘗宮説が有力であったのは,A期がB・C期に比して立派であったからであろうが,その立派さは二世王で仲麻呂の傀儡にすぎずカリスマに欠ける淳仁の権威付けのために不可欠であったのだ。本来淳仁正殿の南側にくるはずであった称徳正殿が存在しないのは,中央区朝堂院で大嘗祭が行われたからである。孝謙が東区朝堂院を大嘗祭に用いなかったので,次の淳仁が孝謙正殿使用予定地40尺分を空けて正殿を営んだ先例にならえば,光仁正殿は淳仁正殿の南に称徳正殿使用予定地40尺分の空閑地を空けて営まれるべきであったのだろうが,空けていない理由は,称徳が重祚したため,孝謙正殿予定地をもって称徳分とみなしたからであろう。桓武正殿は光仁正殿と南に40尺ずらすべき所を,かなり重複させ北に6尺のずれをもつ。この6尺の北へのずれは,意図的とみることもできるが,造営工事時のミスであって,そもそもは桓武大嘗宮と光仁大嘗宮をほとんど重複させる計画であったと考える余地がある。なぜなら,北門・南門は重複し,東面・北面の宮垣や臼屋のずれも小さいことから,ことさらずらす意識が明瞭ではないからである。天武系に替わる新王朝樹立の意識を強く持っていた[滝川 1967;林 1972;早川 1984, 1987;清水 1995]桓武が,復活した天智系王統の始祖としての光仁との血統的つながりの具体的表現を重視して,光仁大嘗宮の位置を踏襲して重複させたとみるほうが合理的であろう。

ところで,孝謙が東区朝堂院を大嘗祭に用いなかったので,次の淳仁が聖

図2　大嘗宮正殿の位置
左：原則が貫徹した場合と原則攪乱要因
右：実現した状況
淳仁正殿の計画変更に要注意

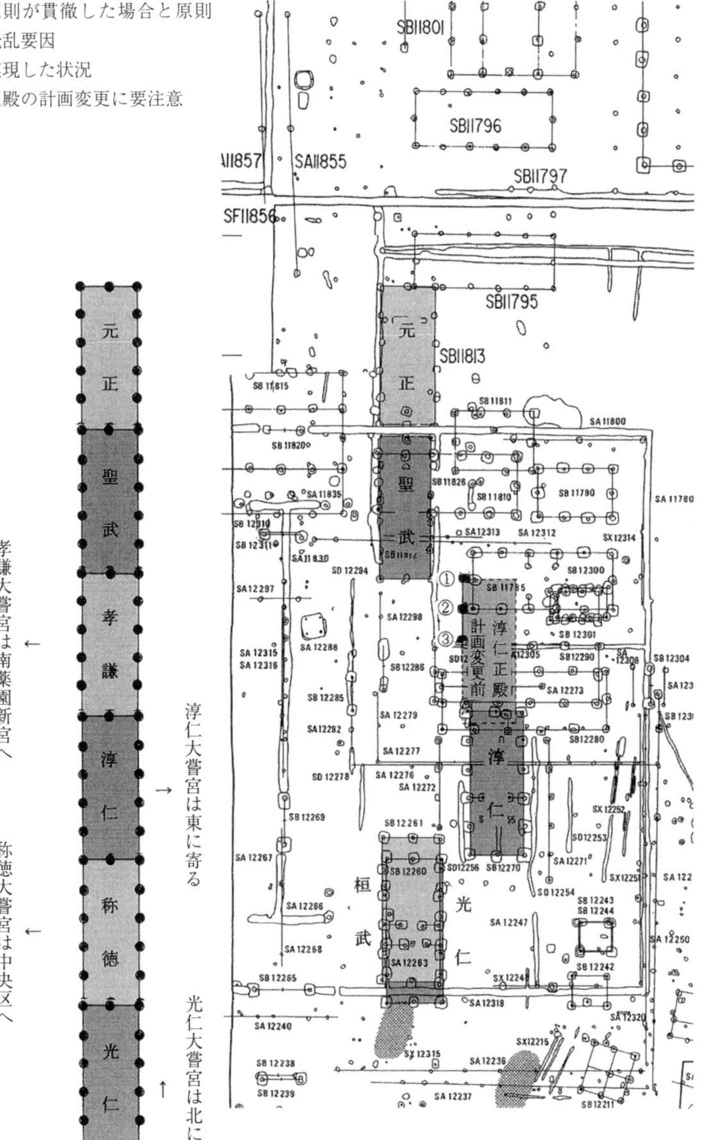

武大嘗宮正殿の南に孝謙正殿使用予定地40尺分を空けて正殿を営んだが，これは淳仁大嘗宮計画時からの方針であったのであろうか。遺構図を仔細に検討すると，聖武正殿と淳仁正殿の間で聖武正殿東側柱筋の東2.7mに，概報ではどの時期の大嘗宮にも組み込まれていない「浮いた」「南北塀」SA12308がある。この柱穴3基は，淳仁大嘗宮の膳屋SB11785とその南の中垣SA12305に切られており，それらに先行することは間違いない。3基の柱穴を北から順に①②③とすると，①の位置は聖武正殿南妻に揃い，また①－②－③の柱筋は淳仁正殿の西側柱筋とほぼ揃う。柱間は8尺であり大嘗宮正殿と等しい。柱穴は3基しかなく，概報所載の遺構図では柱痕跡が描かれているが，発掘調査時の実測図で断ち割り状況を検討すると，掘形の深さが①は7cm，②は4cm以下しかなく，切り合っているSB11785の柱掘形が深さ60cmであるのに比して浅い。しかも断面では柱痕跡や柱抜き取り痕跡が明瞭ではないから，①②③の位置決めをしてわずかに掘り下げ始めたところで掘削を中止して埋め戻した様相がうかがわれる。掘形に柱が立つことはなかったのである。以上を総合すると，以下のような推定ができる。

当初，淳仁正殿は聖武正殿を南に40尺ずらし，さらに正殿の南北位置原則を保持したまま大嘗宮全体の横幅を増やして荘厳化すべく外側に8尺ずらした位置に縄張りされ，柱穴3基（「SA12308」）の掘削が始まった。しかしこの段階で，孝謙正殿使用予定地40尺分を空けねばならないことに気が付いたので，東西位置をそのままに，40尺弱南（測量ミスがあったのか37尺になってしまったが）にずらしてSB12270の位置に落ち着いた。当初，孝謙正殿使用予定地40尺分を空けなかったのは何かのミスであり，たとえその場所で実際に大嘗祭を行わなかった天皇に対しても，正殿建設地を表現しておかなければならないという認識があったことがわかる。

B　構成要素間の位置関係

大嘗宮内の正殿とそれ以外の建物の位置関係をみると必ずしも一定していない［岩永 2006b］。たとえば，膳屋の西妻位置の正殿との位置関係は，正殿の棟通り（元正・聖武），西側柱筋（淳仁），東側柱筋（称徳・光仁・桓武）

と推移する。臼屋は，元正は不明で聖武以後，東妻を膳屋東妻と揃えるが，南北方向の位置は，膳屋に寄せる（聖武）→膳屋と北面宮垣の中間に置く（淳仁）→宮垣に寄せる（称徳・光仁）→膳屋に寄せる（桓武）と推移する。御厠は，元正・聖武は不明だが，南北方向の位置は，正殿より南（淳仁）→北妻を正殿の南妻に揃える（称徳）→南側を正殿の南妻に揃える（光仁）→正殿の南妻より北（桓武）と，次第に北上する。東西方向の位置を膳屋の東妻と揃える位置でみると，東妻（淳仁）→西側（称徳）→東妻（光仁）→中軸（桓武）と一定しない。また，建物と宮垣との距離，宮垣の東西長・南北長についても，一定していない。以上からみて，正殿と他の建物との位置関係には固定した厳格な規則はなく，これらの要素は融通がきく部分であったことがわかる。

したがって，朝堂院建物と大嘗宮との距離が完数になるなどの計画性が最も顕著に現れるのは最初の大嘗宮であり，2回目より前回の大嘗宮からずらしていくため，朝堂院建物との関係は計画性を失っていく。

それに対して，正殿の桁行長は40尺で終始一定している。梁行長は16尺（元正），15.5尺（聖武），15.5尺（淳仁），15.5尺（光仁），17尺（桓武）となり，15尺での設計と考えたい。他の要素について，平城宮の大嘗宮の中では，元正大嘗宮が原形を保っていると仮定して調べると，膳屋と宮中軸線との距離＝40尺，膳屋と正殿との距離＝40尺である。正殿の中軸線と宮の中軸線との距離は37尺であるが，40尺の施行誤差とみることもできよう。聖武大嘗宮は，膳屋と正殿との距離が42尺と端数が出るが，膳屋と宮中軸線との距離は40尺である。膳屋と正殿との距離の変化を通覧すると，40尺（元正），42尺（聖武），28尺（淳仁），40尺（称徳），37尺（光仁），38尺（桓武）と一定しないが，淳仁以外は40尺設計での誤差とみなせるかもしれない。また，淳仁大嘗宮は，元正大嘗宮・聖武大嘗宮とは設計に大きな変更を加えているが，正殿・膳屋と宮中軸線との距離55（40＋15）尺，正殿と北面宮垣との距離80（40＋40）尺，正殿と南面宮垣との距離40尺となり，40と15を盛り込みつつ設計し直したとみられる。これらの事例からみて15尺・40尺に意味がありそうである。

内田和伸によると，平城宮第一次大極殿院の塼積擁壁の平面形は同心３円（40尺×6, 7, 8）と１偏心円（40尺×9）の交点を用いたデザインで，40尺を設計の基本単位とし，宇宙の構造を表現しているという［内田 2003］。また，大極殿院の規模も40尺の倍数になっている。奈良時代の陰陽生の必読書で，陰陽五行説の集大成である『五行大儀』では15は1〜5の生数の和，40は6〜10の成数の和，55は天地創造の数とされている［内田 2003, 2005］。正殿が桁行40尺，梁行15尺，40＋15＝55というのはできすぎか。

古代の宮廷で儀式や造営に用いられたさまざまな数字のマジカルな意味については，幾種類もの典拠の中から場当たり的・恣意的に好都合なものを取り出して強引に理屈付けすることが可能という批判を免れがたく，検証も困難である。特に建造物の場合，設計時の数字と施工時の結果とが，誤差や臨機的改変で一致しない場合がありえるので，余計に恣意的解釈が入り込みやすい。本稿でもかなり強引な操作を行った部分があることは重々自覚している。しかしながら，大嘗宮については，40尺・15尺が特別な意味をもっていたことは認めてもよいであろう。文武・元明大嘗宮が明らかになれば，大嘗宮創設時の設計意図がより明確になると期待され，今後の調査成果が待望されるのである。

朝堂院朝庭部の調査に調査部員が乗り気でなかった時代を私は知っており，駄文（本書第１章・第３章）を書いた動機になったのだが，いよいよ調査に踏み切られた藤原調査部諸氏の英断に敬意を表したい（補説参照）。

註

1） 平城宮における大嘗宮の廻立殿について，上野邦一は平面や規模が一定していなかったと指摘したが，01期・02期にも存在したとみている［上野 1993］。岩永は中央区で１棟，東区で４棟の廻立殿候補を認めた。東区については，01期・02期に対応するものはなく，SB11815は難があり，SB11900が淳仁，SB11223が光仁，SB11221が桓武に対応する可能性が高いことを述べた。これらがかりに廻立殿であったとしても，規模・構造や大嘗宮からの距離がバラバラであり，儀式中で廻立殿にかかわる部分の定型化が遅れ，その使用を律する規範が，他の部分より遅れて奈良時代の中でしだいに整備されてきたことを示すとみた［岩永 2006B］。山本崇は，先行研究には言及せずに，「元正天皇，聖武天皇の大嘗宮では，中軸線上に並ぶ東西棟をそれにあてる見解もあるが，鉄案とはいいがたい」，「奈良時代の大嘗宮に廻立殿は一般化していないといえ，その定着は平安時代に降る可能性が高い」，「奈良時代の大嘗宮における廻立殿には，不確定な要素が多い」と述べた［山本 2010］。山本は，廻立殿相当建物が淳仁の時期にしか確認されないと断ずるが，SB11900のみを廻立殿相当建物と認める根拠，中央区SB18660，東区SB11223・SB11221を候補としない根拠は定かでない。SB18660・SB11223・SB11221の平面プランが廻立殿として異常との判断であるなら，SB11900も同様に異常である。元正・聖武・称徳・光仁・桓武は南北に連続する一連の空間を用いて大嘗祭を挙行したので，儀式の間の休息の場としての廻立殿は不要，淳仁は中央区に居住したので，淳仁のみが儀式中に中央区と東区の間を移動しなければならないので廻立殿が必要，という仮説に引っ張られた判断であろう。

山本は，中央区Ⅱ期の建設開始年代を天平勝宝年間とする仁藤敦史説［仁藤 1998］に全面的に依拠したうえで，淳仁の御在所中宮院を中央区Ⅱ期と判断している。ただし仁藤は中央区Ⅱ期の主人を譲位後の聖武→孝謙太上天皇→称徳とし，淳仁の御在所は内裏地区としているから山本とは食い違う。

山本が，淳仁の御在所中宮院を中央区Ⅱ期としたのは，橋本義則説［奈文研 1991］に拠っているが，橋本は中央区Ⅱ期を淳仁の御在所「中宮院」，称徳の御在所「西宮」を内裏地区としているから，仁藤説とは真っ向から食い違うわけで，山本が橋本・仁藤の両説にともに依拠しているというのは，理解に苦しむし，称徳大嘗宮と「西宮」が中央区と確定した現時点で，橋本が1991年時点での自説（中宮・中宮院＝中央区，西宮＝東区説）を保持している保証もない。

淳仁の中宮院を東区内裏とした場合，淳仁も南北に連続する一連の空間を用いて大嘗祭を挙行したことになるから，廻立殿の必要性に関する山本説に従えば，儀式の間の休息の場としての廻立殿は不要となるはずにもかかわらず相当建物（SB11900）が存在するから，称徳・光仁・桓武天皇についても相当建物がある可能性を排除すべきではない。ただし，元正・聖武天皇大嘗宮に相当建物が検出されていない理由は別に検討を要する。本文中では廻立殿未成立の可能性を考えたが，削平で消滅した可能性がないではない。下層朝堂院北門SB11210の南側は南に下がる斜面をなしており，大極殿院南門SB11200の基壇の成形に際して，斜面を削って平坦面に変えている。もし元正・聖武大嘗宮に伴う廻立殿が斜面上にあれば，その削平によって遺構が消滅した可能性がないとはいえない。したがって元正・聖武大嘗宮に廻立殿が未成立と断ずるのは早計なのだが，淳仁以降の廻立殿相当建物が廻立殿だとしても，けっして規模・構造・位置などが安定しておらず，さらに『儀式』が記載する大嘗祭附属施設がしだいに整備されていった状況［岩永 2006b］からみても，廻立殿未成立の段階を設定することは可能であろう。いずれにせよ文武・元明大嘗宮の発掘でこの問題には決着がつくはずである。

なお，仁藤が平城宮中央区第Ⅱ期の建設開始年代を天平勝宝元年とした点，その最初の居住者を聖武太上天皇とした点，天平勝宝年間に東区の内裏を孝謙天皇の「東宮」とし，聖武太上天皇の「西宮」との並存を考える点についての反論は本書第4章の註6・7で述べておいた。

謝辞

情報の収集にあたって，井上和人・内田和信・小田裕樹の諸氏にお世話になった。とくに平城宮A期大嘗宮に先行するSA12308の検討に際しては，井上氏に実測図の閲覧を許可頂き，図面の探索・複写等で小田氏を煩わせた。篤く御礼申し上げます。

（平城遷都後1300年4月28日）

参考文献

池　浩三　1983『家屋文鏡の世界』相模書房

岩永省三　2006a「大嘗宮移動論―幻想の氏族合議制―」『九州大学総合研究博物館研究報告』4〔本書第1章〕

岩永省三　2006b「大嘗宮の付属施設」『喜谷美宣先生古希記念論集』〔本書第3章〕

岩永省三　2008「内裏改作論」『九州大学総合研究博物館研究報告』6〔本書第4章〕

上野邦一　1993「平城宮の大嘗宮再考」『建築史学』20

内田和伸　2003「平城宮第一次大極殿院前庭のデザインとその思想」『ランドスケープ研究』66-5

内田和伸　2005「大極殿院の設計思想と出土遺物の解釈」『ランドスケープ研究』68-5

大隈清陽　2001「君臣儀礼と秩序」『日本の歴史』8，講談社

小澤　毅　2003『日本古代宮都構造の研究』青木書店

折口信夫　1930「大嘗祭の本義」『古代研究・民俗学篇二』（のち『折口信夫全集』3，中央公論社，1966，に収録）

清水みき　1995「桓武朝における遷都の論理」『日本古代国家の展開』上，思文閣出版

関野　克　1939「貞観儀式大嘗宮の研究上・下」『建築史』1-1・2

滝川政次郎　1967「革命思想と長岡遷都」『法制史論叢第二冊　京制並に都城制の研究』角川書店

瀧浪貞子　1998『最期の女帝　孝謙天皇』吉川弘文館

奈良国立文化財研究所　1982『平城宮発掘調査報告ＸⅠ』

奈良国立文化財研究所　1985「第二次朝堂院地区の調査　第161・163次」『昭和59年度平城宮跡発掘調査部発掘調査概報』

奈良国立文化財研究所　1986「推定第二次朝堂院朝庭地区の調査　第169次」『昭和60年度平城宮跡発掘調査部発掘調査概報』

奈良国立文化財研究所　1991『平城宮発掘調査報告 XⅢ』
奈良国立文化財研究所　1993『平城宮発掘調査報告 XⅣ』
奈良国立文化財研究所　1999「第一次大極殿地区の調査―第 295 次・第 296 次」『奈良国立文化財研究所年報 1999―Ⅲ』
奈良文化財研究所　2005「中央区朝堂院の調査―第 367・376 次調査」『奈良文化財研究所紀要 2005』
奈良文化財研究所　2009「朝堂院の調査―第 153 次」『奈良文化財研究所紀要 2009』
仁藤敦史　1998「平城宮の中宮・東宮・西宮―殿舎名称の変遷と権力構造の分析―」『古代王権と都城』吉川弘文館
早川庄八　1984「古代天皇制と太政官政治」『講座日本歴史』2，東京大学出版会
早川庄八　1987「律令国家・王朝国家における天皇」『日本の社会史 3』岩波書店
林　陸朗　1972『長岡京の謎』新人物往来社
山本　崇　2010「平城宮の宮殿」『月刊文化財』556
吉川真司　1999「長岡宮時代の朝廷儀礼―宝幢遺構からの考察―」『(財) 向日市埋蔵文化財センター年報　都城 10』

補説

藤原宮の大嘗宮について

当論文を脱稿した 2010 年 4 月段階では，藤原宮朝堂区画朝庭部では第 153 次調査が実施済みで，**図 1** に示したような遺構の検出状況であった。その後，2010 年 4 月～2011 年 1 月の第 163 次調査［奈文研 2011］で第 153 次調査区の南隣，2011 年の第 169 次調査［奈文研 2012］で第 163 次調査区の南隣が調査され，大嘗宮遺構が存在しないことが確認された。その後，南進策は中断されたようで，2012 年の第 174 次調査［奈文研 2013］，2013～2014 年の第 179 次調査［奈文研 2014］で，第 153・163・169 次調査区の東隣（朝庭東北隅部）が調査された後，調査は朝堂区画から大極殿院内に転じた。第 182 次調査［奈文研 2015a］・186 次調査［奈文研 2016］で大極殿院南門と大極殿の間が調査され，大極殿前面に 7 基の旗竿遺構が存在しないことが確認され，その成果を受け 2016 年の第 189 次調査［奈文研 2017］で再度朝庭部に戻り，第 153 次の西隣が調査された。

大嘗宮については，第 163 次調査の途中段階の 2010 年 7 月に，報道発表［奈文研 2010］・現地説明会がなされ，40 基以上の「柱穴」が大嘗宮の「宮垣」

「中籬」「中垣」「北門」「小門」「膳屋」に比定された。しかしその後，11 月に入りそれら「柱穴」が事実誤認と発表され，大嘗宮は「幻」となった。

その時点での新聞報道では，「ストーリーありきで調査した」あるいは，知識が先行しすぎて存在しないものが見えてしまった，などと批判的に書かれた。しかし，周囲に調査例がなく初めて掘る場所ならいざ知らず，平城宮や藤原宮のように膨大な調査の蓄積があり，同種遺構の存在が推定できる場合，「ここではこのような遺構がこうした形で出る可能性がある」という仮説を立てて調査に臨むのはごく当たり前である。徒手空拳で現場に臨むほうが不勉強の誹りを免れがたい。実際に現場に入ったら，その仮説が検証されるか棄却されるかを確認すればよく，棄却されれば次の仮説を立てる。些細な例を示せば，10 尺間隔で柱穴が二つ出てきたら，直線上で 10 尺先か 90 度振った方向で 10 尺先，つまり候補地 6 カ所すべてで柱穴を探す，という手順に移る。もちろん出てくるか出てこないかはやってみなければわからない。専門家には言わずもがなだが，整地土に掘り込まれた柱穴など検出が難しい遺構・遺跡もあり，遺構でない物を遺構と誤認することもある。誤認は熟練の調査員でもすることがあり，捏造ではないから非難されるいわれはない。しかし誤認しないに越したことはないから，誤認していないか確認するために柱穴の場合なら最終的に断ち割り調査をして本当に柱穴であるかの検証をする。

筆者は報道発表前の 6 月 25 日に第 163 次の現場を見たが，この段階では藤原宮期の遺構を覆うバラス層の除去前であり，バラスが禿げた部分だけで藤原宮期の遺構を探索しており，平面的に「柱穴」と認定したものも輪郭線を引いたのみで「ちょい下げ」前であり，相当数の「柱穴」は耕作溝（みぞみぞ）の壁面に断面形の線が引かれているだけで掘方輪郭の平面検出がされていない状態であった。通常，この段階で記者発表や現説はしない。遺構検出が難しい土の場合，「あるはず」と思ってみていると見えてしまうという事は現実にある。見えてしまった柱穴が 42 個とはさすがに多すぎるとは思うが，大半が耕作溝（みぞみぞ）の壁面で認識されており，溝の壁面は埋土を完全に除去していなかった場合に別の遺構が壁にかかっているようにみえてしまうというのは，調査員がしばしば経験することである。それでもバラスを外してから検出しなおす，「ちょい下げ」して感触を確かめる，断ち割るとか，通常の手順をふめば柱穴であるかないかの確認はできたはずである。

したがって42基の「大嘗宮」の柱穴が幻と消えたのは，「断ち割り」はおろか「ちょい下げ」すらしていない段階で成果として発表してしまったことに原因がある。この点は確かに奈文研の現場をよく知るOBとしても不可解ではあったが，当時の民主党政権の看板政策であった「事業仕分け」が2009年11月から始まり，独法の事業も「仕分け」の対象となるなかで，年間6回と決めた現地説明会の回数を確保し，現説するからには，その目玉としての成果の発表が必要であったためであると聞いた。同じ調査区を「夏現場班」から「秋現場班」に引き継ぎ後，バラスを全部除去して，その面で「柱穴」を検出しなおし，「柱穴」を「ちょい下げ」すれば遺構か遺構でないかの検証はできるし，現実に「秋現場班」はそれをして「柱穴」ではないと結論づけたのであろうが，「夏現場班」がそれを待たなかったのは，「大嘗宮」の「発見」は「夏現場班」によるという実績を確保したかった，などの内部的事情があったのであろうか。

当論文では，平城宮で最初の大嘗宮である元正大嘗宮の位置に，藤原宮時代のプランが維持・継承された可能性が強いと考えて立論した。それは，元正大嘗宮から始まり，正殿を40尺ずつずらしながら南へ移動していく方式が確立しており，藤原宮での方式を継承したと考えたこと，第1章**図9**に示したように，大極殿院南門と大嘗宮との距離に意味があると認識されていたと判断したことによる。当論文**図1**は，その仮説に基づき作成した。元正大嘗宮・聖武大嘗宮の平面プランを大極殿院南門からの距離が平城宮と同じであったと仮定して藤原宮の朝庭に置き，文武大嘗宮・元明大嘗宮の位置を推定してみた。この程度の推定ならば，「夏現場班」の調査員は全員行ったうえで現場に臨んでいたであろう。当然ながら筆者も，当論文の脱稿直前の2010年4月から始まっていた第163次調査で文武大嘗宮が発見されると期待していた。2010年7月の記者発表〔奈文研 2010〕では，大嘗宮の北半分が発見されたことになっていたが，「宮垣」「中籬」「中垣」「北門」「小門」

「膳屋」の配置は元正大嘗宮とは微妙に異なっていた。位置も筆者が推定した位置から，北面宮垣は1.5mほど北，東面宮垣は3mほど西，膳屋は西に3m，南に1mほどずれていた。筆者は，これを受けて「大嘗宮」の設計や位置決めの方法などを検討し直さなければと考えたものだった。しかし結局，これらの「遺構」がすべて実在しなかったことから，結果的には筆者の推定も棄却された。第163次調査区の南隣に設定された第169次調査区でも大嘗宮は発見されなかった［奈文研 2012］。第169次調査区の南端は東第二堂の北から2間目くらいまで及んでいるから，この位置まで大嘗宮は全く存在しないことになる。したがって，文武大嘗宮・元明大嘗宮は，朝堂区画内に存在するならそれ以南，あるいは朝堂区画外の別の場所にあったことになる。したがって学問的課題としてそれらの探索が必要である状況は現在でも変わりはない。本稿では「藤原調査部」が長らく手を付けていなかった朝庭部の調査に踏み切ったことを「英断」と書いたが，第163次で懲りてしまったのか，慎重になったのか，第169次・174次より南に調査を進めることは当面なさそうだ，と聞いている。残念なことである。

藤原宮の旗竿遺構について

本稿では，第153次調査で検出された旗竿遺構列SX11401のうち，2本柱を併置するものを，当時未調査の朝堂区画西半分にある分を含めて総数14基と推定した。SX11401は第189次調査で西半分が検出され，柱抜取穴を2穴持つ横長掘方が14基，柱抜取穴を1穴持つ小型掘方が東西両端に1基ずつ，合計16基と確定した。左右の兵衛府にかかわるものとする説［奈文研 2017］，八卦旗2組とする説［内田 2018］がある。筆者は東西両端の2基の構造が異なることから，14基ないし7基2セットとして意味を考えるべきだと考えている。

宝幢遺構については，当論文執筆の時点では，藤原宮でも，平城宮第二次大極殿院・平城宮西宮（2回）・長岡宮で発見された宝幢遺構のように，大極殿の前面に宝幢7基を横1列に配していたと推定していたことから，大極殿院南門とSX11401の間にある大型柱穴SX10760・10765～16767については，未調査地部分を含めて7基と推定し「宝幢」の可能性を指摘していた第153次報告の判断［奈文研 2009］にならい可能性を考えるに留めていた。配置が特異であることによる。

その後，第182・186次調査で大極殿院南門と大極殿の間が調査され，大極殿前面に7基の宝幢遺構が存在しないことが確認され［奈文研 2015a, 2016］，その成果を受けた第189次調査で，第153次の西隣が調査された［奈文研 2017］。その結果，朝堂区画中軸線を挟みSX10765～16767と対称の位置にSX11405～11407が発見され，中軸線上のSX10760を含む非直列配置の7基が宝幢遺構と確定した。中軸線上に1基，その東北側・西北側に三角形状に3基ずつ旗竿を配すもので，中軸線上の1基が烏形幢，両側の3基の内，中軸線に近いものが日像と月像，外側のものが四神旗となる。この7基の配置計画については，大極殿院南門の階段南端と両妻柱列を基準に計画・施工されたとする説［奈文研 2017］と，南門心を基準に配されたとする説［内田 2018］がある。内田説は当論文でも「構成要素間の位置関係」の項で触れたように「聖なる数字」40尺ないしその倍数を重視する。どちらが妥当か決するのは容易ではないが，いずれにせよ，藤原宮の宝幢遺構が，平城宮・恭仁宮・長岡宮の直列型の宝幢遺構とは位置と配置が異なる点を重視すべきであろう。概報の説は，配置・施工の基本理念が『延喜式』兵庫寮式と共通する面を強調し平安時代の細則が藤原宮期以来の物であったとするが，大嘗宮が平安宮では動かなくなってしまうように，儀式も変化していくものであり，特に儀式の草創期には模索段階であり，形式が安定していないという面を評価するべきだと考える。

では，大極殿前面に7基の宝幢を直列的に並べる方式がいつ出現するかであるが，平城宮第一次大極殿院の塼積擁壁前の2列，第二次大極殿院の1列については，金子裕之・吉川真司・西本昌弘の論争があった。平城宮第一次大極殿院の塼積擁壁前の2列については，建物説［奈文研 1993，金子 2002］，2時期の宝幢説［吉川 1999・2007，西本 2004］に分かれ，宝幢説でも時期が奈良時代前半説［吉川 1999・2007］，称徳朝説［西本 2004］に分かれる。第二次大極殿院の1列については，常設説［吉川 2007］，桓武朝の1時期説［奈文研

1993・金子 2002］に分かれていた。近年，第一次大極殿院の塼積擁壁前の 2 列について再調査がなされ，称徳朝に属し元日朝賀にかかわるものと確定した［奈文研 2015b］。また，第一次大極殿の前面で塼積擁壁のすぐ北側に 1 列あることが明らかとなった［大澤 2018］。ただし大澤が指摘するように，塼積擁壁上の 1 列が奈良時代前半のどの時期かは確定しておらず，中央区朝堂院の大極殿南門前面や第一次大極殿院の塼積擁壁の南側（整地土を除去しなければ見えない）にも存在する可能性があることから，宝幢遺構の定式化過程はまだ検討の余地がある。

平城宮の大嘗宮について

藤原宮の大嘗宮の様相がいまだに不明であることから，平城宮で最初の元正大嘗宮の構造や位置の由来は問題として残る。本文で書いたように，廻立殿が未成立であれば，大嘗宮北面宮垣と大極殿院下層南門 SB11210 基壇との間に 44m ほどの空閑地ができることになる。わざわざ空閑地を設けた理由があったと思われる。全くの臆説だが，大嘗宮正殿の北 80 尺に北面宮垣があるとして，大嘗宮正殿の 40 尺移動原則に基づき，大嘗宮を北に異動させると 3 回分，すなわち元正に先立つ元明・文武・持統分が収まることになる。もう一代，天武分まで北上させると，大極殿院下層南門 SB11210 の基壇にぶつかってしまう。

持統は草壁を即位させるべく天武の他の皇子の排除に努力を傾注したが，草壁の早世により，最初の太上天皇となったうえで，草壁の皇子・珂瑠を即位させ（文武天皇），後見して共同統治した。そもそも藤原京は天武が来るべき草壁即位のために構想した都城だったと考えられるが，持統によって文武のための都城として完成された。したがって大宝律令も大宝元年の「文物の儀」も文武の治世を飾る意味をもったであろう。文武大嘗祭も朝堂区画で初の大嘗祭として満を持して形式が整えられたはずである。文武の死後，天皇家とミウチ的結合で結ばれ権力核を形成した藤原氏は，文武の皇子で，不比等の娘・宮子所生の首皇子の即位を構想したが，まだ何人も生存する天武系二世王（皇位継承権を持った皇親）とそれを担ぎ出そうとする諸氏族への対抗策のため，文武の母・元明，続いて文武の同母姉・元正が即位して繋いだ。つまり，この間，皇統は，現実に権力核を構成していた勢力にとっては，天武系としてではなく，持統系を強く意識して継承が図られたといえよう［倉本 1998］。そこで平城宮最初の元正の大嘗宮を位置決めするにあたり，わざわざ元正に先立つ持統系3代分を空けたと考えられないであろうか。

再び藤原宮の大嘗宮について

藤原宮第163次調査で大嘗宮が発見されなかったことはすでにふれた。今後，朝庭部の調査が再び南下し実際に大嘗宮が発見されてから，構造や位置について検討するのが穏当である。しかし，朝庭部に存在しないのか，存在する場合，どのあたりにありそうなのか推定しておくのも無駄ではあるまい。

平城宮の元正大嘗宮が持統皇統3代分を空けて位置決めされた可能性があるなら，同じ原理で文武大嘗宮が位置決めされたと考えてみよう。第169次調査区南端は大極殿院南門の基壇とは約85m離れている。大嘗宮があるとしてもそれより南に下る。北面宮垣が40尺ずつ南下するならば，既調査地区には7代分が収まる。文武に至る皇統のどこを起点とするかによるが，蘇我系の推古でなく忍阪彦人大兄の子・舒明天皇とみてはどうか。天智・天武天皇は舒明天皇と宝皇女（皇極天皇）の皇子であり，7世紀から8世紀に続く皇統の祖は舒明天皇といえる。そうすると，舒明—皇極—孝徳—斉明—天智—天武—持統の7代となり，文武大嘗宮は第169次調査区の南側となる。いささか荒唐無稽な推定だが提案しておく。他の案としては，藤原宮最初の大嘗宮として朝堂区画の中央に置いた可能性もあろうか。

本文補注

1）大嘗祭の初例については，大嘗祭の新嘗祭からの分離が天武朝か持統朝かが問題となる。

天武朝説［八木 1982］，天武朝は大嘗と新嘗が分離し儀式的に整備される過渡期であり，持統5年が令制大嘗祭の初例とみる説［加茂 1983］などがある。

2）ここでは飛鳥浄御原宮東南郭の南側に朝堂を想定する説［林部 2001；小沢 2003］に従ったが，同所での朝堂の存在を否定する説［志村 2015］もある。いずれにせよ持統大嘗祭がどこで執行されたのか，飛鳥浄御原宮の周囲には大嘗宮を設けられるような空閑地の候補が限られるので問題である。

内田和伸　2018「藤原宮朝堂院朝庭における幢幡遺構の配置と設計思想」『ランドスケープ研究』81-5

大澤正吾　2018「平城宮幢幡遺構の発見―平城京遷都と儀式遺構の変化―」『奈文研第10回東京講演会　藤原から平城へ　平城遷都の謎を解く』

小澤　毅　2003『日本古代宮都構造の研究』青木書店

金子裕之　2002「平城宮の宝幢遺構をめぐって」『延喜式研究』18

加茂正典　1983「大嘗祭“辰日前段行事”考」『文化史学』39

志村佳名子　2015『日本古代の王宮構造と政務・儀礼』塙書房

奈良国立文化財研究所　1993『平城宮発掘調査報告』XⅣ

奈良文化財研究所　2009「朝堂院の調査―第153次」『奈良文化財研究所紀要2009』

奈良文化財研究所　2010「藤原宮朝堂院朝庭の調査　飛鳥藤原第163次調査記者発表資料」

奈良文化財研究所　2011「朝堂院朝庭の調査―第163次」『奈良文化財研究所紀要2011』

奈良文化財研究所　2012「朝堂院朝庭の調査―第169次」『奈良文化財研究所紀要2012』

奈良文化財研究所　2013「朝堂院朝庭の調査―第174次」『奈良文化財研究所紀要2013』

奈良文化財研究所　2014「朝堂院朝庭の調査―第179次」『奈良文化財研究所紀要2014』

奈良文化財研究所　2015a「藤原宮大極殿院の調査―第182次」『奈良文化財研究所紀要2015』

奈良文化財研究所　2015b「平城宮第一次大極殿院広場の調査―第520次」『奈良文化財研究所紀要2015』

奈良文化財研究所　2016「藤原宮大極殿院の調査―第186次」『奈良文化財研究所紀要2016』

奈良文化財研究所　2017「藤原宮朝堂院の調査―第189次」『奈良文化財研究所紀要2017』

西本昌弘　2004「孝謙・称徳天皇の西宮と宝幢遺構」『続日本紀の諸相』塙書房

林部　均　2001『古代宮都形成過程の研究』青木書店

八木　充　1982「日本の即位儀礼」『東アジア世界における日本古代史講座』9，学生社

吉川真司　1999「長岡宮時代の朝庭儀礼」『年報　都城』10

吉川真司　2007「大極殿儀式と時期区分論」『国立歴史民俗博物館研究報告』134

第3章　大嘗宮の付属施設

I　大嘗宮遺構の発見

大嘗祭とは，天皇即位後の最初の新嘗祭であり，天皇就任の祭儀の一環である。大宝令や養老令の神祇令では「毎世」の大嘗とされている。大嘗祭は，稲の生育の関係から，天皇の即位が7月以前ならばその年の11月，8月以後ならば翌年の11月に執行されることが多い。その次第は『貞観儀式』(871年頃，以下『儀式』と略す）や『延喜式』巻7（927年）に詳しい。

これは平安時代における次第であるが概略を記す。祭儀に先立ち黒酒・白酒を作る稲をとる悠紀・主基の両国を卜定し，北野斎場を設けさまざまな準備にとりかかる。11月の卯日の7日前に大極殿前庭に大嘗宮を造り始め5日のうちに終わる。寅日に鎮魂祭があり，卯日から午日まで大嘗の祭儀が続く。卯日の夜に廻立殿で湯浴み（禊ぎ）し，祭服を着した天皇は大嘗宮悠紀正殿に入り，八重の神座に着座する。神饌行立，親饌神供，御衾の秘儀などを執行する。ふたたび廻立殿で湯浴，祭服を着した後，主基正殿で同じ儀式を行い，廻立殿を経て退出する。この間，殿外では，国栖奏，悠紀・主基両国の風俗歌舞，語部の古詞奏上，隼人舞が行われる。辰日の朝，大嘗宮を解体し跡地で鎮祭を行う。豊楽院にて辰日に悠紀節会，巳日に主基節会を行う。午日に豊楽院で豊明節会を行う。

この大嘗祭で用いられ，儀式の終了とともに撤去された仮設の建物群が大嘗宮である。古代の大嘗宮の構造については，『儀式』や『延喜式』などの記載から推定されてきたが［関野 1939；池 1983］，あくまで平安時代の記録であり，どのような過程を経て儀礼やそれを挙行する場が整備されてきたのかは，長らく不明であった。

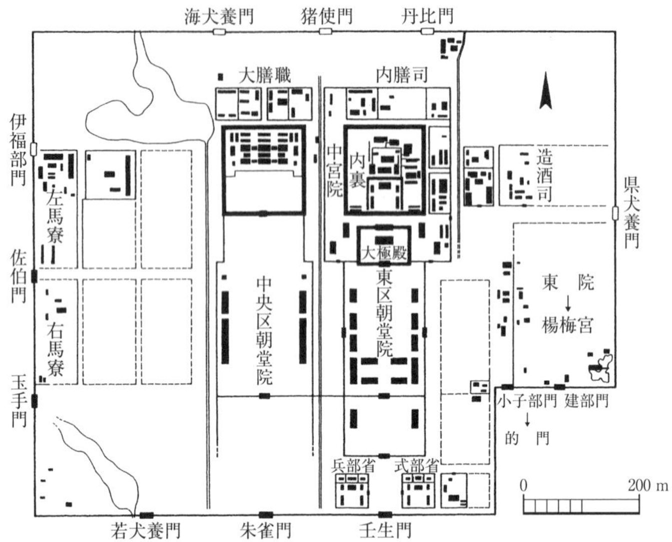

図1　奈良時代後半の平城宮（[小沢 2003]，一部改変）

ところが1984年以降，奈良文化財研究所（以下，奈文研と略す）の調査によって，平城宮（図1）の東区朝堂院朝庭部で5時期，中央区朝堂院朝庭部で1時期の大嘗宮遺構が検出され，奈良時代の大嘗宮の構造と時間的変化が細部に至るまで判明し，『儀式』『延喜式』に基づいて推定されてきた平安時代の大嘗宮（図2）との細かい比較も可能となった点で，宮廷儀礼の研究上画期的な発見となった。大嘗宮本体の基本的な建物配置は，平安時代と大差なく，東西180～210尺前後，南北130～150尺前後の長方形区画を宮垣で囲い，内部を東西に二分して東半分を悠紀院，西半分を主基院とし，それぞれに南北棟の正殿，東西棟の膳屋・臼屋，御厠などを配し，膳屋・臼屋をさらに垣で囲う。

平城宮の6時期の大嘗宮を，奈文研での呼称にならって，古い順に東区01期・東区02期・東区A期・中央区・東区B期・東区C期と呼ぶ。東区A～C期の前に，東区01・02期があるのは，1984年に最初に大嘗宮と認識されA期と命名された遺構より古い01・02期大嘗宮が，1993年にはじめ

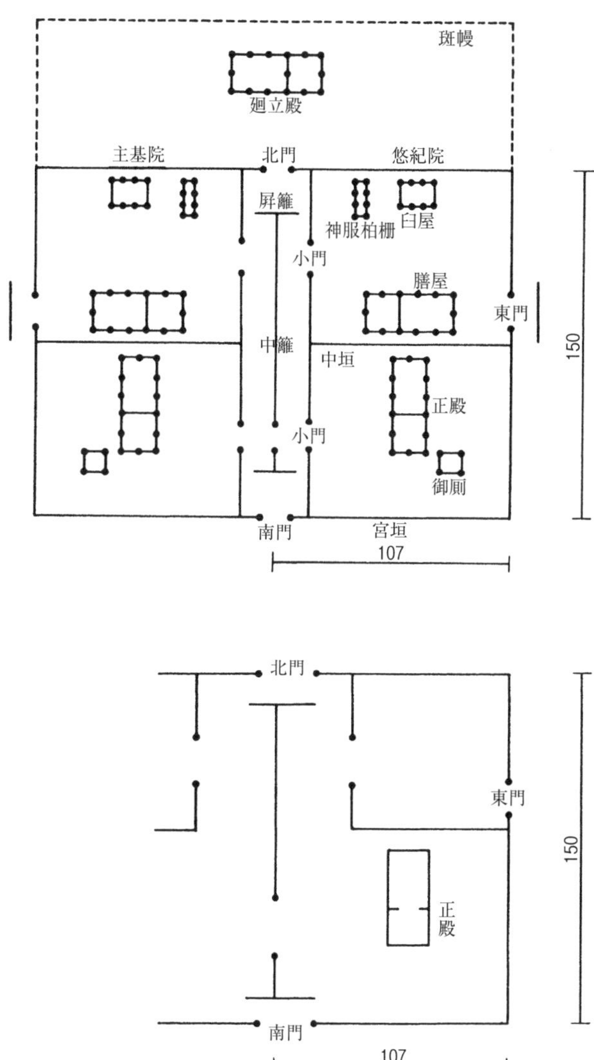

図2　『儀式』から復原される大嘗宮（上），『延喜式』から復原される大嘗宮（下）
［奈文研 1986］，（単位：尺）

て認識されたという経緯による。01・02期を図6, A・B・C期を図5に示す。

これらの大嘗宮遺構にかかわる調査成果は，いまだに概報しか公表されていないが，大嘗宮本体については，同時期の建物の組み合わせや天皇比定（01—元正，02—聖武，A—淳仁，西区—称徳B—光仁，C—桓武）についてほぼ確定しているとみなせるので，私は「大嘗宮移動論」で若干の検討を行った（本書第1章）。そこでは朝堂院朝庭における大嘗宮の位置の変化の中から規則性を見出し，意図的行為を行った理由についての作業仮説を提示し，文献史学・神話学の成果を参照しつつ，大嘗宮に現れたさまざまな事象を統一的に説明する論理を模索した。しかし，大嘗宮周囲の付属的仮説建物については今後の課題とした。多くが大嘗宮本体と離れており，相互の重複も乏しいことから，どの遺構がどの大嘗宮に伴うものか決定するには，柱穴の掘形や抜き取り痕跡出土遺物や遺構の切り合い関係に関する詳細な情報が必要で，正式報告書の刊行後のほうが検討しやすいと考えたからであった。

金子裕之の新説

ところが脱稿後，金子裕之が2005年7月9日に奈良歴史研究会で「平城宮・大嘗宮の諸問題」と題する研究を発表したことを知った。いずれ論文にされるであろうから，それを待って私見を述べるべきであろうが，大嘗宮の付属施設に関する重要な指摘がみられるので，自分でも検討する必要を感じた次第である。金子の発表資料によると次のような重要な指摘がみられる。

◎平城宮の大嘗宮に関する従来の研究では大嘗宮のみを議論してきたが，その南北の遺構は未検討であり，大嘗宮との関係が問題である。

◎『儀式』によれば，平安宮大嘗宮では大嘗宮の南側に7棟（皇太子幄・親王幄・参議以上幄・五位以上幄2・小忌人幄2），廻立殿の北側に1棟の幄舎がある（図3）。また北野に内院・外院・服院などから構成される斎場が設けられた（図4）。

◎平城宮朝庭にも大嘗宮の南に外庭と幄舎，廻立殿の北側に外院関連施設が認められる。

◎平城宮大嘗宮の変遷を検討すると，『儀式』大嘗宮の諸要素は奈良時代

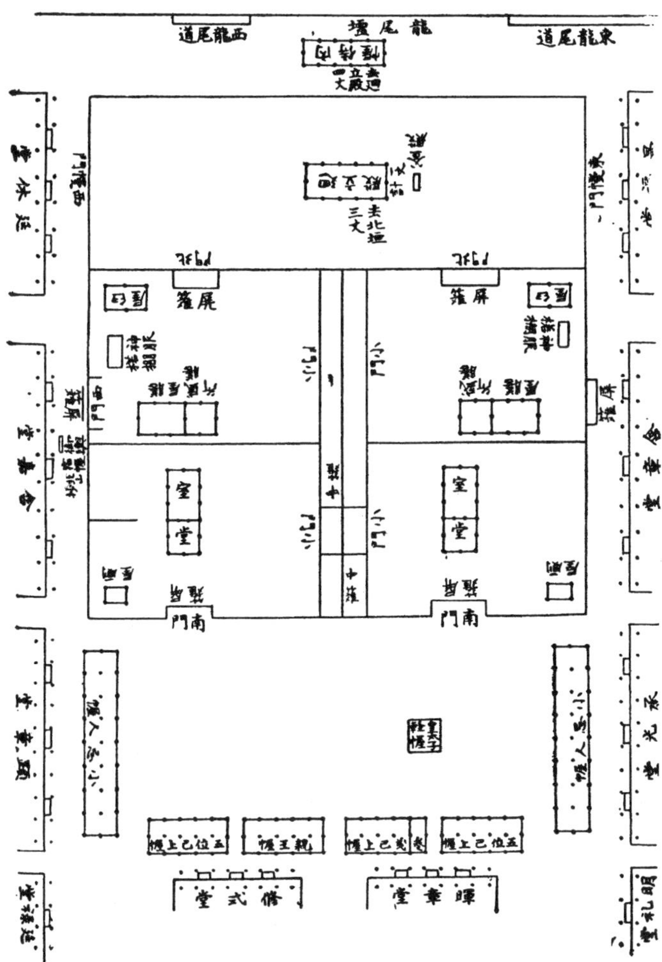

図３『儀式』基づく大嘗宮全体図（『大内裏図考証』）

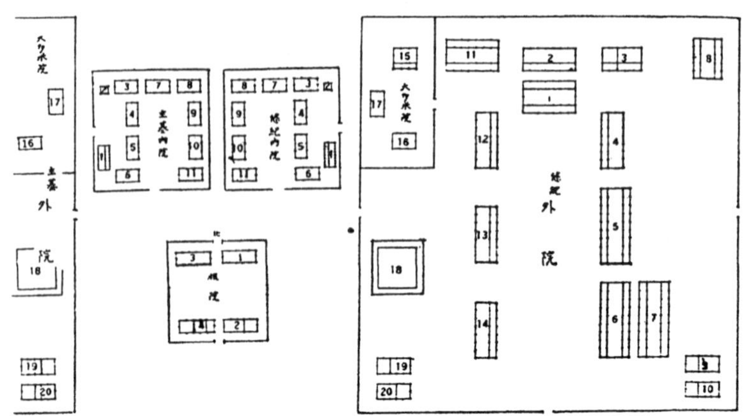

図４　北野斎場推定図［関野 1939］

後半から順次形成された（表１）。「平面規模」は淳仁朝，「幄舎の制」は光仁朝，「南門外庭」は桓武朝からである。

発表資料に遺構名が細かく書かれているわけではないが，結論部分をみれば，大嘗宮周囲の遺構（図５・６）について，金子がかなり時期を絞り込んでいることがわかる。すなわち……

大嘗宮の南に桁行 13 間，梁行２間の東西棟が２棟あるが（図５），「幄舎の制」は光仁朝，「南門外庭」は桓武朝に出現するとあるので，北側の SB13300 を光仁，南側の SB13310 を桓武にあてている。小斎人７丈幄（縦）を桓武とするので，SB11745 が桓武朝である。

廻立殿についてはパワーポイント原稿の表と配付資料の表とで齟齬があるが，研究会当日の発言を聞いていないので，このままで判断しよう。パワーポイントの表では，称徳「4 間 4 間？」，光仁「4 間 4 間」，桓武「4 間 1 間」とあるので，該当する規模の遺構を探すと（図６），称徳「該当遺構不明」，光仁「該当遺構不明」，桓武「SB11900」となる。称徳が「5 間 4 間？」なら中央区朝庭の SB18660（第１章図９〔右〕）となるが誤植であろうか。光仁「4 間 4 間」にあたるような東西棟建物は東区朝庭にはないが，B・C 期大嘗宮北門のすぐ北側にある SB11815 が概報の記述では８間×4 間であるが，遺構

表1　金子裕之による『儀式』大嘗宮の諸要素の形成過程

		元正天皇	聖武天皇	孝謙天皇	淳仁天皇	称徳天皇	光仁天皇	桓武天皇
儀式にみる大嘗宮等								
場所：朝堂1堂以南		△	△	?	○	○	○	○
規模：21丈4尺・15丈		△	△	?	○	○	○	○
宮殿：	正殿5間	5間2間	5間2間	?	5間2間	5間2間	5間2間	5間2間
	膳屋5間	5間2間	5間2間	?	5間2間	5間2間	5間2間	5間2間
	臼屋3間	−	△2間1間	?	3間2間	3間2間	3間2間	3間2間
	厠　1間	−	−	?	1間1間	1間1間	1間1間	1間1間
	服棚3間	×	×	?	×	×	×	×
廻立宮	廻立宮	×	×	?	×	?	×	×
	廻立殿5間	×	×	?	×	?	4間1間	4間1間
外庭	幄舎：							
	皇太子軽幄	×	×	?	×	?	×	×
	小斎人7丈幄（縦）	×	×	?	×	?	×	7間3間
	参議・五位以上5丈幄	×	×	?	×	?	13間2間	13間2間
	外庭	×	×	?	×	?	×	△
北庭	内侍5丈幄	×	×	?	×	?	×	×

図（第1章図8）では4間×4間で表現されているので（図5・6では修正してある），これにあてているのかもしれない。ところが，配付資料の表（**表1**）では称徳「？」，光仁「4間1間」，桓武「4間1間」とあるので，光仁・桓武ともにSB11900しか該当する建物がない。しかしSB11900は堀形1回，抜き取り1回とされているから1時期であり，光仁か桓武のどちらかに割り振られているのであろう。パワーポイントの文字原稿では「廻立殿は光仁朝(5期771年）か。称徳朝（4期765年）に上る可能性？桁行は4間！」「廻立殿は光仁朝頃に下る。」とあるのでSB11900は光仁と考えられているのであろう。その場合，桓武の廻立殿をどれにあてるか不明となる。

大嘗宮北側の遺構のうち（**図6**），東西棟のSB11221，南北棟のSB11201・SB1775の3棟は，計画的に恐らく左右対称に配置されていることから，外院関連の施設とされている。「コ字配置の遺構3時期分」の記述もあるが，SB11223・SB1806・SB1801はL字形配置ではあってもコ字形配置ではないことが明らかであるので，「3時期分」がどれを指すのか不明である。

金子は結論的に，大嘗宮南側の外庭と幄舎が朝庭と朝堂にあたるので「朝堂院の縮図」，北側の内侍幄舎が後宮にあたるとし，8世紀末以降にこれら諸施設が付加されたことを，神話世界（神祇官）に宮廷組織（太政官）が付加されたもので，中国的な儀式化が進行したものと評価し，平安期の唐風化と一連の動きと評価した。

II　大嘗宮周囲の遺構群概観

①大嘗宮南側の付属施設（図 5）

桁行 13 間，梁行 2 間の東西棟建物が 2 棟ある。北側の SB13300 は東で南に振れ，その振れが B 期大嘗宮南面宮垣 SA12237 と等しいことから B 期であろう。SB13300 の棟通りは SA12237 と 21～22 尺離れる。南側の SB13310 は C 期大嘗宮南面宮垣 SA12236 と並行するので C 期であろう。この建物の棟通りは SA12236 から 80 尺離れ，SA12236 との間に広場を形成する。金子は SB13300 を光仁，SB13310 を桓武にあて，「幄舎の制」は光仁朝，「南門外庭」は桓武朝に出現するとした。従うべきであろう。

②大嘗宮東側の付属施設（図 5）

B・C 期大嘗宮東門の東側に 3 間×2 間の東西棟建物 SB12231・SB12232 がある。東門が B 期 SB12303 から C 期 SB12304 へ微妙に北側にずれるのと対応して，2 棟の建物にもずれがあることから，大嘗宮付属建物と見なしてよく，B 期－SB12231，C 期－SB12232 であろう。SB12231 西妻は B 期東門と 39 尺離れ，SB12232 西妻は C 期東門と 30 尺離れる。

SB12231・SB12232 の北側に南北棟建物 SB11745 がある。7 間×2 間に西廂が付く。概報が指摘するように東側柱筋が SB12231 の東妻と揃うので B 期かもしれない。しかし A 期膳屋 SB11785 の南側柱筋に南妻を揃え，A 期東面宮垣 SA11780 とちょうど 40 尺離れるので A 期と考えたい。金子は SB11745 を小斎人 7 丈幄（縦）にあて C 期とするが根拠は明らかでない。

③大嘗宮北側の付属施設－廻立殿の候補（図 6）

『儀式』によれば廻立殿は桁行 5 間・梁行 2 間の東西棟で 2 間分と 3 間分を分かつ間仕切りがある。しかし，中央区および東区大嘗宮の北側にちょうどこの規模・構造の東西棟はないので，中軸線を跨ぐ東西棟建物を南から順にみていく。

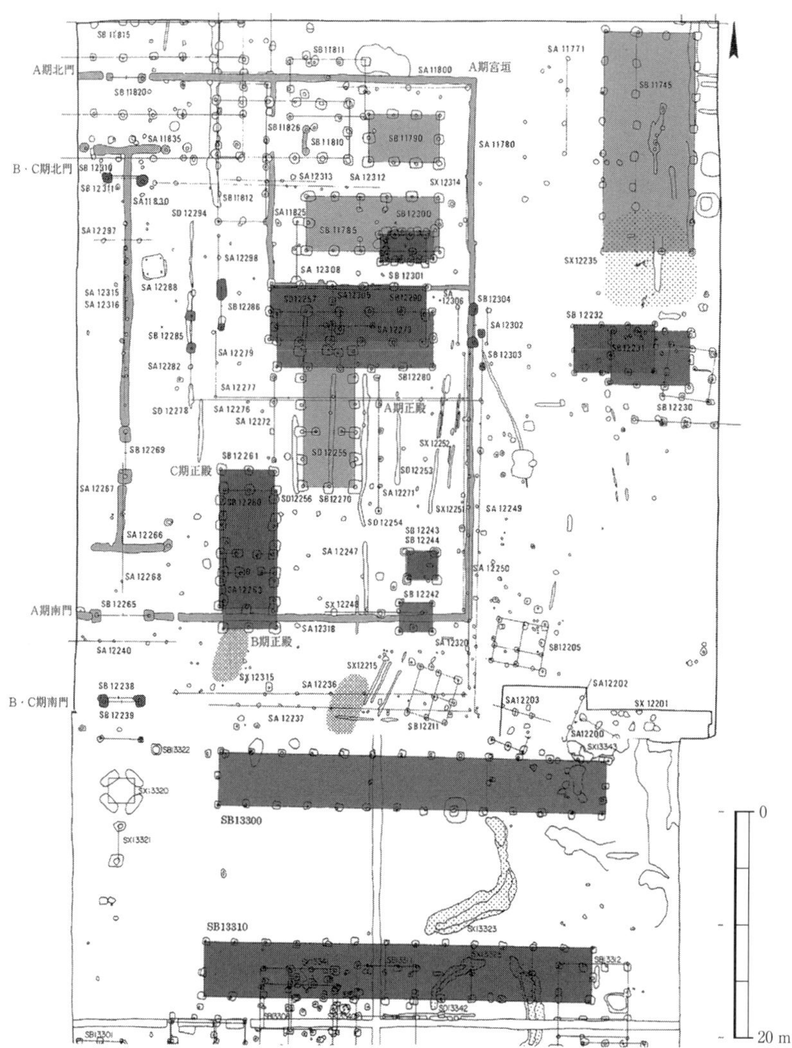

図５　Ａ～Ｃ期大嘗宮と東側・南側の付属施設

SB11815は，A期北門の付近にあり，8間×2間で南北両廂が付く。01・02・A期と重複するので，B期ないしC期とは並存しうる。しかし廂がB・C期の北面宮垣と5.5尺しか離れておらず難がある（図5上端）。

SB11900は，01期北門の北側にあり，4間×1間の変則的建物である（図6中央）。柱抜き取り穴から軒丸瓦6225Aが出土している。このSB11900の東方に南北棟のSB11751がある。SB11751は4間×3間であるが，平面規模が40尺×22尺でSB11900とまったく等しく，南妻をSB11900の南側柱と揃え，SB11900との距離が99尺（計画100尺か）となるので同時期とみてよい。このSB11751はSB11775と切り合いがあり，概報［奈文研1985］ではSB11775より新しく位置づけている。

A期大嘗宮を初めて検出した調査では，SB11900の棟通りがA期大嘗宮北面宮垣と下層朝堂院北面区画塀SA11250からおのおの150尺の等距離にあることから，SB11900をA期の廻立殿，A期を下層とした［奈文研1985］。しかしSB11900の柱抜き取り穴から軒丸瓦6225Aが出土しているから下層（01・02期＝元正・聖武）に伴うものではなく，上層に属す。ただし今日ではA期が下層でなく上層期の大嘗宮（淳仁）と確定したので，SB11900がA期に伴う可能性は消えていない。すでに上野邦一は，SB11900中軸線が上層閤門からでも130尺というラウンドな数値の距離となり，柱穴の規模が01期・02期の正殿・膳屋と不釣合いで，同時にB・C期の北門からの距離が178尺で端数があることを根拠に，A期の廻立殿と主張している［上野1993］。しかし金子はSB11900を光仁廻立殿＝B期とした。SB11900の年代的位置づけは後述する。

SB11223は，大極殿院上層閤門SB11200の南側にあり，7間×2間で南北両廂が付く。東側に立つ南北棟建物SB11806・SB11801と建物の振れ（東で南，北で東）が等しく，SB11806の妻柱筋がSB11223の入側柱筋と揃うので3棟は同時期であろう。SB11806の柱掘形から多量の瓦・凝灰岩片が出土しているので朝堂院上層遺構に伴う可能性が高い。SB11801の柱痕跡から6691Aが出土しており，概報が述べるように掘形埋土からの落ち込みであれば上層に伴う根拠となろう。なおSB11223の桁行長が64尺であり，大極

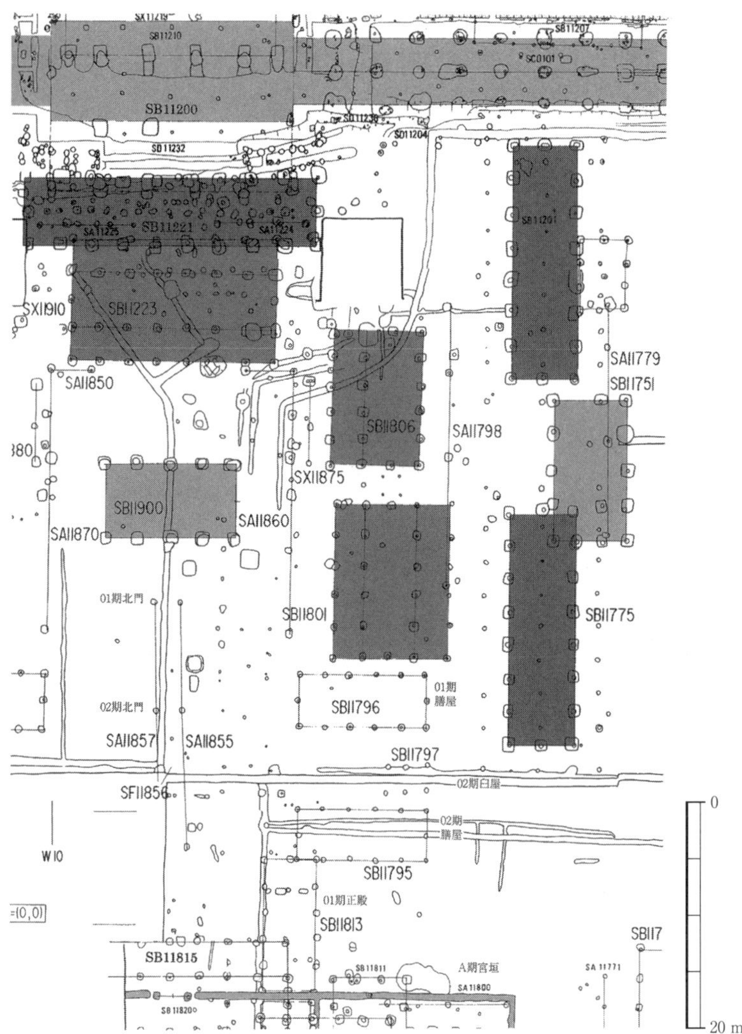

図６　01 期・02 期大嘗宮とＡ～Ｃ期の北側付属施設（Ⅳ案）

殿院閤門下層の門SB11200の桁行長65尺と近いことから，02期（聖武）の廻立殿の可能性も考えてみたが，上述の理由によって02期まで上げるのは無理である。

SB11221は上層閤門南面階段に接し，9間×2間で，床張り構造である。遺構の重複関係から桓武即位式の後のものと考えられている［奈文研 1993］。SB11221は東方の南北棟SB11201・SB11775と同時期であろう。3棟とも柱間寸法10尺で，柱筋をそろえ，足場穴を伴う構造が一致する。金子は，SB11221を正殿，SB11201・11775を東脇殿とするコ字形配置と復元したうえで，①閤門心から脇殿南妻までが200尺，②両脇殿の南北長が正殿の桁行総長（90尺）の2倍，③両脇殿間の距離が200尺と述べた。①・②は妥当だが③については問題がある。SB11201・SB11775の西側柱は，A・B・C期大嘗宮の東面宮垣の北延長部とほぼ揃え，朝堂院中軸線から105尺であり，仮に左右対称配置としても，両脇殿間は210尺となる。

このほか奈文研内部の検討会の席上，町田章は大極殿閤門を廻立殿にあてる提案をしているが，浅川滋男は，大嘗宮建物が仮設建物に一時的に聖性を付与することが重要であり，常設のしっかりした閤門を廻立殿にあてることに疑問を呈し，小柱穴でもまとまっているものを候補にすべきことを提唱した［奈文研 1992］。おそらくこれを受けて上野は，閤門の南側で中軸線の左右にあって建物にまとめられていなかった小柱穴群の中から8間×1間ないし8間×2間の建物SBOK1，SBOK2を推定し，01・01期の廻立殿にあてた［上野 1993］。上野のSBOK1・SBOK2は大きく図示されていないために，どの柱穴を拾うのか不明な点があるが，SB11223の北入側柱のすぐ北側の柱穴列を南側柱とし，SB11221の棟通りの柱穴列を北側柱とする8間×1間の建物としてSBOK1を想定することはできる。しかしこの柱穴群はSB11221に伴う足場であって独立した建物と考えないほうがよいと思う。

中央区では称徳大嘗宮の北側にSB18660があるが（第1章図9〔右〕），5間×4間で，5間×2間の東西棟を2棟接合した特異な平面で，いわゆる「ならび堂」でもなく，上部構造の推定に興味がもたれる。

結局，中央区で1棟，東区で4棟の廻立殿候補があるが，規模・構造や大嘗宮からの距離はバラバラである。すでに上野は奈良時代には廻立殿の平面や規模は一定していなかったと指摘したが［上野 1993］，候補の中のいずれが廻立殿になるにせよ上野の指摘の通りである。大嘗宮本体が細かい所はともかく『儀式』から復元された大嘗宮と大差ないのに比して際立つ特徴であって，儀式中で廻立殿にかかわる部分が，自由度が高く定型化が遅れたことの反映であろう。

Ⅲ　大嘗宮周囲遺構群の検討

A　大嘗宮北側遺構群の変遷

前項③で示した廻立殿の候補はそれぞれ同時期の建物を伴う。共存関係を確認すると，SB11900－SB11751，SB11223－SB11806－SB11801，SB11221－SB11201－SB1775である（図6）。それらの間の切り合いによる前後関係は，概報の所見に従えば以下のようになる。直接の切り合い関係による新旧を↓で示した。出土遺物は，SB11806の柱掘形から多量の瓦・凝灰岩片，SB11801の柱痕跡から6691A，SB11900柱抜き取り穴から軒丸瓦6225Aが出土しているので，すべて奈良時代中頃以降となり，大嘗宮では淳仁・光仁・桓武に対応するものである。

SB11223－SB11806－SB11801（X群とする）
↓
SB11221－SB11201－SB11775（Y群とする）
↓
SB11900－SB11751（Z群とする）

Y群のSB11775とZ群のSB11751の前後関係は後述するように逆転する可能性があるが，かりに上記の関係が成り立つ場合，X・Y・Z群は，どの天皇に対応するのであろうか。二つの案を検討する。

Ⅰ案

東区大極殿院の正式報告書の所見によれば，Y群のSB11221は大極殿閤門南側の遺構変遷では最新のもので，桓武朝に位置づけられている［奈文研

1993］。SB11751 と SB11775 との前後関係が概報の所見通りであれば，Z 群も桓武朝となる。

Y 群の 3 棟はすべて足場を伴う。5 日間で造立し 3 日間しか使用しないとされる大嘗宮の建物にしては立派すぎるようにも思う。金子は Y 群を廻立殿関連施設ではなく，斎場外院関連施設とするがいかがであろうか。概報の所見では Z 群は Y 群より新しいから，それと金子説をミックスすれば，Y 群を桓武外院施設，Z 群を桓武廻立殿施設とする案が浮かぶ。そして X 群は光仁廻立殿施設となろう。しかしこの案には難点がある。『儀式』によれば，斎場は 9 月上旬に造られ，11 月卯日（大嘗祭当日）に抜穂の御稲を大嘗宮に送致してからただちに解体された。とはいえ，大嘗宮は 11 月酉日から丑日までの 5 日間で建設されるから，酉日から卯日までの 7 日間は外院と大嘗宮が並存する。したがって『儀式』の式次第に従う限り，外院施設と廻立殿施設が切り合うのは不都合であり，Y 群を外院施設，Z 群を廻立殿施設とする案は成り立たない。もっとも奈良時代には『儀式』とは異なった式次第だったとすれば別であるが。

Ⅱ案

Y 群を外院施設ではなく廻立殿施設とすると，X 群―淳仁廻立殿施設，Y 群―光仁廻立殿施設，Z 群―桓武廻立殿施設となる。X 群の SB11223 の入側柱は淳仁大嘗宮北門 SB11820 から 199 尺にあり計画 200 尺とすれば整合的である。ただし SB11223 の北側柱は閤門棟通りからちょうど 50 尺にあるので，位置決めの基準としては，こちらを取るべきかもしれない。Y 群 SB11221 と光仁大嘗宮との距離（北側 274 尺，棟通 264 尺，南側 254 尺），Z 群 SB11900 と桓武大嘗宮との距離（北側 188 尺，棟通 177 尺，南側 166 尺）は端数が出る。ただし，Y 群・Z 群の位置は大嘗宮からではなく，大極殿院南面回廊・閤門を基準に決められているようである。すなわち Y 群の SB11221 の北側柱・南側柱は閤門棟通りから 30 尺・50 尺にある。SB11201 北妻・SB11775 南妻は回廊棟通りから 20 尺・200 尺（20＋70＋40＋70）にある。また Z 群の SB11751 北妻は回廊棟通りから 100 尺，SB11751 の南妻＝SB11900 の南側は回廊棟通りから 140 尺にある。位置決め法がそうであれば大嘗宮からの距離に端数が出ても不都合ではない。

ところで厄介なことに，概報の遺構図でY群のSB11775とZ群のSB11751が切り合う部分をみると，SB11751のほうが古いともみえる。新旧関係の確定は正式報告書での検討を期待するしかないが，かりにSB11751・11900のほうが古いとするとどうなるか。その場合，X群とZ群には切り合い関係がないので，前後関係は以下の2通り（Ⅲ案・Ⅳ案）が考えられる。

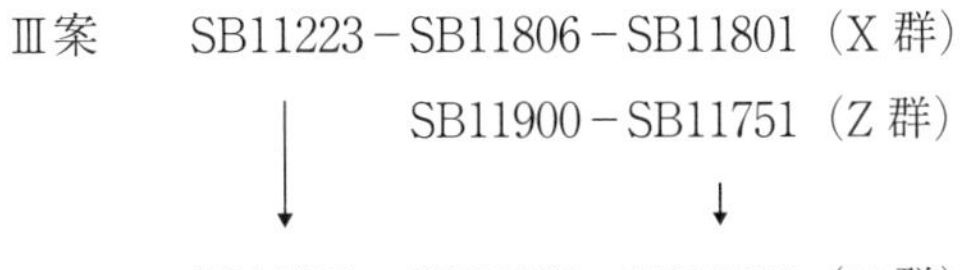

この場合，X群—淳仁廻立殿施設，Z群—光仁廻立殿施設，Y群—桓武廻立殿施設となる。X群のSB11223の入側柱が淳仁大嘗宮北門SB11820から199尺にあり計画200尺とすれば整合的であることはⅡ案で述べた。Z群SB11900と光仁大嘗宮との距離（北側188尺，棟通177尺，南側166尺），Y群SB11221と桓武大嘗宮との距離（北側274尺，棟通264尺，南側254尺）は端数が出るが，両群とも大極殿院南面回廊・閤門を基準に位置決められているとすれば不都合とはならない。

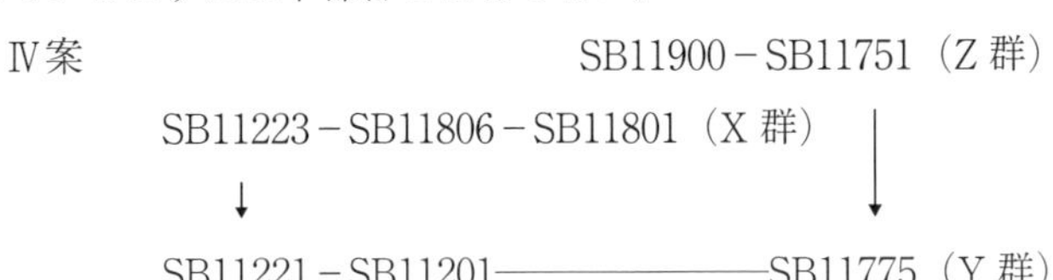

この場合，Z群—淳仁廻立殿施設，X群—光仁廻立殿施設，Z群—桓武廻立殿施設となる。概報ではSB11900の棟通りがA期大嘗宮（淳仁）北面宮垣から150尺にあるとみてSB11900をA期とする。ただし，この距離は実際には148尺であるので，これを150尺の施行誤差とみず，端数が出るとみればA期とする根拠としては弱い。むしろⅡ案で述べたようにZ群は回廊基準の設定とみたほうがよい。X群SB11223と光仁大嘗宮との距離（北側255尺，北入側245尺，棟通236尺，南入側228尺，南側219尺），Y群SB11221と桓武大嘗宮との距離は端数が出るが，Ⅱ案で述べたように，X

群・Y群の位置決め基準は閤門・回廊であろうから不都合とはならない。

以上述べたように，Ⅰ～Ⅳ案のそれぞれ一長一短がある。現在までに明らかにされた考古学的データに拠る限り絞り込みは難しい。特にⅠ・Ⅱ案かⅢ・Ⅳ案かの決定は，SB11751とSB11775の新旧関係が正式報告書で確定されないと無理である。しかし，遺構変遷の大きな流れで判断すると，X群・Y群は東西棟1＋南北棟2の組み合わせ，Z群は東西棟1＋南北棟1の組み合わせであるから，南北棟が2→1→2と変化するX群→Z群→Y群のⅢ案より，2→2→1と変化するX群→Y群→Z群のⅡ案，あるいは1→2→2と変化するZ群→X群→Y群のⅣ案のほうが流れがよい。『北山抄』（藤原公任著，11世紀前半）によると廻立殿の東に片廂の御釜殿が1棟建つので，最後に南北棟1棟となるⅡ案のほうが平安時代との繋がりがよいようにも思えるが，Y群が光仁となると閤門南側の遺構変遷案［奈文研 1993］と齟齬をきたし全体的再検討が必要となる。したがって，Z群・淳仁→X群・光仁→Y群・桓武とするⅣ案が今のところ最も無難となる。

B　遺構変遷の評価

かりにⅣ案が成り立つ場合，金子が結論的に示した説，すなわち平安時代の大嘗宮に付属する大嘗宮南側の外庭と幄舎が「朝堂院の縮図」，北側の内侍幄舎が後宮にあたり，8世紀末以降にこれら諸施設が付加されたことは，神話世界（神祇官）に宮廷組織（太政官）が付加されたことによる中国的な儀式化の進行であって，平安期の唐風化と一連の動きと評価できるとする説に影響を及ぼすであろうか。

文献史料からうかがえる奈良時代の大嘗祭の画期は，光仁あるいは桓武にある［岡田 1983；加茂 1983］。光仁大嘗祭では，悠紀・主基の斎田が国土の東西の国から象徴的に選ばれるようになった。桓武大嘗祭では，光仁以前には卯日に行われていた中臣による神寿詞奏上が辰日に移動し，同日に忌部による剣鏡奉上も行われるようになり，いわゆる「辰日前段行事」［倉林 1971］が成立する。剣鏡奉上はそもそも律令以前の大王就任儀礼に起源するもので，そこではまず群臣が宝器を捧げ，別の日に檀＝高御座に昇り即位した［岡田

1983]。神祇令では践祚の日に高御座に昇り，中臣の天神寿詞奏上を受け，忌部の神璽鏡剣奉上を受けるようになった。桓武以後，践祚と即位が分離し，王位に就任した即日神璽の継受が済んでしまい，後日に即位礼を挙行するようになったことから，宝器献上は即位礼から脱落し，大嘗祭辰日前段に行われるようになった［岡田 1983]。この動き，すなわち本来は即位式の行事であった中臣の天神寿詞奏上，忌部の神璽鏡剣奉上が辰日前段行事に組み込まれたのは，両者が即位式の儀式的整備＝唐風化によって即位式からはじき出され，「唐物」を排除しようとする大嘗祭のほうに付加されるようになったと評価されている［加茂 1983]。

大嘗宮本体の遺構の上では，光仁大嘗宮と桓武大嘗宮は類似度が高いが，称徳大嘗宮とも大差がなく，称徳→光仁→桓武への式次第の変更が大嘗宮本体の構造に影響したとは言いがたい。しかし，大極殿前庭の儀式遺構では，光仁および桓武の即位時に儀式が整備されたことが指摘されている［奈文研 1993]。桓武以後に大嘗祭に追加された辰日前段行事は，平安時代には豊楽院で行われたから，桓武大嘗祭では中央区朝堂院で挙行されたのであろう（補註)。したがって，東区朝庭に辰日前段行事にかかわる施設が追加されたとはいえまい。しかし，①で検討した大嘗宮北側遺構群の変遷についてⅣ案が妥当とすれば，大嘗宮東側・南側の遺構変遷も勘案して，大嘗宮でも淳仁→（称徳）→光仁→桓武の流れの中で付属施設が次第に整備され荘厳化されたことは確かだろう。『儀式』では「幄」と表現される多数の儀式参加者が控える建物，儀式で用いる各種の品物を揃えて準備しておく建物が，しだいに増え，簡素で痕跡が残りにくい物からしっかりした大型の掘立柱建物へと変化したのであろう。ただしこのような変化は，上述の岡田精司・加茂正典の研究成果を受ければ，即位式の唐風化に並行した変化と認められるにせよ，金子がいうように大嘗祭の「神話世界（神祇官）に，宮廷組織（太政官）が付加」して「中国的な儀式化が進行」したとは評価できないと考える。金子説は中央区朝堂院を太政官朝堂，東区朝堂院を神祇官朝堂と評価する水林彪の説［水林 2002］を受けているのであろうか。東区朝堂院はそもそも「政」の場であって，その「政」の場でこそ大嘗祭が挙行されねばならなかった事情は，本書第1章ですでに指摘した。神話世界を再現する祭式に政治組織が貫入したのではなく，大嘗祭そのものが律令国家による全国支配を正統化する政治性が強烈な祭式であり，太政官をはじめとする政治組織の関与が当初からの姿であったと考える。

その一方，大嘗祭自体の形式化も進行していた。奈良時代には大嘗宮正殿の40尺移動原則があり，これこそが歴代の天皇が天神御子として地上世界を支配する正統性を獲得するために，時間を原初に戻し太古の混沌の中から新たに代を始め，モータルな存在としての王が世々交代することによって王権を永続化するべく採られた方法であり，大嘗宮造営上最重要の原則であったはずである［岩永 2006］。しかし桓武が大嘗宮を光仁大嘗宮とほとんど重複させ，大嘗宮の南進が朝堂第二堂南妻位置でストップしたのを契機に，平安時代に入ると桓武の先例にならって正殿の40尺移動がなくなり，『儀式』が記すように「朝堂第二殿前」に固定するようになってしまったと考えられる。『儀式』や『延喜式』が記す大嘗宮は，動きを止め化石化した姿であった。

情報の収集にあたって，渡邊晃宏，中川あや，山本崇，小田裕樹の諸氏にお世話になった。御礼申し上げます。(2006年1月26日)

註

「朝堂院」の呼称は確実には延暦11年以降の長岡宮期後半に始まるから，奈良時代については単に「朝堂」と呼ぶのが正しい。しかし，広大な朝庭と，宮によって異なるが4・8・12・14（以上）棟の朝堂建物からなる中枢空間全体を指す語が必要であり，個別の朝堂建物と院全体を区別する必要もあるので，長岡宮期前半以前についても便宜的に朝堂院の語を用いる。なお平城宮（図1）では中央区に4堂，東区に12堂をもつ機能の異なる朝堂院が併存するので，混同を避けるために，必要に応じて四堂院，十二堂院という語も用いる。

参考文献

池　浩三　1983『家屋文鏡の世界』相模書房
岩永省三　1996「平城宮」『古代都城の儀礼空間と構造』奈良国立文化財研究所
岩永省三　2006「大嘗宮移動論—幻想の氏族合議制—」『九州大学総合研究博物館研

究報告』4〔本書第1章〕
上野邦一　1993「平城宮の大嘗宮再考」『建築史学』20
岡田精司　1983「大王就任儀礼の原形とその展開」『日本史研究』245
加茂正典　1983「大嘗祭“辰日前段行事”考」『文化史学』39
倉林正次　1971「大嘗祭の成立」『古代の日本』2，角川書店
関野　克　1939「貞観儀式大嘗宮の研究上・下」『建築史』1-1・2
奈良国立文化財研究所　1985「第二次朝堂院地区の調査　第161・163次」『昭和59年度平城宮跡発掘調査部発掘調査概報』
奈良国立文化財研究所　1986「推定第二次朝堂院朝庭地区の調査　第169次」『昭和60年度平城宮跡発掘調査部発掘調査概報』
奈良国立文化財研究所　1992『第二次大極殿院検討会記録（1）』
奈良国立文化財研究所　1993『平城宮発掘調査報告XIV』
奈良文化財研究所　2005「中央区朝堂院の調査—第367・376次調査」『奈良文化財研究所紀要2005』
水林　彪　2002「平城宮読解—前期平城宮中央区・東区二元的秩序の意味—」『日本古代王権の成立』青木書店

補註

当論文執筆時点では，桓武大嘗祭に伴う辰日前段行事が中央区朝堂院で挙行されたと考えた。しかしその後，中央区朝堂院が光仁朝・桓武朝には忌避され放置されていた可能性があるため，辰日前段行事が東区朝庭で挙行されてもかまわないと考えるようになった。とはいえ中央区での挙行がありえないわけではないし，光仁が整備した楊梅宮での挙行も考えられる。

第4章　内裏改作論

I　王権論の一環としての宮の研究

A　宮の空間的事象研究の意義

古代国家を研究するにあたっては，支配者集団による広域支配・統治を可能とし永続的に維持するための諸機構・組織・制度と，それを支える社会的・経済的インフラの研究が基本的とはいいながら，どうしてもそれではすくいきれない部分がある。社会・国家の中枢に座る王という存在を避けて通れない。日本古代の場合，時期によって呼称が変わるが，倭国王ないし天皇という「王」の権威・権力を正当化し，それを発動させるさまざまな装置を，システム的要素のみならず神話・儀礼などのマジカルな要素を含めて解明しなければならない。また王を中心とする権力核が，いかに形成され維持され変質を遂げていったかも重要な課題である。王の支配が展開する拠点としての宮の構造や機能の研究が重要な所以はここにある。

王権のもとへの支配者集団の結集は，①可視的・即物的標識で表現される身分秩序への編入（3〜5世紀），②血縁擬制を伴うウヂの形成とそのカバネ秩序への編入（5世紀後半〜6世紀），③整然とした国家機構への結集（7世紀〜）へと変化した。これは結集の原理が即物的標識→観念的→制度的への変遷をたどったと評価できるが，大枠ではそうであっても，③の段階でも，その集団内での支配従属関係を説明・正当化する神話や系譜関係，価値ある品物の授与や儀礼・宴会の繰り返しが，支配者集団の紐帯を再生産し，貴族や官僚たちの奉仕や職務執行を継続させていく上で，重要な意義を有した。

天皇の宮，特にその中枢部は，天皇や貴族・官僚による政治・儀式，天皇の日常生活が展開した場であり，その空間的構造の通時的変化に，天皇と臣下との身分的関係，政治や儀式の執行形態，官僚機構の組織や成熟度などとその変動が，直接・間接に反映されている。筆者は2006年に奈良時代の大嘗宮遺構を素材に，その建設地の移動の意義を考察し，王権を支える支配者集団結集方式の呪術的側面を検討した［岩永 2006a, 2006b］。その際に得た着想は，王宮ないしその構成要素の造り替えは，現実的・実際的必要性のみによるのでなく，呪的意義づけが隠されており，天皇の支配を支える重要な要素とみなせるという点であった。今回は一連の作業として平城宮内裏の改作を検討するが，7世紀まで続いたとされる歴代遷宮に言及せざるをえない。

B　歴代遷宮への注目

日本では7世紀末の藤原宮以降に至って，ようやく宮の場所が固定し，それ以前は歴代の天皇ごとに一度以上宮の場所を替える歴代遷宮が行われてきた。

これはアジアの都市の本質を，王侯の宿営地と捉える古典理論の理解に照らすと興味深い。支配機構が未熟で小規模であり，王宮以外に付属施設をほとんどもたない段階では移動がしやすい。6世紀以降，全国支配のための部民制・国造制・屯倉制などが整備されるにつれて，王家の家政機関（内廷）からの一般行政機関（外廷）の分離が進むものの，有力氏による世襲的職務分掌体制下では，王宮は内廷だけを包含し，国政処理機関やその付属施設は，朝廷を構成する有力氏の統率者の本拠地（邸宅）などに分散しており，王宮付近に集中していなかったと推定できる。官司制の整備につれて外廷機能の凝縮が目指され，大化直前には外廷機構の多くを蘇我氏が掌握するようになっていたが分散性は克服されず，ようやく蘇我本宗家の滅亡によってそれらを中央政府の統括下に集約することが可能となった［八木 1965, 1966］。さらに（前期）難波宮への遷都は主要氏族の集住と内廷機構・外廷機構の空間的集中を初めて可能にした［直木 1971］。こうして王宮の周囲に諸機関を集中させる段階になると，宮は容易に動かせなくなる。しかし，王宮が身軽であることは歴代遷宮の必要条件ではあっても十分条件ではない。中国の諸王朝や高句麗・新羅・百済の朝鮮半島諸国で歴代遷宮が行われたわけではないからである。

C　歴代遷宮の原因

歴代遷宮を行った事情については，さまざまな説が提唱されてきた。

夫婦別居に起因する父子別居から皇子が皇后の家で即位するという“父子別居説”（本居宣長『古事記伝』），天皇崩御で宮室が穢れるので新帝は新宮を他所に営むという“死穢忌避説”［久米 1891］が古来有力である。

田村圓澄は，本居・久米を批判し，天皇死去で住居としての宮ではなく，神宝の奉安所としての宮が穢れるのを防ぐために，新宮に移る必要があり，遷宮の行列そのものが諸豪族に対し天皇の尊貴性を誇示し周知させる意義をもったとした［田村 1964］。しかし後に，即位時の神宝の奉献はそれほど古い儀礼ではない（孝徳以降）とする直木孝次郎の説［直木 1968］を受けてであろうか，神宝の宮内での奉安もさして古く遡れぬと考え直したようで，宮を「神宝の奉安所」でなく，「祭祀所」と改めた［田村 1975］。

和田萃は田村説を批判し，天皇死去直後でなく殯終了後に即位・遷宮が行われることが一般的なことから，遷宮の理由は先帝の死去よりも新帝の即位に関係するとし，適地を卜定して檀を設けて即位式を行い，そこを宮地にする慣行によるとした［和田 1969］。

八木充は［八木 1974］，既存の学説を，(1) 父子別居説，(2) 死穢忌避説，(3) 政治的課題の解決，(4) 地理的経済的理由，(5) 宮殿建築の耐用性，と整理し，(3)～(5)を批判した上で，自説として，天皇宮と皇子宮の並存に起因する東宮の内裏化と，天皇・皇后ら内裏居住者の死に対する嫌忌をあげ，平城宮内における内裏の移建を歴代遷宮の痕跡とみた。父子別居説・死穢忌避説の再版といえよう。なお，横山浩一も平城宮内における内裏の移建は歴代遷宮から変化したもので先帝の穢れを忌む習慣からきていると考えていたようだが［甲元 2007］，八木説とのかかわりは不明である。

井上光貞は，中国・朝鮮では先帝の死後大葬をまたずに即位するのに対し，日本では大葬後の即位が普通であることから死穢忌避観念が強いとし，死穢忌避を歴代遷宮の重要な理由と考えた［井上 1984］。さらに安閑～崇峻は即位→遷宮，推古～天武は遷宮→即位が主であったと指摘し，前者から後者への移行の背後に，即位儀のための設壇後に新宮を建設する方式の採用を考えた。なお，和田萃が古式とみた応神～武烈の適地卜定→設檀→即位を，推古～天武期に主流となった方式を過去に投影したものとみる点で和田説と異なる。

瀧浪貞子は遷宮の死穢忌避を強く継承し，歴代遷宮を継承する宮内遷宮が藤原京・平城京にもみられ，平安京時代の清涼殿の解体・新造を歴代遷宮の残影と評価した［瀧浪 1979］

吉村武彦は，レガリア献上の即位儀礼を孝徳以降とする直木説［直木 1968］を批判し，大化前代には，前帝の没後，一定の候補者の中から群臣が治天下の王を推挙・選出するとともに，新帝があらためて群臣を任命するシステムがあったと主張し［吉村 1989］，歴代遷宮の歴史的前提として，ヤマト王権がすでに特定の狭い地域を政治的・経済的基盤にするような段階ではないこと，大化前代では群臣の推挙プロセスが必要ゆえ，群臣の意向によって新王宮の所在地が選定される条件も無視できないと指摘した［吉村 2005a, b］。なお吉村は，井上光貞が皇位継承の本来型を決める際に強調した死穢忌避説を批判しており，この批判は歴代遷宮の理由の考察にもかかわってくる。

吉村説の系譜にある説として，仁藤敦史は，大王と臣下との人格的隷属関係を基礎とする律令制以前の権力構造において，代替わりごとに必須となる，新大王が支配機構の再編成のために行った行事の一環として歴代遷宮を考察するとともに，父子別居説については，当時の分散的な権力構造を考慮し，皇子宮が大王宮へ昇格するという現象面に限ってであれば承認できるとした［仁藤 1992］。また，熊谷公男は，即位式の一環としての宮地の選定を重視する。王中の王・連合政権の盟主である「治天下大王」段階では，代替わりごとの更新——天つ神による大王への統治権の付託，大王と群臣の地位の相互承認——が必要であり［熊谷 2001］，神から統治権の付託を受ける神聖な場所をそのたびに決め，そこをそのまま王宮としたので，結果として代替わりごとに新宮を営むことになったと考えているようである。

D　歴代遷宮の終焉

歴代遷宮といっても，直木孝次郎が指摘したように，武烈以前にはかなり広い範囲の移動であったのに対し，継体から推古の間は，飛鳥を中心とした十市・高市・式上の3郡に集中し，舒明以後の80年間は，孝徳の難波遷都，天智の近江遷都を除けば高市郡の飛鳥地方にあり，永続的な都城出現の条件が熟しつつあった［直木 1974］。細かくみると，推古天皇の豊浦宮・小治田宮は飛鳥の隣接地であり，舒明から天武にいたる天皇の宮は狭い飛鳥に収まり，しかも嶋宮や数箇所の行宮を除けば，飛鳥岡本宮（舒明）・飛鳥板葺宮（皇極）・後飛鳥岡本宮（斉明）・飛鳥浄御原宮（天武）はほとんど同位置であるから，王宮名の変更はあっても，すでに実質的に歴代遷宮から脱していたと考える小沢毅の説［小沢 1988, 1995］が有力となっている。熊谷公男は小沢説を受け，舒明朝頃から王宮名が変わっても場所が固定化するとした［熊谷 2001］。

歴代遷宮をしだいに困難とした事情は，すでに述べたように，中央集権的官司制の樹立へ向けた内廷・外廷諸機関の宮中一郭への統合化の進展であろう。大化前代の有力氏による世襲的職務分掌体制下では，王宮は内廷だけを包含し，外廷諸機関は朝廷を構成する有力氏の本拠地（邸宅）などに分散しており，王宮付近に集中していなかった。そうした氏ごとの職務分掌体制から，機能別に設けられた官司に官僚群が出仕して職務を行う官司制を整備するには，外廷機能を特定氏族から分離して，王宮付近に集合させるほうがよい。大化直前に外廷機構の多くを掌握していた蘇我本宗家の滅亡によって，それらを中央政府の統括下に集約して国家機構を一元化する条件が整い，国政執行の空間的構成の統合が目指された［八木 1965, 1966］。実際，難波長柄豊碕宮への遷都は主要氏族の強制的集住と内廷・外廷諸機関の空間的集中を初めて可能にしたと考えられる［直木 1971］。このように宮の周囲に諸機関を集中させる段階になると，宮を代替わりごとに動かすのが容易でなくなるのは間違いない。

ただし私は，飛鳥岡本宮から飛鳥浄御原宮に至る諸宮は，まだ完全に固定してはいないと考える。飛鳥宮の構造は，最上層の後飛鳥岡本宮（斉明）・

飛鳥浄御原宮（天武）（伝承板葺宮跡Ⅲ期）はかなり判明してきているが，その下層の諸宮は情報が断片的である。しかし小沢も指摘したように，Ⅲ期の中軸線はⅡ期と 90m ほどずれているようで，中軸線と区画の外枠を踏襲して内部を造り替えたのではなく，移動距離が短いものの遷宮をしているとみなしたい。従って歴代遷宮の慣行が確実に消滅したのは持統天皇の藤原宮以降と考える。せっかく難波長柄豊碕宮で諸機関集中を目指しながらも，斉明が難波から狭隘な飛鳥へ都を戻すと，（時期は下るが）飛鳥浄御原宮の民官が雷山（雷丘）にあった忍壁皇子の宮の失火で延焼したことから判明するように［岸 1981］，ある程度ばらけた状態に逆戻りするようであり，そのことが藤原遷都までは，距離は短いながらも遷宮を可能とした条件にもなっていると考える。

歴代遷宮終焉の理由として田村圓澄は，②仏教受容により死穢の観念が支配力を弱められ，先帝の追善法会が営まれたりして，死穢を直接遷宮に結びつける神祇的見解が緩和された。③豪族が官僚化し本貫を離れ京内に定住し私寺を建てるようになると遷宮が困難になる。さらにその背後に，神祇的権威によって天皇を荘厳し続けようとした中臣・忌部の祭祀グループと，律令支配体制による天皇権力確立をはかる官人貴族層との意識・地位の懸隔があるとした［田村 1975］。和田萃は大極殿が成立し即位場所が固定したこと，火葬の採用で殯が消滅し皇位の空白期間が短縮したこと，皇位継承が「不改常典」により定まったことをあげる［和田 1969］。熊谷公男は，「治天下大王」から超越的存在である「現神御宇天皇」への変化の中で，代替わりごとの群臣の推戴と神からの統治権の付託が必要でなくなり［熊谷 2001］，神から統治権の付託を受ける神聖な場所をそのたびに決め，そこをそのまま王宮とすることがなくなったので，結果として代替わりごとに新宮を営むこともなくなったと考えているようである。

Ⅱ　平城宮内裏の改作

A　内裏改作への注目

歴代遷宮の意義を考察するには，歴代遷宮していた段階の宮の内部構造とその変遷を知る必要があるが，前期難波宮・後飛鳥岡本宮・飛鳥浄御原宮がある程度判明しているものの，他の諸宮については考古学的情報がまだ不十分であるから，遺構に即した考察ができない。

そこで視点をずらして，歴代遷宮の停止後も，その意義を引き継ぐ何らかの現象が「宮」内にみられるだろうと推定し，その把握を試みよう。その場合，歴代遷宮していた頃の「宮」は，7世紀後半以降に朝堂院や曹司を備えるようになった「宮」の全体ではなく，主として内裏部分に相当することを前提とし，藤原宮以降の諸宮で内裏の状況が最もよく判明している平城宮の内裏を検討する。残念ながら藤原宮内裏は醍醐池と重複しほとんど調査されておらず，長岡宮内裏は第二次内裏の一部分のみが判明しており，平安宮内裏は九条家本『延喜式』付図によって平安時代初期の建物配置は判明するものの，具体的な造り替えの様相が不明であるために，平城宮に考察を集中させざるをえない。

かつて八木充・横山浩一は平城宮内における「内裏の移動」を重視し，これを歴代遷宮の名残とみなした［八木 1974；甲元 2007］。これは奈良国立文化財研究所で1962年に提唱され［奈文研 1962］，1970年代まで有力であった，「第一次内裏・朝堂院」から「第二次内裏・朝堂院」への遷移説を前提としたものであるが，現在では平城宮内の「内裏の移動」は否定されており，内裏は固定していたことが確定しているから（図1）（ただし天皇の御在所が一定していたわけではない），本稿では「内裏の移動」ではなく，常設居住施設としての内裏の造り替えと内裏中心殿舎の位置に注目する。

筆者は平城宮内裏の検討に先立ち，平城宮内の大嘗宮の分析を行い，東区朝堂院内における大嘗宮建設地の移動（ずれ）には重大な意味が隠されていることを論じた［岩永 2006a］。すなわち，元正・聖武・淳仁・光仁・桓武の

5代の大嘗宮は東区朝堂院にあるが，大嘗祭が新たに挙行されるたびに大嘗宮が意図的に南へずらされ，特に桁行40尺の悠紀殿・主基殿を前回と重複しないように40尺ずつ移動させている。そのような不可思議な原則を（桓武を除いて）遵守しようとした理由は，歴代の天皇が皆，天神御子としての聖性を付与され呪能を獲得し，海原や葦原中国を服属させ地上世界を支配する正統性を獲得する……時間を原初に戻し太古の混沌の中からあらたに代を創め，モータルな存在としての王が世々交代することによって王権を永遠化するためには，既設の施設を用いずに大嘗祭のたびに黒木造りに草葺の「原始的」殿舎を設け，そのつど最初のこととして演出する必要があったからであり，正殿は過去の記録に基づいて前回の正殿位置を現場で確認し，重複しないように細心の注意を払って「新たな」場所に設けることが不可欠だったのであろう。もちろん偽のアルカイスムである。

すでに述べたように，平城宮内で内裏は移動しておらず，大嘗宮の移動と同列には論じられないが，内部の造り替えと内裏中心殿舎の位置に注目し，かつての歴代遷宮を引き継ぐ何らかの重要な意義が隠されていないか探索してみよう。

B　平城宮内裏の遺構変遷

平城宮内裏の遺構は，『平城宮発掘調査報告ＸⅢ』［奈文研 1991］（以下，『学報ＸⅢ』と略す）で変遷案が示され，Ⅰ期～Ⅵ期の6時期に区分されている（図2）。本稿では，『学報ＸⅢ』の見解に大枠で従いつつ各期の建物配置などを概観してから，各期の年代について検討する。

Ⅰ期；一辺600尺の正方形を掘立柱塀で区画し，その中央やや北寄りに御在所正殿SB4700，区画南半の中央に内裏正殿SB460を置く。Ⅱ期以降と異なりSB4700・SB460の周囲には建物がないが，SB4700より北側には東西棟の付属殿舎を数棟配す。内裏の中心的建物として同形同大の大型東西棟建物を2棟並行させるプランは，飛鳥宮跡Ⅲ期（後飛鳥岡本宮・飛鳥浄御原宮）に存在することが橿原考古学研究所による2004年（第153次）・2006年（第155次）の調査で判明しており[1]，藤原宮内裏では不明ながら，平城宮Ⅰ期

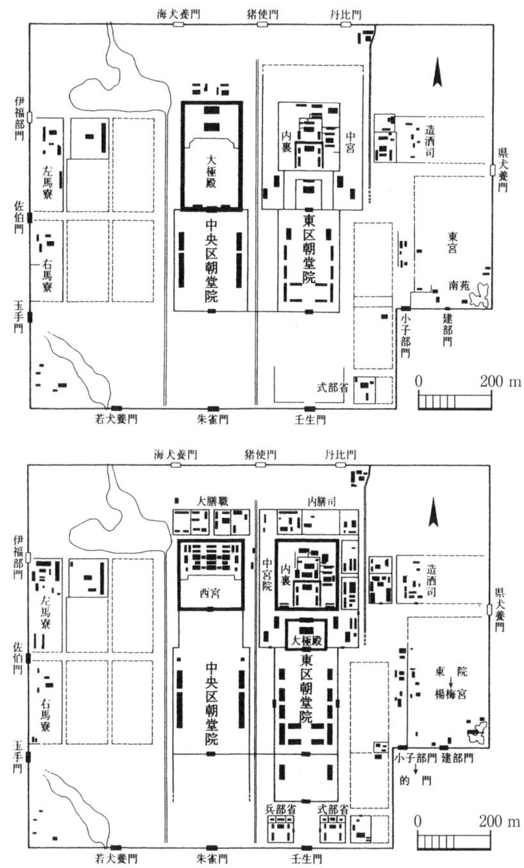

図1　奈良時代前半の平城宮（上），**後半の平城宮**（下）（［小沢 2003］を一部改変）

のプランは7世紀後半の内裏を継承するものといえる。

Ⅱ期；大掛かりな改造を行う。外周の区画を北端で3間，南端で6間南にずらし，南北630尺とする。Ⅰ期の御在所正殿・内裏正殿の位置を踏襲して，一回り小さなSB4703A・SB450Aを建て，内裏正殿に対しては東西2棟ずつの脇殿を建て，それら5棟の東西北3方を回廊で囲って正殿区画を形成する。御在所正殿に対しては東西1棟ずつの脇殿と後殿を建て，それら4棟の

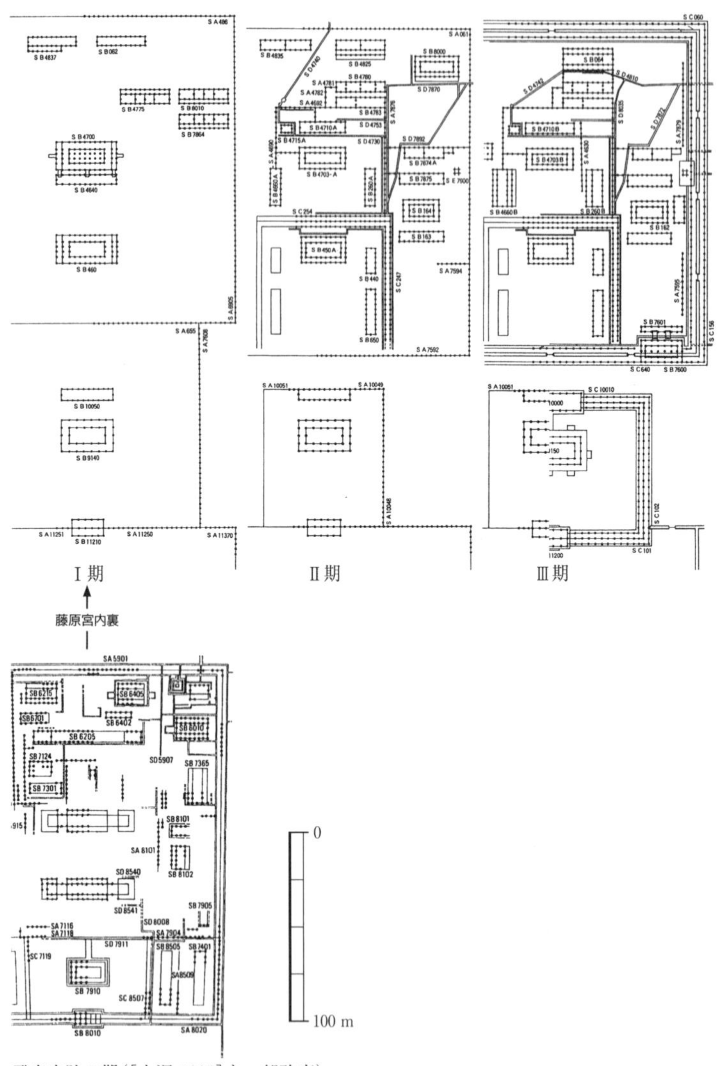

飛鳥宮跡Ⅲ期（［小沢 1995］を一部改変）

図２　平城宮内裏の遺構変遷（上段）と関連遺構（下段）
（1/4000，上段は［奈文研 1991］を一部改変）

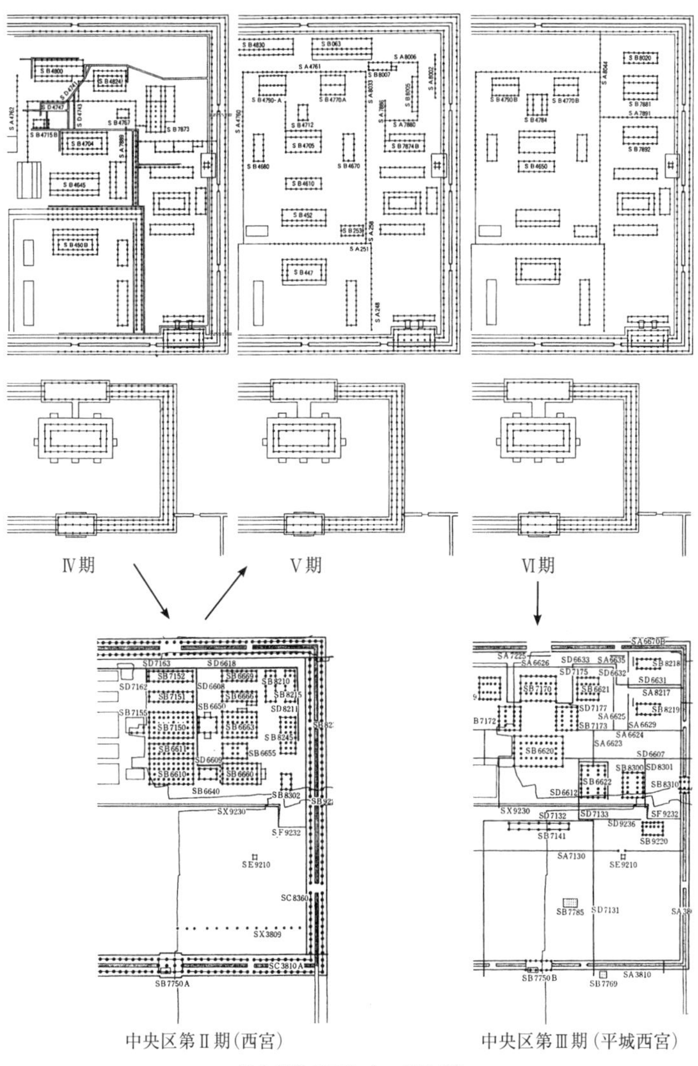

中央区第Ⅱ期(西宮)　　　　中央区第Ⅲ期(平城西宮)

([奈文研 1982]を一部改変)

東西北３方を塀で囲って御在所区画を形成する。御在所区画の北側に４棟，東北側に１棟，東側に４棟の殿舎を建てる。東北区のSB8000は御在所正殿と同規模・同形式で格が高い。東側区画の様相は６期に至るまで大きくは変化しない。

Ⅲ期；Ⅱ期の外周区画を同位置で築地回廊に建て替え，以後Ⅵ期まで踏襲される。区画内の建て替えは小規模である。正殿区画ではⅡ期の建物を踏襲するが，御在所区画では正殿・脇殿の廂を改造・増築し，後殿を建て替える。御在所区画北側では建物を３棟にし，東北区画は建物がない広場とする。

Ⅳ期；Ⅲ期に比して大掛かりな改作を行い，正殿区画では正殿を建て替え，御在所区画ではⅡ期の正殿・後殿を撤去し，南にずらして建て替える。御在所北側では建物を２棟，東北区画に１棟とし，これら３棟を一体として用いた。

Ⅴ期；外周区画は変わらないが，内部の大規模な建て替えを行い，構造が大きく変化する。正殿区画では正殿を南にずらし脇殿を１棟ずつとし，区画の南北幅を６割に縮小して塀に替える。これに対して御在所区画の南北幅を1.6倍に拡大して塀で囲い，その内部を南４分の１と北４分の３に分けて，南部に御在所正殿と東西棟の脇殿を置き，北部に皇后宮正殿・前殿と２棟の脇殿，３棟の後殿を配す。Ⅱ～Ⅳ期に比して正殿区と御在所部分が縮小され，広い皇后宮が出現したのがⅤ期の特徴である。皇后宮の北側の狭くなった区画には２棟を建てる。東北区には小型建物や塀があるが一時的なもので基本的には広場であった。

Ⅵ期；皇后宮内で前殿・後殿を建て替えるが配置に変化はない。北区には建物がなくなる。東北区は塀で囲った独立区として正殿・後殿を建てており，後宮と評価される。当期にはⅤ期の皇后宮に加えて後宮が創設され，平安宮内裏の構成要素が揃った。

以上，『学報XⅢ』の記述に拠りつつ遺構変遷を略述した。Ⅰ～Ⅵ期とその南側の東区大極殿・朝堂地区の遺構変遷との対応関係について『学報XⅢ』は，Ⅰ・Ⅱ期を東区下層，Ⅲ～Ⅵ期を東区上層としている。筆者はこれには異論があり，Ⅲ期の期間中に大極殿・朝堂院が下層から上層に建て替えられたと変更したいが，次項でⅠ～Ⅵ期の年代を検討してからふれる。

C　各期の年代

次に，Ⅰ～Ⅵ期のそれぞれの年代幅を，『学報ＸⅢ』の見解からいったん離れて，遺構からの出土遺物に即してどこまで絞り込めるか検討しよう。各期の上限を柱掘形出土遺物の中で最新のもの，下限を柱抜取穴出土遺物の中で最新のものによって決める。当然ながら下限は複数時期にわたる遺構ではなく，1時期に収まる遺構で決めなければならない。また『学報ＸⅢ』で遺物出土遺構を「柱穴」と記すものは柱堀形か抜取穴か判断がつかない場合は除いた。土器編年および軒瓦編年の実年代比定については，『学報ＸⅢ』『学報ＸⅣ』『平城京左京二条二坊・三条二坊発掘調査報告』〔奈文研 1995〕に従い，以下のように考えておく。

土器Ⅰ期：708–715，土器Ⅱ期：715–730，土器Ⅲ期：730–750，土器Ⅳ期：750–765，土器Ⅴ期：765–784。土器Ⅲ期は近年3段階に区分されているので，古段階：730年代，中段階：740年代前半，新段階：740年代後半を目安とする。

瓦Ⅰ-1期：708–715，瓦Ⅰ-2期：715–721，瓦Ⅱ-1期：721–729，瓦Ⅱ-2期：729–745，瓦Ⅲ-1期：745–749，瓦Ⅲ-2期：749–757，瓦Ⅳ-1期：757–767，瓦Ⅳ-2期：767–770，瓦Ⅴ期：770–784。

以上の遺物編年に基づき，内裏Ⅰ～Ⅵ期の年代を検討する（表1・表2）。

Ⅰ期；遺構からの遺物の出土は少ない。SB4700の柱抜取穴から6311B，SB8010の柱痕跡からが6311Aが出土し，解体が瓦Ⅱ-1期に下る。

Ⅱ期；上限は柱掘方から出土した6311Ba，6313A・B・C，6664D・F，6685Bからみて瓦Ⅱ-1期，下限は，SB4825柱穴出土の6308からみて瓦Ⅱ-2期となる。

Ⅲ期；Ⅲ期の主要所用瓦は瓦Ⅲ-1期の6225A・C-6663Cや6131A・6296A・6320Aa-6691Aである。Ⅲ期に造られた築地回廊や楼閣SB7600はⅥ期まで存続し，礎石抜取穴や雨落溝出土の瓦は瓦Ⅰ～Ⅳ期と幅があるが，創建時の主要組み合わせは，6225A・C-6663Cであり，740年代後半を上限とする。さらに絞り込むと，SC156 基壇積土から 6664D・6666A・土器Ⅲ期，SB064 柱穴から 6225A，SA4630 柱穴から土器Ⅲ・Ⅳ期が出土しており，この中で最新の土器Ⅳまで下るから 750 年に近い頃となる。下限を示す適当な遺物は少ないが，Ⅱ期に建設されⅢ期まで存続した SB4780 柱抜取穴から瓦 6282Ba・Fb と土器Ⅳ期が出土しており，土器Ⅳ期に収まるとみてよい。

Ⅳ期；上限は SB4704・4800 柱掘形から土器Ⅳ期が出土しており，当期の主要所用瓦が 6282-6721，瓦Ⅳ-1 期の 6133A・B・C-6732A・C であることと合わせて，760 年前後となろう。下限は，SB4704 の柱抜取穴から瓦Ⅳ-1 期の 6732A と土器Ⅳ期が出土し，Ⅱ期に建設されⅣ期まで存続した SC254・SB260・SA7887 の柱抜取穴から瓦 6282Ha・6721Ga と土器Ⅲ～Ⅴ期が出土しており，土器Ⅴ期まで下る。

Ⅴ期；上限は，SB4705・SB4680・SA4760 柱掘形から土器Ⅴ期，SA4761 柱掘形から土器Ⅴ・Ⅵ期，SB063 柱掘形から土器Ⅳ・Ⅴ期が出土しており，土器Ⅴ期である。下限は SB063 柱抜取穴から土器Ⅳ・Ⅵ期が出土しているが，内裏Ⅵ期の年代からみて，土器Ⅴ期末に収めておくべきであろう。

Ⅵ期；上限は，SB8020 柱掘形から土器Ⅵ期が出土しており，長岡遷都に近い時期である。下限は，SA4761 柱抜取穴から土器Ⅴ・Ⅵ期，SA4760 柱抜取穴から土器Ⅳ・Ⅴ・Ⅶ期，SA7891 柱抜取穴から土器Ⅴ・Ⅶ期，SB4705・4680 柱抜取穴から土器Ⅵ～Ⅶ期，SB7881 柱抜取穴から土器Ⅶ期，SA251 柱抜取穴から土器Ⅶ期が出土した。Ⅲ期に創建されⅥ期まで存続する SC156 礎石抜取穴から瓦Ⅳ-1 期の 6133A・6732A・6732C，Ⅱ期に建設されⅥ期まで存続する SA7876・SB163・SB164 の柱抜取穴から瓦Ⅲ～Ⅳ期の 6282B・6721 と土器Ⅳ・Ⅴ期，Ⅴ期に創建されⅥ期まで存続する SA248 柱抜取穴から土器Ⅴ期が出土した。以上から，内裏Ⅵ期の下限はⅥ以降となり，長岡遷都期と重なる。

D　内裏改作の背景

天皇の代替わりと内裏改作との関係を文献史学の研究成果を参照しつつ検討し，前項で検討した各期との対応関係を明らかにする（表 1～4）。結論的には，天皇の代替わり前後に改作しており，改作の着手が実際の代替わりに先立つケースが多いことが判明する。

元明→元正

史料上では元明朝に内裏が見えず，どの程度整備されていたのか不明である［橋本 1991］。元正天皇は和銅7（714）年に立太子した首皇子が成長して皇位につくまでの中継ぎであったが，元正即位前後の御在所の整備状況は不明で，元正即位5年後の養老4（720）年以降ようやく史料に内裏が現れる。

元正→聖武

養老5年（721）12月の元明太上天皇の死去直前たる9月に中納言従三位藤原武智麻呂が，造宮卿を兼任し宮内の改作に着手した。養老8（724）年2月に元正は首皇子（聖武）に譲位したから，この改作開始を首皇子即位を目指すものとするのが通説であるが，元正天皇の治世を荘厳化するための事業とする反論がある［橋本 1991］。

首は予定調和的に円満に即位に至ったわけではない。養老4（720）年の藤原不比等の死後，再び勢力挽回してきた皇親勢力（舎人親王・新田部親王・長屋王）と藤原氏との対抗関係が緊迫の度を増しており［岸 1966］，こうした中で，（元明の孫）首皇子即位までの中継ぎ役としての元正天皇（元明の娘）への譲位後も国政の実権を握っていた元明太上天皇の死去は，元明の意を受けて和銅7（714）年に立太子していた首皇子（不比等の孫）の地位をも磐石ではなくす要素をもっていた。したがって，元明の死で弱化した元正の治世に梃入れすることと，将来の首即位の環境を整えることは表裏一体と評価すべきであるから，養老末年の改作に関する通説を支持してよいと考える。

元明の死が目前に迫り，政局不安定化がみえた時点での，藤原武智麻呂を造宮卿に据えての内裏改作開始は[2)]，首皇子即位の環境を早急に整える必要性からであると思われ，元正は2年ほどで譲位し首皇子を即位させた。

聖武→孝謙

平城環都後の天平17（745）年9月に聖武が行幸先の難波宮で不豫となり，その後も聖武はあまり健康に恵まれず，天平20（748）年4月の元正太上天

表1　変遷対照表（1）

西暦	年　号	天皇・上皇・皇太子の変遷								遺構時期区分			遺物編年	
		元明	元正	聖武	光明	孝謙	淳仁	光仁	桓武	中央区	東区朝堂院	内裏	土器	瓦
710	和銅3	天皇								造営工事	下層	Ⅰ期	土器Ⅰ	瓦Ⅰ-1
711	4	〃								|			|	|
712	5	〃								|				
713	6	〃								|				
714	7	〃		皇太子						↓				↓
715	8・霊亀1	→上皇	天皇	〃						Ⅰ-1期開始			↓	瓦Ⅰ-2
716	2	上皇	〃	〃									土器Ⅱ	|
717	3・養老1	〃	〃	〃									|	
718	2	〃	〃	〃										
719	3	〃	〃	〃										
720	4	〃	〃	〃										↓
721	5	死去	〃	〃								改作		瓦Ⅱ-1
722	6		〃	〃								↓		|
723	7		〃	〃								Ⅱ期		
724	8・神亀1		→上皇	→天皇						神亀～天平初年にⅠ-2期開始				
725	2		〃	〃										
726	3		〃	〃										
727	4		〃	〃										
728	5		〃	〃										↓
729	6・天平1		〃	〃	皇后								↓	瓦Ⅱ-2
730	2		〃	〃	〃								土器Ⅲ古	|
731	3		〃	〃	〃								|	
732	4		〃	〃	〃									
733	5		〃	〃	〃									
734	6		〃	〃	〃									
735	7		〃	〃	〃									
736	8		〃	〃	〃									
737	9		〃	〃	〃									
738	10		〃	〃	〃									
739	11		〃	〃	〃	皇太子							SD5100	
740	12		〃	〃	〃	〃				Ⅰ-3期開始			SD5300	
741	13		〃	〃	〃	〃								
742	14		〃	〃	〃	〃							↓	
743	15		〃	〃	〃	〃							土器Ⅲ中	
744	16		〃	〃	〃	〃							↓	↓
745	17		〃	〃	〃	〃				Ⅰ-4期開始			土器Ⅲ新	瓦Ⅲ-1
746	18		〃	〃	〃	〃						改作	|	|
747	19		〃	〃	〃	〃						↓	SK820	
748	20		死去	〃	〃	〃						Ⅲ期	SK2101	↓

表2　平城宮年表（1）

西暦	年　号	天皇	主要なできごと及び地区名・殿舎名を含む記述（抜粋）
710	和銅3	元明	初めて平城に遷都。
711	4		宮垣未だ成らず。
712	5		
713	6		
714	7		首皇子元服立太子。
715	8・霊亀1	元正	天皇**大極殿**に御し受朝。**従四位下多治比県守を造宮卿となす。**氷高内親王受禅し，**大極殿**において即位す。
716	2		大嘗す。
717	3・養老1		
718	2		
719	3		**大極殿**に御し受朝。
720	4		**右大臣正二位藤原不比等崩ず。**
721	5		**中納言従三位藤原武智麻呂造宮卿を兼任。工匠を率いて宮内を改作す。**元明上皇平城宮**中安殿**に崩ず。
722	6		
723	7		天皇**中宮**に御し，諸臣に授位。
724	8・神亀1	聖武	天皇**大極殿**に御し，受朝。**中宮**に御し，五位以上を宴す。**首皇太子受禅。太極殿**において即位す。**初めて催造司を置く。**大嘗。
725	2		天皇**大安殿**に御し，冬至賀辞を受く。
726	3		
727	4		天皇**大極殿**に御し，受朝。天皇**内安殿**に御し，官政の是正を詔す。天皇**中宮**に御す。
728	5		天皇**大極殿**に御し，…。皇太子基王崩ず。
729	6・天平1		左大臣長屋王謀反と密告され自刃。天皇**大極殿**に御し，授位。五位及び諸司の長官を**内裏**に喚入れ，光明立后の所以を勅す。
730	2		天皇**大極殿**に御し，受朝。天皇**大安殿**に御し，五位以上を宴す。天皇**中宮**に御す。
731	3		天皇中宮に御し，群臣を宴す。諸司の主典以上を内裏に引入れ，官人の推挙につき勅す。
732	4		**大極殿**に御し，授朝。天皇初めて冕服を服す。
733	5		天皇**中宮**に御し，侍臣を宴す。
734	6		天皇**中宮**に御して侍臣を宴し，五位以上を**朝堂**に饗す。
735	7		天皇**中宮**に御し，侍臣を宴す。また五位以上を**朝堂**に饗す。天皇**大極殿**に御す。
736	8		元正上皇・光明皇后ともに**皇后宮**に在りて肆宴。
737	9		金光明最勝王経を**大極殿**に講ぜしむ。群臣を**中宮**に宴す。皇太夫人宮子，**皇后宮**にて玄昉法師の看病をうける。
738	10		天皇**中宮**に御し，侍臣を宴す。五位以上を**朝堂**に饗す。**阿倍内親王立太子。**
739	11		天皇**中宮**に御し，諸臣に授位。
740	12		天皇**大極殿**に御し，朝賀を受く。渤海使らに宴を**朝堂**において賜う。天皇**中宮**閤門に御す。**恭仁京に遷都。**
741	13		
742	14		
743	15		紫香楽に行幸のため，…。紫香楽宮を造る。よって恭仁宮の造作を停む。
744	16		安積親王薨ず。難波宮を皇都と定む。始めて紫香楽宮を営むも，百官未だ成らず。
745	17		**平城環都。中宮院**を以て御在所となし，旧の**皇后宮**を宮寺となす。無遮の大会を**大安殿**に設く。**天皇不豫。**五位以上を**内裏**に宴す。
746	18		橘諸兄ら**元正上皇の御在所**（中宮西院）に参りて掃雪に供奉す。**※天平17年12月～天平19年いっぱい「内裏」見えず。**
747	19		
748	20		五位以上を**内裏**に宴し，余は**朝堂**に饗す。**元正上皇寝殿に崩御。**

表３　変遷対照表（2）

西暦	年　号	天皇・上皇・皇太子の変遷								遺構時期区分			遺物編年	
		元明	元正	聖武	光明	孝謙	淳仁	光仁	桓武	中央区	東区朝堂院	内裏	土器	瓦
749	21・天平勝宝１			→上皇	→皇太后	→天皇				Ⅰ-4期途中	改作	Ⅲ期途中	↓	瓦Ⅲ-2
750	2			〃	〃	〃					｜		土器Ⅳ	｜
751	3			〃	〃	〃					｜		｜	
752	4			〃	〃	〃					↓			
753	5			〃	〃	〃				SB7802解体上限改作	上層？		SB7802	
754	6			〃	〃	〃					〃			
755	7			〃	〃	〃				｜	〃			
756	8			死去	〃	〃				↓	〃			↓
757	9・天平宝字１				〃	〃	皇太子			宝字年間にⅡ期完成・未完成両方の可能性	上層	改作→中断		瓦Ⅳ-1
758	2				〃	→上皇	→天皇							｜
759	3				〃	〃	〃							
760	4				死去	〃	〃					改作		
761	5					〃	〃					↓		
762	6					〃	〃					Ⅳ期	SK219	
763	7					〃	〃						↓	
764	8					→天皇	廃帝			Ⅱ期（西宮）		放棄か？	土器Ⅴ	
765	9・天平神護１					〃				〃			｜	
766	2					〃				〃				↓
767	3・神護景雲１					〃				〃				瓦Ⅳ-2
768	2					〃				〃				｜
769	3					〃				〃				↓
770	4・宝亀１					死去		天皇		放棄か？				瓦Ⅴ
771	2							〃				改作		｜
772	3							〃				Ⅴ期		
773	4							〃	皇太子					
774	5							〃	〃					
775	6							〃	〃					
776	7							〃	〃					
777	8							〃	〃					
778	9							〃	〃					
779	10							〃	〃					
780	11							〃	〃					

表4　平城宮年表（2）

西暦	年　号	天皇	主要なできごと及び地区名・殿舎名を含む記述（抜粋）
749	天平勝宝1	孝謙	**皇太子阿部内親王受禅**。**大極殿**に即位。河内国へ行幸。**大郡宮**へ還る。**南薬園新宮**において大嘗す。
750	2		天皇**大安殿**に御し受朝。**大郡宮**へ環り…宴す。自余を**薬園宮**に饗す。（大郡宮行幸終了）**中宮安殿**において…仁王経を講ぜしむ。
751	3		天皇南院に御し，諸司主典以上を宴す。**※天平勝宝元年～天平勝宝4年5月まで大極殿・朝堂見えず改作か。**
752	4		遣唐使副使以上を**内裏**に召して節刀を給う。新羅使を**朝堂**に饗す。
753	5		大伴家持**内裏**に侍りて…。渤海使らを**朝堂**に饗す。
754	6		五位以上を**内裏**に宴す。大皇太后宮子**中宮**に崩ず。
755	7		聖武上皇不予。
756	8		**聖武上皇寝殿に崩御。道祖王立太子。**
757	天平宝字1		**道祖王廃太子。大炊王立太子。大宮改修のため，天皇，田村宮に移御。**橘奈良麻呂らの謀反露見す。**内裏**において肆宴。
758	2	淳仁	**皇太子大炊王受禅。大極殿に即位。**是日百官僧綱**朝堂**に詣り…。**乾政官院**に御し，大嘗の事を行う。
759	3		**大極殿**に御し，受朝。造宮輔中臣丸連張弓ら保良宮を造る。
760	4		**大極殿**に受朝し**内裏**に五位以上を宴す。従四位下石川名人を**造宮卿**となす（改作開始か）。**光明皇太后崩御。小治田宮へ行幸。**
761	5		**新宮未だならざるを以て廃朝す。**武部曹子を御在所となす。「**平城宮改作**のため，暫く移りて近江保良宮に御す」と詔す。
762	6		廃朝す。**宮室未だ成らざるを以てなり。**高野天皇，帝と隙あり。平城宮に還る。帝は**中宮院**に御し，高野天皇は法華寺に御す。
763	7		**大極殿**に御し，受朝。従五位上藤原宿奈麻呂を**造宮大輔**に，従五位下石川豊人を同少輔に任ず。
764	8	称徳	**恵美押勝の乱。**高野天皇…**中宮院**を囲ましむ。帝…小子門より配所に衛送さる。従四位下小野石根を**造宮大輔**となす。
765	天平神護1		高野天皇**西宮前殿**に御し，受朝。道鏡太政大臣禅師となる。
766	2		
767	神護景雲1		**大極殿**において初めて御斎会を修す。僧六百口を屈して西宮寝殿において設斎す。
768	2		**大極殿**に御し，受朝。新嘗豊楽を**西宮前殿**において設く。
769	3		**大極殿**に御し，受朝。法皇道鏡**西宮前殿**に居す。**由義宮**を以て西京となす。
770	4・宝亀1	光仁	**天皇西宮寝殿に崩御。**白壁王立太子。白壁王**大極殿**において即位す。宝亀3年正月まで「内裏」見えず。
771	2		**大極殿**に御し，受朝。**太政官院**に御し，大嘗の事を行う。五位の主典以上を**朝堂**において宴す。
772	3		**大極殿**に御し，受朝。次侍従以上を**内裏**に宴す。**井上内親王廃后。皇太子他戸王廃太子**。僧百口を屈して斎を**楊梅宮**に設く。
773	4		大極殿**に御し，受朝。五位以上を**内裏**に宴す。山部親王立太子。**造宮卿高麗福信**楊梅宮**の造作を完成。天皇**楊梅宮**に移り居す。
774	5		五位以上を**内裏**に宴す。五位以上を**楊梅宮**に宴す。
775	6		五位以上を**内裏**に宴す。
776	7		五位以上を**前殿**において宴す。造宮卿高麗福信近江守を兼ね，従五位上藤原鷲取は造宮少輔となる。
777	8		五位以上を**前殿**において宴す。従五位上藤原鷲取を造宮大輔に，従五位下文室子老を同少輔に任ず。**太政官・内裏**の庁に震す。
778	9		次侍従以上を**内裏**に宴し，自余の五位以上を**朝堂**に饗す。
779	10		天皇，**大極殿**に御し，受朝。唐使を**朝堂**において饗す。
780	11		天皇，**大極殿**に御し，受朝。

西暦	年　号	天皇・上皇・皇太子の変遷								遺構時期区分			遺物編年	
		元明	元正	聖武	光明	孝謙	淳仁	光仁	桓武	中央区	東区 朝堂院	内裏	土器	瓦
781	天応 1							→上皇・死去	→天皇					
782	2・延暦 1								〃					
783	2								〃			改作		
784	3								〃			VI期	↓	↓
785	4								〃	長岡宮			土器VI	
786	5								〃				｜	
787	6								〃					
788	7								〃					
789	8								〃					
790	9								〃					
791	10								〃					
792	11								〃					
793	12								〃					
794	13								〃				↓	

皇の死後まもなく，翌天平勝宝元（749）年7月に阿倍に譲位した。この間の天平17（745）年12月から天平19年いっぱいまで「内裏」の語がみえず，19年には儀式や宴の際の南苑への出御が目立ち，大極殿・朝堂など他の施設や殿舎は現れない。したがって天平18～19年は内裏を使えない状況であり，改作が推定できる［橋本 1991］。前項で検討した内裏Ⅲ期の年代観からみて，この改作の結果完成したのが内裏Ⅲ期の建物とみられる[3)]。

天皇として22年間君臨した聖武の不豫は，天平12年以来の彷徨（恭仁・紫香楽・難波）によって，社会不安と貴族層内部での不満を醸成していたこととも相まって，安積親王をさしおいての異例の女性皇太子であった阿倍内親王に対する反発を表面化させつつあった。間もなく回復した聖武は阿倍への譲位に向けての準備を加速させたと思われ，この時期の内裏の改作はこうした状況下で理解できよう。

孝謙→淳仁

孝謙の治世の前半は聖武による内裏改作の後を受けた宮内復興が続いた。特に天平勝宝元（749）年から4年にかけては，東区の朝堂院とその正殿を瓦葺・礎石建物に改築中であり[4)]，本来東区朝堂院で挙行すべき大嘗祭が南薬園新宮で，朝賀の儀式や出雲国造の神賀詞奏上の儀式が大郡宮[5)]や薬園宮で［渡辺 2006］，一代一度の仁王経講説が中宮安殿で行われた［橋本 1991］。

西暦	年　号	天皇	主要なできごと及び地区名・殿舎名を含む記述（抜粋）
781	天応1	桓武	**皇太子山部親王受禅。即位。**従四位上藤原鷹取を**造宮卿**となす。**太政官院**に御し，大嘗の事を行う。**光仁上皇崩御。**
782	2・延暦1		**氷上川継の謀反発覚。**※天応元年10月～延暦2年いっぱいまで「内裏」見えず。
783	2		天皇**大極殿閤門**に御して，宴を五位以上に賜う。大隅・薩摩の隼人らを**朝堂**において饗す。天皇**閤門**に御し，臨観す。
784	3		中納言正三位藤原小黒麻呂らを山背国に遣し，遷都のため乙訓郡長岡村の地を相せしむ。**天皇長岡宮に移幸す。**
785	4		天皇平城宮に行幸。長岡宮において藤原種継射殺さる。天皇平城宮より環る。
786	5		
787	6		
788	7		
789	8		
790	9		
791	10		平城宮の諸門を壊ちて長岡宮に移作せしむ。
792	11		諸衛府を率いて平城旧宮を守らしむ。
793	12		
794	13		平安宮に遷都。

孝謙は未婚で子供がいないから，聖武太上天皇は死去前に遺詔で新田部親王の王子道祖王を皇太子に立てていたが，天平勝宝8歳（756）5月に聖武が死去すると遺詔は無視されて天平勝宝9（757）歳3月に道祖王は廃され，孝謙は藤原仲麻呂の意を受けて強引に大炊王を立太子させた（天平勝宝9歳4月）。その直後から内裏改作に着手し，孝謙は天平勝宝9歳5月に仲麻呂の私邸田村第に移御したが，橘奈良麻呂の陰謀の発覚で宮に戻り［橋本1991］，独裁体制を確立した仲麻呂の意を受け，翌天平宝字2（758）年8月に大炊王に譲位した。聖武の死後強引に皇太子を挿げ替えた直後からの内裏改作開始は，大炊王即位の環境を早急に整える必要性からであると思われ，孝謙は1年ほどで譲位し大炊王を即位させた。

この時期には，天平勝宝9（757）歳に改作に着手したものの，同年の天平宝字元（757）年に「内裏」の語が見られることから，奈良麻呂事件で中断したようで，淳仁が入る内裏の建設ははからずも即位後にずれ込んでしまった。

淳仁即位後にずれ込んだ改作

本来であれば，譲位前に大略終えておくべき天平勝宝9歳開始の改作は，奈良麻呂事件の勃発で中断されたのに加え，大炊王への譲位の前倒しもあって，改作の主要部分は淳仁即位後しばらくしてから再開された。天平宝字4

(760) 年8月の小治田宮行幸，翌5年1月の平城宮建部曹司への移動，さらに5年10月からの近江保良宮への行幸は，平城宮改作の未完のためである。この間の改作は，おそらく仲麻呂が威信をかけて取り組んだためか相当大規模であったらしく，天平宝字6 (762) 年5月に淳仁天皇と孝謙太上天皇が保良宮において不和となり，両者が平城に戻った際に，淳仁が「中宮院」(奈良時代前半以来の東区の内裏) に入っているから内裏は完成していたのであろうが，孝謙は法華寺に入っているから太上天皇御在所は未完成であったのかもしれない[補1)]。ただし，完成していても淳仁との不和のため，あえて宮外に留まった可能性もある。いずれにせよ，その後孝謙は平城宮内に移り，「内裏」を居所としたが，この「内裏」は奈良時代前半以来の東区の内裏ではなく，中央区北半の奈良時代前半の大極殿院跡地に新設された宮殿区画 (中央区第Ⅱ期) であり，後に孝謙が重祚した称徳天皇時代の「西宮」を指す。したがって東西に並ぶ淳仁天皇御在所 (東) と孝謙太上天皇御在所 (西) を同時並行で造っていたことになる[6)]。

前項で検討した内裏Ⅳ期の年代観からみて，天平宝字6年5月以前に完成した淳仁御在所が内裏Ⅳ期の建物とみられる。

なお，中央区第Ⅱ期の唐風宮殿が，仲麻呂の主導で建設されたのであれば，淳仁と仲麻呂の即位以前からの結びつきからみて，淳仁天皇の「中宮院」であり，称徳天皇の「西宮」は東区内裏にあたるとする説が有力であった [今泉 1980；阿部 1984；橋本 1991]。しかし，称徳大嘗宮が中央区朝堂院で発見されたことで (367・376・389次)，中央区第Ⅱ期は「西宮」と確定したと考えてよい。淳仁―仲麻呂と孝謙との関係は，天平宝字4年6月の光明皇太后死去によって仲介者を失うものの，同5年11月の道鏡の出現までは悪くはないから，仲麻呂が孝謙のために豪華な御在所を造営してもおかしくはない。むしろ，淳仁天皇の御在所は天皇の内裏としての伝統を尊重し，従来の場所・スタイルを踏襲したのに対し，太上天皇の御在所はそうした縛りがなく，唐風の斬新なスタイルで造ることが可能であったといえよう。

淳仁→称徳

淳仁は藤原仲麻呂の乱後に廃され，孝謙が重祚して称徳天皇となったが，激しく対立した淳仁の御在所を忌避したのか，即位後も太上天皇時代の御在所を継続使用し，そこは「西宮」と呼ばれるようになった。天平神護元(765) 年11月の大嘗祭も，元正・聖武・淳仁が大嘗祭を行った東区朝堂院ではなく，「西宮」の南に位置する中央区朝堂院で挙行した。したがって，従来行われてきた新帝即位に備えた内裏改作は結果的にはなかった。称徳在位中，淳仁がいた内裏は放棄されていたとみられる［渡辺 2006］。

称徳→光仁

神護景雲4（770）年8月の称徳の死去後，皇太子に擁立された白壁王は皇太子として「春宮」に入り，同10月に即位するが，その後宝亀3（772）年正月まで「内裏」の語が『続日本紀』に見えないことから，この間の内裏改作の可能性がある［橋本 1991］。白壁王は称徳の遺詔を立太子の根拠としており称徳を否定はしなかったものの［渡辺 2001］，自身の御在所としては西宮を忌避し，本来の内裏に入るために改作させたのであろう。改作が即位後に始まるのは，白壁王の即位が，称徳死去後の事態の急展開で実現したからである。前項で検討した内裏Ⅴ期の年代観からみて，この改作の結果完成したのが内裏Ⅴ期の建物とみられる。

光仁→桓武

光仁は天応元（781）年4月に山部親王に譲位した。山部はすでに宝亀3(772) 年の井上内親王廃后・他戸親王廃太子事件後の宝亀4（773）年に立太子していたが，即位まで内裏改作の準備はなされなかった。光仁天皇自身と藤原氏の永手・百川・良継らの支持を得た山部の場合，後の即位直後に氷上川継の変が生じはするものの，光仁在位中は地位が安泰であったため改作を急がなかったと考えられよう。

桓武即位後の天応元年（781）10月から延暦2（783）年いっぱいまで，「内裏」が『続日本紀』に登場しないが，このうち光仁天皇死去に伴う服忌期間である天応元年末から延暦元年末までの1年を除いた1年間に内裏の改作が推測される［橋本 1991］。造宮卿のなど造宮省官人の人事が即位直後であったのに，改作開始がやや遅れる事情については，皇后の冊立や夫人の任命に伴う内裏での同居を考慮したためとする説［橋本 1991］がある。前項で検討した内裏Ⅵ期の年代観からみて，この改作の結果完成したのが内裏Ⅵ期の建物とみられる。

Ⅲ　内裏改作と歴代遷宮

A　内裏改作の意義

ⅡDでは，天皇の代替わりと内裏の改作状況との関係を文献史学の研究成果を参照しつつ検討し，ⅡBで検討した遺構変遷との対応関係を明らかにした。その結果を要約し，内裏造替の意義を検討しよう（表1～4）。

元正→聖武

元正天皇への譲位後も国政の実権を握っていた元明太上天皇の死去が，元明の意を受けて7年前に立太子していた首皇子の地位をも磐石ではなくすことが予想されたために，元明の死で弱体化する元正の治世に梃入れするとともに，来るべき首即位の環境を整えるべく内裏改作が企てられたと評価できよう。

聖武→孝謙

天皇として22年間君臨した聖武の不豫が，天平12年以来の彷徨が醸成していた社会不安と貴族層内部での不満を背景に，安積親王をさし措いた異例の女性皇太子であった阿倍内親王に対する反発を表面化させたために，聖武が急いだ阿倍への譲位に向けての準備の一環として，この時期の内裏改作を理解できる。

孝謙→淳仁

聖武太上天皇の死後，藤原仲麻呂の意を受けた孝謙が，聖武の遺詔を無視して強引に大炊王を立太子させた直後から内裏改作に着手したのは，大炊王即位の環境を早急に整える必要性からであろう。この時の改作は橘奈良麻呂の陰謀の発覚で中断し，独裁体制を確立した仲麻呂が大炊王の即位を急いだため，淳仁が入るべき内裏の建設ははからずも即位後にずれ込んでしまった。

淳仁→称徳

淳仁を廃して重祚した称徳は，激しく対立した淳仁の御在所を忌避したのか，即位後も太上天皇時代の御在所を継続使用したため，従来行われてきた新帝即位に備えた内裏改作は結果的にはなかった。称徳在位中，淳仁がいた内裏は放棄されていたとみられる。

称徳→光仁

称徳の死去後，皇太子に擁立された白壁王は，称徳の西宮を忌避して本来の内裏に入るために改作させたが，改作が即位後に始まるのは，白壁王の即位が，称徳死去後の事態の急展開で実現したからである。

光仁→桓武

山部親王は即位の8年前に立太子していたが，光仁在位中は地位が安泰であったためか，即位まで内裏改作の準備はなされなかった。即位直後に造宮省官人人事を行ったが，皇后の冊立や夫人の任命に伴う内裏での同居を考慮したためか，やや遅れて改作が始まった。

以上の結果，内裏の造り替えは，元正即位時の改作の有無は不明ながら，代替わり前後に改作していると判明する。しかも改作の着手は，実際の代替わりに先立つことが多く，天皇の代替わりが日程に上がってきたころに，場合によっては，実権を握っている現天皇・太上天皇・皇太后の不豫や死による政情不安をも契機としつつ，新帝即位の環境を整える意義を帯びていたと評価できよう。

なお瀧浪貞子は，平城宮期における造宮省関係任命記事，催造司設置記事などを根拠として代替わりごとの「宮内遷宮」を主張したが［瀧浪 1979］，根拠はそれらの記事のみであり，宮内の造営工事が朝堂院などではなく内裏の新造であって，そこへ「宮内遷宮」したことを立証していない。瀧浪は藤原宮でも，文武が「宮城内に持統朝のものとは別個に造られた」新内裏へ「宮内遷都」したと主張し，平城宮においても新造内裏への遷宮であったと見ているから，藤原宮・平城宮での実際の遺構変遷と齟齬があり，本稿の説とも異なる。

B　平安宮の宴の松原と歴代遷宮

平安宮では（図3），宮の中軸線を挟んで，内裏と対称の位置に「宴の松原」という広大な空閑地があり，なぜかその後も曹司などに使われることなく，やがて『三代実録』『今昔物語』『大鏡』に描かれるような物の怪の出る恐ろしい場所として意識されるようになるが，なぜこのような広大な空閑地が宮内につくられたのか。従来，平安京建設者の意識では内裏の造り替え用地として用意されていたが，空海の真言院建設（承和元（834）年・仁明天皇）で，事実上内裏の移動は放棄されたとする説［瀧浪 1979；甲元 2007］があり，私も同意するが，内裏の移動という発想はどこからきたのか[補2)]。平城天皇即位時の公卿の奏上に「…国家恒例，就吉之後，遷御新宮，……亮陰之後，更建新宮，古往今来，以為故実，」（『日本後紀』大同元年七月十三日条）とあるから，歴代遷宮の古い記憶であろうか。しかし，小稿で述べてきたように，平城宮では，内裏の造り替えの中に歴代遷宮の名残があるものの，内裏の位置は終始東区であり，もはや内裏を移動させる伝統は費えていた。ではどう考えるべきか。

この場合，平安最初期の宮廷人の意識を強く束縛した先例の歴史的深度は深くなかったと考えられる。かつて土田直鎮は，平安後期から中世の貴族の意識する先例は，9世紀末の寛平，10世紀初頭の延喜の頃までしか遡らないと述べたが［吉田 1983］，それ以前でも同様な現象がみられた。

平城宮では内裏の場所は東区で一定していたが，後半期においては，歴史的偶然として淳仁→称徳→光仁（桓武）の御在所が，東区→中央区→東区へと移動した。桓武が光仁を継承して東区を御在所としたのは，大嘗宮の場合と同様に，王朝始祖の場を踏襲する意識が桓武に強かったからであろうが，その前の東区→中央区→東区への移動は，称徳が淳仁の場を忌避し，光仁が称徳の場を忌避したという歴史的偶然の結果であろう。しかし，この偶然は平安最初期の宮廷人の意識を強く束縛したと考えられる。それが平安宮設計時に内裏の造替用地としての「宴の松原」設定の理由であろうし，平城即位時に彼が公卿の勧めに従えば，内裏の移動が実現したであろう。

他方で平城は，譲位後に嵯峨と対立し平城旧宮に戻った。その際に平城旧宮には，中央区には称徳の「西宮」，東区には桓武の内裏跡が全く同規模（南北 630 尺・東西 600 尺）の区画として残っており，どちらに入ってもよ

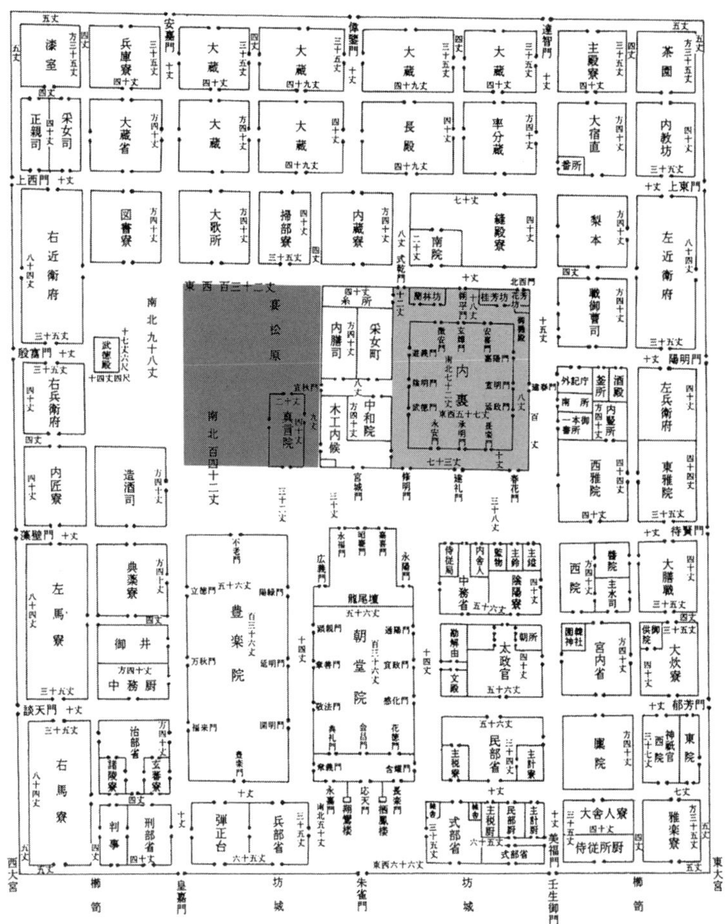

図3　裏松固禅考証　平安宮域復元図
（古代学協会・古代学研究所編 1994『平安京提要』角川書店，を一部改変）

かったわけだが，平城太上天皇は，桓武所縁の東区でなく中央区を御在所とし，その名称を「平城西宮」とした。平城は桓武が東区を御在所としたことを承知の上で，過去数代が中央区と東区を交互に使ったという「先例」にならって西区を選択し，称徳朝にそこが「西宮」と呼ばれたことを継承して

「平城西宮」としたのであろう[補3]。

C　内裏改作から見た歴代遷宮の意義

では最後に，歴代遷宮の形骸を留めることが判明した奈良時代の内裏造替の様相から遡ってみると，歴代遷宮の意義はどう考えられるのかまとめるとともに，残された課題を記しておく。

a　死穢忌避説の検討

生前譲位での即位は孝徳から始まる。生前譲位するようになれば，即位時に（住居としてであれ祭祀所としてであれ）宮が先帝の死穢を受けることはなくなるが，孝徳も遷宮をしているから，この遷宮と先帝の死去は関係ない。もっともその後も斉明・天智・天武・持統・元明は先帝死去後の即位であった。ただし，宝皇女は難波における孝徳の死に先立って戻っていた飛鳥で即位（斉明），中大兄は斉明死後称制7年にしてようやく大津宮で即位（天智），大海人は壬申の乱後に飛鳥浄御原宮を造って即位（天武），であるから先帝の死穢と遷宮は関係ない。鸕野讃良は天武没後4年で即位（持統），8年後にようやく遷都したからやはり死穢とは無関係であろう。

基本的に生前譲位の奈良時代における内裏改作は，タイミング的には，実権を握っている現天皇の不豫（聖武），太上天皇や皇太后の不豫や死と近い場合があるが（元明死去・聖武死去・光明死去），直接にそれを契機とするわけではない。

Ⅰ期→Ⅱ期

元明の存命中に改作を始め，改作後の内裏に元正，続いて聖武が居住した。改作期間中に元明が「平城宮中安殿」で死去するが，「中安殿」にせよ平城宮中の「安殿」にせよ，改作の契機が元正の死去であったわけではない。

Ⅱ期→Ⅲ期

聖武の不豫を契機とするものの，聖武・元正ともに存命中に改作を始め，改作後の内裏に聖武，続いて孝謙が居住した。なおⅡ期の東北区のSB8000は御在所正殿と同規模・同形式で格が高いことから，橋本義則は元明太上天皇が居住した建物とするが［橋本 1994］，Ⅱ期を武智麻呂の改作以降とすると，元正朝の後半を含むものの，元明の存命期間と合わない。したがってSB8000の居住者を太上天皇とするなら元正しかありえない。ただしSB8000は恭仁遷都時に撤去されたのか，Ⅲ期までは存続せず，平城環都後の元正の御在所は「中宮西院」であり［橋本 1993］，「中宮西院」は改作成ったばかりのⅢ期内裏内であろうから，改作と死穢は無関係である。

Ⅲ期→Ⅳ期

当初聖武太上天皇死去直後に着手されたが，これは聖武の死より大炊王の立太子を契機とするようで，橘奈良麻呂の乱による延期で，再開中に光明皇太后が死去したが，光明は立后から恭仁遷都まで旧長屋王邸に設けたられた皇后宮に居住し［渡辺 1995］，平城環都後は宮寺となった旧藤原不比等邸に居住したから［橋本 1993；渡辺 1995］，その死穢と内裏は無関係である。

Ⅳ期→Ⅴ期

称徳死去の直後であるが，称徳は西宮に居住していたし，Ⅳ期内裏は淳仁廃位後放棄されておりそこで死者が出たわけではないので，改作と死穢は無関係である。

Ⅴ期→Ⅵ期

光仁の喪明け直後から改作にかかったようだが，Ⅵ期内裏の御在所正殿はⅤ期のままであり，先帝の死穢を意識してはいない。

以上の検討からみて，生前譲位が始まった孝徳以降，歴代遷宮が続いていた持統までと，歴代遷宮がなくなった文武以降を通じて，先帝の死穢とは無関係に遷宮ないし内裏改作が行われていたことが判明した。

皇極以前の遷宮についても，井上光貞が前帝崩→前帝殯→前帝葬→新帝即位→遷宮を皇位継承の本来型としたのに対して［井上 1884］，吉村武彦が新帝即位→前帝葬つまり殯の儀礼中に即位が行われる例が少なくないことから即位と死穢忌避を過度に関係づけられないと主張したことを参照すれば［吉村 1989］，新帝即位→遷宮→前帝葬の例があることからみて（清寧・仁賢・継体・敏達），遷宮と死穢忌避を過度に関係づけられないことが再確認できる。

ただし，奈良時代において天皇や太上天皇の死穢への配慮が消滅したかどうかは別に検討を要する。中央区第Ⅱ期の称徳「西宮」の中心殿舎SB6610・6611・7150のうち寝殿にあたるSB7150は，柱抜取痕跡から他の建物より若干古い土器が出土していることから，平安時代に天皇の没後その寝殿をとり壊す慣例があったことを参照して，称徳死去後にSB7150を取り壊した可能性が考えられている［奈文研 1993］。この観点から，平城宮内裏，特に御在所地区での主要建物の建て替えや位置の移動状況を確認しておこう。

元明太上天皇はⅠ期からⅡ期への改作期間中に死去するが，死去の場所が「中安殿」ないし宮中の「安殿」であって，内裏との関係が明らかではない。

元正太上天皇はⅢ期竣工直後に死去するが，死去の場所が中宮西院とされており，おそらく内裏の未調査部分にあたるためか，遺構として把握されていない。Ⅱ期のSB8000が恭仁遷都までの元正の御在所であった可能性が強いが，遷都時に撤去されたためかⅢ期まで残っていない。

聖武太上天皇は，天平勝宝8歳5月，Ⅲ期存続期間中に「寝殿」で死去する。寝殿の場所は定かではないが，天平勝宝9歳に始まり中断を経て天平宝字4年に再開される改作で成立したⅣ期内裏では，御在所正殿SB4645をⅢ期の御在所正殿SB4703Bの位置と全く重複しないように南にずらし，御在所後殿SB4704はⅢ期正殿SB4703Bの位置と重複しながらも東北方向にずらしている。Ⅲ期SB4703Bの位置と完全に重複するのを憚った感がある。このことからⅢ期SB4703Bを聖武死去の「寝殿」とみても荒唐無稽ではなかろう[7)]。

称徳の御在所は西宮であり，称徳在位中は東区内裏は放棄されていた［渡辺 2006］。光仁は御在所を東区内裏に戻したので，内裏Ⅳ期とⅤ期は時間的に接続していないが，Ⅴ期の建設に際して，中心殿舎の位置をずらすとともに，建物配置に大幅な変更を加えている。①Ⅴ期内裏正殿SB447と御在所正殿SB452はⅣ期内裏正殿SB450Bの位置を避けるようにその南北に配され，②Ⅴ期御在所脇殿SB253はⅣ期正殿地区第一脇殿SB440と北面回廊SC254の位置を避けるように，それらの隙間に東西棟として建て，③Ⅴ期皇后宮正殿SB4705はⅣ期御在所後殿SB4704と重複しつつも軸を西にずらし，④Ⅴ期皇后宮脇殿SB4670・4680はⅣ期御在所脇殿SBSB260B・4660Bの位置を避けて北側にずらし，⑤皇后宮前殿 SB4650（Ⅴ期かⅥ期か，『学報ⅩⅢ』の記述不統一）はⅣ期御在所正殿 SB4645 を避けて北にずらすなど，細心の配慮を行っている。遺構図を重ねてみると，Ⅴ期の内裏主要殿舎はⅣ期主要殿舎の隙間に嵌め込んだ感があり，Ⅴ期の建物配置のアンバランスの成因はその点にある。Ⅳ期からⅤ期への改作は，天皇や関係者の死とは無関係であるが，天武系から天智系への皇統の交替もあり，廃帝の憂き目を見た不吉な淳仁の痕跡の消去・リセットを周到に意図した可能性が強い。

これと逆にⅤ期からⅥ期への改作は，正殿地区・御在所地区を造り替えせず，後宮部分のみの造り替えに留め，建物の位置も変えていない。光仁太上天皇はⅤ期存続期間中に死去するが，場所が内裏でなく楊梅宮などであったことによる可能性がある。いずれにせよ，筆者がすでに検討した大嘗宮でも，桓武は光仁大嘗宮の位置や規模を踏襲する意図が明白であり，天武系に替わる新王朝樹立の意識を強くもっていた桓武が，復活した天智系王統の始祖としての光仁との血統的つながりの具体的表現をきわめて重視した状況［岩永 2006］と同様の背景が考えられよう。

以上によって，内裏居住の天皇や太上天皇の死穢に対しては，当該建物の撤去で処理していた可能性を考えておきたい。なお瀧浪貞子は，死穢の解消が歴代遷宮から藤原京・平城京における宮内遷都（遷宮）へ，さらに平安時代には天皇死去建物（清涼殿など）の解体・建て替えへと変化し，譲位の場合は鎮祭に解消されたとみるが［瀧浪 1979］，建物の解体は別として，死穢忌避と遷宮を結び付けるべきでないことは上述の通りである。

b　皇子宮内裏化説の検討

天皇宮と皇子宮の並存に起因する後者の内裏化説はどうか。

平城宮では，長安城にならって常設の東宮を設け，皇太子は東宮（東院・楊梅宮）に入ったが，即位後は内裏に移った。即位後の天皇は折にふれて東宮を利用はしたが，東宮そのものが内裏化したのではない。皇太子の制度ができるのは浄御原令であるが，初例は珂瑠皇子（文武）であって，藤原宮内の東宮に居住したが（書紀持統十一年二月甲午条，同三年甲辰条），残念ながら遺構は未発見である。常設の東宮はいつ出現したのか。

天武朝以前の皇子達はそれぞれ別々に宮を持っていたが，葛城（中大兄）・大海人・草壁の３名は一時期嶋宮に入った。この３名は後に即位したか即位を予定された有力な皇子であるので，嶋宮を皇位継承予定者が入る東宮的性格をもった宮とする説がある［秋山 1976；岸 1981, 1988；小沢 1995］。他方で嶋宮を東宮とはみなさない説［秋山 1976；荒木 1985；仁藤 1986］もある。

秋山日出男は，嶋宮の伝領関係に注目し，古代の宮の研究において歴代遷宮が常態のように扱われてきたことを批判し，継続と継承・伝領がむしろ「宮」一般の性格であるとした［秋山 1976］。しかし荒木敏夫・仁藤敦史は，皇子宮をはじめとして王族が個々に宮を造営し，伝領する分散居住が一般的であったのは，王族・貴族が都城に宅地を班給され集住を強制される都城制成立以前であって，嶋宮は特定の王族が伝領した宮ではあっても東宮ではなく，皇太子が他の親王・諸王と隔絶した地位と機構を有して東宮に居住するようになったのは都城制成立以後と指摘した［荒木 1985, 仁藤 1986］。さらに重美泰は，嶋宮を大海人―草壁に継承された宮であるが，中大兄は嶋宮でなく小墾田宮を宮としたと考えている［重美 2007］。

嶋宮が東宮であっても，東宮でなく一般の皇子宮と大差ないものであっても，皇子が即位すれば飛鳥正宮に移るのであって，その正宮の位置が移動する根拠を，皇子宮がそのまま天皇の宮になることに求めることはできない。皇子宮がどこまで遡るのかが問題であり，遺構が確認できる例は厩戸皇子の斑鳩宮であって７世紀初頭まで遡る［荒木 1985］。さらに前は史料上では，６世紀後半の押坂彦人大兄皇子の水派宮，穴穂部皇子の宮などが知られる［仁藤 1990］。仁藤敦史は，歴代遷宮の父子別居説について，当時の分散的な権力構造を考慮し，皇子宮が大王宮へ昇格するという現象面に限ってであれば承認できるとした［仁藤 1992］。しかし，皇子宮がそのまま王宮に昇格した実例があるか否かは依然として問題であって，歴代遷宮段階の王宮（6 世紀以前はほとんどわかっていないが）の場所およびその下層における皇子宮遺構の存否を考古学的に確定するしかない[8)]。

c　治世更新のための新規設定とその変容

皇子宮を王宮に昇格させるのでなく，前大王の没後に群臣の推挙で新大王を決めた後，適地を卜定し檀を設けて即位式を行った場所を宮地化［和田 1969］，新大王が支配機構の再編成のために遷宮を実施［仁藤 1992］，即位式の一環として統治権の付託を受ける神聖な場所として新宮を選定［熊谷 2001］，治天下大王を選出する群臣の意向で新宮を選定［吉村 2005a, 2005b］といった新規設定説はどうか。

皇子宮などの前身施設がない土地に新規に建設したかどうかは，歴代遷宮段階の王宮の下層における状況を考古学的に確定するしかない。

卜定や有力氏の意向であれば宮の場所が分散しそうだが，雄略以降の宮はほとんど三輪山・耳成山・畝傍山を結ぶラインの東側に収まってしまう。これは，そもそもの大王家の勢力範囲と関係があろうし，大王とヤマト王権を支える諸豪族との関係が，豪族が大王を推戴するのみならず，各豪族の政権内での地位が代替わりごとに新大王から更新・確認されなければならなかったことからすれば［吉村 1989］，その時々の有力豪族の都合で任意に宮の場所を決められたわけではないことを示す。

生前譲位が出現し，律令制国家機構が整備されるにつれ，代替わりごとの群臣の推挙と支配機構の再編（朝廷機構の再構築）を不要とする時代になっている上，浄御原宮以降，大極殿で即位式をするようになれば，即位地（神から統治権の付託を受ける神聖な場所）と宮の場所は固定してしまうにもかかわらず，代替わりごとの宮の造り替えを続けている。

その必要性を考えてみよう。天皇の権能の強化と天皇による支配の安定化・正当化の論理の模索が，顕著に表面化する時期は2回ある。

7世紀後半～8世紀初頭には，氏姓制度に基づく有力氏による中央政治の分掌体制から官司制への切り替えの中で，統治・支配のための官僚機構・法制が急速に整備された。さらに8世紀初頭には，大極殿での即位儀の整備や平城宮中央区の宮殿プランの中に唐を範とする小帝国・専制君主指向がうかがえるようになり，天皇の権能の強化が表面に出てきた。

その間，豪族層は強権的に推進された官僚化にさらされただけでなく，壬申の乱などの政変に巻き込まれることによって，実質的には上下に分解しつつあった。しかし天皇の支配が支配者集団としての畿内の有力氏族に支えられており，その安定化のためには，議政官を出す母体たる有力氏の勢力均衡の上に立った共同体制を，健全な政治形態として維持する必要があるという建前が，その後の奈良時代を通じて藤原氏の優位性の顕在化と反比例して形骸化してはいくものの，この時期にはまだ根強く，これは天皇の専制君主化とは齟齬があるが，有力氏を権力核の藩屏としてその周囲に結集させる必要があった。

以上のように，天皇による支配とその権力を強化するとともに，安定化・正当化するためには，唐に範を採った当時最新の機構と法制の整備だけでは十全でなく，大化前代の政治組織（ウヂごとの職務分掌やウヂの代表者による合議）やウヂごとの系譜や神話，などの古い歴史的資源を整理統合・換骨奪胎・再構成して，天皇家を中心とする天孫降臨神話・国譲り神話・祖先神系譜を体系化し，大嘗祭などの宮廷儀礼を創出するとともに，多数の朝堂を持つ朝堂院構造（藤原宮朝堂院，平城宮東区朝堂院）を存続させる擬古的方式を併せ用いることによって，権力中枢を構成する諸ウヂの共同幻想を醸成・再生産することが必要であった[9)]。

歴代遷宮停止後に内裏改作の形で残った天皇の居住地の更新の意義は，上記のような擬古的方式の一環として評価できる。大嘗宮正殿の場所をずらしての建設の場合と同様に［岩永 2006］，モータルな存在としての王が代々交替することによる王権の永遠化のために，先代の時の施設にリセットをかけて始源の状態に戻すことが必要と意識されたと推定したい[10)]。機構と法制による支配は，この段階では，多分にマジカルで前時代的な諸装置（神話・儀礼・系譜）で裏打ちされないと維持しにくいものであった。もちろん改作といっても現実的には全面的改作はしにくいので，部分的に留まる場合も多いが，光仁即位時には内裏中枢部はすべて更新するなど，奈良時代の間は実行され続けた。

8 世紀末～9 世紀初頭には，天皇の権能と支配の神話的正当化が背後に退き，中国の皇帝像への接近を図る（郊祀祭天・儀式唐風化など）とともに，奈良時代における諸氏族の盛衰を前提に，氏族系譜を再確認して世襲的支配従属関係を再活性化しようとした［坂上 2001］。こうした動きの中で平安宮では，大嘗宮が移動を止めて朝堂院第二堂前で固定してしまったように[11]，天皇の代替わりごとの施設の更新としての内裏の改作は，急速に形骸化していったことが予想されるが，平安宮における内裏改作状況を把握し，奈良時代との相違を確認する作業は今後の課題としたい[12]。

註

1）飛鳥宮跡の内郭南院の中心建物SB7910は，従来内裏正殿にあたるとみる説が有力であったが，第153・155次調査によって内郭北院で2棟の大型東西棟建物が発見されたことによって，内裏正殿ではなく出御空間（内郭南院）の正殿としての内裏前殿であり，「大安殿」にあたる可能性が大きくなった［渡辺 2006］。従来，平城宮における「大安殿」が内裏正殿か東区大極殿下層建物SB9140か議論となっていたが，飛鳥宮第153・155次の成果との対比によって，SB9140が飛鳥宮のSB7910に相当し「大安殿」である可能性が強くなった［渡辺 2006］。

2）藤原武智麻呂の主導による宮内改作の評価が割れている。①養老5年9月頃から天平6年頃に及び，内裏・大極殿・朝堂を含む宮内各所とみる説［今泉 1983］。②養老年間の改作と神亀年間の改作を区別し，武智麻呂の改作は前者のみで元正天皇の治世を飾るものであり，後者は聖武即位後に催造司主導で行われ，宮の一部にすぎず内裏に及ぶ規模ではないとする説［橋本 1991］。①説は東区上層大極殿・朝堂院の建設を養老～天平初年とみており，この点は今日では成り立たない。筆者は②説に従い，内裏Ⅰ期からⅡ期への造り替えを，推定される実年代からみて，武智麻呂主導の改作にあてるのは妥当と考える。そしてその評価については②説と異なり，本文中に述べたように，聖武即位を目指す要素を認めておきたい。

3）天平18～19年の改作の結果完成したのが内裏Ⅲ期と考えると同時に，東区上層大極殿・朝堂院の建設年代については，註4で述べるように天平勝宝年間説を支持したい。そうすると，『学報XⅢ』の見解と異なり，内裏Ⅲ期の存続期間中に東区は下層から上層に造り替えられたことになり，軒瓦6225-6663のセットは，上層大極殿・朝堂院よりも内裏のほうで一足早く葺かれたことになる。

佐川正敏は東区出土の6225-6663を詳細に検討し，製作時期が新しくなるに連れて，6225の接合式から一本造りへの変化，6225Cから6225Aへの変化，6663Cの曲線顎Ⅰから曲線顎Ⅱへの変化が生じることを明らかにし，それが平城宮内での主要供給地の変化と対応することを突き止めた［佐川 1993］。すなわち，製作時期が古いもの（6663C曲線顎Ⅰ・6225C・6225接合式）が上層朝堂院に多く，そこから上層大極殿→内裏へと北上するにつれて新しいもの（6663C曲線顎Ⅱ・6225A・6225一本造り式）が増える。ただし瓦の製作時期の新旧がただちに供給先建物の造営順を示すわけではなく，恭仁遷都直前に立案された平城宮造営計画に基づいて製作が始まった軒瓦がストックされており，環都後に平城宮の造営が再開されてから，ストック分と新調分を一括して収納したため，供給時に新旧が截然とは分かれないと考えた［佐川 1993］。『学報XⅣ』の見解では，東区上層大極殿・朝堂院の造営を環都直後の天平18・19年とみているが，本稿では内裏Ⅲ期の造営を天平18・19年，東区上層大極殿・朝堂院の造営を天平勝宝年間とみるので，佐川が指摘した瓦の製作時期の新旧と供給先建築の造営時期とがちょうど逆転する。これを不合理とみて，内裏と大極殿・朝堂院の改作年代を逆転させる意見が出る可能性があるが，これについては以下のように考える。環都後に内裏・大極殿・朝堂院の全体的改作が計画され，6225-6663の製作が再開された。その際に瓦の保管場で，きわめて単純化して表現すれば，以前からのストック分が傾向として「奥」，新調分が「手前」におかれたために，供給にあたっては手前側の新調分から先に使うことになった。内裏→大極殿→朝堂院と工事が南下するにつれ新調分が減ってストック分を多く使うことになり，朝堂院南門（265次）では6225A・C-6663Cより瓦Ⅱ-1期の6311A・B-6664D・Fのほうが多いのは，6225-6663の不足を他型式で補うに至ったことを示す。したがって6311A・B-6664D・Fの使用を根拠に朝堂院南門の建設年代を大極殿などより早く考える必要はない。

4） 東区上層大極殿・朝堂院の建設年代にふれておかざるをえない。1980年代まで平城環都前か後かで鋭い意見の対立がみられ，1990年代に入ってようやく平城環都後とする見解に収束してきたが，環都直後か天平勝宝年間かで対立がある。その結論を左右するのは以下の点である。

天平勝宝元年（749）に孝謙が即位した建物が，（α）SB9150（上層）であれば，建て替え年代は平城環都後から天平勝宝元年6月までの間である。孝謙即位が（β）SB9140（下層）の場合，平城宮の「大安殿」が（Ⅰ）SB9140でなければ，建て替え年代は天平勝宝元年8月以降である。孝謙即位が（β）SB9140で，平城宮の「大安殿」が（Ⅱ）SB9140の場合，天平勝宝2年1～2月にみられる「大安殿」が（X）薬園宮ないし大郡宮の建物であれば，建て替え年代は天平勝宝元年8月以降となる。孝謙即位が（β）SB9140で，平城宮の「大安殿」が（Ⅱ）SB9140の場合，天平勝宝2年1～2月にみられる「大安殿」が（Y）平城宮内であれば，建て替え年代は天平勝宝2年3月以降となる。

近年の諸説は以上のいずれかとなる。SB9140・9150の発掘報告者はαであり，天平18・19年とする［奈文研 1993］。小沢毅はβ-Ⅰであり，天平勝宝年間を工事期間とする［小沢 1996］。渡辺晃弘は，β-Ⅱ-Xであり，さしたる理由もなく元日朝賀の中止が続いた天平勝宝年間を建て替え期間としている［渡辺 2006］。平城宮大安殿の比定如何にかかわらず，小沢・渡辺の結論は同じで，私もこの説に従う。

5） 大郡宮の所在と様相について言及しておく。孝謙は即位後しばらくの間，大郡宮を御在所とした。天平勝宝元年10月から2年にみられる大郡宮は元宴で薬園宮と併用されることから薬園宮と近接し［橋本 1991］，薬園宮は大和郡山市塩町付近が有力候補地であるから，大郡宮も平城京九条大路の南側に位置していた可能性が大きいと考える。大郡・小郡は筑紫や難波の場合，外国使節を迎接する際の儀礼的応接施設［八木 1983］ないし外交用庁舎［直木 1977］であったから，天平勝宝元〜2年にみられる大郡宮も，平城京に羅城門から入京しようとする外国使節に備えた施設と考えられる。天平勝宝2年の大安殿（渡辺説では薬園宮）における元日朝賀後，五位以上の一部の官人には大郡宮で，他は薬園宮で宴を賜ったように，両宮を使い分けている。薬園宮は孝謙の大嘗祭にも用いられているから，薬園宮には元日朝賀や大嘗祭に使えるような広い空間があり，大郡宮はさほど広くはないが薬園宮より格式が高い建物があったことによるのであろう。

6）　中央区第Ⅱ期が聖武太上天皇の御在所として建設されたとする説を検討しよう。仁藤敦史は，中央区第Ⅱ期の建設開始年代を天平勝宝元年とし，SB7802出土の木簡が示す天平勝宝5年は，建設開始の上限年代を示すのではなく，北半の主要殿舎の造営後まで目隠しとして残されていたⅠ期南面築地回廊が最終的に解体された年代であって，Ⅱ期殿舎には当初，聖武太上天皇が居住したとする［仁藤 1998］。これは妥当であろうか。第Ⅱ期殿舎群の建設年代についてはかつて説が分かれていたが，平城宮軒瓦の編年研究が進んだことで絞り込みが可能となった。Ⅱ期殿舎群所用軒瓦は6134A-6732A，6133A-6732Cが知られていた［奈文研 1982］。1998年の第295次調査で，主要殿舎の1棟であるSB17870の所用瓦が6130B-6718Aと判明した［奈文研 1999］。6130Bはかつて瓦Ⅱ期後半におかれたこともあったが，軒平瓦6732A・6732C・6718Aは曲線顎Ⅱであって，近年の精緻化した平城宮軒平瓦編年によれば瓦Ⅳ期に下り，天平勝宝元年まで上げるのは難しい［奈文研 1991］。軒丸瓦6134A・6133A・6130Bも瓦Ⅳ期に下げて問題ない。したがって，仁藤が主張するように，Ⅰ期南面築地回廊の解体（天平勝宝5年頃）に先駆けてⅡ期北半殿舎群が建設されていたとはいえず，最初の居住者は聖武太上天皇ではない。したがって，天平勝宝年間に東区の内裏を孝謙天皇の「東宮」とし，聖武太上天皇の「西宮」との並存を考える仁藤の構想には無理がある。

また仁藤は，天平勝宝4年の東大寺開眼供養時の留守官構成で東宮2名，西宮1名とあることから，東宮を内裏地区，西宮を中央区第Ⅱ期にあてるが，上で述べたように，この時点で中央区第Ⅱ期はできておらず西宮にはあてられない。したがって，平城環都直後のSK820から出土した「西宮兵衛」木簡を根拠に，この時点での西宮を内裏地区にあて，東宮を東院地区にあてる通説に従っておきたい。西宮より東宮に留守官が多いのは，宇奈多理神社北側で大型建物からなる重要施設が続々と発見され始めた現状からみて怪しむに足りない。

7）　仁藤敦史は，註6でもふれたように，中央区第Ⅱ期（「西宮」）を天平勝宝元年からとし，最初の居住者聖武太上天皇は，「西宮」の正殿で死去したと考える［仁藤 1998］。しかし，すでに述べたように，中央区第Ⅱ期の中心殿舎 SB6610・6611・7150 のうち最も早く解体された SB7150 の柱抜取痕跡出土の土器はⅤ期であり，聖武の死去年代（天平勝宝 8 歳）とは合わない［奈文研 1993］。したがって，聖武の死去地を中央区第Ⅱ期とはしがたい。

8）平安宮の東宮は，内裏の東南側の区画，後世の宮城図で「西前坊」ないし「西雅院」と呼ばれた一画にあった。山下克明によれば，桓武朝から醍醐朝の保明親王までの皇太子は東宮に居住したが，道真の怨霊の仕業とされた保明新王の死去をきっかけに凶事の場として忌避され，皇太子の内裏後宮殿舎居住が始まり，摂関期に一般化した幼少皇太子の擁立によってそれが常態となって東宮は廃棄された［山下 1981］。この場合，内裏が東宮を吸収したといえよう。

9）ただし肝心の天皇家内部での皇位継承方式については，天武系の中で持統の血を引く系統のみが重視されるようになったため，文武以降，外戚としての藤原氏の意向という要素が入り込み，それを元明即位以降「不改常典」を持ち出して正当化しようとしたために，他の天智系・天武系皇親勢力との緊張関係が途切れることなく続いた。そのため，浄御原令で皇太子制が成立していたものの，実質的な最高権力者（太上天皇ないし天皇）の不豫や死去のたびに，次期天皇予定者＝皇太子の地位が不安定となった［岸 1966］。継承の不安定さを補うために譲位により新天皇を確定し後見する体制が導入されたが［仁藤 1990b］，太上天皇の実権掌握が天皇の権威・権力との関係で未整理の問題を残すことになった。

持統以降の奈良時代の太上天皇の権能については，天皇と同等の大権を掌握したとみる説［春名 1990］，法制上同列だが，官僚機構による制度的権力をもつ天皇と人格的権威をもつ太上天皇が相互補完的に役割分担するが，実質的には天皇より上位であったとする説［仁藤 1990, 1996］，法制上同列ではないが実態は同等とみる説［筧 1991, 1992］などに分かれている。いずれにせよ，平城太上天皇と嵯峨天皇の衝突が薬子の変の原因となり，その収束後，嵯峨によって太上天皇の権力の骨抜きがなされることとなった［瀧浪 1980；橋本 1986b；春名 1990］。しかし 11 世紀末に至って，若い天皇と摂関とでは処理できない政治的難題の噴出が，自身の子に天皇位を譲って気楽な引退生活を送ることを理想としていた太上天皇を，再び政治の前面に押し出すこととなる［坂本 1991；仁藤 1990b, 1996］。

10）代替わりごとの世界の更新の必要性は，こうした観念的・マジカルな面が薄らいでも消滅したわけではない。むしろ実質的な表現が必要とされ，天皇の即位後に「代替り」の法を発布する慣習（代替り新制），さらには天皇の代替りによって国家が維新を迎えるという考え方に繋がっていくのではなかろうか。代替わり新制は平城・嵯峨・清和に実施され，宇多の「寛平新制」以降，醍醐・村上・花山・一条・三条・後一条・後朱雀・後冷泉・後三条・白川・堀河・鳥羽・崇徳・近衛・後白河・二条・六条・高倉と，幼帝・病弱などの事情がない限り，成年に達すると発布された［保立 1996］。

11）元正から光仁に至るまで大嘗宮正殿の40尺移動原則が遵守されたが，桓武がほとんど光仁大嘗宮の位置を踏襲したため，移動は朝堂第二堂前で停止した。平安宮での状況を遺構で確認することはできないが，『貞観儀式』などの記載では「朝堂第二殿前」とされている。その位置が平城天皇の大嘗宮から固定していたとすれば，その理由は桓武大嘗宮の位置を先例として踏襲した以外に考えられず，他に合理的説明は不可能である。

12）10世紀後半以降については，橋本義彦の詳細な研究があり，村上天皇の天徳4（960）年の内裏焼亡以降，内裏の頻繁な焼失と再建が繰り返され，天延4年（976）の焼亡時に円融天皇が太政大臣藤原兼通の堀河第に移って以降，里内裏が増加していく［橋本 1986］。ただし，天徳4年以降も本来の内裏を再建してそこへ戻るのが原則であり，その後100年間で内裏以外にいたのは約3分の1であるという［大津 2001］。

参考文献

秋山日出男　1976「古代の「宮の伝領」について―飛鳥の嶋宮を通じて―」『柴田實先生古希記念日本文化史論叢』
阿部義平　1984「古代宮都中枢部の変遷について」『国立歴史民俗博物館研究報告』3
荒木敏夫　1985『日本古代の皇太子』吉川弘文館
井上光貞　1984「古代の王権と即位儀礼」『日本古代の王権と祭祀』東京大学出版会
今泉隆雄　1980「平城宮大極殿朝堂考」『日本古代史研究』吉川弘文館
今泉隆雄　1983「8世紀造営官司考」『文化財論叢』同朋舎出版
岩永省三　2006a「大嘗宮移動論」『九州大学総合研究博物館研究報告』4〔本書第1章〕
岩永省三　2006b「大嘗宮の付属施設」『喜谷美宣先生古希記念論集』〔本書第3章〕
大津　透　2001『道長と宮廷社会』講談社
小沢　毅　1988「伝承板蓋宮跡の発掘と飛鳥の諸宮」『橿原考古学研究所論集』9，吉川弘文館
小沢　毅　1995「小墾田宮・飛鳥宮・嶋宮」『文化財論叢』Ⅱ，同朋舎出版
小沢　毅　1996「宮城の内側」『考古学による日本歴史5　政治』雄山閣出版
筧　敏生　1991「古代王権と律令国家機構の再編―蔵人所成立の意義と前提―」『日本史研究』344
筧　敏生　1992「古代太上天皇研究の現状と課題」『古代史研究』11
加茂正典　1983「大嘗祭“辰日前段行事”考」『文化史学』39
岸　俊男　1966「元明太上天皇の崩御―八世紀における皇権の所在―」『日本古代政

治史研究』塙書房
岸　俊男　1966「光明立后の史的意義」『日本古代政治史研究』塙書房
岸　俊男　1981「皇子たちの宮」『季刊明日香風』1
岸　俊男　1988『日本古代宮都の研究』岩波書店
熊谷公男　2001『大王から天皇へ』講談社
久米邦武　1891「神道は祭天の古俗」『史学会雑誌』2-23・24・25
倉林正次　1971「大嘗祭の成立」『古代の日本』2，角川書店
甲元眞之　2007「横山先生と九州の考古学」『横山浩一先生追悼文集』同刊行会
坂上康俊　2001『律令国家の転換と「日本」』講談社
坂本賞三　1991『藤原頼通の時代』平凡社
坂本賞三　1991「王朝国家とは何か」『争点日本の歴史』3，新人物往来社
佐川正敏　1993「屋瓦」『平城宮発掘調査報告ＸⅣ』奈良国立文化財研究所
瀧浪貞子　1979「歴代遷宮論―藤原京以後における―」『史窓』36
瀧浪貞子　1980「薬子の変と上皇別宮の出現―後院の系譜（その一）―」『史窓』38
田村圓澄　1964「古代遷宮考」『史淵』92
田村圓澄　1975『飛鳥・白鳳仏教論』雄山閣
直木孝次郎　1968「建国神話の虚構性」『歴史学研究』335・337
直木孝次郎　1971「難波遷都と大化改新」『人文研究』22-4
直木孝次郎　1974「古代国家の形成と飛鳥の都」『飛鳥村史』上
直木孝次郎　1977「難波小郡宮と長柄豊碕宮」『難波宮と日本古代国家』塙書房
奈良国立文化財研究所　1962『平城宮発掘調査報告Ⅱ』
奈良国立文化財研究所　1982『平城宮発掘調査報告ＸⅠ』
奈良国立文化財研究所　1991『平城宮発掘調査報告ＸⅢ』
奈良国立文化財研究所　1993『平城宮発掘調査報告ＸⅣ』
奈良国立文化財研究所　1995『平城京左京二条二坊・三条二坊発掘調査報告』
奈良国立文化財研究所　1999「第一次大極殿地区の調査―第295次・第296次」『奈良国立文化財研究所年報1999-Ⅲ』
仁藤敦史　1986「嶋宮の伝領過程」『古代史研究』5
仁藤敦史　1990a「古代国家における都城と行幸―「動く王」から「動かない王」への変質―」『歴史学研究』613
仁藤敦史　1990b「律令制成立期における太上天皇と天皇」『別冊文芸　天皇制』河出書房新社
仁藤敦史　1992「倭京から藤原京へ―律令国家と都城制―」国立歴史民族博物館『研究報告』45
仁藤敦史　1996「太上天皇制の展開」『歴史学研究』681
仁藤敦史　1998「平城宮の中宮・東宮・西宮―殿舎名称の変遷と権力構造の分析―」

『古代王権と都城』吉川弘文館
橋本義則　1991「奈良時代における歴代天皇の御在所の歴史的変遷」『平城宮発掘調査報告XⅢ』 奈良国立文化財研究所
橋本義彦　1986a「里内裏沿革考」『平安貴族』平凡社
橋本義彦　1986b「"薬子の変" 私考」『平安貴族』平凡社
春名宏昭　1990「太上天皇制の成立」『史学雑誌』99-2
保立道久　1996『平安王朝』岩波書店
八木　充　1965「大和国家機構と都宮」『山口大学文学会誌』16-1
八木　充　1966「律令制都宮の形成過程」『日本書紀研究』2
八木　充　1974『古代日本の都　歴代遷宮の謎』講談社
八木　充　1983「筑紫大宰とその官制」『大宰府古文化論叢』上，吉川弘文館
山下克明　1981「平安時代初期における『東宮』とその所在地について」『古代文化』33-12
吉田　孝　1983『律令国家と古代の社会』岩波書店
吉村武彦　1989「古代の王位継承と群臣」『日本歴史』496
吉村武彦　2005a「古代の政事と藤原京・平城京」『律令制国家と古代の社会』塙書房
吉村武彦　2005b「都城の成立」『古代史の基礎知識』角川書店
和田　萃　1969「殯の基礎的考察」『史林』52-5
渡辺晃宏　1995「二条大路木簡と皇后宮」『平城京左京二条二坊・三条二坊発掘調査報告』 奈良国立文化財研究所
渡辺晃宏　2001『平城京と木簡の世紀』講談社
渡辺晃宏　2006「平城宮中枢部の構造―その変遷と史的位置―」『古代中世の政治と権力』吉川弘文館

補註

1）　この点については，本書第5章「二重権力空間構造論」の註20で，孝謙太上天皇御在所は天平宝字6年には完成していた，と訂正した。皇権分裂状態となったため，孝謙の御在所が完成していたにもかかわらず，淳仁は宮に戻ったが孝謙は宮外に留まり，居場所の完全な分離という直截な形をとったと考えたほうがよい。

2）　この点については，本書第5章「二重権力空間構造論」の「D　並列御在所の終焉」で訂正した。「宴の松原」が内裏の造替用地であったという説に引っ張られたため，「平城宮では内裏が基本的に東区に固定していたにもかかわらず，初期平安宮で内裏の移動が予定されていた」のを理由づけせざるをえなくなり，歴史的偶然であった淳仁→称徳→光仁の御在所移動が平安初期宮廷人の意識を強く束縛したと強引に考えた。しかし，「二重権力空間構造論」で，天皇・上皇の二重権力とからむ並列御在所の出現を考察した結果，上記の説には無理があると考えるに至っ

た。淳仁→称徳→光仁の御在所移動は，ここだけみれば東区→中央区→東区であるが，称徳の西宮は彼女の孝謙上皇時代の宮の踏襲であり，天皇の宮としての位置決定ではないから，称徳を外せば桓武を含めて基本的に東区を内裏とする原則は崩れていない。したがって，「宴の松原」は，内裏の造替用地として用意されたのではなく，上皇御在所すなわち桓武譲位後の御在所建設用地として用意されたと考えるほうがよい。もっとも，桓武は上皇になることはなく，平城上皇も平城旧宮に留まり，嵯峨は宮外に後院を設けたため，上皇御在所用地として使われなくなり，空海の真言院建設（承和元〔834〕年・仁明天皇）で，上皇宮建設が事実上不可能となった。

3） この点についても，本書第5章「二重権力空間構造論」の「D　並列御在所の終焉」で訂正した。平城が平城旧宮に戻った際に中央区を御在所とし「平城西宮」としたのは，過去数代が中央区と東区を交互に使ったという「先例」にならったと考えたが，これも平城が天皇としてではなく上皇として「平城西宮」に入ったのであるから，「西宮」を上皇の宮と認識していたとみたほうがよい。

第5章　二重権力空間構造論

――並列御在所の歴史的評価――

はじめに

天平12（740）年10月，聖武天皇は，藤原広嗣の乱のさなかに平城宮を出立し伊勢への行幸に向かった。結果的に5年間の彷徨の旅の始まりとなった。伊勢国河口頓宮・赤坂頓宮・美濃国不破頓宮を経て，12月に恭仁宮へ遷都した。翌年に国分寺建立詔を発し，恭仁京で宅地を班給したが，天平14（742）年から離宮として紫香楽宮の造営を開始し，行幸も度重なるようになり，ついに天平15（743）年には紫香楽での大仏造立を宣言して恭仁宮の造営を中止した。首都機能を担わせるべく天平16（744）年にいったん難波宮に遷都したのち，いよいよ天平17（745）年に紫香楽宮に遷都したが，結局4カ月しかもたずに平城宮に還ってきた。

この摩訶不思議な遷都騒動の結果，短命に終わった恭仁宮・紫香楽宮も，地道な発掘調査によって宮内の遺構の様相が相当程度判明してきた。特筆すべきは，双方ともに御在所的区画（恭仁宮）ないし御在所正殿的建物（紫香楽宮）が二カ所東西に並存していたことであり，聖武天皇と元正太上天皇の御在所とみる説が有力である。

この並列御在所出現の事情としては，聖武天皇側の藤原氏勢力と元正の再即位を目指す反藤原氏勢力との対立説[1)]が出されている。この説の当否を含めて，このような構造の出現を的確に評価するには，奈良時代における天皇と太上天皇の権能の関係を検討するとともに，宮の中での両者の御在所の位置関係がどのように推移したのかを分析する必要がある。本章では，前者の問題については太上天皇の出現から平安時代後期までの長期的推移をたどり，奈良時代の特質を明確化する。後者の問題については平城宮・恭仁宮・紫香楽宮で発掘調査によって明らかとなった御在所遺構の変遷を検討し，並列御在所構造の出現と展開の様相を明らかにする。その上で奈良時代の天皇・太上天皇の関係の推移と対照し，当該構造出現の史的背景を考察する。さらに，皇権分裂時の御在所のあり方，並列御在所構造の平安時代における終焉の事情に言及する。

I　王権論の一環としての宮の研究

A　宮の空間的事象研究の意義

古代国家を研究するにあたっては，支配者集団による広域支配・統治を可能とし永続的に維持するための諸機構・組織・制度と，それを支える社会的・経済的インフラの研究が基本的ではある。しかし日本古代の場合，倭国王ないし天皇という「王」の権威・権力を正当化し，それを発動させるさまざまな装置を解明しなければならず，さらに，王を中心とする権力核の維持装置，さらに外側の国家機構が，いかに形成され維持され変質を遂げていったかも重要な課題である。王の支配が展開する拠点としての宮の構造や機能の研究が重要な所以はここにある。

王権のもとへの支配者集団の結集が，整然とした国家機構への結集（7世紀～）へと変化した段階においても，その集団内での支配従属関係を説明・正当化する神話や系譜関係，価値ある品物の授与や儀礼・宴会の繰り返しが，支配者集団の紐帯を再生産し，貴族や官僚たちの奉仕や職務執行を継続させていく上で，重要な意義を有した。

天皇の宮，特にその中枢部は，天皇や貴族・官僚による政治・儀式，天皇の日常生活が展開した場であり，その空間的構造の通時的変化に，天皇と臣下との身分的関係，政治や儀式の執行形態，官僚機構の組織や成熟度などとその変動が，直接・間接に反映されている。たとえば，前期難波宮から平安宮に至る諸宮における，朝堂院―大極殿―内裏の空間的関係から，天皇の政治への関与形態の変化，朝堂院・大極殿・内裏の機能の変化を探る研究が蓄積されてきた[2)]。筆者は2006年に奈良時代の大嘗宮遺構を素材に，その建設地の移動の意義を考察し，王権を支える支配者集団結集方式の呪術的側面を検討した［岩永 2006a, 2006b］。続いて平城宮内裏の改作を検討し，歴代遷宮停止後に残った代替わりごとの天皇の居住地の更新であり，天皇の支配の安定化・正当化のために，当時最新の機構と法制の整備と並んで用いられた，大化前代の古い歴史的資源を再構成して創出された擬古的方式の一環として評価した［岩永 2008］。今回は天皇と太上天皇の御在所並列を取り上げ，生前譲位がもたらした二重権力状況の空間処理法を問題とする。

B　天皇と太上天皇の権能―奈良時代以前

倭王権の最高権力者は大王，律令国家の最高権力者は天皇である[3)]。幼帝が普通となり，摂関や太上天皇が実権を握るようになる10世紀後半以降はいざしらず，それ以前の大王や天皇は，みずから政治を行うのが原則であった。また7世紀前半までは終身在位も原則であった。

大王段階では，新大王の即位には群臣の推戴が必要であったが，645年に皇極が初めて生前譲位を行った。以後，現大王の意思で新大王が決定されるようになり，王位継承における王権の主体性が強まった［熊谷 2001］と同時に，譲位した前大王（大宝律令以降の太上天皇。以下，上皇と記す）と現大王の併存，そこに起因する政治的諸問題が始まる。両者が協調・協力して政治にあたる場合はよいが，両者の意思が異なる場合には，深刻な問題を引き起こす危険性がある。

皇極の譲位は「乙巳の変」という突発事態に伴うもので，孝徳天皇時代の改新政権の政治的実権は中大兄が握ってはいたが，譲位後の宝皇女（皇極）は「皇祖母尊」として朝廷で大きな権威を保持しており，孝徳の反対にもかかわらず中大兄が飛鳥環都を強行したのは，宝皇女の意向に従わざるをえなかったからとみられる［熊谷 2001］。そもそも大王が終身在位するのが原則であったから，異例の譲位をしたあとも前大王が大きな権威を保持し続けるのはむしろ自然というわけだが，早くも前天皇と現天皇との軋轢が始まっているのである。

史上2回目の譲位は持統天皇が行った。持統は皇太子軽皇子が15歳になった時に譲位して上皇となり，以後5年間文武天皇と共同統治を行った。大宝令の施行，32年ぶりの遣唐使の派遣，当時の国家領域の南北両端における防衛力強化と安定化策などの事業は，まだ若い文武がこれら重大案件を主体的に実施できたとは考え難いから，祖母である持統の指導下に遂行されたとみるべきであろう。

元明以降の奈良時代の上皇の権能については，天皇と同等の大権を掌握したとみる説［春名 1990］，法制上同列だが，官僚機構による制度的権力をもつ天皇と人格的権威をもつ上皇が相互補完的に役割分担するが，実質的には天皇より上位であったとする説［仁藤 1990, 1996］，法制上同列ではないが実態は同等とみる説［筧 1991, 1992］などに分かれている。

奈良時代の上皇は，後の院政期におけるように，独自の権力機構をもたず，常に政治の多方面に関与したわけでもないが，いずれにせよ実態として，元明・元正・聖武・孝謙といった上皇は，天皇と全く同等ないしそれ以上の権限を行使する場面があったのは後述するとおりである。

その法的根拠はあるのか。養老令の儀制令天子条・儀制令皇后条・公式令平出条に天皇と上皇が身位上並列して示されている。養老令のみならず大宝令にも同様な規定があったようだが，権能の具体的規定があるわけではない。制度としては身位同等としか定められておらず，実際は当事者たちの理解と運用にかかっていたので，その時々の政治力学で表現型に偏差が生じるのは避けがたく，上皇が有した実際の権能およびそれが時間的にどう変化したかは，時々の上皇の実態を天皇との関係においてみるほかはない。

令に上皇の権能を天皇と同等に置く規定が設けられたのは，律令編纂時の持統上皇の存在によるところが大きいとされる［渡辺 2001］。身位をこえて権能まで同等とされたのかは議論があろうが，持統上皇が，天武の皇子達がまだ複数生存する中で即位させた自己の直系たる文武天皇を，まだ弱い政権基盤の中で強力に補佐する現実的必要性から規定させたのであろう。

仁藤敦史は機能分担・相互補完説である［仁藤 1990b, 1996］。前代の大王が有した人格的権威が，律令法と官僚機構を背後にもつ制度的権力と分離され，後者を天皇が担い，前者を上皇に与え，両者が役割分担しつつ直系尊属関係に基づく共同統治をすることで，国家外的権威と国家内的権力という相互補完的な二重構造をとって，高度な政策決定能力と安定的皇位継承の両立が図られたとする。意思の表示が天皇（詔勅・鈴印）と上皇（口勅・私文書）で異なるが，奈良時代には上皇の人格的権威が口勅の型式的不備を補い，詔勅と同等以上の効力を発揮して，天皇の大権行使を補完した（王権が分裂していない場合には）とみるのであるが，このような共同統治体制と相互補完は皇位継承の安定化に合目的的だったとみる。

これに対して筧敏生は，上皇・天皇ともに大王制の継承者で実質的に同等であり，天皇にとって上皇の存在は矛盾であるととらえた［筧 1992］。

他方で，上皇の存在が必要とされ，上皇が大きな権威や権力を保持することが受け入れられた背景として，前大王と現大王の血縁関係とは無関係に，前大王なるがゆえに重視されたとみる説もある。舒明以前の大王の終身在位制のなごりとして譲位後の前大王が大きな権威を保持したとされる［熊谷 2001］。また，古代の天皇霊についての考え方，つまりかつて天皇であったもの総べての霊が祖霊と合体して現天皇を守護するという考え方［熊谷 1988］を背景とするといった見方もある［坂上 2001］。

以上のように，旧天皇全般を重視する考え方が原因なのか，現天皇の尊属であることに基づく権威が主因なのか，奈良時代の間，上皇が天皇と同等ないしそれ以上の権力を行使しえた事情をみておこう。（**表１・２**変遷対照表参照）

元明天皇→元明上皇

文武の死去に伴って即位したので，上皇はいない。即位の正当化根拠は文武の遺詔であり，即位の必要性は，文武の子たる首皇子即位までの中継ぎである。平城京への遷都・造営が一段落した後で元正に譲位したが，首皇太子が直ちに即位せず，元正が即位した事情は次に述べる。元正への譲位後は，元正の後見をしていたとみられる。元明は上皇であり元正の実母でもあるので，二重の権威を保持したとみられる。元明死去時の固関は，元正の天皇としての権威を元明上皇が支えていた面を示す［岸 1966］。

表1　変遷対照表（1）

西暦	年　号	天皇・上皇・皇太子の変遷								遺構時期区分			上皇御在所
		元明	元正	聖武	光明	孝謙	淳仁	光仁	桓武	中央区	東区朝堂院	内裏・居住者	
710	和銅2	天皇								造営工事	下層	Ⅰ期・元明	
711	4	〃								↓		〃	
712	5	〃										〃	
713	6	〃										〃	
714	7	〃		皇太子								〃	
715	8・霊亀1	→上皇	天皇	〃						Ⅰ-1期開始		→元正	不明
716	2	上皇	〃	〃								〃	〃
717	3・養老1	〃	〃	〃								〃	〃
718	2	〃	〃	〃								〃	〃
719	3	〃	〃	〃								〃	〃
720	4	〃	〃	〃								〃	〃
721	5	死去	〃	〃								改作↓	平城宮中安殿
722	6		〃	〃									
723	7		〃	〃								Ⅱ期・元正	
724	8・神亀1		→上皇	→天皇						神亀～天平初年にⅠ-2期開始		→聖武	Ⅱ期内裏SB8000
725	2		〃	〃								〃	〃
726	3		〃	〃								〃	〃
727	4		〃	〃								〃	〃
728	5		〃	〃								〃	〃
729	6・天平1		〃	〃	皇后							〃	〃
730	2		〃	〃	〃							〃	〃
731	3		〃	〃	〃							〃	〃
732	4		〃	〃	〃							〃	〃
733	5		〃	〃	〃							〃	〃
734	6		〃	〃	〃							〃	〃
735	7		〃	〃	〃							〃	〃
736	8		〃	〃	〃							〃	〃
737	9		〃	〃	〃							〃	〃
738	10		〃	〃	〃							〃	〃
739	11		〃	〃	〃	皇太子						〃	〃
740	12		〃	〃	〃	〃				Ⅰ-3期開始		〃	〃
741	13		〃	〃	〃	〃							恭仁宮
742	14		〃	〃	〃	〃							〃
743	15		〃	〃	〃	〃							〃
744	16		〃	〃	〃	〃							難波宮
745	17		〃	〃	〃	〃				Ⅰ-4期開始		聖武	中宮西院
746	18		〃	〃	〃	〃						改作↓	〃
747	19		〃	〃	〃	〃							〃
748	20		死去	〃	〃	〃						Ⅲ期・聖武	〃

表2　変遷対照表（2）

西暦	年　号	天皇・上皇・皇太子の変遷								遺構時期区分			上皇御在所
		元明	元正	聖武	光明	孝謙	淳仁	光仁	桓武	中央区・居住者	東区朝堂院	内裏・居住者	
749	21・天平勝宝1			→上皇	→皇太后	→天皇				Ⅰ-4期途中	改作	Ⅲ期・孝謙	宮内某所
750	2			〃	〃	〃						〃	〃
751	3			〃	〃	〃					↓	〃	〃
752	4			〃	〃	〃						〃	〃
753	5			〃	〃	〃				SB7802解体上限改作	上層？	〃	〃
754	6			〃	〃	〃				↓	〃	〃	〃
755	7			〃	〃	〃					〃	〃	〃
756	8			死去	〃	〃					〃	〃	内裏寝殿
757	9・天平宝字1				〃	〃	皇太子				上層	〃	
758	2				〃	→上皇	→天皇			宝字年間にⅡ期完成・未完成両方の可能性		→淳仁	中央区Ⅱ期か？
759	3				〃	〃	〃					〃	〃
760	4				死去	〃	〃					改作	〃
761	5					〃	〃					↓	保良宮
762	6					〃	〃					Ⅳ期・淳仁	法華寺
763	7					〃	〃					〃	〃
764	8					→天皇	廃帝			Ⅱ期・称徳		放棄か？	
765	9・天平神護1					〃				〃			
766	2					〃				〃			
767	3・神護景雲1					〃				〃			
768	2					〃				〃			
769	3					〃				〃			
770	4・宝亀1					死去		天皇		放棄か？			
771	2							〃				改作	
772	3							〃				Ⅴ期・光仁	
773	4							〃	皇太子			〃	
774	5							〃	〃			〃	
775	6							〃	〃			〃	
776	7							〃	〃			〃	
777	8							〃	〃			〃	
778	9							〃	〃			〃	
779	10							〃	〃			〃	
780	11							〃	〃			〃	
781	天応1							→上皇・死去	→天皇			→桓武	不明
782	2・延暦1								〃			〃	
783	2								〃			改作	
784	3								〃			Ⅵ期・桓武	
785	4								〃	長岡宮・桓武			
786	5								〃				
787	6								〃				
788	7								〃				
789	8								〃				
790	9								〃				
791	10								〃				
792	11								〃				
793	12								〃				
794	13								〃				

元正天皇→元正上皇

元明から譲位され即位した。すでに首皇太子が15歳に達しているにもかかわらず元正が即位したのは，天武の皇子達がまだ何人も存命な中で，母が皇族でない首皇子の即位を正当化するために，首皇子の養母として即位し，首に皇位を安全に伝えるためであった［渡辺 2001］。元正は10年間天皇を務め，養老5（721）年に元明が死去し太上天皇が空位になり，その後の（首皇太子の地位を揺るがすような）不穏な情勢［岸 1966］も収まったのを受けて，皇位を首皇子に譲った。譲位後は，若い聖武の「母」かつ上皇として二重の権威と発言力を有し，聖武の政権運営を護持したとみられ，聖武は国政をいちいち元正に相談していた。光明子の立后に際しては，元正が聖武に与えた勅が持ち出されている。岸俊男は，元正上皇の死去に際して固関が行われなかったことを根拠に，元正上皇が元明上皇に比して存在意義が軽かったとみたが［岸 1966］，固関が行われなかったのは，元明上皇死去時の元正天皇や，聖武上皇死去時の孝謙天皇に比して，元正上皇死去時の聖武天皇の権威が揺らいでおらず，ただちに非常事態の発生が危惧されたわけではなかったという事情によろう。後述するように，元正は聖武に，紫香楽宮での大仏造顕の断念と平城への環都を承知させたとみられ［渡辺 2001］，決定的影響力を有したとみられる。元正と橘諸兄の反藤原氏という立場での強い結びつきを考える説［直木 1970］もある。

聖武天皇→聖武上皇

元正から譲位されて即位した。光明子立后後は藤原四子にささえられた光明子が阿倍内親王の立太子など大きな政治的影響力を行使したようだが，その間の聖武天皇と元正上皇との関係は良好だった。聖武は天平15（743）年には，阿倍内親王の五節舞を「母」としての元正に捧げている。聖武は紫香楽宮と大仏の造営に夢中になり出した天平15年頃から政治の実務から離れてしまうが，遷都と大仏造立をめぐる迷走の最後で，紫香楽宮の放棄と平城環都を元正に了解させられた［渡辺 2001］。元正が天平20（748）年に死去したのを機に出家して天平感宝元（749）年に阿倍内親王に譲位した。聖武上皇の時期には，紫微中台に拠る光明皇太后，太政官に拠る孝謙天皇，および両者と結びついた藤原仲麻呂に国政を委ねたため，聖武と孝謙との間で政治的問題が生じてはいない。ただし，死去直前に孝謙の皇太子を道祖王に定めたから（死後廃太子されてしまうが），皇位継承の主導権を握っていたことになる。聖武と光明は上皇・皇太后として，また実父・実母として孝謙天皇に対して二重の権威を有していたであろう。なお天皇在位中の天平17年9月の不豫時，天平勝宝8歳4月の死去直前に，橘奈良麻呂らの謀反計画がなされ，天平勝宝8歳5月の死去時には固関がなされたことから，孝謙天皇・光明皇太后に対する聖武上皇の実権の大きさが説かれているが［岸 1966］，聖武の健康状態悪化が非常事態と直結するのは阿部の立太子，孝謙の即位を認めない勢力が存在する中で，その地位を直接に聖武が支えていたためであり，奈良時代の上皇の存在意義を端的に示している。

光明皇后→光明皇太后

光明皇后も天皇と同等の実権を行使した。藤原氏にとって，光明子を立后せずとも聖武との間に皇子が誕生すれば将来即位させることが可能であり，聖武の即位当初には立后させる計画がなかった。しかし，皇子（基王）の夭逝と夫人県犬養宿禰広刀自に安積親王が誕生するという事態を受けて藤原氏は，光明子の皇子立太子策から光明立后策に切り替え，最大の政敵長屋王を排除して実現させた［岸 1966］。当時の皇后は皇太子に比肩する執政権を持ち，皇位継承の機会をも有する地位であることに注目し，藤原氏が聖武の次に光明女帝としての即位さえ計画していたとみる説［岸 1966］がある。光明子の立后と同時に置かれた皇后宮職は光明子の皇后としての活動を支えるためのものであった。光明皇后は，聖武在位中は，藤原四兄弟・橘諸兄[4)]・藤原仲麻呂と政治的実権掌握者に近縁の者が続き，国分寺造営・大仏造顕など仏教的施策で夫・聖武に大きな影響力をもった。平城環都後の聖武が大仏建立に集中し，病気がちで政治の実務から離れるにつれ，光明の政治的重みが増した。さすがに聖武退位後の光明即位は，聖武上皇が存命で，光明が皇族ではないために実現せず，すでに天平10年に立太子していた阿倍内親王が即位することになったが，聖武譲位後に置かれた紫微中台は，光明皇太后が聖武に代わって国政を行うための執政機関であり，国政の実権は孝謙即位後も光明皇太后に握られていた［岸 1966；直木 1970］[5)]。その証拠は，天平勝宝 9 歳（757）の橘奈良麻呂の変の際に，天皇大権の所在を示す駅鈴・内印が，孝謙天皇のもとではなく光明皇太后宮にあったことに示される。淳仁天皇・孝謙上皇の時代になると，政治的実権は仲麻呂が握り光明皇太后は背景に退いた。

孝謙天皇→孝謙上皇

孝謙は，前例のない女性皇太子を経て即位後も聖武上皇・光明皇太后の存命中は，二人をバックとする藤原仲麻呂の政権掌握下にあり，孝謙の独自色は出せていない。聖武上皇が天平勝宝 8（756）歳に死去したのを機に，聖武が遺言で皇太子とした道祖王を廃し，子孫ではない大炊王を立太子させた。しかし大権は聖武から直ちに孝謙に移りはせず，天平勝宝 9（757）歳の橘奈良麻呂乱の際に，鈴印が皇太后宮に置いてあったように，大権は天皇たる孝謙でなく光明が握っていた。孝謙が天平宝字 2（758）年に譲位し上皇となると，鈴印は光明皇太后から淳仁天皇の元に移った。これは淳仁を傀儡とする仲麻呂が光明の支持のもとに専権をふるうためであったと思われる。このように孝謙は，光明皇太后存命中は光明および仲麻呂の意を受けて動いたが，光明の死後にようやくフリーハンドで動けるようになった［渡辺 2001］。淳仁天皇およびそれを背後で操る仲麻呂は，光明の死後 2 年経ってから孝謙上皇が仲麻呂から離れて独自の動き（道鏡への接近）をするに及んで，それを制約できなくなった。天平宝字 6（762 年）年に孝謙は保良宮において淳仁と険悪になり，平城京に戻って法華寺に入り，国家の小事を孝謙が，大事を自分が行うと一方的に宣言するに至った。上皇が天皇を庇護するという意味で天皇より優位に立つというそれまでのあり方が，逆鱗に触れた天皇に対してより極端な現れ方をしたのである。

孝謙上皇が淳仁天皇に対して持ちえた優位性は何に基づくのか。坂上康俊は，孝謙が，ただ単に先代の天皇であったということから，子孫でない現天皇に対しても優位性を主張しえた原因を，かつて天皇であったもの総べての霊が祖霊と合体して現天皇を守護するという天皇霊観に求め，現天皇の父系直系の祖であることが統治権掌握の前提となった院政期と異なるとみた［坂上 2001］。しかし孝謙上皇が，子孫でない淳仁天皇に対して優位性を主張しえたのは，ただ単に先代の天皇であったということではなく，淳仁を天皇とした張本人であるからであり，その優位性が，光明の在世中は淳仁を操る仲麻呂を光明とともに支持するという間接的な形で現れ，光明死去後は仲麻呂との関係が悪化するにつれ，天武直系の孝謙―傍系の淳仁という力関係として露骨に表れたということであろう。そしてついには仲麻呂の乱に際して淳人のもとにあった駅鈴・内印が孝謙側に奪われ，仲麻呂敗死後に淳仁の皇位も奪われることとなった。

こうしてみると文武から孝謙に至る奈良時代の天皇は，いずれも天武直系というより持統の直系子孫に皇統を伝えるために，必要な場合には中継ぎの女帝を立て，そのラインでの皇太子を立てて，廃太子を目論む政敵から守り，譲位後は新天皇を後見した。上皇と天皇は，真に中継ぎであった元明を除けば，親―子という関係にあった（元正は聖武の養母)。上皇は，大宝令が規定する天皇と同等の権能に加えて，天皇の直系尊属という二重の権威を有していた。

光仁天皇

称徳の死後，天武系に天皇候補者がいなくなった事態を受けて擁立された光仁は，久しぶりの天智系天皇であった。聖武の娘・井上内親王との間に他部皇太子がおり，天武の血を女系を通じて残す可能性を見込んで擁立されたとみられるが，藤原良継・百川の陰謀で井上・他部は廃され山部親王が立太子した。光仁在位中は当然ながら上皇は不在。

桓武天皇

光仁の病気により山部が即位して光仁は上皇となったが，8カ月後に死去したため，上皇としての実権は振るえなかった。以後の桓武天皇・平城天皇在位中には上皇はいない。

C　天皇と太上天皇の権能―平安時代

Bで検討した奈良時代の太上天皇のあり方を，平安時代の前・中期，後期（院政期）と比較して特徴を明らかにしておこう。

①平安時代前・中期

Bで述べた奈良時代の二重権力状態が平安時代に入ると変化する。平城上皇と嵯峨天皇は同母兄弟であり，平城上皇は，平城環都など独自の動きを画策して鎮圧された（薬子の変）。この苦い経験から嵯峨天皇は，上皇と天皇の関係の整理に乗り出し，上皇が政治的権限をもたない原則をつくり，自ら譲位後は冷然院に移り，さらに嵯峨院に隠棲した。嵯峨は太上天皇号を辞退し，淳和天皇からあらためて授与され，それまで譲位後に自動的に上皇になっていたことを改め，新天皇の任命権下にあるものへと変えた［春名 1990］。その後の上皇は，天皇の直系尊属として朝覲行幸を受けるなど敬意を払われる存在ではあっても，政務からは排除された（後冷泉まで）。

せっかく天皇主導の政治運営体制がつくられたが，間もなく空洞化する。政務への意欲はあったが病弱だった文徳天皇の死後，天安2（858）年に清和天皇が9歳で即位したのが史上初の幼帝である。清和朝に藤原良房が事実上摂政に，宇多朝に藤原基経が関白となり，朱雀朝（930年代）に摂関体制が成立した。

摂関政治期には10歳前後の幼帝を即位させ成人に達して譲位したのが7例（清和・陽成・醍醐・朱雀・円融・一条・後一条），20歳前後の即位が5例（宇多・村上・冷泉・花山・後冷泉），30歳前後以降が4例（光孝・三条・後朱雀・後三条）ある。皇位継承の主導権と政治の実権（政権中枢の地位）は外戚をはじめとする天皇のミウチ（限られた親類縁者）や摂関が共同で握り，天皇の幼少期は摂政が政務を処理し（天皇大権の代行），天皇の成人後は関白が補佐したが，必ずしも摂関が常置されていたわけではない。

醍醐朝（897～930年）と村上朝（946～967年）の大部分は親政期で摂関を置かなかったが，醍醐については藤原時平が没したために醍醐譲位，保明即位，時平摂政という体制が取れなくなり，村上については藤原師輔が没したために村上譲位，憲平即位，師輔摂政という体制が取れなくなったのであって，親政を過大評価できないという説もある［保立 1996］。また一条朝後半と三条朝も関白がいないが（天皇の年齢から摂政はいなくて当然），この時期は道長が左大臣として太政官機構を掌握していたから，前後の摂関期と同質である［大津 2001］。

朱雀朝（930年代）に摂関体制（藤原忠平摂政）が成立し，村上朝の中断期を挟んで冷泉朝以降（969年～），ほぼ摂関が常置され摂関政治の盛期となるが，後三条の登場まで上皇は政治的にほとんど無力であった。

平安時代前・中期の上皇は，平城・嵯峨・淳和・清和・陽成・宇陀・朱雀・冷泉・円融・花山・三条と多いが，上皇と天皇が兄弟ないし別皇統である例が多く，その場合院政はできない。ただし，嵯峨－仁明－文徳－清和－陽成のような直系王統の安定が貴族にとっては本来望ましく，平城・嵯峨・淳和の兄弟継承は桓武の遺志であり，その後の王統の移動，兄弟継承やそれに起因する両統迭立状態は，陽成の殺人，冷泉の精神疾患などの非常事態へのやむをえざる対応，あるいは兼家・道隆・道長が両統に娘を送り込み両天秤策を取ったことの必然的結果であった。

院政は天皇の直系尊属でないとできないが，息子が新帝となった上皇は，清和，宇多，円融のみである。彼らが院政を実施できたのだろうか。清和上皇の場合，譲位の際に摂政藤原基経が，大事を上皇が，小事を「皇母」＝高子が処置する体制を奏上し「院政」の萌芽を意味したが［保立 1996］，清和の健康が悪化し実権を基経に握られ，結局出家して仏道修行に励むしかなかった。宇多は天皇即位直後に阿衡事件があったが，基経死後は親政を行い政治に意欲的に取り組み，譲位直後は政治に積極的に介入し院政的政治を目指した。しかし，菅原道真を重用しすぎて他の公卿の反発を買って近臣層の育成ができず，結局政権の掌握に失敗し，藤原氏との関係を修復せざるをえなかった。円融上皇は花山（冷泉の皇子）から一条（円融の皇子）への譲位後に天皇の父となり，院政を目指したとみる説［保立 1996］もあるが，結局政権掌握はできなかった［美川 2006］。一条の摂政・外戚たる藤原兼家と対決する政治的条件を欠き［美川 2006］，兼家が冷泉と居貞へも肩入れしたため，王統が一元化せず不完全なものとなったからである［保立 1996］。

このように，摂関政治期の上皇は天皇のミウチに組み込まれるか，冷泉・花山のように政治から排除されるかとなり，ほとんど政治に関与できなくなっていた。

ところが，後朱雀天皇と関白頼通の頃になると，中央では儀礼を運営し，受領に地方支配を委任していた政治形態が行き詰まり，頻発する相論や寺社強訴に対して天皇と関白の責任の押し付け合いが頻発した。摂関権力がしょせん天皇の代理や補佐でしかなく，他方，天皇も摂関の輔弼に慣れて決断力を欠いていた状況では，政治的難題（荘園公領の紛争，大寺社の強訴・騒乱）の噴出への対応ができなくなってきた。そこで公卿・寺社・受領が，決断できる最高権力者を求めるようになった［坂本 1991；下向井 2001］。後三条の親政と譲位，皇統の決定（実仁立太子）は自己による強力な政治指導を意図したものだったが，譲位翌年の彼の死で挫折した。

②平安時代後期

白河から始まる院政について確認しておく。院政とは，直系子孫を天皇とした上皇「治天の君」が，王家の家長としての親権を行使して最高権力を掌握する体制で，院政を実施できるのは単なる元天皇ではなく現天皇の直系尊属のみであり，兄弟に譲位した天皇，父院が存命中の上皇も行えない［美川 2006］。院の権力[6)]の根源については，院が皇位継承の主導権（譲位・後継天皇の決定）を天皇・摂関家から奪い取って掌握したこと，寺社強訴・反乱などの「国家大事」に対する裁断権と，貴族たちの人事権を握ったことにあり，中下級貴族層を主体とする院近臣を組織して政務の主導権を掌握して，天皇・摂関・公卿らを操縦したほか，最高軍事指揮権も握り，賊の追討・追捕，京内外の治安維持，所領相論の裁定などを行った［下向井 2001］。

院政期には，10 歳未満の幼帝を即位させ，成人に達するとじきに譲位させ，また幼帝を即位させるのが常態となった。摂関政治期には幼帝即位は約半数であったから，摂関とくに摂政がほぼ常置となったのはむしろ院政期に入ってからである。摂関政治期と異なるのは，天皇・摂関でなく院自身が政治の前面に進出し専制的権力をふるうようになったことである。その要因は，既述したように政治的難題（荘園公領の紛争，大寺社の強訴・騒乱）に決断できる最高権力が求められたことに加えて，在位中の幼帝が男子（皇太子）を持てない皇太子空位が通常となったため，王権中枢が「天皇・皇太子」のペアから「院・天皇」のペアに代わり，皇太子周囲に「待ち幸い」を期待する政治勢力が形成されなくなったこと［保立 1996］，成人天皇の政治介入（後白河と二条の対立が典型）が院政継続の支障とみなされ早期に譲位させたこと［元木 2004］，があろう。ただし弱点もあり，上皇が恣意的に天皇人事を行えた半面，崇徳の子重仁を排除し権威に欠ける中継ぎ後白河を即位させた直後に鳥羽が死亡し，一挙に保元の乱に至ったように，上皇への権力の集中は，その死による政治の不安定と直結していた。また皇太子不在によって，天皇の健康問題が直接に後継者選定問題を引き起こすようになった［保立 1996］。

なお，天皇が独自の政治力を発揮できる前に20歳前後で譲位させられたため，上皇が二人の場合も生じるが，院政を実施できるのは現天皇を直系子孫とする年長の上皇のみであった[7)]。そして奈良時代には上皇と天皇の共同統治体制に近かったのに対し，院政期には上皇と天皇が父子関係にあっても必ずしも親和的・協力的とは限らなかった[8)]。また，天皇が上皇の恣意的・強権的政治執行の妨げとなることは忌避され，天皇が主体的に政治を行おうとした場合には上皇との間に激しい政治的緊張関係が生じることもあった[9)]。

院政期には摂関と外戚の関係も変化した。頼通期以降，摂関家や政権中枢に関与できる公卿が（入内できる女子が減ったため）必ずしも外戚になれなくなった。白河上皇が鳥羽の即位に際して外戚の閑院流・公実でなく頼通流の忠実を摂政に任命して以来，摂関への就任は外戚関係とかかわりなく頼通流に固定して「摂関家」が成立した。外戚関係が政治的権威の源泉とはみなされなくなり，外戚が摂関として実権を握る体制ではなくなった。

また，政務能力（儀式作法・有職故実）に長けた実務官僚の家と家職が成立し，院の周囲に結集するようになり，政治の実務を担う「院近臣」層が形成された［美川 2006］。彼らは摂関政治期には中・下級貴族だったが，院政期に急速に台頭し，政治的地位を上昇させた。すでに摂関期の宇多が譲位後も政治権力を維持しようとする試みが失敗したことから，院制の実現には，太上天皇が天皇の直系尊属であるだけでは不十分であり，摂関の政治力の弱体化，院の権力を支える寵臣集団の形成が歴史的条件として必要であった。

平安時代の天皇の理想は，皇統を安定させた上で，退位して後見の上皇の位置を占めることであったといわれる［保立 1996］。しかし実際は，摂関期には直系子孫が即位することが少なく，兄弟・別皇統への移動が多く，皇統は不安定で政争の原因となることのほうが多かった。譲位後に上皇となった清和・陽成・宇多・朱雀・冷泉・円融・花山・三条・後三条のうち，院政実施の可能性があった清和・宇多・円融・後三条も結局は失敗している。陽成・冷泉は精神面の問題を抱え，花山は陰謀で退位後政治から遠ざけられ，他は病気などで安穏な引退生活を送れなかった。一方，院政期には幼帝が成人して譲位後に院政を敷けた白河・鳥羽・後白河以外は，在位中に没したか譲位後すぐに没した例が多い。白河・鳥羽にしても専制的権力をふるったとはいえ，若い天皇と関白では処理できない政治的難題への対応でとても安穏な引退生活とはいい難かった。後白河はあからさまな中継ぎとして即位したためもともと権威に乏しく，二条天皇・平清盛・木曽義仲・源頼朝と対峙し何度も危機に陥った。理想は理想でしかなかった。

D　奈良時代・平安時代の相違

奈良時代には，成人の天皇が即位して政治を行い，皇太子の政治的立場が安定すると譲位して，上皇が天皇を補佐する，あるいは天皇と同様な大権を行使した。そして上皇は，天皇権力の分掌者として実質的な権力を担っていたから，上皇が二人ということはありえず，上皇が死去してはじめて，天皇の譲位と新帝の即位が可能となった。上皇が大権を行使しえたという点では平安時代院政期と近い。しかし院政期には，天皇が実際上政治を行えない幼帝のことが多く，実権のほとんどが上皇に帰した点が異なる。一方，摂関政治期には，奈良時代と同様に上皇と成人天皇のペアがいるが，政治の実権は摂関・外戚が握る期間が長く，そこに上皇が組み合わさっても，上皇は実権をもたない点が奈良時代と異なる。

過度の単純化となることを恐れずにいえば，奈良時代は天皇・上皇の二重権力期，摂関政治期は摂関・外戚に包囲された天皇の一重権力期，院政期は上皇（院）による一重権力期と要約できる。摂関政治期の清和・宇多・円融上皇による二重権力化（院政）の試みは失敗し，院政期に一重権力の主を上皇から天皇に戻そうとした二条天皇の試み（親政）は短期間で終わった。

Ⅱ　奈良時代諸宮における御在所遺構―平城宮・恭仁宮・紫香楽宮の御在所

ⅠDでみたように，奈良時代における天皇と上皇の関係は，摂関政治期，院政期とは異なる特徴を持っていた。それが宮内における天皇と上皇の御在所の位置関係として具体的に表れるだろうか。まず平城宮・恭仁宮・紫香楽宮における御在所遺構の状況を具体的に検討する。

A　平城宮内裏の遺構変遷（図1）

平城宮内裏の遺構は，『平城宮発掘調査報告XⅢ』［奈文研 1991］（以下，『学報XⅢ』と略す）で変遷案が示され，Ⅰ期～Ⅵ期の6時期に区分されている。本稿では，『学報XⅢ』の見解に大枠で従いつつ各期の建物配置などを概観してから，各期の年代，天皇との対応関係について記す。

Ⅰ期：一辺600尺の正方形を掘立柱塀で区画し，その中央やや北寄りに御在所正殿SB4700，区画南半の中央に内裏正殿SB460を置く。Ⅱ期以降と異なりSB4700・SB460の周囲には建物がないが，SB4700より北側には東西棟の付属殿舎を数棟配す。内裏の中心的建物として同形同大の大型東西棟建物を2棟並行させるプランは，飛鳥宮跡Ⅲ期（後飛鳥岡本宮・飛鳥浄御原宮）に存在することが橿原考古学研究所による2004年（第153次）・2006年（第155次）の調査で判明しており，藤原宮内裏では不明ながら，平城宮Ⅰ期のプランは7世紀後半の内裏を継承するものといえる。

Ⅱ期：大掛かりな改造を行う。外周の区画を北端で3間，南端で6間南にずらし，南北630尺とする。Ⅰ期の御在所正殿・内裏正殿の位置を踏襲して，一回り小さなSB4703A・SB450Aを建て，内裏正殿に対しては東西2棟ずつの脇殿を建て，それら5棟の東西北3方を回廊で囲って正殿区画を形成する。御在所正殿に対しては東西1棟ずつの脇殿と後殿を建て，それら4棟の東西北3方を塀で囲って御在所区画を形成する。御在所区画の北側に4棟，東北側に1棟，東側に4棟の殿舎を建てる。東北区のSB8000は御在所正殿

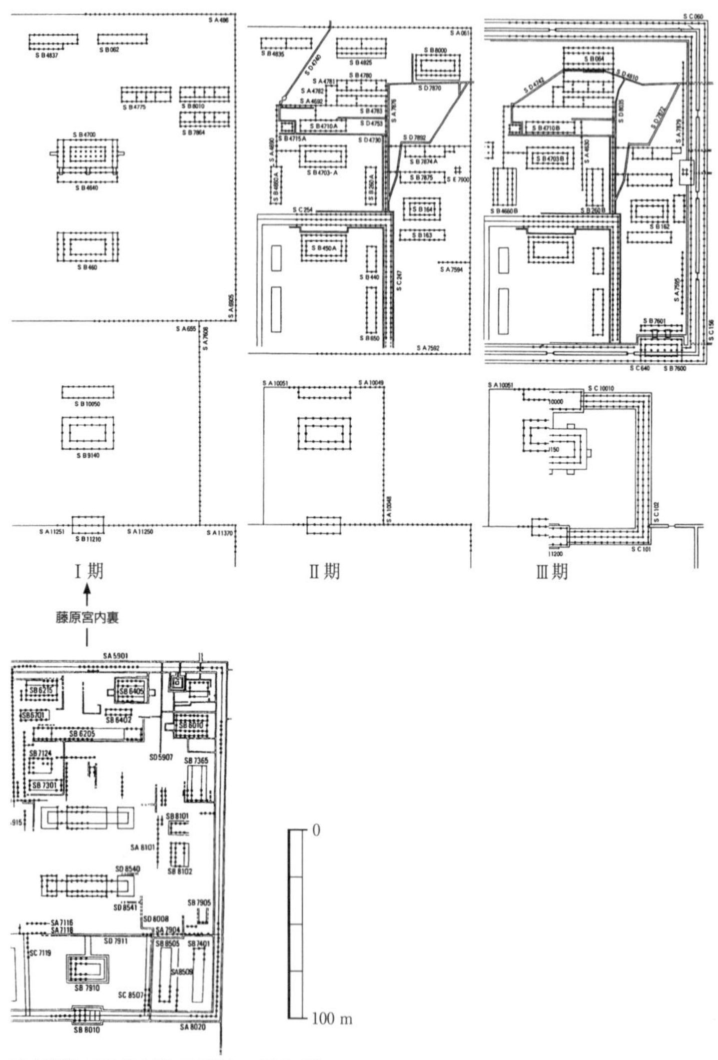

飛鳥宮跡Ⅲ期（[小沢 1995]を一部改変）

図１　平城宮内裏の遺構変遷（上段）と関連遺構（下段）
（1/4000 上段は［奈文研 1991］を一部改変）

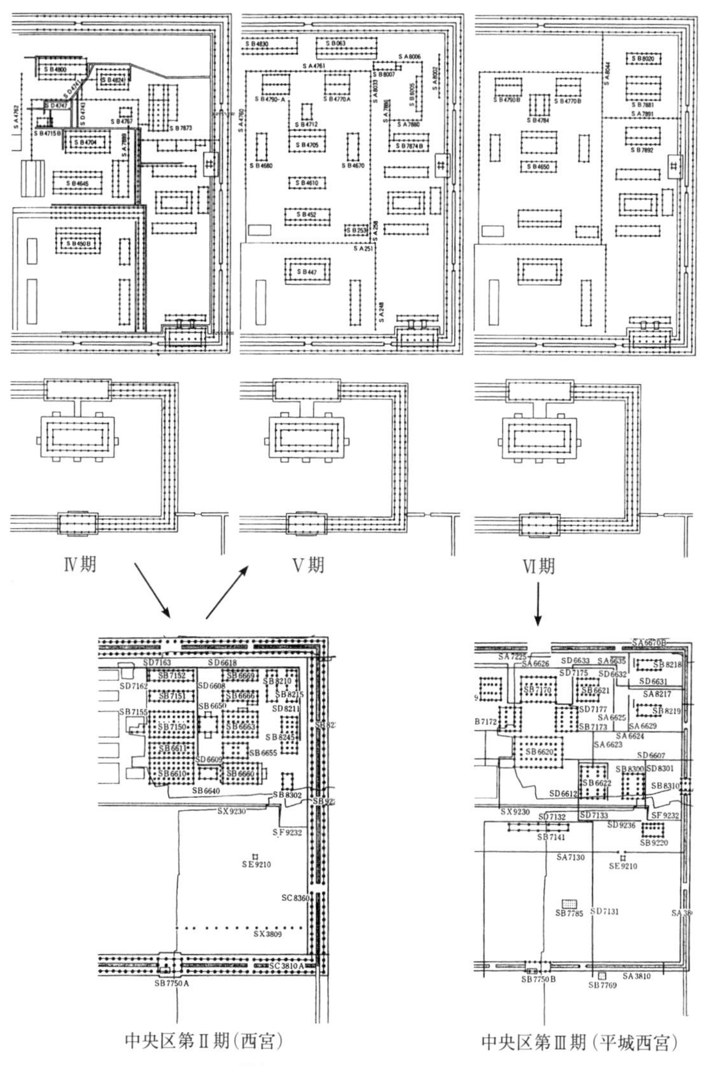

中央区第Ⅱ期（西宮）　　中央区第Ⅲ期（平城西宮）

（［奈文研 1982］を一部改変）

と同規模・同形式で格が高い。東側区画の様相は6期に至るまで大きくは変化しない。

Ⅲ期：Ⅱ期の外周区画を同位置で築地回廊に建て替え，以後Ⅵ期まで踏襲される。区画内の建て替えは小規模である。正殿区画ではⅡ期の建物を踏襲するが，御在所区画では正殿・脇殿の廂を改造・増築し，後殿を建て替える。御在所区画北側では建物を3棟にし，東北区画は建物がない広場とする。

Ⅳ期：Ⅲ期に比して大掛かりな改作を行い，正殿区画では正殿を建て替え，御在所区画ではⅡ期の正殿・後殿を撤去し，南にずらして建て替える。御在所北側では建物を2棟，東北区画に1棟とし，これら3棟を一体として用いた。

Ⅴ期：外周区画は変わらないが，内部の大規模な建て替えを行い，構造が大きく変化する。正殿区画では正殿を南にずらし脇殿を1棟ずつとし，区画の南北幅を6割に縮小して塀に替える。これに対して御在所区画の南北幅を1.6倍に拡大して塀で囲い，その内部を南4分の1と北4分の3に分けて，南部に御在所正殿と東西棟の脇殿を置き，北部に皇后宮正殿・前殿と2棟の脇殿，3棟の後殿を配す。Ⅱ～Ⅳ期に比して正殿区と御在所部分が縮小され，広い皇后宮が出現したのがⅤ期の特徴である。皇后宮の北側の狭くなった区画には2棟を建てる。東北区には小型建物や塀があるが一時的なもので基本的には広場であった。

Ⅵ期：皇后宮内で前殿・後殿を建て替えるが配置に変化はない。北区には建物がなくなる。東北区は塀で囲った独立区として正殿・後殿を建ており，後宮と評価される。当期にはⅤ期の皇后宮に加えて後宮が創設され，平安宮内裏の構成要素が揃った。

以上，『学報ⅩⅢ』の記述に拠りつつ遺構変遷を略述した。Ⅰ～Ⅵ期とその南側の東区大極殿・朝堂地区の遺構変遷との対応関係について『学報ⅩⅢ』は，Ⅰ・Ⅱ期を東区下層，Ⅲ～Ⅵ期を東区上層としている。筆者はこれには異論があり，Ⅲ期の期間中に大極殿・朝堂院が下層から上層に建て替えられたと変更した［岩永 2008a］。各期の実年代，天皇との対応関係は，**表1・2**変遷対照表に示したように，Ⅰ期が和銅3年～養老年間で元明～元正，

Ⅱ期が養老末年～天平17年で元正在位末年～聖武，Ⅲ期が天平末年～天平宝字初年で聖武在位末年～孝謙～淳仁在位前半，Ⅳ期が天平宝字後半～神護景雲で淳仁後半～称徳，Ⅴ期が宝亀～延暦初年で光仁～桓武初年，Ⅵ期がその後，である［岩永 2008a］。各期の間には改作期間が入る。

B　平城宮西宮（図1）

平城宮中央区の北半は，恭仁遷都までは大極殿院であったが，平城環都後しばらくしてから，Ⅲ～Ⅵ期の内裏と同じ630尺四方の区画を設け，その内部北半の壇上に推定27棟の建物を林立させる。建物は長方形の中心区画とその周囲を逆凹字形に囲む外縁区画に分かれる。中心区画の中心に間口9間の高床建物SB6610・6611・7150を南北に並列して正殿とし，区画の四隅に廂をもつ脇殿を置き，その間に主殿と脇殿，脇殿と脇殿を結ぶやや小さい建物を介在させる。外縁区画で，中心区画の後方には東西棟，中心区画の側方には南北棟を配する。この宮が淳仁天皇の「中宮院」であるのか，称徳天皇の「西宮」であるのか，長らく論争が続いていたが，中央区朝堂院で称徳大嘗宮が発見され「西宮」であることが確定した[10)]。後述するように，そもそもは孝謙上皇御在所として造営された可能性が高い。ただしこれが聖武上皇まで遡るのかは即断できない。

C　恭仁宮の御在所（図2）

大極殿の北側に，塀で区画されたブロックが東西に並んで検出され，「内裏西地区」「内裏東地区」と命名されている［京都府教委 2000, 2002, 2003］。内裏西地区は四方を掘立柱塀で区画し，南北約127.4m（430尺），東西約97.9m（330尺）で，区画の中央やや南側に東西棟建物SB5303が建つ。内裏東地区は，東西南を築地塀，北を掘立柱塀で区画し，南北約138.9m（約470尺），東西約109.3m（約370尺）で，西地区より規模が大きい。区画中軸線上に四面廂東西棟建物SB5501とSB5507を南北に並列させる。両地区内の空間構造には差異がある［橋本 2001］。東地区では区画の中央南北に大型東西棟建物を並列させており，平城宮内裏第Ⅰ期・第Ⅱ期と類似する。西

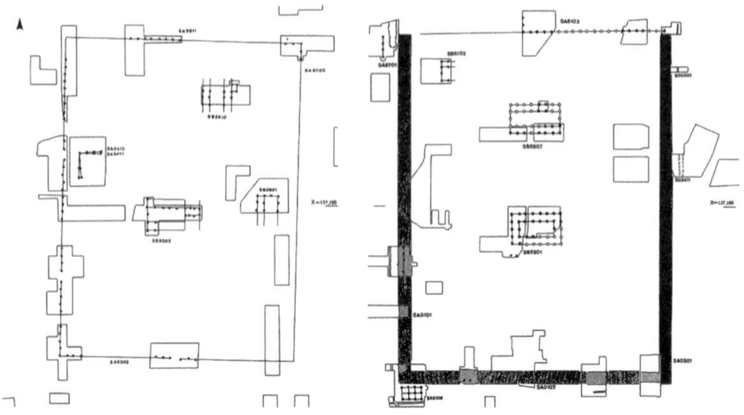

図２　恭仁宮の「内裏西地区」「内裏東地区」（1/3000［京都府教委 2000, 2003］を一部改変）

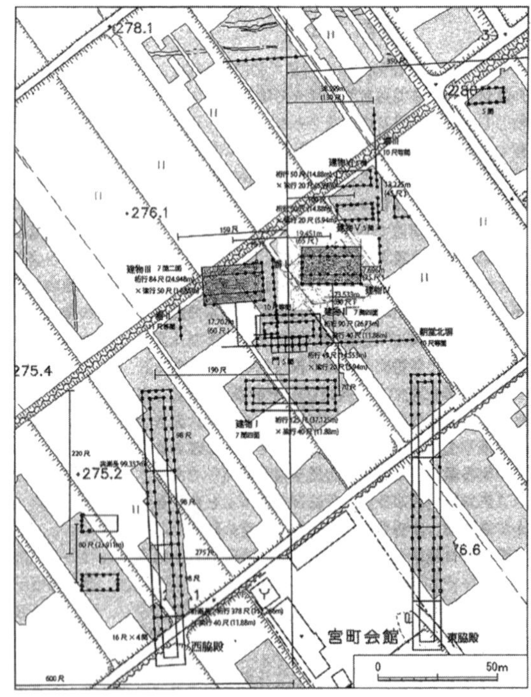

図３　紫香楽宮の「朝堂区画」「朝堂北方区画」（1/3000［渡部 2000］を一部改変）

地区では区画中央に大型東西棟建物が1棟あり，その南にもう1棟大型東西棟建物があった可能性は小さい。橋本義則は，東区が天皇の公的空間と私的空間を明確に区分する平城宮内裏の系譜上にあり，西地区はその系譜上にはないとみる［橋本 2001］。この相違の原因については，調査者や調査関係者による公・私機能分担説，西地区後宮説，西地区皇后宮説をとらず，東区＝聖武天皇内裏，西区＝元正上皇「新宮」と解した。

D　紫香楽宮の御在所（図3）

長大な南北棟建物2棟と東西棟建物1棟からなる朝堂区画の北側に朝堂北方区画があり，この区画内に桁行7間，梁行5間の東西棟建物2棟が東西にほぼ並列する。2棟は同規模で南北両廂が付く［渡部 2012］。2棟は塀で囲まれておらず，若干位置がずれているが，一対をなすと考えられる。調査中の甲賀市教委の発表では，聖武天皇と元正太上天皇の対立で内裏正殿が二つに分けられたとみているが[11]，融和・尊重を演出する舞台装置との評価もある［渡部 2012］。

Ⅲ　奈良時代における二重権力状況の空間的表現

Ⅱで検討した考古学的データ，および文献史学の研究成果に基づき，奈良時代の天皇，皇后，上皇の御在所について個人別に記述したのち，二重権力状況がいかなる空間的構造を生み出したのかを検討する（表1，2参照）。

A　奈良時代の天皇，皇后，上皇の御在所

元明天皇→元明上皇

元明天皇は，平城遷都後はⅠ期内裏に住んだとみられるが，和銅8年に元正に譲位後の居所は不明である。養老5年の死去時には「平城宮中安殿」であるが，Ⅰ期内裏との関係は不明である。養老5～6年は内裏の改作期であるが，養老5（721）年の元明の死去が，元正の譲位と首皇太子の即位を可能とし，首の即位に備えた内裏改作が要請されたからとみられる[12]。

氷高内親王→元正天皇→元正上皇

即位前の氷高内親王の時の居所は不明である。渡辺晃宏は左京三条1坊十五・十六坪など平城宮から遠くない場所と推定している［渡辺 2010］。元正の即位が和同8（715）年となったのは，元正が即位式を挙行する大極殿の完成を，元明が待っていたからであり，また首皇太子がいるにもかかわらず元正が即位したのは，皇族を母にもたない首皇子の即位を万全なものにするための手続きであった［渡辺 2010］。即位後の元正天皇はⅠ期内裏に住んだ。養老5（721年）年からの宮内改作中の居所は不明。神亀元（724）年に聖武に譲位した後は，Ⅱ期内裏の東北部のSB8000に暮らした［岩永 2008］。この建物は御在所正殿SB4703Aと同規模であり，天皇権力の分掌者としての上皇の地位を象徴している［渡辺 2010］。天平12（740）年の藤原弘嗣の乱を契機に，聖武が恭仁宮→難波宮→紫香楽宮と遷都を繰り返したのに伴い，元正は天平13（746）年に恭仁宮に移り[13]，天平16（744）年に難波宮に移った。元正は紫香楽に執着する聖武を平城に連れ戻したかったようだが，元正と橘諸兄を難波に置いたまま紫香楽宮に移ってしまった聖武が盧舎那仏造営を開始してから元正も紫香楽に移り，天平17（745）年に聖武とともに平城宮に還ってきた。環都時に環都前に住んでいたⅡ期内裏SB8000に戻ったかどうかは不明である。天平18～19（746～747）年が内裏改作期であることから，どこか別の場所に移り，改作終了後Ⅲ期内裏に入ったのかもしれないが，Ⅱ期のSB8000は恭仁遷都時に撤去されたのかⅢ期には姿を消しているから，内裏東北部ではない。万葉集には元正の環都後の御在所は「中宮西院」とあるから内裏西部に居住区があったのかもしれない。内裏の西半分は未調査であるため，ないとはいいきれない。天平20（748）年に死去した場所は「寝殿」とある。

首皇太子→聖武天皇→聖武上皇

和銅7（714）年の立太子後には，平城宮東張り出し部の「東宮」に住み，神亀元年（724）の即位後は，Ⅱ期内裏に移った。

天平9（737）年に天然痘の流行で藤原四子政権が崩壊し，天平10（738）年の阿部立太子を経て，天平11（739）年の甕原離宮への行幸を先ぶれとして，天平12年（740）の藤原弘嗣の乱を契機に恭仁宮に遷都した。天平14（742）年～15（743）年に離宮として紫香楽宮造営を進め，天平16（744）年に難波宮にいったん遷都したのち，天平17（745）年正月に紫香楽宮に遷都したが，同年5月に平城宮に還ってきた。

環都後はⅡ期内裏に入ったが，環都直後の8月に難波に行幸した聖武はそこで不豫となり，何とか回復した。阿部への譲位を急ぐ必要を感じたためか，天平18（746）年から19（747）年にかけて内裏の改作を進めた。天平20（748）年に元正が死去し，天平勝宝元（749）年に出家の後に薬師寺宮へ移り[14]，阿部へ譲位した。譲位後に平城宮に戻ったものの，宮内での御在所は明らかでない。渡辺は聖武が元明・元正のように内裏に上皇宮を造って住んだことはありえないとした［渡辺 2010］。確かにⅢ期内裏にはⅡ期内裏の元正上皇の居所SB8000のような大型建物は検出されていないが，内裏の西半分は未調査であるため，上皇宮がないとはいいきれない。天平勝宝8（756）歳の死去地は「内裏寝殿」とある。仁藤敦史・渡辺は中央区「西宮」が聖武上皇の宮としてすでにできていた可能性を提唱するが［仁藤 1998；渡辺 2010］，岩永は反論している［岩永 2008a］[15]。

皇太子妃→光明皇后→光明皇太后

霊亀2（716）年に首皇子と結婚し皇太子妃となった光明子は，父・藤原不比等邸に宮を営んで居住した。神亀元（724）年の聖武即位に伴い「夫人」となり，神亀6（729）年，長屋王の死後，皇后の座に就いた。接収された長屋王邸はいったん没官地となった後に皇后宮に造り替えられた［渡辺 1995, 2001, 2010］。県犬養広刀自ら聖武の夫人はいずれも内裏には居住空間をもたなかった。光明皇后が皇后宮を宮外に設けた事情は，大化前代以来キサキが天皇と別に宮を営み，経営も別基盤で高い独立性を保持してきた［三崎 1978］，という伝統に基づくであろう。

天平12（740）年の藤原弘嗣の乱を契機に，聖武が恭仁宮→難波宮→紫香楽宮と遷都を繰り返したのに同行した。恭仁での皇后宮は宮外であったとみられる［橋本 2001］。天平17（745）年に平城宮に還ってきたが，環都後は夫・聖武がⅡ期内裏に戻ったのに対し，光明は左京三条二坊の皇后宮に戻らず，皇太子妃時代に住んだ旧不比等邸を宮寺（法華寺）に改造してそこに住んだ［橋本 1991］。

阿部内親王→皇太子→孝謙天皇→孝謙上皇

天平 10（738）年に立太子。皇太子時代の居所は不明。天平勝宝元（749）年に即位した。その直前に聖武は薬師寺宮に移っているから，聖武の代わりにⅢ期内裏に入ったとみられる。しかし平城宮には落ち着かず，即位の年は，河内に行幸して大郡宮に戻った。朝堂院が改作中であったためか大嘗祭は「南薬園新宮」で挙行した。天平勝宝 2（750）年には大郡宮から薬師寺宮へ移った。その後しばらく平城宮にいたようだ。天平勝宝 4（752）年には大仏開眼供養の後，田村第を御在所とし，その後しばらく平城宮にいたようだ。天平勝宝 9（757）歳には，「大宮改修」のため仲麻呂邸に移り「田村宮」としたが，橘奈良麻呂の謀反で改修が中止になり，平城宮内裏に戻った。

天平宝字 2（758）年に譲位した。どこかに移ったはずであるが，中央区Ⅱ期の称徳天皇時代の「西宮」がすでにできていたかどうかは意見が分かれる。岩永は仲麻呂が淳仁天皇御在所（Ⅳ期内裏）のみならず孝謙上皇御在所（中央区Ⅱ期）を建設したと考えた［岩永 2008a］。渡辺も「西宮」が「太上天皇」宮として天平宝字年間には完成していたと考え[16]，「西宮」の建物配置が孝謙の母光明皇太后が整備した宮寺（法華寺）の配置を継承したとみている［渡辺 2010］。天平宝字 4（760）年に光明皇太后が死去すると，孝謙と藤原仲麻呂・淳仁天皇との関係は微妙なものとなった。天平宝字 5（761）年に天皇とともに保良宮に移ったが，そこで天平宝字 6（762）年に淳仁天皇と険悪になり，平城京に戻った際には，平城宮「西宮」ではなく法華寺に入った。淳仁を廃して重祚するまで法華寺に居続けたのか，それ以前に「西宮」に戻ったのかは不明である。

淳仁天皇

立太子前には藤原仲麻呂邸（田村第）に住んでいた。天平勝宝 9（757）歳に立太子し，平城宮に入ったとみられるが，内裏の改修のため天皇とともに「田村宮」に移った。しかし，橘奈良麻呂の謀反で改修が中止になり，平城宮に戻った。

天平宝字2（758）年に即位し，改修が中止になったため孝謙時代のⅢ期内裏にそのまま入ったとみられる。天平宝字4（760）年に再開された「大宮改修」のため小治田宮に移り，天平宝字5（761）年に武部曹司に，続いて近江保良宮に移った。保良宮は内裏改修中の住居として仲麻呂が造営を推進したが，天平宝字6（762）年にそこで孝謙太上天皇と険悪になり，平城宮「中宮院」（Ⅳ期内裏）に戻り，天平宝字8（764）年に廃されるまでそこに住んだ。

称徳天皇

淳仁を廃して重祚してからの御在所は中央区Ⅱ期の「西宮」である。神護景雲4（770）年に「西宮寝殿」で崩じた。この間，東院を豪奢に改造したほか，離宮機能をもつ西大寺を造営した［渡辺 2010］。

光仁天皇→光仁上皇

立太子・即位が急であったため，即位後もしばらく「春宮」で執務し，その間に内裏を改作し，宝亀3（772）年以降はⅤ期内裏に落ち着いた。内裏に皇后の居住空間として皇后宮が整備された［橋本 1991］。それまで天皇宮とは別に平城宮外に営まれ，その維持のための組織を伴い，皇后が皇権の一翼を担う基盤となっていた皇后宮がこの時点で内裏に吸収された原因について橋本義則は，天武系皇后の居住形態を変更して政治的基盤を弱め，天智系天皇への従属を強化するためであったとみる［橋本 1994］。光仁は東院に楊梅宮を造営し，近年の発掘調査成果から，楊梅宮にかかわる大規模な御在所的区画が存在したことが判明してきているが，Ⅴ期内裏との構造比較などは今後の研究の進展にまたなければならない。山部への譲位後死去までの8カ月間の上皇としての居所は不明である。

桓武天皇

Ⅴ期内裏を改作してⅥ期内裏とした。Ⅴ期に造られた皇后宮の東側，内裏の東北隅に後宮が付加された［橋本 1991］。内裏での後宮の整備，人的規模・構成員の拡大は，天武系皇統の失敗に鑑みた皇統の維持政策と評価されている［橋本 1991］。

B　奈良時代における二重権力と御在所並列

奈良時代においては，上皇が，天皇と全く同等ないしそれ以上の権限を持っていた。この二重権力状態が，上皇と天皇の御在所の位置関係とどのように有機的に関係するのか検討する。

上皇の宮内における御在所は，元明は不明であるが，元正ではⅡ期内裏区画内の東北部の大型建物SB8000であったとみられ，内裏内に天皇と共住していた。

この状態が恭仁遷都後に変化する。恭仁宮では天皇御在所区画とほぼ同等の規模でそれと併存する別区画が上皇宮として設けられ，紫香楽宮においては御在所正殿的建物が二棟東西に並列して設けられた。これは，そもそもは宮全体の規模縮小に伴い，上皇御在所を中に含みこんだ大規模な内裏を設けることが困難となったことに伴う措置という面もあろうが，天皇と同等の上皇の立場をより直截に表現することが可能となったのである。

平城環都後に，Ⅱ期内裏の元正上皇御在所SB8000が復活しなかったのは確かだが，元正上皇がどこに住んだのかは不明である。孝謙は即位後にⅢ期内裏に住んだが，譲位後の聖武上皇の御在所は不明である。淳仁は当初Ⅲ期内裏に住み，改作を経てⅣ期内裏に住んだが，譲位後の孝謙上皇の御在所は問題である。中央区Ⅱ期すなわち称徳朝に「西宮」と呼ばれる宮殿が，そもそもは孝謙上皇御在所として造営された可能性が高い。これが聖武上皇まで遡るとみるのは無理がある。

いずれにせよ，天皇の内裏と全く同等の外郭規模を持った上皇宮[17)]が出現したのであれば，天皇と上皇の二重権力が，形式的にも確定されるに至ったことになる。

こうしてみると，天皇と上皇の二重権力は，天皇の内裏内に上皇が共住するという空間的従属から出発し，恭仁宮・紫香楽宮においては，天皇御在所区画とほぼ同等の規模の区画を並列させる，ないし御在所正殿的建物を東西に並列して設けるという空間的二重性を生みだした（元正・聖武）。これは，宮全体の規模の狭小さの中で，平城宮Ⅱ期内裏のような天皇御在所と上皇御在所を含みこんだ内裏を造営する空間的余裕がなかったという歴史的偶然の結果である。加えて，聖武天皇に対して元正上皇が「母」としての権威をもち，気まぐれな遷都・行幸と造都・造宮・造寺事業を繰り返す聖武に対して諫言しうる唯一の存在としての元正の政治的立場の強化が作用したといえよう。しかもこれが恭仁・紫香楽の特例に終わらず，平城環都後に，その方向の延長線上に，淳仁天皇の内裏に対して全く同等の外郭規模をもった孝謙上皇宮（中央区Ⅱ期）が並列されることになった。この中央区Ⅱ期の宮が孝謙天皇の内裏（Ⅲ期）に対する聖武上皇宮まで遡るかどうかが問題であるが，中央区Ⅱ期の完成を聖武上皇在世中まで上げるのは難しい。いずれにせよ，偶然の結果が先例として固定され，伝統的構造が変化する事例として重要であろう。

御在所並列の出現は，二重権力の中でもとくに上皇の権威が増し，内裏内同居から御在所並列にまで格式を上げるのに支障がなくなった結果であるが，あくまで二重権力の枠内であって，皇権の分裂や対立の結果ではない。皇権が分裂したので，御在所が並列になったのではなく，二重権力の潜在的可能性の顕現化と評価できよう。

C　皇権分裂状態と御在所

では，本当に皇権が対立し分裂した場合にはどのような事態が生じたのであろうか。

奈良時代には，上皇と天皇の二重権力が，元明―元正，元正―聖武，聖武―孝謙の場合は，親の子に対する保護と援助という形で概ねうまく一体的に作動していた。しかし皇権が分裂していたと認識できる状況も，すでに述べたように2回あった。

天平15（743）年の大仏造立発願以降，政治に関心がなくなり紫香楽での大仏造立に邁進する聖武天皇と平城環都を目指す元正上皇との間で対立が生じてきたとみられる。天平16（744）年正月に元正は聖武とともに難波宮に移ったものの，聖武は2月に紫香楽に行幸してしまう。この時，元正と橘諸兄は難波に留まり，聖武不在のまま難波を皇都と定める勅が読み上げられた。恐らく元正は紫香楽遷都に反対であり，皇権分裂状態である[18]。難波に残った元正は，天平16（744）年11月に紫香楽で盧舎那仏の体骨柱が立ってからようやく紫香楽に移って聖武と合流し，皇権分裂状態が消滅した。このように，天平16年2月から11月まで確かに皇権分裂状態であるが，恭仁宮・紫香楽宮の御在所並列状態はその前にできているのであり，この時の皇権分裂とは関係がない。皇権分裂は聖武が紫香楽，元正が難波というように，居場所の完全な分離という直截な形を取った。

翌天平17（745）年正月に形ばかり紫香楽へ遷都したものの，5月には平城宮に環都してしまったから，紫香楽への遷都は，聖武を紫香楽から平城に連れ戻すための「方便」だったとみられる［渡辺 2010］。そして元正は，紫香楽宮での大仏造顕を断念し，平城で継続することを条件に平城へ環都することを聖武に諫言して承知させたとみられる［渡辺 2001］。しかし平城を嫌った聖武は，天平17（745）年9月に再び難波に行き，そこで危篤となり，からくも回復して平城に戻った。難波に居座れば，皇権分裂状態が再現されたであろう。

2回目は，天平宝字6年からである。天平宝字4～5（760～761）年の内裏改修期間中の宮として藤原仲麻呂が造営した保良宮において，孝謙上皇と淳仁天皇が仲違いし，平城京に戻った後，淳仁は平城宮「中宮院」（Ⅳ期内裏）に入ったが，孝謙は法華寺に入った[19]。中央区Ⅱ期の宮殿（称徳期の西宮）は上皇御在所として完成していた可能性があるが孝謙はそこには入らなかった[20]。孝謙は五位以上の官人を朝堂に召集し，小事を淳仁が，大事を自分が行うと宣言し皇権は分裂した。今回も皇権分裂は，淳仁が宮内「中宮院」，孝謙が法華寺というように，居場所の完全な分離という直截な形を取ったのであり，宮内における内裏と上皇御在所の並列は皇権分裂と関係がない。なおこの時の分裂に際しては天皇大権の象徴としての鈴印は当初は淳仁の許にあり，正当性は淳仁側にあったが，天平宝字8（764）歳9月の鈴印争奪戦で印が孝謙側に移ると，淳仁・仲麻呂は挙兵するしかなかった。親（上皇）の子（天皇）に対する保護と援助という形で概ねうまく一体的に作動していた関係が，孝謙―淳仁の場合は，天武直系と傍系で関係が遠く，淳仁を操る仲麻呂の拠り所であった光明皇太后亡きあとは，剝き出しの上下関係となって衝突に至り上皇の勝利に終わった。

称徳天皇は孝謙上皇時代の「西宮」を踏襲したため，東区内裏は空いていた。光仁・桓武（在平城期）は東区内裏に住み，上皇はいなかったので「西宮」は空いていた。二重権力と並列御在所構造の問題は一時的に潜在することとなった。

こうしてみると，実際に皇権が対立し分裂した場合には上皇が宮外に退去するなど，同一宮内での共存を避ける措置がとられたのであって，宮内の並列御在所は，上皇が天皇と同等の権力を保持しえた奈良時代では異常な状態ではなかった。

D　並列御在所の終焉

最後に，奈良時代の並列御在所構造がその後どうなったか述べておく。

長岡宮には「西宮」と「東宮」があり，延暦8（789）年に桓武が西宮から東宮に移った。これは永らく内裏の西から東への移動と解されてきたが［今泉 1983；清水 1986］，橋本は桓武が将来における自らの譲位を考慮して，長岡遷都時点で東西両宮の並置を考えていたとした［橋本 2009］橋本説の検証のためには，西宮の位置・規模・存続年代に関する考古学的データの蓄積が必要である[21)]。

平安宮には奈良時代後半期の平城宮のような並列御在所はできなかったとみられるが，平安遷都当初の宮の設計で考慮されていなかったかどうかは検討を要する。

平安宮においては，宮の中軸線を挟んで，内裏と対称の位置に「宴の松原」という広大な空閑地があり，内裏の造替用地として用意されていたとする説が有力であった［瀧浪 1979；甲元 2007］。筆者もそれに同意し，奈良時代に歴代遷宮はなくなり，内裏が基本的には東区に固定していたにもかかわらず，初期平安宮で内裏の移動という発想が出てきた理由について，以下のように考えた［岩永 2008a］。

奈良時代後半期において，淳仁→称徳→光仁（桓武）の御在所が，東区→中央区→東区へと移動した。桓武が光仁を継承して東区を御在所としたのは，大嘗宮の場合と同様に，王朝始祖の場を踏襲する意識が桓武に強かったからであろうが，その前の東区→中央区→東区への移動は，歴史的偶然の結果である。しかしこの偶然が平安最初期の宮廷人の意識を強く束縛し，平安宮設計時に内裏の造替用地としての「宴の松原」設定の理由となり，平城即位時に彼が公卿の勧めに従えば，内裏の移動が実現したであろう［岩永 2008a］。

しかし今回，天皇・上皇の二重権力とからむ並列御在所の出現を考察した結果，上記の説には無理があると考えるに至った。まず淳仁→称徳→光仁の御在所移動については，ここだけみれば東区→中央区→東区であるが，称徳の西宮は彼女の孝謙上皇時代の宮の踏襲であり，天皇の宮としての位置決定ではない。したがって称徳を外せば桓武を含めて基本的に東区を内裏とする原則は崩れていない。また旧説では，平城が譲位後に嵯峨と対立し平城旧宮に戻った際に，桓武所縁の東区でなく中央区を御在所とし，名称を「平城西宮」とした点に注目し，桓武が東区を御在所としたことを承知の上で，過去数代が中央区と東区を交互に使ったという「先例」に倣って中央区を選択したと述べた。これも平城が天皇として平城西宮（中央区）に入ったのではなく，上皇としてであるから，「西宮」を上皇の宮と認識して占地したとみたほうがよい。

このように考え直すと，平安宮における「宴の松原」は，内裏の造替用地として用意されたのではなく，上皇御在所すなわち桓武譲位後の御在所建設用地として用意されたと解したほうがよい。この説は橋本義則がすでに述べており［橋本 2009］，橋本に賛意を表する。もっとも，桓武は上皇になることはなく，平城上皇も平城旧宮に留まり，嵯峨は宮外に後院を設けたため，上皇御在所用地として使われなくなり，空海の真言院建設（承和元〔834〕年・仁明天皇）で，上皇宮建設が事実上不可能となった。その後も真言院を除いた広大な空閑地はそのままであったらしく，物の怪の出る恐ろしい場所として意識され，花山天皇が命じた藤原道隆・道兼・道長の肝試し場面に出てくるのは著名だが，「宴の松原」を空けたままに放置した理由が何かについては，今後の検討を要する。

桓武・平城天皇時代には，天皇と上皇の共存はなかったが，次の嵯峨天皇の場合，上皇（平城）と天皇（嵯峨）が兄弟であり，それぞれが同等の権力を行使して衝突した。平城は，譲位後宮内を五遷したのちに平城西宮に移り翌年に遷都命令を出す[22)]。この時の平城上皇の動きは，律令制官司機構の一部を分割しての独立の試みであり，それとは別の私的な組織ができていたわけではない［橋本 1994］。平城は薬子の変で敗れた後も平城西宮[23)]に居住を続けた。薬子の変で皇権分裂の危機が潜在する二重権力の構造的矛盾が露見することとなったことから，その収束後，嵯峨によって上皇の権力の骨抜きがなされ，天皇から尊号を献上され朝覲行幸を受け敬意を払われるものの，政治には関与できなくなった［瀧浪 1980；橋本 1986b；春名 1990］。また上皇は宮を出て主として京域の離宮ないし「後院」[24)]に入り，天皇と上皇が居所を別にするようになった[25)]。居場所の完全な分離は奈良時代には皇権の分裂を意味したが，嵯峨上皇から摂関政治期までは，外戚・摂関に包囲された天皇による一重権力を安定させる要素（上皇の排除）となった。居場所の完全な分離は，院政期には逆に上皇による一重権力に好都合であり，院は鳥羽殿・白河南殿・白河北殿・三条西殿・三条東殿・法住寺殿等の院御所を構え，独自の権力機構を作動させて政治を操っていった[26)]。

註

1）紫香楽宮で東西二カ所の「内裏」が発見された際に，甲賀市教育委員会から発表された。2012年1月18日『京都新聞』，1月19日『産経新聞』，2月5日『産経新聞』など。

2）この種の研究は，1970年代以降本格化し，1980年代以降，難波宮，浄御原宮，藤原宮，平城宮，長岡宮などの構造が発掘調査で判明するにつれ，その成果を取り込んで次々と修正が加えられてきた。

　前期難波宮で従来の内裏の前面に政務を処理する一廓が付加され，その中心殿舎・内裏前殿が大極殿の前身となった［直木 1975］。この内裏前殿の一廓は，藤原宮以降の大極殿院と構造（内裏と直結するかしないか）・機能（天皇の独占空間かどうか，居住空間としての性格を残すかどうか）が異なり，名称も異なる［狩野 1975；鬼頭 1978］。藤原宮ではこの内裏前殿を中心とする一廓を内裏から切り離し，大極殿院として独立させた［直木 1975］。機能・名称での大極殿は藤原宮で成立した。

　一方，朝堂については，すでに藤原宮において朝儀・宴会を中心とする朝儀場とみる説［八木 1974］もあったが，朝儀の場のみならず本来政務の場とみる説［岸 1975a］が強くなった。大極殿は朝堂の正殿でもあったが，儀式・政務・饗宴の際に天皇が内裏から出御する空間であり，内裏との関係を保ち続けたため，大極殿院は藤原宮・平城宮東区においては内裏外郭の中に取り込まれていた。したがって中国の都城との対照においては，朝堂が皇城にあたるのに対し，大極殿院は内裏とともに宮城にあたる［岸 1975b］。

藤原宮では内裏・大極殿・十二朝堂が直列的に配されたが，前期平城宮においては中枢施設が中央区と東区に分けられ，中央区に即位儀・朝賀を行う大極殿および四朝堂，東区に内裏と十二朝堂が配された。後期平城宮では，大極殿が十二朝堂の正殿として東区に移され，中央区には四朝堂が残った。今泉隆雄は平安宮の豊楽院・朝堂院の用途分担を遡らせて，四朝堂の用途を饗宴を中心とする行事，十二朝堂の用途を朝政とした［今泉 1989］。前期平城宮で長安城大明宮含元殿を模した大極殿院が創出されながらも，後期平城宮でそれが消滅した理由，後期平城宮で内裏・大極殿・十二朝堂が直列する藤原宮型に復帰した理由については，日本的なものへの回帰［今泉 1989］，天皇の専制化路線の変更［岩永 2008b］，儀式空間と日常政務空間を統合する聖武の希望［渡辺 2010］，などの説がある。

平安宮では宮の中央に大極殿と十二朝堂，その西に四朝堂の豊楽院，大極殿の東北に内裏という配置になった。平安宮では大極殿と内裏の場所が離れ，大極殿の性格が変わって内裏の一部ではなくなり，大極殿門がなくなって大極殿と朝堂を区別する必要がなくなった［直木 1967］。長岡宮でも大極殿と後期内裏が分離しており，かつては平安宮と同様に大極殿門がないと想定されていたが，まだ存在していることが1979年に判明した［向日市教委 1979］。この内裏の大極殿からの分離は，桓武朝までに朝政の場が内裏に移ったこと，天皇が朝政のために大極殿に出御しなくなったこと，大極殿・朝堂が儀式の場に変化したことに起因する。奈良時代における天皇の朝政出御については認める説［古瀬 1984］，認めない説［橋本 1984］，途中まで認める説［今泉 1989］がある。

3）以下，天皇号の成立以前の7世紀の大王についても便宜的に○○天皇と呼んでおく。

4）光明と橘諸兄は県犬養三千代を母とする異父キョウダイであるから近い関係である。ただし，諸兄に藤原氏との血縁はなく，元正上皇と光明皇后とを対立関係でとらえ，元正と親密な諸兄を光明と対立的にとらえる説もある［直木 1970］。

5）直木孝次郎は，聖武譲位後に光明皇太后が実権を握った事態が，天平16年段階で生じる可能性があったとみている。この年に聖武が難波宮を捨てて紫香楽に移ったことから，元正上皇は光明皇后が聖武を押しのけて実権を握ることを恐れたが，元正が聖武不在のまま遷都の勅を宣すなどして光明と藤原氏を抑制したため，元正と光明との間に妥協が成立して元正が紫香楽に行き，翌年に聖武が平城に戻ったとみる。しかし元正逝去，聖武譲位後に，実質的な天皇の地位を光明が継いだとみている［直木 1970］。

6）院政期上皇の権力が初めから強力であったわけではない。白河天皇は，後三条上皇の遺言通り皇太弟実仁に皇位を譲ることに抵抗し，実仁死去後，わが子善仁を即位させ（堀河天皇），上皇としてバックアップしていた。当初は天皇と摂関（師実・師通）に日常政務を任せ，受領人事に介入するだけだったが，寺院の強訴，武士の紛争が激化し院の意思が求められるようになると，政治的意思を示し始め，堀河天皇の早世後，孫の鳥羽を即位させると，政治の実権を握るに至り，それ以前から進めていた独自の政治拠点・宗教拠点の充実，主従関係をもった院近臣や私兵の組織に本格的に乗り出して行った［五味 1993］。しかし白川院政初期には，院に対抗する摂関家・師通が「おりゐの帝の門に車立つるやうはある」（『今鏡』「すべらぎの中」）と白河を非難し，白河を抑えて政務を主導する時期もあったように［元木 2004］，院の勢力伸長を摂関家側が警戒していたし，院の優位が確定していたわけでもない。剛毅な師通が38歳で急死し，後継者忠実が21歳で関白をすぐには継承できず，白河によって関白に補任されたことなどから摂関家の権力の低落が決定的となった［元木 2004］。

7）摂関政治期・院政期含めて上皇が2人だった例は，仁明天皇に対する嵯峨・淳和，村上天皇に対する陽成・朱雀，一条天皇に対する冷泉・花山，崇徳天皇に対する白川・鳥羽，高倉天皇に対する後白河・六条，安徳天皇に対する後白河・高倉であり，このうち院政を行えたのは白川，後白河である。

8）たとえば，白川上皇に正統と位置づけられた崇徳は，白河没後に院政を始めた鳥羽に忌避された。その原因として崇徳が鳥羽の実子ではない可能性は古来いわれてきたが不確かであり，崇徳の直系資格が，白河が定めたものであり自己が定めたものでないことに対する反発，鳥羽の寵妃となった得子の子・体仁（後の近衛天皇）を直系とする意思が主因であった［下向井 2001］。

9）近衛天皇の若死という事態の中で，鳥羽院・美福門院ともに本命と認めたのは守仁（後の二条天皇）であったが，彼を差し置いて公然たる中継ぎ天皇としてまったく権威に欠ける後白河が即位させられた。後白河は早々に譲位し上皇となったが，平治の乱を経て近衛を継ぐ正統天皇と鳥羽に位置づけられた二条が意欲的に親政を開始して後白河と対立し，後白河は二条が死去して高倉が即位するまで院政を開始できなかった。

10）中央区北半を「中宮」「中宮院」とみる説は長らく有力であった［阿部 1974, 1984；今泉 1980, 1989；橋本 1991］。根拠は，天平末年の「西宮兵衛」木簡の出土を主根拠に東区内裏を一貫して「西宮」とすると，「中宮」「中宮院」を中央区にせざるをえなくなるということである。諸論者ともに「中宮」を内裏と異なる出御空間とし，中央区北半のⅠ期遺構（大極殿院）を中宮とするために，強引に居住性をもたせようとし，大極殿院築地回廊の外側に居住域を想定したり［阿部 1984］，大極殿 SB7200 が恭仁宮に移された後の後殿 SB8120 を居所とみなす［橋本 1991］など，かなり強引な遺構解釈を行っていた。またこの説では中央区Ⅱ期遺構を淳仁の御在所「中宮院」とする。Ⅱ期遺構は確かに居住区画としての特徴を備えるが，東区内裏・長岡宮内裏・平安宮内裏とは全く建物配置が異なり，これを淳仁の御在所とすると，天皇の御在所構造の変遷に一貫性が全くなくなるという不合理があった。それにもかかわらず，このような無理な説が隠然たる力をもってきたのは不思議なことであったが，中央区朝堂院での称徳大嘗宮の発見，すなわち称徳「西宮」の確定は，膠着した論争に一気に片を付けることとなった。なお，中央区Ⅱ期を西宮，東区を「中宮」・「中宮院」とみる説に，［奈文研 1982, 1993］，［小沢 1996］，［渡辺 2006］，などがある。

11）　註 1 と同じ。

12）　橋本義則は，平城宮第Ⅱ期内裏東北部の SB8000 が，御在所正殿と同規模・同形式で格が高いことから，元明上皇が居住した建物とした［橋本 1994］。これは平城宮第Ⅱ期内裏を元明上皇在世中の元正天皇の内裏とみることとなる。しかし，Ⅱ期を『藤氏家伝』下に記す武智麻呂の改作（養老 5〜6 年）で成ったものとすると，元正朝の末期を含むものの元明の存命期間と合わない。養老 5 年に元明上皇は死去しているから，改作後の第Ⅱ期内裏に元明上皇は居住できないはずである。したがって SB8000 の居住者を太上天皇とするなら元正しかありえない。

13）　元正はいったん木津川を挟み恭仁宮の対岸の施設に移り，聖武より遅れて恭仁宮の「新宮」に移った［橋本 2001］。

14）　瀧浪貞子は聖武の薬師寺宮を平安時代の後院的要素の胚胎として評価する［瀧浪 1982］。それに対して橋本義則は，上皇に供奉する集団が律令制官司機構の一部を裂いたものであって，それから独立して設けられたのちの院司とは異なるので，薬師寺宮は上皇の政治的拠点として機能することを期待されたものではなかったとみる［橋本 1994］。

15）　仁藤敦史は，中央区第Ⅱ期の建設開始年代を天平勝宝元年とし，Ⅰ期の SB7802 の柱抜き取り痕跡出土の木簡が示す天平勝宝 5 年は，Ⅱ期建設開始の上限年代を示すのではなく，第Ⅱ期主要殿舎の造営後まで目隠しとして残されていたⅠ期南面築地回廊が最終的に解体された年代であって，Ⅱ期殿舎には当初，聖武太上天皇が居住したとする［仁藤 1998］。これは妥当であろうか。第Ⅱ期殿舎群の建設年代についてはかつて説が分かれていたが，平城宮軒瓦の編年研究が進んだことで絞り込みが可能となった。Ⅱ期殿舎群所用軒瓦は 6134A-6732A，6133A-6732C が知られていた［奈文研 1982］。1998 年の第 295 次調査で，主要殿舎の 1 棟である SB17870 の所用瓦が 6130B-6718A と判明した［奈文研 1999］。6130B はかつて瓦Ⅱ期後半に置かれたこともあったが，軒平瓦 6732A・6732C・6718A は曲線顎

Ⅱであって，近年の精緻化した平城宮軒平瓦編年によれば瓦Ⅳ期に下り，天平勝宝元年まで上げるのは難しい［奈文研 1991］。軒丸瓦6134A・6133A・6130Bも瓦Ⅳ期に下げて問題ない。したがって，仁藤が主張するように，Ⅰ期南面築地回廊の解体（天平勝宝5年頃）に先駆けてⅡ期北半殿舎群が建設されていたとはいえず，最初の居住者は聖武上皇ではない。したがって，天平勝宝年間に東区の内裏を孝謙天皇の「東宮」とし，聖武上皇の「西宮」との並存を考える仁藤の構想には無理がある。また仁藤は，聖武上皇が「西宮」の正殿で死去したと考える［仁藤 1998］。しかし中央区Ⅱ期の中心殿舎SB6610・6611・7150のうち最も早く解体されたSB7150の柱抜取痕跡出土の土器は土器編年Ⅴ期であり［奈文研 1982］，解体が居住者の死去時になされるのなら聖武の死去年代（天平勝宝8歳）とは合わない。これも聖武の居住地が中央区第Ⅱ期ではないことの傍証にできよう。

また仁藤は，天平勝宝4年の東大寺開眼供養時の留守官構成で東宮2名，西宮1名とあることから，東宮を内裏地区，西宮を中央区第Ⅱ期にあてるが，上で述べたように，この時点で中央区第Ⅱ期はできておらず西宮にはあてられない。したがって，平城環都直後のSK820から出土した「西宮兵衛」木簡を根拠に，この時点での西宮を内裏地区にあて，東宮を東院地区にあてる通説に従っておきたい。西宮より東宮に留守官が多いのは，宇奈多理神社北側で大型建物からなる重要施設が続々と発見され始めた現状からみて怪しむに足りない。

16）仁藤敦史も孝謙上皇が「西宮」に住んだとみるが［仁藤 1998］，仁藤は聖武上皇の時にすでに「西宮」ができており，上皇の「西宮」居住が継続したとみるので，岩永や渡辺の天平宝字年間「西宮」完成説とは異なる。

17）ただし中央区Ⅱ期「西宮」の建物配置は内裏と全く異なる。西宮に長安城大明宮麟徳殿の影響をみる説［奈文研 1982］が有力であるが，渡辺は「西宮」の建物配置が孝謙の母光明皇太后が整備した宮寺（法華寺）の配置を継承したとみた［渡辺 2010］。麟徳殿説は，西宮の中心建物が，高床の東西棟建物3棟を南北に双堂的に並列させる形式が麟徳殿と類似するとみる。渡辺は東西棟建物を南北に並列させた単位を東西に三つ併存させる全体配置に宮寺との共通性を見出しているのであろう。建物配置の比較の力点が異なる。なお，高床の大型建物を近接させて南北に並列させる形式が東院西部でもみつかっており（292次・381次，SB17810・17800・18770），宮殿建物か倉庫か評価が分かれている。その年代は称徳朝とされ，中央区Ⅱ期の中心建物と類似するかどうかは，SB17800・18770を6×6間の正方形建物とみるか，6×2間と6×3間の双堂とみるかに左右され，建築学的検討を要する。いずれにせよ「西宮」の構造は天皇の内裏と全く異なり，天皇の内裏に要求される公的空間と私的空間を備える構造的縛りがなく自由度が高かったとみられる。

18）直木孝次郎は，天平16年の難波遷都をめぐる対立状況を，難波遷都に固執する元正上皇（+橘諸兄・安積親王），紫香楽遷都を推進する光明皇后（+藤原仲麻呂・阿倍内親王）との主要対立軸でとらえ，聖武はむしろ難波に引かれていたが，光明の強請に負けて紫香楽に行ったとみる［直木 1970］。皇親対藤原氏，姑対嫁の対立を重視するのであるが，天皇と皇后のどちらに実権があるかにかかわらず，上皇—天皇・皇后間の皇権分裂状態には違いない。

19) 瀧浪貞子は，孝謙が入った法華寺宮は上皇の権力の拠点として機能し，後の後院の濫觴であったと評価した［瀧浪 1982］。これに対し橋本義則は，孝謙の法華寺入御は一時的措置であって，後院を造る意図はなかったとした［橋本 1994］。

20) ［岩永 2008］において孝謙が法華寺に入ったのは上皇御在所が未完成であったためと書いたが，天平勝宝年間後半には改作が始まっていたのであれば，天平宝字6年には完成していたとみたほうがよいので訂正する。また東西に並ぶ淳仁天皇御在所（東）と孝謙上皇御在所（西）を同時並行で造っていたと書いたが，全く同時並行ではなく，上皇御在所の造営着手が天平勝宝年間，天皇御在所の改作が天平宝字年間で時間差があると訂正する。

21) 長岡宮における西宮の位置については，平城宮・難波宮の状況から類推して大極殿院の北側と考えられてきたが［福山 1965；中山 1973；山中 1986；清水 1986］，國下多美樹は，過去の調査成果・地形復元に基づき，大極殿院北方ではなく，大極殿院西方の従来西方官衙と呼ばれてきた地域にあてた［國下 2007］。また國下は，西宮＝第一次内裏を，東宮＝第二次内裏完成までの仮内裏とし，東宮完成後は別機能の施設に変わったとみている。

22) 五遷の場所のうち「東宮」「左兵衛府」「東院」は判明し，二カ所は不明である［瀧浪 1980］)。

23) 平城西宮は称徳天皇の西宮跡を利用して造られた［奈文研 1982］。

24) 橋本義彦によると，後院には（a）内裏の「本宮」に対する仮御所，（b）天皇の譲位後の御所，（c）天皇の私的な所領・財産を管理する機関という機能があった［橋本 1966］。瀧浪貞子は，後院を上皇御所として天皇の在位中もしくは譲位後に定められた宮外の施設とし，橋本の（b）に限定しており，嵯峨天皇の冷然（泉）院・朱雀院・嵯峨院，淳和天皇の淳和院，宇多天皇の亭子院，河原院，円融天皇の円融院などをあてる［瀧浪 1980］。冷泉院・朱雀院は多くの上皇が使用し「累代の後院」と呼ばれたが，橋本は，冷泉院・朱雀院・淳和院が嵯峨朝・淳和朝に後院であった根拠はなく，後院の設置は仁明朝に下り，円融・一条朝を最後に天皇の仮御所機能が衰微し里内裏に移行するという［橋本 1966］。村上天皇の天徳4（960）年の内裏焼亡以降，内裏の頻繁な焼失と再建が繰り返され，天皇が後院に遷御することが多くなったが，天延4年（976）の内裏焼亡時に円融天皇が太政大臣藤原兼通の堀河第に移って以降，里内裏が増加していく［橋本 1986a］。ただし，天徳4年以降も本来の内裏を再建してそこへ戻るのが原則であり，その後100年間で内裏以外にいたのは約3分の1であるという［大津 2001］。一方，在位中の後院が譲位後の御在所となるのは，宇多上皇の朱雀院からで，円融の堀河院でいったん途絶え，白河の鳥羽殿で復活する［橋本 1966］。

25）平安時代の中で，上皇は天皇宮とは別の御在所，律令制官司機構とは別の私的機構，人員，財産を有するに至るが，その設定は摂関政治期までは上皇の政治からの排除と表裏の意味をもった。奈良時代の上皇が天皇と同等の身位や機能を有したとしても，上皇が意思を表明したのは律令制官司機構を通してであり，それから独立した組織や独自の官司機構を有してはいなかった点で，後院を有する上皇とは異なる［橋本 1994］。

26）これは院の権力機構の場所が固定していたことは意味しない。白河上皇・鳥羽上皇は，京中の院御所（場所は多数で頻繁に移動）を一般的に使用し，白川殿・鳥羽殿の院御所には常駐しておらず，院御所としては断続的にしか使用していない［井上 1981］。公卿議定もほとんど京中の院御所で開催されていた［美川 2001］。井上満郎によれば，白川上皇が子（堀河天皇）や孫（鳥羽天皇）の皇居近くに院御所を設けたのは，国制上の重要な政務たる除目に干渉・指導するほか，上皇の政治的支配権の主張のためでもあった。白川院政期の上皇御所は鳥羽殿を除けば借用であり，移動頻度が高く，面積も多様であることから，政権の自立性の低さ，政治機構の未発達がみて取れるという［井上 1981］。京外の院御所の政治的重要度を低く評価する説である。

しかしその一方で，白河上皇による鳥羽・白河の開発は，交通・物流・軍事の要地を開発・制圧して院政の権力を収斂・強化するのに貢献した［井上 1989］。鳥羽殿の建設は，法・慣習・タブーに規制された天皇の政治空間から脱出し，新たな政治空間をつくるという評価もある［五味 1993］。後白河は鳥羽殿を顧みなくなり，京中の高松殿・三条西殿・六条西洞院殿を利用するものの，京外の法住寺殿を継続的に使用し，公卿議定もそこで行うようになった［美川 2001, 2002］。後白河が鳥羽殿と疎遠になったのは，後白河と対立した二条天皇（養母美福門院）が美福門院所生の近衛天皇を鳥羽殿に改葬したからであるという［美川 2001］。美福門院は後白河の母待賢門院を疎んじたから，後白河にとって鳥羽殿は居心地のよい場所ではなかった［美川 2006］。

以上の例からみて，個々の御所の重要度の評価は分かれるとしても，天皇の御所とは別に上皇御所を設けることの意義は，上皇権力の確立上極めて大きかったと評価しなければなるまい。

註6でもふれたように，白河上皇は，独自の政治拠点・宗教拠点の創設，主従関係をもった院近臣や私兵の組織を進めた。拠点の建設は造宮職等の担当官司を編成せずに受領層の成功によった。その受領層は地位の維持のために太政官下の公的官職に就くことを目指し，そのために院との個人的関係を強めようとしたの

であって，院政の政治機構中に身分を獲得すること自体が目的ではなかった［井上 1981］。院の私兵としての武力は検非違使に任じられたり，地方の海賊や盗賊の追捕の任を任されるようになると国家の軍隊としても機能した［五味 1993］。院が私的関係から動員した者達の公的意義が膨張していく過程とまとめられようが，それを可能にしたという点で，武士や近臣たちが結集する拠点が天皇や太政官とは別に成立した意義はやはり大きいであろう。

参考文献

阿部義平　1974「平城宮の内裏・中宮・西宮考」『奈良国立文化財研究所研究論集』2

阿部義平　1984「古代宮都中枢部の変遷について」『国立歴史民俗博物館研究報告』3

井上満郎　1981「院御所について」『御家人制の研究』吉川弘文館

井上満郎　1989「院政期における新都市の開発―白川と鳥羽をめぐって―」『中世日本の諸相』上，吉川弘文館

今泉隆雄　1980「平城宮大極殿朝堂考」『日本古代史研究』吉川弘文館

今泉隆雄　1983「8世紀造営官司考」『文化財論叢』同朋舎出版

今泉隆雄　1989「再び平城宮の大極殿・朝堂について」関晃先生古希記念会編『律令国家の構造』吉川弘文館

岩永省三　2006a「大嘗宮移動論」『九州大学総合研究博物館研究報告』4〔本書第1章〕

岩永省三　2006b「大嘗宮の付属施設」『喜谷美宣先生古希記念論集』〔本書第3章〕

岩永省三　2008a「内裏改作論」『九州大学総合研究博物館研究報告』6〔本書第4章〕

岩永省三　2008b「日本における都城制の受容と変容」『九州と東アジアの考古学―九州大学考古学研究室50周年記念論文集―』〔本書第7章〕

大津　透　2001『道長と宮廷社会』講談社

小沢　毅　1996「宮城の内側」『考古学による日本歴史5　政治』雄山閣出版

筧　敏生　1991「古代王権と律令国家機構の再編―蔵人所成立の意義と前提―」『日本史研究』344

筧　敏生　1992「古代太上天皇研究の現状と課題」『古代史研究』11

狩野　久　1975「律令国家と都市」『大系日本国家史1　古代』東京大学出版会

岸　俊男　1966「元明太上天皇の崩御―八世紀における皇権の所在―」『日本古代政治史研究』塙書房

岸　俊男　1966「光明立后の史的意義」『日本古代政治史研究』塙書房

岸　敏男　1975a「朝堂の初歩的考察」『創立三十五周年記念橿原考古学研究所論集』吉川弘文館

岸　敏男　1975b「都城と律令国家」『岩波講座日本歴史2　古代二』（のち『日本古代宮都の研究』岩波書店，1988，に収録）

岸　俊男　1977「難波宮の系譜」『京都大学文学部研究紀要』17（のち『日本古代宮都の研究』岩波書店，1988，に収録）
鬼頭清明　1978「日本における大極殿の成立」井上光貞博士還暦記念会編『古代史論叢』中，吉川弘文館
京都府教委　2000『恭仁宮跡発掘調査報告Ⅱ』
京都府教委　2002『埋蔵文化財発掘調査概報（2002）』
京都府教委　2003『埋蔵文化財発掘調査概報（2003）』
國下多美樹　2007「長岡京域と二つの内裏」『古代文化』59-3
熊谷公男　1988「古代王権とタマ（霊）」『日本史研究』308
熊谷公男　2001『大王から天皇へ』講談社
甲元眞之　2007「横山先生と九州の考古学」『横山浩一先生追悼文集』同刊行会
五味文彦　1993「院政と天皇」『岩波講座日本通史7　中世1』岩波書店
坂上康俊　2001『律令国家の転換と「日本」』講談社
坂本賞三　1991『藤原頼通の時代』平凡社
坂本賞三　1991「王朝国家とは何か」『争点日本の歴史』3，新人物往来社
清水みき　1986「長岡京造営論―二つの画期をめぐって―」『ヒストリア』110
下向井龍彦　2001『武士の成長と院政』講談社
瀧浪貞子　1979「歴代遷宮論―藤原京以後における―」『史窓』36（のち『日本古代宮廷社会の研究』思文閣出版，1991，に収録）
瀧浪貞子　1980「薬子の変と上皇別宮の出現―後院の系譜（その一）―」『史窓』38（のち『日本古代宮廷社会の研究』に収録）
瀧浪貞子　1982「奈良時代の上皇と「後院」―後院の系譜（その二）―」『史窓』39（のち『日本古代宮廷社会の研究』に収録）
直木孝次郎　1967「大極殿の門」末永先生古希記念会編『末永先生古希記念古代学論叢』（のち『飛鳥奈良時代の研究』1975，塙書房，に収録）
直木孝次郎　1970「天平十六年の難波遷都をめぐって―元正太上天皇と光明皇后―」難波宮顕彰会『難波宮址の研究』第六（のち『飛鳥奈良時代の研究』に収録）
直木孝次郎　1973「大極殿の起源についての一考察―前期難波宮をめぐって―」『人文研究』25-1（のち『飛鳥奈良時代の研究』に収録）
中山修一　1973「長岡京発掘調査の略史」京都府教育委員会『埋蔵文化財発掘調査概報（1973）』
奈良国立文化財研究所　1982『平城宮発掘調査報告ＸⅠ』
奈良国立文化財研究所　1991『平城宮発掘調査報告ＸⅢ』
奈良国立文化財研究所　1993『平城宮発掘調査報告ＸⅣ』
奈良国立文化財研究所　1999「第一次大極殿地区の調査―第295次・第296次―」『奈良国立文化財研究所年報1999―Ⅲ』

仁藤敦史　1990b「律令制成立期における太上天皇と天皇」『別冊文芸　天皇制』河出書房新社（のち『古代王権と官僚制』臨川書店，2000，に再録）
仁藤敦史　1996「太上天皇制の展開」『歴史学研究』681（のち『古代王権と官僚制』，臨川書店，2000，に収録）
仁藤敦史　1998「平城宮の中宮・東宮・西宮―殿舎名称の変遷と権力構造の分析―」『古代王権と都城』吉川弘文館
橋本義則　1986「朝政・朝儀の展開」『日本の古代 7　まつりごとの展開』中央公論社
橋本義則　1991「奈良時代における歴代天皇の御在所の歴史的変遷」『平城宮発掘調査報告XⅢ』奈良国立文化財研究所
橋本義則　1994「天皇宮・太上天皇宮・皇后宮」『古代王権と交流』5，名著出版
橋本義則　2001「恭仁宮の二つの「内裏」―太上天皇宮再論―」『山口大学文学会志』51
橋本義則　2009「平安宮の中心―中院と縁の松原をめぐる憶説―」『平安京とその時代』思文閣出版
橋本義彦　1966「後院について」『日本歴史』217（のち『平安貴族社会の研究』吉川弘文館，1976，に収録）
橋本義彦　1986a「里内裏沿革考」『平安貴族』平凡社
橋本義彦　1986b「“薬子の変”私考」『平安貴族』平凡社
春名宏昭　1990「太上天皇制の成立」『史学雑誌』99-2
福山敏男　1965「長岡京と宮城の遺跡」『仏教芸術』51
古瀬奈津子　1984「宮の構造と政務運営法」『史学雑誌』93-7
保立道久　1996『平安王朝』岩波書店
美川　圭　2001「鳥羽殿の成立」『中世公武権力の構造と展開』吉川弘文館
美川　圭　2002「京・白河・鳥羽　院政期の都市」『日本の時代史 7　院政の展開と内乱』吉川弘文館
美川　圭　2006『院政』中央公論新社
三崎裕子　1978「キサキの宮の存在形態について」『史論』41
向日市教委　1979「長岡宮跡第 88 次（7AN9G 地区）発掘調査概要」『向日市埋蔵文化財調査報告書』5
元木泰雄　2004『保元・平治の乱を読みなおす』日本放送出版協会
八木　充　1974『古代日本の都　歴代遷宮の謎』講談社
山中　章　1986「長岡京跡発掘調査近況」『日本歴史』452
渡部圭一郎　2012「宮町遺跡（史跡紫香楽宮跡　宮町地区）第 40 次調査概要」『古代文化』64-2
渡辺晃宏　1995「二条大路木簡と皇后宮」『平城京左京二条二坊・三条二坊発掘調査報告』奈良国立文化財研究所

渡辺晃宏　2001『平城京と木簡の世紀』講談社
渡辺晃宏　2006「平城宮中枢部の構造―その変遷と史的位置―」『古代中世の政治と権力』吉川弘文館
渡辺晃宏　2010『平城京1300年「全検証」』柏書房

第6章　古代都城における帝国標章の浮沈

はじめに

国家一般と同様に日本の古代国家においても，支配者集団による広域支配・統治を可能とし永続的に維持するための諸機構・組織・制度が，それを支える社会的・経済的インフラの整備の上に構築された。古代国家の場合，支配者集団は，時期によって呼称が変わるが，倭国王ないし天皇という「王」を中心に結集しており，「王」の権威・権力を正当化し，それを発動させるさまざまな装置が構築された。また「王」を中心とする権力核の維持装置，さらに外側の国家機構が，中国や朝鮮半島諸国で先行して形成されたものを参照しつつ建設された。

日本の古代国家の形成は，かつて石母田正が明らかにしたように，隋・唐という巨大な帝国の周辺に位置し朝鮮半島諸国と常に緊張関係にある日本の支配者集団が，激烈な国際環境の中で政体として生き残るために，権力を集中させ，人民を掌握し，労働力や生産物を確実に徴発し，対外戦争に耐えうる体制を構築していく過程であった。

国家形成の過程で日本の支配者集団は，朝鮮半島の諸国に実質的支配を及ぼすことは不可能となっていたが，彼らから朝貢を受ける帝国としての立場を維持しようとし［石母田 1970］，列島内においては中央政権の支配下に入っていなかった辺境諸集団を支配に組み込む政策を強化していった。この動向は奈良時代を通じて継続し，対外強硬策は藤原仲麻呂の新羅出兵計画の頓挫以来沈静化するが，蝦夷への強硬策は新王朝樹立を意識した桓武朝においてピークに達した。

本章では，7世紀後半から8世紀末における政治動向をこのように理解した上で，この時期における天皇の宮の中枢部の構造変化について，帝国標章の顕在化の観点から解明し，大宰府政庁や西海道国庁の建物配置の歴史的評価を再検討する1)。

Ⅰ　石母田正の「東夷の小帝国」論

石母田正は，「日本古代国家が中国王朝を中心とする世界帝国的秩序の中での対立と緊張を通して形成されてきた」とし，5世紀以来8世紀に至る古代貴族の国際意識において，「大陸に対する朝貢国および被朝貢国としての日本」=「東夷の小帝国」という自己認識が存在したと主張した［石母田 1962a, 1962b］。

この「小帝国」論の要点をまとめておこう。

◎古代貴族の国際意識の背後には，古代国家が成立当初から組み入れられた世界的秩序があり，その中で日本は，中国王朝に朝貢しつつ，「百済・新羅等を朝貢国として隷属させ」「小帝国に転化しようとする一貫した政策」を採り，「東夷の小帝国」として国際的に承認されたい」という要求を持ち続けた。この国際意識は，貴族の意識だけの問題ではなく，「小帝国」に固有な内外の隷属の体制を基礎に成立した。

◎朝鮮の朝貢国と並んで，国内の「異民族」としての「エミシ」「ハヤト」を抱え支配することが「古代小帝国」の欠くべからざる構成要素であり，夷狄を支配することが天皇にとって必要であった。この小帝国の維持の問題が王権または国家にとって有した意義は，政治・外交・国家構造の理解に不可欠である。

◎日本王朝は，朝貢関係を基本とする唐中心の国際的秩序の中で，国際的地位を築くために，諸蕃の朝貢の上に立つ小帝国としての国家体制——維持がきわめて困難で唐・朝鮮諸国の双方に対して矛盾を含み不安定——を，律令制的形態で固め，中国王朝の承認を勝ち取ろうとした。律令法の継受は小帝国の支配を法制的に補強し，被朝貢国にふさわしい国家体制として固めることを課題とし，大宝令の制定が一つの画期となった。

◎大宝令の制定は，国内支配体制の法典化のみならず，諸蕃と国内夷狄に君臨する「東夷の小帝国」として日本を法的に位置づけ，天皇の小帝国の首長としての地位を法的に固めることを重要な側面としていた。

◎天皇と諸蕃との関係を律する宮廷儀礼の整備上の画期が大宝元年であった。これは同年の朝拝の儀において，正門に烏形幢，左に日像青龍朱雀幡，右に月像玄武白虎幡を立て，蕃夷の使者を左右に陳列せしめたことを「文物の儀，是に備れり」と特記しているのを根拠とする。また蕃客入朝の儀に隼人・蝦夷が参列するのは，夷狄の服属を確認する儀式であり，唐を模倣した儀式と，大化前代からの辺境夷狄の服属儀礼とが結合したものである。

以上の石母田「東夷小帝国」論は，今日の古代史学界では，どのように評価されているのだろうか。

平野卓治は，「東夷の小帝国」の存立には「良人＝王民共同体」から排除された「夷狄」「諸蕃」が不可欠と石母田説を承認した上で，律令位階制を論じ，「諸蕃」への授位の実態から「東夷の小帝国」の矮小性・限界性を指摘した［平野 1985］。律令位階制は，「東夷の小帝国」としての秩序と構造を，朝廷における「饗宴」の場という限定された空間，すなわち天皇との実質的共有空間・共食空間（天皇と臣下が一体となる場）において具現化するための装置であったとする。

田島公は，石母田説に基づきつつ律令国家の迎接・外交儀礼＝「賓礼」を検討した［田島 1985］。外国からの使者や隼人・エミシが参加する元日朝賀の儀は，唐礼を模倣して，「小帝国」としての律令国家の地位を維持し支配者層の国際意識を満足させるのに不可欠な儀式であり，「即位」儀とともに「大儀」であった。「国書・信物受納の儀」は「大儀」。使者に対する宴会は「中儀」であり，天皇の徳の高さを使者に見せつけることで律令国家の威信を高めるものとして評価した。

東野治之は「小中華」「小帝国」は誤解のもとで，日本の朝廷は本場の中華に対して「小中華」を樹立しようとしたのではなく，日本こそが唯一の中華であり，新羅はもちろん唐も蕃夷だったとする［東野 1994］。もちろんそれが唐に通じるはずもなく，遣唐使は二十年一貢を約した朝貢使であり［東野 1992］，朝貢使以上の行動は取らなかったとする。

河内春人は，大宝遣唐使が大宝律令を携行し，その根底にある理念「東夷の小帝国」を唐に対して主張し承認されることを目的としたとする石母田の説を否定した［河内 1996］。ただし，日本が「諸蕃・夷狄を従えた天皇を中心とする日本」という帝国秩序の構築を意識していたこと自体は認めており，それが日本国内においてのみ有効に機能しえたと主張している。

石見清裕は，北宋『天聖令』の出現で明らかとなった唐令の条文を検討し，従来「夷狄」と考えられてきたものが「夷獠」であり，唐令には「夷狄」という身分形態は存在せず，『令集解』所引「古記」の「夷狄」は唐令の「夷獠」を書き改めたものにすぎず，大宝令・養老令で，列島内の王朝の教化に従わない人々を「夷狄」という概念・範疇で把握しようとしたかどうか疑問だとした。ただし，日本の王朝が，列島外の地を「化外」とし，そこの住人を「化外人」「外蕃人」と認識し，列島内に王朝の教化に従わない人々がいたこと自体は認めている［石見 2009］。

大高広和は，日本古代国家は唐律令の条文に内在する中華思想をそのまま継受したにすぎず，「化内」「化外」の別のみがあり，石母田の主張のように「諸蕃」と「夷狄」，「蕃」と「夷」は区別されていなかったと主張する。隼人・エミシも化外の存在であり朝貢を行い「征討」の対象ともなったことに注意する。ただし，大宝律令において「小帝国」として周囲の「化外」に臨もうとしたことは確かとし，8世紀の「小帝国」構造自体の存在と，「朝鮮諸国」と「列島内の諸種族」とを区別してとらえる動きがあったことは認めている［大高 2014］。

以上のように，石母田説の大枠は現在も揺らいではいないと考えられる。

帝国の秩序は国内でのみ，特に宮内における天皇との共有空間，あるいは地方におけるその疑似空間で実現される矮小な物であり，「夷狄」と呼ぶかはともかく列島内に王朝の教化に従わない化外の異文化集団が認識された。

日本古代国家が朝鮮諸国をどのような概念で把握しようとしたにせよ，せいぜい朝貢させ使節を授位し天皇の臣下とした［平野 1985］にとどまり，それら諸国に日本の実質的支配が及ばなかった以上，「帝国」が日本側だけの観念であったことは間違いない。しかし，律令の規定上は，唐も朝鮮諸国も蕃夷であり，「夷狄」と呼ぶかはともかく列島内に王朝の教化に従わない化外の異文化集団――隼人や蝦夷など――が認定されたことは間違いないから，国内において「小帝国」の秩序と構造を表明・誇示し，官人層や諸蕃に確認させる必要があったわけである。そのため，従来指摘されているように，それら蕃夷に朝貢させ，元日朝賀・拝朝などの儀式に参列させ，饗宴で授位することによって，位階制に基づく礼的秩序の中に組み込み，それら儀式の参加者が，「帝国」を再認識する場が設けられたのであった［平野 1985；田島 1985］。それら国家的儀式の場では，儀式参列者が天皇との距離，互いの立場を確認し，天皇を頂点とした国家構造を再確認した。したがって，それら儀式が行われる場所とその構造が問題となる。

藤原宮から平安宮に至る宮の中枢部においては，大極殿・朝堂区画[2)]がそのような儀式に使用された場所とみなせ，このような機能が常在したとはいえるが，大極殿・「朝堂区画の構造が不変であったわけではなく，帝国確認を強く意識したとみなせる構造（以下「帝国標章」と呼ぶ」）が顕在化した時期，そうでない時期があると考えられる。本章では，律令国家の対外関係，国内の隼人・蝦夷などに対する政策を通時的に確認し，「帝国標章」発現の時期・事情，「帝国標章」の具体像を考察するとともに，それらの地方における疑似空間である大宰府政庁や国庁などとの関係についても検討する。

Ⅱ　帝国維持のための諸政策

中国・朝鮮半島政策，隼人・南島政策，蝦夷政策，の時期的推移を探り，帝国表象の盛行・顕在期を探っておく。

1　唐・朝鮮半島政策

日本は唐の冊封体制の外部に位置する一朝貢国・蛮夷にすぎず，日本の支配者もその国際秩序を変更する意図はなかった［石母田 1962b］。しかし朝鮮半島諸国に対しては朝貢国として隷属させ「大国」的地位を保持することに固執した。百済復興運動支援で唐・新羅と対立したが，統一新羅成立以降に新羅と修好し，神亀以降には新羅と敵対する渤海との交渉も始まった。政府は新羅・渤海の自国に対する朝貢関係の維持に腐心した。律令国家は「蕃国」の上にも立たねばならないからであるが，天平期以降，新羅は渤海攻撃を目論む唐との関係改善を背景に日本への朝貢関係からの離脱を要求し，新羅との外交上の対立・緊張は先鋭化した。藤原仲麻呂政権による新羅征討計画は，仲麻呂個人の恣意や謀略の産物ではなく，国家の基本構造に基づく政策であったが［石母田 1970］，結局，奈良時代を通じて朝鮮半島諸国への支配は全く実体を伴うものとはならなかった。したがって，政府にとって帝国構造の実現のためには，国内異文化集団「化外人」への支配を実現させるほうがより切実な問題であったはずである。

2　隼人・南島政策

天武 6（677）年に多禰島人を飛鳥寺西で饗応しており，その後，天武 11（682）年まで多禰島への使者派遣や多禰・掖玖・阿麻彌人への饗応が続く。他方，隼人との関係が史料に明確に出現するのは天武 11（682）年で，隼人が多数来て大隅隼人と阿多隼人が相撲をし，彼らを飛鳥寺西で饗応した。天武朝に多禰島人や隼人が朝貢を開始することから，それに先立ち政府が南九州から南島に対して朝貢を促した可能性がある［永山 2009］。その原因については，白村江の敗戦後の国内体制見直しで政府の支配の浸透が十分でない地域への関心が高まった［永山 2009］，との説がある。

文武 2（698）年に南島に覓国使が派遣され，翌年に多褹・夜久・奄美・度感の人が朝貢してきたが，武器を携行した覓国使と隼人との間に摩擦が生じたらしく，文武 4（700）年に覓国使が帰国に際して隼人から妨害を受けたため，筑紫総領に処罰させた。南九州での国制移行への反発が原因らしい［永山 2009］。大宝元（701）年に約 30 年ぶりに遣唐使が再開されたが，航路は南路を取るようになり，文武 2 年の覓国使はその予備調査の意味もあったようだ［坂本 1959］。大宝元（701）年に大宝令が制定され，大宝 2（702）年に薩摩・多褹が反乱を起こしたので征討し，編戸を強行し官吏を置き，薩摩国・多褹島を成立させた。肥後から計画的移民で高城郡を設け，それ以南は隼人主体の11郡とした。和銅2（709）年には，薩摩隼人が朝貢している。続いて日向国側では和銅6（713）年に大隅隼人が反乱を起こし，終結後に日向国から隼人居住地を分ける形で大隅国が置かれた［永山 2009］。その後，霊亀2（716）年に薩摩・大隅の隼人の朝貢が6年に1回と定められ，翌年には朝貢しているが，養老4（720）年に隼人が大隅国主を殺したため，大軍を派遣し，翌年に終結した。これ以降，隼人の軍事的抵抗はなくなったが，隼人に対する造籍・班田・田租徴収などの律令制的諸制度の完全適用は延暦19（800）年まで留保され，その翌年まで朝貢が続けられた。

3　蝦夷政策

大化改新前の皇極元（642）年，「越辺の蝦夷」の大量服属があり，背後に王権側からの働きかけがあったとされており［熊谷 2004］，すでに王権の北方政策は始まっていた。大化改新による新政権成立後，国造制施行区域の評制への転換が図られたが，東北の太平洋岸に道奥国，日本海岸に高志国が設置された。そして仙台平野・米沢盆地・新潟平野北部以北の蝦夷社会に対して，改新政府の辺境政策が進んだ。

日本海側では，大化3（647）年の渟足柵・磐舟柵の設置，両柵への柵戸の設置によって軍事・交通・交流の拠点を設けた上で，斉明4〜6（658〜660）年の阿倍比羅夫の遠征が実施された。この遠征については，蝦夷集団との政治的関係構築［熊谷 1986］，高句麗への北方ルート開発［今泉 2005］など諸説あるが，蝦夷を服属させ朝貢を開始させる点で，改新政府の帝国形成志向が現れたものとみたい。斉明5（659）年の第四次遣唐使では道奥蝦夷二人を伴って高宗に面会した。倭国が朝貢国を抱える立場であることを顕示したのである。

一方，太平洋側でも7世紀前半に関東からの移民が始まっており，渟足柵・磐舟柵の設置とほぼ同じ時期に仙台平野に郡山Ⅰ期官衙が成立し，そこを拠点とする辺境支配が始まった。日本海側の阿倍比羅夫の遠征と同じ頃に海路による北方遠征が行われ，三陸方面の蝦夷の服属と朝貢が開始されたようである［永田 2015］。

このように，孝徳朝から斉明朝にかけて東北において中央政府の帝国形成志向が顕在化したが，斉明 6（660）年から天智 2（663）年の百済救援失敗，白村江の敗戦の結果，西国の国防強化が喫緊の課題となる中で，東北での大きな動きは約 20 年間なくなる。

天武 12（683）から 14（685）年に国境確定事業が行われたが，日本海側では，天武末年に渟足柵・磐舟柵を中心に越後国がつくられ，大宝 2（702）年に越中東部の四郡が越後国に移管された。それを背景に和銅元（708）年には出羽柵を中心とする出羽郡がつくられた。和銅 2（709）年から出羽柵を拠点とする大規模な征夷が実行され，和銅 5（712）年に出羽国が設けられ陸奥国から置賜・最上 2 郡が移管された。

太平洋側では，7 世紀後半には大崎平野や牡鹿地方への移民や柵の設置が進められ，七世紀末に大規模な郡山Ⅱ期官衙（初期陸奥国府）が整備され，そこでは蝦夷の服属儀礼が行われていたようだ。八世紀初頭にかけて，大崎平野や牡鹿地方での郡の設置と移民が強力に進められた。その結果，養老 4（720）年に大規模な蝦夷の反乱が発生し，按察使が殺害された。政府は，陸奥・出羽双方に軍を派遣し鎮圧に努めるとともに，さまざまな政策を講じて支配体制を再建強化しようとした［永田 2015］。養老 2（718）年にいったん陸奥国から分離した石背・石城国を陸奥国に再合併させ，陸奥・出羽両国の調庸の徴収を停止して公民の負担を軽減し，鎮所への軍糧蓄積を図るなど蝦夷支配体制が強化され，その拠点として新たに多賀城を造営（神亀元〔724〕年完成）するとともに，大崎地方に城柵を造り「黒川以北十郡」と呼ばれる移民主体の郡を設けていった。こうした動きが再び蝦夷の反乱を誘発し，神亀元（724）年に海道蝦夷が反乱を起こし陸奥大掾を殺害した。政府は再び陸奥・出羽双方に大軍を派遣し鎮圧に努めた。聖武天皇の即位当初は軍団の新設など支配強化策を継続し，天平 5（733）年には出羽柵を秋田に移し，天平 9（737）年には陸奥国から出羽柵に至る交通路の建設を目指す遠征を行ったが，途中で中止された。その後は天平 9（737）年の天然痘大流行で民力が大打撃を受けたため，陸奥・出羽の軍団兵士制・鎮兵制は維持されたものの，坂東から大兵力を動員しての積極策は困難となった［永田 2015］。聖武天皇が天然痘による大混乱で衝撃を受け領域拡大策を中止し，仏寺の造作に熱中したため，約20年間平穏な時期となった。

しかし，藤原仲麻呂が桃生城・雄勝城を築造し，陸奥・秋田間の駅路の開通などの領域拡大策・強攻策を復活したことから，蝦夷の激しい抵抗を引き起こした［熊谷 2015］。仲麻呂敗死後の称徳・道鏡政権でもこの策は変わらず，神護景雲元（767）年には伊治城を造営したが，蝦夷固有の土地での城柵の設置と柵戸の移配によって，蝦夷との対立は深刻となり，宝亀5（774）年には海道蝦夷の蜂起によって桃生城が襲撃されて落城した。その後さらに反乱は拡大し，「三十八年戦争」に突入した。以後，光仁・桓武朝から嵯峨天皇の弘仁2（811）年まで，計画のみのものも含めて征夷は10回に及ぶ。宝亀11（870）年に伊治公呰麻呂の乱が発生し43年ぶりに征討使が派遣され，延暦8（789）年には惨敗を喫したが，延暦13（794）年にようやく戦果を挙げ，延暦20（801）年に胆沢の蝦夷を平定した。延暦24（805）年の徳政相論で征夷中止が決定され，以後蝦夷支配方式が転換した。

こうしてみると，対蝦夷強攻策は仲麻呂政権以降一貫しているといえるが，光仁・桓武はそれをますます強化したといえよう。称徳天皇の死去後に即位した光仁天皇は久々の天智系天皇であり，桓武天皇は新王朝樹立意識を強くもっていたという［滝川 1967；林 1972；早川 1984, 1987；清水 1995］。新都の建設と蝦夷征服戦の敢行による帝国の拡大は，新王朝の樹立にとって不可欠な事業と意識されたのであろう。

4　「化外人」内属化政策の顕在期

律令国家は，東北地方の北半部や九州南部以南の異文化集団を「化外人」・「夷狄」と認識し，まずは朝貢を迫り，さらには帝国の支配下に置くべく諸方策を実行していった。具体的には，A 武力で屈服させる，B 移民を送り込み評（郡）制実施地域をつくる，C 異文化集団主体の郡をつくる，D 支配のための軍事的・政治的拠点を置く，などがあり，方策の順番は対象集団・時期・地域によって異なるが,「化外人」の内属化を進めていった[3]。

このような帝国的方策は,国家の基本方針ではあっただろうが,潜在化期・顕在化期がある。上記の検討から,顕在化期は,7世紀末～8世紀第1四半期（文武朝～元正朝）と8世紀第3四半期～9世紀初（光仁・桓武朝）の2時期がある。

この2時期の意義を念頭におきつつ,7世紀末から9世紀初頭に至る宮の中枢部構造の変化をみておく。

Ⅲ　宮中枢部構造の変化と帝国標章

そもそも天皇の宮の中枢部は,天皇の日常生活,天皇や貴族・官僚による政治・儀式が展開した場であり,その空間的構造の通時的変化に,天皇と臣下との身分的関係,政治や儀式の執行形態,官僚機構の組織や成熟度などとその変動が,直接・間接に反映されている。ここでは上記のような帝国を標榜する国家政策と宮中枢部の構造の関係を検討する。

中枢部施設のうち,内裏は天皇の代替わりごとに改作を計画ないし実行したが［岩永 2008a］,大極殿・朝堂区画は国家政策の推移に即応して造り替えるようなものではない。しかし,その創建期には国家構想を反映しているはずであり,その設計のあり方から政権の構想を探ることは可能であろう。ただしその後の実際の用い方が当初の構想通りとは限らない点に注意を要する。

1　難波長柄豊碕宮（図1①）

大化新政権が造った難波長柄豊碕宮は,空前の規模で建設された広大な朝堂区画に臣下を集め,内裏から前殿に天皇が出御して国家的儀式・饗宴や朝政を行うとともに,朝堂区画の周囲に曹司を整然と配し日常政務を行うという構想の産物とみるべきだろう。巨大な内裏南門が長安城宮城の承天門（外朝正殿）に擬されたものとすれば［中尾 1992, 1995］,その北に座す大王と建設さるべき帝国の権威を朝堂区画に参集した官人や外国使節に示す装置として設計されたものであろう[4]。

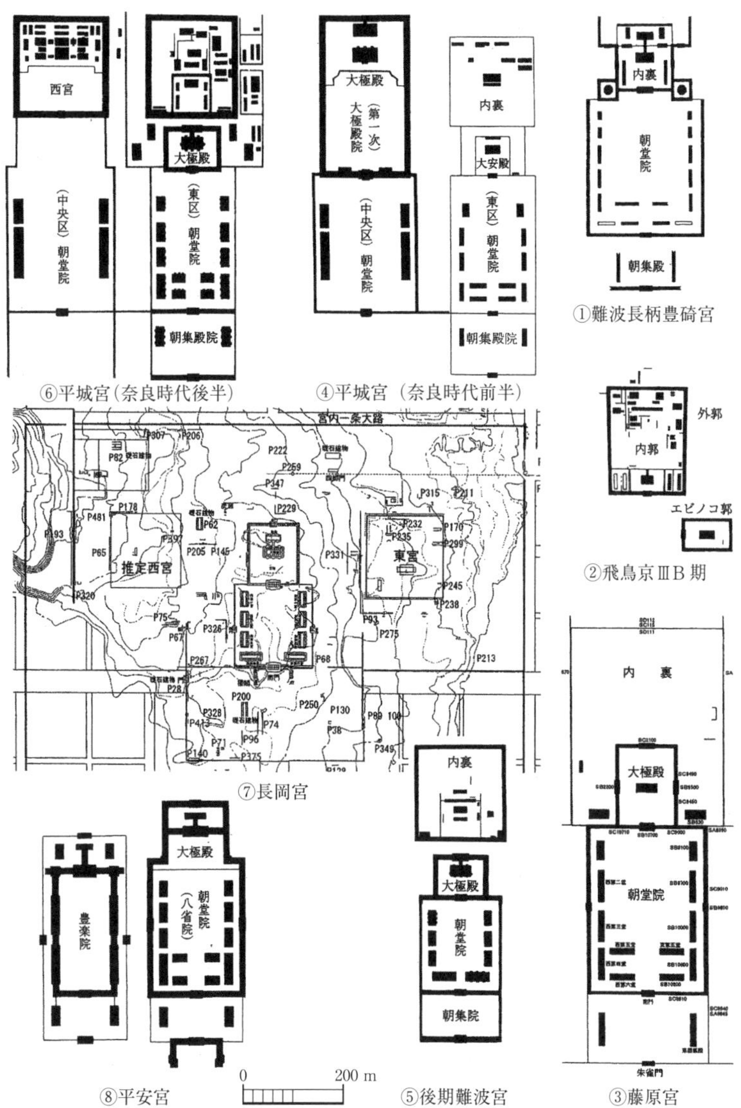

図１　宮中枢部の変化過程

2　飛鳥京ⅢＡ期（後飛鳥岡本宮ないし飛鳥浄御原宮前半期）

飛鳥京跡ⅢＡ期が後飛鳥岡本宮か飛鳥浄御原宮か，ⅢＢ期が天武朝初期からか天武朝後半からか説が分かれているが，Ⅲ期が難波長柄豊崎宮と藤原宮との間に位置する宮構造であることに変わりがないので，ここではこだわらない。

斉明朝には宮を難波から飛鳥に戻したが，斉明５（659）年出航の遣唐使では高宗にわざわざ蝦夷を見せて，倭国が朝貢国を従えた帝国たることを主張したり，国内では安部比羅夫が三回も東北地方や北海道へ遠征を行って蝦夷や粛慎を服属させ，百済復興のために出兵するなど，小帝国的性格を強く出した時期である。しかし都城については，王宮自体（後飛鳥岡本宮＝飛鳥京ⅢＡ期か）は前期難波宮と異なり朝堂区画部分をもたず，独自性は，飛鳥寺西の聖なる空間・槻樹広場での蝦夷への饗宴の実施，王宮の東の山城の造営などに現れた。

3　飛鳥京ⅢＢ期（飛鳥浄御原宮）（図１②）

天武朝には後飛鳥岡本宮を踏襲した内裏の東南に大規模な正殿SB7701を有する区画が成立する。AB7701が日本で最初の大極殿とみられる。大極殿出現の背景であるが，天武朝から持統朝にかけて，日本の国号や天皇号が確立し［森 1983, 1986］，王権神話が体系化され，大嘗祭・即位式が整備されるなど，君主の地位の神格化がはかられた。そのような中での大極殿の出現ゆえ，帝国の君主にふさわしい名称が求められたのであろう。大極殿は「太極殿」の模倣であろうが，「太極殿」でなく大極殿としたのは，天皇の支配の正統性が天帝からの受命ではないという認識から，故意に違えたのではなかろうか。

4　藤原宮（図１③）

藤原宮では難波長柄豊碕宮で成立した出御空間と大規模な日常政務空間（朝堂区画）を，飛鳥浄御原宮において出御空間とは別に成立した中国風儀式空間（大極殿）と統合することによって，朝堂区画の正殿としての大極殿が確立した［渡辺 2006］。大極殿院の構造は，孝徳朝に成立した内裏前殿の大極殿化，八角殿院の消滅などの差異もあるが，朝堂区画については前期難波宮の構造を引き継いでおり，藤原宮建設時に新たに加えられた要素はない。2007年の調査で大極殿門が桁行7間の巨大な規模と判明したことによって，難波長柄豊碕宮の要素を継承したことが明らかとなった。この門と広大な朝堂区画は，帝国の権威をそこに参集した官人や外国施設に示す装置と評価できようが，その不十分さは大宝の遣唐使が長安城で思い知ることとなる。

5　平城宮（奈良時代前半）（図1④）

平城遷都後から天平12（740）年の恭仁遷都まで。大宝の遣唐使帰国後に設計され遷都した平城宮の大極殿・朝堂区画は藤原宮朝堂区画とは大きく異なる構造をもつ。藤原宮において日本風・日常的な政務空間（朝堂区画）と中国風儀式空間（大極殿）と内裏からの出御空間とを統合・一元化させて成立した構造を，わざわざ東西に分割して機能分担させ，中央区に大極殿院（儀式空間，正殿 SB7200＝第1次大極殿）・朝堂区画（四堂），東区に南から朝堂区画（政務空間，12堂）・出御空間（正殿 SB9140）・内裏を設けた。東区の諸施設はすべて掘立柱建物であるが，平面プランは藤原宮を継承し，政務空間としての朝堂院と内裏からの出御空間が接合している。東張り出し部に皇太子居住区を設けたのは，太極宮の東宮を意識したものか。

中央区大極殿院の空間構造について，大宝の遣唐使が実見した唐長安城大明宮含元殿（図2上）を模したとみる説は，狩野久［1975］・鬼頭清明［1978］が提唱し，奈文研『学報ＸⅠ』が継承した［奈文研 1982］。かりに長安城の情報が遣唐使中断前に入っていたとしても，大明宮の創建は高宗の龍朔2（662）年であり，天智8（669）年の高句麗平定慶賀のための遣唐使があったにせよ，大明宮および含元殿にかかわる詳しい情報が入ったのは大宝の遣唐使（704年帰国）の際とみられる。

では中央区大極殿院（図2右下）は，含元殿のどこを模倣したのか。即位儀や元日朝賀時に大極殿に天皇が出御し，広場に臣下が列立する。大極殿の建物自体は，藤原宮の大極殿の移築とみられているから［小澤 1993］，規模・

構造上の変化はあるまい。変わったのはその周囲の空間構造であって，南北330m，東西193m の広大な大極殿院内に，儀式時に臣下が列立する南北長200m の広大な礫敷広場があり，その北に高さ約2m の塼積擁壁で画された高い壇を設け，壇上に大極殿が屹立し，塼積擁壁の左右両端に設けた斜道から壇上に上がるようになっており，この構造が，含元殿前面の擁壁構造（中央に龍尾道がなく左右両側から壇上に上がる）と類似する点からみて，影響関係は間違いあるまい。大極殿と塼積擁壁との位置関係は宇宙の縮図ともいうべきレイアウトを表現しているという［内田 2007］。この構造は，塼積み擁壁で天皇の空間と臣下の空間を峻別し，天皇が臣下に隔絶して君臨するという身分秩序，帝国の主の強大な権力を表現している。広大な下段空間から大極殿を見上げる場合の圧倒的威圧性は，南は高く北が低い藤原宮では絶対に得られない。この構造の実現は藤原宮の改造では不可能であるから［阿部 1984］，それを遷都の理由の一つとしてよかろう5)。

この平城宮中央区大極殿院に限らず大極殿の本来的機能として，一般的儀礼空間ではなく，元日朝賀・即位式・外国施設謁見など最重要の国家的儀式の場であるのに加えて，平城宮中央区大極殿については，天皇の威厳を増し参列者を威圧する道具立て［今泉 1984］，唐に対抗できる圧倒的皇帝権力装置［阿部 1984］，対外的な威の発揚の場［金子 1987］，唐のような中華としての国家構造を体現する場［浅野 1990］，朝庭における国家儀式を優先させ天皇の権威を内外に発揚する場［町田 1991］などと評価されてきた。高い塼積擁壁上の大極殿と階下の広大な庭によって，諸蕃や国内異文化集団に対する帝国的支配を明示する場として特設されたものといえるだろう。

ことさらこの時期に支配者集団がそれを必要とした理由――裏返せば745年の平城環都後にそれが再現されず消滅してしまう理由――は何であろうか。その理解には，こうした構造の導入が藤原不比等の構想か否かはさておき，先に検討したように，7世紀末～8世紀第1四半期が，日本の政権が帝国的方策を強化した時期であることに注目する必要がある。

文武朝は天武・持統朝における天皇の神格化をふまえて，大野・基肄・鞠智・三野・稲積・高安城修理（698～699年），磐舟柵修理（698・700年），薩摩・多褹への征討軍派遣（702年），南西諸島への朝貢要請（698年）など中華意識が高まった時期である［渡辺 2001］。同時に文武朝は，新羅外交の転換期であり，それまでの文化摂取面を切り捨て，「朝貢」関係の交渉のみを強要するようになり［鈴木 1985］，新羅即藩屏付庸国観が形成された［鈴木 1969］。日本の律令制の原則では唐も「蕃夷」であったが，現実の唐との関係で対等はありえず朝貢国にすぎない。しかし新羅に対しては宗主国―付庸国の関係の維持に固執し，新羅と対等以上の文化的諸装置の獲得が目指され，ようやく完成に至った。その成果を披露して国際的地位を高めるべく，満を持して33年ぶりに遣唐使を再開した。

しかし，都城・律令・銭貨といった東アジアの一等国が備えるべき要素を完備させ，国号・年号も自前で制定したことを，唐の朝貢諸国に誇示するつもりが，逆に時代錯誤の後進性を痛感するはめになった執節使・粟田真人，および彼から報告を受けた政権首脳部らのショックは甚大であったのであろう。その克服の必要性から，遣唐使の帰国後，都城・律令・銭貨などの要素において，矢継ぎ早に軌道修正を実施せざるをえなくなった上に（平城遷都，養老律令，和同開珎），対蝦夷戦・対隼人積極策の開始など，あらたに帝国意識を高揚させたのであろう。

都城プランや宮城の位置の問題はここではふれないが（本書第7章参照），大明宮含元殿の圧倒的皇帝権力装置を体験し，宮の中心に類似の構造を実現することが帝国に不可欠と認識した結果が平城宮中央区プラン出現の主要因であり，日常的政務空間（東区の十二朝堂区画）の自立のほうがむしろ付随的結果であろう。

他方，大極殿院の南にある中央区朝堂区画（**図3右**）では，東西に2棟ずつの朝堂があり，位階すなわち天皇との身分的距離に応じて第1堂・第2堂に臣下の座が割り振られるから，天皇と頂点とする身分制の構造が直截に空間的に表現される。中央区朝堂区画でこの配置を採用した理由はまさにこの点にあろう[6)]。

このように中央区の大極殿院と朝堂区画とによって，天皇を頂点とする帝国の構造が即物的に表現されていた。この構造が顕在化したのは平城宮への遷都が計画され中央区の構造が設計された時期，すなわち大宝遣唐使の帰国（704年）後から和同年間（708～714年）に至る時期である。

6　平城宮（奈良時代後半）（図1⑥）

中央区大極殿院の構造は恭仁遷都時に解体され，天平17（745）年の平城環都後には大極殿院は再建されず，天平宝字年間に特殊な構造の宮殿（孝謙太上天皇の御在所，称徳天皇の西宮）に改造される。そのモデルは長安城大明宮麟徳殿であり［奈文研 1982］，この時に政権を握っていた藤原仲麻呂の主導によると考えられている。仲麻呂は聖武の内治重視策（後述）を転じ，対蝦夷強硬策を復活し，新羅征討計画を発動するなど，対外的な帝国の主張を復活させたから，かつて麟徳殿で則天武后が朝貢国使者と謁見したように，麟徳殿を模した建物で，朝鮮半島諸国や国内異文化集団の使者を饗する構想はあったかもしれない。仲麻呂没落後は称徳の西宮として内裏的性格となったが，7本の宝幢を立てる儀礼が2回行われ，元日朝賀など最重要国家儀礼の場としても機能したようだ。

何故，5年間の彷徨を経た平城環都後に，第一次大極殿院の構造が復活されなかったのであろうか。平城遷都当初には中央区大極殿院を設ける必要性が厳然とあった，すなわち外国使節や夷狄を交えて即位式・元日朝賀や饗宴を行うことで，天皇が君臨する帝国構造を臨席者の意識上に再生産することであった。平城環都後もそれらの儀礼・饗宴自体がなくなったわけではないから，それ専用の特殊構造を構えておく必要がなくなった，すなわちそれらの機能が，中央区大極殿ではなく東区の小さくなった大極殿，大極殿院でも構わないと意識されるようになり，もはや中央区大極殿院のような大仰な施設は不可欠のものではなくなったということになるのであろう。

聖武天皇は，天平12（740）年の藤原広嗣の乱の勃発以前から，相次ぐ天然痘の流行による甚大な被害や凶作などから，対蝦夷戦の縮小，写経・造仏・造塔の推進など仏事の振興による内治重視策に邁進するようになり，対外的な帝国の主張は退き消極策に転じていた。圧倒的権力装置消滅の事情は，こうした内治重視策への転換に加えて，藤原氏を中心とする上級貴族集団の意向［岩永 2008b］があると考える。

律令制は本来的には，官僚制的原理で作動していくが，日本への律令制の導入にあたっては，畿内の有力ウヂの身分的経済的特権を当面保護し，大化前代以来の氏族制の原理をある程度温存して，じょじょに官僚制の原理に転換するほかはなかった。まだ伝統的大豪族が健在であった奈良時代の間は，天皇の徹底した専制君主化，豪族層の徹底した官僚化は彼らの利益に反した。

それは，鎌足以来の累代の天皇家への奉仕と功績を有利な初期条件として，婚姻による天皇家との密接な関係の構築に成功した藤原氏にとっても同様であった。天皇の超越的・絶対的権力化は，天皇家との身内的関係を構築しえた氏族だけに有利に働くが，外戚関係の構築などは偶然に左右され，他氏族に優位を奪われる危険性は常にあるから，過去の実績を根拠に藤原氏の権力の永続が制度的に100％保証されていたわけではない。また天然痘の流行による房前・麻呂・武智麻呂・宇合の急逝による勢力の後退や，時期は下るが，道鏡と孝謙太上天皇との個人的結合の出現によって仲麻呂の専制体制があっけなく敗退した例を引くまでもなく，歴史の展開の中で藤原氏にも没落の可能性があった。したがって天皇の中国的専制君主化は藤原氏にとっても時期尚早であることが判明し，8世紀初頭の国際情勢の中で導入したプランは約30年を経て更新されなかった。

他方，中央区朝堂区画は奈良時代後半期にも存続したが，前半通り機能したかについては否定的な意見が多い。平安宮豊楽院が奈良時代後半期の中央区朝堂院の機能を継承したのであれば使われたことになろうが［今泉 1989］，橋本義則は今泉説には賛同せず，豊楽院を用いた儀式が平城宮朝堂院の儀式のうちの節会・饗宴を受け継ぎ，その際に天皇が出御した大極殿閤門の機能を豊楽殿が襲ったとみる［橋本 1984］。豊楽院の出現はあくまで大極殿閤門の消滅を前提とすると主張し，長岡宮造営当初には豊楽院は存在しないとする。志村佳名子も豊楽殿で行われた饗宴が君臣間の饗宴であり，東区朝堂区画で行われた儀礼の系譜を引くとする。さらに，中央区朝堂院の使用機会が平城宮前半期からかなり限定されていたとし，大極殿の東区への移建後には饗宴の場として使用されていないとする［志村 2015］。橋本・志村説では，奈良時代後半の中央区朝堂院は機能停止しており，豊楽院は機能的には奈良時代後半に閤門が存在した東区朝堂区画の機能を継承し中央区朝堂区画とは関係なかったということになる。ただし，豊楽院の機能の系譜については必ずしもそう考える必要はない（後述）[7)]。

このように奈良時代の後半には，中央区北半は称徳天皇の御在所＝西宮となり，中央区朝堂区画の朝庭では称徳即位の大嘗祭が挙行された後，道鏡の法王宮が建設された可能性が強い［渡辺 2005, 2010］。そのためか光仁・桓武朝には忌避されて放置されたようである。光仁は東院に楊梅宮を造ったが，近年の調査で，そこに大規模な国家的饗宴施設が設けられたことが判明しており，中央区朝堂区画の機能を継承したのは，楊梅宮の可能性が出てきた（後述）。称徳は東院に玉殿を設けていたが，光仁はそれを撤去して，全く新しい構造の楊梅宮に改造した。光仁が中央区を再生しなかったのは，天武系最後の称徳・道鏡政権の中枢部を忌避したからであり，東院地区の重視は，全体的に丘陵上の高みに位置し，南端部の庭園を含めた風光が明媚な点を好んでのことであろう。

他方，東区では奈良時代前半の掘立柱による十二朝堂区画と内裏からの出御空間が，礎石立ちの大極殿院・朝堂区画に改造された。すなわち，朝堂区画（十二堂院）への出御空間正殿が大極殿を兼ね，内裏・大極殿院・朝堂区画が同一軸線上に載る藤原宮型が復活した。平城遷都当初に中央区・東区に分けられた朝堂区画の機能の大半が東区に再統合され[8)]，国家的儀式・朝政と饗宴の多くがこの区画で行われるようになり，この構造は長岡遷都まで変わらない。呼称も天平宝字元（757）年頃から朝堂区画が「太政官院」と呼ばれるようになる（後述）。

儀式空間と日常政務空間の再統合の要因について渡辺晃宏は，朝政の場の内裏への移行による朝堂区画の政務空間としての機能の形骸化［渡辺 2006］，「日本的なものと中国的なものの真の統合の実現」を「聖武天皇が願い続けた」［渡辺 2010］[9)]，中国風礎石建物は日常政務には使い勝手が悪かったが，この時期に東区朝堂区画を礎石建物化したことから，中国風礎石建物で日常政務を行うことに支障がなくなった［渡辺 2010］，大極殿の機能が恭仁遷都前から変質し，仏事や叙位など日本的な行事を挙行できるようになった［渡辺 2006］。などと説明されている。言い換えれば，朝堂区画での政務の有名無実化によって儀式の場としての性格が強まり大極殿との一体使用が好ましくなってきたという理解であろう。志村佳名子は，平城遷都当初には中央区では元日朝賀・朔日朝参，東区では行事朝参・尋常朝参がなされたが，天平期を境に朝参の場が東区に集約されたとする。他方，饗宴を主機能とする中央区朝堂区画の使用機会が平城宮前半期からかなり限定されていたのに対し，東区では君臣間で行う定期的な饗宴の実施によって君臣関係が維持・再生産されていたとする［志村 2015］。渡辺と異なりむしろ政務空間・饗宴空間としての機能が整うという理解である。

以上，論者による多少の相違はあるものの，恭仁遷都前から，政務のみならず，臣下との定期的な饗宴まで東区で行われるようになっていたと認められるのであれば，中央区に残された機能は，即位式・元日朝賀，外国施設や夷狄を交えた儀礼・饗宴のみとなり，それをも東区で行って構わなくなっていたのであれば，平城環都後には，もはやそれ専用の巨大施設を構えておく必要がなくなったということになろうか。

7　長岡宮（図1⑦）

このような平城宮期後半における中枢部構造が長岡宮ではどうなったであろうか。長岡宮では，難波宮の大極殿・朝堂区画を移築したため朝堂区画が小型化する。立地場所の地形が悪く内裏を朝堂区画の北には置けなかったことから，内裏が朝堂区画から分離し，前半期には朝堂区画の西側，後半期に朝堂区画の東側に置かれた［國下 2013］。

朝堂の数は後期難波宮朝堂区画の移築で建設されたため8堂に減った。大極殿後殿が回廊内に独立する点は平安宮の先駆的要素であるが，まだ閤門があり平城宮までの構造を維持している。この時期の末，延暦11（792）年以降に「朝堂院」という呼称がみられ［今泉 1980］，平城宮以来の朝堂区画の性格変化が想定されてきた[10)]。

注目すべきは，朝堂区画南門の左右に翼状に回廊が取り付き先端に楼閣をもつ点であり［松崎 2007］，平城宮までと異なる。楼閣の発見までは，朝堂区画前に条坊道路としての二条大路が通る構造と考えられてきたが，楼閣の発見によって，南門以南も宮内に含まれると考えられるようになった。藤原宮・平城宮のように朝集殿院をもつのかどうかは判然としないが，朝堂区画の南限の東西に塀が取り付き，それを北限とする広い空間が朝堂区画の前面に確保されているようである。この空間は東西を南北築地塀で画されており，二条大路と直接つながってはいないが，長安城の宮城正門たる承天門とその前面の横街が意識されていると考えられる。國下多美樹は，朝堂区画南門が楼閣を伴うことから，その構造が大明宮含元殿あるいは承天門に源流があるとし，南門が宮城門として造営され，南門以北が長安城の宮城空間，南門以南が皇城空間を意識したと想定した［國下 2013］。國下は承天門と含元殿の性格が全く異なるとしたが，ともに外朝正殿とみれば［岸 1977；田島 1985］，共通するとみることもできる。そのうえで朝堂院南門が宮内二条大路に北接する点を重視すれば，承天門相当とみるほうがよかろう。もっとも長安城では朝堂が承天門の南にあり，皇帝の居住区が太極殿の北にあるから，長岡宮は太極宮の直模ではないが，長岡宮の構造に長安城の要素が新たに取り入れられたとみる説は魅力的である。後述するように桓武が新王朝樹立意識を強くもっており，遷都や蝦夷征服戦・南郊祭天など，それを示す政策を強行したとすれば，長岡宮の独自性は，桓武による新皇統開始・新帝国樹立の演出装置であって，天武系の平城宮と異なる宮構造を，あらためて長安城に範を求めて設計させたとは考えられまいか。特に，父光仁・桓武共に天武系皇統が健在なら天皇になれるはずもなかっただけに，正統化と権威づけが必須であった。とはいえ，長岡宮中枢部建物は後期難波宮の建物の移築であり規模の点で見劣りがし，そのうえ長岡宮の所在地は平坦ではなく数条の谷が東西方向に深く入り込む地形であるため，構想がかなりの変形を余儀なくされたと思われる。平安遷都の強行の理由の一つはその点の克服にあろう。

8　平安宮（図1⑧）

平安宮では，大極殿・朝堂院と内裏が完全に分離する長岡宮の構造を継承

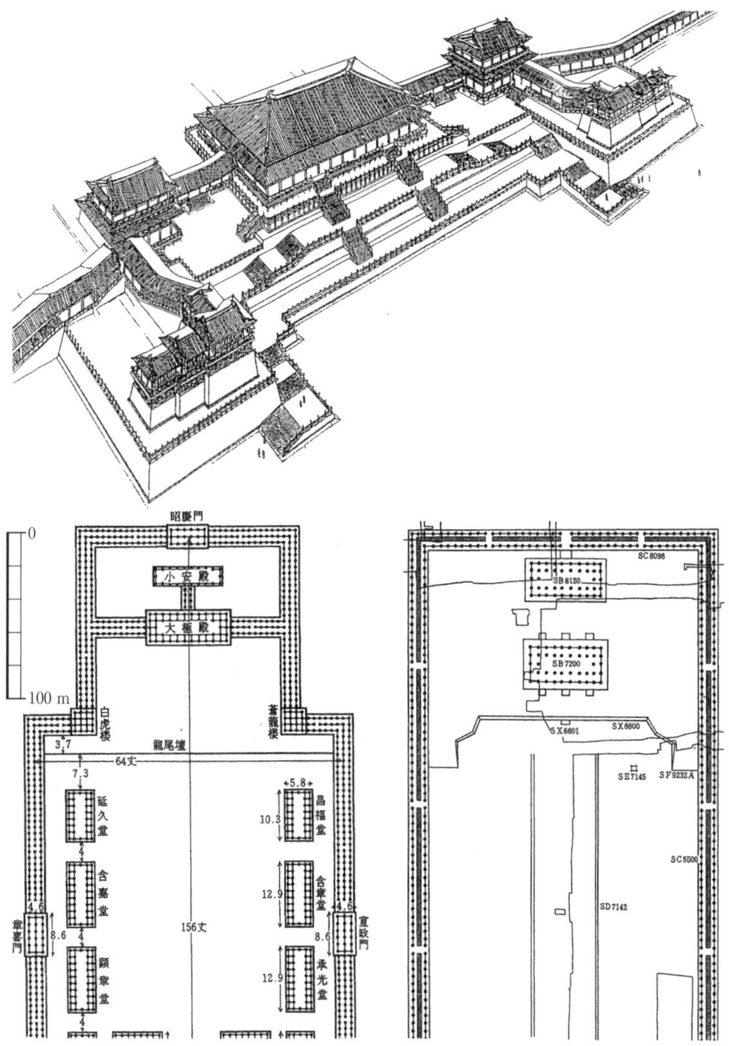

図２　唐長安城大明宮含元殿と影響を受けた施設
上：大明宮含元殿復元鳥瞰図（揚鴻勛による。一部改変）
左下：平安宮朝堂院（一部）　右下：平城宮第一次大極殿院（部分）

した。さらに朝堂院（図２左）では大極殿院の南面回廊と閤門が消滅し龍尾壇が造られ，壇上では，大極殿両脇から左右に翼状に回廊が伸び南に曲がる先端には白虎楼・蒼龍楼が設けられた。この構造の成立は，平城宮東区の大極殿院・朝堂区画から閤門がなくなった結果［直木 1967］，あるいは，内裏が大極殿院の北から北東へ移動し，大極殿が内裏前殿＝出御空間としての機能を失い朝堂院の正殿としての機能に特化した結果［渡辺 2006］ととらえられてきた。

他方，朝堂院の西隣に豊楽院が成立した事情については，平城宮東区朝堂区画では饗宴に際しては閤門に天皇が出御していたが，平安宮では饗宴の場が朝堂院の西隣に移り，天皇出御の豊楽殿と 4 堂からなる豊楽院として新設されたため，結果的に平安宮朝堂院では閤門がなくなったと考えられてきた［橋本 1984］。

これらの点には異論がある。まず，平安宮朝堂院の龍尾壇以北の構造が，内裏が朝堂院と離れ，大極殿が内裏からの出御の場でなくなり，朝政の場が内裏に移行し，大極殿と朝堂院が儀式の場として一体化したので，長岡宮までの大極殿院から閤門がなくなった結果として成立したという消極的事情ではなく，もっと積極的な意義を与える。むしろ，当初からこの構造が目指されたと考える。大極殿の桁行を 11 間と正面の広いものとし，平城宮で後殿に取り付いていた回廊を大極殿に直接的に取り付けて大極殿の左右から翼状に回廊が派生するようにし，その先端に楼閣を設け，それらを朝庭から一段高い壇上に載せる。この構造は長安城大明宮含元殿一郭の構造（図２上）に類似度が高い[11)]。

桓武は，天智系の父・光仁と自分が新王朝を樹立したという意識が強かったという［滝川 1967；林 1972；早川 1984, 1987；清水 1995］。平城京を捨てての新京への遷都，蝦夷への征服戦の敢行，南郊祭天の挙行，『新撰姓氏録』の編纂による氏族系譜の整理，自己の皇統を支える外戚として藤原式家の重用，光仁朝の 2 回の遣唐使派遣を受けてではあるが最澄・空海らを唐へ派遣するなど，あらたな王朝の樹立に伴う施策のなかで，帝国意識を高揚させたとみられる。そうした施策の中で，天皇を頂点とする帝国支配の具現化として，国家的儀礼空間となった朝堂院を帝国秩序発現の場とすべく，大明宮含元殿一角の構造を意識的に再導入したと積極的に評価したい。結果的に約80年前の元明朝以来2回目だが，構造的類似度は平城宮中央区大極殿院よりはるかに高いといえる。平安宮大極殿と含元殿との類似はすでに田島公により提唱されていたが［田島 1985］，学界内で注目されていなかったようである。田島が指摘したように平安時代にすでに平安宮大極殿が含元殿と類似するという認識があったようである[12)]。

豊楽院については，国家的饗宴に使用された区画で，堂が4棟であること，12堂の朝堂院の西に位置していることから，平城宮中央区朝堂区画の構造を引き継ぐものと考えられてきた［今泉 1989］。しかし，中央区朝堂区画は恭仁遷都前には外国施設や夷狄を交えた儀礼・饗宴での使用がうかがわれるものの，環都後にはほとんど使用されていない可能性がある［志村 2015］。この点が，豊楽院が中央区朝堂区画の系譜を引くと考える際の難点となっていた。ところが近年，平城宮東院地区での発掘調査が進み，光仁朝の楊梅宮の中枢部の構造が明らかとなってきた［小田・川畑 2014；小田 2014］。回廊で区画された広大な区画内の東西両側に南北棟の長舎を2棟ずつ計4棟配した施設が推定され，蝦夷対象の饗宴の場であったと考えられている［小田 2014］。臣下・蕃客を対象とする饗宴は東区朝堂区画で行われていたが，蝦夷を参加させる饗宴は楊梅宮のこの施設で行われていたようである。そうであれば，機能上は恭仁遷都前の中央区朝堂区画を継承しているといえることになる。この施設が光仁朝の国家的饗宴施設であったのなら，平安宮豊楽院はその系譜を引くと考えればよく，朝堂院から饗宴に際しての出御の場としての閤門がなくなったことと豊楽院の成立を結びつけなくてもよくなる。

Ⅳ　大宰府政庁の構造の原型

以上論じてきた宮中枢部構造における帝国表象の顕在化の観点から，大宰府政庁Ⅱ期（図3左）の空間構造の原型について検討する。大宰府政庁Ⅱ期の建物配置は，正殿と中門の脇に取り付く回廊で囲んだ空間の東西両側に2

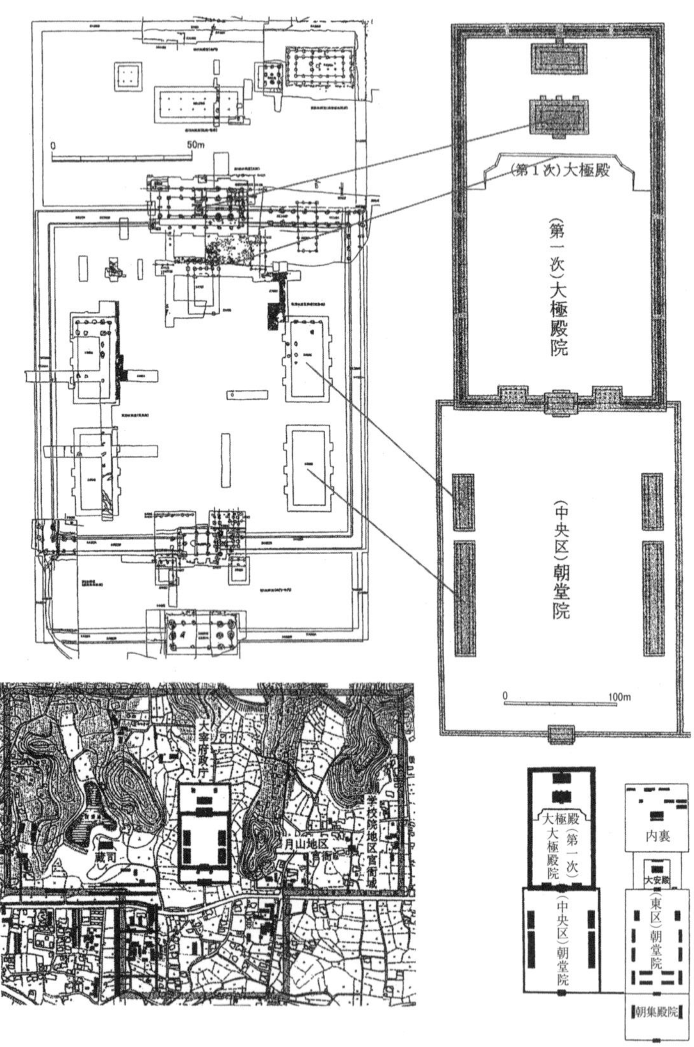

図３　平城宮第一次大極殿院・中央区朝堂院と大宰府政庁の構造比較

棟ずつの脇殿を有する。正殿の後ろに後殿，中門の南に南門を置く。

国庁一般はさておき，大宰府政庁Ⅱ期については，朝堂区画（十二堂院）の省略形とみる説が多いが［阿部 1983・1986，山中 1994］，4堂であることから平城宮中央区朝堂区画を念頭に設計されたとする説［山村 1994］もある。

朝堂区画（十二堂院）省略説の場合，12堂には「官司の論理」で座が割り当てられているので［今泉 1989］，それの「省略」とはいかなることかの説明が必要となる。

中央区朝堂区画モデル説の場合，既述したように中央区朝堂区画は，「位階の論理」によって天皇との身分的距離で第1堂・第2堂に官人の座が割り振られるから，天皇と頂点とする帝国の論理が表現しやすく，平城宮中央区朝堂区画でこの配置を採用した理由もまさにこの点にあろう。大宰府政庁の建物配置の説明にはより適している。

大宰府政庁Ⅱ期の建物が竣工したのは，鎮壇具あるいは整地土・基壇土からの出土土器の年代観［小田 2002；横田 2002；山村 1994；吉村 2003；狭川 1993］，あるいは瓦の年代観［岩永 2009］からみて710年代後半頃である。平城宮中央区大極殿院の竣工は和銅3（710）年から和銅8（715）年の間［奈文研 2011］，中央区朝堂区画の竣工は霊亀元（715）年以降である［岩永 1996］。したがって建設年代では大宰府政庁Ⅱ期のほうが中央区朝堂区画より早そうであるが，建物配置等の基本計画が構想されたのはほとんど同じ頃とみてよいであろう。つまり，本論でいう帝国意識の高揚期の産物である。

そもそも大宰府政庁は九国三嶋を総監しており，一般の国庁より格上の政庁であるから，後述するように，8世紀には西海道でも国庁に同型の配置はなかったと考えたい。西海道の品字形国庁が長舎の脇殿4棟になるのは9世紀前半以降（筑後・肥前・日向）に下り，このうち肥前については，大宰府政庁の配置に近くモデルとしたことは認められるが，筑後・日向については必ずしも影響源が大宰府政庁とはいえないだろう。

大宰府の機能には，一般の国にはない「蕃客」対応機能が含まれている。7世紀末から8世紀初頭には対隼人戦も進行中であった。先述したように，この時期は「帝国」意識の高揚期であり，そのため，大宰府は外国使節や隼人に対して帝国の威力を見せつける場としての構造が必要とされたと考えたい。

その観点から大宰府政庁の構造のモデルを考えてみよう（図3）。

正殿には通常は帥が座すが，朝拝の際には天皇が御す大極殿に擬される[13]。正殿の前面には龍尾壇のような壇が設けられていたことが判明している［九歴 2002］。壇上と壇下では身分的隔絶性が表現されており，これは平城宮中央区大極殿とその前面の塼積擁壁と同じ構想に基づくものであろう。平城宮では塼積擁壁の下の広い庭に官人が列立したが，ここでは脇殿の北妻以北の空間に圧縮されている。

脇殿が東西2棟ずつである点は中央区朝堂区画と同じであり，脇殿には位階に応じて，つまり天皇との距離に応じて官人が座したと考えられる。

このように大宰府政庁Ⅱ期は，平城宮中央区大極殿院と朝堂区画を圧縮・接合した形態として設計したと考えられ，規模は小型化しているものの平城宮中央区と同じ構想に基づくものであろう[14]。他の国庁が礎石建物となるのに先駆けて創建期から礎石建物である点も平城宮中央区と同じであり，日常政務空間である平城宮東区朝堂区画（12堂）が掘立柱であるのとは異なる。

Ⅴ　西海道国庁の建物配置の再検討

国庁の建物配置の中に，大宰府政庁Ⅱ期と類似した「大宰府政庁型」が設定されており，西海道に多いタイプとしての評価が一般的である［船木 1985；阿部 1986；山中 1994, 2004］。そこで，西海道の一般的な国庁の建物配置との関係を検討しよう。西海道の国庁で様相が判明している例を検討する。

肥前国庁（図4⑤）は，8世紀前半には，やや長方形の区画内に，正殿・前殿，小型の脇殿を左右2棟ずつ（倉か）配し，大宰府政庁には似ていない。8世紀後半に正殿の両側に回廊が取り付き，塀で囲んだ後殿ができる点は大宰府政庁に近くなる。9世紀前半に四棟の脇殿が長舎化し最も大宰府政庁に似る。10世紀には正殿に取り付く回廊，脇殿・後殿が消滅する。終始，前殿が存在する点が特徴で，正殿前に広い空間が確保されてはいない［佐賀市

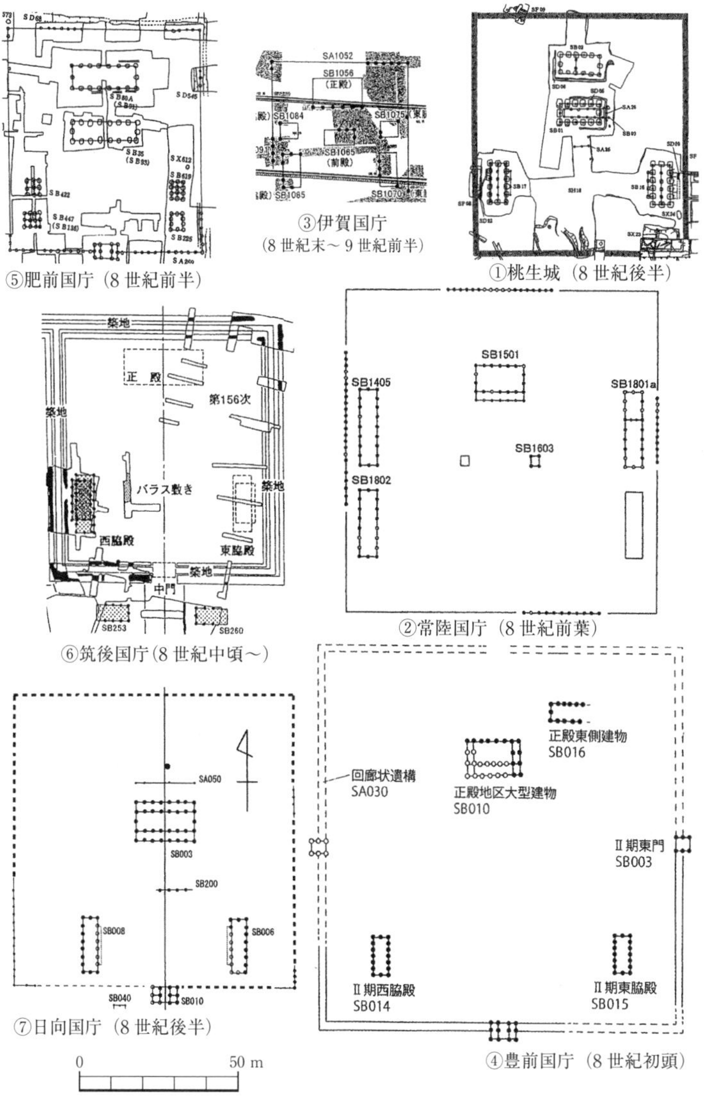

図4　8世紀の西海道国庁と関連国庁

教委 2006]。

筑後国府Ⅱ期政庁（図４⑥）は，築地塀の方形区画の中に正殿と左右１棟ずつの脇殿が品字形に配置されている。検出されている脇殿の北側にも脇殿を想定し，左右２棟ずつの脇殿の大宰府型と推定する説［山中 2004］もあるが，無理して脇殿４棟とせずとも，脇殿左右１棟ずつの城柵政庁型（図４①）に近い配置とみたほうがよいと考える。Ⅲ期政庁は 10 世紀に下るが，正殿・脇殿４棟を塀で囲む形態となる［久留米市教委 2008］。

日向国庁（図４⑦）は「前身官衙」は郡家か初期国庁か説が分かれるが長舎連結型である。８世紀後半に「定型化国庁」となるが，正方形区画の中に正殿と左右１棟ずつの脇殿が品字形に配され，城柵政庁型に近い。正殿は南北両廂で区画の中央やや北寄りに位置する。９世紀中葉に既存の脇殿の北側に脇殿が立てられ左右２棟ずつとなるが，全体的配置は大宰府政庁より内裏正殿地区のほうに近い［津曲 2017］。

このように大宰府政庁と全く同じ配置の国庁はない。したがって，「大宰府政庁型」と呼ぶとしても，公約数的に「正殿と左右２棟ずつの長舎脇殿４棟を持つ型」と表現するほかはない。ただしここまで単純化してしまうと，西海道に限られるわけではなく，常陸・伊賀にもある。

常陸では，初期官衙は東面する長舎連結型である。８世紀前葉に定型化国庁となり（図４②），正方形区画の中に正殿と左右２棟ずつの脇殿を配す形態となる。正殿は南廂で，脇殿は隅に寄っており，前庭が広大である。８世紀中葉にほぼ同じ配置で建て替えられるが，正殿の南に細長い前殿ができ，正殿の横に総柱建物が建つ。９世紀前葉には西隣の曹司と一体化する［箕輪 2017］。

伊賀国庁（図４③）は，８世紀末から９世紀前半に正殿・前殿と左右２棟ずつの脇殿が建つ［伊賀市教委 2012］。北側の脇殿は東西棟で桁行が短く，南側の脇殿は南北棟で５間ほどである。９世紀前半以降，脇殿が左右１棟ずつとなり，「大宰府政庁型から城柵政庁型へと変化した可能性がある」［山中 1995］。

常陸・伊賀についても，建物配置だけの比較なら，原型が大宰府政庁ではなく，平城宮の内裏正殿地区や式部省・兵部省，平安宮紫宸殿地区などのほうが類似するといえる。あえて「大宰府型」と呼ぶほどの類似性に欠ける。

しかも，この「正殿と左右2棟ずつの脇殿四棟を持つ型」は8世紀代には大宰府政庁・伊賀・常陸しかない。伊賀・常陸は空間的に大宰府から遠いのに加え，常陸は長舎脇殿2棟ずつの4棟ではあるが，2棟ずつの長舎を南面・東面・北面にコ字形に配した初期官衙の配置を継承したものであり［箕輪 2017］，大宰府政庁が原型ではありえない。伊賀は脇殿が短くさらに類似度が低い。

西海道の国庁でも筑後・肥前・豊前・日向は8世紀には大宰府型ではない。むしろ正殿・脇殿の建物配置は品字形で「正殿と桁行の短い両脇殿が品字形に配置される［山中 2004］」「城柵政庁型」（図4①）に近い。初期の豊前国庁とみられる福原長者原遺跡の配置（図4④）が判明し［九歴 2014］，「城柵政庁型」に近いことから，西海道の国庁の基本形はむしろこの型であったとみるほうがよい[15)]。さらに青木敬は，国庁の平面形について，正方形区画が東日本中心，長方形区画が西日本中心とみたが［青木 2012］，日向・豊前（福原長者原遺跡）は正方形であり，その点でも城柵政庁型と近い。

西海道以外の国庁に多い脇殿が左右1棟ずつの長舎である型と，脇殿が長舎ではない1棟ずつで正殿と合わせて品字形となる配置との差異の意義は別個に検討の必要があるが，品字形が西海道と陸奥・出羽，すなわち「蕃客」や「化外民」と対峙した地域にみられるのには意味があるだろう。したがって名称も「城柵政庁型」ではなく，「境域型」とでもしたほうがよかろうか[16)]。

国庁の機能としては，朝賀の儀，郡司告朔，饗宴，政務などがあり［山中 1994］，建物配置の型の違いの成因を機能における重点と連関させるのは容易ではないが[17)]，「境域型」＝品字型は，脇殿における政務よりも正殿と広い前庭における儀式や饗宴を重視する型とはいえまいか。朝賀の儀は参列者に身分秩序を自覚させ天皇の超越的権威を実感させるものであった。郡司告朔の儀は，国司と郡司の間の支配従属関係を再確認・更新し，国司の支配力や権限を強化するものであった。これは国庁の普遍的機能であろうが，帝国のうち，諸蕃や化外民と近い西海道諸国と陸奥・出羽においては，この服属儀礼がより重視され，8世紀第1四半期の帝国標章顕在期において，大宰府政庁Ⅱ期が平城宮中央区大極殿院・朝堂区画をモデルに建造され，西海道諸国では多賀城政庁と類似した国庁が整備される事態になったと意義づけられる。

註

1） 筆者は2006年に奈良時代の大嘗宮遺構を素材に，その建設地の移動の意義を考察し，王権を支える支配者集団結集方式の呪術的側面を検討した（本書第1章・第3章)。2008年には平城宮内裏改作の意義を検討し，歴代遷宮停止後に残った代替わりごとの天皇の居住地の更新であり，天皇の支配の安定化・正当化のために，当時最新の機構と法制の整備と並んで用いられた，大化前代の古い歴史的資源を再構成して創出された擬古的方式の一環として評価した（本書第4章)。続いて天皇と太上天皇の御在所並列を取り上げ，生前譲位がもたらした二重権力状況の空間処理法を解明した（本書第5章)。今回は，古代都城空間構造分析の第4課題である。

2）「朝堂院」の呼称は，確実には延暦11年以降の長岡宮期後半に始まるから，それ以前については単に「朝堂」と呼ぶのが正しい。しかし，個別の朝堂建物と，広大な朝庭および宮によって異なるが4・8・12・14（以上）棟の朝堂建物からなる中枢空間全体とを区別する必要があるので，長岡宮期前半以前については，前者を「朝堂」，後者を「朝堂区画」と呼び分ける。

3） 隼人が内属化した後には，南島人が蝦夷相当の夷狄扱いされるようになった。帝国には夷狄が必要であり，夷狄は次々に造り出されるものであった。

4） 実際には，朝堂区画は日常的な朝参・朝政の場としては機能していない［西元2008；志村 2015]，あるいは宮中枢の周囲にそれほど多くの官衙空間を想定できないとしても［林部 2001]，それは中大兄と孝徳の不和，皇極・中大兄の飛鳥帰還などによる意図せざる結果であって，各種国政機能を宮外の皇子宮や豪族宅で分散的に行う大化前代方式を否定し，宮内に諸官衙を集中させる構想であったことは否定できないであろう。

5） 渡辺晃宏は，平城宮第一次大極殿が含元殿をモデルとするという説を認め，天皇と臣下の身分秩序を演出する舞台装置として評価はする。しかし，平城宮で中国風儀式空間としての第一次大極殿院を自立させたのは，朝政のための空間に大極殿という新しい機能を導入する過程での試行錯誤の一端にすぎず，最終的に平城宮第二次大極殿で大極殿と政務空間が再び一元化・統合されたのを真の意味での日本の大極殿の成立と高く評価する立場から，大極殿の自立より政務空間としての東区朝堂院の自立のほうを重視している［渡辺 2006］。また，太極宮型である藤原宮大極殿と含元殿型である平城宮第一次大極殿とを系統差ととらえる鬼頭説［鬼頭 1978］を批判した。渡辺は「大極殿としての自立に重きがあったのならば，天平 17 年の平城環都後に再び政務空間と統合することにはならなかったであろう」とするが，東区の政務空間としての自立が重要であり，その付随的結果として大極殿院がはみ出してきたにすぎないのであろうか。

6）今泉隆雄は，平安宮朝堂院と豊楽院では着座の原理が異なり，朝堂院では朝政と儀式が行われ官司ごとに着座し，豊楽院では饗宴が行われ位階に基づき着座したことを明らかにした。［今泉 1989］。その用途の差から 12 堂と 4 堂という構造の差が生じたとし，平安宮における朝堂院・豊楽院の機能差からみて，平城宮においても中央区の四堂と東区の 12 堂が併存して用途を分担し，それが平安宮に引き継がれたとみる。今泉は，藤原宮で統合していた儀式・饗宴・政務の場が平城宮で中央区と東区に分化した原因は，儀式と饗宴の重視に基づく新構造の大極殿・朝堂（中央区）の創設にあり，平城宮創建時に中央区が東区より重視されたとみる。即位儀・朝賀の儀式は，臣下の天皇への服従を確認するための，律令国家における天皇支配の根幹にかかわる重大行事であり，饗宴は儀式に付随して支配階級としての天皇と臣下の一体感を作り出すための行事とみている。首肯すべき点が多いが，後述するように，平城宮中央区が直接に平安宮豊楽院にはつながらない可能性が出てきている。

7）志村説では，奈良時代後半においては，君臣間の饗宴は従来通り東区であったが，夷狄への饗応も東区で行われるようになっており，中央区朝堂区画はほとんど放置されたに等しい状況であったことになる。確かに環都後は天皇が出御する建物（閤門）を欠いており，称徳・道鏡政権下には朝庭に「法王宮」があって中央区を饗宴には使えなかったであろう。ただし，天平勝宝 4 年の新羅使，天平勝宝 5 年の渤海使への饗宴は東区が改作工事中の天平勝宝年間であるから東区ではないし，天平宝字 3 年の渤海使，天平宝字 7 年の渤海使（朝堂），神護景雲 3 年の陸奥蝦夷，宝亀 3 年の渤海使，宝亀 5 年の出羽蝦夷，宝亀 10 年の渤海使，宝亀 10 年の唐使，宝亀 11 年の新羅使，宝亀 11 年の唐使への饗宴の場は，「朝堂」とのみ記され，延暦 2 年の大隅・薩摩隼人への饗宴の際のように天皇の閤門出御が明記されているわけでもないから，厳密には東区である確証はない。小田は，宝亀 5（774）年に蝦夷が饗宴を受けた「朝堂」は楊梅宮の「朝堂」とみている［小田 2014］。これとても東区か楊梅宮か即断はできぬが，楊梅宮に「朝堂」と呼べるような施設があった可能性が出てきたので，今後，楊梅宮の用い方の検討が急務となる。本来，天皇になれるはずがなかった光仁は，即位後に臣下らとの関係を一から構築せざるをえず，臣下との一体性を高める儀礼や饗宴を大規模かつ頻繁に行った可能性がある。史料的裏付けには乏しいが，楊梅宮で検出されつつある施設の大規模さからみて，時たまの使用のためとは考えにくく，東区朝堂区画との使い分けなど今後の検討課題は多い。

8） 渡辺晃宏は，小墾田宮以来の日本的な朝政空間と，浄御原宮での大極殿導入以降の中国的な公的儀礼空間の，統合（藤原）・分割（平城）の試行錯誤の結果として，最終的に平城宮東区大極殿で大極殿と政務空間が再び一元化・統合されたのを，真の意味での日本の大極殿の成立と高く評価する。平城宮中央区大極殿の成立後にも後期難波宮や平城宮東区のような朝政空間と儀礼空間が一元化した構造が出現したことを重視し，「統合に苦心している姿をこそ認めるべき」と述べているから，あくまで「一元化」が目指すべきものであり，平城中央区は試行錯誤の結果淘汰されたものにすぎないという評価なのであろう［渡辺 2001, 2006］。

9） 平城環都から天平勝宝年間に至る時期は，聖武天皇・元正太上天皇から孝謙天皇・聖武太上天皇に移行し，橘諸兄から藤原仲麻呂へ政権が移行する時期であった。東区大極殿・朝堂区画の礎石建物への改作は孝謙女帝の即位には間に合わず，天平勝宝年間にようやく完成したようだが，構想や設計は聖武天皇在位中から始まっていたとみられる。しかし，渡辺がいうように，儀式空間と日常政務空間の統一は「日本的なものと中国的なものの真の統合の実現」を「聖武天皇が願い続けた」結果［渡辺 2010］とみるべきなのであろうか。平城宮をあれほど忌避し大仏造営に熱狂した聖武が，そのようなことを真面目に考えたか疑問がある。

10） その変化の実態であるが，朝堂区画の政務空間としての機能低下［渡辺 2006］説が有力であったが，志村は，奈良時代後半の「太政官院」の呼称の成立を，朝堂区画が天皇の出御空間から一定の独立性をもった臣下の自律的な政務空間として整備された結果と位置づけ，朝堂区画から「朝堂院」への過渡的な状況を示すと理解した［志村 2015］。となると変化の帰結としての「朝堂院」呼称の成立も，儀礼空間としてではなく，政務・儀礼・饗宴を一元的に実施する場として，大極殿院と一体性を強め平安宮における「朝堂院」成立を準備したとみるべきなのであろう。

11） 鬼頭清明は日本の大極殿を大極殿型と含元殿型に分け，平安宮大極殿を含元殿型とした［鬼頭 1978］。これは他の説が平城宮第二次→長岡宮→平安宮という変化の終着点として，つまり，内在的要因で平安宮型が成立したとみるのに対して，外来的祖形の相違から平安宮の成立を説明する点で重要だが，渡辺の反論を誘発した［渡辺 2006］。また田島公は，平安宮における大極殿閤門の撤去，龍尾道の形成の要因を，大極殿が大明宮含元殿を模倣したことに求めている［田島 1985］。田島は，国家的儀礼である「賓礼」の開催場所を問題とした。「賓礼」でもある蕃客参加の元日朝賀の儀，「国書・信物受納の儀」や外国使節への宴会が，平城宮では大極殿―朝堂を用いて行われたとし，大極殿閤門が長安城「外朝」の承天門に当たるとする岸説［岸 1977］を受け，天皇が出御する大極殿閤門が「賓礼」機能を果たしていたことを重視する。平安宮では大極殿閤門が撤去され竜尾道に変わったことから，平城宮で天皇が大極殿閤門に出御して行われていた宴会が，平安宮では豊楽院と朝堂院で別々の日に行われるようになったとみる。

12）『中右記』永長元（1096）年十月十一日条に，仁明天皇が派遣した承和の遣唐使の大使藤原常嗣（承和 6〔839〕年帰国）が，平安宮大極殿が唐大明宮含元殿と類似していた様子を帰国後に伝えていた，という記述がある。

13）国庁で行われる朝拝について古尾谷知浩は，朝拝の対象となる「庁」が宮都の大極殿ではなく，国の「庁」を大極殿に見立てて朝拝を行うとした［古尾谷 2017］。大宰府政庁の場合も同様であろう。

14）筆者はかつて山村の中央区朝堂モデル説に対し，機能に相違があり，大宰府政庁Ⅱ期のほうが建造年代が早そうであるから，12 堂の省略と考えたほうがよいと述べたが［岩永 2009］，今回考えを改めたので撤回する。

15）かつて山中敏史は，大宰府型を西海道諸国の型とみる阿部説［阿部 1986］に対し，肥後国庁は「むしろ多賀城により近い」，豊前国庁は「阿部の言う「内国」の国庁類型となる可能性が高い」から，「肥前国庁のようなスタイルの大宰府型を西海道諸国に共通した地域的類型とすることはできなくなる」と指摘していた［山中 2004］。現在では，山中がとりあげた肥後国庁は調査が古く情報が不十分，豊前国庁は平安前期に下る，大宰府型の肥前国庁は 9 世紀前半に下る，といった問題があるが，「大宰府型を西海道諸国に共通した地域的類型とすることはできなくなる」という山中の主張は妥当であろう。なお，図 4 に城柵政庁型の代表例として，大宰府政庁Ⅱ期と創建時期が近い多賀城政庁第 1 期をあげたかったが，図が大きくなるため，小規模な桃生城を示した。

16）ただし，日向・大隅・薩摩のみならず筑・豊・肥諸国をも境域に含めるのは抵抗があるかもしれず，また美作国庁もこの型となる可能性があり［山中 2004］，必ずしも地域的類型ではないので名称は検討の余地がある。阿部の「城柵型・内国型・大宰府型」［阿部 1986］は地域的類型であるが，分布が必ずしも地域に限定されないという難点があった。他方，山中の「長舎型・大宰府政庁型・城柵政庁型」［山中 1995・2004］は建物配置の類型だが，「大宰府」「城柵」の文字が入り地域的類型と誤解されやすい。品字型・長舎型・四棟型などと呼ぶほうがよいかもしれない。

17）国庁一般の原型は，朝堂院［鏡山 1962；山中 1994］，平城宮の太政官曹司［阿部 1986］などの説が唱えられ，長舎型国庁の祖型については，大極殿・朝堂院［山中 1994］，太政官曹司［阿部 1986］説がある。山中は，国庁の正殿・前庭は儀式・饗宴に重要な役割を果たし，脇殿は政務などに不可欠な施設と位置づけ，長舎型国庁は政務などが相対的に重視された構造と理解した［山中 1995］。

参考文献

青木　敬　2012「宮都と国府の成立」『古代文化』63-4
浅野　充　1990「古代天皇制国家の成立と宮都の門」『日本史研究』338
阿部義平　1983「古代城柵政庁の基礎的考察」『考古学論叢Ⅰ』東出版寧楽社
阿部義平　1984「古代宮都中枢部の変遷について」『国立歴史民俗博物館研究報告』3
阿部義平　1986「国庁の類型につて」『国立歴史民俗博物館研究報告』10
伊賀市教育委員会　20112『史跡伊賀国丁跡保存管理計画書』
石母田正　1962a「日本古代における国際意識について―古代貴族の場合―」『思想』1962年4月号（のち『日本古代国家論』第1部，岩波書店，1973，に収録）
石母田正　1962b「天皇と「諸蕃」―大宝令制定の意義に関連して―」『法学志林』60-3，のち『日本古代国家論』第1部，に収録）
石母田正　1970『日本の古代国家』岩波書店
今泉隆雄　1980「平城宮大極殿朝堂考」『関晃先生還暦記念日本古代史研究』吉川弘文館
今泉隆雄　1984「律令制都城の成立と展開」『講座日本歴史』2，東京大学出版会
今泉隆雄　1989「再び平城宮の大極殿・朝堂について」『律令国家の構造』
今泉隆雄　2005「古代国家と郡山遺跡」『郡山遺跡発掘調査報告書』総括編
岩永省三　1996「平城宮」『古代都城の儀礼空間と構造』奈良国立文化財研究所
岩永省三　2006a「大嘗宮移動論―幻想の氏族合議制―」『九州大学総合研究博物館研究報告』4〔本書第1章〕
岩永省三　2006b「大嘗宮の付属施設」『喜谷美宣先生古希記念論集』〔本書第3章〕
岩永省三　2008a「内裏改作論」『九州大学総合研究博物館研究報告』6〔本書第4章〕
岩永省三　2008b「日本における都城制の受容と変容」『九州と東アジアの考古学』〔本書第7章〕
岩永省三　2009「老司式・鴻臚館式軒瓦出現の背景」『九州大学総合研究博物館研究報告』7〔本書第8章〕
岩永省三　2015「二重権力空間構造論―並列御在所の歴史的評価―」『九州大学総合研究博物館研究報告』13〔本書第5章〕
石見清裕　2009「唐代内附民族對象規定の再検討―天聖令・開元二十五年令より―」『東洋史研究』68-1
内田和伸　2007「宇宙を象る宮殿―平城宮第一次大極殿の設計思想―」『日本史の方法』5号，日本史の方法研究会
大高広和　2014「大宝律令の制定と『蕃』『夷』」『史学雑誌』122-12
小澤　毅　1993「平城宮中央区大極殿地域の建築平面について」『考古論集』潮見浩先生退官記念事業会
小田和利　2002「考察（2）土器」『大宰府政庁跡』九州歴史資料館

小田裕樹　2014「饗宴施設の構造と長舎」『第17回古代官衙・集落研究会報告書　長舎と官衙の建物配置　報告編』奈良文化財研究所
小田裕樹・川畑純　2014「東院地区の調査―第503次」『奈良文化財研究所研究紀要2014』奈良文化財研究所
鏡山　猛　1962「平城京と大宰府」『大和文化研究』7-9
金子裕之　1987「平城宮」『古代を考える　宮都発掘』吉川弘文館
狩野　久　1975「律令国家と都市」『大系日本国家史1　古代』東京大学出版会
河内春人　1996「大宝律令の成立と遣唐使派遣」『続日本紀研究』305
岸　俊男　1977「難波宮の系譜」『京都大学文学部研究紀要』17（のち『日本古代宮都の研究』岩波書店，1988に収録）
鬼頭清明　1978「日本に於ける大極殿の成立」『古代史論叢』中，吉川弘文館
九州歴史資料館編　2002『大宰府政庁跡』
九州歴史資料館編　2014「福原長者原遺跡第3次調査・福原吉原遺跡第2・3次調査」『東九州自動車道関係埋蔵文化財調査報告―13―』
國下多美樹　2013『長岡京の歴史考古学研究』吉川弘文館
熊谷公男　1986「阿倍比羅夫北征記事に関する基礎的考察」『東北古代史の研究』吉川弘文館
熊谷公男　2004『古代の蝦夷と城柵』吉川弘文館
熊谷公男　2015『蝦夷支配体制の強化と戦乱の時代への序曲』『蝦夷と城柵の時代』吉川弘文館
久留米市教育委員会　2008『筑後国府跡（1）』
佐賀市教委　2006『国指定史跡　肥前国庁跡保存整備事業報告書―遺物・整備編―』
坂本太郎　1959『日本全史3　古代1』，東京大学出版会
狭川真一　1993「大宰府の造営」『古文化談叢』31
清水みき　1995「桓武朝における遷都の論理」『日本古代国家の展開』上，思文閣出版
志村佳名子　2015『日本古代の王宮構造と政務・儀礼』塙書房
鈴木靖民　1969「奈良時代における対外意識―『続日本紀』朝鮮関係記事の検討―」『日本史論集』上，吉川弘文館
鈴木靖民　1985「日本律令制の成立・展開と対外関係」『古代対外関係史の研究』吉川弘文館
瀧川政次郎　1967「革命思想と長岡遷都」『法制史論叢第2冊　京制並に都城制の研究』角川書店
田島　公　1985「律令国家の「賓礼」―外交儀礼より見た天皇と太政官―」『史林』68-3
津曲大祐　2017「日向国府跡の調査成果」『一般社団法人日本考古学協会2017度宮崎

大会　研究発表資料集』
東野治之　1992「遣唐使の朝貢年期」『遣唐使と正倉院』岩波書店
東野治之　1994『遣唐使船　東アジアの中で』朝日新聞社
直木孝次郎　1967「大極殿の門」『末永先生古希記念古代学論叢』（のち『飛鳥奈良時代の研究』塙書房，1975年，に収録）
中尾芳治　1992「難波宮発掘」『古代を考える　難波』吉川弘文館
中尾芳治　1995「前期難波宮と唐長安城の宮・皇城」『難波宮の研究』吉川弘文館
永田英明　2015「城柵の設置と新たな蝦夷支配」『蝦夷と城柵の時代』吉川弘文館
永山修一　2009『隼人と古代日本』同成社
奈良国立文化財研究所　1982『平城宮発掘調査報告ＸⅠ—第1次大極殿地域の調査—』
奈良文化財研究所　2011『平城宮発掘調査報告ＸⅦ』
西本昌弘　2008『日本古代の王宮と儀礼』塙書房
橋本義則　1984「平安宮草創期の豊楽院」『日本政治社会史研究』中（のち『平安宮成立史の研究』塙書房，1995，に収録）
早川庄八　1984「古代天皇制と太政官政治」『講座日本歴史』2，東京大学出版会
早川庄八　1987「律令国家・王朝国家における天皇」『日本の社会史』3，岩波書店
林　陸朗　1972『長岡京の謎』新人物往来社
林部　均　2001『古代宮都形成過程の研究』青木書店
平野卓治　1985「律令位階制と『諸蕃』」『日本古代の政治と制度』続群書類従完成会
船木義勝　1985「考察」『払田柵跡Ⅰ—政庁跡—』秋田県教育委員会
古尾谷知浩　2017「国の「庁」とクラ」『名古屋大学文学部研究論集』史学63
町田　章　1991「平城京」『新版古代の日本』6，角川書店
松崎俊郎　2007「長岡宮跡第443～第四四五次調査」『都城』18，向日市埋蔵文化財センター
箕輪健一　2017「常陸国庁と周辺郡衙の政庁域の変遷と特質」『第21回　古代官衙・集落研究集会　地方官衙政庁域の変遷と特質　研究報告資料』奈良文化財研究所
森　公章　1983「「天皇」号の成立をめぐって—君主号と外交との関係を中心として—」『日本歴史』418（のち『古代日本の対外認識と通交』吉川弘文館，1998年，に収録）
森　公章　1986「天皇号の成立とその意義」『古代史研究の最前線』1，雄山閣出版
山中敏史　1994『古代地方官衙遺跡の研究』塙書房
山中敏史　1995「古代地方官衙論」『展望考古学』考古学研究会
山中敏史　2004「国庁の構造と機能」『古代の官衙遺跡　Ⅱ遺物・遺跡編』奈良文化財研究所
山村信榮　1994「大宰府成立論—政庁第Ⅱ期における大宰府の成立—」『牟田裕二君追悼論集』

横田賢次郎　2002「考察（1）遺構」『大宰府政庁跡』九州歴史資料館
吉村靖徳　2003「成立期の大宰府政庁に関する試論」『九州考古学』78
渡辺晃宏　2001『平城京と木簡の世紀』講談社
渡辺晃宏　2005「称徳天皇の西宮と中央区朝堂院」『奈良文化財研究所紀要2005』
渡辺晃宏　2006「平城宮中枢部の構造―その変遷と史的位置―」『古代中世の政治と権力』吉川弘文館
渡辺晃宏　2010『平城京1300年「全検証」　奈良の都を木簡からよみ解く』柏書房

挿図出典

図1　①②④⑤⑥⑧　金子裕之2004「大極殿・朝堂院」『古代の官衙遺跡　Ⅱ遺物・遺跡編』奈良文化財研究所。③奈良文化財研究所2002『奈良文化財研究所創立五〇周年記念　飛鳥・藤原京展―古代律令国家の構造―』。⑦國下多美樹2013『長岡京の歴史考古学研究』吉川弘文館

図2　**上**　楊鴻勛1997「唐長安城大明宮含元殿の復元的研究―その建築形態にかんする再論―」『佛教芸術』233。**右下**　奈良国立文化財研究所1982『平城宮発掘調査報告ＸＩ―第1次大極殿地域の調査―』。**左下**　（財）古代学協会・古代学研究所編1994『平安京提要』

図3　**右上**　奈良文化財研究所2002『日中古代都城図録』。**右下**　金子裕之2004「大極殿・朝堂院」『古代の官衙遺跡　Ⅱ遺物・遺跡編』奈良文化財研究所。**左上**　九州歴史資料館2002『大宰府政庁跡』。**左下**　岡寺良2010「蔵司跡の最新調査研究成果」『展望・大宰府研究―蔵司跡の調査から―』九州国立博物館

図4　①宮城県多賀城跡調査研究所2002『桃生城Ｘ』。②石岡市教育委員会2009『常陸国衙跡―国庁・曹司の調査―』。③伊賀市教育委員会2012『史跡伊賀国庁跡保存管理計画書』。④行橋市教育委員会2017『豊前国府誕生　福原長者原遺跡とその時代』。⑤佐賀市教育委員会2006『国史跡　肥前国庁跡保存整備事業報告書―遺物・整備編―』。⑥奈良文化財研究所2017『第21回古代官衙・集落研究会　地方官衙政庁域の変遷と特質　政庁域　遺構集成』。⑦津曲大祐2017「日向国府跡の調査成果」『一般社団法人日本考古学協会2017年度宮崎大会　研究発表資料集』

補説

註7および本文の7節に記した光仁天皇の即位について補足しておく。光仁・桓武ともに天武系皇統が健在であれば，天皇になれるはずがなかったことは間違いない。

称徳女帝は，淳仁天皇を廃位して淡路に幽閉し，淳仁と同じ舎人系皇親でありながら淳仁の廃位に加担した和気王を，謀反を企てたとして断罪した。その後，紀伊国への行幸時に淳仁が没し舎人系皇親は壊滅した。しかし，天武系皇親が，臣籍に降下した皇親氏族以外にいなくなった後の皇位継承について，称徳がどのように考えていたかについては諸説ある。

称徳は，天皇家正統としての草壁（天武―持統）皇統という嫡系意識・皇統意識を強くもっており［倉本 2017］，舎人系・長系・新田部系という他の天武系を敵視していた。

聖武の血を引く皇親・元皇親としては，聖武と県犬養広刀自の娘たる井上内親王が白壁王との間に産んだ他戸王，同じく聖武・広刀自の娘たる不破内親王が塩焼王（新田部系）との間に産んだ氷上真人志計志麻呂が残っていたが，宇佐八幡神託事件に際して生じた巫蠱事件で不破内親王と志計志麻呂が断罪された。天武系（新田部系）元皇親が除去されたわけだが，倉本一宏はそこに称徳―道鏡側の猜疑と焦燥をみる［倉本 2017］。

称徳が道鏡の即位を画策したとして，両者ともに子がないから，その後をどう考えていたのか。

称徳の死後，藤原百川・藤原永手・藤原良継らは，文室浄三・文室大市という天武系（長親王系）元皇親を推す吉備真備の意見を退け，白壁王を推した。

倉本は，吉備真備が天武系を推したことの背景に，称徳の臥内に出入りできた吉備由利を通じて知りえた称徳の意向をみるが［倉本 2017］，あれほど草壁系以外の天武系皇親を嫌った称徳が，最後の最後に彼らの即位を認めるであろうか。

聖武の血を引く他戸王を本命として，中継ぎとして他戸の父の白壁王を即位させる方策を，倉本は，称徳の意向とは異なる支配者層の総意とする［倉本 2017]。他方，遠山美都男は，子がいない孝謙の後には自分の娘婿を即位させ孫の男子に皇統をつなげるという聖武の路線を継承し，他戸王を即位させ草壁皇統を継がせるのが称徳の意思であって，道鏡の即位も，称徳の擬制上の夫とみなされ聖武の娘婿という位置にあった道鏡を即位させ，他戸王への中継ぎとする構想であったとする。道鏡擁立を断念した後には白壁王の即位へと軌道修正したとみる［遠山 2007］。

いずれにせよ，白壁王は聖武の娘・井上の夫，すなわち聖武の娘婿，他戸王への中継ぎとして担ぎ出されたのであって，彼が天智系であったのは結果にすぎなかった。事実，彼の即位直後に井上が皇后，他戸が皇太子に立てられた。光仁天皇自身の権威や正当性・カリスマ性は不足していたであろう。しかし，ほどなく井上が廃皇され，他戸も皇太子の地位を追われた。その原因については，山部を押す藤原式家による陰謀説が主流で，井上が自身の即位を狙ったとみる説［遠山 2007］もある。いずれにせよ，井上・他戸の排除，山部の立太子は藤原式家の支持があったとしても，支配者層全体の中に亀裂をもたらす危険性があり，井上・他戸を幽閉した翌年の宝亀5（774）年以降，宮内での饗宴の回数が急増し，臣下の支持を取り付け親和をはかることに腐心せざるをえなかったとみられる。『続日本紀』が記載する奈良時代の天皇在位中の饗宴数は，光仁（38回）は回数では聖武（65回）に次ぐ2位だが，頻度では1位（平均して年に3.5回）である。

光仁から譲位されて即位した桓武は，母が渡来系の卑姓であることもあり，即位の正当性を謳うには天智天皇の「不改常典」を持ち出さざるをえなかった。「不改常典」については，本書第8章「老司式・鴻臚館式軒瓦出現の背景」註2でふれたが，ここで再度述べておく。元明即位宣命・聖武即位宣命・聖武譲位宣命では，文武即位の正当性を，天武の血を引くことではなく，持統（母系）を介して天智の血も引くことに求めるべく，天智が定めたものとして「不改常典」を持ち出し，その文武の要請として元明の即位を正当化し，文武の皇統として聖武の即位を正当化し，孝謙の即位を正当化するという，反対勢力を抑え込むための理屈であった。しかし，桓武即位宣命の場合には，母が渡来系の卑姓であり，聖武の血を引く他戸を排除して立太子するなど暗い影をもち，権威とカリスマに欠ける自己の即位の正当性を，母系を介さずストレートに父系で天智の血を引くことに求めるのが好都合であっただろう。かつて「不改常典」を持ち出した勢力からすれば「意図せざる結果」となったのである。

しかしひとたび即位し，聖武の娘不破内親王と氷上塩焼の子たる氷上川継を謀反の罪で配流し，多くの貴族を連座者として処分した後には，桓武は新王朝樹立のための施策を強引・精力的に進めていくのである。

倉本一宏　2017『奈良朝の政変劇—皇親たちの悲劇—』吉川弘文館
遠山美都男　2007『古代の皇位継承—天武系皇統は実在したか—』吉川弘文館

第7章　日本における都城制の受容と変容

はじめに

隋・唐帝国の勃興と変容がその周辺国家に引き起こした現象を，日本の古代における中国的都城の受容と変容（改変・換骨奪胎）の側面から追究する。

倭においては畿内を中心とする支配者集団が，大陸とは海峡を挟んで直結してはおらず，隣接勢力からの脅威が直接には及ばないという好条件の中で，3〜4世紀の間に列島内の広域にわたる緩い統合体を形成した段階から，朝鮮半島への政治的・軍事的介入を開始し，5〜7世紀を通じて権益の保持に躍起になるとともに，5・7世紀には中国諸王朝に朝貢し「東夷の小帝国」［石母田 1962］として認知されることを目指す政策を保持した。半島の情勢はきびしく6世紀にはほとんど実質を失うに至るが，実現はしなくとも介入・出兵の機をうかがい続ける姿勢は8世紀後半まで残り，半島諸国に対する差別意識はさらに後まで残った。日本列島内においても，「帝国」たるべき要件として夷狄の存在と彼らの朝貢を必要とする体制が8世紀の途中まで続いた。

他方，中国において6世紀末に南北両朝を統一した隋および唐は，世界帝国を目指した拡張政策を進め，特に朝鮮半島方面への激しい侵略政策を進めた。朝鮮半島諸国及び倭は，きびしい国際情勢に耐え抜いていくために，権力を集中し，広領域を統合・統治するための政治組織を早急につくり上げげ，必要に応じて隋・唐の制度を模倣した体制を整えて国力・軍事力の増強をはからざるをえなかった。新羅とともに唐に滅ぼされずに残った倭は，唐を中心として形成された国際秩序の中ではしょせん唐と対等ではなく，朝貢を続けざるをえなかったが，その中での立場を確立すべく国家機構を整備し国力の維持・増強に努め，唐が保持する高度に発達した文化面での成果の吸収に余念がなかった。

このように倭・日本は，7～8世紀の間，世界帝国唐の周辺国家・朝貢国でありつつも，朝鮮半島諸国あるいは日本列島内の夷狄にたいしては「帝国」として臨むという二重性を維持しつつ，国家が必要とするさまざまな制度・組織を，当時の最高水準としての唐のそれを参照しつつ構築していった。ただし唐のそれの引き写しではなく，日本社会の実情，発達の水準に合わせて取捨選択・改変を加えた。本章で扱う都城制の導入もそのような背景の中でなされた。

まず，中国において都城設計を規定した思想・儀礼・都城設計理念について先学の研究成果を概観（I）してから，中国の都城設計思想・理念が具体的に日本の都城の設計に与えた影響の有り様を知るために，日本の都城の平面構造などにおける中国起源要素の受容様態，日本独自要素の発現様態を追跡し，都城制の日本への導入・受容に際しての取捨選択・換骨奪胎の様相を詳述し（II），中国都城制の日本への導入の特性とその成因を明らかにしたい（III）。唐は安史の乱以後，国内・国際情勢の大きな変動に見舞われ，日本もほぼ同じ時期から社会基盤の変動による国内情勢の変化を経験し，都城のあり方においても両国ともになし崩し的変容が生じていった。そうした状況についても言及する（IV）。

I　都城設計の基盤となる中国の思想・儀礼・国家機構の概観

7世紀以降，日本の支配者層は，中国で熟成された当時の東アジア世界最高の百科全書的知識体系を導入しようとした。そのうち，都城設計を左右したものを妹尾達彦の研究［妹尾 1998, 2001］に拠りつつ概観する。

1　思想

中国において北朝の遊牧民国家以前に形成されていた伝統的思想・理念のうち，都城設計を左右したもの。中国で熟成された思想は，北朝の遊牧民国家以前に形成されていた基層社会の伝統的思想が儒教・仏教・道教と複合した形で成立していた。そのうち，都城設計の思想・理念とかかわるのは神仙思想・五行説・陰陽思想，天文・暦・易などである。

哲学的宇宙論としての天文思想は後漢に出揃った。「王都」「太極」が重要である。

王都について。天と地上の支配者を結び付ける抽象的な概念として天命があり，その天命の受命者が天子として地上の統治を委ねられる。天子の居住地たる王都は，支配の正当性を普遍的に示す場であって，天の中心と対応する地の中核に位置し価値と道徳の源泉とみなされる。王都の平面は方形で大地を象徴している。

太極について。太極は，『易経』では混沌たる宇宙の始原的状態，天地万物の根源を示す。天文占星思想では天帝の常居とされる。ゆえに天命を受けた天子の居住地たる宮城の正殿が，天帝の居住地に直結する宇宙軸の不動の中心であり，天子の支配の正統性を示す建物として，太極殿とよばれるようになった。魏・明帝の洛陽南宮（235年～）から出現した。

両儀は『易経』では万物の根源が陰陽・天地に分かれたもの。

宮殿の北方配置について。後漢から天の中心たる北極星の絶対視が強まり，北極星が天頂から北にずれていることに対応して，宮殿の城内北部立地や，宮殿内における太極殿の北方配置が生じた。太極殿は宇宙軸を通して北極に繋がり，天空の秩序と地上の秩序が，天子―皇帝を媒介に王都で結び合わされる。

このほか城内空間の象徴的意味づけに陰陽五行説が用いられ，王者にふさわしい土地の意味づけ，自然地形の意味づけ，空間の象徴化，立地の選択などに『易経』が参照される。

2　国家的儀礼

礼の思想・礼制の理念が王朝儀礼を規定している。王朝（皇帝）儀礼の機能は，儀礼や象徴の力によって権力者・王朝の正当性を創造・証明することである。つまり，宇宙の秩序と地上の秩序の対応を説く抽象的な観念としての宇宙論を，劇的な形で視覚化・具象化し，具体的な地上の王権に結び付けて天命の所在を具現化し，地上の権力者の正当性を内外に顕示する。そして支配者が想定する秩序を可視的な形で示し，価値の中心性を創作し，支配者層の意識を共有化するとともに，被支配者に支配の正当性の観念を植え付ける。そして王都の中心性・聖性を強調・具象化・視覚化する。

なかでも，郊祀（祭天儀礼）は，天子のみに許された王朝儀礼の代表である。王都郊外の祭天儀礼が成立したのは前漢末であり，王莽代に体系が整備され，後漢に形式が定着し，魏代に南郊祭天が王朝儀礼の筆頭となった。昊天上帝が南郊祭祀の主神化したのは唐・高宗の時である。この祭天儀礼の重視が王宮の北方配置を生み出した。この南郊祭天・朝会の重視から，宮城と円丘を結ぶ南北軸が都市プラン・儀礼の軸線となった。また後漢洛陽城以後，皇帝が南面して臣下に対す礼制が重視されるようになり，曹魏鄴城・北魏洛陽城に継承された。

3　都城設計理念の形成と変遷

周代の理想的王朝制度を記した『周礼』考工記が記す王都モデルでは，天子居住地がもつべき特徴は「前朝後市，左祖右社，中央宮闕，左右民廛」とまとめられる。

この古典的理想都市と，北魏以降の非漢族政権の都城設計思想との関係はどうなるのか。4世紀に華北に進出した遊牧民政権は，華北の伝統文化（古典的理想都市の方格状都市計画）を取り入れつつ，彼らの人民編成・軍事編成・農業振興の必要性からくる，軍事的植民・徙民政策，計口授田制・均田制にマッチした都市計画を創出し，しだいに完成させていった。すなわち，方格状都市計画・囲郭居住地区制度（坊牆制）を特徴とし，王宮＋家政機関域，国家機関域，市街からなる3重構造をとり，軸線をもつ対称性を備える。

方格地割・坊市制（坊牆制＋市制）の成立は，華北の伝統文化たる秦・漢以来のグリッドプラン，天円地方の考え方を導入したものだが，グリッドプラン＝方格状の計画都市は，旧都市の外に新たに造る計画都市の場合にこそ相応しく，華北の未開地・荒廃地に実施する人工的土地利用として，都市内部の方格状町割と都市周辺の方格状耕地割が可能となった。

北魏の平城で，外郭城の全域に坊牆制を初めて採用し遊牧政権の王都の範型となった。その後，北魏洛陽城，東魏・北斉鄴城を通じて熟成され隋・大興城で完成に至った。

大興城・長安城は，非漢族遊牧民政権が，王都範型として新たに造り出したプランを継承し，直接的には北魏洛陽城の影響を受けつつ，古典的都市プランに基づきつつも伝統思想を盛り込んだものである。天文思想・宇宙論・世界認識として太極殿の北方配置を完成させ，太極宮の中心性が明確化し，南北大街を都市プランの軸線とした左右対称配置が完成している。

大中国（統治空間が外中国と内中国を包含）を統治する非漢族政権としての唐では，王朝儀礼は抽象的・形式的・普遍的傾向を強め，非漢族政権ゆえ古来の正統王朝の演出が不可欠であった。唐代に王朝儀礼中で儒教の最高神，宇宙の最高神＝昊天上帝を祭る円丘の祭祀が最重要化し，王朝儀礼の内容と儀式空間の整備が進み，規範を提供した。宮城と南郊祭天の円丘を結ぶ軸線（両儀殿－太極殿－承天門－明徳門）が，受命を確認する王朝儀礼を催す聖なる南北儀礼線であり，天の子午線に対応するものと意識された。陰陽五行思想に基づく都市計画として，この軸線に対称に官庁が配置され，官僚制度の機能性より皇帝の中心性を視覚化する建築秩序の象徴性が重視された。

隋大興城（唐長安城）と『周礼』の理想都市モデルとの関係はどうか。宮城が北である点では，周礼モデルと差があるが，禁苑を考慮すると宮城の位置は全体プランの中央になる。両者の共通点は，三朝制，宮殿南面＋前朝，左祖右社，各面三門の点である。広大な禁苑には，漢長安城を包み込み隋が漢を超越するという象徴的意味があり，漢長安城を宮城の西北の防衛に当てる意義もあった。軍事的要請には，突厥の侵入に備えたより防御力がある堅固な城郭の必要性と，陳人の強制移住などによる城内人口の増加に備えた治安機能の強化の必要性があった。

安史の乱後の社会変容と長安城との関係はどうか。内廷における行財政・軍事機構の増大，太極宮から大明宮への政治中枢の移動がみられた。大明宮では重要な行財政諸機関が内朝の紫宸殿周囲に集まり機能的政治運営が可能となり，皇帝直属の行財政機構の設立と科挙の定着は，貴族制から官僚制への移行と関係する。祭天儀礼が道教儀礼と集合し，南郊祭天のルートが変更となった。

Ⅱ　都城制の受容・改変の具体像

Ⅰで扱った中国の都城設計思想・理念が具体的に日本の都城の設計に与えた影響のあり様を知るために，宮・京の平面構造などにおける中国起源要素の受容様態，日本独自要素の発現様態を追跡する。宮については中枢部の構造を中心に扱う。

1　古代都市・宮殿の形成過程

小墾田宮

第1回遣隋使帰国後の推古11（603）年に造営された小墾田宮の構造は，『日本書紀』の記述から復元されている［岸 1993］。遺構が確認されてはいないが，宮の南門を入ると朝庭があり，そこに大臣や大夫が政務を執る庁（朝堂）がいくつか並んで朝参・朝政が行われ，朝庭の奥にある大門（閤門）を入ると天皇がいる大殿がある。この構造は，天皇の常居である内裏の前にいくつかの朝堂をもつ朝庭が位置し，それぞれが南に向かって門を開くという後の宮室の基本構造が成立しているとの評価［岸 1993］がある。これに対して庁に百官の座はなく大臣・大夫のみの場であり［仁藤 1999］，庁の数は単数で未だ朝堂的機能は有していない［山中 2002］との反論があり[補1)]，遺構での確認が待たれる。小墾田宮の構造が，古墳時代以来の大王宮の系譜を引くのか，中国の宮殿の知識が反映されているのか断ずるのは難しいが，隋に対して倭国の独自性の主張が通じず，政務・儀礼形態の後進性を思い知らされ，冠位十二階・憲法十七条の制定，朝礼の改訂など政務・儀礼形態の全面的改正を急速に進めざるをえなくなった［熊谷 2001］状況下での宮の造営ゆえ，遣隋使が持ち帰った大興城宮城・皇城などの知見が盛り込まれた可能性はある。

前期難波宮

前期難波宮の建設時期については，孝徳朝説［中尾 1992, 1995］・天武朝説［山中 1986］が対立するが，孝徳朝説に従う。宮の中枢部については内裏南半以南の構造が判明している［大阪市文化財協会 1981］。南から北に南門，朝集殿，14ないし16棟の朝堂［植木 1998］を配す広大な「朝堂院」[1)]，巨大な内裏南門SB3301とその両側の八角殿院，東西に長殿を伴う内裏前殿SB1801，内裏の諸施設が並び，それらの両側に官衙域が出現している。SB1801の区画は天皇の出御空間であるとともに，政務空間としての朝堂院の正殿でもある。宮に附属する京域・条坊の有無と構造は不明であり，宮の位置が京の北端か否か，すなわち長安城型か北魏洛陽城型かは不明である。

後飛鳥岡本宮[補2)]

内裏に相当する内郭の様相が判明している。北4分の3が天皇の私的空間，南4分の1が出御空間である。後者の正殿SB7910は従来内裏正殿と評価されてきたが、2004年以降の発掘調査でSB7910の北側で大型の東西棟建物が2棟発見され，どちらかが正殿と判明したので、SB7910は前殿であり，難波長柄豊碕宮の内裏前殿（SB1801）相当することが明らかとなった［渡辺 2006］。まだ大極殿相当建物はない。難波長柄豊碕宮で存在したような官衙域については不明な点が多いが，官僚群の実務処理の場である曹司の存在は確かであろう。

大化改新から斉明朝にいたる時期は，改新前からの朝鮮半島状勢の緊迫化の中で，3回の遣唐使を送り，特に659年出航の遣唐使では高宗にわざわざ蝦夷を見せて，倭国が朝貢国を従えた帝国たることを主張したり，国内では安部比羅夫が3回も東北地方や北海道へ遠征を行って蝦夷や粛慎を服属させ，百済復興のために出兵するなど，小帝国的性格を強く出した時期であるが，都城については，王宮自体は前期難波宮と大差なく，独自性は，飛鳥寺西の聖なる空間・槻樹広場への須弥山像の設置，王宮の東の山城の造営などに現れた。

飛鳥浄御原宮[補3)]

命名は天武の死の直前であるが，造営は即位直後である。後飛鳥岡本宮を

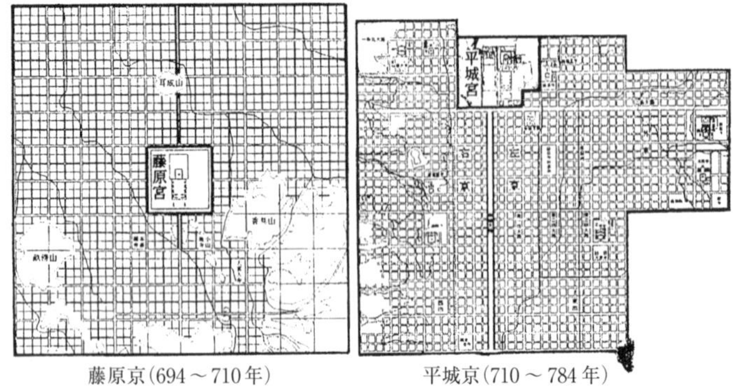

上段：図１　日本古代都城の変遷（[井上 2006] による。1：125000）
下段：図２　内裏・大極殿・朝堂院の変遷（1：16000）

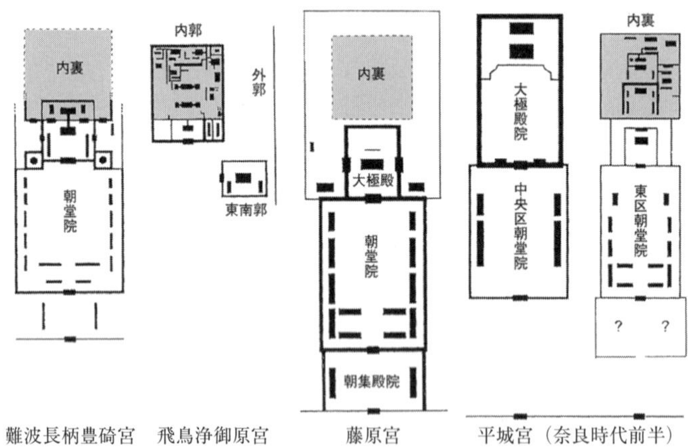

踏襲した内裏の東南に大規模な正殿 SB7701 を有する区画が成立する。内裏の出御空間と明確に分離し，朝堂を伴う「大極殿」の初出である。問題は，SB7701 が東西両堂を伴うことで[補4)]，難波長柄豊碕宮の内裏前殿（SB1801），ひいては魏晋南北朝の太極殿の要素を継承する可能性を残している。難波長柄豊碕宮で成立した朝堂院の大空間はみられない。その理由が地形的な制約からくる浄御原宮の狭隘さという物理的要因によるのか，大夫合議制的性格

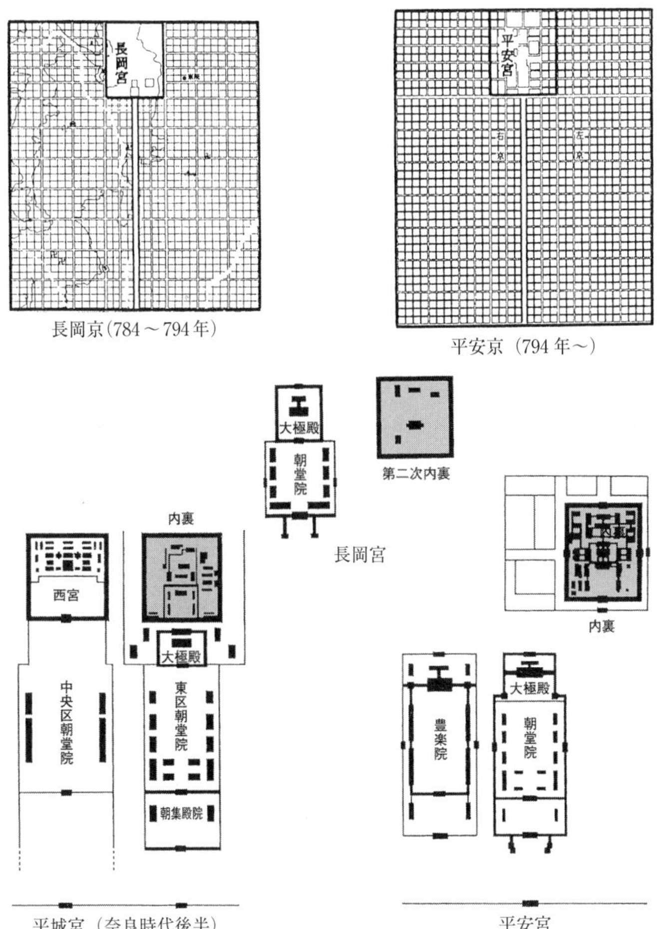

の後退という天武朝固有の要因によるのかは検討の余地があるが，天武は即位３年後から飛鳥外部に広大な新城の建設を企て始めており，後に持統が完成させる新益京（藤原京）が天武の構想を継承したのであれば，前者の蓋然性が強かろう。

大極殿出現の背景であるが，天武朝から持統朝にかけて，日本の国号や天皇号が確立し［森 1983, 1986］，王権神話が体系化され，大嘗祭・即位式が整備されるなど，君主の地位の神格化が図られた。そのような中での大極殿の出現ゆえ，帝国の君主にふさわしい名称が求められたのであろう。大極殿は「太極殿」の模倣であろうが，「太極殿」でなく大極殿としたのは，天皇の支配の正統性が天帝からの受命ではないので，故意に違えたのではなかろうか。

藤原宮

朱雀門，朝集殿，12棟の朝堂を配す朝堂院，大極殿院，内裏の諸施設が南北に並び，その両側に官衙域が整然と並ぶ。朝堂院・大極殿院は礎石立ち瓦葺である。難波長柄豊碕宮で成立した出御空間と大規模な日常政務空間（朝堂院）を，飛鳥浄御原宮において出御空間とは別に成立した中国風儀式空間（大極殿）と統合することによって，朝堂院の正殿としての大極殿が確立したが，内裏からの出御空間を兼ねており，内裏外郭に取り込まれ内裏の一部としての性格を脱していない［渡辺 2006］。

大極殿の東西に回廊と接続する南北棟建物があり，2007年の調査で大極殿門が桁行7間の巨大な規模と判明した。前者については，前期難波宮内裏前殿に伴う長殿が大極殿院から内裏に移る過渡的形態との評価があり［岸 1977］[補5)]，それに加えて後者の発見によって藤原宮大極殿院が前期難波宮の特徴を払拭していないことが明らかとなってきた。かつては大極殿門が桁行5間と推定されており，前期難波宮で承天門を模した巨大な内裏南門が，藤原宮では小型化するのは門前で行う赦宥儀礼などが日本に合わなかったからとの評価があったが［中尾 1995］，それは平城宮に先送りされることとなった。

藤原京（新益京）

天武が造営に着手し（新城），持統が完成させた（新益京）。グリッドプラン街区からなる京域を明確に伴う最初の都城である。かつて定説であった岸俊男の復元京域［岸 1969］の外部で，1979年以降，条坊が続々と発見され，さまざまな大藤原京の復元案が提出されている。『周礼』考工記を念頭に置いた十条十坊説［小澤 1995］が有力だが，反論もあり［山中 2001, 2002］確定に至っていない。飛鳥から新益京に遷都した理由は，宮内に内裏・朝堂院・曹司を収め，宮の周囲に官人居住区としての広大な京域をもった都城を実現するためであり，計画都市を実現するには，飛鳥から出て荒野を開発するしかなかった。

平城京

長安城型の宮城北端配置，東西2カ所の市，などの特徴をもつ。長安城の宮城北端プランは，北魏洛陽城，東魏・北斉の鄴南城が内城を北寄りにした影響があるといわれており，藤原京が基づいた可能性がある周礼モデルと差がある。ただし長安城型は，広大な禁苑まで都城に含めれば宮城の位置は全体プランの中央になり，広大な禁苑は，漢長安城を包み込み隋が漢を超越するという象徴的意味と，漢長安城を宮城の西北の防衛にあてる現実的必要性があったといわれている［妹尾 2001］。平城京で検討すると，たしかに広大な松林宮があるが，松林宮は宮の北側にしかなく，長安城の禁苑まで含めた全体プランの模倣ではないので，宮城北端配置を意識したことは間違いない。

ただし平城宮・平城京ともに長安城の直摸ではなく，構造を変えた部分が少なからずある。都城全体の縦長プランが長安城と異なる。縦横比をとると長安城と一致するとみる説［井上 2006］があるが，承知した上であえて縦横入れ替えた可能性がある。また長安城では，南郊祭天・朝会の重視によって，宮城と円丘を結ぶ南北軸が都市プラン・儀礼の重要な軸線となった［妹尾 1998, 2001］。平城京では，朱雀門外の朱雀大路が天平5（734）年の歌垣などの舞台になり，外国使節入京時に威圧する装置として用いられた。羅城やその南側に近年発見された街区はそのための虚仮脅しで南面の一部だけである。しかし南郊祭天は行われなかったので南北軸が儀礼軸線ではなかった。東大寺完成後は二条大路が行幸道路になった。

平城宮（前半）

平城遷都後から天平12（740）年の恭仁遷都まで。藤原宮において日本風・日常的な政務空間（朝堂院）と中国風儀式空間（大極殿）と内裏からの出御空間とを統合・一元化させて成立した構造を，東西分割して機能分担させ，中央区に大極殿院（儀式空間，正殿 SB7200＝第一次大極殿）・朝堂院（4堂），東区に南から朝堂院（政務空間，12堂）・出御空間（正殿 SB9140）・内裏を設けた。東張り出し部に皇太子居住区を設けたのは，太極宮の東宮を意識したものか。政務空間と分離した大極殿院はこの時期にのみみられ，空間構造は大明宮含元殿を意識したといわれているが（後述），内裏からの出御空間正殿と大極殿との分離は飛鳥浄御原宮の構造への回帰であって，SB7200こそが日本の古代律令国家が求めた大極殿の理想型との評価がある［渡辺 2006］。東区の諸施設はすべて掘立柱建物であるが，平面プランは藤原宮を継承し，政務空間としての朝堂院と内裏からの出御空間が接合している。

2　古代都市・宮殿の変質過程

平城宮（後半）

天平17（745）年の平城環都後，中央区北半に大極殿院は再建されず，特殊な構造の宮殿（百柱間）に改造される。そのモデルは長安城大明宮麟徳殿であり［奈文研 1982］，この時に政権を握っていた藤原仲麻呂の主導による。

その一方，東区では環都後しばらくしてから，従前の構造を保ちつつ朝堂院と出御空間を礎石建ちに改造した。出御空間の正殿SB9150が大極殿も兼ねるようになり，藤原宮と同じく同一軸線上の内裏・大極殿・朝堂院が復活する。その要因は，朝政の場の内裏への移行，朝堂院の政務空間としての機能の形骸化［渡辺 2006］であるが，言い換えれば，朝堂院の儀式の場としての性格が強まり大極殿との一体使用が好ましくなってきたのであろう。朝堂院が「太政官院」と呼ばれるようになる（後述）。

平城京

都市の建築的構造自体が変化したわけではないが，独自の経済的機能が発生し品部・雑戸制が解体を開始し，共同体から切り離された純粋都市民が誕生するなどの新情勢がみられたので［吉田 1982；寺崎 1995］，平城京がもっと永続していれば都市構造が変わった可能性はある。

長岡宮

奈良時代後半の平城宮の構造を継承したが，後半期には南に2町分，北に2町分拡張されて南北12町となった［山中 1992, 2001］[補6]。難波宮朝堂院を移築したため朝堂院は小型化する。後半期に内裏の位置が朝堂院の北から東北に移り朝堂院と完全に分離した［清水 1986；山中・清水 1987］[補7]。郊祀祭天は桓武・文徳のみで定着しなかったが，これは郊祀祭天が光仁から始まる新王朝を意識した桓武個人の正当化論理にすぎず，天帝による皇帝権の正当化という思想が天皇になじまなかったからである。

条坊道路の割付方式が分割型から集積型へと合理化された［山中 1993］。宅地面積の小分割に適した方式となり，主として下級官人への小規模宅地班給を主眼にし，戸主制が導入された。宅地の序列化が進行し，官衙町が発展した。

遷都の主目的は，旧来の豪族達を京外の根拠地から切り離して天皇への求心力を確保し，自らを支える諸氏族の経済力を結集することで，新王朝樹立［滝川 1967；林 1972；早川 1984, 1987；清水 1995］と新政策を推進することであった［佐藤 1991；坂上 2001］。

平安宮

大極殿・朝堂院と内裏が完全に分離する後期長岡宮の構造を継承した。さらに朝堂院では大極殿閤門が消滅し龍尾壇が形成された。

嵯峨朝に諸門・殿舎の名が中国風に改称され，儀式が唐風化し，即位式・元日朝賀に天皇が中国風の礼服・礼冠で登場するようになった。ただし，宮の構造自体は改変されることがなく，以後の変化は，特定部分を使用しなくなることによる荒廃・廃絶によるなし崩し的変化であった。たとえば，平安宮中枢部の大極殿・朝堂院・豊楽院などは存在意義の後退に伴う衰微が進み，12 世紀には「内野」と化した［井上 1982；北村 2001］。天皇の御在所も平安宮から分離傾向を強め，12 世紀には里内裏主体となった［橋本 1986；北村 2001］。

平安京

官衙町・宿所町が多く設けられた。律令制の衰退に伴って官衙町は衰退したが，官衙町を支えた人々の現業的生産活動から商工業が発展し，都市民のベースになった［山中 1994］。9 世紀後半以降は，都市近郊の氏族民の都市内への移貫と，農村と縁が切れた純然たる都市民の出現が進行した一方で，都市民居住域が京外へと拡大し，権力者居住区としての左京北部が繁栄の中心となった。他方で，権力者がいなくなり下層民居住区となった右京を中心として京域の一部の農村化が同時展開した［井上 1982；朧谷 1997；北村 2001］。

Ⅲ　中国都城制の導入と変容の特性

1　王の支配が展開する拠点としての宮の構造や機能の研究の重要性

古代国家を研究するにあたっては，支配者集団による広域支配・統治を可能とし永続的に維持するための諸機構・組織・制度と，それを支える社会的・経済的インフラの研究が基本的であるのはいうまでもないが，社会・国家の中枢に座る王という存在を避けて通れない。日本古代の場合，時期によって呼称が変わるが，倭国王ないし天皇という「王」の権威・権力を正当化し，それを発動させるさまざまな装置を解明しなければならない。王を中心とする権力核が，いかに形成され維持され変質を遂げていったかを解明するには，王の支配が展開する拠点としての宮の構造や機能の研究が重要である。天皇の宮，特にその中枢部は，天皇や貴族・官僚による政治・儀式，天皇の日常生活が展開した場であり，その空間的構造の通時的変化に，天皇と臣下との身分的関係，政治や儀式の執行形態，官僚機構の組織や成熟度などとその変動が，直接・間接に反映されている。

2　中国の都城制受容様態を方向づけた外交姿勢

都城制受容様態の検討にあたっては，日本の7～8世紀の支配者層の，唐・朝鮮半島諸国に対する体外的認識と対内的建前との関係について注意を払う必要がある。朝鮮半島諸国に対しては，「蕃国」・服属国とみなす意識が基本であったが，唐に対しては，日本を唐の諸蕃・朝貢国として認識する事大主義と，唐をも日本の諸蕃として扱う日本中心主義が競合した［森 1988］。二つの立場は形成過程が異なり，現れ方も時期によって異なるが，8世紀に入りしだいに後者が強くなった。その結果，以下のような体外的態度が生じた。

①唐に朝貢していながら国内的にはその事実は表に出さず，令で明記したか否か説が分かれるものの，唐を諸蕃とし唐への優越を装う二重基準。

その矛盾の顕在化を防ぐべく，宝亀の遣唐使に対する代宗の送使派遣を辞退した例がある（結局来ることになったが）[東野 1994]。

②朝鮮半島諸国・渤海に朝貢を求め，国際的にそれを認めさせようとする帝国意識。

③国内に異民族を抱えた帝国であることを体外的に主張する帝国意識である。

これらは，日本がおかれた空間的・政治的位置，すなわち東アジア世界の東端に位置し大陸と海を隔て政治・経済・軍事などの影響が間接的で，支配者が距離を取りうるという状況に由来し，律令国家の首都を形成するに際しても，その事実が，都城の構造に複合的に影響を及ぼした。その具体像は後述する。

3　取捨選択・改変の必然性

日本における古代都城は，社会的分業の発展によって自生的に発生した集住ではなく，権力が政治的・計画的に作り上げた計画都市である。氏姓制度に基づく，氏ごとの縦割り的職掌分担体制の下で，王宮の周囲に王家の家政機関や職務執行機関が散在する状態にしか達していなかった中で，隋の建国と対高句麗戦の開始を背景として，遣隋使の開始以降，隋・唐を中心とした東アジア世界で相応の地位を獲得し，朝鮮半島での権益を維持するために，国政の整備が緊急の課題となり，大化改新後の中央集権化政策の一環として，難波長柄豊崎宮造営を期に，中国起源の都市プランの導入が指向された。

ただし，中国の古代都市はすでに長い発展の歴史をもち，社会の成熟度と，特に北朝の遊牧民国家の軍事的編成に見合った，熟成された構造と高度に発達した思想的背景をもっていた。したがって，中国的帝国都市が当時の日本社会の到達水準の未熟さと不整合を生じるのは不可避であるとともに，先述した外交上の事情①～③，特に唐・新羅との不断の緊張関係によって，都城制導入はそのままの模倣ではなく，都市を支える中国思想を基層としつつも，在来思想に基づく儀礼や政治形態との重層化がなされた。これは，都市のみならず，国家機構・思想・儀礼など，先進国中華帝国で練り上げられたさまざまな文化的政治的資源を導入しつつも，それらを意識的に取捨選択・改変し，在来的要素と重層化させ，単純に表面化・卓越させることがなかった事実と一体の現象であり，支配者層のアイデンティティーの表出形態でもあった。

そのような取捨選択・改変には二つの側面があり，外交姿勢と相関している。一つは，国家・民族のアイデンティティー形成・維持のために，あえて唐と異なる点を作り出そうとする異化的改変の側面がある。それは同時に唐を半島から追い出し，急速に強大化した新羅との差異の追及の側面でもある。他方は，律令継受の場合と同様に，社会の発達度の中国との差に基づき社会の実情に合わせて取捨選択・改変する側面である。

4　難波長柄豊碕宮における中国都城の影響

中尾芳治は，難波長柄豊碕宮のプランに隋・唐長安城の影響を考える［中尾 1992, 1995］。すなわち，内裏南門を境にする内裏・朝堂院の区分を宮城・皇城の配置にならったものとし，巨大な内裏南門を承天門に，八角殿院を太極門左右の鐘楼・鼓楼に擬し，内裏南門—内裏前殿—内裏後殿の構造を長安における承天門—太極殿—両儀殿の三朝制にならったものと考えている。孝徳朝の官職名には唐制を受容したもの（刑部尚書・衛部・将作大匠・祠官頭）があり，その官司制度としての実態については評価が分かれるものの［坂本 1938；八木 1968；東野 1978；笹山 1978；福原 1983；荊木 1987, 1988］，儀礼（礼法）の導入などからみても，唐制の情報をもち意識・参照したことは否定できないから，難波長柄豊碕宮の構造に長安城の知識が導入されたことは認められよう。これは藤原京の評価にかかわる（後述）。

ただし宮城相当部と皇城相当部の間に，多くの堂を配する巨大な朝堂院（朝政の場）が割って入るのは日本独自であって，こののち平安宮に至るまで存続する要素である。これは官人が毎朝官司毎に着座して朝政を行ったという政治形態による。宮城相当部と皇城相当部が截然と分かれずに境界が入り組む点も長安城とは異なり平安宮まで一貫している。

内裏前殿 SB1801 はあくまで内裏に附属した出御空間の正殿であって，内裏から独立した朝堂院の正殿としての大極殿は未成立とみる説が有力である。ただしSB1801と中国の太極殿の関係には注意を要する。岸俊男は，魏晋南北朝の太極殿は長安城の太極殿と異なり，東西両堂（北魏平城・東魏鄴南城・後趙鄴北城）や前殿を伴い，皇帝の私的な居住空間の一部としての機能が強い点に着目し，SB1801を魏晋南北朝の太極前殿，SB1801と軒廊で結ばれた背後のSB1603を太極殿の系譜と評価した［岸 1977］。この岸説は，藤原京に北魏洛陽城や東魏鄴南城の影響を強くみる考え［岸 1976］と一連のものであり，藤原京の評価が変わった今日，藤原京以前の京を一概に魏晋南北朝系とはいえなくなった。しかし鬼頭清明は，魏晋南北朝の太極殿・前殿・東西堂と唐長安城の太極殿とは殿舎配置のみならず機能上でも差があることに基づいて岸説を支持し［鬼頭 1978］，この系譜論は説得的である。すでに4回の遣隋使，1回の遣唐使を経ており，先述したように大興城・長安城の情報の導入は認められるから，部分的に魏晋南北朝の宮殿構造を取り入れるのか疑問はあるが，SB1801を中心とする一郭が，長安城型の太極殿と異なる構成であることは確かである。ただし，巨大な門SB3301が朝堂院の正殿としての機能を果たし，外朝正殿としての承天門の系譜を引くことは認められよう。

5　難波長柄豊碕宮における広大な朝堂院の出現

日本的特徴である広大な朝堂院を有した宮は，律令体制形成前の難波長柄豊碕宮で出現した。この広大な宮は，縦割りの部民制的徴発を改めた評制に基づく物資・労働力の徴発が現実的基盤となって完成できた［吉川 1997］。そもそも朝堂院は，議政官を中心とする五位以上の官人の侍候空間であり，彼らが朝堂に侍候して天皇の下命を待ち，また上申される国政案件を審議した。また諸官人が官司ごとに着座し国制を処理した。大化前代とくに推古朝の大王宮では大臣・大夫が閤門外の朝堂に侍候して国政を執った。大臣・大夫の直接の後身は議政官であるが，大臣・大夫の政治的役割は，議政官に限らず五位以上官人に広く継承されたので，朝堂院の起源は大化前代の朝堂に求めることができる［吉川 1996］。

難波長柄豊碕宮では，14棟以上の朝堂を配した大規模な空間として朝堂院が成立した。このような広大な朝堂院の空間は，大化前代の大夫合議制を継承する場として必要だった。当然太政官制の成立前であるが，大化5年に「八省百官」が発足したとされ，諸官人が毎日朝堂に着座し彼らが口頭決裁を中心とする朝政を行う場として広大な空間が必要になった［吉川 1997］[補8)]。

このような大空間は，天武の浄御原宮ではみられぬものの（その理由が浄御原宮の狭隘さという物理的要因によるのか，大夫合議制的性格の後退という天武朝固有の要因によるのかは検討の余地がある），藤原宮・平城宮前期・平城宮後期・長岡宮・平安宮と面積を減少させつつも継承された。太政官の成立以前と以後とで十二堂院の基本的構造が変わらなかったということは，国政処理の場として変わらなかったということであり，有力氏族＝五位以上官人が政務・儀式に集合する場の必要性が健在であったことによるのであろう。奈良時代後半にはその機能に変化が始まるが十二堂院の構造に変化が生じるのは平安宮に至ってからである（後述）。

6　歴代遷宮とその終焉の必要性

日本では7世紀末の藤原宮以降に至って，ようやく宮の場所が固定し，それ以前は歴代の天皇ごとに一度以上宮の場所を替える歴代遷宮が行われてきた。

これはアジアの都市の本質を，王侯の宿営地ととらえる古典理論の理解に照らすと興味深い。支配機構が未熟で小規模であり，王宮以外に付属施設をほとんど持たない段階では移動がしやすい。6世紀以降，全国支配のための部民制・国造制・屯倉制などが整備されるにつれて，王家の家政機関（内廷）からの一般行政機関（外廷）の分離が進むものの，有力氏による世襲的職務分掌体制下では，王宮は内廷だけを包含し，外廷諸機関（国政処理機関やその付属施設）は，朝廷を構成する有力氏の統率者の本拠地（邸宅）などに分散しており，王宮付近に集中していなかったと推定できる。そうした氏ごとの職務分掌体制から，機能別に設けられた官司に官僚群が出仕して職務を行う中央集権的官司制を整備するには，外廷機能を特定氏族から分離して，内廷・外廷諸機関を王宮付近に集合させるほうがよい。大化直前には外廷機構の多くを蘇我氏が掌握するようになっていたが分散性は克服されず，ようやく蘇我本宗家の滅亡によってそれらを中央政府の統括下に集約して国家機構を一元化する条件が整い，国政執行の空間的構成の統合が目指された［八木 1965, 1966］。さらに難波長柄豊碕宮への遷都は主要氏族の集住と内廷機構・外廷機構の空間的集中を初めて可能にした［直木 1971］[補9]。こうして王宮の周囲に諸機関を集中させる段階になると，宮は容易に動かせなくなる。都城制の導入後すぐ遷宮がなくなるわけではないが［岩永 2008］，歴代遷宮の終焉と，王宮の周囲に家政機関・国家機関を集中させる方式の導入は対応した現象であった。

7　藤原京における周礼プラン導入

藤原京の設計が『周礼』考工記プラン（前朝後市，左祖右社，中央宮闕，左右民廛）に基づいたか否か諸説があるが，境域の復元がどうなるにせよ，藤原京が大興城・長安城型でないことは確かであり，天武・持統の念頭に『周礼』があったことは認めてよいと考えている。では長安城型としなかった理由は何か。単に遣唐使中断期による情報不足のために古典の机上の学習で造ったのか。かつて筆者もそう考えていたが，難波長柄豊碕宮にみえる長安城の片鱗，遣唐使中断以前の数回の遣隋使・遣唐使派遣，新羅経由の情報の存在を勘案すれば，大興城・長安城について何も知らなかったのは不自然で，むしろ同時期の唐そのものの模倣は意識的に避けたと考えたほうがよい。

『周礼』考工記プランは，中国においてさえ理想であって，そのもののプランは現実にはなかったのにあえて採用し，古典的理想的都城思想を実現しようとしたのは，長安城の宮城北端配置を知ったうえで，天子たる中国の皇帝と異なり神である「日の本」の天皇は，世界の中心にいなければならないと天武は発想したのではないか。天武が目指した理想への回帰は，都城の建設以外にも律令の制定，富本銭の鋳造（683・694・699年。開元通宝を知っていたのに古風な銭），壬申の乱時の意識に現れ，京戸を全国から集住させ，京職が直接支配した点にも現れていた［吉村 2005a, b］。

白村江の敗戦後，旧百済領の統治をめぐって新羅と対立した唐が665年に日本との和親を求め，唐の報復を憂慮すべき時期は去った［田村 1990；新蔵 1995］。しかし669年の遣唐使は実質的な降伏表明であり［東野 1994］，以後約30年間，日本は国内体制整備に専念している。その間も新羅からの朝貢を受けて日本は中華意識を捨てることはなく，唐・新羅の半島争奪戦に直接関与せず国土防衛・国力増強をはかるべく天武朝には親新羅策を採って遣唐使の派遣を控えた［新蔵 1995］。こうした背景のもと，天武の唐と距離を取った理想主義の追究がなされたが，持統・文武朝に入ると，唐を追い出した新羅が国力の充実を背景に日本への朝貢を渋り始めたのに対し，日本が頑なに臣従を強要したため新羅との関係が悪化し，新羅が唐と接近し始めると，日本も唐との関係を再開せざるをえなくなった［新蔵 1995］。

8　平城京における長安城型プラン導入

藤原京での「文物の儀，ここに備われり」という宣言も空しく，長安城プランを導入した平城京に遷都せざるをえなかった理由は何か。

文武朝は天武・持統朝における天皇の神格化をふまえて，大野・基肄・鞠智・三野・稲積・高安城修理（698〜699年），磐舟柵修理（698・700年），薩摩・多褹への征討軍派遣（702年），南西諸島への朝貢要請（698年）など中華意識が高まった時期である［渡辺 2001］。同時に文武朝は，新羅外交の転換期であり，それまでの文化摂取面を切り捨て，「朝貢」関係の交渉のみを強要するようになり［鈴木 1985］，新羅即藩屏付庸国観が形成された［鈴木 1969］。日本の律令制の原則では唐も「蕃夷」であったが，現実の唐との関係で対等はありえず朝貢国にすぎない。しかし新羅に対しては宗主国—付庸国の関係の維持に固執し，新羅と対等以上の文化的諸装置の獲得が目指されようやく完成に至った。その成果を披露して国際的地位を高めるべく，満を持して33年ぶりに遣唐使を再開した。そのあげくの遷都であった。

大宝の遣唐使で，周礼モデルのような都城は実在せず，藤原京が非現実的・時代遅れと痛感したのは確かであろう。しかし，そもそも藤原京の建設時には長安城プランをあえて避け宮城を中心に据えた節があるのに，なぜ今回は長安城プランを導入しなければならなかったのか。大宝の遣唐使にしても，朝貢使以上の行動はしておらず［東野 1994］，冊封を受けてもおらず，そもそも絶域の朝貢国日本に対する唐の関心は薄く情報も不十分だったから［森 1988］，都城プランを変えなくてもお咎めがあったわけでもなかろう。

しかし都城・律令・銭貨といった東アジアの一等国が備えるべき要素を完備させ，国号・年号も自前で制定したことを，唐の朝貢諸国に誇示するつもりが，逆に時代錯誤の後進性を痛感するはめになった執節使・粟田真人らのショックが大きかったのであろう。特に宮城の位置が違う問題は，天子の支配の正統性が宮城の位置にこそ現れるという中国の思想をとらないにしても，理想主義で突っ走れた天武の段階ならともかく，「世界標準」を知ってしまった今回は無視できなかった。大宝の遣唐使が，新律令を唐王朝に紹介し「諸蕃の朝貢の上に立つ小帝国」の承認を得る目的［石母田 1963］であったかどうかは疑わしく［森 1988；河内 1996］，大宝令全体を携行したか怪しいことからすれば［森 1988；新蔵 1995；河内 1996］，唐がどう評価するかよりも，付庸国・蕃国の反応のほうが問題であって，特に新羅などが日本に朝貢し入京する場合，時代遅れの都城では体面が保てない。その克服の必要性から，遣唐使の帰国後，都城・律令・銭貨などの要素において，矢継ぎ早に軌道修正を実施せざるをえなくなったうえに（平城遷都，養老律令，和同開珎），蝦夷戦の開始など，あらたに帝国意識を高揚させたのであろう。

そしてここで重要なのは，平城宮・平城京ともに長安城の直摸ではなく，構造を変えた部分が少なからずある点であり，唐の冊封を受けずに中華として自立していこうとする自己主張の表現であった。

このほか平城遷都の理由として，天子が南面して南が低く北が高いほうがよいのに，藤原京は南が高く水害にもあうという説はどうか。この点については，長安城も北が低く太極宮は低湿で，高宗以後皇帝の居所が大明宮に移る原因となったから，南が高い地形が藤原から平城への遷都にどの程度効いていたのか過大評価はできまい。

9　平城宮における大明宮プラン導入

平城宮中央区北半における第一次大極殿院の構造について，大宝の遣唐使が実見した唐長安城大明宮含元殿の影響とみる説は，狩野久［1975］・鬼頭清明［1978］が提唱し，奈文研『学報ＸⅠ』が継承した［奈文研 1982］。天皇の威厳を増し参列者を威圧する道具立て［今泉 1984］，唐に対抗できる圧倒的皇帝権力装置［阿部 1984］，対外的な威の発揚の場［金子 1987］，唐のような中華としての国家構造を体現する場［浅野 1990］，朝庭における国家儀式を優先させ天皇の権威を内外に発揚する場［町田 1991］などと評価されてきた。

確かに大明宮の創建は高宗の龍朔 2（662）年であり，天智 8（669）年の高句麗平定慶賀のための遣唐使があったにせよ，大明宮の詳しい情報が入ったのは大宝の遣唐使（704 年帰国）であり，大明宮的要素の実現は藤原宮では不可能であるから［阿部 1984］，それを遷都の理由の一つとしてよかろう。では中央区大極殿院は，含元殿のどこを模倣したのか。大極殿そのものは藤原宮からの移築であれば［小澤 1993］，規模も形式も不変であろう。違うのはその周囲の空間構造であって，大極殿院内に大極殿と塼積擁壁との位置関係で宇宙の縮図［内田 2007］ともいうべきレイアウトを表現するとともに，高い塼積擁壁上の大極殿と階下の広大な庭によって，天皇が臣下に隔絶して君臨するという身分秩序を表現している。一般的儀礼空間ではなく，元日朝賀・即位式・外国施設謁見など最重要の国家的儀式の場であり，朝鮮半島諸国や国内異民族に対する帝国的支配を貫徹する場であった。

日本の政権が帝国的意識を強めた時期に，こうした構造が出現するのは，その導入が藤原不比等の構想か否かはさておき示唆的であるが，ことさらこの時期に（のみ）支配者集団がそれを必要とした理由，裏返せば 745 年の平城環都後にそれが再現されず消滅してしまう理由は何であろうか（後述）。

10　藤原宮以後の宮おける大規模朝堂院の存続

前期難波宮で成立した大規模朝堂院は，諸官人が毎日朝堂に着座し口頭決裁を中心とする朝政を行う場として必要とされた広大な空間であった。隋・

唐の都城にない日本独自の空間であるが，律令制・官僚制の定着に伴って朝庭面積の減少傾向はあるものの，消滅することはなかった。日常的政務空間としての必要性に加えた事情があったのか検討する。

律令国家の形成期には，氏姓制度に基づく有力氏による中央政治の分掌体制から官司制への切り替えがなされた。その中で，統治・支配のための法制と官僚機構が急速に整備された。さらに8世紀初頭には，大極殿での即位儀の整備や平城宮中央区の宮殿プランの中に唐を範とする帝国・専制君主指向が伺えるようになり（後述），天皇の権能の強化が表面に出てきた。

その間，豪族層は強権的に推進された官僚化にさらされ，大化前代に有した政治的・経済的基盤を失って国家に依存せざるをえなくなっただけでなく，壬申の乱などの政変に巻き込まれることによって，実質的には上下に分解しつつあった。大化前代の大夫合議制は，律令制下では太政官における議政官合議制として継承されたが，8世紀初頭以後は，構成員たる議政官氏族も大化前代以来の伝統貴族全体ではなく，あらたに王権によって選択された貴族であり，議政官の地位を継続的に占有した氏族は限られるので，彼らが全貴族層の意志を代弁したか疑わしく，貴族層が利害関係を共有しえなくなっていた。しかも太政官が自らの構成を自決できず，政策の最終決定機関というより天皇の諮問機関の性格が強くなっており，天皇の統治権を制約する面は小さく，君主制の一部としての合議制であり，合議体としてはすでに形骸化し骨抜きにされていたとみられる。

しかしその後の奈良時代を通じて，天皇の支配が支配者集団としての畿内の有力氏族に支えられており，その安定化のためには，議政官を出す母体たる有力氏の勢力均衡の上に立った共同体制を，健全な政治形態として維持する必要があるという建前が，藤原氏の優位性の顕在化と反比例して形骸化してはいくものの，この時期にはまだ根強く，これは天皇の専制君主化と齟齬があるが，有力氏を権力核の藩屏としてその周囲に結集させる必要があった。

このように，天皇による支配とその権力を強化するとともに，安定化・正当化するためには，唐に範を採った当時最新の機構と法制の整備だけでは十全でなく，大化前代の政治組織（ウヂごとの職務分掌やウヂの代表者による合議）やウヂごとの系譜や神話，などの古い歴史的資源を整理統合・換骨奪胎・再構成して，天皇家を中心とする天孫降臨神話・国譲り神話・祖先神系譜を体系化し，大嘗祭などの宮廷儀礼を創出するとともに，多数の朝堂を持つ朝堂院構造（藤原宮朝堂院，平城宮東区朝堂院）を存続させる擬古的方式を併せ用いることによって，権力中枢を構成する諸ウヂの共同幻想を醸成・再生産することが必要であったとみられる。機構と法制による支配は，この段階では，多分にマジカルで前時代的な諸装置（神話・儀礼・氏族系譜）による天皇と畿内豪族の結合で裏打ちされないと維持しにくいものであった。

11　平城宮における大明宮プランの消滅

前半期平城宮では，藤原宮において日本風・日常的な政務空間と中国風儀式空間とを統合・一元化させて成立した構造を一旦放棄して，中央区の儀式空間（第一次大極殿院）と東区の政務空間に機能分割させたにもかかわらず［渡辺 2006］，745 年の平城環都後に再現されなかった。特に大極殿が東区で政務空間と再び統合され（第二次大極殿・朝堂院），第一次大極殿院の大明宮的構造が消滅したのは何ゆえであろうか。第一次大極殿院は，高い塼積擁壁上の大極殿と階下の広大な庭によって，天皇が臣下に隔絶して君臨するという身分秩序を表現する場であった。

律令制は本来的には，官僚制的原理で作動していくが，日本への律令制の導入にあたっては，畿内の有力ウヂの身分的経済的特権を当面保護し，大化前代以来の氏族制の原理をある程度温存して，じょじょに官僚制の原理に転換するほかなかった。まだ伝統的大豪族が健在であった奈良時代の間は，天皇の徹底した専制君主化，豪族層の徹底した官僚化は彼らの利益に反した。

それは，鎌足以来の累代の天皇家への奉仕と功績を有利な初期条件として，婚姻による天皇家との密接な関係の構築に成功した藤原氏にとっても同様であった。天皇の超越的・絶対的権力化は，天皇家との身内的関係を構築しえた氏族だけに有利に働くが，外戚関係の構築などは偶然に左右され，他氏族に優位を奪われる危険性は常にあるから，過去の実績を根拠に藤原氏の権力の永続が制度的に 100％保障されていたわけではない。また天然痘の流行による武智麻呂・房前・宇合・麻呂の急逝による勢力の後退や，道鏡と孝謙太上天皇との個人的結合の出現によって仲麻呂の専制体制があっけなく敗退した例を引くまでもなく，歴史の展開の中で没落の可能性があった。したがって天皇の中国的専制君主化は藤原氏にとっても時期尚早であり，8世紀初頭の国際情勢の中で導入したプランは約30年を経て更新されず，7世紀以来の朝堂院（十二堂院）への出御空間正殿が大極殿を兼ねる藤原宮型の復活に落ち着いた。

12　平城宮の官衙配置の長安城との差異

日本の宮の一貫した特徴は，長安城で言う宮城・皇城の空間的区別が不鮮明な点であり，家政と国政の分離が不完全であったことを反映する。

長安城では宮城と，官庁街である皇城とは横街を境に厳然と南北に分けられ，皇帝に直接かかわる殿中省・秘書省含めて基本的には皇城にあるのに対し，日本の宮では，皇城相当部分は，藤原宮では宮城相当部分の両側，平城宮・長岡宮・平安宮ではその四周を取り巻くように配され厳然と区画はされていない。これは君主と官僚との関係で唐と日本で差があり，天皇と官人との関係が，皇帝と官僚ほど隔絶していないことの反映だろう。

官衙域内での内廷官司と外廷官司の位置関係を概観しておく。平城宮における曹司の配置は不明な点が多いが，判明した範囲では，平城宮での配置は基本的に平安宮に継承されたと推定できる。そこで九条家本『延喜式』付図によって平安時代初期の曹司の配置をみると［岸 1975］，外廷官司の太政官管轄下の式部省・治部省・兵部省・民部省・刑部省は宮域2分線以南にあるが，内廷官司に由来する宮内省被管曹司（大膳職・木工寮・大炊寮・主殿寮・典薬寮・正親司・内膳司・造酒司・鍛冶司・官奴司・園池司・土工司・采女司・主水司・主油司・内掃部司・筥陶司・内染司）・中務省被管曹司（中宮職・左右大舎人寮・図書寮・内蔵寮・縫殿寮・陰陽寮・内匠寮・画工司・内薬司・内礼司）は北寄りにある。内廷官司（天皇家家政機関）がより北方，外廷官司（国家行政機関）が南方という傾向はあり，これは長安城で宮城が北半にあるのを意識したものだが，宮城相当部分と皇城相当部分が截然とは分かれずに入り組んでいる。家政機関と一般行政機関の区別が唐ほど明瞭でなく，天皇が官僚に対して隔絶した独自性・専制性を有さないのに対応している。

13　平城宮中央区北半における麟徳殿風宮殿の出現

天平17（745）年の平城環都後，中央区北半に建設された特殊な構造の宮殿（百柱間）のモデルは長安城大明宮麟徳殿であり［奈文研 1982］，この時に政権を握っていた藤原仲麻呂の主導によるとみられる。仲麻呂政権期は8世紀における天皇制の中国文明受容・唐風化の画期だった［大津 1999］。大津は，仲麻呂個人の唐風趣味・中国かぶれではないと指摘するが，強度な中華志向・唐の直摸指向は，桓武より前では仲麻呂政権期に際立つ。具体例は以下の通りである。①年号の改定。天平勝宝7（755）年に，「年」を「歳」に改めたのは，唐の先例（天宝三載～至徳三載）の模倣である。②尊号の奉上。天平宝字2（758）年に，聖武に「勝宝感神聖武皇帝」・光明皇太后に「天平応真仁正皇太后」・孝謙に「宝字称徳孝謙皇帝」という尊号を奉上したのは，武后・玄宗期の尊号盛行の模倣である［大津 1999］。とくに尊号に年号を入れるのは玄宗の尊号制にならったものである。③役所名の中国風変更。天平宝字2（758）年に，太政官を乾政官，太政大臣を大師，左大臣を大傅，右大臣を大保，大納言を御史大夫，紫微中台を坤宮官，中務省を信部省，式部省を文部省，治部省を礼部省，民部省を仁部省，兵部省を武部省，刑部省を義部省，大蔵省を節部省，宮内省を智部省に変更した。④貨幣の発行。天平宝字4（760）年に銅銭・万年通宝，金銭・開基勝宝，銀銭・大平元宝を発行した。万年通宝を和同開珎の10倍の価値としたのは，唐の乾封泉宝と旧開元通宝の関係を先例とする［渡辺 2001］。

これらの国内向け施策は，律令国家外へ向けての「帝国」形成指向と抱き合わせだった［渡辺 2001］。東北の経営として，天平宝字4（760）年の桃生城・雄勝城の完成，出羽柵の秋田城への造替，多賀城の改作などが行われた。また新羅に対してあくまで朝貢を求める日本と対等外交を求める新羅との関係が悪化したのを背景に，新羅出兵を企て，天平宝字3（759）年に太宰府に『行軍式』の作成を指令し，500隻の造船を計画するなど各種準備を開始した。

このような政治的環境下での麟徳殿風宮殿造営の目的は，かつて粟田真人が則天武后に謁見したような外国施設の謁見の場を，日本国内に創出する目的ではなかったか。前面の広大な広場と高い擁壁を温存したのは，壇上と壇下で天皇と臣下を隔てるような使い方の復活ではなく，第一次大極殿院時代に有した対外的に帝国の威信を示す場としての性格が継承されたことを示す。ただし皮肉にも仲麻呂没落後，この一郭は称徳女帝の「西宮」となり内裏的性格に転換させられてしまった[補10]。

14　平城宮東区朝堂院の呼称変化

東区朝堂院の奈良時代前半の呼称は不明であるが，平城環都後に「太政官院」と呼ばれるようになった。その事情を奈良時代前半に遡って考える。奈良時代には大化前代以来の有力氏族が常時議政官を占めたわけではなく［長山 1992］，7世紀末〜8世紀初頭に，藤原不比等が国家制度整備に多大な能力を発揮し，さらに天皇の外戚となったことに起因する藤原氏の優位性の形成とその維持，他氏の衰退が奈良時代を通じて進行した。しかし律令制形成期においては，天皇制が畿内の有力氏族に支えられており，彼らの勢力均衡の上に立った共同体制こそが律令体制上の健全な政治形態であり，それが朝堂院における有力貴族の合議制によって運営されるという建前が了解されていたと考えられる。それは藤原氏の優位性の顕在化と反比例して形骸化していくが，合議に参加する議政官の出身母体たる有力氏族の共同体制の政治的意義は，一氏族あるいは一個人への権力集中の危険性が顕在化するたびに再認識され［長山 1992］，朝政および大規模な儀式を挙行する朝堂院（十二堂院）は，有力氏族を権力核の藩屏としてその周囲に結集させるための共同幻想を再生産する場であり，そこが「太政官院」と呼ばれたのも，律令制成立当初の有力貴族による共同体制の共同性の象徴としての政治的意義が，実質が形骸化しつつあった時期にかえって再認識されたからではないか。

光仁・桓武両天皇による藤原氏の勢力抑制と他有力貴族の登用は，ある程度藤原氏の勢力を抑制して諸氏族共同体制の回復することを目指していたという［長山 1992］。しかし，太政官院の侍候機能が内裏に吸収され，朝堂での口頭政務が曹司に移行すると［吉川 1996］，太政官構成員の侍候施設でなくなりもっぱら儀式の場と化したことによって太政官院の呼称を失い「朝堂院」と呼ばれるようになった。

Ⅳ　律令制社会の変容と都城の変貌

1　8世紀後半～9世紀の都城構造変化の主因

天平年間から，大宝律令と実社会との齟齬が顕在化し，律令を社会の実情に合わせて改変する動きが始まった。これを一概に律令制の崩壊とみるのは誤りで，日本型律令制の建設期であって9世紀いっぱい律令国家の経済力が衰えていないという見方が有力であるが［吉田 1983；渡辺 2001］，都市や宮殿の構造変化はそれらの社会変化と無縁ではない。

奈良時代末から9世紀にかけて，安史の乱後の唐の政治的・外交的弱体化による脅威の減少に加えて，新羅との緊張の弛緩や渤海の貢調によって，唐との関係の相対的軽視や唐・新羅との戦争を想定した軍国体制の転換が可能となった。ただしその分，列島内異族の征服政策（征夷）は激化し公民化政策が始まる。唐を警戒・意識し中華を主張する必要性の軽減は，かえって，天皇のあり方・儀礼・国制での唐風化を進行させ，桓武の郊祀祭天や嵯峨朝の宮内の諸門・殿舎の中国風改称や即位儀の唐風化をもたらした［坂上 2001］。

ただし，この時期の都城構造変化の主要因は，奈良時代途中から始まった，天皇を中心とする政治システムの変動の結果であった。長岡宮の後半期に内裏の位置が朝堂院の北から東北に移り朝堂院と完全に分離した[補11)]。これは奈良時代途中から始まった内裏聴政・大極殿不出御が定着することによって，大極殿が出御空間としての機能を失い、儀式の場としての性格が強くなった朝堂院の正殿に特化したことが背景にある［渡辺 2006］[補12)]。さらに平安宮では，大極殿・朝堂院と内裏が完全に分離する後期長岡宮の構造を継承したうえ，さらに大極殿閤門が消滅し龍尾壇が形成された。これは，聴政をしない儀式専用空間としての大極殿と朝堂院との一体性の定着のためである［渡辺 2006］補13)。

こうして政務空間と儀式空間の分離が完成するが，これは初期平城宮における政務空間と儀式空間の分離と内実が異なる。初期平城宮では朝堂院（12堂）と内裏からの出御空間が政務空間，大極殿が儀式空間であったが，平安宮では大極殿・朝堂院が儀式空間，内裏が政務空間というように，機能をになう場所がすっかり入れ替わってしまったのである。

2　唐風化の二画期と都城

日本の古代において，都城を含めた文化要素において，中国の要素が他の時期に比べて強く現れる時期が，①7世紀末〜8世紀初頭，②8世紀後半の藤原仲麻呂政権期，③8世紀末〜9世紀前半の3回あった。②にはすでにふれたので，①・③に言及する。①は律令国家がほぼ完成を迎えた時期，③は逆に8世紀間の社会変動を前提に，支配者層を再編し国家機構の補強をはかった時期である。両時期ともに，宮内の儀式あるいは儀式の場の中国化と抱き合わせで，氏族系譜の再整理，天皇の権能の正当化論理の模索などが遂行された点で共通するが，都城建設上では相違点もある。

①7世紀末〜8世紀初頭の様相。当時の一等国が備えるべき要素を完備させるべく，藤原京の建設，それをリセットしての平城京の建設，飛鳥浄御原令・大宝律令の制定・施行，銭貨発行などが遂行された。中国を範とした小帝国指向は，天武・持統がかつて避けた可能性がある長安城型プランを導入せざるをえなくなった際に，平城宮中央区大極殿院の圧倒的皇帝権力装置，即位儀の整備として顕現した。一方，並行して，古来の天皇への回帰と天皇の権能の正当化論理の模索が，藤原宮朝堂院・平城宮東区朝堂院における十二堂院プランの温存，大嘗祭の整備，国家の由来とそれを支えるイデオロギーを語る歴史書編纂に際しての王権神話（祖先神系譜）と氏族系譜の体系化などに現れた。

③8世紀末〜9世紀初頭の様相。「安史の乱」後の唐の政治的・外交的弱

体化による脅威の減少から生じた，唐を警戒・意識し中華を主張する必要性の軽減は，かえって，天皇のあり方・儀礼・国制での唐風化を進行させた［坂上 2001］。

称徳の死による天武系皇統の断絶によって，天智系の光仁・桓武が即位した[補14)]。桓武は新王朝の樹立意識を強くもっていた［瀧川 1967］。母方の出自が低く，天武の血を引き王権神話で裏打ちされた諸天皇（文武～称徳）のカリスマを世襲できなかったために，自己の即位の正統性を天智からの父系の血縁に求め，中国の礼制・儒教による正当化を図った［吉田 1995］。すなわち，皇太子時代の伊勢参宮は中国の謁廟の礼との関係がうかがわれ，伊勢神宮の重視は，伊勢大神からの父系の血統，中国的父系出自の重視と関係していた。また交野で行った郊祀祭天は，光仁を始祖とする新王朝の開始を示し，長岡京・平安京への遷都の強行も新王朝の都を建設する必要からであった［瀧川 1967］。それと同時に，天皇の権能と支配の神話的正当化を背後に退け［大隈 2001］，即位宣命から天孫降臨神話に基づく皇孫思想を脱落させた［早川 1987］。

また桓武朝から嵯峨朝にかけて，氏族制的・神話的要素を色濃く残す従前の支配者集団の統合秩序に換えて，中国的な「礼」の秩序の導入・整備によって儀式の唐風化を進め，天皇を頂点とする君臣関係や身分の上下の確認など，官人社会の統合を行うようにし，貴族社会の新たな秩序の樹立を目指した［大隈 2001］。具体的には，即位儀において天皇が群臣によって共立されていたことに由来する要素（中臣による天神寿詞奏上，忌部による神璽鏡剣奉上）を除去して大嘗祭に移し［岡田 1983］，即位儀や元日朝賀での天皇の衣冠を袞冕十二章に変更し［大津 1999］，四拝拍手・揚賀声を再拝舞踏・称万歳に変更し，官司内での六位以下の五位以上に対する跪伏礼を立礼に変更した［西本 1997］。また宮城十二門の名称を大化前代以来の門号氏族の名から唐風の名称に改めた。

他方で，奈良時代の間に律令国家の本来的政治形態である有力氏族による合議体制が，8 世紀初頭以降崩れ，天皇あるいは特定貴族による専制への傾斜が現われ，神話伝承と系譜関係で天皇家と結ばれた旧氏族の多くが没落し，大和政権以来の氏族制の原理が衰退に向かった。

その要因はいくつかある。議政官人事の実際が貴族の自立的決定ではなく王権の意志に左右されたこと。大化前代以来の伝統的貴族の枠内ではあるが，王権との個人的なつながりを重視して天皇政治を安定的に支持すべき基盤として選択された氏族が議政官になったために，貴族による自立的な決定ではなく，政治的・社会的地位や実力で一義的に決定されたものでもなかった［長山 1992］。

奈良時代初めに議政官を出していた旧氏族の多くは，一部有力勢力との政争に敗れたり，傍系親への位階の継承を認めない蔭位の制のためにかえって位階の維持が困難となり，位階に基づく官人給与以外に収入がないため経済的基盤を喪失したりして奈良時代末までに，脱落していった［長山 1992］。8世紀に継続的に議政官となった氏族は少数でしかなかった。

さらに長岡・平安遷都によって諸氏族がその勢力基盤から分離させられ，在地性を奪取されて王権と官僚機構に依存する都市貴族化した。さらに桓武天皇との私的関係に基づく渡来系氏族や地方豪族出身者への新たな氏姓授与によって新貴族層の台頭が促され［大隅 1995, 2001］，官人層全体ではなく，天皇と個人的な関係で結びついた一部貴族を結集しての権力構成と政治運営が図られた［吉田 1995］。

そして，そのような諸氏族の盛衰を前提に，神話による諸氏族と天皇との関係の説明が不必要となった代わりに，桓武自身の即位の正当性を父系血縁に求めた関係から，父系による諸氏族の系譜を整理・再確認し，天皇との系譜的距離によって臣下を位置づけて世襲的支配従属関係を再活性化すべく，『新撰姓氏録』を編纂した［坂上 2001］。

こうしてみると，7世紀末〜8世紀初頭，8世紀末〜9世紀前半，いずれの時期も中国を範とした帝国志向と古い由来の支配体制の復古的梃入れとが，抱き合わせで進行し，前者のみの先鋭化にはならない特徴があり，中華世界と距離をとらざるをえない支配者層のアイデンティティーの表出であったと評価できよう。前者の場合，モデルの差はあるにせよ中国の都城を念頭にして，藤原京・平城京の設計・建設を行ったように「ハード」面でも唐風化が遂行された。それに対し後者の場合，都城の設計は平城京を基礎とした改良に留まった。唐風化は「ハード」面でなくもっぱら「ソフト」面を中心としたが，唐礼は体系的に継受された［大津 1999］。唐の権威が揺らぎ中華世界の中での新羅との関係を考慮せずにすむようになったこの時期にかえって，貴族社会の基盤・秩序の唐風化が可能となった。

3　9世紀後半以降の平安京の変貌

人為的・権力的・政治的設定による計画都市たる平安京は，9世紀後半以降，社会基盤の変動による国内情勢の変化，都市民の政治的・経済的活動の激化によって，それへの利便性に適合するように，なし崩し的かつ大規模に変貌していった［井上 1982；玉井 1995；北村 2001］。都市構造の変動の原因は多々考えられる。

政治の場の内裏への集中に伴う大極殿・朝堂院の意義の喪失と荒廃，度重なる火災と里内裏の一般化とによる内裏の荒廃によって宮城中枢部は「内野」と化した。その構成員が都市住民の基本をなす国家支配機構の衰微・分散化，新型官職の続出による旧来官司の没落，公的機関の衰微と私的機構への代替によって宮内官衙が消滅した。国家による京域の支配・維持管理システムの弛緩，宅地の班給の停滞による条坊制の荒廃によって，平安京の景観と治安が維持できなくなった。

そして都市近郊の氏族民の都市内への移貫と，農村と縁が切れた純然たる都市民の出現が進行した一方で，都市民居住域が京外へと拡大した。権力者居住区としての左京北部が繁栄の中心となった一方で，権力者がいなくなり下層民居住区となった右京を中心として京域の一部の農村化が同時展開した。11世紀後半から京外であった白河や鳥羽が，続いて法住寺・六波羅などが院の御所や大寺院などを中心に開発され，新市街の観を呈するようになった。

京の住民が国家による一元的支配から離れて，院や摂関家などの貴族や寺社などの多元的・重層的・複雑な支配に組み込まれるようになり，そのような権門寺社の拠点を中心とした人口集中地が京の内外に継ぎ接ぎ状に出現した。さらに官衙町を支えた人々の現業的生産活動および商品経済の発達から商工業が発展し，自律的商工業者の増加とその集住による都市景観の変貌が進行した。

11世紀以降，支配者層の分解が進み，天皇との関係に基づく家格の形成による位階体系の崩壊と，家柄による階層格差の拡大・固定化が進み，特定の家による各種官職の「家業」としての世襲・請負制が形成されて，中世国家へと移行する［玉井 1995］。

以上の古代都市から中世都市への，なし崩し的変容は，「安史の乱」後の唐代後半における国内・国際情勢の大きな変動を背景とした長安城の変容［妹尾 2001］と質的には並行する部分もあったが，もはや日本の都市が中国の都市の影響を受けることはなくなった。

謝辞

小稿は，「九州大学21世紀COEプログラム（人文科学）東アジアと日本：交流と変容」による「第1サブテーマ国際ワークショップ：古代東アジアにおけるアイデンティティの形成と展開」（2006年7月15～17日）での発表内容を増補したものである。発表の機会を与えていただいた，九州大学比較社会文化研究院の田中良之教授・溝口孝司准教授をはじめ，メンバーの方々に篤く御礼申し上げたい。奈良文化財研究所の井上和人氏からは平城京の条坊制について御教示いただいた。また奈良文化財研究所の都城調査部諸氏は，現場を頻繁に突然襲撃する「変なオジサン」に辟易しながらも色々御教示下さっている。あわせて感謝申し上げたい。（2008年2月6日）

註

1）「朝堂院」の呼称は，確実には延暦11年以降の長岡宮期後半に始まるから，それ以前については単に「朝堂」と呼ぶのが正しい。しかし，広大な朝庭と，宮によって異なるが4・8・12・14（以上）棟の朝堂建物からなる中枢空間全体を指す語が必要であり，個別の朝堂建物と院全体を区別する必要もあるので，長岡宮期前半以前についても便宜的に朝堂院の語を用いる。

参考文献

阿部義平　1984「古代宮都中枢部の変遷について」『国立歴史民俗博物館研究報告』3
浅野　充　1990「古代天皇制国家の成立と宮都の門」『日本史研究』338
石母田正　1962「日本古代における国際意識について」『思想』454（のち『日本古代国家論　第一部』岩波書店，収録）
石母田正　1963「天皇と「諸蕃」―大宝令制定の意義に関連して―」『法学志林』60

(3・4)（のち『日本古代国家論』第1部，岩波書店，収録）
井上和人　2006「古代東アジア都城形制研究の新視覚—藤原京・平城京・渤海上京龍泉府そして唐長安城—」『条里制・古代都市研究』21
井上満郎　1982「平安京の造営と衰微」『東アジア世界における日本古代史講座』7，学生社
荊木美行　1987「孝徳朝の『将作大匠』をめぐって」『日本史学集録』4（のち『初期律令官制の研究』和泉書院，収録）
荊木美行　1988「孝徳朝の官制をめぐる二，三の問題」『史聚』23（のち『初期律令官制の研究』和泉書院，収録）
今泉隆雄　1984「律令制都城の成立と展開」『講座日本歴史』2，東京大学出版会
岩永省三　2008「内裏改作論」『九州大学総合研究博物館』6〔本書第4章〕
植木　久　1998「前期難波宮の造営年代に関する一考察」『大阪の歴史と文化財』創刊号
内田和伸　2007「宇宙を象る宮殿—平城宮第一次大極殿の設計思想—」『日本史の方法』5
大隈清陽　1995「貴族政権への道」『岩波講座日本通史5　古代4』岩波書店
大隈清陽　2001「君臣儀礼と秩序」『日本の歴史8　古代天皇制を考える』講談社
大阪市文化財協会　1981『難波宮址の研究』7
大津　透　1999『古代の天皇制』岩波書店
岡田精司　1983「大王就任儀礼の原形とその展開」『日本史研究』245（のち『古代祭祀の史的研究』塙書房，1992，収録）
小澤　毅　1993「平城宮中央区大極殿地域の建築平面について」『考古論集』潮見浩先生退官記念事業会
朧谷　寿　1997「平安後期（九世紀末〜一二世紀）」『平安京提要』角川書店
金子裕之　1987「平城宮」『古代を考える　宮都発掘』吉川弘文館
狩野　久　1975「律令国家と都市」『大系日本国家史1　古代』東京大学出版会
河内春人　1996「大宝律令の成立と遣唐使派遣」『続日本紀研究』305
岸　俊男　1969「京域の想定と藤原京条坊制」『藤原宮』（奈良県史跡名勝天然記念物調査報告第25冊）奈良県教育委員会
岸　俊男　1975「都城と律令国家」『岩波講座日本歴史2』岩波書店
岸　俊男　1976「日本の宮都と中国の都城」『日本古代文化の探究　都城』社会思想社
岸　俊男　1977「難波宮の系譜」『京都大学文学部研究紀要』17（『日本古代宮都の研究』岩波書店，1988，収録）
岸　俊男　1993「小墾田宮の朝政」『日本の古代宮都』岩波書店
北村優季　2001「京都—古代から中世へ」『新大系日本史6　都市社会史』山川出版社

鬼頭清明　1978「日本における大極殿の成立」『古代史論叢』中，吉川弘文館
熊谷公男　2001『大王から天皇へ』講談社
坂上康俊　2001『律令国家の転換と「日本」』講談社
坂本太郎　1938『大化改新の研究』至文堂
笹山晴生　1978「「難波朝の衛部」をめぐって」『古代史論叢』中，吉川弘文館
佐藤　信　1991「長岡京と平安京」『古代を考える　平安の都』吉川弘文館
清水みき　1986「長岡京造営論―二つの画期をめぐって―」『ヒストリア』110
清水みき　1995「桓武朝における遷都の論理」『日本古代国家の展開』上，思文閣出版
鈴木靖民　1969「奈良時代における対外意識―『続日本紀』朝鮮関係記事の検討―」『日本史論集』上，吉川弘文館
鈴木靖民　1985「日本律令制の成立・展開と対外関係」『古代対外関係史の研究』吉川弘文館
妹尾達彦　1998「帝国の宇宙論―中華帝国の祭天儀礼―」『王権のコスモロジー』弘文堂
妹尾達彦　1999「中華の分裂と再生」『岩波講座世界歴史9』岩波書店
妹尾達彦　2001『長安の都市計画』講談社
瀧川政次郎　1967「革命思想と長岡遷都」『法制史論叢第二冊　京制並に都城制の研究』角川書店
玉井　力　1995「10－11世紀の日本―摂関政治―」『岩波講座日本通史6　古代5』岩波書店
田村圓澄　1990『大宰府探求』吉川弘文館
寺崎保広　1995「古代都市論」『岩波講座日本通史5　古代4』岩波書店
東野治之　1978「大化以前の官制と律令中央官制―孝徳朝の中央官制を中心として―」『日本歴史』1-14
東野治之　1994「唐と日本」『朝日百科日本の歴史別冊　歴史を読みなおす』4，朝日新聞社
直木孝次郎　1971「難波遷都と大化改新」『人文研究』22-4（のち『難波遷都と大化改新』塙書房，収録）
中尾芳治　1981「前期難波宮の系譜」『日本の中の朝鮮文化』49（のち『難波宮の研究』吉川弘文館，収録）
中尾芳治　1992「難波宮発掘」『古代を考える　難波』吉川弘文館
中尾芳治　1995「前期難波宮と唐長安城の宮・皇城」『難波宮の研究』吉川弘文館
長山泰孝　1992『古代国家と王権』吉川弘文館
奈良国立文化財研究所　1982『平城宮発掘調査報告ＸＩ　第一次大極殿地域の調査』
新蔵正道　1995「大宝の遣唐使派遣の背景」『続日本紀研究』1-14

西本昌弘　1997「日本古代儀礼成立史の研究」塙書房
仁藤敦史　1999「小墾田宮と浄御原宮」『古代文化』51-3
橋本義彦　1986「里内裏沿革考」『平安貴族』平凡社
早川庄八　1984「古代天皇制と太政官政治」『講座日本歴史』2，東京大学出版会
早川庄八　1987「律令国家・王朝国家における天皇」『日本の社会史』3，岩波書店
林　陸朗　1972『長岡京の謎』新人物往来社
福原栄太郎　1983「孝徳朝の「刑部尚書」について」『永島福太郎先生退職記念　日本歴史の構造と展開』山川出版社
町田　章　1991「平城京」『新版古代の日本』6，角川書店
森　公章　1983「『天皇』号の成立をめぐって―君主号と外交との関係を中心として―」『日本歴史』418（のち『古代日本の対外認識と通交』吉川弘文館，収録）
森　公章　1986「天皇号の成立とその意義」『古代史研究の最前線』1，雄山閣出版
森　公章　1988「古代日本における対唐観の研究―「対等外交」と国書問題を中心に―」『弘前大学国史研究』84（のち『古代日本の対外認識と通交』吉川弘文館，収録）
八木　充　1965「大和国家機構と都宮」『山口大学文学会誌』16（1）
八木　充　1966「律令制都宮の形成過程」『日本書紀研究』2（のち『律令国家成立過程の研究』塙書房，1968，収録）
八木　充　1968「孝徳朝と天武・持統朝の政治史的意義」『律令国家成立過程の研究』塙書房
山中　章・清水みき　1987「長岡京」『古代を考える　宮都発掘』吉川弘文館
山中　章　1992「長岡宮城南面と北辺の造営」『条里制研究』8
山中　章　1993「古代条坊制論」『考古学研究』38（4）
山中　章　1994「初期平安京の造営と構造」『古代文化』46（1）
山中　章　1995「八世紀の宮都研究」『考古学研究会40周年記念論集　展望考古学』考古学研究会
山中　章　2001『長岡京研究序説』塙書房
山中　章　2001「古代宮都成立期の都市性」『新体系日本史6　都市社会』山川出版社
山中　章　2002「律令国家形成過程の古代王権」『日本古代王権の成立』青木書店
山中敏史　1986「律令国家の成立」『岩波講座日本考古学』6，岩波書店
吉川真司　1996「宮廷儀式と太極殿・朝堂院」『古代都城の儀礼空間と構造』奈良国立文化財研究所
吉川真司　1997「難波長柄豊碕宮の歴史的位置」『日本古代国家の史的特質』思文閣出版
吉田　孝　1983『律令国家と古代の社会』岩波書店
吉田　孝　1995「平安京の新しい世界」『岩波講座日本通史5　古代4』岩波書店

吉田　孝　1982「日本における律令国家の諸段階」『東アジア世界における日本古代史講座』7，学生社
吉村武彦　2005a「古代の政事と藤原京・平城京」『律令制国家と古代の社会』塙書房
吉村武彦　2005b「都城の成立」『古代史の基礎知識』角川書店
渡辺晃弘　2001『平城京と木簡の世紀』講談社
渡辺晃弘　2006「平城宮中枢部の構造―その変遷と史的位置―」『古代中世の政治と権力』吉川弘文館

追記

校正中に金子裕之氏ご逝去の報に接した。私は奈良文化財研究所在職中，「鬼軍曹」金子氏に徹底的に鍛えて頂いた。愚鈍な私だが，入所後15年目頃からようやく（遅い！）さまざまな問題の答え（正解かはともかく）が見え始めたのは金子氏のおかげだった。金子氏は東区大極殿院の『学報XⅣ』を編集されたのだが，私に「君が朝堂院の学報を編集するのだ」と常々叱咤されていた。東区朝堂院をめぐる諸問題の解決は，平城宮変遷史上の鍵となっていた。しかし私は2000年に九州大学に敵前逃亡したので，ご期待に添えなかった。小稿を含めて，ここ数年で平城宮関係の雑文を4本書いたのは，金子氏の言がずっと気になっていたからだった。「チョットチョット何なのよ！　コレ」と例の調子で言われそうだが，小稿を捧げ今日までの学恩にあらためて謝意を表し，ご冥福をお祈りしたい。（2008年3月21日）

補註

1）　小墾田宮の構造については，他にもさまざまな説が提唱されており，西本昌弘が諸説を整理・検討している［西本 2008］。いずれにせよ未検証仮説であるから，発掘調査による検証が必要である。

2）　橿原考古学研究所が設定した飛鳥京跡ⅢA期が後飛鳥岡本宮か飛鳥浄御原宮か説が分かれているが，本論文では後飛鳥岡本宮説で記述している。

3）　橿原考古学研究所が設定した飛鳥京跡ⅢB期が天武朝初期からか天武朝後半からか説が分かれているが，本論文では天武朝初期説で記述している。

4）　SB7701が東南側・西南側に南北棟の脇殿を伴うという復元は小澤［小澤 2003］・林部［林部 2001］による。また小澤・林部は，SB7701の区画の南側に朝堂を推定しているが，志村佳名子は朝堂の存在を否定している［志村 2015］。

5）　大極殿の東西の南北棟建物については，内部に空間を取った建物と考えられてきたが，117・190次調査によって桁行7間の門であることが判明した。この結果，大極殿院には，東・南・西の3面に門をもつことが確定したが，特に南面門（大極殿門）の桁行が7間であることは，本文に記したように藤原宮大極殿院が前期難波宮の特徴を払拭していないと評価すべきであろう。

6） 本論文で掲げた長岡京の復元図は，朝堂院南門の前面に二条大路が貫通すると考えられていた頃のものであるが，2007 年に朝堂院南門の左右に翼状に回廊が取り付き先端に楼閣をもつことが判明した［松崎 2007］。この楼閣の発見によって，南門以南も宮内に含まれると考えられるようになり，長岡宮の宮域および長岡京の条坊も，従来と異なる復元がなされるようになった［國下 2013］。

7） 本論文では，長岡宮の第一次内裏の位置を朝堂院の北と考える説に従ったが，朝堂院の北には谷筋が入り込み地形が悪いことから，朝堂院の西側と考える説が有力となっている［国下 2013］。

8） 実際には，難波長柄豊碕宮の朝堂区画は日常的な朝参・朝政の場としては機能していないとする説［西元 2008；志村 2015］があるが，それは中大兄と孝徳の不和，皇極・中大兄の飛鳥帰還などによる意図せざる結果であって，宮の設計時点では，朝堂区画での日常的朝参・朝政の励行が計画されていたこと自体は否定できないであろう。

9） 実際には，難波長柄豊碕宮では，宮中枢の周囲にそれほど多くの官衙空間を想定できないとする説［林部 2001］があるが，それは中大兄と孝徳の不和，皇極・中大兄の飛鳥帰還などによる意図せざる結果であって，宮の設計時点では，各種国政機能を宮外の皇子宮や豪族宅で分散的に行う大化前代方式を否定し，宮内に諸官衙を集中させる構想であったこと自体は否定できないであろう。

10） 中央区の奈良時代後半（第Ⅱ期）の殿舎群を，天平勝宝元年建設開始の聖武太上天皇の御在所とする説がある［仁藤 1998］。仁藤は，天平勝宝年間に，孝謙天皇の「東宮」（東区内裏）と聖武上皇の「西宮」との並存を考える。しかし，第Ⅱ期殿舎群の建設年代を遺物から検討すると聖武太上天皇御在所ではなく，天平宝字年間に孝謙太上天皇御在所として完成したと考えるべきである。孝謙の重祚後は称徳天皇御在所として「西宮」と呼ばれるようになる。本文中で，仲麻呂没落後に内裏的性格に転換させられたと書いたのは妥当でなく，孝謙太上天皇＝称徳天皇の御在所としての性格は一貫しているが，東区の内裏では天皇の内裏としての伝統が尊重されたのに対し，太上天皇の御在所はそうした縛りがなく斬新なスタイルで造ることが可能であり，建設を主導した仲麻呂が，麟徳殿風設計を取り入れて対外的に帝国の威信を示す場としての性格を付与したと考えることは可能であろう。

11） 補註 7 に記したように，長岡宮の内裏は当初から朝堂院と分離し，第一次は朝堂院の西方であったらしく，第二次は朝堂院の東方である。

12） 奈良時代後半の東区朝堂院の機能については，朝政の場の内裏への移行による朝堂院の政務空間としての機能の形骸化［渡辺 2006］などによって，儀式の場としての性格が強まり大極殿との一体使用が好ましくなったという理解が有力であった。他方，志村佳名子は，平城遷都当初には中央区では元日朝賀・朔日朝参，東区では行事朝参・尋常朝参がなされたが，天平期を境に朝参の場が東区に集約されたとする。他方，饗宴を主機能とする中央区朝堂区画の使用機会が平城宮前半期からかなり限定されていたのに対し，東区では君臣間で行う定期的な饗宴の実施によって君臣関係が維持・再生産されていたとする［志村 2015］。東区で官人の出仕の場と饗宴空間としての機能が整うという理解であるが，朝参が天皇聴政を前提としないのであれば，儀式と饗宴の場に収斂したと理解できよう。

13）本文では書きもらしたが，平安宮では朝堂院の西隣に饗宴施設として豊楽院が成立した。その事情については，朝政の場が内裏に移行して内裏が朝堂院と離れ，大極殿が内裏からの出御の場でなくなり，大極殿と朝堂院が儀式の場として一体化して大極殿院閤門がなくなったため，出御型儀礼を行う場として豊楽院が成立したとの理解が一般的であった。岩永は朝堂院の構造変化については，別の理由を考えており，本書第6章「古代都城における帝国標章の浮沈」を参照されたい。

また，豊楽院については，国家的饗宴に使用された区画で，堂が4棟であり，12堂の朝堂院の西に位置していることから，平城宮中央区朝堂院の構造を引き継ぐものと考えられてきた［今泉 1989］。しかし，中央区朝堂院は恭仁遷都前には外国施設や夷狄を交えた儀礼・饗宴での使用がうかがわれるものの，環都後にはほとんど使用されていない可能性があり［志村 2015］，豊楽院が中央区朝堂院の系譜を引くと考える際の難点となっていた。これについても，本書第6章「古代都城における帝国標章の浮沈」を参照されたい。

14）ここで「天智系の光仁・桓武」と書いたが，白壁王は聖武の娘・井上の夫，すなわち聖武の娘婿であって，他戸王への中継ぎとして担ぎ出されたのであって，彼が天智系であったのは結果にすぎなかった。事実，彼の即位直後に井上が皇后，他戸が皇太子に立てられた。光仁天皇自身の権威や正当性・カリスマ性は不足していたであろう。しかし，ほどなく井上が廃皇され，他戸も皇太子の地位を追われた。井上・他戸の排除，山部の立太子は藤原式家の支持があったとしても，支配者層全体の中に亀裂をもたらす危険性があり，井上・他戸を幽閉した翌年の宝亀5（774）年以降，宮内での饗宴の回数が急増し，光仁は臣下の支持を取り付け親和を図ることに腐心せざるをえなかったとみられる。しかし桓武は自身が天智系たること，それが尊貴の源たることを前面に出さざるをえなかった。

今泉隆雄　1989「再び平城宮の大極殿・朝堂について」『律令国家の構造』吉川弘文館

小澤　毅　2003『日本古代宮都構造の研究』青木書店

國下多美樹　2013『長岡京の歴史考古学研究』吉川弘文館

志村佳名子　2015『日本古代の王宮構造と政務・儀礼』塙書房

西本昌弘　2008『日本古代の王宮と儀礼』塙書房

仁藤敦史　1998「平城宮の中宮・東宮・西宮―殿舎名称の変遷と権力構造の分析―」『古代王権と都城』吉川弘文館
林部　均　2001『古代宮都形成過程の研究』青木書店
渡辺晃弘　2006「平城宮中枢部の構造―その変遷と史的位置―」『古代中世の政治と権力』吉川弘文館

第8章　老司式・鴻臚館式軒瓦出現の背景

はじめに

日本における古代国家建設は7世紀後葉に本格化し，中央においては大化前代以来の由来をもつ内廷諸官司に加えて公的行政にかかわる外廷諸官司の創設を果たした。それとともに地方支配システムの構築が目指され，在地首長の支配領域を基礎とする評をいくつかまとめて広域行政単位としての国を創設し，そこに中央から国宰を派遣して中央集権的支配を貫徹しようとした。その際に一時期，国よりも広域の支配を行う大宰ないし総領が筑紫・周防・吉備・伊予に置かれ，持統3（689）年の飛鳥浄御原令の施行に伴って筑紫大宰の広域行政体制が実現した。続いて大宝元（701）年の大宝律令制定によって，筑紫大宰のみが存続し，唯一の「大宰府」として対外交渉・国防および西海道諸国島の内政総監を任務とした。この間，筑紫大宰の施設が現在地に整備されていくが，大宝令施行後，都城の朝堂院を範とする設計で政庁Ⅱ期［横田 2002］の殿舎が建設され，政務・儀式・饗宴の場として機能した。他方で観世音寺は，天智天皇の発願以後，造営に長期を要し，官による援助が繰り返され，天平18（746）年にようやく落慶供養を迎えた。観世音寺の実際的造営開始期は藤原京の造営期・整備期と併行し，大宰府政庁はまだⅠ期で外観の荘厳化の前ではあるが広域を総監する行政機能を整備しつつあり，西海道の統治を聖俗両面から担う機関が並行して具体化されていった。これは，陸奥国における郡山遺跡＋郡山廃寺，それを継承する多賀城＋多賀城廃寺の建設と並行し［今泉 2005］，律令国家がその統治領域の南北両端で模索した広域統治機構建設の具現化であった。

老司式軒瓦・鴻臚館式軒瓦（図1）は，観世音寺・大宰府政庁Ⅱ期の造営

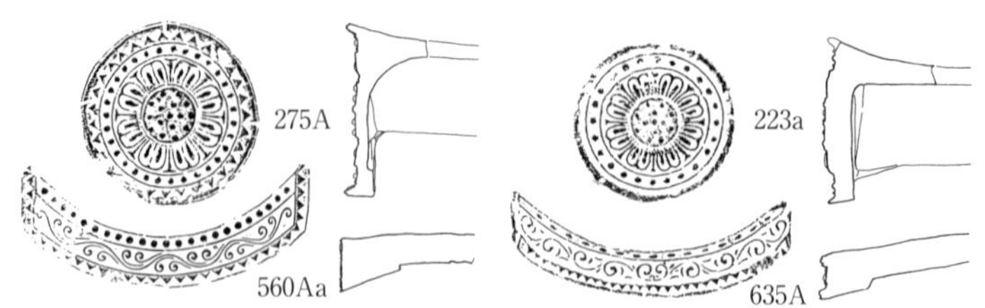

図1　老司Ⅰ式（左）・鴻臚館Ⅰ式（右）軒瓦（1/10）［九歴 2000］

を機に，西海道在来の軒瓦諸型式とは瓦当文様の系統上は無関係に導入され，以後，老司式は筑前・筑後・肥前・肥後・豊前・豊後・薩摩，鴻臚館式は筑前・筑後・肥前・肥後・豊前・豊後などの寺院や官衙でその系譜が多用された，古代の西海道を代表する軒瓦である。両者ともに，本薬師寺・藤原宮・興福寺など天皇家やそれと直結する藤原氏が建立した寺院・宮殿所用軒瓦の系譜を引き，その出現に特殊な事情・歴史的背景があったことがうかがわれる。本章では，小田富士雄によって設定された老司式・鴻臚館式のうち，最古式の老司Ⅰ式・鴻臚館Ⅰ式［小田 1957, 1958］を中心に，その祖型と成立年代を検討し，その出現の歴史的背景を考察する。

Ⅰ　老司Ⅰ式軒瓦

観世音寺創建瓦である老司Ⅰ式が，藤原宮式ないし本薬師寺式の系譜を引くことは諸先学が指摘してきた（後述）。しかし，祖型がどちらであるにせよ，山田寺式・川原寺式・法隆寺式などに比して，地方への波及が少なく，畿内より西では，紀伊・淡路・阿波・讃岐・丹波・備前から西海道まで飛んでしまう。

本薬師寺式は，近江（三大寺廃寺・法泉寺遺跡），山背（出雲寺跡），紀伊（名古曽廃寺・佐野廃寺・神野々廃寺・古佐田廃寺・西国分廃寺），丹波（池尻廃寺・与野廃寺），備前（尾張廃寺）に分布し，山崎信二は川原寺式・法隆寺式の分布と同様に，庄倉・寺領田・山野と大勢において一致することに注目し，官大寺への封戸施入と寺領水田を指定された諸郡の建郡過程が重なり合うと推定した［山崎 1983］。

藤原宮式は，尾張，近江，山背，和泉，淡路，阿波，讃岐に分布するが，そのうち近江・和泉・淡路・讃岐の同笵品の分布は，藤原宮の造営時に各地で製作した結果であり，尾張，近江・淡路・阿波・讃岐における同笵でない藤原宮式の波及は，二次的派生と評価されている［山崎 1995］。

したがって筑紫での老司Ⅰ式の出現は，特殊な事情の存在をうかがわせるにもかかわらず，観世音寺の創建に際して，ことさらに藤原宮式ないし本薬師寺式を祖型とした理由が十分に明らかにされてはいない。あらためて老司式の祖型と成立年代を検討した後，出現の歴史的背景を検討する。

A　老司Ⅰ式の祖型と成立年代―諸説概観（表1）

既往の諸説を古くみる順に概観する。付随的に各氏の老司Ⅱ式年代観にも触れておく。

高倉洋彰は，老司Ⅰ式が，大宰府第Ⅱ期政庁に鴻臚館式と併用された老司Ⅱ式より先行することから，藤原宮に併行する7世紀末～8世紀初頭に遡る可能性を考え，さらに，朱鳥元（686）年頃に主要伽藍の完成を考える立場から，小子房推定地出土の川原寺同笵瓦が老司Ⅰ式の祖型であれば，藤原宮式と先後関係ではなく兄弟関係となり年代がさらに遡る可能性を示唆した［高倉 1983］。

山崎信二は，一般的に軒丸瓦外縁の凸鋸歯文は線鋸歯文より古く，軒平瓦外区に鋸歯文と珠文を配すもののほうが珠文だけのものより古いことから，老司式が藤原宮の軒瓦のうち古い様相をもつものと共通点が多いとみなし，老司式の最初期のものが「藤原宮軒瓦の最も初期のものと同時期か，それよりも若干遡る可能性」を考えた［山崎 1995］。そして，観世音寺の造立が朱鳥元（686）年には開始されていたので，観世音寺出土の老司式の製作年代は680年代後半に遡ると考え，「九州の老司式軒平瓦と藤原宮軒平瓦の文様の使い分け」は，前者がすでに存在していたので，それを避けて後者の文様を選択した結果と考えた。さらに観世音寺造瓦にたずさわった工人の一部が，藤原宮の造瓦開始に伴って大和へ移動したと想定した。

梶原義実は，粘土紐桶巻作りと瓦当文の類似を藤原宮からの工人の移動の証拠とみる［梶原 2002］。

杉原敏之は，122 次 SE3680 の所見から老司Ⅰ式使用年代の下限を 8 世紀第 2 四半期の早い時期，85 次 SD2340 最下層の所見から老司Ⅱ式の使用を「8 世紀第 2 四半期中で理解」した。81 次 SB2300 柱穴の所見から，老司Ⅱ式が第Ⅱ期政庁所用の鴻臚館式より先行し，掘形出土須恵器から老司Ⅱ式の下限が 8 世紀第 1 四半期以前となるので，老司Ⅰ式の成立は「8 世紀以前，7 世紀末頃」とした［杉原 2007］。

小田富士雄は，7 世紀末から観世音寺の完成した天平 18（746）年までの幅を見込んだ［小田 1957, 1958, 2006］。高倉説出現後はそれに対して，川原寺式祖型説が証明抜きの前提とされており，瓦当文を無視して瓦当裏面下半の凸帯を川原寺式の系譜とはできないと厳しく批判し，肥後陣内廃寺所用の老司Ⅰ亜式・鴻臚館式が道君首名の国守在任期間（713〜718 年）から 710 年代となるので，老司Ⅰ式は造営Ⅰ期（686〜704 年）になると示唆したが［小田 2006］，その中での絞り込みはしていない。老司Ⅱ式については，かつて奈良時代中頃としていたが［小田 1957, 1958］，老司Ⅰ亜式を 710 年代とする関係から 720 年代とした［小田 1998］。

石松好雄は，老司Ⅰ式については，小田説を受けて 7 世紀末から 8 世紀初頭［石松 1982］ないし「700 年前後」［石松 1987］としたが，Ⅱ式について，小田が 8 世紀中頃としていた［小田 1957, 1958］のに対し，81 次調査 SB2300 柱穴の所見から，第Ⅱ期政庁所用の鴻臚館式より先行しⅠ式と大差ないとした［石松 1982］。

高橋章は，鴻臚館Ⅰ式が養老年間後半頃と推定でき，SB2300 での所見から老司Ⅱ式が鴻臚館Ⅰ式より先行することから養老年間前半以前と位置づけ，「老司式瓦は 694 年〜720 年の間に製作された可能性が高」く，老司Ⅰ式は造営督促（709）の詔が発せられるに至った頃には成立していた可能性が強いとした［高橋 2007b］。老司Ⅱ式については，SB2300 での所見から鴻臚館Ⅰ式に先行し「養老年間前半以前」に位置づけられ，大宰府政庁Ⅱ期建築に伴って，興福寺・平城宮等の技術・工人の影響を多分に受けて製作されたとみる［高橋 2007b］。

森郁夫は，老司式軒平瓦は，偏行唐草文の特徴から本薬師寺式ではなく藤原宮式の系統に属すから，老司式の制作年代が本薬師寺に先行ないし並行することはありえず，本薬師寺－藤原宮の系譜からみれば，藤原宮造営時に偏行唐草文が採用された後に老司式が製作されたとし，藤原宮造営開始（692年）以降，さらに絞って和銅2（709）年の督促令との深い関連を示唆した［森 1983］。

栗原和彦は森に賛意を表し，観世音寺の本格的造営は和銅2年の督促令以後であり，老司Ⅰ式を8世紀初頭以後とみた［栗原 1993］。老司Ⅱ式については，大宰府政庁Ⅱ期整備段階（8世紀第1四半期末頃）には補助的にしか使われておらず，すでにその役目を終えていたとみなし，政庁第Ⅰ期終末とする石松［石松 1982］に賛意を表し，鴻臚館Ⅰ式より先行し，「大宝令下のある時期（8世紀初頭）」とした［栗原 2002］。

こうしてみると，問題の所在は老司Ⅰ式と本薬師寺式・藤原宮式と系統的・年代的関係であり，特に近年進展してきた藤原宮式の編年研究成果に照らして，藤原宮式の細分段階との関係を細かく詰めることであろう。そこでまず藤原宮式の型式変化を確認し，あらためて老司Ⅰ式との関係を検討する。

B　本薬師寺式・藤原宮式軒瓦の型式変化（図2）

老司式の祖型を考えるために，本薬師寺式・藤原宮式の特徴，および藤原宮式の型式変化を確認しておく。以下，瓦の型式番号は奈文研設定のものを用いる［奈文研・奈良市 1996］。

①本薬師寺式

本薬師寺では，金堂本屋根用に6121A-6647G，6121B-6647Cb・Cc，裳階用に6276E-6647I，東塔・中門・南回廊は，本屋根用に6276Aa-6641H，東塔裳階用に6276E-6641Kが用いられた［花谷 1995, 1996］。裳階用小型品を省略して他の特徴を記す。軒丸瓦6121Aは単弁蓮華文，6276Aは複弁蓮華文という差異があるが他の特徴は共通し，大きな中房に1+5+9の蓮子を配し，蓮子の周囲に円圏，間弁A系統，蓮弁は肉彫り風で照りむくりをもつ。外区に珠文，外縁に線鋸歯文を密に配す。外区・外縁の境に2重圏線をもつ。6121Bは蓮子が1+4+8で周圏をもたず，外区・外縁間に圏線がない点が6121Aと異なる。軒平瓦6647C・G・Iは上外区珠文，下外区線鋸歯文の変形忍冬唐草文である。6641H・Iは，内区に右偏行唐草文，上外区に珠文，下外区・脇区に線鋸歯文をもつ。茎の振幅は大きく，支葉形状は2葉の大支葉とそれに逆行する1葉の小支葉からなる。大支葉は1個を除いて，他はすべて茎から遊離する。長く尾を引く支葉は波打ち抑揚がある。大支葉と逆方向に反転する小支葉を持ち全体として躍動感に富むことが，藤原宮式の偏行唐草文軒平瓦との明瞭な相違である。

②藤原宮式

藤原宮の存続期間は短いが，藤原宮式軒瓦にも型式変化があることが指摘されてきた。既往の説を確認しておく。

花谷浩は，大脇潔が藤原宮の軒瓦を製作技法と胎土・焼成によって8グループに分けた研究［大脇 1978］を継承し，15グループに分け，数グループの生産地を新たに明らかにした。そのうえで，藤原宮の瓦の生産地は大和盆地内と大和盆地外の2大別でき，両者は製作技法と瓦当文様を異にし，大和盆地外のほうが先行し，後に大和盆地内に主力が移ったと考えた［花谷 1993, 1998］。

近江俊秀は文様の推移から大まかに編年した上で大和盆地内の瓦窯の操業開始時期について，高台・峰寺，日高山→安養寺，西田中・内山とした［近江 2000］

石田由紀子は，大脇潔［大脇 1978］・花谷・山崎の研究を受けて藤原宮造営過程を3段階に分けた。宮大垣，特に東面大垣から着手（1段階），ある程度大垣の整備ができた後，大極殿および朝堂院東第一堂・東第二堂を造営（2段階），その後朝堂院東第三堂以下を造営（3段階）。操業した瓦窯の推移としては，大和外の諸窯が先行し主として大垣用の瓦を作り，その後は日高山瓦窯→高台・峰寺瓦窯→安養寺，西田中・内山瓦窯の順で操業を開始し，大極殿院や朝堂院など宮中枢部を造営する段階では日高山が停止し，高台・峰寺，安養寺，西田中・内山瓦窯に集約された［石田 2008］。

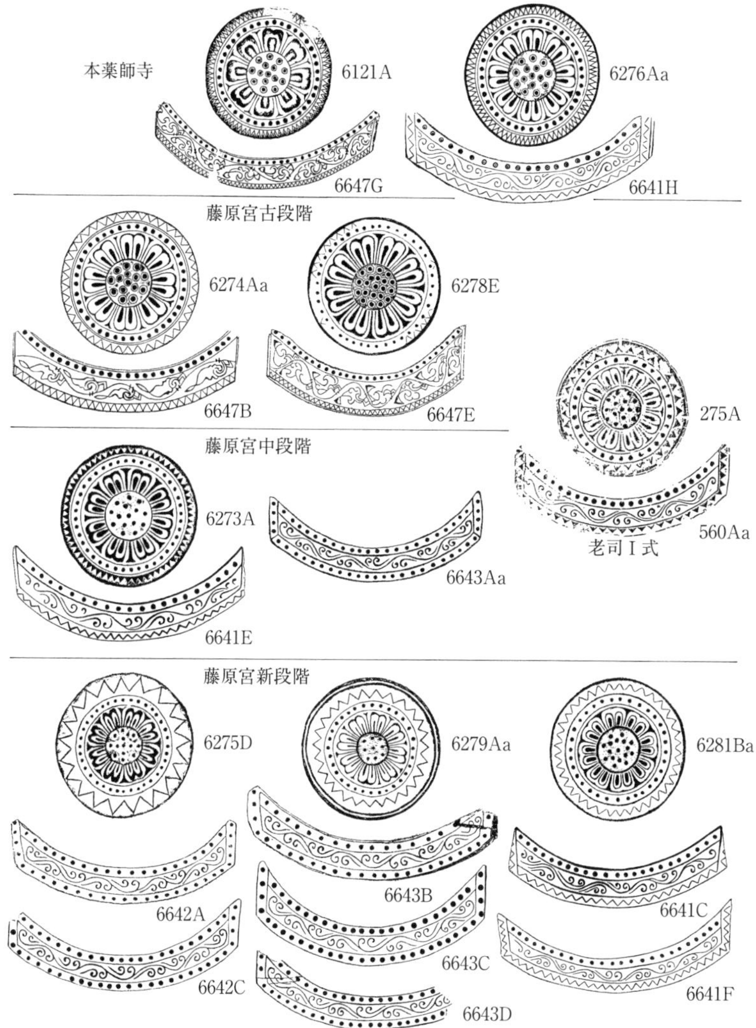

図２　藤原宮式の変遷と老司Ⅰ式の位置づけ（1／10）［奈文研・奈良市 1996；九歴 2000］

宮中枢部より大垣の造営が先行するという説については，大垣周辺でも宮中枢部で使用される偏行唐草文軒平瓦が一定量含まれることから，大垣の整備が宮中枢部の造営開始と同時かやや遅れるとする批判［林部 2001］，あるいは東面北門の調査で6279Bが多く出土したことに基づく批判もあるが［近江 2000］，門・大垣調査区での出土比率は，周辺地域での建物変遷史が不明な場合は参考値に留まるし，葺き替えの可能性も考慮されていないので花谷・石田説に従っておく。

以上の諸説をふまえて，藤原宮式の型式変化を確認しておく。

◎大和盆地外産の諸型式が先行するとみる説が妥当であるとすれば，軒丸瓦は6274Aa・B，6276C・F，6278A・B・C・D・E・F，軒平瓦は6646A・Ba・Bb・E・F，6647A・B・C・D・Eの諸型式が含まれる。牧台瓦窯製の6276C・F，6647Cは本薬師寺所用瓦の系統であるので除き，他の諸種を便宜的に藤原宮式古段階と呼び，その特徴をまとめる。いずれも粘土板巻き付け技法で製作される。軒丸瓦では中房の蓮子が二重，蓮弁が長め，間弁A系統，外区の珠文と外縁の鋸歯文が密という共通性がある。蓮弁の表現は，6274・6276が肉彫り風で照りむくりをもつのに対し，6278が平板・線的で照りむくりに乏しく，瓦当文様の一般的型式変化に照らせば一見後出的にみえるが，弁が大きく長い点は古い要素である。6274Aa（和泉産）・6274B（淡路産），6278C・E（讃岐東部産）は蓮子に周環をもつ［山崎 1995］。軒平瓦は上外区珠文，下外区線鋸歯文の変形忍冬唐草文である。

以上の諸型式に遅れて大和盆地内で製作された諸型式には，軒丸瓦6233A・B，6271A・B・C（久米瓦窯），6273A・B・D，6274A（和泉からの笵持込），6275A・B・D・E・H・I・J，6279A・B，6281A・B，軒平瓦6641A・C・E・F・N，6642A，6643A・B・C・D，6646C，がある。製作技法は粘土紐巻き付け技法が主体となる。このうち久米瓦窯の6271A・B・Cは外縁に面違鋸歯文をもち，これらは文様としては古い要素をもつ。それらを除いた残りについては，古段階の要素を継承するもの（中段階）と，平城宮式の先駆的要素をもつもの（新段階）とがある。

◎中段階の6273A・Bは，中房の蓮子が二重（1+5+9），蓮弁が長めだが照りむくりが弱くなり，間弁A系統，外区の珠文（40）と外縁の凸鋸歯文（64・65）が密。藤原宮で主体をなすA・B・Cは蓮子周囲に円圏がない。6273A・Bと大極殿院で組み合う6641Eは，上外区珠文，下外区線鋸歯文の偏行唐草文である。波状の茎の振幅は大きいが，各単位の支葉の形状が不揃いで，2個が茎に接し，尾も抑揚を欠くものが多く，全体として乱れた印象を与える。

◎新段階の6275は中房の蓮子が二重，間弁A系統，外区の珠文が密な点は古い要素であるが，蓮弁が短く矮小となり，外縁の鋸歯文が粗く大きくなる。6275A・Dと朝堂院回廊などで組み合う6642A・C，6643Cは外区珠文の偏行唐草文である。波状の茎の振幅がやや小さく，6642A・Cは各単位の支葉の形状は揃うが，半数が茎に接し，支葉の尾や巻きの表現は抑揚を欠く。6643Cは支葉の4個が茎に接し，支葉の尾や巻きの表現に抑揚を欠くものがある。

6279A・Bは中房が小さく蓮子が一重（1+6 or 8）となる。蓮弁が短く矮小となり，外縁の鋸歯文が粗く大きくなる。6279Aと朝堂院回廊で組み合う6642A・C，6643B・Dは，外区珠文の偏行唐草文である。波状の茎の振幅がやや小さく，各単位の支葉の形状は揃うが，半数が茎に接し，支葉の尾や巻きの表現は抑揚を欠く。なお6279Bは藤原宮東面北門の調査（藤原宮第27次）で多く出土し，6646Cと組むと指摘されている［山崎 1995］。6646は古段階の文様であるが，6646Cは山背大宅廃寺Ⅰ類軒平瓦の笵型を大和の某所に移して製作されたことが明らかにされており［山崎 1995］，中段階以降の製作年代でも問題ないが，新段階まで下らせてよいかは検討を要する。

6281A・Bは中房が大きく蓮子が二重な点は古い要素であるが，藤原宮式で唯一間弁の先端が延びて蓮弁を囲むB系統であり，平城宮第Ⅰ期の6284A・C・D・E・F，6304C・Dに継承される。6281A・Bと朝堂院で組み合う6641C・Fは，上外区珠文，下外区・脇区線鋸歯文の偏行唐草文である。波状の茎の振幅が6641Eに比して小さくなり，各単位の支葉の形状が不揃いで，4〜6個が茎に接し，支葉の尾も抑揚を欠くものが多く，全体として乱れた印象を与える。

以上の藤原宮式の型式変化をまとめておく。軒丸瓦については，老司I式は間弁A系統であるので，B系統の6281を除外して他の型式について扱う。

粘土板巻き付け技法（古段階）　→粘土紐巻き付け技法（中・新段階）

軒丸瓦では，

中房大で蓮子2重（古・中段階，新段階の一部）
→中房小で蓮子一重（新段階の一部）

蓮弁長め（古・中段階）　→短め（新段階）

外縁の鋸歯文密（古・中段階）→粗（新段階）

蓮子に周環（古段階の一部）　→無し（古段階の一部，中・新段階）

軒平瓦では，

上外区珠文・下外区鋸歯文（古・中段階，新段階の一部）
→外区珠文（新段階の一部）

変形忍冬唐草文（古段階）　→偏行唐草文（中・新段階）

茎振幅大（古・中段階）　→振幅小（新段階）

支葉のほとんどが茎から離れる（古段階）
→茎に接する支葉が増加（中・新段階）

各段階の実年代については，天武末年（680年代前半）の藤原宮下層運河から淡路産の軒平瓦6646が出土しており［花谷 1998］，大和盆地外での藤原宮瓦生産開始が天武末年まで上る［花谷 1996a］。史料上の大極殿の初見は文武2（698）年であるから，大極殿所用の6273B-6641E（中段階）の製作は698年以前となる。朝堂院も完成していれば，6275A・D，6279A，6281A・B-6642A・C，6643B・C・D（新段階）の製作も698年以前となる。藤原宮のすぐ南の日高山瓦窯の操業停止が持統10（696）年の「南門」における大射以前とすれば，日高山で製作された6233Aa・Ab・Ac，6274Ab・Ac，6275E・I，6279Aa，6643Aaは696年以前に存在しており，すでに新段階が出現していたことになる。天武末年から遷都直後までの時間幅に3段階が収まる。当然ながら，笵が使えれば製作は続くので，製作年代は作笵年代よりもかなり下りうる。藤原宮内の官衙地区は大宝令施行（701年）に伴う官制改革で大改造されており［花谷 1996a］，このとき相当量の瓦が必要とされれば，すでに存在する笵の再利用で製作されたであろう。

C　老司式軒瓦の祖型と年代（図2）

続いて，ここで検討した藤原宮式の型式変化を念頭に，あらためて老司Ⅰ式の祖型と年代を検討する。

①祖型の検討

老司Ⅰ式軒丸瓦275Aは，大きな中房に1+5+10の蓮子，蓮子の周囲に円圏，中房の周囲に円圏，間弁A系統の複弁蓮華文，蓮弁は肉彫り風で照りむくりをもつ。外区に珠文，外縁に凸鋸歯文をもつ。

老司Ⅰ式軒平瓦560Aは，内区に左偏行唐草文，上外区に珠文，下外区・脇区に凸鋸歯文をもつ。茎の振幅は大きく，支葉形状は2葉とも遊離し長く尾を引く単一種である。大支葉と逆方向に反転する小支葉をもたない。粘土紐桶巻き作りで，古手のものは削り出し段顎である。

本薬師寺式との作笵の時間的関係について，軒丸瓦では決めがたいが，軒平瓦では大支葉と逆方向に反転する小支葉をもたない点で，老司Ⅰ式のほうが後出する［森 1983］。したがって，本薬師寺式より新しいことは確かである。

老司Ⅰ式は，藤原宮式軒瓦の変化に照らせば，軒丸瓦が，大きな中房，二重の蓮子，蓮子周囲の円圏，長めで照りむくりの強い蓮弁を持つ点で古段階相当となる。茎の振幅が大きく，支葉がすべて茎から離れ，表現に抑揚と躍動感に富む点で，藤原宮式中・新段階より古い様相を持つが，藤原宮古段階には扁行唐草文が見られず粘土板技法である点を勘案すれば，中段階相当とするのが妥当であろう[1)]。軒丸瓦・軒平瓦全体として，中段階並行ではあるが，中段階・新段階から直接に老司Ⅰ式が出てくるとは考えにくく，老司Ⅰ式と中・新段階は兄弟の関係にあるとみなせる。

②年代の検討

作笵年代

老司Ⅰ式の系譜をこのように考えると，当然ながら出現年代―作笵年代も再検討を要す。

屋根瓦の場合，土器などと異なり，古い時代の瓦が屋根に葺かれ続けているから，古い要素を模倣した瓦が模倣元より下った時期に造られる可能性が潜在するので，老司Ⅰ式の文様が藤原宮中段階並行まで遡っても，製作年代も上がるとは限らないという批判がありえよう。しかし，山田寺式や法隆寺式（奈文研型式番号37・216・217）の数十年間の型式変化をみれば［佐川 2002；花谷 1992；毛利光 1992］，製作年代が下るものはモデルとは何らかの差異が生じており識別できる。また，平城宮遷都当初に製作された平城宮軒瓦編年第Ⅰ期の諸型式は，型式上藤原宮式の系譜を引くものであっても，藤原宮式とは明瞭に区別できる差異をもつ。したがって上述したように藤原宮中段階並行の特徴をもつ老司Ⅰ式が，新段階以降に製作される蓋然性は少ないであろう。

製作年代（表1）

以上のように老司Ⅰ式の作笵年代を藤原宮式中段階並行期まで上げる場合，実際の製作年代をどこまで上げるかが問題となる。

そこでまず，軒丸瓦の製作技法に注目する。老司Ⅰ式軒丸瓦に特徴的な裏面下半部の凸帯は本薬師寺式・藤原宮式には全くみられないから，軒丸瓦の瓦当文様デザインは中央で決定されたものの，製作にあたっては西海道在来の瓦工に委ねられたとみられる。その瓦当裏面下半部の凸帯の由来について，かつて森郁夫は肥後地方の「技法Ⅱ」からの系譜を考えたが［森 1983］，高橋・杉原が指摘するように［高橋 2007b；杉原 2007］，興善寺廃寺の軒丸瓦は8世紀中頃のものであり森説には無理があり，近年では新羅系軒丸瓦の製作技術からの影響を考える説が有力になっているという［杉原 2007］。

影響を考えるにしても，瓦当文様それ自体は藤原宮式系統であるから，瓦当裏面の作り方に対する新羅系軒丸瓦の影響関係を確証するのは難しいが，かりに新羅系軒丸瓦からの製作技術の系譜を認める場合，製作年代観については，どう考えられるか詰めておこう（図3）。

新羅系軒瓦のうち天台寺・虚空蔵寺の軒丸瓦の内区文様が妙心寺鐘・観世音寺鐘の撞座に似ており，両寺の軒平瓦の唐草文が妙心寺鐘上帯の唐草文に似ていることはつとに指摘されてきた［小田 1961］。森貞次郎は天台寺例が妙心寺鐘より先行するとし［森 1983］，真野一夫も，初唐・統一新羅・日本

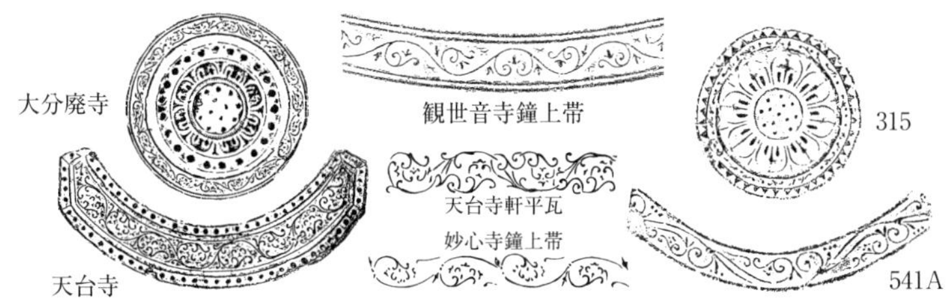

図3　軒瓦の唐草文・梵鐘の唐草文（1/10）

［栗原 1991；横田・石丸 1995；栗原 1997；九歴 2000］

の類似した唐草文を比較して同じ結論に達した［真野 1996］。妙心寺鐘は「戊戌年」すなわち文武天皇2（698）年の製作であり，観世音寺鐘のほうが先行するとみる点で諸説一致する［森 1983；西村 1984］。森は天武11（682）年に筑紫大宰多治比真人嶋が作らせた大鐘を観世音寺鐘にあて，新羅系瓦を出す寺院の創建を682～698年の間に考えた。栗原和彦は，観世音寺鐘の偏行忍冬唐草を，観世音寺出土の偏行忍冬唐草文軒平瓦541A（老司Ⅰ式並行と考えられている）の系統に置き，藤原宮の時期以降とし，691～698年とした［栗原 1991］。したがって観世音寺鐘の上限年代観については説が割れているが，いずれにせよ天台寺の軒瓦を690年代前半まで上げることは可能であり，藤原宮式中段階と併行して存在しうる。

新羅系軒瓦の中でも垂水廃寺の軒丸瓦は中房周囲の蓮が圏線と化し外縁の唐草文が単純な渦文と化し，軒平瓦の偏行唐草文の振幅が浅くなっており年代の下降が伺える［小田 1961］とともに，軒丸瓦裏面下半部の凸帯がなくなっているから，新羅系瓦の瓦工が老司Ⅰ式の製作にかかわったとすれば，天台寺・虚空蔵寺例など初期の時期に限られよう。こう考えれば，老司Ⅰ式の製作年代は作笵年代と同じ頃に上限をおけるだろう。もちろんこれは製作開始年代であって，軒丸瓦では三宅廃寺，軒平瓦では三宅廃寺・筑前国分寺・般若寺の出土品は，老司瓦窯・観世音寺出土品とは異なった技法で製作されており，笵傷進行や彫り直しからみて製作時期が下降すると判明している［斎部 2008］。

使用年代

続いて遺跡における共伴遺物の検討を行う。軒瓦の場合，作笵年代と製作年代，使用年代（屋根への葺き上げ）は互いに近接する場合もあるが，笵が使える限り何度も使うため製作年代は幅をもち，製品のストックがありえるので使用年代も製作年代と一致しないことがある。それを了解した上で，老司Ⅰ・Ⅱ式の使用年代を確認しておく。

老司Ⅰ式・Ⅱ式が土器や木簡を伴って出土した事例は，きわめて少なく諸氏が用いる事例は，観世音寺SE3680，政庁前面SD2340，政庁正面広場SB2300柱穴の3件である。

大宰府政庁前面SD2340の最下層から木簡を伴って瓦類が出土した［九歴1984, 1985］。木簡の紀年銘は天平6（734）年・天平8（736）年があるが，郡名表記では和銅年間前後のものがあり，土器類と合わせると溝の機能期間は和銅年間前から天平末頃までである［石松1987］。下層から，老司Ⅱ式のセット（275B・560Ba），鴻臚館Ⅰ式のセット（223a・635A），外区・外縁が同一平面となり内区より一段高い軒丸瓦285A，老司式系統の軒丸瓦290B，偏行唐草文軒平瓦582が出土した。高橋は瓦類の下限年代を天平6年以前とし［高橋2007a］，杉原は瓦類の使用が「8世紀第2四半期の中で理解される」とした［杉原2007］。溝の最下層の形成年代が天平8（736）年以降であり，その年代には共伴軒瓦がすでに存在したことはいえる。また出土土器の様相から，溝の埋没は開削から短期間後であり「天平年間」とされているから［九歴1984］，瓦類の出現年代が「736年～740年代」以前ということ以上は意味しない。

観世音寺SE3680は，7世紀末の構築で8世紀第2四半期の早い時期に廃絶した［九歴1991］。老司Ⅰ式のセット（275A・560Aa），外区・外縁が同一平面となり内区より一段高い軒丸瓦286・315A，偏行忍冬唐草文軒平瓦541Aが，廃絶寺に一括投棄された状態で出土した［九歴1991］。杉原は使用年代の下限を示す資料と位置づけた［杉原2007］。8世紀第2四半期の早い時期には共伴軒瓦がすでに存在したということ，つまり出現年代が8世紀第2四半期の早い時期以前ということ以上は意味しない。

政庁正面広場SB2300柱穴では柱掘形から老司Ⅱ式，「柱痕跡」から鴻臚館Ⅰ式が出土し，老司Ⅱ式と鴻臚館Ⅰ式の前後関係では老司Ⅱ式のほうが古く，その出土須恵器から杉原は老司Ⅱ式の下限が8世紀第1四半期以前とした［杉原 2007］。これも老司Ⅱ式の出現年代が8世紀第1四半期以前ということ以上は意味しない。

残念ながら，以上の遺跡での所見によって軒瓦諸型式の出現年代を決めることはできない。

観世音寺金堂の創建年代

老司Ⅰ式の使用年代の一環として，老司Ⅰ式そのものでなく，老司Ⅰ式を用いた建物として，観世音寺金堂の創建年代にふれておく。金堂瓦積基壇中の平瓦に偏行忍冬唐草文軒平瓦541A（図3）・Bと同じ格子文平瓦があるが，小田富士雄は，122次SE3680で541Aと共伴した老司式をⅠ亜式（710年代）と評価することによって，SE3680出土瓦（275A・286・315・560Aa・541A）を観世音寺造営Ⅱ期（709～711）に比定し，金堂の造営を「和銅年間の督促に伴う造営」と考えた［小田 2006］。高橋章は541Aが老司Ⅱ式とほぼ同時期ないし若干遡る頃とし，老司Ⅱ式を和銅末～養老初期（714～720）に置くので，金堂基壇着工を養老2（718）年を少し遡る頃からとみた［高橋 2007a］。総じて710年代とみるのが主流の説のようである。しかし別の考え方もできる。

礎石式・基壇建物の建設に際して，版築で大き目の土壇を築き，建物本体を完成させた後に，基壇外装を仕上げとして完成させた手順は飛鳥の寺院跡で知られる。文武朝大官大寺の塔は瓦を葺き隅木先飾金具や風鐸を取り付けていたが，基壇化粧を施す前に消失した。回廊も瓦葺きの途中で消失したが，基壇外装は施されていない。こうした手順が一般的であったとすれば，基壇外装の施行は当該建物建設の最終段階であるから，観世音寺金堂の外装施行年代をただちに金堂の造営開始年代と同一視はできないし，屋根に葺いた瓦の製作年代と見なすこともできない。基壇の瓦積に541A・Bと同時期の平瓦が用いられた事情として，老司Ⅰ式に伴う平瓦がすでに余っていなかった可能性すら考えられる。

以上の検討によって，老司Ⅰ式の作笵年代を藤原宮式中段階並行期まで引き上げることに対して大きな障害はないといえよう。

D　老司Ⅰ式成立の背景（表1）

①老司Ⅰ式文様出現の背景

花谷浩は，藤原宮式軒瓦の場合，文様が大和盆地内・盆地外の複数の生産地でそれぞれ共通することから，文様の決定にあたって，中央の強い意志が背景にあったと推測している［花谷 1993］。このような文様決定における「意志」は藤原宮式のみならず中央が関与した他の事業にも及ぼされたとみられる。

山崎信二は，老司式と藤原宮式の軒平瓦の文様を比較して，老司式が「左偏行唐草文＋珠文＋鋸歯文」であるのに対し，藤原宮では「6641：右偏行唐草文＋珠文＋鋸歯文」「6642：右偏行唐草文＋珠文＋珠文」「6643：左偏行唐草文＋珠文＋珠文」であり，重複が避けられ明瞭に使い分けられていることから，「藤原宮では使用しない九州の老司式用の独特の文様をあらかじめ用意した」と推定した［山崎 1995］。

この説のように，藤原宮式とは差異をもつように意識的に文様が選択・決定されたとする説には説得力がある。もっとも，山崎が，老司式の最初期のものが藤原宮軒瓦の最初期のものよりも若干遡る可能性があり，老司式軒平瓦と藤原宮軒平瓦の文様の使い分けは，前者がすでに存在していたので，それを避けて後者の文様を選択した結果だと考えたのは，朱鳥元（686）年が観世音寺の実質的造営開始なのに対し，藤原宮の造営開始は持統6（692）年の地鎮祭以降と考えたことによる。しかし，天武末年（680年代前半）の藤原宮下層運河から淡路産の軒平瓦6646が出土しており［花谷 1998］，大和盆地外での藤原宮瓦生産開始が天武末年まで上るのであれば，やはり藤原宮式の出現自体は老司式より遡る。山崎が注目した老司式と藤原宮との軒平瓦の造り分けは，藤原宮式中段階に，上外区珠文，下外区線鋸歯文で右偏行唐草文の6641のデザインを念頭にそれと差異化できるように，上外区珠文，下外区凸鋸歯文で左偏行唐草文の老司Ⅰ式をデザインした結果と考えればよ

表1　老司Ⅰ式軒瓦関連年表

西暦	年号	天皇	藤原宮・京ほか	薬師寺	大官大寺・大安寺	観世音寺関連	西暦
670	天智9	天智					670
671	10	〃	天智死去			天智，この頃発願	671
672	天武1	天武	壬申の乱。飛鳥浄御原宮に遷都				672
673	2	〃	大海人皇子，飛鳥浄御原宮で即位		造高市大寺司任命		673
674	3	〃					674
675	4	〃					675
676	5	〃	新城に都造ろうとし果たさず				676
677	6	〃			高市大寺を大官大寺と改称		677
678	7	〃			（天武朝大官大寺）		678
679	8	〃					679
680	9	〃		建立発願			680
681	10	〃	飛鳥浄御原令編纂開始				681
682	11	〃	新城に幸す	着 工		多治比真人嶋大鐘を貢す	682
683	12	〃	諸国境界を定め始める。				683
684	13	〃	天皇，宮室の地を定める				684
685	14	〃	天皇不豫		三寺で読経		685
686	朱鳥	天武→持統		本尊薬師像鍍金未了	五寺で無遮大会	封200戸施入。川原寺の伎楽を筑紫に運ぶ	686
687	持統1	持統					687
688	2	〃		無遮大会			688
689	3	〃	草壁皇子死去，浄御原令施行				689
690	4	〃	高市皇子・天皇，藤原の宮地を視察。この頃，藤原不比等官途につく				690
691	5	〃	新益京地鎮祭。右大臣以下に新益京宅地を配分。				691
692	6	〃	藤原宮地鎮祭	講堂阿弥陀仏繍帳造る			692
693	7	〃					693
694	8	〃	藤原宮に遷居				694
695	9	〃			（文武朝大官大寺）		695
696	10	〃	公卿百寮，南門に射す		……………………		696
697	文武1	持統→文武	軽皇子立太子	仏像開眼会	↑		697
698	2	文武	大極殿で受朝。「大極殿」初見	構作ほぼ終る		糟屋評造舂米広国鐘を鋳造（妙心寺鐘）	698

699	3	〃			九重塔造営（『扶桑略記』）		699
700	4	〃	刑部親王・藤原不比等に律令を撰定させる				700
701	大宝 1	〃	大宝律令完成			5 年後に封戸を停止する太政官処分	701
702	2	〃	遣唐使出発。持統太上天皇死去		文武朝	上座郡薗地 49 町施入	702
703	3	〃		四寺で設斎	九重塔・金堂造営（『縁起』）	薗地・焼塩山等施入	703
704	慶雲 1	〃	大宝遣唐使第一次帰国			『縁起』作られる	704
705	2	〃					705
706	3	〃				中断期①	706
707	4	文武→元明	諸王臣五位以上に遷都を論議させる				707
708	和銅 1	元明	平城遷都の詔。平城宮鎮祭				708
709	2	〃				造営督励詔発布。鉄釜・墾田 16 町施入。	709
710	3	〃	平城京遷都				710
711	4	〃	藤原宮焼亡		大官大寺焼亡	水田 12 町余施入	711
712	5	〃					712
713	6	〃					713
714	7	〃					714
715	霊亀 1	元明→元正					715
716	2	元正			大安寺平城京移建		716
717	養老 1	〃				中断期②	717
718	2	〃		薬師寺平城京移建（続紀）			718
719	3	〃					719
720	4	〃				「寺領田園山林図」作られる	720
721	5	〃					721
722	6	〃		僧綱を止住させる。			722
723	7	〃				僧満誓，勅により造寺別当として派遣される	723
724	神亀 1	元正→聖武					724
725	2	聖武					725
726	3	〃					726
727	4	〃					727
728	5	〃					728
729	天平 1	〃			道慈に大安寺を改造させる		729
730	2	〃		東塔建立		衣服・伎楽面施入の太政官符	730
731	3	〃					731

732	4	〃					732
733	5	〃					733
734	6	〃					734
735	7	〃		大般若経転読	大般若経転読	疫瘡流行。「府大寺」で読経	735
736	8	〃					736
737	9	〃					737
738	10	〃				5年を限り封100戸施入	738
739	11	〃					739
740	12	〃					740
741	13	〃					741
742	14	〃					742
743	15	〃					743
744	16	〃					744
745	17	〃				僧玄昉造営のために派遣される	745
746	18	〃				造寺完成供養，玄昉怪死	746
747	19	〃					747
748	20	〃					748
749	天平感宝 天平勝宝１	聖武→孝謙					749
750	2	孝謙					750
751	3	〃					751
752	4	〃					752

かろう。なお山崎は，藤原宮の紐作りと，老司Ⅰ式における紐作りとの有機的な関連を唱え，観世音寺造瓦にたずさわった工人の一部が藤原宮の造瓦開始に伴って大和へ移動したことを想定しているから，藤原宮の紐作りも老司Ⅰ式の紐作りの導入と考えている節がある。しかしこれも，藤原宮式の紐作りが老司Ⅰ式に導入されたと考えて不都合がない。

森郁夫は，観世音寺に本薬師寺や大官大寺で用いられた瓦当文様が伝えられずに，「宮の瓦当文様（藤原宮式系）がもたらされたところに観世音寺造営時における中央政府の意志の一端が反映されて」おり，和銅２年の督促令は，平城遷都をひかえて律令体制整備の一環として，九州の中枢部においても，大宰府の整備とともに官寺の確立を急がねばならなかったからであるとした［森 1983］。栗原和彦は，森が平城宮において造宮組織と造寺官司とのかかわりが深いことを考察した［森 1976］のを受けて，老司Ⅰ・Ⅱ式の笵型が中央政府から観世音寺用・大宰府官衙用として与えられたとみた［栗原

1993]。これは老司Ⅰ式とⅡ式をほぼ同時期とし，和銅２年の督促令に引きつけての立論である。しかし，森は８世紀前半において宮内と京内官寺で大造営が重なった時に，官寺が宮の瓦と同系の文様をもつ事象に注目したのであるが，栗原が取り上げた老司Ⅰ・Ⅱ式の場合，逆に官衙が寺系の瓦をもったのであり事情が異なる。森・栗原はともに老司Ⅰ式の成立を和銅２年の督促令に引きつけて上記の見解を出しているのだが，本稿では老司Ⅰ式の成立を藤原宮造営期に引き上げているから，森が扱ったと事象と比較するには，観世音寺が藤原宮系の瓦をもった事情を考察しなければならない。

なぜ老司Ⅰ式の祖型が藤原宮式とされたのか。官がかかわった造寺組織による観世音寺創建瓦の瓦当文様決定―作笵の時点は，本薬師寺が竣工し，大官大寺の造営が始まる前の，国家的最重要事業が藤原宮造営に集中した時期であり，格式上そのスタイルを導入する必然性があった。平城宮造営が開始され所用瓦が製作され始めた時期であれば，藤原宮式を祖型としつつも最新式の文様が創出されており，あえて古い文様とする必要に乏しい。

観世音寺は天皇家の私寺ではなく，官寺としての格で造られる必要があったが，そのような場合，かつての川原寺・本薬師寺のようにその時々の最新スタイルの採用が志向された。

②政府による観世音寺造営督促の事情

では，天皇家および中央政権にとっての観世音寺造営の意義はどこにあったのか。文武天皇の早世による母・元明天皇の即位宣命に初めて現れる「不改常典」の意義からうかがわれるように[2)]，持統―草壁系天皇にとって，他の天武系皇親勢力を牽制し，即位を正当化するためには，持統を介して天智の血を引くことを強調する必要があった。そのため，持統以降の天皇は代替わりの度に，天智の子孫として父祖・天智の事績を顕彰する必要があり，天智が母・斉明の菩提を弔うべく発願した観世音寺造営への梃入れを繰り返すこととなった。具体的には，文武の代には，大宝２（702）年の薗地49町の施入，同３年の薗地・焼塩山の施入，元明の代には和銅２（709）年の造営促進詔発布・鉄釜施入・墾田16町施入，和銅４（711）年の水田12町施入，元正の代には養老７（723）年の僧満誓の派遣が行われた。天皇家が遠国の一寺院の建設にかかわるのは異例中の異例であるが，天智が発願したものの未完成のままの観世音寺の完成に向けての梃入れの理由はそこにある。しかも，天智の母・皇極＝斉明はその後の皇統の始祖であり，その斉明の菩提を弔うための寺院は，天智の子孫にとって特別の意味をもった。

山崎信二は，藤原宮造瓦に山城と大和の藤原氏の氏寺が大きな役割を果たしたとし［山崎 1995］，藤原宮の瓦製作地が拡散している背後に，藤原氏の関与を考えた［山崎 1983］。もっとも，藤原不比等が官途に就いたのは，持統5（690）年の新益京鎮祭の直前くらいであり，すでに新城の造営は軌道に乗っているから，造営初期段階での藤原氏の関与の実態は慎重な検討を要する。これに対して観世音寺は，持統以後の皇統にとって特別な意味をもつ大規模造営であるとともに，娘・宮子を文武の夫人に送り込んで天皇家の外戚となりつつ，大宝年間以降，議政官の実権を握り，政府の中核として新国家建設に邁進するようになった不比等を中心とする藤原氏にとっても意味を持つようになったであろう。

ただし，天皇の代替わりの度に，観世音寺造営への梃入れ・督促が繰り返されはしたものの，造営事業そのものは中央の直接関与ではなく，大宰府の造営組織に任されたために，遅延が度重なり，督促によって眼に見えて進捗したわけでもなかった。これには深い事情があった。①朱鳥元（686）年の封戸施入から大宝元（701）年の太政官通告（5年後封戸停止）までの間は，徐々に造営を進めていたのであろうが，筑紫大宰にとっては，浄御原令の施行を受けて広域行政機関としての体制を創出する時期であったし，政府の命で文武2・3（698～699）年には大野・基肄・鞠智・三野（日向？）・稲積（大隈？）の諸城を修理するなど，反乱に備える軍事拠点の維持にも腐心せねばならなかった。中央政府にとっては，新城および藤原宮・京（新益京）の造営期にあたる。②慶雲元（704）年から和銅2（709）年の造営促進詔までの中断期［小田 2006］は，大宰府にとっては，Ⅱ期政庁の建設を始めた時期であり（後述），中央政府にとっては，大宝の遣唐使の第一次帰国（慶雲元〔704〕年）による遷都計画の勃興から平城遷都詔（和銅元〔708〕年2月）・造平城京司設立（同年9月）に至る激動，慶雲3・4（706・707）年の疾病流行，慶雲4（707）年の文武の死去と元明の即位に伴う政情不安があった。③和銅4年（711）の水田施入から養老7（723）年の僧満誓派遣に至る長い中断期［小田 2006］は，大宰府にとっては，Ⅱ期政庁の建設が続いているとともに，和銅6（713）年の大隅国設置前に隼人を征討したものの，養老4（720）年に起こった大規模な反乱を鎮圧するまで情勢が安定しなかった。中央政府にとっては，平城宮の大極殿院造営およびそれに続く京内大寺院（大安寺〔霊亀2年〕，元興寺〔養老2年〕，薬師寺〔養老2年以前〕）の本格的造営開始期にあたる。したがって中央政権にとっても，遠隔地—筑前における観世音寺造営に割ける余力に乏しかった，という切実な事情があったからである。

Ⅱ　鴻臚館Ⅰ式軒瓦

大宰府政庁創建瓦である鴻臚館Ⅰ式（223A・635A）の祖型を，興福寺創建瓦（6301A・6667A）とみる説が学史上有力である。興福寺式は藤原氏の氏寺である興福寺の創建瓦であるが，山田寺式・川原寺式・法隆寺式などに比して，地方寺院への影響が少ない型式である。

他方で，興福寺の造瓦組織と平城宮のそれとが交流をもった結果，平城宮でも興福寺式の系譜を引く6301B・C，6671B・Cが成立する。

鴻臚館Ⅰ式の祖型が興福寺式であるならば，大宰府政庁の創建に際してことさらに興福寺式を祖型とした理由が明らかにされねばならない。

A　鴻臚館Ⅰ式の成立年代—諸説概観（表2）

①年代の検討

渡辺正気以外の論者は鴻臚館Ⅰ式の祖型を興福寺創建瓦（6301A・6667A）とみている。既往の諸説を古くみる順に概観する。

渡辺正気は，鴻臚館Ⅰ式635Aの唐草文の祖型を観世音寺鐘上帯の唐草文に求め，興福寺創建瓦6671Aより古くし，大宝元（701）年時点で635Aが製作の段階に入っていたと主張する［渡辺 1988］。渡辺説については後にあらためて検討する。

横田賢次郎は，興福寺の創建和銅3年説に拠りつつ「これとほぼ同時期か，この時期をさほど下らない時期」とみた［横田 2002］。

山村信榮は，鴻臚館式が「平城京もしくは興福寺のものが範形として大宰府にもたらされた」もので「平城遷都以降の早い時期」とみた［山村 1994］。

高橋章は，かつては大宰府の官制・職制が8世紀初頭に完備し，大宰府が造営に最も関与していた時期，すなわち「和銅年間（708～715）頃を若干下る時期」とみていた［高橋 1983］。最近は「政庁前面南北溝SD2340（天平六年木簡共伴）出土瓦類と正殿跡180次調査瓦等から」，養老年間後半頃（720～723か―岩永）と推定している［高橋 2007b］。

栗原和彦は，かつては興福寺創建瓦より後出させ8世紀第1四半期としていた［栗原 1995］。鴻臚館式の笵が興福寺創建瓦の笵とともに中央官司で製作されてから大宰府の造瓦組織に与えられたために，両者の間に大きな時間差が生じないとし，興福寺創建を養老4（720）年とする薮中五百樹説［薮中 1990］に拠りつつ，8世紀第1四半期終末とした［栗原 2002］。

梶原義実は，鴻臚館式より老司式がやや先行するものの，「時期差というよりはむしろ工人集団の違い」とみた［梶原 2002］。老司式を藤原宮からの工人移動による製作とみているが，鴻臚館式がどこまで上るか明言はしていない。

②大宰府政庁Ⅱ期の創建年代

鴻臚館Ⅰ式そのものでなく，鴻臚館Ⅰ式を用いた施設である，大宰府政庁Ⅱ期の創建年代に関する発掘調査での事実関係および諸説を概観しておく。

調査では，正殿SB010Aの基壇積土中，同基壇下層，政庁南門SB001A基壇に伴う鎮壇遺構SX008から短頚壺，中門SB005A基壇に伴う鎮壇遺構SX020から短頚壺，SB005A付近の地鎮遺構SX015から長頚壺，Ⅱ期造営時の整地土などから土器が出土している。

小田和利はSX008・SX020出土の短頚壺がSD2340出土土器より古いことから，政庁Ⅰ期の下限（＝2期造営開始）を8世紀第1四半期としたが，それ以上の絞り込みはしていない［小田 2002］。

横田賢次郎は，政庁Ｉ期遺構（SB120・SB121・SD125）の廃絶時期を示す土器を８世紀第１四半期，Ⅱ期政庁の造営年代を示す資料であるSX008・SX020出土の短頚壺を「8世紀前半代をくだらない」，SX015出土の長頚壺を「8世紀第１四半期」とし，それらを「8世紀第１四半期の後半，さらに推定を許されるならば10年代の後半頃」と，記述が進展するに連れて絞り込んだ。また後面築地SA505下層出土木簡から築地の構築を和銅年中（708〜714年）の前半以降間もない頃とした［横田 2002］。

山村信榮は，須恵器編年の検討結果に基づき，第２カテゴリー（第Ⅱ期政庁整地層と建物基壇出土遺物）に属す遺物（第１次整地層〔41次〕・北面築地基壇積土）をＤ期（8世紀第１四半世紀前半），第３カテゴリー（第Ⅱ期政庁の建物基壇を切る遺構出土遺物）に属すSX008・SX020・SX015など（北西脇殿基壇積土〔30次〕・中門西側回廊根石中〔6次〕）をＥ期（8世紀第１四半世紀後半）においた。結論として第Ⅱ期政庁の造営時期が「藤原京期でなく平城京期」であり（山村 1995），その実施設計は和銅年間前半期（708〜710か—岩永）まで＝平城遷都立案時期もしくは遷都施工中，着工は「上記にごく近い時期」＝「8世紀第１四半期中頃」，竣工は「715〜720年頃」であり，第Ⅱ期の成立時期は「8世紀第１四半期の後半の元明朝（元正朝の誤りか—岩永）」とした［山村 1994］。実年代の根拠は，「竺紫前」の木簡を伴った資料が「8世紀第１四半期前半以降」におけ，Ｅ期のハセムシ12地点９号窯出土資料に和銅６（713）年銘ヘラ描き甕が含まれ，Ｆ期の不丁地区SD2340出土資料に天平６（734）年木簡が伴ったことなどである。

吉村靖徳は，須恵器編年の検討結果に基づき，政庁Ｉ期の廃絶〜Ⅱ期造営に伴う整地層出土土器を土器Ⅱ期，政庁Ⅱ期建物の鎮壇具を土器Ⅲ期とし，宮都の土器との併行関係で，土器Ⅱ期を「飛鳥Ⅳ式併行」〜「SD1901Aの一部とSD1900A」（飛鳥Ⅳ〜平城Ｉ期），土器Ⅲ期を「SD1900Aに後続する時期」（平城Ⅱ期か）に対比した［吉村 2003］。Ⅱ期政庁の竣工年代は，狭川説（716年），山村説（715〜720年）と矛盾しないとする。

吉村と山村とでは，7世紀後半〜8世紀初頭の土器編年の実年代比定に大差があり，SX2480を山村はＤ期（700〜710年），吉村は飛鳥Ⅲ期（7世紀第3四半期）併行の土器Ⅰ期にあて35～50年も食い違うが，山村がE期（8世紀第1四半期後半）とした後田45-2号窯などを標識に吉村は飛鳥Ⅳ～平城Ⅰ期相当の土器Ⅱ期を設定した結果，政庁Ⅱ期の鎮壇具について，山村はE期（8世紀第1四半期後半），吉村は土器Ⅲ期（平城Ⅱ期か）に位置づけ大差がなくなった。

狭川真一は，政庁の完成が考古資料から「8世紀第Ⅰ四半期の後半頃」，他資料から「和銅3年（710）頃以降養老5年（721）以前あたりに絞られてくる」とした上で，専任の大宰帥多治比真人池守が任命され（715年），現地に赴任し，褒章を受けた（717年）間の霊亀2（716）年が完成の年と絞り込んだ（狭川1993）。

以上の諸氏の見解は，政庁第Ⅰ期の廃絶および第Ⅱ期の造営時期を示す土器の時期を8世紀第1四半期とみる点で一致し，その根拠は天平6（734）年・天平8（736）年の紀年銘木簡を伴ったSD2340の土器より古い要素をもつ点である。ただし，第Ⅱ期の造営時期を示す土器（山村E期・吉村土器Ⅲ期）が第1四半期のどこまで上るか絞るには，土器編年の実年代比定の定点が少なく，横田・山村は鴻臚館Ⅰ式が興福寺創建瓦を祖型とし平城宮期に下ることを念頭においているようなので，瓦の年代の根拠を土器に求めれば，土器と瓦の間で根拠が循環してしまうこととなる。

B　興福寺式系軒瓦の型式変化と年代

①型式変化（図4）

興福寺創建瓦の6301A-6671A，その系譜を引き平城宮・京で用いられた6301B・C-6671B～D・I・Kがある［花谷1991］。

6301Aは大きな中房に1+5+10の蓮子を置く。蓮子は大きいが低い。間弁A系統の複弁蓮華文で，蓮弁は肉彫り風で照りむくりはあるが大きくはない。弁区は平坦で，中房の弁区からの突出が弱いため，内区全体が平面的である。外区に珠文20，外縁は傾斜縁で線鋸歯文25を置き，上面に凹線をめぐらす。直径は約17.5cmである。6671Aの中心飾りは，左右に分離した下向きC字形の中心葉のなかに紡錘形の小葉をおき，中心葉の巻き込みと

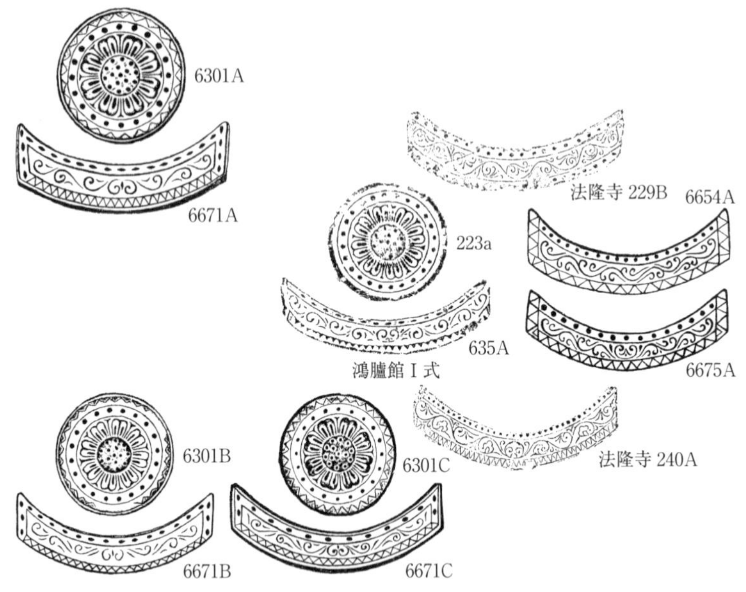

図4　興福寺式の変遷と鴻臚館Ⅰ式の成立（1/10）

［奈文研 1983；奈文研・奈良市 1996；九歴 2000］

組み合って，下から派生する三葉文を表現する。中心飾りの左右に第2支葉を欠いた2葉構成の唐草文単位を3回反転させる。第1単位が上から派生するので平城宮で一般的な均整唐草文とは上下逆転した唐草の流れになる。唐草各単位の第1支葉の巻きが弱く主葉先端に近接するので，先端が二股に分岐した単位唐草が連続するように見える。外区は一段高く，上外区・脇区に杏仁形珠文，下外区に線鋸歯文を置く。

6301B・CはAより小型化する。Bは直径が約16cm強，蓮子が1+5+9の点がAと異なる。Aと比して内区が中高に緩く盛り上がり，中房が弁区より一段高い。蓮子が小さいが高い。弁の照りむくりはAより強い。外区の珠文は大きく20個。線鋸歯数は不明（推定30）。Cは直径が約16cm弱，蓮子は1+5+10。弁の照り向くりが強く，中房が弁区より一段高く，蓮弁縁・間弁の表現がA・Bより鋭い。線鋸歯数が33，外縁上に凹線がない点がA・Bと異なる。6671B～D・I・Kは，6671Aと異なり，唐草文各単位が3葉構成である。6671Aより内区が狭くなり唐草各単位が小振りで華奢となる。顎形態はBの一部が長い段顎だが，他は短い段顎や直線顎などである。

したがって，6301-6671の型式変化は，6301AからB・Cへの変化に際しての瓦当径の小型化（17.5→16cm），6301Cにおける外縁凹線の消滅，6671AからB以下への変化に際しての，第2支葉を欠いた2葉構成から3葉構成への変化，内区幅の減少に伴う唐草各単位の小型化・繊細化とまとめられよう。

②年代の検討（表2）

まず，鴻臚館式の祖型となった興福寺式6301・6671の編年的位置づけについて毛利光俊彦・花谷浩の研究成果を確認しておく。

興福寺所用の6301A-6671Aについて。6301Aの弁が肉彫り風で強く盛り上がる点は藤原宮式の6274A，外縁に凹線をめぐらす点は6279Aと共通し古い要素である［毛利光1991a］。6671Aの外区文様は大官大寺所用の6661に類似し古い要素である。顎には長い段顎，短い段顎，直線顎があり笵の使用年代は長いが，顎の形態変化からみると初期のものは粘土板桶巻き作りにより，貼り付け段顎で顎が長い点で平城宮・京軒瓦編年第Ⅰ期前半（和銅元年～霊亀元年）の特徴をもつ［花谷1991］。

平城宮所用の6301B-6671Bは，養老4（720）年の造興福寺仏殿司の設置によって興福寺の造瓦組織と宮のそれとが交流をもった結果として出現したとみる。長い段顎と直線顎があり，前者は6671Aの古手と共通し第Ⅱ期初頭（養老5年頃）における。6301C-6671Cは6671Cの直線顎から第Ⅱ期後半（天平初頭頃～天平17年）に下る可能性がある［花谷1991］。6671Dの短い段顎はⅡ期前半（養老5年頃～天平初頭頃），Kには段顎がなくⅡ期後半である。

つづいて興福寺の創建年代について検討する。

花谷浩・毛利光俊彦は，興福寺の造営が養老4（720）年の藤原不比等の死去以前に始まっていたとした［花谷1991；毛利光1991a］。養老4（720）年の造興福寺仏殿司の設置を，興福寺主体部の着工とみるか［藪中1990］，興

表２　鴻臚館Ｉ式軒瓦関連年表

西暦	年号	天皇	平城宮・京ほか	土器編年	瓦編年	興福寺	筑紫大宰・大宰府	西暦
670	天智９	天智						670
671	10						筑紫率（任）栗隈王	671
672	天武１	天武		飛鳥Ⅲ		山階寺を飛鳥厩坂に移す。	壬申の乱。筑紫大宰栗隈王，近江方の出兵要請を拒否	672
673	2	〃						673
674	3	〃		↓				674
675	4	〃		……………				675
676	5	〃		↑			筑紫大宰屋垣王	676
677	6	〃						677
678	7	〃					筑紫大地震	678
679	8	〃						679
680	9	〃						680
681	10	〃						681
682	11	〃					筑紫大宰丹比嶋	682
683	12	〃						683
684	13	〃		飛鳥Ⅳ				684
685	14	〃		SD1901A				685
686	朱鳥	天武→持統						686
687	持統１	〃						687
688	2	〃						688
689	3	〃					浄御原令施行。筑紫大宰粟田真人。筑紫大宰帥（任）河内王	689
690	4	〃					筑紫大宰河内王	690
691	5	〃						691
692	6	〃					筑紫大宰率河内王。大隅・阿多に僧侶を派遣し仏教を伝える	692
693	7	〃		↓				693
694	8	〃		……………			筑紫大宰率河内王。筑紫大宰率（任）三野王	694
695	9	〃		↑				695
696	10	〃						696
697	文武１	持統→文武						697
698	2	文武		SE1105			多褹嶋・南島に覓国使派遣。大野・基肄・鞠智城修治	698
699	3	〃					三野・稲積城修治	699
700	4	〃					薩摩・大隅の豪族，覓国使を剽却。筑紫惣領（任）石上麻呂	700
701	大宝１	〃					大宝律令制定。大宰府正式に成立	701

702	2	〃	遣唐使出発。持統太上天皇死去				薩摩・多褹征服。薩摩国成立。大宰帥（兼）石上麻呂	702
703	3	〃						703
704	慶雲１	〃	大宝遣唐使第一次帰国	飛鳥Ｖ				704
705	2	〃		平城Ｉ			大宰帥（兼）大伴安麻呂	705
706	3	〃					慶雲三年格　↑	706
707	4	文武→元明	諸王臣五位以上，遷都を論議					707
708	和銅１	元明	遷都詔。造平城京司任命		…………		大宰帥（兼？）粟田真人	708
709	2	〃		SD 1900A	↑			709
710	3	〃	平城遷都			厩坂寺を移し興福寺とする（『興福寺縁起』）		710
711	4	〃					筑	711
712	5	〃			Ｉ－１期		紫	712
713	6	〃					大隅国設置　役	713
714	7	〃		↓	↓	金堂供養か？維摩会を興福寺に移修。		714
715	霊亀１	元明→元正	「大極殿」初出	……………	…………		大宰帥（任）多治比池守	715
716	2	元正		↑	↑			716
717	養老１	〃		SD4750			多治比池守受賞	717
718	2	〃	養老律令撰定。元興寺平城京移建	6BYSSE047	Ｉ－２期		↓	718
719	3	〃						719
720	4	〃			↓	不比等死去。造興福寺仏殿司設置	隼人反乱。大隅守殺害。軍を派遣して鎮圧	720
721	5	〃	藤原武智麻呂，宮内を改作		…………	北円堂建立	対隼人戦争終結。大宰府城門災	721
722	6	〃		平城Ⅱ	↑			722
723	7	〃						723
724	神亀１	元正→聖武		SD12695				724
725	2	聖武			Ⅱ－１期			725
726	3	〃				東金堂建立		726
727	4	〃		SK2102				727
728	5	〃		SD485			大宰帥大友旅人	728
729	天平１	〃	長屋王変。藤原光明子立后	↓	↓		大宰府	729
730	2	〃		……………	…………	五重塔建立	大宰帥大友旅人，梅花の宴	730
731	3	〃		↑	↑			731
732	4	〃						732
733	5	〃						733

734	6	〃				西金堂建立		734
735	7	〃				大般若経転読	疫瘡大流行。「府大寺」に読経させる	735
736	8	〃		SD5300				736
737	9	〃	疫瘡大流行。藤原四卿死す	SD5310	Ⅱ－２期		疫瘡大流行	737
738	10	〃					新羅使を大宰府で饗応し，入京させず放還	738
739	11	〃		SD5100				739
740	12	〃	藤原広嗣の乱。恭仁遷都				大宰少弐藤原広嗣の乱	740
741	13	〃	国分寺・国文尼寺建立の詔					741
742	14	〃		平城Ⅲ			大宰府廃止，筑前国司が機能代行	742
743	15	〃	墾田永代私有令				筑紫鎮西府を置く	743
744	16	〃	難波遷都		↓			744
745	17	〃	平城環都		…………		大宰府を復置。管内諸司に印十二を給す	745
746	18	〃			↑	講堂本尊造立		746
747	19	〃			Ⅲ－１期			747
748	20	〃			↓			748
749	天平感宝 天平勝宝１	聖武→孝謙			…………			749
750	2	孝謙		……………	↑			750
751	3	〃					墾田限度500町と定めらる	751
752	4	〃	東大寺大仏開眼	平城Ⅳ	Ⅲ－２期			752

福寺の造営に官が直接かかわるようになった年であって造営自体はそれ以前に始まっていたとみるか［大岡 1965；福山 1968；太田 1969］で説が分かれる。薮中五百樹は養老４年10月に金堂造営のための造興福寺仏殿司が設置されたのが興福寺造営の開始とみたが［薮中 1990］，わずか10カ月後の養老５(721）年８月に中金堂に弥勒浄土変群像が安置されていることから，興福寺全体の着工が養老４年10月では無理がある。花谷の軒平瓦編年でも，6671Aの製作技法は軒瓦編年第Ⅰ期前半に遡り，B・Cと同じⅡ期までは下げ難いことが明らかにされているから，興福寺の造営開始は和銅年間に遡ると考える。薮中は，不比等が他の官寺に先駆けて自分の氏寺を造るほど無神経ではなく，新都造営が一段落し，他官寺移建が始まってから後にしたとみたが，自分の血を引く首皇子のための東宮を平城宮を東に張り出させて造営

し，その隣に広大な自邸を設けた不比等にしてみれば，氏寺の寺地のみ選定し造営に手を付けないほうが不自然といえよう。したがって6671Aの出現は710年代前半に遡るとみてよい。

C　鴻臚館Ⅰ式の祖型と年代

続いて，上で検討した興福寺式系軒瓦の型式変化を念頭に，あらためて鴻臚館Ⅰ式の祖型と作笵年代を検討する。

①祖型・作笵年代の検討（図4）

鴻臚館1式の軒丸瓦223aは，大きな中房に1+4+8の蓮子，間弁A系統の複弁蓮華文，蓮弁は肉彫り風で照りむくりをもつ。内区が中高に盛り上がり，中房が弁区より一段高い。外区に珠文24，外縁は傾斜縁で無文。上面に凹線はない。直径は約17cm弱である。これと6301の細分種との類似点・相違点は以下の通り。瓦当径17cm弱はAとB・Cとの中間である。内区が中高に盛り上がる点でBに近いが，Bよりさらに盛り上がる。中房が弁区より一段高い点はB・Cと似る。弁の子葉が長い点はいずれとも異なる。外区珠文が大きく低い点はA・Bと似る。223aと6301細分種との前後関係を決めるのは難しいが，6301Aから6301B・Cへの変化の流れをみれば，223aは6301Aより後出し，6301Bと近い位置におけるが，6301Bと兄弟の関係か6301Bからの派生種かは決め難い。

鴻臚館Ⅰ式の軒平瓦635の中心飾りは，「小」字形の三葉文の垂飾りを上向きC字形の中心葉が囲む。中心飾りの左右に唐草文単位を4回反転させる。各単位は，第1支葉が「ハ」字形の2葉，第2支葉が1葉の4葉構成である。これらの主葉の巻き込みと第1支葉を一体としてみると，主葉先端が三股に分岐したようにみえ，三葉半パルメットであることがわかる。第1単位が下から派生するので平城宮で一般的な均整唐草文と同じ唐草の流れになる点が，興福寺式6671と異なる。外区は一段高く，上外区に杏仁形珠文，下外区に凸鋸歯文を置く。635が一段高い外区をもち，上外区杏仁形珠文，下外区鋸歯文となる点で，祖形は6671しかありえず，内区が狭く唐草文が小振りとなり，第2支葉をもつ点で，6671AよりかはB・Cに近い。ただし，中心飾りの垂飾りの形態，中心葉の向き，唐草文の反転数，第 1 支葉の数と形態での差異も大きい。この相違点は，6671 本体の A から B・C への変化の中途からの分岐だけでは生じがたい。

そこで，この時期に瓦当文様創出をリードした平城宮・京や大和の寺院における，7 世紀末〜8 世紀初頭の軒平瓦中で，635 と類似した垂飾り形態，中心葉の向き，唐草文の反転数，第 1 支葉の数と形態を有する種を探し，635 出現の系統的背景を考えよう（図 4）。

6675A は，4 回反転の均整唐草文で，上外区に珠文，下外区に線鋸歯文を置く。中心飾は，逆 V 字形の中に珠点をおいた下向きの三葉文の垂飾りを，上向きの C 字形の中心葉が囲む。唐草文は主葉＋第 1・第 2 支葉が 4 カ所，主葉＋第 1 支葉が 4 カ所と変則的である。細部で違いはあるものの，下向き三葉文を上向き C 字形で囲む中心飾りの形状，4 回反転の均整唐草文，上外区に珠文，下外区に鋸歯文という基本レイアウトは 635 と等しい。

6654A は，中央の唐草文を中心に左右に 4 回反転する変則的な均整唐草文で，上外区に珠文，下外区に線鋸歯文を置く。中心飾りを欠くが，4 回反転の均整唐草，上外区に珠文，下外区に鋸歯文という基本レイアウトは 635 と等しい。

法隆寺 229B は，中央の唐草文を中心に左右に 4 回反転する変則的な均整唐草文であるが，4 回反転であり，唐草の 1 単位をみると，強く巻き込みながら萼状に左右に分かれる 2 葉（渦巻き型萼）の間に，あまり巻き込まずに「ハ」字形に開く 2 葉を置く。葉数が偶数で中心の 1 葉を欠くが四葉全パルメットとみなせる。この「ハ」字形の 2 葉が 635 の唐草第 1 支葉と類似しており，635 の唐草文にはパルメットの要素が入っていることがわかる。

法隆寺 240A は，対葉花文風の中心飾りをもつ左右 4 回反転の均整忍冬唐草文で，上外区に珠文，下外区に線鋸歯文を置く。唐草の第 2・4 単位は半パルメットであり，各単位は強く巻き込む 1 葉と緩く反転する 4 葉からなり，そのうち外側の 2 葉は 635 の唐草第 1 支葉と似ており，635 の唐草文にはパルメットの要素が入っていることがわかる。

こうしてみると，下向き三葉文を上向き C 字形で囲む中心飾りの形状は

6675A，4回反転の均整唐草文，上外区に珠文，下外区に鋸歯文という基本レイアウトは6675A・6654A，法隆寺240A，主葉の巻き込みと第1支葉が半パルメット状を呈する点は法隆寺229B・240Aが近いことがわかる。以上の4点は，行基建立の小寺院や法隆寺所用であって，これらをただちに鴻臚館Ⅰ式635の文様の直接の祖型とみなしてよいかは疑問であるが，類似した文様が流行した時期を絞り込む手がかりとなる。

以上4点の年代を確認しておく。6675A・6654Aは，軒丸瓦6348Aと組んで，奈良市追分廃寺で使用された。この寺は養老2（718）年に行基が建立した隆福院と推定されており，平城宮・京瓦編年第Ⅰ-2期（715～721年）にあたる。法隆寺229Bは，白鳳後期（690頃～710年）の法隆寺西院伽藍創建時に中門・回廊に用いられた［花谷 1992］。さらに絞って700年代とする説もある［林 2007］。法隆寺240Aは，奈良前期Ⅰ（710～727年）に西院伽藍創建用に用いられた［毛利光 1992］。

念のため，平城宮・京軒瓦でこれらの要素がみられる時期が他にありえるか確認しておこう。

三葉文の垂飾りを中心葉が囲む中心飾りは，第Ⅰ-2期の6675A以外に，第Ⅱ-2期（天平初頭頃～天平17年）に6719・6721が出現して以降，奈良時代を通じて盛行する。ただしこれらでは中心葉が左右に分離して対向する形であるし，6719A・6721Gを除いて垂飾りは左右の小葉がほぼ水平か上向きの逆「小」字形であって，635のような「小」字形の垂飾りを上向きC字形の中心葉が囲む形態の祖型にはなりえない。第Ⅰ-1期・Ⅱ-1期にその種の中心飾りはないから，第Ⅰ-2期の6675Aが最も近い。

4回反転の均整唐草文は，第Ⅰ-2期の6675A・6654A以外に，Ⅱ-1期の6667A以降，6669・6691・6695・6704・6729・6767・6768など奈良時代後半まで少数存続するが，6669・6691・6695・6768は第1支葉・第2支葉が1個ずつの平城宮・京で一般的な唐草文，6704・6729・6767は変則的な唐草文であって，鴻臚館Ⅰ式635のような主葉と第1支葉が半パルメット状となる唐草文の祖型にはなりえない。

主葉と第1支葉が半パルメット状となる唐草文は，法隆寺229B・240A以外に，6763A・B・Cがあるが第Ⅳ-2期に編年されており，鴻臚館Ⅰ式635の祖型にはなりえない。

上外区珠文，下外区鋸歯文の均整唐草文は，興福寺式6671系統を除けば，第Ⅰ-2期の6654A・6675Aしかない。

以上の検討によって，鴻臚館Ⅰ式635の文様を生み出しうる蓋然性が強いのは，平城宮・京瓦編年第Ⅰ-2期（715〜721年）となる。すなわち，興福寺式6301A-6671Aの出現の後，養老4（720）年の造興福寺仏殿司の設置を継起に6301B-6671Bが出現する前となる。6671AからB・Cへの変化はスムーズであり，主葉の両脇に支葉を1個ずつ配す平城宮・京で一般的な唐草文単位の成立である。これは，平城宮の造瓦組織が興福寺のそれと交流をもち，6671の文様が取り入れられるに際し，唐草を平城宮に通有な形に変えた結果である。6671B・Cの唐草単位が鴻臚館Ⅰ式635の半パルメットから生じるとは考えにくいから，鴻臚館Ⅰ式635と6671B・Cはともに6671Aから分岐して生じた兄弟の関係にあり，鴻臚館Ⅰ式635の成立にあたっては，6675A・6654A，法隆寺229B・240Aなど平城宮・京第Ⅰ-2期に流布した文様要素を取り込んだと結論づけられる。

なお渡辺正気は，鴻臚館Ⅰ式635の唐草文の祖型を観世音寺鐘上帯の唐草文に求め，興福寺創建瓦6671Aより古くし，大宝元（701）年時点で635が製作の段階に入っていたと主張しているが［渡辺 1988］，すでに栗原による唐草の反転数に基づく反論［栗原 2002］がある。観世音寺鐘上帯の唐草文は，一見635の唐草文に似ているが，唐草の1単位は強く巻き込みながら蕚状に左右に分かれる2葉（渦巻形蕚）の間に栓形花［山本 1996］を置くもので，これから半パルメットが成立するとは考えにくい。したがって，635の唐草文を観世音寺鐘に引きつけて6671Aより古くみるのは無理があろう。223a-635を興福寺式6301A-6671Aと無関係に，それに先立って成立させようとすれば，223aの蓮子1+4+8，無文の外縁を藤原宮式6233の系譜，635の外区（上外区杏仁形珠文・下外区鋸歯文）を大官大寺式6661，外区が内区より一段高い点を天台寺の新羅系軒平瓦の系譜などと考えられないこともないが，635の内区文様の系譜について，上記のようにしか考えられない点からみて無理がある。

②年代の点検

鴻臚館Ⅰ式が土器や木簡を伴って出土した事例はきわめて少なく，諸氏が用いる事例は，大宰府政庁前面SD2340の1件である。

大宰府政庁前面SD2340の最下層から木簡を伴って瓦類が出土した［九歴1984, 1985］。木簡の紀年銘は天平6（734）年・天平8（736）年があるが，郡名表記では和銅年間前後のものがあり，土器類と合わせると溝の機能期間は和銅年間前から天平末頃までである［石松1987］。下層から鴻臚館Ⅰ式のセット（223a・635A），老司Ⅱ式のセット（275B・560Ba），外区・外縁が同一平面となり内区より一段高い軒丸瓦285A，老司式系統の軒丸瓦290B，偏行唐草文軒平瓦582が出土した。報告では鴻臚館式を8世紀「第1四半期終末頃」と推定した［九歴1985］。高橋章は瓦類の下限年代を天平6年以前とし［高橋2007a］，杉原は瓦類の使用が「8世紀第2四半期の中で理解される」とした［杉原2007］。溝の最下層の形成年代が天平8（736）年以降であり，その年代には共伴軒瓦がすでに存在したことはいえる。また出土土器の様相から，溝の埋没が開削から短期間後であり「天平年間」とされているから［九歴1984］，瓦類の出現年代が「736年～740年代」以前ということ以上は意味しない。

鴻臚館Ⅰ式を用いた大宰府Ⅱ期政庁の創建年代を示す資料には以下のものがある。

政庁Ⅰ期段階の土層からの出土遺物として，正殿後面築地SA505基壇積土の下層で「竺志前」という国名表記をもつ木簡が出土した。倉住靖彦・松川博一によれば，「竺志前」は筑紫国が筑前・筑後に分割される持統3（689）年前後から国名表記の一斉公定が行われた大宝4（704）年に用いられたが，表記は公定後も用いられ，「軍布」「古」などの用字が藤原宮跡出土木簡に多いことから，使用の下限は和銅年間前半とみられる［倉住1974；松川2002］。したがって，第Ⅱ期政庁の後面築地の築造が7世紀末～8世紀初頭以降とはいえるが，それ以上の絞り込みは難しい。

Ⅱ期政庁造営時の整地土あるいはⅡ期の基壇建物の基壇土中からの出土土

器のうち最新の物が整地や基壇造営の年代を示すが，直接的な実年代の手がかりがないため，平城宮土器編年との併行関係をみる場合，器種にもよるが平城Ⅰ期（700～715 年）か平城Ⅱ期（715～730 年）かの判定は微妙なものとなる。

政庁南門 SB001A 基壇に伴う鎮壇遺構 SX008 の短頚壺，中門 SB005A 基壇に伴う鎮壇遺構 SX020 の短頚壺，SB005A 付近の地鎮遺構 SX015 の長頚壺については，Ⅱ期政庁造営時の整地土あるいはⅡ期の基壇建物の基壇土中からの出土土器より 1 段階新しくみるのが通説である。その実年代については，山村が同時期（E 期；710～725 年）に置くハセムシ 12 地点 9 号窯出土資料に和銅 6（713）年銘ヘラ描き甕が含まれるが，平城宮土器編年との併行関係をみる場合，やはり平城Ⅰ期（700～715 年）併行か平城Ⅱ期（715～730 年）併行かの判定は微妙である。

D　鴻臚館式成立の背景（表 2）

C での結論は，鴻臚館Ⅰ式 223a-635 は，興福寺式 6301A-6671A の文様をベースに，6675A・6654A，法隆寺 229B・240A など平城宮・京第Ⅰ-2 期に流布した文様要素を取り込んだ成立したもので，作笵時期は，造興福寺仏殿司の成立に伴う 6301B-6671B の成立に先立つ平城宮・京瓦編年第Ⅰ-2 期と結論づけた。

平城宮所用瓦中に 6301B・C-6671B・C が出現したことに対しては，養老 4（720）年の藤原不比等の死去後，造興福寺仏殿司の設置によって，興福寺の造瓦組織と宮のそれとが交流をもった結果，平城宮所用瓦中に興福寺式系統が出現したと理解されてきた。それと同様に造興福寺仏殿司の設置によって，宮の造瓦組織に興福寺系の文様が取り込まれてから，国の機関である大宰府に寺系の瓦が使われたと考えればスムーズなようにみえるが，鴻臚館Ⅰ式 223a-635 の成立時期を上記のように考えると，造興福寺仏殿司のような官司の成立なしに，平城宮の瓦の要素をもたず寺院系の文様要素ばかりからなる軒瓦が成立して大宰府という官衙に供給されたことになる。この事情をいかに考えるべきであろうか。

①新デザインの採用

鴻臚館Ⅰ式223a-635の作笵時期を平城宮・京瓦編年第Ⅰ-2期（霊亀元年～養老5年頃）としたので，この時期における平城宮・京の造営事情を考えよう。

平城宮中央区について。和銅元（708）年2月の平城遷都詔の後，9月に造平城京司が設置され造営が始まるが，藤原宮の大極殿を移築して平城宮の大極殿として完成したのは，和銅8年（霊亀元年＝715）の元日朝賀時であった［渡邉 2003］。この時に大極殿院が完成したとして，霊亀・養老年間は，朝堂院の建設が本格化する神亀年間までの中休み期間にあたる。

平城宮東区について。養老5年12月の元明太上天皇の死去直前の9月に中納言従三位藤原武智麻呂が造宮卿を兼任して宮内の改作に着手した。この時の改作が内裏Ⅰ期からⅡ期への造り替えにあたると考えられる［岩永 2008］。東区朝堂院においては平城環都まで大規模な造営はない。したがって，東区についても，霊亀元年～養老5年は造営の中休み期間である。

中央区・東区以外の宮内各所において，造営は不断に続いていたであろうが，平城宮・京瓦編年第Ⅰ－2期（霊亀元年～養老5年頃）には，大規模造営はなく，この時期に平城宮で使用された軒瓦は数が少なく，細かな組み合わせも明らかではない［毛利光 1991b］。むしろこの時期は，大安寺（霊亀2年），元興寺（養老2年），薬師寺（養老2年以前），など京内の大寺院の移建が着手ないし本格化した時期である［福山 1936；太田 1977］。宮内の造営が一段落したのを受けて可能になったのであろう。大安寺は，和銅4（711）年に焼失した大官大寺の瓦を再利用し，不足分を6304D-6664Aで補い［森 1976；中井 1997］，元興寺は飛鳥寺所用の「飛鳥寺XⅣ」・6661Bと類似した6201A・6661Dを新造し［中井 1997］，薬師寺では軒丸瓦は6276A・Eの笵を再利用したが，軒平瓦は本薬師寺所用の6641Hと類似した6641G・Iを新造し［花谷 1995］，不足分を6304E-6664Oで補う形で創建瓦とした［森 1976；山崎 1987］ことが判明している。

ただし，大安寺の6304D-6664A，薬師寺の6304E-6664Oは平城宮所用の6304C・L・N，6664H・K・G・Iとほとんど同じ，元興寺の6201A・6661D

は「飛鳥寺XⅣ」・6661Bの模倣，薬師寺の6641G・Ⅰは6641Hの模倣でいずれも新味に欠ける。

これに対し興福寺は，すでに述べたように，6301A-6671Aの年代観からみて和銅年間にある程度造営が進み，金堂供養が和銅7（714）年か養老5（721）年までか説が分かれるものの［太田 1969］，養老5（721）年の北円堂建立にいたるまで南大門・中門・回廊などは順調に造営が進んでいたのであろう。つまり6301A-6671Aは官寺化する前の藤原氏の私寺の瓦とはいえ平城宮・京瓦編年第Ⅰ-2期を代表する新式デザインの瓦であった。そこでこの時期に大宰府政庁の瓦の文様を決定するにあたって，6301A-6671Aをベースに，当期に流布していた他寺の軒瓦の文様要素をも加味して新作されたのが，鴻臚館Ⅰ式223a-635のデザインであったと考えられる。

②派生する問題

鴻臚館Ⅰ式223a-635の作笵年代を平城宮・京瓦編年第Ⅰ-2期（霊亀元年～養老5年頃）並行期とすると，大宰府政庁Ⅱ期が屋根に瓦を葺きあげて完成した年代を霊亀元（715）年以降とみなすことになるが，このことから派生する問題にふれておこう。

大宰府政庁Ⅱ期の造営年代について，鎌田元一は，「慶雲三年格」を検討し，慶雲3（706）年～養老2（718）年の間，西海道諸国において庸の全免と抱き合わせで「筑紫之役」という力役徴発がなされ，これが大宰府政庁Ⅱ期と関連施設の造営にあたると論じた［鎌田 1989］。この説は政庁Ⅱ期の造営年代を特定する決定的立論と評価されているが［八木 2002］，八木充が指摘したように，「筑紫之役」期間と実際の造営工事期間が開始・終了の時点について多少のずれが生じることはありうるであろう。屋根が組み上がり瓦を葺くのは工事の最終段階に近く，養老2年における主要な力役徴発の終了後でもありえよう。とすれば，本章で推定した作笵年代幅が「筑紫之役」期間を超えても支障はない。もちろんⅡ期政庁のための造瓦が養老2年までに終了した可能性も否定はしない。

大宰府政庁Ⅱ期の4堂構成が，平城宮中央区朝堂院の4堂構成を念頭に設計されたとみる説がある［山村 1994］。奈良時代前半の平城宮において，中央区大極殿院は儀式，中央区朝堂院は饗宴，東区朝堂院は日常的政務の場として機能分化されていた［今泉 1989；渡邉 2006］。これに対し，大宰府政庁Ⅱ期建物は，政務・儀式・饗宴のための空間を兼ねたと推定されているから［八木 2002］，4堂という点から中央区朝堂院の模倣とみるのはやや問題があり，12堂が省略されて4堂となった側面も考えなければならない（補説参照）。中央区朝堂院の模倣とみる場合の難点はもう一つある。中央区朝堂院のほうが大宰府政庁Ⅱ期より完成が遅れる可能性がある点である。平城宮中央区朝堂院は大極殿院の造営より一段階遅れる。その造営は，まず朝堂院四周の区画とその東側の南北大溝 SD3715 を造り，続いて，区画の中に整地を行ってから朝堂建物を建設したことが判明している。SD3715 が霊亀元（715）年の木簡を出す土坑 SK5535 を切ることから区画の造営開始は霊亀を遡らない［奈文研 1982］。朝堂東第二堂 SB8550 の地業造営時の排水溝からⅠ-2期の軒丸瓦 6303B が出土しているから（第140次調査），朝堂建物の建設も霊亀～養老5年以降である。この地域の正式報告書が未刊であり，朝堂建物所用の瓦が絞り込めないが，概報で示された出土瓦の全体的様相からみると，Ⅱ期（養老5年～）に下る瓦が多そうであり，造営の本格化はⅡ期と推定しておく。実際の工事期間はともかくとして，中央区朝堂院を4堂構成とする基本設計がいつ頃できていたかが問題だが，大宰府政庁Ⅱ期の4堂構成の設計のほうが早かった可能性も大いにあるのである（補説参照）。

おわりに

観世音寺も大宰府政庁でも，造営当初には建物配置の基本設計に中央からの関与があった。大宰府政庁Ⅱ期の殿舎配置が，当地における政務・儀式・饗宴の実際に合わせるための改変はあるものの，藤原宮ないし平城宮の朝堂院をモデルとする点，政庁Ⅱ期の建物が，遷都直後の政務・儀式に間に合わせるために掘立柱とせざるをえなかった平城宮東朝堂院にならわず，本来あるべき姿である礎石式基壇建物として実現されたこと，観世音寺の伽藍配置（塔が東，金堂が西にあって東面する）が川原寺式の系譜を引き（中金堂の位置に講堂を置くなど違いはあるが)，陸奥の郡山廃寺やそれを継承した多賀城廃寺と基本的に同じである点，などにもそれが現れている。それに加えて所用軒瓦たる老司式・鴻臚館式のデザインにも中央の関与があった。それは郡山遺跡・多賀城・多賀城廃寺所用瓦の文様が，特に畿内の宮殿や寺院と新たなかかわりをもって成立したのでないのと好対照をなし，出現にあたっては本章で述べたような歴史的背景があった。ただし，西海道と畿内との造瓦上のかかわりは，7 世紀末〜8 世紀初頭に単発的に生じたもので，ひとたび技術移転が果たされ在地の造営組織が創設され稼動し始めると，観世音寺においても大宰府政庁においても中央からの関与はなくなる。西海道全体でみても，平城宮とのかかわりは，壱岐嶋分寺の前身寺院である壱岐直の氏寺所用の 6284A，豊前椿市廃寺所用の 6284F という笵の移動の例があるが，いずれも平城宮Ⅰ-1 期に属し，おそらくは大宰府政庁Ⅱ期の造営期に一時的・特殊的に出現した平城宮—西海道間の製品・道具・技術の交流環境のなかで持ち込まれたものであり後続が絶える。このことから，西海道諸国島の行政機構が機能する場としての政庁や官衙のモデルとすべく，それらを総監する大宰府およびそれを精神的に支える支援機関としての官寺・観世音寺の初期設定には国家が深く関与したものの，国家が目指したものは最大の出先機関としての早期の自立であったことがわかる。ただし，外交に際して決して決定権は与えず接応儀礼・外交文書発給しかさせなかったように，自律は許さず，国家のコントロールを逸脱する危険な状況を生み出した広嗣の乱の後に大宰府が一時的に廃止されたのは，当然のことであった。

付記

私が瓦について書くことに奇異の念をもたれる方もあるであろう。しかし当人には不思議はない。私は奈良国立文化財研究所（現，独立行政法人国立文化財機構奈良文化財研究所）に約 20 年在職したが，そのうち約 10 年間，平城宮跡発掘調査部考古第三調査室に在籍し，瓦の調査研究に携わった。その間，森郁夫・山本忠尚・金子裕之・毛利光俊彦・山崎信二・千田剛道・中村友博・上原真人・深沢芳樹・井上和人・小澤毅・岸本直文・清野孝之の諸氏に瓦について教えて頂いた。藤原宮跡発掘調査部に在籍中は，残念ながら瓦調査室に配属にはならなかったが，大脇潔・佐川正敏・花谷浩に教えていただいた。以上の皆様に今さらながら御礼申し上げたい。また古代寺院として，坂田寺・奥山廃寺・山田寺・本薬師寺・若草伽藍・法隆寺西院・法隆寺東院・西大寺・頭塔・結城廃寺（茨城県結城市）の発掘調査に参加する機会を与えていただくとともに，上記諸寺のほか薬師寺・興福寺・東大寺・法華寺・西隆寺の瓦に触れる機会も与えられた。誠に恵まれた環境であった。しかし愚鈍が災いし，発掘調査報告書の考察・事実記載以外で瓦について書くことがなかった。27年前に中村友博から「お前は型にはまった奴やから，型にはめて作る青銅器や瓦が性に合うんや」とからかわれた。毛利光俊彦と没頭した新型式認定作業で，新型式をやたらと増やしたり，頭塔の6235M・6732Fと格闘したり，瓦の顔を見るのは楽しかったが，糟屋屯倉に来て8年目でようやく，筑前の瓦について拙い文を書くことになった。諸先輩の失笑を買うのは必定であろうが，ご批判・ご叱正頂ければ幸いである。

（2008年11月30日）

註

1）　大和盆地内の藤原宮瓦窯で最も早く操業を停止した日高山瓦窯で生産された6643Aaは，粘土紐技法で，茎の振幅が大きく，支葉がすべて茎から離れ，表現に硬さがない。文様だけみると，6641E・C・Fや6642A・B・C，6643B・C・Dより古い様相をもつが，藤原宮古段階には扁行唐草文がみられず粘土板技法である点を勘案すれば，中段階相当となろう。ただし中段階の中では古手であり，老司Ⅰ式軒平瓦と並行する様相をもつ。

2）「不改常典」の意義については諸説あり論争の的である。田中卓は（A）皇位継承法説，（B）近江令説，（C）その他説に整理した［田中 1984］。（A）はさらに天智制定説・天智仮託説に分かれ，内容上は直系皇位継承説・嫡系皇位継承説に分かれる。（C）には，天智天皇と藤原氏の共同執政を実現・維持するための天皇家内部の口伝口授説（田村圓澄），隋・唐皇帝をモデルとした天皇のあり方の規定（水野柳太郎），皇位継承者決定を天皇大権とする規定（倉住靖彦），譲位を内容とする皇位継承法（佐藤宗諄），皇統君臨の大原則（田中卓）がある。篠川賢は，田中の整理以後の研究をまとめた［篠川 1995］。それによると，皇位継承にかかわるが内容は曖昧（長山泰孝），草壁嫡系を正等とする皇位継承イデオロギー（荒木敏夫），草壁嫡系の皇位継承の主張（大和岩雄），元明詔・聖武詔の「法」は直系皇位継承法，桓武以後の「法」は「近江令」とそれを継承した律令法（早川庄八），父子相承皇位継承法（亀井輝一郎），皇位継承上の禅譲・受禅の契約関係（寺西貞弘），年少の皇子の即位を根拠付ける王権継受法（村井康彦），元明詔・聖武詔の「法」は譲位にかかわり，元明詔の「食国法」と桓武以後の「法」は律令法（池上みゆき），専制君主としての天皇のあり方（大山誠一），皇太子設置と天皇の権能の定め（森田悌），などである。

私は一般的皇位継承規則や律令法などではなく，「不改常典」が登場した時点での政治的事情に深く規定された意味が付与されていたとみる。すなわち，元明の即位に際して文武の即位を正当化するものとして登場することが重要である。文武即位時には天武の皇子の存在や政治経験の欠如や若さなどから反対論があったが，藤原不比等の奔走もあり，祖母の持統が押し切った。元明の即位は，文武の子・首皇子の即位までの中継ぎとしてであったが，その際にも情勢は緊迫し平穏ではなかった［岸 1966］。持統はすでになく，他の有力候補を推す勢力に対して，自己の即位の正当性を強く主張する何らかの理屈を作り出す必要があった。そのために，まず草壁直系たる文武即位の正当性を，天武の血を引くことではなく，持統（天智の娘）を介して天智の血を引くことに求めるべく，天智が定めた「不改常典」なるものを持ち出して主張し，その上で，その文武の遺志に基づくものとして自己の即位を正当化せざるをえなかったのである。元正の即位時には「不改常典」は持ち出されず，元明の譲位を正当性の根拠とする。文武の息子首皇子を差し置いての元正の即位の事情は，首の即位時に母が皇族でないという抵抗を予防すべく，首の実の母宮子になり代わって，元正が首の養母として皇位に就いておき，その母から首に譲位し正当化するための切り札であったという［渡邊 2001］。

天武—草壁系皇統が称徳で絶え，光仁が即位したが，本来皇位に就けるはずがない立場であった彼の場合，いくら正真正銘の天智系とはいえ，「不改常典」を持ち出すわけにはいかないから，正当性は称徳の遺詔（藤原永手・良継・百川らが偽作したものとされている）に求めるほかなかった。しかし光仁を継いだ桓武にとっては，事情は別で，天武系から天智系への皇統の移動を新王朝の樹立と意識していただけに，天智が定めたとされる「法」は好都合であった。対立皇統がなくなったことで，かえって一般的皇位継承規則と純粋化して意義づけることが可能になったのであろう。

参考文献

石田由紀子　2008「藤原宮出土の瓦」『飛鳥白鳳の瓦づくりＸＩ—藤原宮式軒瓦の展開—』

石松好雄　1982「老司式軒先瓦について」『九州歴史資料館研究論集』8

石松好雄　1987「大宰府出土の軒瓦—8 世紀前半を中心に—」『東アジアの考古と歴史』下，同朋舎出版

今泉隆雄　1989「再び平城宮の大極殿・朝堂について」『律令国家の構造』吉川弘文館

今泉隆雄　2005「古代国家と郡山遺跡」『郡山遺跡発掘調査報告書—総括編（1）—』仙台市教育委員会

岩永省三　2008「内裏改作論」『九州大学総合研究博物館研究報告』6

大岡　実　1965「奈良の寺」『日本の美術』7，平凡社

太田博太郎 1969「興福寺の歴史」『奈良六大寺大観 7　興福寺 1』岩波書店
太田博太郎 1977「大安寺の歴史」『大和古寺大観 3　元興寺極楽坊，元興寺，大安寺，般若寺，十輪院』岩波書店
近江俊英　2000「藤原宮の造瓦（上）（下）」『古代文化』52-7・9
大脇　潔　1978「屋瓦の製作地」『飛鳥・藤原宮発掘調査報告 II』奈良国立文化財研究所
小田和利　2002「考察（2）土器」『大宰府政庁跡』九州歴史資料館
小田富士雄 1957・58「九州に於ける大宰府系古瓦の展開」『九州考古学』1〜6・13
小田富士雄 1961「豊前における新羅系古瓦とその意義」『史淵』85
小田富士雄 1998「古瓦からみた井上廃寺建立諸問題」『井上廃寺 I』小郡市文化財調査報告書 122
小田富士雄 2006「筑紫・観世音寺創建年代考」『古文化談叢』55
梶原義実　2002「国分寺造営期の瓦供給体制」『考古学雑誌』86-1
鎌田元一　1989「平城遷都と慶雲三年格」『日本の前近代と北陸社会』思文閣出版
岸　俊男　1966「元明太上天皇の崩御―八世紀における皇権の所在―」『日本古代政治史研究』塙書房
九州歴史資料館 1984『大宰府史跡昭和 58 年度発掘調査概報』
九州歴史資料館 1985『大宰府史跡昭和 59 年度発掘調査概報』
九州歴史資料館 1991『大宰府史跡平成 2 年度発掘調査概報』
九州歴史資料館 2000『大宰府史跡出土軒瓦・叩打痕文字瓦型式一覧』
倉住靖彦　1973「大宰府出土の木簡」『西日本文化』103
栗原和彦　1991「観世音寺出土の偏行忍冬唐草文軒平瓦」『九州歴史資料館研究論集』16
栗原和彦　1993「筑紫観世音寺出土の軒瓦」『論苑考古学』
栗原和彦　1995「大宰府式鬼瓦・老司式軒瓦・鴻臚館式軒瓦」『王朝の考古学』雄山閣出版
栗原和彦　1997「偏行忍冬唐草紋と宝相華紋―筑前大分廃寺出土新羅系軒瓦の検討―」『九州歴史資料館研究論集』22
栗原和彦　2002「瓦塼類」『大宰府政庁跡』九州歴史資料館
斎部麻矢　2008「九州における老司式軒瓦の展開」『第 11 回古代瓦シンポジウム　飛鳥博法の瓦づくり X I ―藤原宮式軒瓦の展開―』
狭川真一　1993「大宰府の造営」『古文化談叢』31
佐川正敏　2002「軒丸瓦」『山田寺発掘調査報告　本文編』奈良文化財研究所
篠川　賢　1995「皇統の原理と『不改常典』」『日本古代の社会と政治』吉川弘文館
杉原敏之　2007「老司 I 式軒瓦」『観世音寺―考察編―』九州歴史資料館
高倉洋彰　1983「筑紫観世音寺史考」『大宰府古文化論叢』下，九州歴史資料館

高橋　章　1983「鴻臚館系瓦の様相」『大宰府古文化論叢』下，九州歴史資料館
高橋　章　2007a「観世音寺金堂の創建年代について（第1～3節）」『観世音寺―考察編―』九州歴史資料館
高橋　章　2007b「筑紫観世音寺軒先瓦の編年と課題」西日本古瓦研究会発表資料
田中　卓　1984「天智天皇の不改常典」『神道史論叢』国書刊行会
奈良国立文化財研究所　1982『平城宮発掘調査報告ＸＩ』
奈良国立文化財研究所　1983『南都七大寺出土軒瓦型式一覧（1）法隆寺』
奈良国立文化財研究所　1987『薬師寺発掘調査報告』
奈文研・奈良市 1996『平城京・藤原京出土軒瓦型式一覧』奈良国立文化財研究所
西村強三　1984「観世音寺鐘・妙心寺鐘と椅寺鐘」『九州歴史資料館　開館十周年記念展　国宝観世音寺鐘とその時代―九州の飛鳥・白鳳・天平―』
花谷　浩　1991「軒平瓦の変遷」『平城宮発掘調査報告ＸⅢ』奈良国立文化財研究所
花谷　浩　1992「白鳳時代の瓦」『法隆寺の至宝―昭和資材帳―』15，小学館
花谷　浩　1993「寺の瓦作りと宮の瓦作り」『考古学研究』40-2
花谷　浩　1995「出土古瓦よりみた本薬師寺堂塔の造営と平城移建について」『展望考古学』考古学研究会
花谷　浩　1996a「藤原宮」『古代都城の儀礼空間と構造』奈良国立文化財研究所
花谷　浩　1996b「本薬師寺の発掘調査」『仏教芸術』235
花谷　浩　1998「藤原宮」『古代都市の構造と展開』奈良国立文化財研究所
林　正憲　2007「若草伽藍から西院伽藍へ―年代論の再整理―」『法隆寺若草伽藍跡発掘調査報告』奈良文化財研究所
林部　均　2001「瓦からみた藤原宮の造営」『古代宮都形成過程の研究』青木書店
福山敏男　1936「大安寺及び元興寺の平城京への移建の年代」『史蹟名勝天然記念物（十一の三）』（のち『日本建築史研究』墨水書房，1968，に収録）
福山敏男　1968「興福寺の建立」『日本建築史研究』墨水書房
松川博一　2002「考察（3）木簡」『大宰府政庁跡』九州歴史資料館
真野和夫　1996「田川市天台寺跡出土軒瓦の唐草文の系譜について」『大分県立宇佐風土記の丘歴史民俗資料館研究紀要』9
森　郁夫　1976「平城京における宮の瓦と寺の瓦」『古代研究』8
森　郁夫　1983「老司式軒瓦の系譜」『大宰府古文化論叢』下，九州歴史資料館
森貞次郎　1983「筑前観世音寺鐘考」『大宰府古文化論叢』下，九州歴史資料館
毛利光俊彦　1991a「軒丸瓦の変遷」『平城宮発掘調査報告ＸⅢ』奈良国立文化財研究所
毛利光俊彦　1991b「平城宮・京出土軒平瓦の再編年」『平城宮発掘調査報告ＸⅢ』奈良国立文化財研究所
毛利光俊彦　1992「奈良時代の瓦」『法隆寺の至宝―昭和資材帳―』15，小学館

八木　充　2002「筑紫における大宰府の成立」『大宰府政庁跡』九州歴史資料館
薮中五百樹 1990「奈良時代に於ける興福寺の造営と瓦」『南都仏教』64，東大寺図書館
山崎信二　1983「後期古墳と飛鳥白鳳寺院」『文化財論叢』奈良国立文化財研究所
山崎信二　1987「考察　屋瓦」『薬師寺発掘調査報告』奈良国立文化財研究所
山崎信二　1995「藤原宮造瓦と藤原宮の時期の各地の造瓦」『文化財論叢Ⅱ』奈良国立文化財研究所
山村信榮　1994「大宰府成立論—政庁第Ⅱ期における大宰府の成立—」『牟田裕二君追悼論集』同刊行会
山村信榮　1995「八世紀初頭の諸問題—筑紫における須恵器の年代観—」『大宰府陶磁器研究—森田勉氏追悼論文集—』六一書房
山本忠尚　1996『日本の美術 358　唐草紋』至文堂
横田賢次郎 2002「考察（1）遺構」『大宰府政庁跡』九州歴史資料館
横田賢次郎・石丸洋　1995「国宝　観世音字鐘と妙心寺鐘」『九州歴史資料館研究論集』20
吉村靖徳　2003「成立期の大宰府政庁に関する試論」『九州考古学』78
渡辺正気　1988「鴻臚館式軒平瓦の成立と大宰府の造営」『昭和63年度九州史学会発表資料』
渡邊晃宏　2001『平城京と木簡の世紀』講談社
渡邉晃宏　2003「平城宮大極殿の成立」『奈良文化財研究所紀要 2003』
渡邉晃宏　2006「平城宮中枢部の構造—その変遷と史的意義—」『古代中世の政治と権力』吉川弘文館

補説

ⅡD②後半部の記述は本書第7章「古代都城における帝国標章の浮沈」において訂正した。

本論文の時点では，大宰府政庁Ⅱ期の4堂構成が，平城宮中央区朝堂院の4堂構成を念頭に設計されたとみる山村説［山村 1994］に反論した。奈良時代前半の平城宮において，中央区大極殿院は儀式，中央区朝堂院は饗宴，東区朝堂院は日常的政務の場として機能分化されていたのに対し，大宰府政庁Ⅱ期が，政務・儀式・饗宴のための空間を兼ねたとみたため，4堂という点から中央区朝堂院の模倣とみるのが問題で，12堂が省略されて4堂となった側面も考えなければならないと述べた。

この時点では，大宰府政庁Ⅱ期建設の歴史的背景からくる構造の意義づけについて考えが熟していなかった。現在では，大宰府政庁Ⅱ期は，平城宮中央区大極殿院と朝堂区画を圧縮・接合した形態として設計され，規模は小型化しているものの平城宮中央区と同じ構想に基づくものと考えているので，山村説に賛意を表する。

第９章　正倉院正倉の奈良時代平瓦をめぐる諸問題

Ⅰ　調査の契機

筆者は，2012年9月23日の正倉院正倉整備工事に伴う一般公開日に見学に行き，瓦の説明にあたっていた公益団法人文化財建造物保存技術協会の春日井道彦氏から，奈良時代の平瓦に桶巻作りが多いとうかがった。筆者は，かつて奈良文化財研究所に勤務し瓦類の調査に従事していた。その際に学んだ奈良時代の瓦類製作技術の時間的変遷の「常識」に照らすと，正倉院正倉が天平勝宝5（753）年に建立されたのであれば［杉本2008］[1)]，その平瓦として桶巻作りが多いのは尋常な事態ではなく，その背景の解明の必要性を感じた。

また，春日井氏から模骨痕がある一枚作り（以下，便宜的に「模骨一枚作り」と呼ぶ）があると聞き，かねて平城宮式のなかでの「模骨一枚作り」に関心があったため，技法の詳細と存在比率に興味をもった。そこで今回それらを調査する機会を得た。また桶巻作り平瓦の来歴を探るために関連資料の調査を行った[2)]。以下，調査成果の概要とそれに基づく若干の研究成果を報告する。なお，正倉の屋根から下ろした奈良時代の瓦に軒瓦はなく，丸瓦もごく少数で，ほとんどが平瓦であることから，今回は調査対象を平瓦に絞った。

Ⅱ　問題の所在―調査目的

A　桶巻作り平瓦の技術的特徴と由来の検討

奈良時代の平瓦の製作技法についてはすでに多くの研究が蓄積されてきた。浦林亮次は7世紀まで桶巻作りが一般的で，8世紀に一枚作りに移行したことを明らかにし［浦林 1960］，佐原眞は桶巻作りの工程を詳細に明らかにした［佐原 1972］。佐原の研究の段階では，奈良時代に凸面型一枚作りが確立し，平城宮の平瓦のうち奈良時代に製作したものは大多数が一枚作りによるものという認識だった。しかし，平城宮所用軒平瓦の製作技法の研究が進み，平城宮瓦編年第Ⅰ期には桶巻作りのほうが優勢で，平城宮所用以外では第Ⅱ期まで桶巻作りが残ること，一枚作りは第Ⅰ期に出現し，第Ⅱ期以降に卓越することが明らかとなった［花谷 1991］。問題は桶巻作りがいつまで残るかであるが，平城宮・京の軒平瓦で凹面に模骨痕がある16型式30種のうち，一枚作りと判定できる2型式2種（6664Ga・6694A）[3]，桶巻作りの可能性が高いものの確定できない6型式12種を除いた11型式16種が桶巻作りである。このうち，4型式6種（6644A・6644B・6644C・6664L・6668A・6671Aa）が第Ⅰ-1期（和銅元年〜霊亀元年），3型式5種（6654A・6664A・6664K・6664O・6675A）が第Ⅰ-2期（霊亀元年〜養老5年頃），3型式3種（6665B・6667A・6671B）が第Ⅱ-1期（養老5年頃〜天平初年頃），2型式2種（6688B・6698A）が第Ⅱ-2期（天平初年頃〜天平17年）に属す［毛利光 1991b］。この成果に拠る限り，平城環都（天平17〔745〕年）までは残るが天平年間にはだいぶ減っているといえよう。

以上は軒平瓦についてであるが，平瓦でも大差はないであろう。京都府の奈良山瓦窯跡群の調査では平瓦製作における技法転換の様相が窯跡群ごとに明らかにされた。梅谷瓦窯では，平城宮瓦編年第Ⅰ期初頭に一枚作りが採用されたものの，その後は桶巻作りに移行し，第Ⅱ-1期まで桶巻作り平瓦を生産した［奥村 1999a］。瀬後谷瓦窯では第Ⅰ-2期に桶巻作りが始まり，第Ⅱ-1期に一枚作りが採用されるが，桶巻作りも残る［奥村 1999b］。恭仁宮の大極殿造営時に新造されたC型式平瓦は桶巻作りで，畿内の桶巻作り平瓦の末期的なものである［上原 1984］。

以上から，一枚作りは第Ⅰ期に出現しているが一般化するのは第Ⅱ期以降であり，桶巻作りは第Ⅱ-2期（〜平城環都・745年）まで残るものの730年代に入るとかなり減っているとまとめられよう。

このような桶巻作り平瓦の存続期間からみて，後述するように天平勝宝5

年（平城宮瓦編年第Ⅲ-2期中頃）以降建立の正倉院正倉所用奈良時代平瓦の77％が桶巻作りという事態は尋常ではない。正倉建設時点での新造の瓦であるのか否か検討する必要がある。かりに新造でないのであれば，古い瓦の再利用（建物は新造）か古い建物の瓦ごと移築の可能性[4)]が出てくるため，歴史的背景の詮索が必要となる。

いずれにせよ，正倉院正倉所用の桶巻作り平瓦の技術的特徴を明確にし，宮殿や他の寺院出土の桶巻作り平瓦と比較して異同を明らかにし，由来を明らかにすることを試みなければならない。

B　模骨一枚作り平瓦の技術的特徴

凹面に摸骨痕があっても桶巻作りではなく一枚作りによるものがあることはつとに知られている。模骨痕のほか，粘土板合わせ目，布綴じ合わせ痕跡も，桶巻作りであることの決定的証拠にはならない［花谷 1991］。一枚作りでも，細板を組み合わせた凸型成形台を用いれば凹面に模骨痕がつく。また，小さめの粘土板や裁断屑の貼り足しをすれば粘土板の合わせ目ができ，小さい布を縫い合わせて用いれば布綴じ痕はできる。一方，一枚作りに特徴的な要素は，凹面に粘土板合わせ目や布の合わせ目痕が確認できず，側面に分割裁線・分割破面が残らず，凹面と側面が鋭角をなし，湾曲が強くない［佐川 1993a］などの点に加えて，側縁に平行する布端の圧痕，横位の粘土板合わせ目，側面と狭端面の布目圧痕の存在があげられる［花谷 1991］。ただし，両側面および凹面両側縁はヘラ削りで面取りすることが多いので，布目が消されているものも多い。

予備調査Ⅰ（2012年12月25・26日実施）の段階で，凹面から連続する側面に布目圧痕がある個体の中に，通常の一枚作り以外に模骨らしき痕跡がある固体を確認したため，模骨一枚作り平瓦の一定数の存在を予測した。完形品ないし大形破片であれば，模骨痕以外に桶巻作りに特徴的な技法痕跡の出現頻度や，一枚作りに特徴的な技法痕跡の有無を確認できる。しかし小片の場合，摸骨一枚作りと桶巻き作りの識別は必ずしも容易ではなく，摸骨痕がある平瓦中に模骨一枚作りが相当量あるのであれば，桶巻き作りから一枚作りへの技術転換の様相把握に慎重を要することになる。その意味で，正倉院正倉の平瓦中での摸骨一枚作り平瓦の数量と技術的特徴を明らかにする必要があると考えた[5)]。

C　一枚作り平瓦の技術的特徴

桶巻き作り平瓦，模骨一枚作り平瓦を除いた，凹面に摸骨痕をもたない平瓦は一枚作りとみなせる。正倉院正倉所用の奈良時代の一枚作り平瓦は，現在地における正倉建設時以降に新造した瓦と考えられる。東大寺旧境内出土の奈良時代平瓦との異動を明らかにする必要がある。

Ⅲ　平瓦の種類と技術的特徴

A　奈良時代瓦の使用位置と残存量

調査を開始した当初にご教示頂いた情報では，正倉に葺かれていた平瓦のうち奈良時代のものは，東面 79 枚，西面 105 枚，南面 1 枚，北面 495 枚であったという。北面に奈良時代瓦が多いのは大正の葺き替え工事の際に古い瓦を集めたためであり，西面では大正の工事の際に新造した瓦が 5 分の 3 を占めるという。このように葺き替えのたびごとに位置は変わっており，今回の工事前の状況は大正の工事によるものであるから，奈良時代瓦が葺かれていた面に関する情報はあまり意味がない。今回の工事での再利用瓦 292 枚は南面の両端に集中して葺かれている。

今回，桶巻き作りが多いという情報を受けて調査に入り，最終的に確認した奈良時代平瓦の数は，桶巻き作りが 595 枚（77%），一枚作りが 180 枚（23%）であった[6)]。

B　平瓦の分類

平瓦は，成形法で分類すれば桶巻作り，一枚作りがある。桶巻作りは，細板を組み合わせた桶状の模骨に粘土板を巻きつけて叩き締めた後，桶から粘土円筒をはずし 4 枚に分割して作る［佐原 1972］。一枚作りには，凹面が平滑な通常の一枚作りと，凹面に長軸方向の段差が一見摸骨状に数条並行するものとがある。このうち凹面の長軸方向に段差をもつものが，細板を組み合わせて作られた成形台［花谷 1991］[7]を用いたことで凹面に模骨痕がつく「模骨一枚作り」であるかにも注意して検討した。

1　桶巻作り平瓦

奈良時代の桶巻作り平瓦は，凸面に縦位の縄叩きを施した後，凸面狭端側の叩き目を磨り消すもの1種類に限られる。

凹面（図17）に模骨痕跡，糸切り痕，側縁に対して斜めに走る布綴じ合せ痕，粘土板合わせ目，が見られ，側面は凹面に対してほぼ直角になるものが多い。これらの特徴から，模骨一枚作りではなく，桶巻作りと判断した。

法量

法量に大小があるので，桶の大小と対応するかもしれないと考え，細分可能か調べた。全長・広端幅・狭端幅・厚さについて度数分布を調べると，早川和賀子の補論に示されているように[8]，全長は37.6～37.7cmをピークとして，35.2～39.7cmに収まり，広端幅は28.0～28.1cmをピークとして，24.6cm～30.7cmに収まり，狭端幅は23.6～23.7cmをピークとして，20.0～26.1cmに収まり，厚さは2.2～2.3cmをピークとして，1.4～3.3cmの範囲内に収まる。いずれも正規分布を示し，明瞭な細分が可能ではない。

凸面の縄叩き

叩き原体，叩き方の特徴を記しておく。叩き原体は，隣り合う押捺どうしの間に隙間があるもの（図23-10），原体の両端が叩き目に残っている例からみて，幅4cm，長さ25cmほどの角材に縦位に縄を巻いたものと復元できる。

叩き方をみると，上下方向で数回に分けて叩いている。模骨に粘土板を巻きつけた状態，つまり広端側を下，狭端側を上とすると，まず原体の下端を桶の広端まで下げて叩き（叩きⅠ），続いて原体の下端を桶の広端から10～12cmまで上げて叩く（叩きⅡ）。続いて原体をさらに上げて叩く（叩きⅢ）。叩きⅠ・Ⅱの施し方の特徴からTA・TB・TCの3種を設定する。3種は叩き方の癖といってよい。

図1　桶巻作り平瓦　叩き TA

図2　桶巻作り平瓦　叩き TB

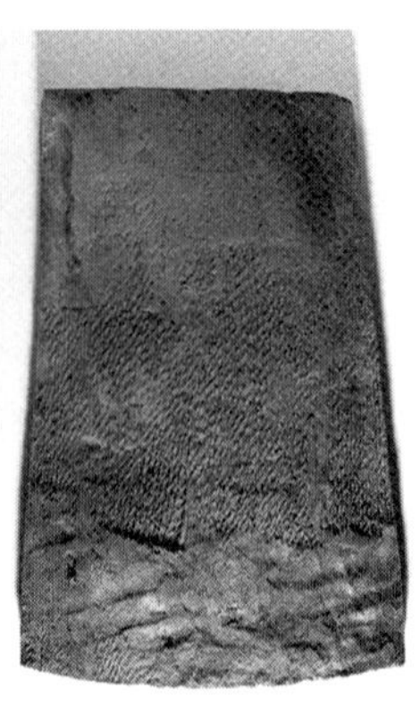
図3　桶巻作り平瓦　叩き TC

TA. 叩き方が丁寧で，広端から狭端側の磨り消しまで万遍なく叩き目を残す。上下に隣り合う叩きⅠと叩きⅡの方向が同じで，叩き目も連続的で境界が不明瞭である（図1）。

TB. 広端から狭端側の磨り消しまで万遍なく叩き目を残すが，叩きⅠと叩きⅡの境界が明瞭で，それを境に叩き目の方向が少し異なるものもある。なお叩きⅠとⅡの境界の位置は下から約10～12cmが約7割，下から約15.5cmが約3割と大別できるが一括しておく（図2）。

TC. 概して原体の下端を桶の広端まで下げた叩きⅠが弱く，次の，原体の下端を桶の広端から約10cmまで上げた叩きⅡとの間に，縄目が疎らにしか付いておらず，そこに糸切痕や後述の指痕をよく残すものが多い。概して叩きⅡが荒っぽく，強く叩いたために原体がめり込み，隣り合う押捺間に段差や凹凸を生じ，特に原体の上下端が深く食い込んでいる場合が多い。またこの叩きⅡの方向が，叩きⅠの方向と食い違うものが多い（図3）。

凸面狭端側の磨り消し

縄叩き面がでこぼこしているために，屋根に葺いた時に下の瓦と密着するように，縄叩きを消して平坦に仕上げたものである。磨り消しの幅は7.6～19.0cmと変異幅が広いが，13.5cmをピークとして12～15cmが多く，葺き

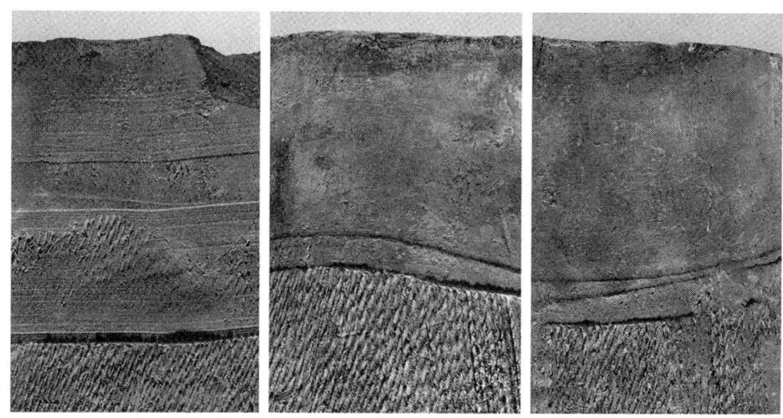

図4　桶巻作り平瓦　磨り消し工具痕　図5　桶巻作り平瓦　磨り消し下端　図6　桶巻作り平瓦　磨り消し下端

足を意識したものであろう。

磨り消しは板状の工具で横方向になされている。工具の幅は両端がわかる唯一の事例では6.3cmであるが（図4），このような幅が狭い工具が一般的であれば，幅10cmを超える範囲を磨り消そうとすれば，位置をずらしながら2〜3回擦らなければならず，磨り消しの重複部分の痕跡が多数の個体に残るはずである。しかし，磨り消し面に磨り消しの重複がみられるものは他にないことから，磨り消し面全体をいっぺんに磨り消せるような幅が広い工具を用いるのが一般的だったと推定する。磨り消しの回数は，下端の段の状況からみて1回が多かったようであるが（図1・4），2回ないし3回擦った例もある（図2・5・6）。この磨り消しで縄叩き目を完全に消し去ったものは少なく，磨り消し範囲の中に何らかの程度で縄叩き目が残るものが多い。残存度と残存部分の叩き目の残り方は多様だが，それは磨り消す際の，工具の押し当て方の強弱に起因するため，それを反映する磨り消し下端の処理法で分類する。

磨り消しの下端処理

4種あるので，SD・SE・SF・SGとする。ここで，Sは「磨り消し」，Dは「段」，Fは「フラット＝平坦」，Eは「DとFの中間」，Gは「ギャップ」の略号である。便宜的に狭端側を「上」，広端側を「下」と表現する。

図7　桶巻作り平瓦　磨り消しSE

図8　桶巻作り平瓦　磨り消しSF

図9　桶巻作り平瓦　磨り消しSG

SD. 磨り消しが強くなされ，その下端が縄叩き面より低い明瞭な段をなす（約3割）。段は浅いもの，深いものがある。また段数は1段が多いが，磨り消し直したことに起因して2段ないし3段になったものもある(図2・4・5・6・23-9)。

SE. 磨り消しの下端が一部だけ段をなし，他は不明瞭である（約3割）(図7)。

SF. 磨り消しの下端が段をなさずに不明瞭で縄叩き面と連続する（約3割)。これは，磨り消し工具が凸面に均等に接しておらず，狭端側に押され気味に接したために，広端側で工具が浮き上がり凸面に十分に圧着しなかった結果である(図8・23-10)。

SG. 磨り消し幅が7～10cmほどと狭く，磨り消しの下端に叩き原体が深くめり込んでできた窪みが並び，磨り消し面より深い段差状を呈し，一見すると叩きが磨り消しを切っているように，つまり，磨り消した後に叩いたようにみえる（約1割)。しかし実際はそうではなく，SFと同様に，磨り消し工具が広端側で凸面に十分圧着しなかった結果であるが，後述する窪み列A（叩き原体端部のめり込みの連なり）が存在したために，この窪み列より上側だけが磨り消される結果となり，窪み列Aの上端がナデ消しの下端になってしまったのである。当然ながら窪み内

図 10　桶巻作り平瓦　窪み列 A

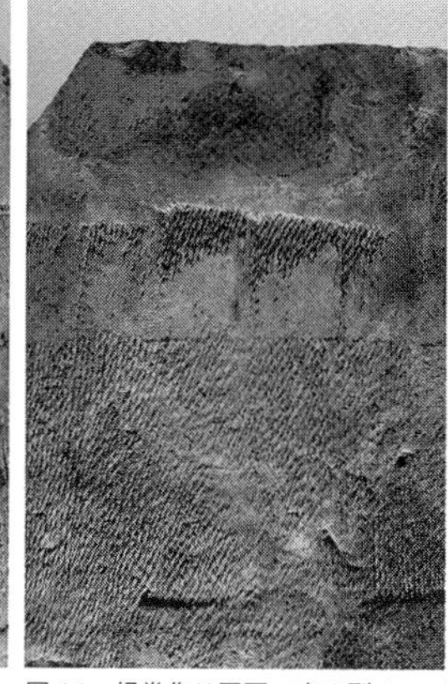
図 11　桶巻作り平瓦　窪み列 A

図 12　桶巻作り平瓦 窪み列 A のでき方

部には磨り消し原体が当たっていない（図 9）。

数量的に SD より SE・SF が多いのは，概して磨り消し工具が凸面に均等に接することなく，狭端側に押され気味に接することになったために，磨り消しの下端が不明瞭となる場合が多かったからといえる。

磨り消しの幅

すでに述べたように，12〜15cm が多く，狭端から 8cm ほどの位置に，叩き原体の端がめり込んで消し残された窪みが横方向に並ぶもの（窪み列 A とする）が多い（図 1・2・10・11・12）。図 12・23-11 は，窪み列 A ができる原因を理解できる好例である。写真の左側半分では磨り消し下端が段をなし，段の上側に窪み列 A ができているが，右半分では，叩き原体が深くめり込んでいるため，磨り消し下端の段が途切れ，叩き原体の上端が左半分の窪み列 A と一連のものであることがよくわかる。

一部が SG で，一部が SF，つまりナデ消しが窪み列 A で止まる区間と，窪み列 A より下まで及ぶ区間が混じる場合には，磨り消しの下端はクランク状を呈する（図 1・12・23-11）。

個体によっては，狭端から 3cm ほど下にもう一列，原体端の窪み列（窪み列 B とする）ができる場合がある。

図 13　桶巻作り平瓦　指圧痕

図 14　桶巻作り平瓦　指圧痕

図 15　桶巻作り平瓦　指圧痕

指押さえ

磨り消しは，製作工程上のどこで行うのだろうか。粘土円筒の分割前か後か。製作痕跡からみると分割後に行われていると判断できる。根拠は，凸面の広端側に広端縁と並行する方向で数本分の指圧痕が複数付いている個体が多く，指を伸ばした掌で押さえつけたことがうかがえることである（図3・7・13・14・15・16）。粘土円筒の分割前，すなわち回転台上の模骨に粘土板が巻き付けられている状態で，狭端側の磨り消しをしたのであれば，広端側を強く掌・指で押さえる必要はないであろう。粘土円筒の分割後に，分割した粘土板を凸型成形台に載せてから狭端側の叩き目を消すために板状工具で強く撫でると，広端側が浮き上がってしまうし，工具の移動（押し引き）に連れて凸型成形台上で瓦が回転しそうになるので，掌で押さえ付ける必要がある。このため凸面広端側に掌・指圧痕が付いたといえよう（図18）。この指痕がかなり多くの個体に残っているのが，正倉の桶巻き作り平瓦の大きな特徴であり，この平瓦群を製作した工房の癖といってよい。

またこの作業は一人でなく，二人ペアで行ったと判断した。根拠は，一人の工人が利き手で狭端側磨り消しを行い，他方の手で広端側を押さえたのであれば，利き手が左右どちらであっても，瓦の中央部寄りに親指の痕跡が付くであろう。しかし中央部寄りに親指痕がみられるものはなく，人差し指・

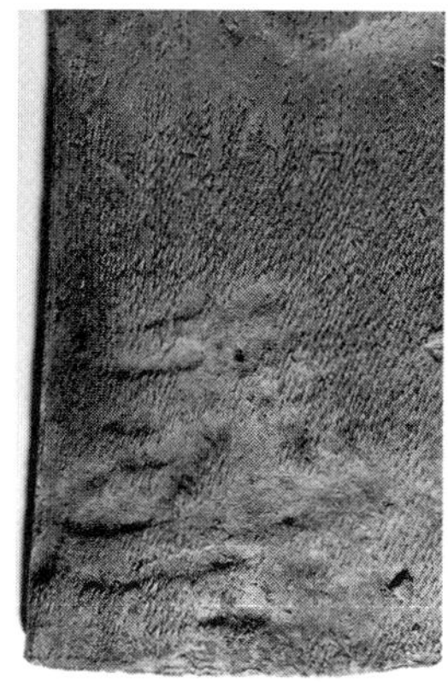
図16　桶巻作り平瓦　指圧痕

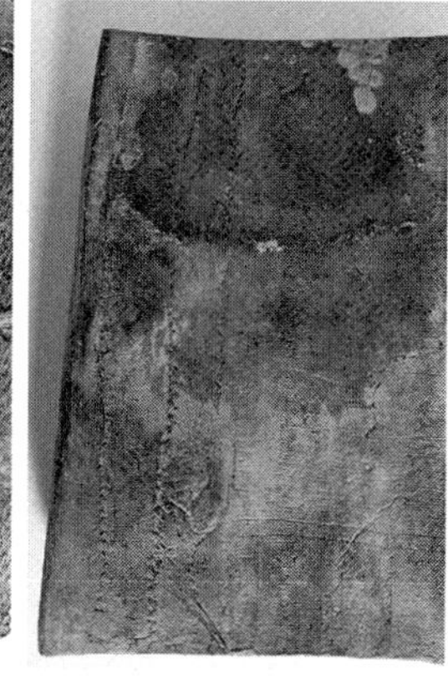
図17　桶巻作り平瓦　凹面

図18　磨り消しと指押さえの状況（岩永作画）

中指・薬指・小指の中のどれか数本の痕跡が付いている（図13・14・23-8・23-11）。また，右利きの工人が右手で磨り消しを，左手で押さえを行えば，掌・指の向きは，広端側を下，狭端側を上とした場合に左向きとなるはずである。しかし基本的に掌・指の向きは右向きである。他方で左利きの工人が左手で磨り消しを，右手で押さえを行えば，掌・指の向きは右向きとなるが中央部寄りに親指痕が付くはずなので，これはない。したがって右利きが基本であったようだ。

以上の点からみて磨り消しと押さえは別人であり（図18），右手で磨り消しを行う工人Aとぶつからないように，反対側から工人Bが左手を差し出して広端側を押さえたため，親指は瓦から外れたと推定できる。ごく少数親指痕が付く場合も，広端縁の近くである。悉皆調査をすれば，右手で押さえた例が見つかる可能性はあるが，二人ペアでの作業という点に変わりはない。

正倉院正倉の図13・14に示した個体，および，後で詳述するが，正倉院正倉の桶巻作り平瓦と同類の可能性が強い奈良市荒池瓦窯出土平瓦（橿原考古学研究所調査，［渡辺 2012］）の凸面広端側には，左手の掌と人差指・中指・薬指・小指の跡が右向きについた例（図23-5）があり，上記の推定を支持している。

図19　一枚作り平瓦　凸面

図20　一枚作り平瓦Ⅰ類　凹面

図21　一枚作り平瓦Ⅱ類　凹面

以上の，法量における細別困難，凸面縄叩きの癖，凸面狭端側の磨り消しとそれに伴う指押さえの特徴からみて，正倉の桶巻き作り平瓦群は極めて個性的であり，単一の工人集団の製品と認めてよい。それらの特徴に基づいて行った類例探索の結果を次節の A2 で記す。

2　一枚作り平瓦

凹面に摸骨痕がなく平坦で，粘土板合わせ目や布の合わせ目痕が確認できず，側面に分割裁線・分割破面が残らず，凹面と側面が鋭角をなし，湾曲が強くない。大別２種がある。

Ⅰ類（図19・20）：凸面に縦位の縄叩きを施し不調製である。凹面には布目がつき平坦で不調製である。側面は凹面に対して鋭角をなし，凹面の布目が側面に及ぶものが少数ある。

Ⅱ類（図21）：凸面に縦位の縄叩きを施し不調製な点はⅠ類と同じだが，凹面に一見摸骨状の段差がみえる。段は直線的に長軸方向に続き，かつ2～3cm 間隔で数本並行して存する場合が多いため，調査初期には摸骨一枚作りの可能性を考えた。しかし精査した結果，摸骨痕に似た段差は，段の下側でだけ布目が潰れているため，無文の細長い板状工具で縦方向に叩き締めた痕跡で，摸骨痕ではないと判明した。後述の刻印縁の段と似ている。また，端面側で布端より外に段差が続くものがあり，凸型成形台上面の削り目の圧

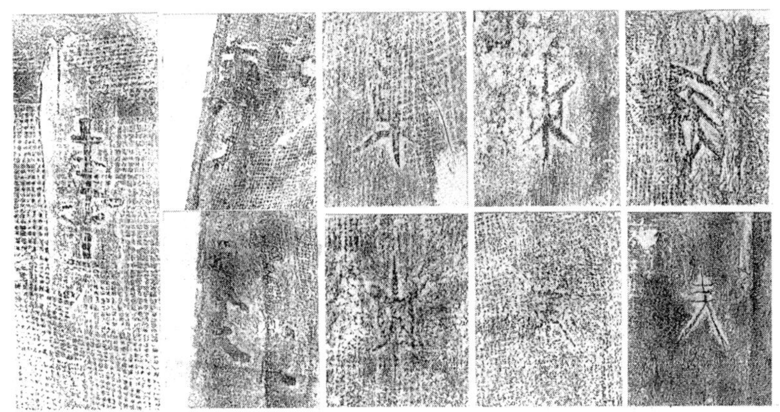

図22　一枚作り平瓦Ⅱ類の刻印　左から「東大」2種（左から2列目は同一個体），「東」4種，「家」，「奉」の上半

痕かとも考えたが，それであれば，段の上側でも布目が潰れるはずであるから却下できる。

この無文叩きの機能は，平城宮内裏の類例では，平瓦を凹台になじませ平瓦の曲率を整えたと評価されており［毛利光 1991a］，平瓦Ⅱ類の場合も同様と認められる。

一枚作り平瓦Ⅱ類には，凹面に刻印を押捺したものがある（図22）。長方形印の陽刻で内訳は「東大」が6点，「東」が4点，「家」が1点，「奉」の上半のみが1点，ある。いずれも，法華堂屋根の類品［菅谷 1972b］，正倉院敷地内で出土した瓦［平松 1997a］とは別種の印である。

Ⅳ　考察

A　桶巻作り平瓦の諸問題

1　桶巻作り平瓦は新造か再利用か

ⅡAで述べたように，従来の研究成果によれば，桶巻作りは平城宮軒瓦編年第Ⅱ-2期（～平城環都・745年）まで残るものの730年代に入るとかなり減っている。

この年代観が現在でも妥当であれば，正倉院正倉が天平勝宝５年（平城宮瓦編年第Ⅲ-2期中頃）以降の建立であるなら［杉本 2008］，桶巻作り平瓦は正倉建設時点での新造とは考え難くなる。古い瓦の再利用（建物は新造）か，あるいは建物自体が古い建物の再利用で瓦は建物の一部として移されたかということになる。しかし，桶巻き作りの存続時期の下限を下げる選択肢もある。

上原真人は東大寺法華堂の創建年代を考えるにあたって，「遺構の年代を考える場合，最も多くともなった瓦の製作年代を建物の創建年代とするのが当然のルール」とする［上原 2001］。これが成り立つのは，建物の創建時の瓦の組み合わせを「絶対多数の論理」［上原 1997］によって抽出し，再利用や建物移築の可能性を排除できる場である。桶巻き作り平瓦が正倉建設当初から多数であって「瓦の製作年代＝建物の創建年代」論が優先するなら，正倉建物の創建年代は桶巻作り平瓦の製作年代となり，従来の平瓦年代観からすると，天平年間以前の可能性が大となる[9)]。

上原はまた，法華堂の年代に絡めて，再利用したことが明確な瓦は量的に主体を占めず少量が混在するはずであるから，圧倒的多数を占める法華堂の恭仁宮式文字瓦は「法華堂という建物自体が丸ごと恭仁宮の某建物を移建された場合は別として」再利用の結果ではないとする［上原 2001］。上原は，法華堂については恭仁宮某建物の移築でもないという論証に移るのだが，この論法を踏襲すれば，正倉院正倉の奈良時代平瓦における現在の桶巻・一枚比率が，当初の反映であれば，多数をなす正倉の桶巻作り平瓦は，古い瓦の再利用の結果ではなく，正倉の建物自体が某寺や某宮などの某建物を移建した，という蓋然性が高くなろう[10)]。

もっともこれは従来の平瓦年代観を維持する場合であるから，桶巻き作りの下限が下がる可能性も検討の必要がある。

さらに，なんらかの事情で桶巻作り平瓦が多く残存したものの，実際は一枚作りのほうが多かったのであれば，建物の創建年代は天平勝宝５年以降で，桶巻作り平瓦は不足分を補足したということになる。たとえば春日井道彦は今回の整備工事における奈良時代瓦の再用率が，瓦の状態の良し悪しによって桶巻作り：一枚作り＝4：1で，不採用率が一枚作りのほうが高かった事実から，創建当時は一枚作りのほうが多かったのに，修理のたびに一枚作りが減り，残存率が逆転した可能性を指摘している［春日井 2015］。しかし現状ではどちらであるのか決め手がない。この補足瓦は，古い瓦の再利用と新造品の両方の可能性がある。

2　桶巻作り平瓦の類例探索

前節B1で正倉院正倉所用の桶巻作り平瓦の技術的特徴を明確にした。その所見を基に，瓦窯・宮や他の寺院出土の桶巻作り平瓦と比較して異同を明らかにし，由来を明らかにすることを試みる。本来，桶巻き作り平瓦の中からだけ探索すればよいのだが，正倉院例の特徴である凸面狭端側の磨り消しを行う平瓦は，一枚作りにも例があるため，その技法を用いるものについては一枚作りを含めて探索した。

生産地遺跡（瓦窯）では以下の資料で類例探索を行った。

a　奈良県奈良市中山瓦窯出土品［吉田・岡本 1974］[11)]

凸面狭端側の磨り消しを行う平瓦はごく少数あるが，小片のため桶巻作りか不明である。

b　京都府木津川市瀬後谷瓦窯出土品［奥村 1999b］

「平瓦Ⅰ類」が近い。粘土紐桶巻作りである点が正倉院例とは異なる。凸面に縄叩きを施した後に，一度全面にナデを施して叩き目を磨り消し，その後再度縄叩きを施す。二度目の縄叩きは狭端側を幅6.0～10.0cm空けて施すので，一見，正倉院例の磨り消し帯に似ているが，磨り消しと叩き（二度目）の前後関係（磨り消し→叩き）が正倉院例（叩き→磨り消し）と逆転する。二度目の縄叩きには，間隔を空けて3列とするもの（Ⅰ-a類），間隔を空けないもの（Ⅰ-b類）がある。

c　奈良県奈良市歌姫西瓦窯出土品［奈良県教委 1973］

桶巻作りでは，凸面全体を磨り消し縄叩きが少ししか残らないものが主体である。

d　奈良県奈良市押熊瓦窯出土品［奈良県教委 1973］

凸面狭端側の磨り消しを行う桶巻平瓦はなさそうである。

1　梅谷瓦窯「平瓦Ⅱ-a 類」　2　新薬師寺金堂「平瓦Ⅱa 類」　3　新薬師寺金堂「平瓦Ⅱa 類」

4　荒池瓦窯　5　荒池瓦窯 指だけでなく掌の圧痕が付く。 8　正倉院正倉 SG-TC

図 23　正倉院正倉の桶巻作り平瓦と類例など (1:10)

1：[京都府埋蔵文化財調査研究センター 1999]　2～5：岩永作成　6・7：[奈良県立橿原考古学研究所 2011]
8～11：岩永作成

e　京都府木津川市梅谷瓦窯出土品 [奥村 1999]

「平瓦Ⅱ-a 類」「平瓦Ⅱ-b 類」が近い（図 23-1）。梅谷瓦窯の製品は創建期興福寺に供給されたもので，「平瓦Ⅱ類」は粘土板桶巻作りであり，縦位縄叩きの後，凸面狭端側の縄目を磨り消すもので，磨り消し幅がⅡ-a 類は 13.0～17.0cm，Ⅱ-b 類は 20.0～23.0cm である。凸面狭端側の磨り消し幅が広く，一見，正倉院例と似ているが相違点も多い。正倉院例より概して厚さ

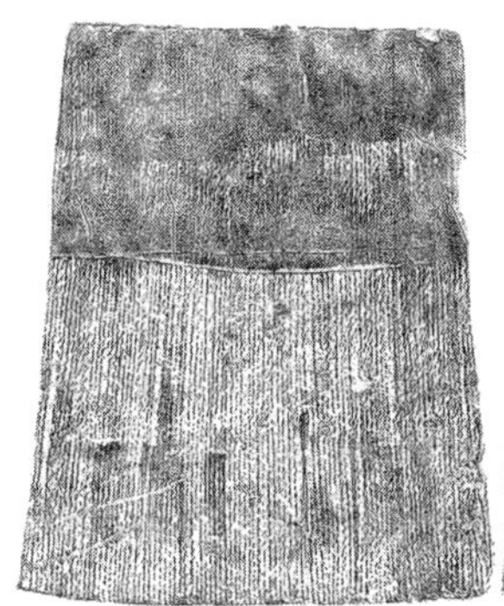

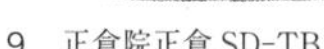

9　正倉院正倉 SD-TB

10　正倉院正倉 SF-TA

11　正倉院正倉 SE-TC
一見右手の圧痕に見えるが，手を当てると左手の2度押しで，親指のように見えるのは小指である。

が薄い。縄叩きが丁寧で，叩き原体の縄目が細かい。磨り消しは板状原体により，下端は段をなすものと，不明瞭なものとがあるが，磨り消しが丁寧で，磨り消し面に，消し残した縄叩き目が残る個体はあるものの，叩き原体の端がめり込んだ窪み列がみられない。

凸面広端側の指圧痕を残す個体があるものの，相違点がある。報告書掲載品12点（熨斗瓦含む）のうち，3点に広端縁に並行する指痕らしきものがみえる。磨り消し工程が分割前か後かは未検討であるが，正倉院例と同じ分割後だとしても，指痕が全点にみられるわけではなく，磨り消し作業中に必ず広端側を押さえる必要があったわけではないようだ。

以上総合して正倉院正倉の桶巻作り平瓦とは別型式といえよう。

f　京都府井手町石橋瓦窯出土品［井手町教委 2011］

石橋瓦窯の製品は創建期大安寺に供給されたもので，6304D・6664Aに伴う平瓦である。凸面に縦位の縄叩きを施し，凹面に模骨痕跡・糸切り痕が見られ，側面は凹面に対してほぼ直角になる。凸面狭端側にナデ消しを施すものはない。

g　奈良県奈良市荒池瓦窯出土品［渡辺 2012］

報告書に掲載された4枚のみ実見したが，正倉院正倉の平瓦と酷似している（図23-4・5）。凸面狭端側の磨り消しはTC型。叩き原体の下端を桶の広端まで下げた叩きⅠが弱く，原体の下端を桶の広端から約10～13cmまで上げた叩きⅡとの間に，縄目が疎らにしか付いておらず，そこに指痕がよく残る。指だけでなく，掌圧痕が付く例で，磨り消しの下端処理はSE型である。磨り消しの下端が一部だけ段をなし，他は不明瞭である。磨り消しの幅は，12～13.5cmで，狭端から10cmほどの位置に，叩き原体の端がめり込んで消し残された窪み列Aがある。以上の諸特徴から，正倉院正倉の平瓦の焼成窯と断じてよいと考える。ここでは桶巻作り平瓦が，興福寺式軒瓦6301I・6671Jと共伴している（図23-6・7）。荒池瓦窯の桶巻作り平瓦が正倉院正倉に供給されたのであれば，正倉に葺かれた軒瓦が6301I・6671Jであった可能性が出てくる。

a～dの諸瓦窯は平城宮・京への供給を目的として操業された奈良山瓦窯群のうち，平城環都以前が主操業期で桶巻作り平瓦を生産した窯である。e～gの諸瓦窯は平城京の諸大寺に供給した瓦窯である。梅谷瓦窯の「平瓦Ⅱ-a類」「平瓦Ⅱ-b類」，瀬後谷瓦窯「平瓦Ⅰ類」，荒池瓦窯橿考研調査地点出土品以外では，凸面狭端側にナデ消しを施すものはほとんどなく，その中で，正倉院の桶巻作り平瓦と同型式と認定できるものは荒池瓦窯出土品のみである。

次に消費地遺跡では以下の資料で類例探索を行った。

h　京都府恭仁宮跡出土品［上原1984］

「C型式平瓦」は粘土板桶巻き作りである。恭仁宮の大極殿造営時に新造されたもので，畿内の桶巻作り平瓦の末期的なものである。凸面狭端側のみならず広端側にも幅数cmの磨り消しを行う点で，正倉院例とは異なる。狭端側の磨り消しも幅6cmほどで狭い。

「B型式平瓦」は凸面狭端側を磨り消す平瓦であり，著名な人名刻印瓦を多く含む。BⅠ型式は一枚作りで凹面全面をナデ調整する。BⅡ型式は摸骨一枚作りで，凹面の狭端側2分の1をナデ調整する。一枚作りである点は正倉院例と異なるものの，凸型成形台の上で狭端側に幅広の磨り消しを施す点では，正倉院例と同様といえるので，相違点を調べておく。

正倉院例より厚いものが多い。凸面の縄叩きが丁寧で，叩き原体の縄目が細かい。凹面の布目圧痕の全面ないし半面を磨り消し，凹面に人名刻印を押捺するものが多い。

磨り消しは板状原体により，下端は段をなすものと，不明瞭なものとがある。叩きも磨り消しも丁寧で，磨り消し面に叩き原体の端がめり込んだ窪み列が見られない。凸面広端側に広端縁と平行する指痕は付いていないようである。磨り消し作業時に凸面広端側を押さえなかった事情は，布をかぶせた凸型台上で縄叩きをした直後であるので，粘土がまだ台と密着しており，磨り消し作業を行っても動きづらかった，あるいは「B型式平瓦」は厚さが2.5cm前後で正倉院例より厚く重さもあり動きづらかった，などの事情が推定できる。

i　平城宮

平城宮内で平瓦がある程度まとまって報告された成果中で，凸面狭端側に磨り消しを施す平瓦を調べた。

内裏地区［奈文研 1991］では，凸面狭端側を磨り消す「第2類」のうち，c種・d種は恭仁宮ＢⅠ型式・ＢⅡ型式にあたり，環都後に持ち込まれたものであろう。a種は凹面が不調整（おそらく桶巻き）で正倉院例に近い可能性があるが，拓本や写真が掲載されておらず詳細不明である。第二次大極殿院地区［奈文研 1993］では，「1群Ⅱ種Ba類」が恭仁宮ＢⅡ型式にあたる。東院庭園地区［奈文研 2003］には似たものはない。兵部省地区［奈文研 2005］では，「D-1-2」が凸面狭端側を磨り消すもので，27は恭仁宮ＢⅠ型式にあたるようだが，25・26は正倉院例とは異なる。第一次大極殿院地区［奈文研 2011］では，4が恭仁宮Ｂ型式にあたり，1・2は凹面に摸骨痕があり凸面の狭端側・広端側の両方に幅数cmの磨消しを施す[12]。

以上総合して，平城宮内では正倉院例に近い型式はほとんどみられないといってよかろう。

j　新薬師寺

金堂創建期に用いられた「平瓦Ⅰa類」［島軒 2012］は，粘土板桶巻作りと報告され，凸面狭端側の縄目を磨り消すもので，一見，正倉院例と似る（図

23-2・3)。報告書に拓本・写真が掲載された2点の他は小片が多く，製作技法の全体的傾向が把握できているわけではないが，正倉院例との相違点を挙げておく。

全長が36.0cmほど，広端幅が26.0cmほどで正倉院例では最小の部類に当たる。凸面の縄叩きが丁寧で，叩き原体の幅が狭く，縄目も細かい。凸面広端側に広端縁と並行する指痕はほとんど付いていない。縄叩きを縦方向の擦過で部分的に磨り消すものがある。狭端側の磨り消し幅が8.0～12.5cmほどで10.0cm前後が多く正倉院例より狭い。磨り消しは板状原体によるが，概して磨り消し方が丁寧である。磨り消し面に叩き原体の端がめり込んだ窪み列がみられない。報告された2点のうち1点は焼成がよく灰色で，このような焼きの物は正倉院にはない。凹面に縦ナデを施し布目を消すものがある。これらの相違点からみて「平瓦Ⅰa類」は正倉院例と同一型式ではない。

なお「平瓦Ⅰa類」は出土量から6301I・6671J・「丸瓦Ⅰ類」と組み合い，天平19年から天平勝宝3年の間に完成した金堂所用と判断され，荒池瓦窯で生産されたと推定されている［奈良教育大 2012］。金堂跡からは興福寺式（6301I・6671J）の他に東大寺式（6235・6732）も出ているが，報告書は東大寺式を整備期のものとみている。金堂の創建時に興福寺式と東大寺式を両方葺いていたのでなく，興福寺式主体で葺かれ東大寺式は整備期に下るとすると，東大寺式の創出と使用開始は東大寺金堂（天平勝宝4年の大仏開眼会には内装は未完で外観はできていたようだ）の建立に伴うものであろうから，新薬師寺金堂の状況は東大寺式が創出され東大寺境内および関連寺院で広く使われだす直前の状況を示すとみられる。「平瓦Ⅰa類」は桶巻作りとみられ，環都（天平17年）から天平勝宝初年（瓦編年第Ⅲ-1～Ⅲ-2期初頭）においても桶巻作り主体の平瓦製作が残っていたことになり重要である。それは，天平12～17年（瓦編年第Ⅱ-2期末）の恭仁宮においては，桶巻作りが末期的に残存するにすぎず，摸骨一枚作り・一枚作りが主体となっている状況とは相違する。また，6301I・6671J・「丸瓦Ⅰ類」「平瓦Ⅰa類」が荒池瓦窯で製作されたとすると，同瓦窯のこの時期の管理者が興福寺か東大寺かはさておいても，新薬師寺金堂に供給後は，東大寺式を本格的に生産しているから，その直前まで古い桶巻作り技法を残していたことになる。以上のことから考えると，正倉院正倉の桶巻作り平瓦が天平勝宝５年頃に新造された可能性も出てくる。

k　唐招提寺

講堂の解体修理工事時に屋根上の瓦が下ろされた。森郁夫によれば，講堂所用の奈良時代平瓦には凸面狭端側の磨り消しが多くみられたという［森 1994］。修理工事報告書にも「針書瓦は東大寺法華堂現用古瓦群と同一技法によるもの」とある［菅谷 1972a］。「針書」は刻印押捺であろう。残念ながら講堂所用瓦はその後屋根に戻され，奈良文化財研究所には残っていなかったため，正倉院正倉の桶巻作り平瓦との異同を明らかにできなかった。しかし修理工事報告書掲載の写真（［菅谷 1972a］の第478図）をみる限り，凹面はうっすら摸骨痕がみえるものの，布目は全体にナデ消されているようであり，恭仁宮ＢⅠ型式に近い。写真左上には長方形の刻印が見える。他の平瓦については調べる術がないが，講堂が平城宮東区朝堂院の東朝集殿の移築であったことからすれば，平城環都後に恭仁宮への供給窯である西山瓦窯から持ち込まれた恭仁宮Ｂ型式平瓦であっても不思議はない[13)]。ただし平城宮内で「恭仁宮Ｂ型式」が出土することは確かながら，既報告地区については量が多くはなく，東朝集殿に多量の「恭仁宮Ｂ型式」が用いられていたのか，正倉院例と同型式の桶巻作り平瓦が存在しないのか，問題点が残る。これは東区朝堂院地区の正式報告書の刊行を待って再検討したい。

l　その他平城京内寺院

興福寺境内出土の平瓦は未検討である。創建期興福寺に供給した梅谷瓦窯ではないことはすでに述べた。大安寺，元興寺については奈良文化財研究所調査分の一部を調査したが，該当するものは検出できなかった。薬師寺については，今回は調査できなかった。

３　桶巻作り平瓦の由来—可能性の模索（表１）

ⅣA2での探索の結果，今回の調査範囲内では，正倉院正倉の桶巻作り平瓦—凸面狭端側に磨り消し，広端側に指オサエ痕跡が残る—と同型式とみなせる平瓦を荒池瓦窯で確認し，類似度が高いものを新薬師寺金堂で確認した。

表1　東大寺・正倉院・新薬師寺関連年表

西暦	年　号	天皇・上皇			宮	主要事象	東大寺（前身寺院）		
		聖武	孝謙	淳仁					
736	8	天皇			平城				
737	9	〃			〃	天然痘流行			
738	10	〃			〃		福寿寺造営開始		
739	11	〃	皇太子		〃				
740	12	〃	〃		平城→恭仁	藤原広嗣乱	法華堂創建（上原説）		
741	13	〃	〃		恭仁	国分寺建立詔	↓		
742	14	〃	〃		〃	紫香楽離宮造営	金鐘寺，金光明寺となる		
743	15	〃	〃		〃	大仏造立発願			
744	16	〃	〃		恭仁→難波	甲賀寺に大仏骨柱立てる			
745	17	〃	〃		紫香楽→平城	平城環都	大仏造立を金光明寺に移す		
746	18	〃	〃		平城				
747	19	〃	〃		〃		大仏鋳造開始		
748	20	〃	〃		〃		造東大寺司成立	大仏殿建設↑　西塔建設↑	荒池瓦窯で東大寺式生産↑
749	21 天平勝宝1	上皇	天皇		〃		大仏鋳造終了		
750	2	〃	〃		〃				
751	3	〃	〃		〃				
752	4	〃	〃		〃		大仏開眼会	大仏殿建設↓　西塔建設↓	
753	5	〃	〃		〃			講堂建設↑　東塔建設↑	
754	6	〃	〃		〃			回廊建設↑	
755	7	〃	〃		〃		戒壇院建立		
756	8	死去	〃		〃		瓦三万枚発注	講堂建設↓	
757	9 天平宝字1		〃	皇太子	〃	橘奈良麻呂変	聖武上皇一周忌	回廊建設↓	
758	2		上皇	天皇	〃				
759	3		〃	〃	〃				
760	4		〃	〃	〃	光明皇太后没			
761	5		〃	〃	〃	保良宮行幸			
762	6		〃	〃	〃				
763	7		〃	〃	〃				
764	8		天皇	廃帝	〃	恵美押勝乱		東塔建設↓	↓
765	9 平神護1		〃		〃	西大寺創建			?

それ以外の，奈良山瓦窯，諸大寺供給瓦窯，平城宮，恭仁宮，諸寺院では類例がほとんどないとの見通しが得られた。今後さらに探索を進める必要があるが，平瓦の由来について，現状で考えうる可能性を考察しておく。

a　軒瓦との組み合わせ

当然ながら正倉院正倉へは桶巻作り平瓦のみが運ばれてきたわけでなく，丸瓦・軒瓦とセットをなしていたはずである。軒瓦が残っていれば，来歴は

正倉院正倉	ストック説	移築説	新造説	新薬師寺	瓦編年
					瓦Ⅱ-2
	? 荒池Aで生産	? 荒池Aで生産			瓦Ⅲ-1
	某所でストック	某建物で使用		荒池B→新薬師寺金堂（金堂建設）	瓦Ⅲ-2
正倉建立（杉本説）	使用	移築	荒池Aで生産		
上皇遺品を施入					瓦Ⅳ-1

より鮮明になるはずであるが，すべて過去に落下しており，残念ながら屋根上には残っていなかった。正倉の西南側の台地上（唐禅院跡推定地）では正倉院事務所の立替に伴う発掘調査が行われたが，出土した古代の瓦のほとんどは東大寺式6235-6732であった［橿考研 2006］。また，正倉院事務所には過去に正倉院敷地内で出土した軒瓦が所蔵されており［平松 1997a］，東大寺式がほとんどである。これらは特に東宝庫付近で多く出土したものであるが，瓦出土地点は三面僧房の北室・西室に接しているから，これら東大寺式の軒瓦は主として僧房に由来すると考えられよう。正倉は僧房から離れているが，正倉付近と特定できる採集品・出土品はないようである[14)]。平松は東大寺式軒瓦の中で僧房での組み合わせと判明しているものより年代的に先行する型式を講堂か正倉所用とみている。この時点では正倉所用の軒瓦は当然東大寺式と判断したのであろうが，桶巻作り平瓦の製作年代はさておいても，東大寺式軒瓦をそれら平瓦に伴う軒瓦とみるのは無理がある。正倉院敷地内の出土品には興福寺式6301B・6301I・6671Aaが少数あり，いずれも荒池瓦窯で同種がみ

られる。橿原考古学研究所調査地点での組み合わせからみて，6301I が正倉屋根の桶巻作り平瓦に伴った可能性があるが，この個体が真に正倉に由来するかどうかはいかんともいい難い。ただし，すでに述べた荒池瓦窯の調査所見からみて，興福寺式 6301I・6671J と組み合う可能性が高い[15]。

b　荒池 A 窯セットの年代観・技法系譜・製作契機

正倉院正倉の桶巻作り平瓦が，荒池瓦窯橿考研調査地点（以下，便宜的に荒池 A 窯とする）で製作され，興福寺式 6301I・6671J と組み合うと仮定すると，平瓦だけでは解き難い問題点に手がかりができる。以下その組み合わせを「荒池 A 窯セット」と呼ぶ。

①荒池 A 窯セット軒瓦の旧年代観

従来 6301I・6671J の製作年代はどう考えられていたか。

森郁夫は，6301I（森論文中では 6301H とされているが現行の 6301I である）が，興福寺で出土せず東大寺でみられるとの認識から，東大寺のために作られ使用されたものであり，天平勝宝 8 歳に造東大寺司が興福寺に生産依頼したものと評価した［森 1983］。これは生産依頼記事に引っ張られた見解ではあったが，東大寺との関係に注目し 6301I をⅢ期まで下るとみた先駆的見解であった。

花谷浩は平城宮・京出土軒平瓦編年の再検討の中で，6671J が直線顎でⅡ-2 期に下るとした［花谷 1991］。6671 の顎は直線顎というより曲線顎Ⅰだと思うが[16]，Ⅲ-1 期まで下るとはみなされていない。これは 6663・6671・6691・6721 などでは直線顎や曲線顎ⅠはⅡ-2 期，曲線顎Ⅱは恭仁宮造営直前以降，段顎はⅢ期にはなくなっている，という花谷が見出した顎の形態変化年代観に則ったものである。その後，6691A では曲線顎ⅠからⅡへの変化時期が 740〜741 年頃［佐川 1993b］，6721 など平城宮所用瓦では曲線顎Ⅱの出現が恭仁遷都以前に遡る可能性が提唱された［岸本 1995］。つまり「宮・京系」軒平瓦では曲線顎ⅠはⅡ-2 期（729〜745 年）でも恭仁遷都前（〜739 年）に収まるといえよう。また唐草文の文様系譜においても，均整唐草文Ⅱ（興福寺式）は，基本的にⅡ期までに作笵が終了し，Ⅲ期以降は文様系譜としては途絶えるとされている［花谷 1991］。となると 6671J もⅡ-2 期に収まってしまう。ただし東大寺式については，6732E・F・G・J・UはⅢ-2期（天平勝宝年間）におかれており，顎は直線顎とされているから，「宮・京系」と異なる顎変化も認められている。結局，6771Jの年代的位置づけは，6671Jの系譜的位置の評価如何にかかっている。

②荒池A窯セット軒瓦の新年代観

平松良雄は，東大寺境内での発掘調査の進展に伴い6301I・6671Jの出土量が増加したのを受けて分布と年代を検討し，西搭院・大仏殿での使用から天平20年頃に製作されており，大仏殿回廊や食堂院での使用から天平宝字年間までの使用を考えた［平松 2001］[17)]。つまり通説と異なり6301I・6671JをⅢ-1期まで下らせることになる。

瓦当文様については，旧式の瓦当文様の瓦が，時期が下っても生産されることは，時々生じることではある[18)]。6301I・6671Jの場合，興福寺創建期の6301A・6671Aと文様的には大差なく，特に時期が下降する要素はなく，Ⅲ-1期に新造されたのか疑問は生じる。製作技術面ではどうか。6671Jには段顎と曲線顎Ⅰがあり，曲線顎Ⅰはすでに述べたように「宮・京系」軒平瓦ではⅡ-2期となるが，東大寺式6732の顎と同類であるとみればⅢ-1期でもありうる。ただし段顎がそこまで下りうるのかは問題となろう[19)]。6671Jの凹面に模骨痕がある（新薬師寺）が，それだけで桶巻作りとはいえず，6694Aのような「摸骨一枚作り」の可能性も考えておかなければならない。ただし，荒池A窯・新薬師寺金堂出土の小片のみでは決定できない。東大寺境内出土品の検討は今後の課題である。いずれにせよⅢ期まで下らせるには難点となる。

③荒池A窯セット軒瓦の技術系譜

6301I・6671Jの技術系譜では，まずは興福寺系か東大寺系かが問題となる。平松は，かつて興福寺式が東大寺金堂院回廊周辺から出土することを，造東大寺司が瓦の製作を造興福寺仏殿司に依頼したことと関連づけた［平松 1997b］。これは，興福寺式を興福寺造瓦所，東大寺式を東大寺造瓦所の製品と限定する考え方である。その後，6301I・6671Jを造東大寺司が東大寺造営の初期段階で製作した軒瓦とし，6301I・6671J製作の主体を興福寺から東大寺に変更した［平松 2001］。これらは荒池 A 窯と新薬師寺金堂が調査される前の所見である。現在では，東大寺式が興福寺造瓦所でも製作され［岩永 2001；山崎 2003］，少なくとも造興福寺仏殿司の管轄とは考え難い新薬師寺金堂において 6301I・6671J が葺かれていることが判明しているから，瓦の製造主体の決定は，○○寺式は○○寺造瓦所製と単純にはいかず，製作技術の系譜からの検討が必要となる。

では 6301I・6671J の技術系譜はどうなるのであろうか。I 以外の 6301，J 以外の 6671 の製作技法，興福寺造瓦所製と東大寺造瓦所製の 6235・6732 の特徴を比較に用いて検討する。

6301I：東大寺出土の 6301I には笵の摩耗が進まず，丸瓦広端部凹面側を削り，充塡粘土が多い個体と，摩耗が進み改笵の可能性があり，接合技法が省略され，充塡粘土が少ない個体がある［平松 2001］。平松は丸瓦広端部凹面側を削る技法を，6235M と共通するとみた。しかし，東大寺系の 6235 は丸瓦広端面全面を片刃状に削るもので 6301I と違いがあるから，6301I を東大寺造瓦所の系譜と断じにくい。なお，摩耗が進み改笵の可能性がある個体は荒池 A 窯・新薬師寺にはみられないことから，荒池窯において荒池 A 窯，および新薬師寺供給品よりも下る時期まで 6301I が製作され供給されたとみられる。

荒池 A 窯の 6301I は丸瓦広端部凸面側を面取りしている。丸山西遺跡出土 6301B にも凸面側面取りがあるので［菱田 2000］，「宮・京系」興福寺式と共通するといえるが，6301B は荒池 A 窯自体からも出土しているから単純に「宮・京系」興福寺式といってよいのか疑問もある。凹面側を面取りする東大寺出土 6301I［東大寺 2000］，無加工の興福寺出土 6235，広端面全面を片刃状に削る東大寺出土 6235 とも異なる。

新薬師寺（金堂）の 6301I は，丸瓦広端部凹凸両面を面取りし圭頭状とする。丸山西遺跡出土 6301A にも凹凸両面の面取りがあるので［菱田 2000］，「寺系」興福寺式と共通する。凹面側を面取りする東大寺出土 6301I［東大寺 2000］，無加工の興福寺出土 6235，広端面全面を片刃状に削る東大寺出土 6235 とも異なる。

このように，荒池A窯・新薬師寺（金堂）の6301Iは，他種の6301，6235と比較する限り，興福寺出土品とも東大寺出土品とも製作技法が異なる点があり，興福寺造瓦所製とも東大寺造瓦所製とも断じ難い。また，荒池A窯と新薬師寺（金堂）で丸瓦広端部の処理に違いがある。なお製作時期が並行しても6301Iと6235が同じ技法による保証はないので，その点の追究は今後の課題である。

6671J：顎形態だけみれば東大寺・荒池A窯・新薬師寺出土品ともに段顎と曲線顎Iであり共通する。平松は，東大寺出土の6671Jの段顎は縄叩き技法であるのに対し，曲線顎は凸面が縦ケズリであることから東大寺系6732と共通する技法と推定し，6671Jの東大寺境内での使用期間中に段顎から曲線顎に変化したとみた［平松 2001］。これは段顎と曲線顎の成形技法系譜の相違と製作の時期差を示唆したものである。もし曲線顎の6671Jが東大寺系6732と共通する技法であれば，成形は縄叩きをしない凸面布目押圧技法のはずであり，その場合は東大寺造瓦所の製品と断定できることになる。しかし，東大寺出土の6671Jが押圧技法と確認できているわけではない。

荒池A窯・新薬師寺金堂では，糸切した粘土板を用いており，技術的に東大寺式系の凸面布目押圧技法ではない。荒池A窯では凸面に縄叩きを施し，新薬師寺では段顎・曲線顎ともに模骨痕があり，桶巻作りないし模骨一枚作りで技法的区別がない。したがって，荒池A窯・新薬師寺ともに東大寺造瓦所の製品とは即断しがたい。

このように，6301I・6671Jともに興福寺造瓦所・東大寺造瓦所の製品と相違があり，どちらかの帰属と簡単には結論づけられない。年代的には荒池窯で本格的に東大寺式が製作開始される時期（天平末年〜天平勝宝初年）と並行しているから，新薬師寺の創建に伴う新系統技術とも評価できようが，新薬師寺において，6301I・6671Jに後続する型式は6235G・Ma，6732D・Fであり東大寺式に替わっており，それらの製作技法は東大寺造瓦所の通常の物と同様であるから，6301I・6671Jが新薬師寺の技術系譜として永続したとはいえないようだ。

④荒池A窯セット軒瓦の製作契機

平松は「6301I-6671J」のセットを「造東大寺司が東大寺造営の初期段階で興福寺から瓦において製作した軒瓦」と評価した［平松 2001］。この文は誤植があるのか文意が不鮮明だが，その後半はおそらく「興福寺から瓦笵を借りて製作した軒瓦」の意味であろうと推察できる。つまり東大寺出土の「6301I-6671J」は当初から造東大寺司が東大寺のために製作したという判断である。しかし，6301I・6671J は東大寺境内で増えたとはいえ，量は多くはなく，主要伽藍で 6301I・6671J を主体的に葺いた建物が確認できないことから，このセットの製作開始の契機を，東大寺主要伽藍の建設に求めて妥当か問題もあった。平松の論考の後に新薬師寺金堂の調査で，6301I・6671J のセットが出土した。同金堂の建立年代は環都後の天平 19 年から天平勝宝 3 年までの間（ほぼⅢ期前半相当）と考えられているから［島軒 2012］，6301I・6671J・「平瓦Ⅰa 類」のセットがその頃の製品であれば，平松の年代観が裏付けられることになる一方で，このセットが新薬師寺金堂の創建に伴い成立した［島軒 2012］，つまり新薬師寺金堂建立段階での 6301I・6671J の主供給先が東大寺ではなかったと可能性が大となる。

4　荒池 A 窯製品の新薬師寺・正倉院・東大寺主要伽藍への供給―再び新造か再利用か

では，荒池 A 窯の操業と新薬師寺・正倉院・東大寺主要伽藍への供給との関係はどうなるのであろうか（表 1）。今回の調査で，新薬師寺金堂の「平瓦Ⅰa 類」・6301I と荒池 A 窯の桶巻作り平瓦・6301I は，似てはいるが製作技法が全く同じではないことも判明しており，「平瓦Ⅰa 類」が桶巻作りか摸骨一枚作りかも確定していない。新薬師寺金堂の 6301I・6671J・「平瓦Ⅰa 類」のセットは，軒瓦の組み合わせからみれば荒池瓦窯の製品の可能性が強いが，荒池 A 窯とは別の窯と推定する（以下，便宜的に荒池 B 窯とする）。

すでに述べたように，荒池 B 窯の操業→新薬師寺金堂への供給年代は天平 19 年～天平勝宝 3 年頃とみられる。正倉院宝庫の建設は天平勝宝 5 年とする杉本説に従う。

以上をふまえると，荒池 A 窯＝正倉院正倉，荒池 B 窯＝新薬師寺金堂の瓦の間に成り立つ関係としては，以下のア・イの可能性が考えられる。

ア．荒池A窯が先行する

この場合，A窯の供給先の考え方で①②の二つの可能性がある（343頁，表1右半）。

ア①：ストック説

○荒池A窯で天平18年以前に6301I・6671J・桶巻作り平瓦が製作され某所にストックされた。

○荒池B窯で新薬師寺金堂用（天平19年～天平勝宝3年に建立）の瓦が製作された。

○天平勝宝5年以降に正倉院正倉の創建に際して某所のストック瓦を屋根に葺いた。

ア②：移築説

○荒池A窯で天平18年以前に6301I・6671J・桶巻作り平瓦が製作され某建物に葺かれた。

○荒池B窯で新薬師寺金堂用（天平19年～天平勝宝3年に建立）の瓦が製作された。

○天平勝宝5年以降に正倉院正倉の創建に際して某建物を瓦ごと移築した。

アの場合，新薬師寺金堂の「平瓦Ⅰa類」は桶巻作りと確定していないから，荒池A窯の6301I・6671J・桶巻作り平瓦の製作をⅡ-2期とする通説と齟齬が生じない。

イ：荒池B窯が先行する

すなわち

○荒池B窯で新薬師寺金堂用（天平19年～天平勝宝3年に建立）の瓦が製作された。

○荒池A窯で天平勝宝5年以降に正倉院正倉用が製作され，正倉に葺かれた。

イの場合，新薬師寺金堂の「平瓦Ⅰa類」が桶巻作りか否かにかかわらず，荒池A窯の桶巻作り平瓦製作が，正倉院正倉創建の天平勝宝5年以降に行われていたことになる。以下，イを新造説とする。

ストック説・移築説・新造説の中で，どれが蓋然性が強いであろうか[20]。

荒池A窯とB窯の新旧関係であるから，通常，軒瓦の笵傷進行を基準に製作時期の新古を判定するのが確かである。荒池A窯と新薬師寺金堂の双方から6301I・6671Jが出土しているが，量が少なく小片が多く，笵傷の進行状況の比較から前後関係を決定するのは困難である。

新造説（荒池B→A〔→は時間的前後関係を示す〕）の場合，桶巻作りが平城京瓦編年Ⅱ-2期までは残るがⅢ期にはほとんどなくなっているとする従来の通説を無効とし，Ⅲ-2期において大規模建物を総べて葺けるほどの桶巻作り平瓦生産が行われていたと認めることになる。これはⅡAでふれた「宮・京系」の軒平瓦の編年から導かれた桶巻作りから一枚作りへの移行様相とは全く合わないが,「寺系」造瓦所である荒池A窯・荒池B窯では「宮・京系」造瓦所とは異なる技術変化を遂げたと考えることになる。

他方で，天平勝宝年間に入れば東大寺の大仏殿や西塔の造営がかなり進んでおり，東大寺式軒瓦6235・6732とそれに伴う一枚作り平瓦が膨大な量で生産されており，その有力な生産地は荒池瓦窯（地点不明，以下荒池某窯と呼ぶ）であるから，荒池A窯・B窯では，荒池某窯での東大寺式生産と並行して旧式な製作技術の瓦が製作されていた状況を認めねばならない。

つまり，荒池A窯・B窯では「宮・京系」とも東大寺式とも異なる技術が保持されていたことになる。荒池A窯・B窯製のような旧式と最新の東大寺式とが離れた別瓦窯で生産されたのであれば不思議はないが，同じ荒池瓦窯群内で並行しての生産は理解に苦しむ。しかしこの問題の決着は，荒池瓦窯群の本格的調査の今後の進展をまって図らねばならない[21]。

一方，ストック説・移築説（荒池A→B）の場合，6301I・6671J・桶巻作り平瓦のセットが天平18年以前に製作され，どこかでストックないし使用されており，天平勝宝5年以降に正倉院正倉で使用されたとみるから，環都後も製作された6301I・6671Jはともかく，桶巻作り平瓦を環都前の製作とする通説を変更しないで済む。

ただし，ストック説の場合，ストック論に現実性があるかどうか，また正倉院正倉になぜストック瓦を使ったのかが問題となる。上原は，未使用瓦が保管され，時間を経て供給されたという解釈は，明確な証拠がない限り下すべきではないとする［上原 2001］。これは瓦（恭仁宮式文字瓦）の製作年代が判明しており，その瓦を葺いた建物（法華堂）の年代を瓦の年代より下らせるためにストックを認めようとする議論に対する批判である。ここで扱う6301I・6671Jを含むセットの場合，上原が問題とした場合とは逆に，建物の建設年代が史料から判明し，それが従来考えられてきた瓦の製作年代より下る可能性がある場合であるから，一般論としては，すでにどこかで使用していた瓦の再利用，建物の瓦ごとの移築に加えて，ストック瓦の利用の可能性があることになる。新薬師寺金堂については，巨大な金堂は新造としか考えられず，瓦も新造の蓋然性が高いと思われるが，正倉院正倉でストック瓦の利用を想定するストック説の場合，荒池A窯で製作され，どこかにストックされ，それが新薬師寺金堂には使用されず（金堂はB窯から供給），正倉院正倉に供給されるに至ったとしなければならず，無理が大きい。

移築説の場合，建物の移築の蓋然性を建物自体の調査所見から検証する必要があるが，中倉内部の南倉軒下材の風食痕跡から移築がありえるようであるから，移築も荒唐無稽ではないと考えておく[22)]。

以上の検討から，新造説（荒池B→A）と移築説（荒池A→B）とが可能性としてありえることになる。

杉本によればそもそも正倉の建設は，大仏開眼会に用いた儀式用品・献納品の収蔵のための建物のようであるから［杉本 2008］，まずは造東大寺司の管轄下で調達しようとするであろう。東大寺においては，天平20年の造東大寺司成立の頃から大仏殿造立の用意が始まり［吉川 2000］，天平勝宝4年4月9日に大仏が開眼供養された時に大仏殿はほぼ構作が終わっており，天平勝宝5年1月までには西塔が完成している。したがって正倉の建設が天平勝宝5年頃とすると，造東大寺司は十分に稼働しており，正倉建物・瓦がすべて自力で新造されておかしくないようにみえる。しかし現実には，建物に移築の可能性があり（移築説），建物が新造としても，平瓦の主体が桶巻き作り，あるいは主体が一枚作りであっても相当量の桶巻き作り平瓦が持ち込まれるという事態が生じた（新造説）。

新造設の場合，天平勝宝５年の時点で，正倉院正倉に，荒池Ａ窯の製品が供給されねばならなかった事情についての合理的説明が必要となる。移築説の場合，正倉建物が新造されず某所から移築されねばならなかった事情についての合理的説明が必要となる。

東大寺における大規模造営を支える体制が恒常的に同一規模で維持されていたかにかかわるが，大仏殿・西塔の完成以後，講堂は天平勝宝５年１月に用材造りを始め７歳ではまだ構作中，天平勝宝８歳には大仏殿院回廊が天平勝宝９歳の聖武上皇一周忌に向けて完成を急がされていた，という状況である［太田 1970］。それを勘案すると，天平勝宝５年は大仏殿・西塔と講堂・大仏殿院回廊の造営の移行期にあたり，建物の建設あるいは瓦の生産において，正倉建設に即応できず，造東大寺司が他組織に援助を要請せざるをえなくなったと考える余地はある。そうした場合，まずは別組織への援助要請が考えられるだろう。考慮すべき点は，上原がこだわるように，寺院造営を統轄する官司どうしの統属関係，官制の原則，瓦供給の法的根拠であろう。

新造説の場合なら，すぐ操業可能であった荒池Ａ窯に依頼した，あるいは，荒池某窯製の東大寺式も供給されたが不足したため荒池Ａ窯製で補足した，といった事情であろう。正倉院正倉に先立つ新薬師寺金堂の建設にあたって，造営担当官司によって荒池Ｂ窯を用いた6301I・6671J・桶巻き作り平瓦の新造と供給がなされ一段落ついていたが[23]，他方で造東大寺司管轄下で東大寺式を生産していた荒池某窯（大仏殿・西塔へ供給）での生産は目いっぱいで追加注文に対応できなかったため，新薬師寺に依頼して荒池Ａ窯での生産と供給がなされたと説明できよう。

興福寺への依頼の可能性はあるだろうか[24]。造東大寺司が別寺院に援助要請を出した例は，興福寺・四天王寺への要請がある。大仏殿院回廊の完成を督促する天平勝宝８歳６月22日の孝謙天皇の勅をきっかけとし，同年８月に興福寺に３万枚[25]，四天王寺・梶原寺に２万枚の瓦の製作を依頼している[26]。興福寺への依頼は造東大寺司から興福寺三綱所へ，四天王寺・梶原寺への依頼は造東大寺市司→太政官→摂津職→四天王寺・梶原寺というルートである。寺から寺への要請も，ダイレクトな場合と，太政官を介する場合があることがわかる。いずれにせよ，興福寺への要請は，制度的には可能であった。

寺から造宮省への依頼はどうか。これも場合によっては可能なようだが[27)]，今回の調査の結果では，平城宮あるいは宮への供給窯で類品は未検出であるから，可能性は小さいであろう。

移築説の場合，瓦だけでなく建物も既製品であるが，荒池A窯製の瓦を葺いた建物が某所から移築されねばならなかった事情についての合理的説明が必要となる。正倉院正倉が通説のように聖武上皇没後に上皇遺愛の品の収蔵のために設けられたとするなら，聖武上皇にゆかりのある建物を施入するといった可能性も考えられる。しかし，上皇存命中に大仏開眼会に用いた儀式用品・献納品の収蔵のために用いる建物となると，ことさらに上皇ゆかりの建物である必要はなくなるかもしれないが，一つの臆説としては，皇太后発願の新薬師寺から荒池A窯製の瓦とともに移された可能性が考えられようか[28)]。

以上の検討から新造説と移築説とでは，新造説のほうが無理が少なく蓋然性が強いように思うが，ともに仮説として提示しておき，荒池瓦窯および新薬師寺の寺域周辺部の今後の調査の進展に期待したい。

B　一枚作り平瓦の問題点

一枚作り平瓦にも数種ある。ごく一般的なⅠ類と凹面に無文叩き痕を残すⅡ類である。「模骨一枚作り」平瓦は見出されなかった。Ⅰ類については今のところ，全く年代の手がかりがないが，Ⅱ類については「東大」「東」銘の刻印が製作年代の手がかりとなる。「東大」「東」が寺院名の表示であれば，「東大寺」「東大之寺」の名称が成立して以降となる。「東大」「東」刻印平瓦を恭仁宮文字瓦の影響下で製作された東大寺創建期の瓦［平松 1997a］あるいは大仏殿院創建瓦［吉川 2000］とみるA説，奈良時代の補足瓦とみるB説［菅谷 1972b］，8世紀末～9世紀前半まで下げるC説［上原 2001］とがある。A説なら正倉現位置建設時の桶巻作り平瓦の不足分の補足となる。B・C説なら正倉現位置建設後の補修瓦となり，正倉現位置建設時の桶巻作り平瓦の割合は現状よりさらに高くなる。

Ⅰ類・Ⅱ類に時期差があるか，「東大」「東」刻印平瓦の年代はA～C説のどれが妥当か，またⅡ類で「東大」「東」刻印を有すものと有さないものとに時期差があるか否かは，東大寺主要伽藍で，創建年代に差がある建物群所用の一枚作り平瓦を相互に比較し，製作技術の微細な変化を明らかにしたうえで論じる必要があり，今後の課題としたい。

おわりに

今回の平瓦調査によって，桶巻き作りの製作技術上の特徴——狭端側に縄叩き目の磨り消しを施し広端側に掌・指による圧痕を残す——が明らかとなり，それを根拠に製作地が荒池A窯と特定できた。また荒池A窯や新薬師寺の類似平瓦に伴った軒瓦から，製作年代や正倉への供給の経緯について見通しをつけることができた。

今回調査した平瓦，特に桶巻作りの平瓦は，ただの地味な平瓦とはいいながら十分に個性的であり，類例がどこかで見つかれば容易に識別可能といえる。今回の調査範囲内では荒池瓦窯・新薬師寺で類例を検出できたが，他所にもないか探索を続ける必要がある。瓦研究に携わる諸賢にご注意を頂き，類例の探索，情報の提供にご協力いただければ幸いである。

今回調査した奈良時代平瓦の多くは葺足部分が傷んで剝離して苔が生えている。まさに1260年間屋根上で頑張ってきた証しといえよう。正倉院正倉に納められた品物はいうまでもなく超一級の宝物であるが，屋根に載った地味な瓦たちも雨に打たれ風に吹かれ満身創痍になりながらも収納物を守ってきた宝物である。かつての古建築修理では屋根から降ろされ再利用されなかった瓦は，その瞬間に法的には「文化財」ではなくなり散逸した例もあるらしいが，正倉院正倉の奈良時代平瓦はすべて保存されており，今後もさまざまな研究の対象となり，情報を提供し続けるであろう。関係者の方々のご尽力に感謝したい。今回の調査では平瓦がもつ情報のごく一部しか引き出せなかったが，正倉建設にまつわる事情の一端を知ることができた。今後さらに研究を深めたい[29)]。

謝辞

宮内庁正倉院事務所での調査にあたって，同事務所の杉本一樹所長を始め，成瀬正和・尾形充彦・西川明彦・飯田剛彦・佐々田悠・永田大輔・福森弘・細川晋太郎の諸氏，京都大学の上原真人，文化財建造物保存技術協会の春日井道彦，総持寺の芦田淳一の諸氏にお世話になった。関連資料調査にあたって，橿原考古学研究所の須藤好直・卜部行弘・吉村和昭・岡田雅彦，木津川市教育委員会の大坪州一郎，京都府山城郷土資料館の森下衛・奥村清一郎，堺市教育委員会の近藤康司，奈良教育大学の金原正明，奈良文化財研究所の清野孝之・今井晃樹，の諸氏にお世話になった。篤く御礼申し上げます。(2015年9月13日)

註

1)　正倉の建立年代としては天平勝宝8歳とみる福山敏男説が有力である［福山1968］。その根拠は光明皇太后が大仏に献じた宝物を双倉に遷した天平勝宝8歳9月22日の直前に双倉が落成したという推定であるが，正倉の当初の機能を皇太后が大仏に献じた宝物の収納でなく，大仏開眼会に用いた儀式用品・献納品の収蔵とみる杉本説に従う。

2)　正倉院事務所での調査（以下，本調査とする）および関連資料調査の過程は以下の通りである。予備調査Ⅰ：2012年12月25・26日に実施。平瓦の収蔵・保管状況を確認した。予備調査Ⅱ：2013年6月21日に実施。本調査の日程を相談した。本調査Ⅰ：2013年8月2・5〜9・12〜14日に実施。正倉の屋根から下ろし再利用しない平瓦のうち，諸般の事情から，一枚作り・「撲骨一枚作り」を中心に調査した。本調査Ⅱ：2013年9月2に実施。再利用のための予備瓦および屋根に葺き戻されていた平瓦の製作技法弁別を行った。関連資料調査Ⅰ：本調査Ⅰ・Ⅱでは桶巻作りの調査はほとんどできなかったが，桶巻作りの類品を探すべく，山城郷土資料館（2014年8月12日）にて恭仁宮，木津川市教育委員会（2014年8月13・14日）にて梅谷瓦窯・瀬後谷瓦窯，奈良文化財研究所（2014年9月5・8・9日）にて中山瓦窯・歌姫西瓦窯・押熊瓦窯出土の平瓦の技法調査を実施した。本調査Ⅲ：2014年9月25・26日，10月20日，11月17日に実施。桶巻作り平瓦の計測および技法調査を行った。関連資料調査Ⅱ：平城京内寺院出土の桶巻き作りの類品を探すべく，奈良文化財研究所（2014年10月17日）にて唐招提寺講堂，元興寺，大安寺の平瓦の技法調査を実施した。関連資料調査Ⅲ：桶巻き作りの類品を探すべく，橿原考古学研究所（2015年1月26日）にて荒池瓦窯，奈良教育大学（2015年1月27日）にて新薬師寺金堂の平瓦の技法調査を実施した。本調査Ⅳ：2015年2月16日〜18日に実施。報告書掲載用等の実測・採拓を実施。関連資料調査Ⅳ：奈良教育大学（2015年3月9日）にて新薬師寺金堂の平瓦の技法調査を実施した。写真撮影・報告作成打ち合わせ：2015年7月31日に実施。写真撮影：2015年9月1日～3日に実施。報告書掲載用等の写真撮影を実施。

以上の調査のうち，本調査Ⅰ・Ⅱ・Ⅳ，関連資料調査Ⅰ・Ⅳには九州大学大学院比較社会文化学府博士後期課程の早川和賀子が参加した。

3）以下，奈良時代軒丸瓦・軒平瓦の型式名については，奈良文化財研究所が設定した型式番号を用いる［奈文研 1996］。これは4桁の数字と大文字のアルファベットを組み合わせたもので，たとえば，東大寺式軒丸瓦は6235，東大寺式軒平瓦は6732，興福寺式軒丸瓦は6301，興福寺式軒平瓦は6671であり，それぞれが笵の違いによって6235A・6235B……のように細分される。

4）正倉建物の創建年代を桶巻作り平瓦の年代とみなせるためには，桶巻作り平瓦が創建時にも最も多く使われていたことが前提となる。現在まで残った奈良時代の平瓦は屋根全体の使用量の一部にすぎない。現存瓦が奈良時代瓦から無作為抽出されたもので，現存瓦中の桶巻き作り・一枚作りの比率が奈良時代の傾向を概ね反映しているという仮定が成り立つなら創建年代を古くできる。しかし別の可能性もある。ⅣA1を参照されたい。いずれにせよ，桶巻作り平瓦の特徴から製作地・製作年代について可能性を追究し，桶巻作り平瓦の由来，正倉院正倉で使用されるに至った経緯を追究することは重要である。

5）この点は地方での国分寺造営に際して，中央ないし大宰府の指導がどれほどあったのかを判定する際に重要である。現在，地方の国分寺の瓦の研究においては，中央の指導を高く評価するか否かで説の対立がある。たとえば西海道において，瓦当文様では大宰府直系ではない場合でも，製作技術での指導，たとえば一枚作り技法の導入などの際に大宰府の指導があった可能性はある。そうした場合，大宰府における一枚作りと西海道諸国における一枚作りを比較する必要があり，そのためには，一枚作り技術の実態を把握しておかなければならない。

なお，模骨一枚作りは，平城宮の軒平瓦では6664Ga（第Ⅰ-2期）・6694A（第Ⅱ-2期）がある［花谷 1991］。平瓦では，恭仁宮の大極殿造営時（第Ⅱ-2期末）に新造されたBⅡ型式平瓦がある［上原 1984］。平城還都後に第二次大極殿院で使用された「1群」各種は摸骨一枚作りであり［佐川 1993a］，このうち1群Ⅱ種Ba類は恭仁宮BⅡ型式と同類である。当地区の軒瓦は環都前から製作され始めていた一群を主体とし，環都後の製品で補っている。平瓦も同様であろうが，摸骨一枚作りの1群のうちⅡ種Ba類を除いたⅠ種Aa・Ab・Ba・Ca類の製作時期が，環都前か環都後かは不明である。そのほか平城宮内裏地区［奈文研 1991］，東院庭園地区［奈文研 2003］でも摸骨一枚作りが報告されているが，時期は不明である。

6）『正倉院正倉整備記録』中の春日井道彦による考察では，桶巻き作り538枚

(73%), 一枚作り201枚 (27%), 計739枚である［春日井 2015］。差があるのは, 破片の数え方, 一枚作りのうちの奈良時代・平安時代の認定の差が原因と思われる。いずれにせよ, 桶巻き作りが70%を超えることに違いはない。

7）成形台の復元については, 論者によって「凸型台が細長い板を並べて湾曲面を形成していた」［上原 1984］,「カマボコ形の成形台の上に連結枠板を敷いた」［佐川 1993a］, など推定に多少の差があるが, 確定はできないため花谷の表現を借用する。

8）岩永が9項目について計測した結果を早川和賀子が入力・作図して分析を加え,「正倉院宝庫の桶巻作り平瓦の特徴」を執筆したが, 本書には掲載していない。『正倉院紀要』(38号) を参照されたい。

9）もちろん上原の絶対多数の論理が使えるためには, 註4でも述べたように, 現存瓦中の桶巻き作り・一枚作りの比率が奈良時代の傾向を概ね反映しており, 桶巻作り平瓦が正倉の創建時にも最も多く使われていたといえねばならない。

10）建物移築の可能性については, 建物そのものの建築史学的研究成果によらねばならない。註22参照。

11）a・c・dの諸窯は奈良山瓦窯跡群に属す。奈良文化財研究所が1970年代に調査し, 正式報告が未刊であるが, 都城調査部の許可を受け平瓦の調査を行った。調査および本稿での言及にあたり, 清野孝之・今井晃樹氏のお世話になった。以下にその結果を記すが, 傾向の一部をつかんだにすぎず修正の余地が多かろう。当該諸窯出土の軒瓦については概要が報告されているが, 丸・平瓦等については詳細不明であった。奈文研在職中に, 当該諸窯の調査は年次が古く, 近年の詳細な瓦窯調査の水準に照らすと, 本報告刊行の時期を逸している, との意見を聞いた事がある。しかし, 何はともあれ生産地遺跡であるし, 軒瓦についても丸・平瓦についても, 近年の精緻な調査法による成果を刊行して頂ければ, 平城宮・京の瓦さらには古代瓦全般の研究に裨益するところ大であろう。正式報告書の刊行を期待したい。

12）上原によれば平城宮内で恭仁宮式文字瓦は東院地区西辺部とその南北両側（東一坊大路西側溝とその宮内延長, それに交差する宮内・京内道路側溝）に多く出土しており, 周辺区画施設の補修瓦に使用された可能性が高い［上原 2001］。

13）上原は, 平城宮内の恭仁宮文字瓦は恭仁宮への納品を予定したストックが, 環都直後に平城宮に供給されたと考える一方で, 同じ製作技術で刻印のない一群は, 恭仁宮造営時に恭仁宮文字瓦を製作した瓦工が, 環都後に造宮省付属瓦工房で製作したものとしており, 唐招提寺講堂の平瓦を後者とみているようである［上原 2001］。前者か後者かの決め手は刻印をもつかどうかであり, 東朝集殿の平瓦がどちらかについても, 正式報告書に期待したい。なお東朝集殿は, 移建時期はともかく唐招提寺に移されたのであるから, 現地（48次調査地）に瓦があまり残っていないことも予想されるが，破損などで再使用に耐えず廃棄されたものがあるかもしれない。

14)　正倉院事務所所蔵品とは別に平松は，「正倉周辺からは凸面の縄目叩きを約1/3ほど擦り消す，恭仁宮B型式と同型式の平瓦が多数出土していることから先行する堂舎の存在も想定できる。」「正倉院事務所敷地内の工事立会調査中に筆者採集。但し未報告。」と述べている［平松 2001］。それら平瓦を恭仁宮B型式であり正倉の年代より古いと認定したことから，正倉そのものでなく先行建物の所用瓦とみている。この平瓦を筆者は未見であるが，恐らく恭仁宮B型式ではなく正倉所用の平瓦と同類ではないかと推察される。

15)　大正期の葺き替え工事の際に，興福寺式の軒平瓦と東大寺式の軒丸瓦（6235G類似）を新造して葺いている。その事情について，大正期には「東大寺式」のセットを認識していなかったためと一時考えてみたが，荒池瓦窯での組み合わせを念頭におけば，大正期の瓦工が正倉の屋根上あるいは周囲で興福寺式軒平瓦を目にすることがあって，ことさらに興福寺式を新造した可能性も考えられないではない。ただし大正軒平瓦は6671Aに近く6671Jとは似ていない。なお今回の屋根工事では，「正倉院正倉の補足瓦として興福寺式はふさわしくない」という理由で6235G・6732Fをモデルとしている［春日井 2015］。

16)　花谷の顎形態分類で直線顎とされた型式の一部は曲線顎Iと区別しにくい。直線的な物は「直線顎」でよいと思うが，6671J，6710A・C，6713A，6732E〜H・J・N・Q・R，6760A・Bなど緩いカーヴをもつものは曲線顎Iでよいのではなかろうか。

17)　東大寺丸山西遺跡出土の6671はBとEとされてきたが［菱田 2000］，Eとされたもののうち2点（菱田論文図2-1・3）はJの可能性がある。2点ともに段顎である。丸山西遺跡は，8世紀第2四半期に収まるとされているから［菱田 2000］，6671Jは最終段階で持ち込まれたものであろう。

18)　たとえば平安京西寺では，東大寺創建期の6235と酷似した軒丸瓦が用いられた。ただしその場合でも，山崎信二が指摘するように，組み合う軒平瓦は，6732系ではあるものの，いかにも平安初期的な文様となっており，軒丸瓦・軒平瓦ともに製作技術には年代変化がみられる［山崎 2003］。

19)　すでに述べたように，東大寺式系統ではⅢ期以降でも直線顎ないし曲線顎Iであり，花谷が提唱した「宮・京系」の顎変化とは別系列である。6671JがすべてⅢ期に下るなら，段顎・曲線顎IがⅢ期にあることになり，興福寺での6671や「宮・京系」6671の顎変化とは異なることになる。

20)　荒池A窯と荒池B窯の瓦が内容的にまったく同じであれば，同時期に操業し，あるいは一カ所で作り，まず新薬師寺金堂に，引き続いて正倉院正倉に供給という可能性も，新薬師寺金堂と正倉院正倉の創建年代がわずか数年差であることから考えられないではない。その場合，操業時期は二つ設定できる。

①荒池A窯・B窯で天平18年以前に6301I・6671J・桶巻作り平瓦が製作され某所にストックされた。→天平19年～天平勝宝3年に新薬師寺金堂に供給された。→天平勝宝5年以降に正倉院正倉に供給された。

②荒池A窯・B窯で天平19年～天平勝宝3年に6301I・6671J・桶巻作り平瓦が製作され新薬師寺金堂に供給され，残りがストックされた。→天平勝宝5年以降に正倉院正倉に供給された。

しかし，軒平瓦の製作技法に差異があるかは未確認ながら，軒丸瓦・桶巻作り平瓦に差があると認識したので，これらの可能性は捨象した。

21)　荒池A窯・B窯がこの時点では東大寺の造瓦所ではなく，興福寺の造瓦所であったためという可能性はある。しかしそういい切るためには，興福寺に天平勝宝年間に供給された瓦一般の製作技法が荒池A窯・B窯のようなものであったといえなければならず，今後の課題としたい。

荒池瓦窯の東大寺創建期から造東大寺司廃止までの期間の管掌者が興福寺か東大寺かについては争点となっている［堀池 1964；山崎 2003；奥村 2004；藪中 2004］。山崎信二は，東大寺式の中で興福寺造瓦所製と東大寺造瓦所製を文様や製作技法から識別することで，荒池瓦窯出土の東大寺式が東大寺造瓦所製であること，興福寺造瓦所製で東大寺に搬入された東大寺式を明らかにした［山崎 2003］。岩永も興福寺出土の東大寺式の中に興福寺造瓦所製があると指摘したことがある［岩永 2001］。

東大寺創建期における荒池瓦窯の帰属を決めるには，荒池A窯・新薬師寺（荒池B窯）の興福寺式（6301I・6671J）が，興福寺造瓦所製か東大寺造瓦所製かあるいは他所製か識別しなければならない。そのためには荒池瓦窯・東大寺・興福寺出土の6301I・6671Jの技術的異同を相互に比較検討しなければならない。しかし後二者が未調査であり今後の課題とするが，すでに6301I・6671Jの技術系譜を述べた項で，荒池A窯・新薬師寺（荒池B窯）出土品の特徴を確認しておいた。そこでの結論は，6301I・6671Jともに興福寺造瓦所・東大寺造瓦所の製品と相違があり，新薬師寺の創建に伴う新系統技術とも評価できるから，新薬師寺金堂創建期には新寺院用造瓦所が新設された可能性がある。しかしその後は，東大寺式が製品の主体となり，製作技術からみても東大寺系であるから，興福寺造瓦所として東大寺式を生産したのではなく，東大寺造瓦所となったとみる説［堀池 1964；山崎 2003；奥村 2004］が妥当であろう。

なお荒池A窯からは6301I・6671J以外に6301B・6671Bが出ている。これらは「宮・京系」興福寺式と呼ばれ［花谷 1991］，興福寺造瓦所の製品とは考えられてこなかった。しかし荒池瓦窯で出土したことで，6301B・6671Bには，どの寺院かはともかくとして「寺系」もあることがわかった。

22） 正倉の建築部材の調査結果によれば，中倉は正倉が現位置に建設された当時からあり，中倉部分が当初は吹き抜けであったことはない。それにもかかわらず，中倉内に突き出した南倉・北倉の軒下材，すなわち中倉内部東南側の南倉妻梁と西北側の北倉妻梁に，風蝕らしい跡がみられることから［布施 2015］，現位置に建てられる以前に南倉北面・北倉南面が露出していた時期があると認められるのであれば移築の根拠となる。なお，正倉建築部材の年輪年代測定結果は，辺材部が2.8cm残る中倉台輪で741（天平13）年であり［光谷 2003, 2008］，天平勝宝より古くなっている。ただし，樹皮や辺材がすべて残るような良好な資料であっても，年輪年代は樹木の伐採年代しか示さないから，建物の建設年代と直結できる保証はない。また現位置に建てられ中倉が設けられたのが741年以降ということはいえても，南倉・北倉の年代がそれより古くなる可能性は排除できない。

23） 森郁夫は，新薬師寺の造営に造東大寺司がかかわったとみているが，根拠は1981年時点での採集資料に東大寺同笵瓦が多いことであった［森 1981］。金堂の調査では東大寺式を用いる伽藍整備期の前に，6301I-6671Jを用いる伽藍創建期が設定されており［島軒 2012］，森と同じ根拠を用いれば，整備期には造東大寺司の管轄ともいえようが，創建期にはどうであろうか。金堂の建立が天平19年とすると造東大寺司の発足前である。それを管掌した官司は造山房司か，あるいは新営の官司であろうか。かりに前者としても，法華堂造営時に瓦の調達で難儀した造山房司が，法華堂よりはるかに巨大な新薬師寺金堂の瓦調達をいかにこなしたか。いずれにせよ荒池B窯での生産という形になった。

24） この時点で荒池A窯が興福寺管轄下であったか，すでに東大寺管轄下に入っていたかは註21で述べたように容易に決め難いが，興福寺であった場合を考えてみる。

25） 天平勝宝8歳8月14日の『造東大寺司牒』（正倉院文書『大日本古文書』4-180）は3カ月以内での3万枚の造瓦を興福寺三綱務所に依頼した文書であり，この時の製品として，6301A（笵傷進行）をあてる説［平松 2001］，6301Iとする説［森 1983；平松 1997a］6301A・6235F・6235Mb・6732G・6732Jとする説［藪中 2004］がある。ただし「宇瓦参伯枚」の字に重なって「不用」と追書されており，この「不用」の解釈については，文書発給が中止され興福寺に依頼されなかった［吉川 2000；奥村 2004］，軒平瓦の注文だけを取りやめたので東大寺回廊から6301A（笵傷進行）が出土するが6671Aが出土しない［平松 2002］，など説が分かれている。この文書の発行がなかったとしても興福寺への瓦製作の依頼がなされた可能性はあろうが，搬入された製品の特定に際しては，註21に記した荒池瓦窯の帰属問題がからみ，その判定のためには，型式が興福寺式か東大寺式かという水準ではなく，興福寺が作った興福寺式と東大寺が作った興福寺式，東大寺が作った東大寺式と興福寺が作った東大寺式をきちんと弁別して，かからねばならない。もっとも藪中は，東大寺からの依頼に対処するために，他瓦窯から興福寺瓦窯に工人が移動したため造瓦技法の多様性が認められるとした［藪中 2004］。そのように考えると，造瓦技法の系統と瓦窯の帰属が無関係となるから，瓦窯の帰属を決定する根拠がなくなってしまう。いずれにせよ本稿では，天平勝宝8歳の依頼は，正倉の瓦調達より後の事と考えている。

26)　天平勝宝8歳以降，これらの寺院で製作された瓦が多量に東大寺に持ち込まれたはずであるが，平瓦に関しては一枚作りのはずであり，仮に正倉の建設年代が天平勝宝8歳以降に下っても，これらの寺院が古いストック桶巻作り平瓦を混ぜて送り込んだとでもしない限りは，正倉の桶巻作り平瓦の由来の説明には使えない。その可能性は興福寺・四天王寺・梶原寺に正倉院正倉と同類の一枚作り平瓦があるかを調べればわかるはずだが，今後の課題とする。

27)　上原は，法華堂の造営にからんで，西山瓦屋の瓦工は造東大寺司造瓦所と無関係としつつ，法華堂への恭仁宮式文字瓦の供給については，造山房司長官を経て造宮卿となった智努王が，造宮省管轄下の西山瓦屋から造山房司管轄の法華堂へ瓦を流用したとみる。その事情は，金光明寺金堂として早急に整備する必要が生じた法華堂に瓦を供給できる中央造営官司付属工房が天平13年段階で西山瓦屋しかなかったからと説明する。このような場合は，宮用の瓦屋から寺への供給もありうることになる。また東大寺前身寺院である丸山西遺跡の創建瓦に「寺」系興福寺式と「宮・京系」興福寺式が混在する事実を，造山房司が興福寺造営官司と平城宮造営官司に外注した結果とみた。つまり，金鐘寺・福寿寺・金光明寺の造営官司は独自の造瓦組織を持たず，必要な瓦を中央（平城宮・京や興福寺）の造営官司に依頼して調達したと指摘する。

28)　こう想定する場合，新薬師寺に大規模な倉庫があったことになり，いささか無理なようにも思うが，東大寺大仏殿とほぼ並行して建立された金堂は桁行13間200尺という超弩級であり，予断を許さぬ寺ではある。新薬師寺の寺域の西半は，旧陸軍奈良聯隊の造成で破壊されているようだが，金堂北方の今後の調査に期待したい。

29)　叩き原体の種類，叩き方の癖，凸面狭端側の磨り消し方の癖，その際の広端側の押さえ方の癖，桶の種類，布の種類を詳細に調査し，相互の関係を明らかにすれば，製作にかかわった人数，作業時のペアの組み方，道具と瓦工の関係などが明らかにできる可能性がある。そのためにも平瓦は一括して保管されるのが望ましい。

参考文献

井手町教育委員会　2011『石橋瓦窯発掘調査報告書　第2～8次調査』
岩永省三　2001「屋瓦」『史跡頭塔発掘調査報告』奈良国立文化財研究所

上原真人　1984「Ⅱ 平・丸瓦」『恭仁宮跡発掘調査報告 瓦編』京都府教育委員会
上原真人　1997『歴史発掘 11　瓦を読む』講談社
上原真人　2001「東大寺法華堂の創建―大養徳国金光明寺説の再評価―」『考古学の学際的研究』岸和田市
浦林亮次　1960「瓦の歴史」『建築史研究』28
太田博太郎　1970「東大寺の歴史」『奈良六大寺大観 9　東大寺 1』岩波書店
奥村茂樹　1999a「瓦塼」「梅谷瓦窯の瓦」『奈良山瓦窯跡群』京都府埋蔵文化財調査研究センター
奥村茂樹　1999b「瓦塼類」「瀬後谷瓦窯の瓦」『奈良山瓦窯跡群』京都府埋蔵文化財調査研究センター
奥村茂樹　2004「造東大司造瓦所と瓦屋」『MUSEUM』593
春日井道彦　2015「瓦葺から見た正倉の修理経過の考察」『正倉院正倉整備記録　本文編』宮内庁
岸本直文　1995「第Ⅴ章 考察 2 瓦塼類」『平城京左京二条二坊・左京三条二坊発掘調査報告　長屋王邸・藤原麻呂邸の調査 ―本文編』奈良国立文化財研究所
京都府埋蔵文化財調査研究センター　1999『平城山瓦窯跡群』
宮内庁　2015『正倉院正倉整備記録　本文編』
佐川正敏　1993a「第Ⅳ章 遺物 1 瓦塼類 C 丸瓦・平瓦」『平城宮発掘調査報告ⅩⅣ』奈良国立文化財研究所
佐川正敏　1993b「第Ⅴ章 考察 1 屋瓦」『平城宮発掘調査報告ⅩⅣ』奈良国立文化財研究所
佐原　眞　1972「平瓦桶巻作り」『考古学雑誌』58-2
島軒　満　2012「第Ⅲ章 遺物 第 1 節 瓦塼類」『新薬師寺旧境内―奈良教育大学構内遺跡の埋蔵文化財発掘調査報告書―』奈良教育大学
菅谷文則　1972a「瓦」『国宝唐招提寺講堂他二棟修理工事報告書』奈良県教育委員会
菅谷文則　1972b「古瓦」『国宝東大寺法華堂修理工事報告書』奈良県教育委員会
杉本一樹　2008『正倉院―歴史と宝物―』中央公論新社
東大寺　2000『東大寺防災施設工事・発掘調査報告書』発掘調査編
奈良教育大学　2012『新薬師寺旧境内―奈良教育大学構内遺跡の埋蔵文化財発掘調査報告書―』
奈良県教育委員会　1973『奈良山　平城ニュータウン予定地内遺跡調査概報』
奈良県立橿原考古学研究所　2006『東大寺旧境内　唐禅院跡推定地の発掘調査』
奈良県立橿原考古学研究所　2011『奈良県遺跡調査概報（第 1 分冊）』
奈良国立文化財研究所　1991『平城宮発掘調査報告ⅩⅢ』
奈良国立文化財研究所　1993『平城宮発掘調査報告ⅩⅣ』
奈良国立文化財研究所　1996『平城京・藤原京出土軒瓦型式一覧』

奈良文化財研究所　2003『平城宮発掘調査報告XⅤ』
奈良文化財研究所　2005『平城宮発掘調査報告XⅥ』
奈良文化財研究所　2011『平城宮発掘調査報告XⅦ』
花谷　浩　1991「第Ⅵ章 考察 1屋根瓦 Aⅱ 軒平瓦の変遷」『平城宮発掘調査報告XⅢ』奈良国立文化財研究所
菱田哲郎　2000「東大寺丸山西遺跡出土の瓦について」『南都仏教』78
平松良雄　1997a「正倉院事務所所蔵考古資料について」『正倉院紀要』19
平松良雄　1997b「正倉院と造東大寺司」『奈良古代史論集』3
平松良雄　2001「東大寺境内の6301-6671の出土傾向について」『東大寺成立過程の研究　平成10年度～平成11年度科学研究費補助金（基盤研究〔C〕〔2〕）研究成果報告書』
平松良雄　2002「東大寺の考古学　24」(「考古学万華鏡」)『奈良新聞』2002年5月4日
福山敏男　1968「東大寺の諸倉と正倉院宝庫」『日本建築史研究』墨水書房
布施直樹　2015「形式・技法の調査」『正倉院正倉整備記録　本文編』宮内庁
堀池春峰　1964「造東大寺司瓦屋と興福寺瓦窯址」『日本歴史』197
光谷拓実　2003「年輪年代法による正倉院正倉の建築部材の調査」『正倉院紀要』25
光谷拓実　2006「年輪年代法による正倉院正倉の建築部材の調査 (2)」『正倉院紀要』28
森　郁夫　1981「新薬師寺の瓦」『古代研究』22
森　郁夫　1983「興福寺式軒瓦」『文化財論叢』奈良国立文化財研究所
森　郁夫　1994『東大寺の瓦工』臨川書店
毛利光俊彦　1991a「第Ⅳ章 遺物 1瓦塼 Cⅱ平瓦」『平城宮発掘調査報告XⅢ』奈良国立文化財研究所
毛利光俊彦　1991b「第Ⅵ章 考察 1屋瓦 Aⅲ 平城宮・京出土軒瓦の再編年」『平城宮発掘調査報告XⅢ』奈良国立文化財研究所
藪中五百樹　2004「興福寺と荒池瓦窯の瓦」『MUSEUM』593
山崎信二　2003「東大寺式軒瓦について」『論集　東大寺の歴史と教学』ザ・グレイトブッダ・シンポジウム論集1，法蔵館
吉川真司　2000「東大寺の古層―東大寺丸山西遺跡考―」『南都仏教』78
吉田恵二・岡本東三　1974「中山瓦窯」『奈良国立文化財研究所年報1973』
渡辺和仁　2012「名勝奈良公園・荒池瓦窯跡」『奈良県遺跡調査概報　2011年（第1分冊）』

補説

本論文では，桶巻作り技術の残存状況について検討したが，註5と関連して，一枚作りの出現に関する近年の研究動向についてもふれておく。奈良文化財研究所で実施している古代瓦研究会で，2017・2018年度に，「一本づくり・一枚づくり」の展開が扱われた。

大和の軒平瓦については，平城瓦編年第Ⅱ期に凹面に模骨痕がない一枚作り軒平瓦が増えて徐々に桶巻作り軒平瓦を凌駕し，第Ⅱ-2期に急増し，第Ⅲ期には一枚作り軒平瓦にほぼ移行したとまとめられている。平瓦については梅谷瓦窯・瀬後谷瓦窯での一枚作り平瓦の状況が紹介されたが，それ以外については言及されていない［岩戸 2019］。桶巻作り軒平瓦については，一枚作りの動向の裏返しとして，第Ⅱ期から減り始め第Ⅱ-2期に急減し，第Ⅲ期にほぼ消滅すると述べられていることになるが，桶巻作り平瓦の動向，特に下限については，平城宮・平城京においても未解明な点が多いということになろう。本論文でも，明確な結論には至らなかったが，問題提議はできたと考える。

なお，註5は，現在，地方の国分寺の瓦の研究において，中央の指導を高く評価するか否かで説の対立があることから，西海道での国分寺造営に際して，大宰府や中央の指導がどれほどあったのかを判定する際の問題点を念頭に述べた。国分寺所用軒瓦が，瓦当文様では大宰府直系ではない場合でも，製作技術での指導，一枚作り技法等の導入に際して大宰府の指導があったか否かを検討しなければならず，その際には，大宰府における一枚作りと西海道諸国における一枚作りの比較検討が必要となる，と述べておいた。2018年度の古代瓦研究会では西海道が扱われた。

北部九州では，平安時代末まで桶巻作りが主流で，一枚作りは8世紀後半に突如現れ，9世紀初頭に消え，肥前・筑前・豊前にわずかにみられるのみに終わったとされる［山口 2019］。南部九州（肥後・日向・大隅・薩摩）でも，国分寺造営を機に一枚作りが導入されたとされる［金田 2019］。山口亨は国分寺造営に際して朝廷に要請して畿内から派遣された工人の手を借りたと推定するが，どこが畿内的技法であるかが論証されたとはいえない。国分寺創建までの造寺・造瓦経験の有無にかかわらず，西海道域内在来の技術者集団の動員（一国内に収まる場合，数国に及ぶ場合の両方あり）での造営が基本であったのに，ことさらに軒平瓦あるいは平瓦の生産のみに畿内からの新技術の導入が必要であったのか，その導入元が大宰府でなく畿内であるのか，などについてはさらなる検討が必要となろう。

岩戸晶子　2019「大和の一本づくり・一枚づくり」『8世紀の瓦づくりⅧ―一本づくり・一枚づくりの展開2―』奈良文化財研究所

金田一精　2019「九州地方中・南部の一本づくり・一枚づくり」『8世紀の瓦づくりⅧ―一本づくり・一枚づくりの展開2―』奈良文化財研究所

山口　亨　2019「九州地方北部の一本づくり・一枚づくり」『8世紀の瓦づくりⅧ―一本づくり・一枚づくりの展開2―』奈良文化財研究所

第10章　頭塔の系譜と造立事情

Ⅰ　頭塔とは

頭塔は土を盛り表面を石で覆い44体もの石仏を配した，日本では希有の仏塔である。

東大寺南大門から南へ約1km，奈良市高畑町字頭塔921番地に所在する。かつては木の鬱蒼と茂った背の高い方墳状を呈していたが，現在では北半分が発掘調査成果に基づいて復原整備され，階段ピラミッド状の異様な姿は，はじめて訪れた人を驚かせる。各面に整然と配された奈良時代の石仏は名高く，遺跡は国の史跡，石仏は重要文化財に指定されている。

「頭塔」の名は，平安時代末に遡り，大江親通（?～1151年）が嘉承元（1106）年と保延6（1140）年に南都を巡礼したときの記録『七大寺巡礼私記』に，奈良時代の僧玄昉の首塚と記す。玄昉は唐への留学僧で，帰国後吉備真備とともに橘諸兄政権のブレーンとして活躍したが，二人の政敵であった藤原広嗣の反乱の平定後，筑紫観世音寺に左遷された。その玄昉が広嗣の怨霊に呪い殺され，五体ばらばらになって都の5カ所に落ち，その首を埋めたのがこの「頭塔」であるという。この伝承は江戸時代まで語り継がれてきたが伝説にすぎず，神護景雲元（767）年に東大寺の初代別当良弁が弟子の実忠に命じて造らせた「土塔」にあたるとするのが，板橋倫行［1929］・福山敏男［1932］が唱えて以来の通説である。「ドトウ」がなまって「ズトウ」となり，玄昉伝説と結びついて「頭塔」と呼ばれるようになったのが真相らしい。

頭塔の構造については，表面観察と地形測量の成果から，1960年代までに数段のテラス状平坦面と敷石，仏龕や瓦葺屋根の存在が推定されたものの，隔靴掻痒の感は免れなかった。1978年にごく小規模な調査で，東面基壇と第1段石積の一部を検出したのを皮切りに，1987年に奈良県による復原整備事業に先立つ発掘調査（担当奈良文化財研究所）が本格化した。1986年度と1988年度で北半分を全掘し，規模・構造・変遷の大要が明らかとなり，奈良県が復原整備基本計画を策定した。1992年度から石積の解体・修理・復原と，それにともなう補足的調査が始まったが，1991年度の東面中央部の断割調査で，下層頭塔の存在が判明した。その様相を明らかにすべく，1996年度に東南部と頂上部を調査し，2000年度には発掘調査の正式報告書を刊行した［奈文研 2001］。

下層の存在が判明して以来，幾つもの疑問点が生じてきた。①下層と上層の築造年代はいつか。②実忠が築造にかかわったのが事実とすれば，それは下層か上層か。③下層と上層の建築的構造の違いとその理由は何か。④上層は44体もの仏像でいかなる教学的構想を表現しようとしたのか。⑤下層と上層で造像の教学的構想は異なるのか。⑥造塔の宗教的・政治的背景は何か。⑦頭塔の築造地選定理由は何か。本章では，これらに解決の見通しをつけようと考える。

II　頭塔の構造

『史跡頭塔発掘調査報告』（［奈文研 2001］，以下『報告』と略す）に基づき，下層頭塔・上層頭塔それぞれの創建期における構造を概観しておく。どちらも基壇上に盛土で雛壇状の塔身を築き，表面を垂直の石積と斜面をなす石敷で覆う。

下層頭塔

塔身は三重に復原でき，上層建設時の破壊がひどいが，ひとたびは完成していたと推定する（補説参照）。下層には構造的な欠陥が目立つ。たとえば，基壇・塔身ともに平面が正方形でなく北が広い台形を呈し，塔身各辺が直線でなく屈曲し，基壇上面が水平でなく勾配をもち，基壇と塔身で振れの方向が逆，などの点である。そのため各部の寸法が計測場所によって一定しない

1　復原立面図（1:350）

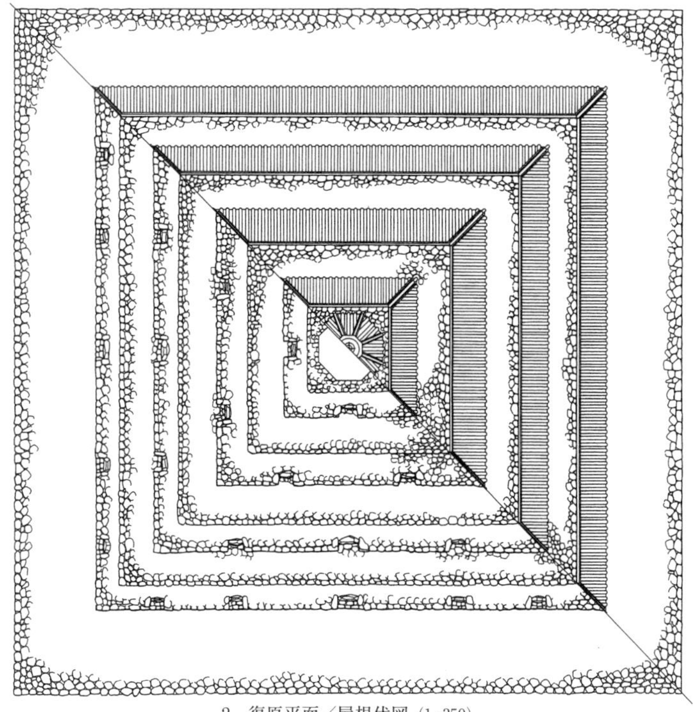

2　復原平面／屋根伏図（1:350）

上層頭塔　復原図

が，辺長は基壇 31.8～33.0m，塔身初重 20.2～21.75m，二重 13.2～14.3m，基壇高 1.0～1.6m となる。本来は第１段石積と塔中心間の距離の３等分線上に，第２・３段石積みを置く設計であり，塔身初重高 3.45m，第１段石積のみの高さ 2.35m ほど，第１段石敷には 30％勾配程度の瓦葺の屋根があったと推定する。東面中央に大型の仏龕を置くが，他の仏龕は未確認である。

上層頭塔

下層の基壇を踏襲するものの，塔身のかなりを破壊し埋め尽くし増拡したものである。下層から上層への改造の理由は，上述した下層の構造的欠陥を補正し，塔身を３段から７段に変えて高すぎる石積を低くするとともに，仏龕を増やすことにあった。しかし，補正は徹底せず，塔身平面形が不等四辺形，同一面の石積が非並行，基壇や塔身各段上面石敷が石積と並行する方向に勾配をもつ，といった難点が残った。塔身の一辺は 24.2～24.8m，高さは約 8m である。本来は第１段石積みと塔中心間の距離の４等分線上に，第３・５・７段石積を置き，それら石積間を２：３に分ける位置に第２・４・６段石積を置く設計であったと推定する。石敷の幅と勾配は明瞭に対応し，偶数段上面は広くて 5～10％の緩勾配，奇数段上面は狭くて 25～30％の急勾配であるから，奇数段上面にのみ瓦を葺き，頂上には木造瓦葺塔身１重を置いたと考える。頂上の地下深くに礎石を据え，心柱を立てていた。上層には多数の仏龕がある。各面の第１段に 5，第３段に 3，第５段に 2，第７段に１カ所，総計 44 カ所と推定できる。

下層・上層の築造年代はいつか。下層の造営にあたり古墳を破壊したことが判明し，これを正倉院文書「造南寺所解」の記事と関連づけることによって，下層の造営開始年代を天平宝字４（760）年頃と推定する。上層への改造は天平宝字末年から天平神護頃に始まり，竣工が『東大寺要録』・『東大寺別当次第』が記す神護景雲元（767）年と推定する。

Ⅲ　仏塔としての頭塔の系譜

頭塔のように土を積み上げて塔身を造る特異な仏塔の類例は，日本に少数ながら存在する（A）。なぜ当時一般的だった木造塔にしなかったのか，その事情の解明は容易ではないが，こうした特異な塔の系譜の追究は，造営の背景の穿鑿にも有効であろう。既往の説では南方系説が有力であり（B），朝鮮半島にも類例が知られてきた（C）。中国系の可能性にもふれ（D），現時点で最も蓋然性が高い見方を検討しよう（E）。

A　日本の類例

a　大阪府堺市土塔町・大野寺・土塔

大野寺は行基が建立したいわゆる四九院の一つで平安時代の『行基年譜』には神亀4（727）年起工と記し，鎌倉時代の『行基菩薩行状絵伝』には本堂・門のほかに土塔が描いてある。現在は真言宗に属し，創建期の遺構は数個の礎石と土塔のみである。土塔の現状は一辺54～59m，高さ9mの方墳状を呈す。『行基菩薩行状絵伝』には斜面に線を引いて段を表し，頂上には宝珠と露盤を描くが現存しない。1952年に無届けの土取りで東北部4分の1が破壊された際の緊急調査では，13段に築き各段上に瓦を葺いたこと，「日干し煉瓦」を積み上げて枠とした中に土を積んでいることを確認している［藤沢 1962］。翌53年に国指定史跡となり，1997年以降，堺市教育委員会が継続的に発掘調査しており，遺構については以下の成果を得た［堺市教育委員会 1996］。①瓦積み基壇が存在する。②各段の立ち上がり位置には基底部から粘土ブロックを積み上げて壁状とし，ブロック間に土を積む。③壁の立ち上がり部には丸瓦ないし平瓦の凸面を外に向けて立てている。④各段の上面には平瓦・丸瓦を葺いている。⑤頂上部はひどく破壊されているが，凝灰岩を用いた施設があった。⑥土塔の周囲には，盛土工事前に土塔の範囲を明示するために掘った溝がめぐる。

上記③④の知見によって従来の復原案，すなわち，段がなく横線の区画があるのみで隅棟だけに丸瓦を葺き他の部分は平瓦を並べたとする説［井上 1959］，各段の立ち上がり部分に瓦積み基壇状に瓦を積んだとする説［岡本 1990］は成り立たなくなった。塔身が扁平で各段の立ち上がりが低いので全体的印象は頭塔と異なるであろうが，各段の上面に若干の傾斜をつけ瓦を葺く点は頭塔に近い。②の粘土ブロック積み上げ技法は，行基が築造した狭山池の堤でも用いており［狭山市教委 1999］，古墳時代以来の土嚢積み上げ技術［大阪府文化財調査研究センター 1998］の系譜を引く可能性があり，行基が動員した土木技術者（土師氏など）の技術系譜をうかがわせる重要な要素である。

土塔とその周辺からは，奈良時代の人名を箆書きした瓦が多量に出土することで大正年間以来著名であった。人名には和泉・河内・摂津の氏族や僧尼，一般民衆の名が見え，行基の土塔建立に際して，各階層の人が瓦を寄進したことを示す。瓦を寄進した知識集団は瓦製作工人と別集団らしい［近藤 1999］。文字瓦のカバネの表記は土塔の造営期間（厳密には文字瓦の製作・寄進年代）の手がかりとなり，天平宝字 3（759）年の改姓令以前とする説［東野 1980］と，以前から以後に及ぶとする説［森 1957；吉田 1987］に分かれ，下限を宝亀元（770）年以後とする説もある［井上 1959］。とくに開始期については，生存中か死後か決め手がない［井上 1959］，行基の晩年かまたは死後［吉田 1987］などの説が有力だった。しかし，斜面に葺かれた丸瓦・平瓦の製作技法は奈良時代前葉を下るものではなく，「神亀四年□卯年二月□□□」の銘がある軒丸瓦の出土から，土塔の完成は神亀 4 年からさほど下らないと考えてよくなった［近藤 1999］。

b　岡山県赤磐郡熊山町・熊山遺跡

吉井川の東側にある熊山山頂（標高 508m）の南の峯上に位置する石積遺構である。方形で基壇上に 3 段に築く。東大寺や唐招提寺の戒壇に形が似るためか「熊山戒壇」という俗称があるが戒壇ではない。1937 年に盗掘され頂部の竪穴に納めてあった遺物が四散した。第二次世界大戦後に陶製筒形容器と三彩釉小壺の存在を知った梅原末治が遺構・遺物を紹介し特殊な塔と論じた［梅原 1950］。その後，近江昌司が石積遺構の性格と年代，陶製筒形容器の用途を詳細に検討した［近江 1973］。1973～74 年には調査と修復が行われた［熊山町教委 1974, 1975］。

基壇・塔身ともに石のみで築き，外に現れる石積や仏龕は偏平な割石を小口積みし，内部には小振りの石を詰め込んでいる。基壇および各段の上面が水平で，各段の出が深い点で頭塔とは異なる。基壇は方 11.7～11.9m，塔身の一辺は下から順に，7.7〜8.0，5.0〜5.4，3.7〜3.8m，高さは順に0.8〜1.0，1.2〜1.3，1.1〜1.2mである。2段目の中央に高さ65〜90，幅62〜73，奥行90〜136cmの仏龕を設ける。頂部の竪穴は下部方形，上部隅丸方形で径75〜85cm，深さ2mである。創建年代は筒形容器（8世紀後葉），三彩釉小壺（8世紀中葉）の年代観から「8世紀後半には完工した」との説がある［近江1973］。

B　南方系説

南方系説は，頭塔やAで紹介した諸塔の外見がインド・ミャンマーやインドネシアの仏塔に似ているという判断に基づいている。石田茂作・森蘊・斎藤忠らが古くから唱えてきた。

石田茂作は頭塔の「おし潰したような塔形」がインドの塔・ミャンマーの泥塔に類似し［石田1958］，仏塔の発展方向のうち，垂直に伸びる傾向が中国に，雛壇式に横に広がる傾向が南伝し，後者が婆羅門僧正（菩提僊那）・仏哲の来日に伴って伝来したとみる［石田1972］。

森蘊はインドで12世紀頃に成立した『ヴィシュヌ寺院曼荼羅図』の諸尊配置を8世紀頃からの伝統と仮定したうえで，それと頭塔石仏の配置との類似に注目し，W1d石仏の表現法（釈迦を表現しない）ともあわせて「インド的要素」の充満を考え，実忠がインド人であった可能性まで考えた［森1971］。

斎藤忠は，方錐状の段築式で低平な塔が中国・朝鮮にないのに対し，東南アジアにはあると指摘した。具体的には，①ジャワのボロブドール。中核が土盛りで，各段に歩道があり，龕を設けて石仏を配すなど頭塔に類似点があり，建造年代も近い。②カンボジアで10世紀頃発達するヒンドゥー寺院のピラミッド形基壇の構築技術は8世紀まで遡ってよい。③古代ミャンマーの方錐状階段式泥塔。これらの存在を根拠に，頭塔・土塔・熊山仏塔を南海を通じた東南アジア系と認め，僧侶による情報の流入を考えた［斎藤1972］。

吉田靖雄は斎藤の説を受け，土塔を造営した行基ないし弟子の中に南海仏教と接触した者があったと想定し，行基と菩提僊那との親交，行基の菩提に対する，さらには菩提が体現するインド仏教への深い関心の存在を考えた［吉田 1987］。

C　朝鮮半島の類例

朝鮮にも方形段台状の塔が4例ある[1)]。

a　慶尚北道・安東郡・北後面・石塔洞［秦 1971］

安東市の北西17kmの山奥，名山として知られる鶴駕山の北斜面にあたり，狭隘な盆地の西端にある。すぐ西に深い谷，北側に石塔寺という小寺院がある。周囲の眺望はきかない。片岩系の割り石を積んで方形の塔身を造る。石積は5重で1～3重はほぼ正方形だが，4・5重は東西が長い長方形を呈す。平面規模は第1段から順に13.2×13，10.8×10.9，7.7×8.2，5.9×5.5，2.6×2.1m，高さは順に130，120，100，80，100cmである。仏龕はない。頂上には石を盛り上げて板石を立ててあるが後世の仕事であろう。石積は大きめの割り石を前面を揃えて石垣状に積み上げ，裏込として小振りの石を雑な方法で詰め込んでいる。

b　慶尚北道・義城郡・安西面・石塔洞［秦 1971］

義城市の西北清5.5kmの山奥で，南北に伸びる小さい谷の西斜面にあり，やはり周囲の眺望はきかない。割り石を積んで南北に長い長方形の塔身を造る。東に下がる斜面にあるため，東が7段，南・北が6段，西が5段である。段が1周するのは3段目以上で，3段目から順に11.6×11.1，9.5×8.4，6.7×5.4，5.1×3.5，3.6×1.7mの平面規模で，高さは順に90，85，75，50，40cmである。東面の下2段を傾斜を正すための基壇とみる説もあり，東面の2段を加えた高さは5.1mである。4重目の中央に仏龕を設け，現状では東と南に石仏座像が安置してあるが，かつては西にもあった。龕の天井は板石で覆っている。頂上は窪んで崩れ本来の状況は不明である。割り石を用いた築造方法は安東塔と同じだが，積み方は雑で，外に見える石積と裏込の差は安東塔ほど明瞭ではない。

c　慶尚南道・山清郡・今西面・伝仇衡王陵［秦 1971］

山清市の西北6.3kmの山間にある。地元では新羅の将軍・金庾信の曾祖父で金官国最後の王・仇衡王の陵と呼んでいるが，①②との類似から石塔と考える研究者が多い。山の急斜面を利用し，東向きに自然石を 7 段に積み上げる。各層ともおよそ方形ではあるが，隅はやや曲線をなし，頂上部は楕円形である。前面中央で総高 11.15m，第 1 段の長さ 20.6m，第 4 段中央には 42×47×65cm の龕室がある。

d　慶尚北道・慶州市・陵旨塔［斎藤 1938；申 1975］

陵旨塔は雁鴨池の東南 1.5km，狼山の西麓にあり，善徳女王陵や四天王寺の北方に位置する。崩壊して古墳状（23×21m，高 4.5m）になっていたのを，1937 年に斎藤忠が調査し，頂上から 1.5m 下で，切石を 3 段以上積んだ一辺 5.8m の方形壇を検出した。蓮弁を浮き彫りした板石，十二支像を浮き彫りした板石のほか花崗岩切石多数を発見し，寺院跡ないし火葬所跡の可能性を示唆した。1969～75 年に黄寿永らが発掘調査を行い，文武王（在位 661～681 年）の火葬の場所に建てた石造基壇をもつ木造建築が，火災で全焼した跡地にあらためて造営した塔と推定した。調査者は善山桃李寺・華厳塔のような五重あるいは三重の塔と考えているようである。その後整備され，二重で下段（方 23.3m）の四周に十二支石像を配し，各段の上縁に蓮弁を浮き彫りした石材をめぐらす形に復原されているが，復原の根拠が明かではない。十二支像には法量上 2 種あり，高さが低いのは表現が立体的，高いのは平面的であり，二次的に集めた可能性があるようだ。

D　中国系の考え方

中国系とみる場合，二つの考え方がありえよう。

①頭塔の復原の仕方によっては，いわゆる台榭建築的な構造となる。台榭建築とは版築で建物の芯となる高い台・段台を造り，その周囲に木造の部屋や廊下を設けて屋根を差し掛ける建築［関野 1956；田中 1980］であるが[2)]，その系譜とみる説である。ただし，中国で台榭建築がいつまで造られたのか，唐代にもありえるのかが問題である。台榭建築は戦国時代から前漢代に盛行したが，すでに前漢の武帝が台榭建築としての神明台とともに木造楼閣の井幹楼を造ったことが画期となって，後漢以後に木造楼閣が流行し［田中

1999]，台榭建築は衰退に向かったようである。北魏洛陽城の永寧寺木塔（516～534 年に存在）は，日干煉瓦で造った塔芯の周囲に殿堂式回廊をめぐらすものであるが，塔芯の中には角材を縦横に組んでおり，塔芯が段台状の形態ではなく，塔芯に直接屋根を差し掛ける構造でもないから［中国社会科学院 1996］，台榭建築ではない。そして東魏の孝静帝が天平元（534）年に鄴への遷都にあたって洛陽の凌雲台などを解体し，北周の武帝が建徳 6（577）年に北斉を滅ぼして鄴の銅雀台・金虎台・冰井台を破壊したのが最後となって，隋唐代には衰滅したようだ［関野 1956］。こうしてみると唐代には台榭建築は存在せず，8 世紀に日本に伝わる可能性もない。

②塼塔に発想源を求める説。B ③で述べたように，南方系仏塔の方形段台はストゥーパを載せる基台・基壇にあたるが，頭塔の 7 段の石積には屋根があり基壇は別にあるから，中国系楼閣形層塔の塔身にあたり，両者は似て非なるものである。基壇でなく塔身の形状同士で比較する必要がある。また上原真人は，大野寺土塔・頭塔が瓦葺であるから南方系ではありえず，中国の塼塔の影響を受け，それを低平に表現したものにあたるとみなした[3)]。現存する唐代の塼塔は瓦を葺いていないようだが，統一新羅期の安東新世洞七層塔と安東東部洞五層塔は瓦葺で，唐代の塼塔にも瓦葺があったことは十分推定できる。

E　中国塼塔が発想源か

B～D で述べた，南方系・朝鮮系・中国系の可能性について検討しよう。

結論的には，南方系説のは無理な点が目立ち，成立は困難と考える。

①菩提僊那はインド人であるから，インドの仏塔の知識をもたらした可能性はある。しかし，インドの仏塔の基本形は半球状の覆鉢を主体とした覆鉢塔であって，インド内でも時代が下るにつれて，またガンダーラや新疆へ伝播するにつれて，覆鉢を載せる円筒形の台基やその下の方形の基壇が高くなったのは事実だが［関野 1922；足立 1928，1929；水野 1936；Franz 1980］，基壇が段台状にはならない。そもそも菩提が入唐したのは陸路・西回りと推定され［堀池 1995］，海路・東南アジア経由ではない。東南アジアにかりに段

台状基壇の塔があったとしても，菩提がその知識を有した可能性は小さい[4)]。菩提が経由したガンダーラや新疆に視野を広げても段台状基壇は少ない。

②かりに菩提僊那や林邑僧仏哲が知識源としても，彼らの来日は天平8年（736）であるから，土塔の造営がそれ以前に遡るのなら，頭塔はともかく土塔と彼らは無関係となる。この場合，土塔の年代を神亀4（727）年前後に限定できるのかが問題である。

③そもそもボロブドールの方形段台はストゥーパを載せる基台・基壇にあたるが，頭塔の7段の階段状部分は屋根があり基壇は別にあるから，中国系楼閣形層塔の塔身にあたり，両者を区別する必要があるだろう（D参照）。また土塔・頭塔は瓦葺だが，南方系の仏塔であれば瓦を葺かないのではないかという指摘がある[5)]。

④ボロブドールの造顕は，775～815年［Lohuizen-de Leeuw 1980］，790～860年［千原 1983］などと考えられており，大野寺・土塔はおろか頭塔よりも下りそうである。それでもボロブドール以外に7・8世紀の類似した仏塔があればよいのだが，ボロブドールの印象が強烈で類例が多いように思うとそれは錯覚であって，東南アジアで8世紀以前に，方形段台をもつ仏塔が盛行していた証拠はない。インドネシアの研究者は巨石文化の石積テラス遺構がボロブドールの原型と考えており［千原 1983；坂井 1998］，もしそうなら方形段台をもつ仏塔がもっとあってもよさそうだが，今のところ，ボロブドールの形態はインドネシアの仏塔では孤立した存在である。カンボジアやミャンマーに視野を広げると，両地域ともに方形段台が盛行したのは確かだが，年代ははるかに下り問題にならない[6)]。

続いて朝鮮系の可能性はどうであろうか。陵旨塔は復原された姿が妥当かどうか問題があるようなので除外するが，安東・義城・山清の塔は，割石積みで各壇の上面が水平である点で熊山石塔によく似ているから，後者が朝鮮系の可能性も考慮しなければならない。しかし日本の例との系譜関係を考える際の問題点は年代である。義城の塔は石仏の年代観から新羅末～高麗初（10世紀前半）とされており日本の例より下る［秦 1971］。ただしこれは，石仏が塔創建時のものという前提が必要であって，発掘調査されておらず塔の創建年代の手がかりがない現状では，系譜関係を速断することはできない。かりに新羅からの情報の流入を想定する場合，7 世紀後葉～8 世紀初頭に，新羅と唐との対立抗争が始まり，新羅が対日友好政策を打ち出した結果，新羅との交渉が密になり特に仏教界でそうであったが［関 1955；田村 1972；洪 1975；田村 1980；鈴木 1988］，それを下るにつれ日本と新羅との関係が険悪となったことが重要である。熊山石塔が 8 世紀後半以降に下るなら新羅との関係は考えにくいであろう。

日本の例との系譜関係は別にしても，新羅において方形段台状の石塔が出現した理由も重要な問題である。安東塔・義城塔は安東ないしその近傍にある。新羅では石塔が主流であり塼塔は少ないが，安東は塼塔が集中する地域である。後述するように頭塔や土塔が塼塔の模倣として出現したのであれば，新羅の方形段台状石塔も一般の層塔状石塔ではなく塼塔との関係で出現した可能性があるだろう。

以上で検討したように，南方系・朝鮮系・中国台榭建築系のいずれも難点があり，結局，中国の塼塔を発想源とみるのが最も妥当であろう。ただし，平城宮第一次大極殿院の塼積擁壁をあげるまでもなく，日本でも塼は多用しており，塼塔そのものを造りえたにもかかわらず，大野寺土塔では土のみ，頭塔では土・石で築いており，決して塼塔ではないのがこの説の難点である。しかし，素材は異なるものの，軸組でなく素材の単純な積み上げで造る工法，瓦を葺くものの軒の出がほとんどない形状，木造塔の場合よりも明瞭に現れる各層のセットバック，などから発想源として塼塔を考えるのは無理ではあるまい。

なお，大野寺土塔や頭塔の段台状部分が基壇ではなく，あくまで塔身であるという主張には反論があるだろう。日本の塔も含む中国系楼閣形多層塔の塔身は，その上にストゥーパに由来する半球形の覆鉢を載せるから，塔身自体がそもそも基台・基壇にあたるとみる考え方だ[7]。

しかし楼閣形多層塔の塔身が多重基壇に由来するとしても，すでに北魏において，日本で普通にみられるような軒の出が深い屋根をもつ木造多層塔が確立しており（雲崗石窟第 1・2・39 窟の中央塔，第 2・5・6・11・14・39

窟の浮き彫りに例がある），塔身とは別に露台としての基壇をもつから，以後の楼閣形多層塔の塔身はもはや基台とは呼べない。塼造多重塔の場合は軒の出が浅く，軒の形状も木造塔とは異なるから，それをガンダーラや新疆の仏塔の多重基壇を水平に区分する繰形や持送りの後身とみれば［足立 1928, 1929］，木造塔より基台的特徴を多分に残すとはいえる。しかし，北魏あるいはそれを大きくは下らない河南省嵩嶽寺塼塔［関野 1922］には多重基台の雰囲気が残るとはいえ，唐代に至れば塼塔でも木造塔の塔身と同様にもはや基台とはいい難い。頭塔の石積も，低平ではあるが仏龕上には屋根を載せており，確たる基壇が別にあるから，7 段の部分はあくまで塔身であって基壇ではない。

大野寺土塔や頭塔の造営者が，木造塔にせずあえて方錘階段状の「土塔」とした直接的事情は不明ながら，そうした形態を知りえた前提について考える。かりに塼塔を発想源とした場合，塼塔に関する情報は，いつから何を契機に流入したのであろうか。7 世紀後葉の遣唐使中断期＝新羅との友好期に新羅の塼塔の様相が伝わった可能性もないではない。しかし，唐からの影響の方がより大きかったと考える。大宝 2（702）年に出発し慶雲元・4（704・707）年に帰国した遣唐使は，33 ぶりに再開した遣唐使であって，その帰国直後から矢継ぎ早に平城遷都の準備が始められた事実から，彼らがもたらした唐に関する生情報が，支配者層に強烈なインパクトを与えたことがつとに指摘されている。以後，数次の遣唐使が政治的方面に限らず文物についても多くの新情報をもたらしたが［東野 1979, 1987, 1988；中井 1987］，入唐留学僧や渡来僧が，日本で 6 世紀末以来慣れ親しんだ木造軸組の楼閣形多層塔とは異なり，唐土で盛行していた塼塔に関する知見をもたらした可能性は高い。もっとも日本で塼塔そのものや塼塔風の塔の造営が定着はしなかったことは確かだが，行基が大野寺土塔の造営に際して，あるいは造東大寺司に指示を出しうる立場の人間が下層頭塔の造営に際して，より強く大陸色を打ち出せる造形として意識したのではないか。行基の場合，そこに盛り込むべき仏教的理念にかかわり，中国を突き抜けて天竺を意識していた可能性すらある。頭塔も同様かもしれないが，天平宝字 4 年頃という創建年代を勘案すると，平城宮第一次大極殿院の解体後，宝字の大改作で新造した宮殿が唐長安城大明宮麟徳殿の模倣であったように［奈文研 1982］，天平勝宝・宝字年間の仲麻呂政権が，8世紀における天皇制の中国文明受容，唐風化の画期であった［大津 1999］ことと符合するのではなかろうか。

Ⅳ　頭塔造立の構想と事情

頭塔の造立構想を考察するには，仏教の経典や教理，当時の仏教界の動向についての深い理解が必須であり，門外漢に至難であることはいうまでもない。しかし手を拱いてばかりもいられず，今後の考察の足掛かりを得るべく，ごく初歩的な学習だけでもしておきたい。下層頭塔はともかく，上層頭塔が東大寺と密接な関係の元に造顕されたことは諸先学が明らかにしてきたから，まず当時の東大寺の教理的傾向を知るために東大寺大仏の造顕思想を一瞥し（A），それとの連関の元で上層頭塔の教理的構想（B）と造顕の事情（C）について考察し，最後に下層頭塔の造顕事情について臆説を述べる（D）。

A　東大寺大仏の造顕思想

すでに東大寺大仏が完成していたにもかかわらず，なぜあらためて何らかの教学を表現する建造物として頭塔を造る必要があったのか。大仏の造顕思想と頭塔のそれとの異同に注目せざるをえない。

まず大仏の造顕思想をみよう。大別して①華厳経説，②梵網経説，③華厳経・梵網経併用説がある。このように論が割れる原因は，天平勝宝8（756）歳から天平宝字元（757）年にかけて刻入された大仏銅座・蓮弁線刻画の図相が，華厳経所説の蓮華蔵世界ではなく梵網経所説の蓮華台蔵世界に主として基づくとみられる［小野 1915, 1916］ことによる。もっとも，当時の梵網経解釈上支配的だった玄暁の疏は華厳・梵網両経の説く世界を区別していないから，蓮弁線刻画には華厳経所説のものも含まれるとする説［狭川 1954, 1968］があり，また近年，大智度論の説も用いていることが判明したが［松本 1986］[8)]，蓮弁線刻画の典拠が梵網経主体という点は動かないようだ。問題は，それが蓮弁に先駆けて完成していた大仏本体の造顕思想と同じか否かである。①華厳経説，②梵網経説，③華厳経・梵網経併用説の順で，どう考えているかまとめよう。

①華厳経説。華厳経が説く重々無尽の十蓮華蔵世界の図示は不可能なので銅座には梵網経の述べる一相の世界を表し，華厳経の説く重々無尽の関係は石造蓮座・銅座・蓮弁毛彫の蓮座の三重で表現した［北河原 1928］[9)]。銅座に梵網経の図相が刻入されたのは開眼会の後であり，大仏造立当初の精神の忠実な継承ではなく，当初はあくまで華厳経に基づいたとみる［家永 1937, 1948；田村 1999］。

②梵網経説。蓮弁線刻画の図相から，ただちに大仏が梵網の教主と説く［小野 1915］。

③華厳経・梵網経併用説。大仏造顕事業に深く関与した仏家たる道璿の教学は，梵網経と華厳経が同一思想に立つと考える天台的教理によっているから，大仏の仏身についても，二経同仏［境野 1931］ないし単一教主では割り切れない［井上 1966］。そもそも奈良時代人は華厳と梵網の盧舎那を判然と区別しておらず大仏は双方と関係するが，天台の教理を持ち出すのは苦しい［大屋 1937］。

天平8年以降すでに道璿の教学があるのは確かとして，梵網経の重視がいつからかについては諸説ある。家永三郎は天平勝宝6（754）年の鑑真の渡来による「律の勢力進出」を契機に突如梵網経が重視され始め，華厳一乗で一貫していた聖武太上天皇の死（天平勝宝8歳）がそれを促進したとみていた［家永 1937］。石田瑞麿は天平勝宝3（751）年の道璿の律師就任の前後から，毎正月の梵網経講説・読誦が始まるなど，重要な国家行事の中に梵網経が登場し重視され始めたとみる［石田 1963］。ただしそれは僧尼令と甚だしく齟齬する内容の戒本としての側面からではなく，元正上皇（～天平20年），太皇太后藤原宮子（～天平勝宝6年）・聖武上皇（～天平勝宝8歳）などの死を契機に親霊追善功徳の経として見直されたからで（［田村 1999］も同説），梵網経と華厳経の近親関係による教主の結合もそれを背景とすると説く。孝謙天皇による「有菩薩戒。本梵網経」の勅は天平勝宝8歳に出されるが，その背後に鑑真らの啓発努力があったとみる説もある［堀池 1963］。家永も，梵網経との連関は考えていないが，蓮華蔵世界を往生の対象たる浄土とする観念があり，蓮弁線刻図が聖武上皇追福の浄土変として造顕されたとみている［家永 1937, 1948］。大仏開眼会の前後から梵網経の，とくに第一・二十・三十九軽戒にみえる功徳［根本 1985］を期待した重視が顕著になったことは確かなようだ。

道璿の教学，玄暁の疏，鑑真の天台学によって，華厳・梵網二経同仏説が広まっていたところへ，皇室で梵網経が親霊追善功徳の経として見直され，現実の問題として華厳経の説く蓮華蔵世界を絵画表現することが困難という事情もあったので，それを簡略化した梵網経の蓮華台蔵世界を蓮弁に刻すことになったのであろう。要するに大仏本体の造顕時には華厳経に拠ったが，蓮弁線刻図は主として梵網経に基づいており，天平末から天平勝宝年間の間に華厳経と梵網経を厳密に区別しない教説的環境が成立していたとみられる。

B　上層頭塔の造顕構想

『報告』Ｖ２において松浦正昭は，上層頭塔の造像構想が華厳経を主体としつつも法華経を含むと指摘した。なぜ法華経の要素が入っているのだろうか。東大寺の華厳教学と法華経とのかかわりが問題となろう。上層頭塔を造顕したのは実忠と認めてよい。ただし実忠は類稀な実務家ではあるが［筒井・杉山 1963；清水 1967；森 1971；佐久間 1975；松原 1975］，教学研究上の業績があったようにはみえないから[10)]，多数の石仏を配する全体構想の立案にあたっては，教学上の指導者がいたはずである。

法華経信仰は日本への仏教伝来の初期から盛んで，聖徳太子は法華義疏を著した。7 世紀末に造られた長谷寺の銅板法華説相図は見宝塔品に基づく優作として著名である。奈良時代においても，存在した註疏の数からみて法華経研究はきわめて盛んだった［石田 1930］。しかし，そうした一般的隆盛から頭塔の造像構想に法華経が入ったわけではあるまい。

ここで注目すべきは，実忠にとって師であったほかならぬ良弁が，天平 18（746）年からかどうかは疑わしいものの，承和 13（846）年まで連綿と続いた法華会を創始し東大寺での法華経研究を開始したと伝えられることであり，天平18年には良弁，天平勝宝3（751）年には東大寺三綱が法華経を書写している［堀池 1955］。法華経の表現を実忠に直接指示したのは良弁かもしれない。かりにそうだとしても，良弁は教理よりも実務や悔過等の方面を本領とする人であったようだから［石井 1994；平岡 1994］，法華経の重視にあたっては良弁を動かした原因があったのではないか。

良弁はもともと法相宗の僧であったが，聖武天皇による盧舎那仏造立の発意が明らかとなり，華厳経の教理的研究の必要性が皇后宮周辺から誘発されたのを受けて［堀池 1973］，かつて新羅に留学し「海東華厳の祖」義湘の門流から華厳宗を正統に相承した大安寺の審詳に，仏陀跋陀羅訳六十華厳を金鐘寺[11)]で講ぜしめた（天平12年10月創始）。その一方で，新羅との関係が険悪化していた国際情勢を背景に，審詳の新羅色から距離をとるべく［田村 1999］，実叉難陀訳八十華厳も講説に取り入れるなど，目配りの行き届いた活動を心掛けた。法華経研究も「名僧を屈請して」開始したのであろうし［石井 1994］，目的も『東大寺桜会縁起』には皇室のためとしか記していないが［堀池 1955］，皇室の意に沿ったものであっただろう。

華厳教学においても唐の法蔵［鎌田 1993］，新羅の元暁を始めとして法華経を重視し研究を行ってきた。金鐘寺で華厳を講じた審詳，あるいは標瓊［石田 1930］も法華経の研究を始めていたが，彼らは天台の教義を導入してはいない［石井 1994］。法華経の信仰・研究の地盤が以前からあったにせよ，ことさらに法華経を表に出すとなるといかなる教理が入っているのであろうか。さきに，東大寺大仏本体の造顕は華厳経に拠ったが，蓮弁線刻図は主として梵網経に基づいており，天平末から天平勝宝年間の間に華厳経と梵網経を厳密に区別しない教説的環境が成立していたことに注意を促しておいた。ここで重要なのは，天台的教理では梵網経と華厳経が同一思想に立つと考えていることであり，華厳教主としての東大寺大仏の銅座に梵網経所説の図が刻入された背景には天台的教理の尊重があったとみられる［井上 1966］。

では，そうした事態に至った背景にはいかなる契機があったのだろうか。

天平8（736）年に伝戒師招請に応じて唐より来朝し，大仏開眼会の咒願師を務めた道璿の教学が深い関係をもつとする説［井上 1966］はどうか。彼は華厳の日本への初伝章疏の人といわれたが，むしろ梵網経の戒律思想に造詣が深く，梵網経の註をするのに天台の教理に多く拠ったという［常盤 1928；島地 1929；井上 1966］。これは梵網戒の研究が天台学・華厳学に付随して行われた唐の実状［石田 1930］の反映ともいえよう。もっとも当時の日本での梵網律研究は，新羅の元暁の註疏などを主としており，法蔵や天台の思想系でなく新羅くさいものだったとする説［石田 1930］があるのに加え，道璿の来朝後も天平勝宝 3（751）年の律師就任までは戒師としての能力を発揮する状況が整わず孤高の状態にあったようだから［石田 1963］，道璿の天台に対する知識がどの程度影響を与えたのかは検討の余地がある[12)]。

やはり本格的な天台教学の導入となると鑑真に注目せざるをえない。鑑真はすでに揚州の仏教界において四分律学の大家であり天台学の学匠でもあった［石田 1963；塚本 1964］。彼の戒律は四分律と梵網菩薩戒との併習に基盤をすえたものであった［石田 1963］。鑑真が梵網経に造詣があったことは，鑑真が開いた律宗の根本道場としての唐招提寺金堂本尊として，彼の死後ではあろうが，梵網教主盧舎那仏が安置されたことでも明らかで[13)]，彼の梵網経への深い造詣は天台学の研究からきているという。来朝に際してもたらした書物は天台法華三大部（法花玄義・文句・天台止観法門）の初伝である［山口 1963］。鑑真が伝戒者として東大寺に戒壇を創立するにあたって華厳宗と接触をもつことになり，それを契機に律と華厳との結合が天台と華厳との結合に発展した可能性がある［石田 1930］という。天平勝宝 7（755）年に完成した東大寺戒壇院の壇上には，『法華経』見宝塔品に基づいて，内部に釈迦如来と多宝如来を並座で安置する法華多宝塔が安置された［石田 1963］[14)]。

こうしてみると，聖武上皇の死の直後，華厳教主としての東大寺大仏の銅座に梵網経所説の図が刻入されたこと，法華の信仰を明示する多宝塔がほかならぬ東大寺に出現したことの背景に天台的教理があって，それが鑑真の教学と深い関係をもっている蓋然性が強い。聖武上皇さらには光明皇太后の死後，鑑真は藤原仲麻呂の庇護の元にあり［堀池 1965］，唐招提寺へ移るにあたって一部の反発を買いもした（『延暦僧録』思託伝）。しかし鑑真の死（天平宝字7年）あるいは仲麻呂の乱後も，天平宝字8（764）年孝謙上皇発願の西大寺造営に鑑真の高弟思託・普照らが関係しているから［堀池 1963, 1967］，鑑真系の人脈が疎んじられはしなかったようであり，法華経の尊重，天台教学も仏教界に浸透を続けたと思われる。鑑真の高弟で師の死後も東大寺と僧綱にとどまった法進の教学［島地 1924；石田 1979］が，最澄によって道璿とともに日本天台宗の立宗の礎とみなされた［根本 1985］のも重要だろう。こうしてみると，上層頭塔における法華経の重視も，東大寺戒壇院における法華多宝塔の出現と同じ教学的背景によると考えられる。良弁や実忠は教界の趨勢に従ったのであろう。上層頭塔の造顕そのものの事情は次項で考えよう。

C　上層頭塔の造顕事情

天平宝字4（760）年6月の光明皇太后の死後，天平宝字6年4月に保良宮滞在中の孝謙上皇の病床に侍って宿曜秘法を修し上皇の寵を得た道鏡の進出によって，政界では藤原仲麻呂・淳仁天皇の権力が凋落し，仏教界においては形而上学的・哲学的な法相・華厳教学よりも加持祈祷・悔過による呪術的密教的仏教が前面に登場した［堀池 1957］。

東大寺では，天平宝字元（757）年の橘奈良麻呂乱を契機に藤原仲麻呂が造東大寺司の官人を仲麻呂派に入れ替えたり，越前国坂井郡墾田百町の一円化を不許可にしたことなどによって，寺家と仲麻呂の対立が始まっていた［岸 1966］。道鏡の進出後，造東大寺司でも天平宝字8（764）年正月に吉備真備が長官になって反仲麻呂色が鮮明となり，同年9月の仲麻呂の乱に際しては，真備自身の軍略で反乱軍を鎮定した。寺家側では上座の安寛が正倉院に蔵された兵器を内裏に運びさえした［佐久間 1958］。かつては仲麻呂と親しかったらしい良弁［岸 1966］も反仲麻呂派になっているとする説［佐久間 1975］もある。かの実忠は，乱に際し軍馬秣を献上したり，乱後は道鏡が造顕を発案した可能性が高い［堀池 1957］百万塔を収める小塔院のモデルケースを作製したり，西大寺御斎会の廻幢を立てるなど，称徳天皇・道鏡寄りの活動を行った。実忠による上層頭塔の造営を，仲麻呂の反乱に起因した百万塔・小塔院の造顕と機を一にするもの，具体的には皇室の安泰，皇緒なき女帝の延命長寿，国家の守護を願うのが目的［堀池 1957, 1967］とみる学説がある［堀池 1957, 1964］。造営の時期からみると，この説がいまだに最有力と考えざるをえない。

ただし以下の問題が残る。①なぜBで示したような教学的内容（華厳経を主体としつつも法華経あるいは天台教学の影響がある）をあらためて表現する必要があったのか，②なぜ建造物が立体曼荼羅のごとき塔でなければならなかったのか，③なぜ下層頭塔の改修にとどめず新造に近く改作する必要があったのか，④なぜ造営地点を変えずに下層頭塔の場所を踏襲したのか。

①について。次項で述べるように，下層頭塔はもともと新薬師寺の西方に新薬師寺の造営組織が造ったものとみられ，それが表現する教義も上層とは異なっていた可能性がある。それを東大寺で主流となった最新の教義で塗り替えたのではないか。

③の理由を知るには実忠の他の事績の質をみなければならない。実忠は『東大寺要録』所収の「東大寺権別当実忠廿九箇條事」によれば，(a）神護景雲年間（767〜769年）には百万塔を収める小塔殿造営に際し，大工らの造様がはなはだ醜かったので改め，(b）天平宝字7（763）年から宝亀2（771）年までの「造大仏光所」の造営で国中連公麻呂の指導辞退を受けて光背を完成させ，(c）その光背が大きくて大仏殿の天井につかえる事態に際しては，光背を切り縮めるという大工等の意見を退け，天井を切り上げて光背を立て，(d）宝亀2（771）年には大仏殿に副柱を立てる工事を辞退した「長上大工等」に代わって造営に成功した，といった事績が知られている。いずれも，仲麻呂の乱以後，西大寺造営などに重点が移り，東大寺造営の機能と熱意を低下させていった造東大寺司の仕事の杜撰な点を，東大寺三綱側として尻拭い・肩代わりしたとみなせる［清水 1967；松原 1975］。

『報告』Ⅵ 5A（3）で古尾谷知浩が述べたように，下層頭塔の造営は造南寺所の仕事と推定できる。この造南寺所は造東大寺司の出先機関であるから下層頭塔造営も造東大寺司が関与した仕事ということになるが，設計上の欠陥があるのに加えて施工が杜撰で，土木工事としての出来が悪いことは『報告』Ⅵ 2B（1）で指摘した。具体的には，基壇上面が水平でなく，第一段石積の各辺が一直線にならず，積み石間に大きな隙間があり，石積が高すぎる，といった欠点であるが，特に最後の点は竣工後ほどなく崩落などの深刻な事態を引き起こしたのではないか。けっきょく実忠による上層頭塔への改造も，上記（a）～（d）と同様に，寺家側による造東大寺司の仕事のやり直しと評価できることとなる。

④については次項で述べる。

D　下層頭塔の造顕事情

『報告』では，下層頭塔の造営を天平宝字4年からと考えている。下層頭塔の構造とくに仏龕の数や位置についての情報がきわめて限られることを承知の上で，あえて下層頭塔造顕の理由について臆説を述べたい。

まず下層頭塔の構造に注目しよう。下層頭塔には大きな仏龕が東面中央にある。北面での有無は不明だが西面中央にはない。小仏龕はともかく大仏龕が東面にしかない可能性がある。この東仏龕にはいかなる像が安置されたのか。『報告』Ⅴ2で松浦正昭が明らかにしたように上層頭塔の東面には法華経の世界が表現され，東面第一段中央の石仏は多宝三尊である。しかし法華経の影響は上層のみと考えられ，以下に述べる下層頭塔と新薬師寺との関係を勘案すると，下層東仏龕には東方瑠璃光浄土の薬師如来を安置したとみても[15]，あながち無稽といえないのではないか。

次に下層頭塔の位置に注目すると，東大寺南大門のほぼ朱雀の方角にあたり東大寺の軸線を意識したのは間違いない。しかし広大な東大寺地の中でなく，わざわざ南に外した場所である［吉川 1996］。なぜこのような場所を選定したのだろうか。この場所は新薬師寺金堂推定位置の西北西にあたるが，ここより南は低地であり眺望のよい高台としては頭塔の位置が東大寺地に近い最南端といえる。新薬師寺を意識して目いっぱい南に下げたとみるべきで，本来は新薬師寺の真西に設定したかったのではないか。東大寺と新薬師寺の双方を意識した占地である。

『報告』Ⅵ5A（3）で古尾谷知浩が述べたように下層頭塔の造営は造南寺所の仕事と推定できる。この「南寺」が新薬師寺を指すのか，頭塔を中心とする一郭のみを指すのかが問題だが，注目すべきは造南寺所に所属する官人で造香山薬師寺所と重複する者がいることである。造香山薬師寺所は，天平宝字6~7年の新薬師寺造営に際して，造東大寺司の組織下にある一機構という形で登場する［清水 1967］。造南寺所と造香山薬師寺所はともに造東大寺司の出先機関であり，造南寺所の方が資料に登場する時期が早いから，造南寺所が造香山薬師寺所に移行したか，そもそも同じ組織かであろう（古尾谷による)。そうとすれば下層頭塔は新薬師寺を造ったのと同じ組織が造営したことになる。

以上のことから，東大寺と新薬師寺の双方に深くかかわる人物である光明皇后と下層頭塔とのかかわりが問題となってくる。そもそも聖武天皇による盧舎那仏造顕発願は光明皇后の勧めが裏にあったらしい［岸 1967］。新薬師寺は天平 19（747）年，光明皇后が聖武天皇の病気平癒を祈って創立したとされる。

ここで注目すべきことがある。『報告』では，天平宝字4年3月頃に東大寺南朱雀路にあたる墓を破壊した前後から下層頭塔の造営が始まったとみているが[16)]，『続日本紀』によれば3月13日に皇太后不豫により社に平復を祈らせており，3カ月後の6月7日には死去している。したがって，下層頭塔造営開始の3月の時点で皇太后の病状は相当深刻だったようだ。

下層頭塔の造営開始と光明皇太后の死去がかりに関連するとすれば，下層頭塔が，光明皇太后の病気平癒を薬師如来を本尊として祈願する施設として創立されたとは考えられまいか[17)]。そもそも光明皇后が聖武天皇の病気平癒を祈って創立したのが新薬師寺であるが，彼女の娘たる孝謙太上天皇が母のために発願し，母ゆかりの東大寺・新薬師寺双方との関係で造営地点を決めたのではないか[18)]。施工が杜撰で土木工事としての出来が悪いのは，工事を急いだためともみられる。荒唐無稽ではあるが，あえて提案しておく。

前項で，上層頭塔造顕の目的に言及したが，そうした目的をもつ塔をまったくの新造でなく下層頭塔の改造という形で造った理由は，本項で推測したように下層頭塔が孝謙＝称徳女帝ゆかりの施設だったことに一因があるのではないか。

註

1）筆者は1998年12月16日～17日に安東塔・義城塔・陵旨塔を観察することができた。実見に際しては韓国・国立文化財研究所の鄭桂玉氏，安東民俗博物館の孫祥洛氏，国立慶州文化財研究所の南時鎮氏のお世話になった。山清塔については東亜大学の沈奉謹氏にご教示頂いた。

2）真の台榭建築と，高い基台上に単層の建物を載せただけで台の周囲に木造の居住空間をもたない建築とを区別する必要があるが，文献史料に「○○台」と記載してある場合は判別が難しい。関野雄の「台榭考」でも明瞭に区別してはいない。なお台榭建築については浅川滋男氏の教示を得た。

3）上原氏からの直接の教示による。

4）南伝仏教に関する文物や知識自体は，南海貿易を一手に引き受けていた新羅経由で流入するルートがあっただろう［杉山 1968；鈴木 1988］。良弁が新羅経由で入手した南伝系密部の多目多臂図像をもとに東大寺法華堂の不空羂索観音像を造立したという説もある［杉山 1968］。

5）上原真人氏が筆者に直接指摘した。上原氏は頭塔を中国系とみている。ただし，「南方系の建造物なら瓦を葺かない」という論法に反論は可能だ。第二次世界大戦前のいわゆる帝冠様式（代表例は東京国立博物館本館，九段会館〔旧軍人会館〕，京都市立美術館）が，鉄筋コンクリートのビルの上に見事な本瓦葺の屋根を載せているように［飯島 1996］，ある建築様式のイメージが伝わった場合，部分要素を変換する，あるいは在来の要素を付加するといったことは起こりうる。ボロブドールのように，段台基壇の壁面に設けた仏龕に仏像を置く建造物の情報のみが伝わった際に，仏龕の上になじみ深い瓦葺を葺いてしまったという変換はありえるだろう。また，3代将軍家光の頃に長崎の通事島野兼了がアンコールワットを実測した図面［杉山 1968；斎藤 1975］では，建物や塔は木造瓦葺のように描かれている。自身は石造と知っていても，他人にイメージを伝える絵では，なじみのある仕方で書いてしまったと思える。これも変換の一種であろう。ちなみにアンコールワットの屋根は，切石を繋ぎ合わせて蒲鉾形曲面に造り聖なる大蛇ナーガの胴を模し，表面にナーガの鱗の文様を施している。回廊の屋根を合わせると，巨大なナーガがとぐろを巻いて本殿を守護しているように見えるという［町田編 1968］。ただし土塔や頭塔の系譜に関しては，段台状基壇をもった南方系仏塔の情報が8世紀以前に日本に流入したとは，下記④の根拠によって考え難い。

6）ミャンマーでの仏塔の発展を，建造物の編年研究［千原 1983；田村 1987］を参照しつつ略述する。インドや東南アジアの宗教建造物では増拡（マウルディ）が行われることが多く，現状が創建期の形態と一致する保証がないが，確かめる術もなく，規模はともかく形態に大きな変更はないと仮定して話を進める。結論的にはミャンマーにおける方形段台の出現は11世紀第3四半期に下る。

ピュー族の築いた大規模都市遺跡シュリ・クシェトラ（4～9世紀）には東南アジア最古の仏塔3基が現存する。7～8世紀の造顕で，円形ないし多角形の段台基壇を持ち，ボーボーヂー・パゴダの覆鉢は円筒形で頂部のみが低い円錐形，パヤーマー・パゴダとパヤーヂー・パゴダはラグビーボールを半裁した形。平頭を欠き傘蓋が小さい。この異様に縦長で裾が広がらない覆鉢のストゥーパはピュー型と呼ばれるが，インドのサールナートのダーメク塔（6世紀頃）の系譜ではないかと考えている。

ミャンマー最初の統一王朝たるパガン王朝時代（11～13世紀）に数段階を経てミャンマーの仏塔が完成する。11世紀初頭のブーパヤー・パゴダ，ンガチュエ・ナダウン・パゴダはピュー型で，円形ないし多角形の段台基壇，砲弾形の覆鉢をもつが，シュリ・クシェトラの塔と異なり，傘蓋部が大型化し高い円錐形となり，覆鉢上半と連続的につながる。覆鉢上半以上については，以後この形で定型化する。11世紀第3四半期のローカナンダ・パゴダ，ミンカバー・パゴダではピュー型の趣をまだ残し，8角形段台基壇で覆鉢が縦長だが，覆鉢の下半が裾広がりとなり，定型的な鐘形覆鉢が成立する。ほぼ同時期のシュエサンドー・パゴダでは，2重の8角形段台を5重の方形段台上に載せる基壇が出現するが，基壇に対して覆鉢が小振りでまだ縦長である。やや遅れて1089年頃に完成したシュエジーゴン・パゴダでは，3重の方形段台上に1重の8角形段台と1重の円形段台を載せる基壇であるが，シュエサンドー・パゴダとの差は，覆鉢の径が太くなり大型化したことである。このシュエジーゴン・パゴダの形が，以後のミャンマー仏塔の原型となった。12世紀末のダンマヤジカ・パゴダ，13世紀末のミンガラゼディ・パゴダなどパガンを代表する仏塔も，細部に差はあるがシュエジーゴン・パゴダを踏襲する。ミャンマー最後のコンバウン王朝のミンドン王が，首都マンダレーに1857年に建設したクトードー・パゴダの中心塔はシュエジーゴン・パゴダを直模したのである。

もちろん仏塔の基壇の形は14世紀以後も変化を遂げた。段台状基壇の段数が多くなるとともに上面が斜面となり，平面も8角形のみに変化すると，最終的にはヤンゴンのシュエダゴン・パゴダ，スーレー・パゴダ，あるいはペグーのシュエモードー・パゴダのように，覆鉢の下半と一連の8角錐状となるに至った。

なお筆者は国際学術交流「南アジア仏教遺跡の保存整備に関する基礎的研究」の一環として，1999年1月24日～2月4日に安田龍太郎氏・森本晋氏とともにミャンマーを訪問し，上記のパゴダのほとんどを観察することができた。

カンボジアの真臘期（7～9世紀），アンコール期（802～1431年）の方形基壇の建物は基本的にヒンドゥー教の祠堂であって仏塔ではないが，東南アジアにおける方形段台基壇の例として引かれることが多いので，ふれておく。方形段台の多重基壇上に祠堂を設けるのは「堂山型式」と呼ばれ，宇宙の中心の聖なる山＝マハーメール（須弥山）を象徴する（千原）。

クメール王インドラヴァルマン1世（在位877～889）が，はじめて本格的都城ハリハラーラヤを建設し，その中心に881年に築いたバコンは，明確にマハーメールの象徴であり，大規模な5重基壇をもつ。それに先行する879年創建のプレア・コーの基壇は1重にすぎない。次の王ヤショヴァルマン1世（在位889～910）が築いた新都ヤショダラプラ（第1次アンコール）の中心寺院プノム・バケーン（900年頃）は6重基壇である。しばらくの不安定期を再統一したラージェンドラヴァルマン2世（在位944～968）がアンコールに築いた東メボン（952年）は低平な3重基壇，プレ・ループ（961年）は急な3重基壇である。以後については省略するが，カンボジアにおいて方形段台基壇が本格化するのは9世紀末であろう。

7）楼閣形多層塔の塔身の起源については，いくつかの説がある。①，基壇が高いガンダーラ式仏塔の形が絵画や彫刻によって伝わり，それを模倣した磚塔がまず成立し，しだいに基壇部分が発達して多層塔となり，これが中国在来の楼閣建築と合して木造多層塔となった［関野 1922］。②，ガンダーラや新疆で発達した円柱形ないし角柱形の高い多重基壇の形を木材で模倣するうちに，在来の木組手法，建築的伝統が加わってきて，在来の木造楼閣に近付いた［足立 1928］。③，①②説では各層を単なる基壇にしないで室にする理由が説明できないと批判。インドのストゥーパが南北朝に伝わる以前にガンダーラのヴィマーナ（四角な高層建築の頂上に小ストゥーパを載せた形から出発する塔廟）形が伝わり，それが漢代以来の神仙思想と結びついた高大な木造観台建築と結びついて楼閣形の仏教寺院が形成され，ストゥーパと仏殿を兼備していたが，後に塔とは別に仏殿ができたのでストゥーパの意味のみとなった［村田 1940, 1952, 1954］。④，高昌でみられる有龕角柱形高塔が，在来の木造楼閣と結合して仏龕をもつ楼閣形多層塔（Nischenpagode）が成立した［Franz 1980］。⑤，漢代以来の宗教的・象徴的機能をもつ建築，具体的には明堂，神仙思想に基づき承露盤を載せた台，2基一対の闕，と同類の高塔建築を仏教が取り入れた［Ledderose 1980］。

以上の説はそれぞれに問題がある。①説では中国の仏塔で磚塔が木造塔より先に出現したのかどうか。②説では，ガンダーラ・新疆風の木造塔（各層に屋根をもたない形となろう）が楼閣風より先に実際に出現したのかどうか。④説では，挙げられた高昌の諸例がヴィマーナでなく確かに仏塔だとしても，年代が判然とせず，北魏の楼閣形木造塔に先行する保証がない。⑤説について。楼閣形多層塔が在来の木造楼閣の形を取り入れていることは，日本の研究者が第二次世界大戦前から指摘しており［関野 1922；足立 1928；水野 1936；村田 1940］，なんら目新しい説ではない。Ledderoseの指摘の問題は，明堂・台・闕には台榭建築や高い基壇上の単層建築もありえて，楼閣形多層建築とは限らないこと。単にそうした建築が存在しただけでは，ストゥーパとそれを結合させた必然性が理解できないことで，①～④の諸説はいずれもその点にかかわるものであった。③説の問題点は濱島正士がすでに指摘している。つまり，2重以上にも仏像を安置した理由，ヴィマーナ（マハーボディ寺）の相輪と雲崗石窟の塔の相輪との形態の差，現存最古の北魏嵩嶽寺塔がヴィマーナ系とはみられぬ点である［濱島 1998］。第2点については，現状のマハーボディは19世紀末にミャンマー人が大改修した姿であり，その相輪には中世ヒンドゥー寺院のカジュラーホ型シカラ［神谷 1996］先端部の影響が看取され，古代のヴィマーナの相輪の例とはしがたいこと，ビハール出土円板に表されたヴィマーナ（マハーボディに似る）の頂上には小ストゥーパを表現しており［村田 1940］，こちらをヴィマーナの相輪の例とすべきこと，を指摘しておきたい。

以上のように，楼閣形多層塔の起源については今後も検討を要する。ただし塔身の起源に限れば，①②④は高基壇ストゥーパ説，③がヴィマーナ説であるが，村田もヴィマーナの起源について，「高塔形の台上にストゥーパをおいたのが初期の形」と述べており，塔身のルーツについては結局大差がなくなってしまい，高大な基台・基壇説に落ちつく。

8）『大智度論』は『摩訶般若波羅密経』の注釈書であるが，多数の経典と比喩譚を引用し，仏教の術語と思想の百科全書的な性格ももっていた［加藤 1983］。松本伸之が明らかにしたように大仏の蓮弁線刻画に『大智度論』を典拠とする部分があるとしても［松本 1986］，教学的背景まで『大智度論』としてよいかは疑問である（この点については松浦正昭氏の教示による)。なお，松浦正昭が『報告』V 2で上層頭塔北面第3段東の石仏をジャータカの尸毘王本生譚と推定した。この物語は『大荘厳経論』などにもあるが，『大智度論』第一・四・三十五が詳しく述べているから，上層頭塔石仏の造像にあたっても蓮弁線刻画刻入時と同様に『大智度論』を参照したのかもしれない。

9）『華厳経』が重々無尽の十蓮華蔵世界の相を説くのに対し，『梵網経』が一相の蓮華蔵世界を説くにとどまるが，彫刻によって十蓮華蔵世界を表現するのが困難なため，『梵網経』の意により，一相の蓮華蔵世界を彫刻したという考えは，大屋徳城の説とされている［狭川 1954, 1968；井上 1966；奥村 1977；松本 1986］。しかし大屋は「又，……という説がある。(東大寺にいふ一説）此説の前段は一応の理ありとするも」という引用の中で示しているのであり［大屋 1937］，もとより大屋の説ではない。引用文が長く「此説」がどこからどこまでを指すのかわかりにくい上に，「東大寺にいふ一説」としか書いていないので，他の研究者の誤解を引き起こしたのだろう。私の調べた限りでは，「此説」は北河原公海が「華厳教主としての大仏」で述べた考えと近い［北河原 1928］。

10）実忠がいくつかの法会を執行し，延暦9(790)～17(798)年，大同元（806）～弘仁6（815）年の2度にわたり華厳供大学頭を務めているから，教学面でも優秀な能力をもっており，とくに密部経典に明るかったとする説がある［山岸 1980］。

たしかに華厳供大学頭は華厳宗の最高責任者で，華厳教学の振興にあたる立場である。しかしそもそも良弁にさえ華厳教学的章疏が現存せず，良弁なきあと，彼の直門だった実忠・等定・正進・忠慧・永興・良慧・良興・標瓊・鏡忍・安寛らにも華厳の著作は現存せず，華厳学者として名を馳せた学僧も出ていない［平岡 1994；石井 1994］。華厳宗の教学的衰退は明らかだったようだ。

11）良弁が華厳経講説を始めた場所は，平安初期の『円融要義集』には「金鐘道場」，『東大寺要録』所収の『東大寺華厳別供縁起』には「金鐘山寺」と記す。羂索堂（今日の法華堂）と現存しない千手堂を金鐘寺の建物とみるのが有力な説である。しかし吉川真司は金鐘寺を東大寺丸山西遺跡にあて，羂索堂・千手堂は福寿寺を構成する堂宇で，華厳経講説が始まったのも福寿寺だとした［吉川 2000］。かりに羂索堂が福寿寺に属し，ある時点から華厳講が羂索堂で行われるようになったとしても，福寿寺で華厳講が始まったとまでいえるのか疑問がある。吉川は良弁が羂索堂で華厳経講説を興起したとするが，『円融要義集』・『東大寺華厳別供縁起』ともに羂索堂とは記していない［堀池 1955］。また，『円融要義集』では「一紫衣青裙神僧」，『東大寺華厳別供縁起』では「紫袈裟青裳」の沙弥が良弁に夢告を与えたとするが，堀池春峰は神僧が玄昉を暗示し，玄昉が良弁に華厳経研究を指示したと解した［堀池 1973］。吉川はこれを受けて，玄昉は福寿寺本願光明皇后のブレーンであるから，華厳経講説と光明皇后および福寿寺との深い関係を想定した。ところが，華厳にかかわる事跡がなく，直門から華厳学者をだしていない玄昉が，同じ義淵一門とはいえ，良弁に華厳研究の必要性を説くことはありえないとする説［石井 1994］もあり，説得力がある。また吉川は，良弁が作成に関与した「東大寺山堺四至図」に旧福寿寺の堂宇のみが描かれ，旧金鐘寺堂宇が記されていないことを強調し，福寿寺と良弁との密接な関係を示唆するが，吉川説では金鐘寺（中山寺）は天平勝宝2年の落雷以後荒廃しているわけだから，天平勝宝8歳の四至図に描かなくても当然であり，ただちに良弁と福寿寺との関係を示すものではない。

12）最澄の円戒思想に影響を与え，その思想基盤としての役割を果たした先行思想として，道璿を高く評価する説［常盤 1928, 1943］は，広く常識化してきたらしい。道璿の梵網戒と鑑真の「瑜伽戒」が対立し［常盤 1928］，鑑真の来朝が道璿の律師退任の原因となったとする説［佐久間 1960］もある。これらは，道璿と鑑真の関係を際立たせ両極的対立関係において，鑑真と最澄の関係が希薄なのに対し，道璿が『血脈譜』に名を掲げられていることを重視する見解である。しかしむしろ，道璿と最澄との戒律上・思想上の連繫はさして緊密ではなく，鑑真や法進に学ぶところと大差なかったとみるべきらしい［石田 1963］。

なお，鑑真の戒律は四分律宗の伝統の中ではとらえられない新しい性格をもち，彼の建てた戒壇には法華多宝塔が安置され，菩薩戒の授戒と具足戒の授戒が同一戒壇上でなされ，梵網戒をあわせもっていたが，彼の戒を「瑜伽戒」と呼ぶのは根本的欠陥があるという［石田 1963］。

13）美術史家の論には，唐招提寺金堂本尊の盧舎那仏を華厳教主とするものもあるが［杉山 1967］，天台学の研究から『梵網経』に深い造詣を有した鑑真の思想基盤からみれば，梵網教主とすべきであろう。松浦正昭の教示によると，東大寺大仏と唐招提寺本尊の印相が異なるのはそのためだという。

14）『七大寺巡礼私記』には東大寺戒壇院の壇上に高さ 1 丈 5 尺の六重金銅塔があったと記すが安置仏にはふれていない。問題は当初から釈迦・多宝二仏並座の多宝塔があったかどうかである。鑑真将来の阿育王塔様金銅塔がまず置かれ後に多宝塔に替わったとする説もある［横超 1942］。

多宝塔が正方形平面の下層の上に塔身が円形の上層を載せる形に定型化するのは平安時代に下るようだが，法華経見宝塔品に基づき釈迦・多宝二仏を安置する多宝塔は平安時代前半にはないらしい。清水擴によれば，天台宗における多宝塔の本尊は，①最澄の法華思想に基づく法華経と多宝仏（9 世紀初～10 世紀末），②円仁による天台密教化を受けた胎蔵界五仏（9 世紀後半～）を経て，③第 18 代天台座主良源による法華復興を受けて，ようやく 11 世紀初頭以降に釈迦・多宝二仏並座に落ちついたのであって（初例は藤原道長が寛弘 2（1007）年に造立供養した木幡・浄妙寺多宝塔），釈迦・多宝二仏の造顕と二仏を安置する仏堂の建立自体が，良源の門下・恵心僧都源信が永延 2（988）年に再興した叡山如法堂以降だという［清水 1983］。如法堂では法華経を安置する小多宝塔の左右に釈迦・多宝像を配し，多宝塔と釈迦・多宝二仏並座像の組み合わせの初例であって，しかも見宝塔品でなく如来神力品が典拠だという。清水は東大寺戒壇堂伝来の釈迦・多宝像の扱いに苦慮したようで「実年代は奈良から平安」と幅をもたせた。この像については戒壇院創建期まで上がらず奈良末～平安初とする説［上原 1968］が強いが，頭塔 E5b 石仏の発見によって，奈良時代後半に確実に二仏並座像が存在することが判明した。また石田瑞麿は戒壇上に多宝塔を安置する教義的必然性を検討し，天台教学を受けた鑑真が多宝塔を戒壇上に安置するのは当然とみる［石田 1963］。なお，頭塔 E5b 石仏は宝塔を表現しない二仏並座像であるが，同類はすでに北魏時代に登場しており，出現の背景も考察されている［久野 1988］。

15）下層東面仏龕に薬師浄土を表現した可能性は，古尾谷知浩の発案である。孝謙天皇の代，天平勝宝年間になって薬師信仰が一層鼓吹されたのも［西川 1977］，教学的環境として重要であろう。天平宝字年間は新薬師寺の整備充実期でもある。

16）時間的には菩提僊那の死（2 月 25 日）の直後ではあるが，直接の関係は認め難い。

17）天平宝字 6 年 3 月の「造東大寺司告朔解」の香山薬師寺の項に「遷立壇所辛碓一具」とあり（古 5-130），新薬師寺には「壇所」なるものがあったようだ。同年

4月および翌年正月の「造東大寺司告朔解」には壇所の掃浄および守のことを記し（古5-194·380），何らかの工事または工事に伴う作業が行われていたと予想される［西川 1977］。移動可能な木製壇ではなく常設の施設があったと推定できる。天平宝字4年10月16日の「随求壇所解」（古4-433·437）にも「壇所」の記載があり，これが正倉院文書において修法との関連をうかがわせるものの初見であるが，これは東大寺関係である。

この「壇所」を，大きな円形土壇を内陣に収める現新薬師寺本堂にあてる説［西川 1977］が有力であるが，現本堂の年代は奈良末～平安初とみるのが通説で［岡田 1977］，天平宝字年間まで上げうるのか疑問があろう。下層頭塔そのものを「壇所」と一致させるに足る証拠はないが，下層頭塔が薬師如来を本尊に密教的修法をおこなう「壇所」を含む施設であった可能性を提唱したい。

18）本項で薬師浄土と推定される下層頭塔と孝謙太上天皇を結び付けた点について古尾谷知浩は，光明皇太后の死後の供養としては梵網経と浄土経が用いられたこと，天平勝宝年間に孝謙天皇が皇太后の平安のために造ったのが不空羂索観音図の曼荼羅であったことを指摘し，孝謙と薬師信仰に距離があることを指摘した。しかし梵網経の使用は，Aですでに指摘したように，天平末年以降に梵網経が親霊追善供養の経として重視されていた趨勢によるのであろうし，阿弥陀経の使用は光明最晩年の阿弥陀信仰への傾斜とかかわるのだろう。しかし死後の追善供養と生前の病気平癒祈願とは異なるから，薬師如来を本尊とする施設を造営することもありうるのではなかろうか。

参考文献

足立　康　1928・29「北魏塔婆様式の系統に就いて」『国華』450～452・455・459～462
飯島洋一　1996『王の身体都市』青土社
家永三郎　1937「東大寺大仏の仏身をめぐる諸問題」『史学雑誌』49-2
家永三郎　1948「東大寺大仏銅座華蔵世界図の問題」『東大寺法華堂の研究』大八州出版
石井公成　1994「奈良朝華厳学の研究―寿霊『五教章指事』を中心として―」『奈良仏教の展開』論集奈良仏教1，雄山閣出版
石田端麿　1963『日本仏教における戒律の研究』在家仏教協会
石田端麿　1979「鑑真来朝のもたらしたもの」『大法輪』2月号
石田茂作　1930『写経より見たる奈良朝仏教の研究』東洋書林
石田茂作　1958「頭塔の復原」『歴史考古』2
石田茂作　1972『塔　塔婆・スツーパ』日本の美術77，至文堂
井上　薫　1959『行基』吉川弘文館

井上　薫　1966『奈良朝仏教史の研究』吉川弘文館
梅原末治　1953「備前熊山上の遺跡」『吉備考古』86
上原昭一　1968「釈迦如来座像・多宝如来座像」『奈良六大寺大観10　東大寺2』岩波書店
大阪府文化財調査研究センター　1998『蔵塚古墳』
大津　透　1999『古代の天皇制』岩波書店
近江昌司　1973「備前熊山仏教遺跡考」『天理大学学報』85
大屋徳城　1937『寧楽仏教史論』東方文献刊行会
岡田英男　1977「本堂」『大和古寺大観4　法隆寺4』岩波書店
岡本敏行　1990「大野寺の土塔復原」『千葉乗隆博士古希記念　日本の社会と仏教』永田文昌堂
奥村秀雄　1977「東大寺大仏蓮弁毛彫図の研究」『東京国立博物館紀要』12
小野玄妙　1915「東大寺大仏蓮弁の刻画に見ゆる仏教の世界説」『考古学雑誌』5-8
小野玄妙　1916『仏教之美術及歴史』仏書研究会
加藤純章　1983「大智度論の世界」『講座・大乗仏教2　般若思想』春秋社
鎌田茂雄　1993「華厳教学におよぼした法華経の影響—『華厳五教章』を中心として—」『法華経の受容と展開　法華経研究XⅡ』平楽寺書店
神谷武夫　1996『インド建築案内』TOTO出版
岸　俊男　1966「東大寺をめぐる政治的情勢—藤原仲麻呂と造東大寺司を中心に—」『日本古代政治史研究』塙書房
岸　俊男　1967「県犬養橘宿禰三千代をめぐる憶説」『末永雅雄先生古希記念古代学論叢』同記念会
北河原公海　1928「華厳教主としての大仏」『寧楽』10
久野美樹　1988「二仏並座像考」『MUSEUM』446
熊山町教育委員会　1974『熊山遺跡　岡山県赤磐郡熊山町史跡熊山遺跡緊急調査概報』
熊山町教育委員会　1975『熊山遺跡　岡山県赤磐郡熊山町史跡熊山遺跡石積遺構修理報告』
近藤康司　1999「和泉・大野寺の造瓦集団と知識集団」『瓦衣千年　森郁夫先生還暦記念論文集』同刊行会
斎藤　忠　1938「狼山麓の一遺構阯」『昭和十二年度古蹟調査報告』朝鮮古蹟研究会
斎藤　忠　1972「わが国における頭塔・土塔等の遺跡の源流」『大正大学研究紀要』57
斎藤　忠　1975「島野兼了のアンコール－ワットの図について」『図録東洋仏教遺跡』吉川弘文館
堺市教育委員会　1999『堺市文化財調査概要報告書』80
堺市教育委員会　1999『史跡土塔発掘調査現地説明会資料』

坂井　隆　1998「群島部（マレー語世界）の考古学」『東南アジアの考古学』同成社
境野黄洋　1931『日本仏教史講話』森江書店
狭川宗玄　1954「寧楽仏教の一断面―東大寺大仏蓮弁毛彫蓮華蔵世界私考―」『南都仏教』1，東大寺図書館
狭川宗玄　1968「東大寺大仏蓮弁毛彫蓮華蔵世界」『古美術』21
佐久間竜　1958「東大寺僧安寛について」『続日本紀研究』5-11
佐久間竜　1960「戒師招請について」『南都仏教』8，東大寺図書館
佐久間竜　1975「実忠伝考」『名古屋大学日本史論集』上
狭山市教育委員会　1996『狭山池』
島地大等　1924「東大寺法進の教学に就て」『哲学雑誌』443
島地大等　1929『天台教学史』明治書院
清水善三　1967「平安時代初期における工人組織についての一考察」『南都仏教』19，東大寺図書館
清水　擴　1983「多宝塔についての史的考察」『建築史学』1
杉山二郎編　1967『天平彫刻』日本の美術15，至文堂
杉山二郎　1968「日本とアンコール」『アンコール・ワット』世界の文化史蹟6，講談社
杉山二郎　1968『大仏建立』学生社
鈴木靖民　1988「新羅・渤海との文化交流」『図説検証　原像日本』4，旺文社
関　晃　1955「遣新羅使の文化史的意義」『山梨大学学芸学部研究紀要』6
関野　貞　1922「南北朝時代の塔と健陀羅塔との関係」『建築雑誌』427
関野　貞　1922「嵩嶽寺十二角十五層磚塔―現存支那最古の磚塔―」『建築雑誌』428
関野　雄　1956「台榭考―中国古代の高台建築について―」『中国考古学研究』
田中　淡　1980「先秦時代宮室建築建築序説」『東方学報』52
田中　淡　1999「漢代の建築」『よみがえる漢王朝』読売新聞社
田村圓澄　1972『アジア仏教史日本編1　飛鳥奈良仏教』佼成出版社
田村圓澄　1980『古代朝鮮仏教と日本仏教』吉川弘文館
田村円澄　1999『古代日本の国家と仏教』吉川弘文館
田村克己　1987「パガンと黄金の仏塔」『アンコールとボロブドゥール』世界の大遺跡12，講談社
千原大五郎　1983『東南アジアのヒンドゥー・仏教建築』鹿島出版会
塚本善隆　1964「中国仏教史上に於ける鑑真和上」『南都仏教』15，東大寺図書館
筒井寛秀・杉山二郎　1963「実忠和尚覚書―造仏所研究のうち（二）―」『美術史』49
坪之内徹　1979「大野寺の方錘形塔婆遺構と知識瓦」『摂河泉文化資料』14
東野治之　1979「奈良時代遣唐使の文化的役割」『仏教芸術』122

東野治之　1980「備後宮の前廃寺の文字瓦」『草戸千軒』84
東野治之　1985「文化の様相」『古代を考える　奈良』吉川弘文館
東野治之　1988「遣唐使と唐・西域文化」『図説検証　原像日本』4，旺文社
常盤大定　1928「伝教大師の法祖道璿の日本仏教史上に於ける位置を闡明す」『寧楽』10
常磐大定　1943「道璿律師の日本仏教史上における位置」『日本仏教の研究』春秋社松柏館
中井真孝　1985「宗教と学問」『古代を考える　奈良』吉川弘文館
奈良国立文化財研究所　1982『平城宮発掘調査報告XI』
奈良文化財研究所　2001『史跡頭塔発掘調査報告』
西川新次　1977「新薬師寺の歴史」『大和古寺大観4　新薬師寺・白毫寺・円成寺』岩波書店
根本誠二　1985「『扶桑略記』と授戒」『日本宗教史研究年報』6
濱島正士　1998「永寧寺九重塔と日本の仏塔」『北魏洛陽永寧寺』奈良国立文化財研究所史料47
平岡定海　1994「日本華厳の展開について（抄）」『奈良仏教の展開』論集奈良仏教1，雄山閣出版
藤沢一夫　1962「土塔」『大阪府の文化財』大阪府教育委員会
堀池春峰　1955「金鐘寺私考」『南都仏教』2，東大寺図書館
堀池春峰　1957「道鏡私考」『芸林』8-5
堀池春峰　1963「鑑真大和上東征の意義」『歴史評論』160
堀池春峰　1964「奈良の頭塔について」『大和文化研究』9-5
堀池春峰　1965「鑑真を廻る貴族の動向」『大和文化研究』10-9
堀池春峰　1966「恵美押勝の乱と西大寺小塔院の造営」『日本歴史考古学論叢』石田茂作先生古希記念，吉川弘文館
堀池春峰　1973「華厳経講説よりみた良弁と審詳」『南都仏教』31，東大寺図書館
堀池春峰　1995「婆羅門菩提僧正とその周辺」『奈良仏教と東アジア』雄山閣出版
町田甲一編　1968『アンコール・ワット』世界の文化史蹟6，講談社
松原弘宣　1975「実忠和尚小論—東大寺権別当二十九ヶ条を中心にして—」『続日本紀研究』177
松本伸之　1986「東大寺大仏蓮弁線刻画の図様について」『南都仏教』55，東大寺図書館
水野清一　1936「六朝芸術における漢代の伝統」『東洋史研究』1-4
村田治郎　1940『支那の仏塔』冨山房
村田治郎　1952「中国の楼閣形塔婆の起源」『日本建築学会研究報告』18
村田治郎　1954「中国仏塔の起源私解」『日本建築学会研究報告』27

森　　蘊　1971『奈良を測る』学生社
森　浩一　1957「大野寺の土塔と人名瓦について」『文化史学』13
山岸常人　1980「東大寺二月堂の創建と紫微中台十一面悔過所」『南都仏教』45，東大寺図書館
山口光円　1963「鑑真大和上と天台教学」『大和文化研究』61
横超慧日　1942「戒壇について」『支那仏教史学』5-3・4
吉川真司　1996「東大寺三堺四至図」『日本古代荘園図』東京大学出版会
吉田靖雄　1987『行基と律令国家』吉川弘文館
秦　弘燮　1971「所謂方壇式特殊形式の石塔数例」『考古美術』110
秦　弘燮　1974「所謂方壇式特殊形式の石塔数例補」『考古美術』121・122
申　榮勳　1975「陵旨塔の構成」『考古美術』128
洪　淳昶　1975「七・八世紀における新羅と日本との関係」『新羅と飛鳥・白鳳の仏教文化』
中国社会科学院考古研究所　1996『北魏洛陽永寧寺』
Franz, H.G. 1980. Stupa and stupa-temple in the Gandharan regions and in Central Asia, *The Stupa:Its Religious, Historical and Architectural Significance*, Wiesbaden.
Ledderose, L. 1980. Chinese prototype of the pagoda, *The Stupa:Its Religious, Historical and Architectural Significance*, Wiesbaden.
Lohuizen-de Leeuw, J.E. 1980. The Stupa in Indonesia, *The Stupa:Its Religious, Historical and Architectural Significance*, Wiesbaden.

補説

当論文では，孝謙太上天皇が光明皇太后の病気平癒のために下層頭塔を造営し，天皇としての重祚後，上層に造り替えたと考えた。現在でも大枠では変わっていないが，細部で考えが変わった部分があるため述べておく。そのために，光明皇太后と孝謙上皇との関係についてふれる。

聖武天皇と光明皇后の娘たる阿倍内親王は，順調に即位し天皇としての権力を発動できたわけではなかった。阿倍は，聖武と光明の生存する唯一の子として強引に立太子されたが，それに不満をもつ反藤原氏勢力は安積親王の即位に望みを託した。安積の急死後も，聖武・光明・阿倍と結ぶ藤原仲麻呂と反藤原氏勢力の暗闘が続いた。元正太上天皇の死を受けて聖武天皇が譲位し，孝謙天皇として即位後も，大仏造営に専念する聖武太上天皇はさておき，

孝謙の天皇大権は，駅鈴と天皇御璽を手元に置く光明皇太后が握り，仲麻呂が実権を行使するという状態であった。聖武太上天皇の死後，道祖王の廃太子，大炊王の立太子，橘奈良麻呂の変への対応も「天皇家の長」たる皇太后と仲麻呂が主導していた。天平宝字２年に皇太后が病に陥ると，大権を皇太后から新天皇に移譲させたい仲麻呂の思惑のままに大炊王へ譲位させられ，とうとう天皇大権を入手できなかった。太上天皇となっても淳仁への親権は行使できず，太政官を制圧し準皇親化を目指す押勝（仲麻呂）との関係は険悪となり，淳仁の父・舎人への皇帝号追号問題で，皇太后・押勝・淳仁への憎悪を増幅させることになった［倉本 1998］。天平宝字４年６月の光明皇太后の死去は，実母が押さえつけていた実娘の権力を解き放つ端緒となった。天平宝字８年の押勝の乱勃発まで鈴印が淳仁の内裏に保持されていたので，大権は淳仁・押勝側にあったとはいえ，孝謙は太上天皇としての恣意の発動にもはや躊躇しなくなった。

こうしてみると，実の母―娘たる光明皇太后と孝謙天皇との関係は，終始緊張を孕んだ危ういものであった。

当論文では天平宝字４年３月頃に，東大寺南朱雀路にあたる墓を破壊した前後から下層頭塔の造営が始まったとする『史跡頭塔発掘調査報告』の説を受け，下層頭塔が皇太后の病気平癒祈願の施設として，聖武上皇・光明皇太后の双方にゆかりの新薬師寺の西方に新薬師寺の造営機関が造り始めたもので，東面の仏龕に薬師如来を祀ったと考えた。また，下層頭塔は上層建設時の破壊がひどいが，ひとたびは完成していたと推定した。

下層が完成していたとする点については再考の余地がある。皇太后の病気は天平宝字２年から始まっていたようであるから，下層頭塔の計画や設計は天平宝字４年より前から始まっていたかもしれない。ただし，実際の造営工事は古墳を破壊した天平宝字４年３月前後からの開始とすると，天平宝字４年６月に皇太后は死去しており，造営期間の大半は皇太后の死後となってしまう。その場合，下層頭塔は皇太后の死去によって建設の必要性が失われ，未完成のまま放置された可能性もあると現在では考えている。なお，皇太后は晩年に阿弥陀信仰に傾斜しており，一周忌法会は法華寺阿弥陀浄土院で盛大に行われたが，下層頭塔は阿弥陀信仰とはかかわらず追善供養のために完成させる必要はなかったであろう。下層頭塔には設計上の欠陥と杜撰な施工がみられ，その原因として，造営を急がされたこと以外に，東大寺・新薬師寺の主要堂塔造営の山場を過ぎて機能と熱意が低下した造東大寺司の仕事の杜撰化もあったと考えた。発願者が孝謙太上天皇でも，施工の改善や完成へ向けての工事の督励をする熱意は，皇太后死後にはもはや失われていたであろう。

自己の権力を支えてきた皇太后を失った押勝は軍事権の掌握へと向かうが，天平宝字5年以降，孝謙は道鏡を「寵幸」し始め，近江・保良宮で孝謙と淳仁の間に間隙が生じ，天平宝字6年5月に保良宮から平城に還御した孝謙によって，天皇大権の分割が命ぜられるに至った。押勝は恣意的人事の強行で権力強化を図ったが，孝謙側も勅旨省の創設や対抗人事で攻勢に転じ，天平宝字8年9月の「恵美押勝の乱」に至った。

上層頭塔への改造は，天平宝字末年から天平神護頃に始まり，竣工が神護景雲元年と推定できる。ちょうど，孝謙太上天皇・道鏡と淳仁天皇・押勝との対立が頂点に達し，仲麻呂の乱の鎮圧後，孝謙が天皇に重祚し（天平宝字8年），道鏡を太政大臣禅師（天平神護元年），続いて法王とした（天平神護2年）時期にあたる。この間，孝謙の発願で西大寺の造営が進められた。

上層頭塔の竣工が神護景雲元年とすると，西大寺の造営期と重複する。当論文では上層頭塔造営の目的を，堀池春峰の説を受け，百万塔・小塔院と同様の皇室の安泰，皇緒なき女帝の延命長寿，国家守護祈願とみた。それを新造でなく，下層頭塔の改造で造ったのは，孝謙＝称徳天皇ゆかりの施設だったことに加え，設計上の欠陥で石積みが崩落するなど深刻な事態が生じたからと考えた。現在では，下層頭塔が未完成のまま放置され崩落するなど見苦しい状態であり，称徳天皇にかかわる施設をそのまま放置するわけにはいかなくなったので，良弁が，仲麻呂の乱以降，称徳・道鏡政権寄りの活動を行っている実忠に命じて，下層を完全に埋め殺して造り替え最新の教学を表現する施設とすることで，称徳天皇の意を迎えることに努めたと考えている。

倉本一宏　1998『奈良朝の政変劇―皇親たちの悲劇―』吉川弘文館

建設中の仏塔の前で，良弁に設計を力説する実忠
背景は東大寺伽藍（岩永作画）

第11章　段台状仏塔の構造と系譜

大阪府堺市の土塔は，727（神亀4）年に行基が創建した大野寺の塔であり，方墳状に土を積み上げて瓦を葺いた特異な形状・構造を有する。

大野寺土塔のように，土や石を積み上げて段台状の塔身を造る特異な仏塔の類例を概観し（Ⅰ），それらの構造を比較する（Ⅱ）。なぜ当時一般的だった木造塔にしなかったのか，その事情の解明は容易ではないが，こうした特異な塔の系譜の追究は，造営の背景の穿鑿にも有効であろう。既往の説では南方系説が有力であるが（Ⅲ），朝鮮半島にも類例が知られてきた（Ⅳ）。中国系の可能性にもふれ（Ⅴ），現時点で最も蓋然性が高い見方を検討しよう（Ⅵ）。

Ⅰ　日本の類例

大野寺土塔の構造を再確認してから類例を概観する。

A　大阪府堺市土塔町・大野寺・土塔

発掘調査前の土塔は一辺54～59m，高さ9mの方墳状を呈していた。鎌倉時代の『行基菩薩行状絵伝』には斜面に線を引いて段を表し，頂上には宝珠と露盤を描くが現存しない。史跡整備に伴う発掘調査で，遺構については以下の成果を得た（『史跡土塔—遺構編—』2008）。①瓦積み基壇が存在し，盛土は13段をなす。②盛土工事は，各段の立ち上がり予定位置に基底部近くから粘土ブロックを積み上げつつ，ブロック間に土を積んで行う。③壁の立ち上がり部には丸瓦ないし平瓦の凸面を外に向けて立てている。④各段の上面には緩い勾配を付け平瓦・丸瓦を葺いている。⑤頂上部には木材・凝灰岩・陶製相論を用いた施設があった。⑥土塔の周囲には，盛土工事前に土塔の範囲を明示するために掘った溝がめぐる。

上記③④の知見によって従来の復原案，すなわち，段がなく横線の区画があるのみで隅棟だけに丸瓦を葺き他の部分は平瓦を並べたとする説［井上1959］，各段の立ち上がり部分に瓦積み基壇状に瓦を積んだとする説［岡本1990］は成り立たなくなった。塔身が扁平で各段の立ち上がりが低いので全体的印象は頭塔と異なるが，各段の上面に若干の傾斜をつけ瓦を葺く点は頭塔に近い。②の粘土ブロック積み上げ技法は，行基が修築した狭山池の堤でも用いており［狭山市教委 1996］，古墳時代以来の土嚢積み上げ技術［大阪府文化財調査研究センター 1998］の系譜を引く可能性があり，行基が動員した土木技術者（土師氏など）の技術系譜をうかがわせる重要な要素である。

土塔の最上層には直径5.9m（20尺）の円形を呈する粘土ブロック列があるので，それを基礎とする構造物が存在したことがわかるが，その実態については，①『行基絵伝』が描くような大きな露盤と宝珠となる可能性，②土饅頭形の大きな覆鉢となり，その上に刹柱を立てる可能性，③大きな覆鉢あるいは亀腹の上に木造軸組みの屋根が載り，多宝塔上層部に近い形となる可能性，がある。①の大きな宝珠は，『行基絵伝』の塔身部の表現からみて，屋根瓦が崩落し本来の姿が損なわれた段階の描写であり二次的な姿の可能性が強く，また陶製相輪の存在と齟齬をきたす。8世紀以前の中国本土において②のような大きな覆鉢を載せる型式は，雲崗石窟第11洞（北魏）・南響堂山石窟第1洞左壁（隋か）の浮き彫りや，舎利容器・墓塔などの小型品にはあるから，日本に伝来していた可能性はあるものの，①②とすると屋根が12重となってしまうので不都合である。では③と考えてよかろうか。問題は，平安時代ならいざ知らず，8世紀前葉にこのような宝塔状建造物がありえるかである。まず中国本土の状況をみると，現実の建築にどれほどあったのか問題はあるが，敦煌壁画では，北周末隋初の第301窟，隋の第303窟・419窟，初唐の第217窟に立ちの高い覆鉢をもった宝塔状の塔が描かれている(図1)。ただし，これらは基壇をもつ独立した塔であって，土塔13層はあくまで十三重塔の最上層である点が異なる。また，敦煌壁画の初唐以前の宝塔で，一見して屋根と見えるものは大型の請花であり，日本の宝塔ないし多

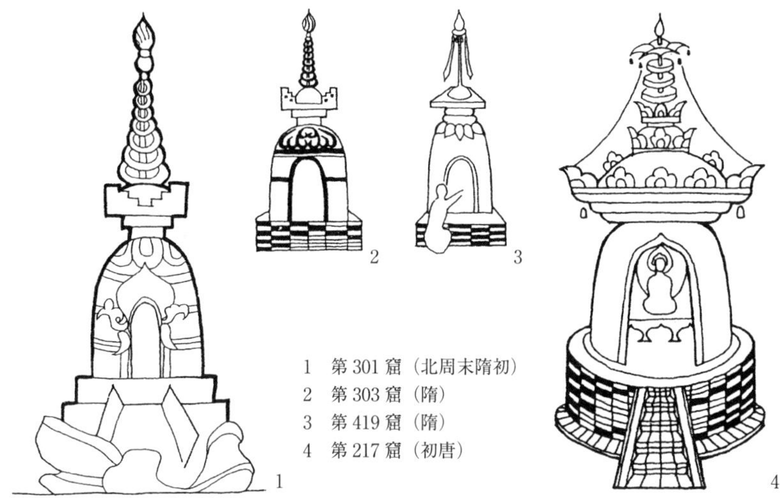

図1　敦煌壁画における宝塔状仏塔（蕭黙1989『敦煌建築研究』）

宝塔上層部のように，覆鉢の上に純然たる屋根を被せ，その上にさらに請花・覆鉢と刹柱を載せる構造とは異なる。敦煌壁画で日本の宝塔・多宝塔に似た建物がみられるのは，中唐に下るようである。こうした難点はあるが，土塔の頂上部から小型軒瓦・炭化材・凝灰岩片が出土しており瓦葺建物が考えられるので③が妥当であろう。唐から画像や現実の建物の情報が遣唐使などによってもたらされていれば，行基が入手できたとして不思議はない。

なお，13層の小型軒瓦（M11-H7）は長岡宮期に属すが，補修ないし葺き替え用であって，創建期は他の層と同じく丸・平瓦のみで葺いていたと考えられる。しかし，13層のみに軒瓦を用いて補修したのは，13層が他層と異なって意識されていた証左であり，③の構造を考えるのに都合がよい。

B　奈良県奈良市高畑町・頭塔（図2）

平城京外京の四条大路延長線上で，東大寺中軸線の南延長部の西100mに造営された。下層・上層の2時期があり，どちらも基壇上に盛土で雛壇状の塔身を築き，表面を垂直の石積と斜面をなす石敷で覆う。下層は天平宝字4

(760) 年頃から造営が開始された。上層への改造は天平宝字末年から天平神護頃に始まり，竣工が『東大寺要録』・『東大寺別当次第』が記す神護景雲元(767) 年と推定する。上層は，東大寺初代別当良弁が弟子実忠に命じて造らせた「土塔」にあたる［奈文研 2001］。

下層頭塔

基壇は一辺 31.8～33.0m，高 1.0～1.6m。塔身は三重に復原でき，上層建設時の破壊がひどいが，ひとたびは完成していたと推定できる。本来は第 1 段石積と塔中心間の距離の 3 等分線上に，第 2・3 段石積みを置く設計であり，辺長は初重 20.2～21.75m，二重 13.2～14.3m，三重は不明である。初重高 3.45m で，第 1 段石積の高さが約 2.35m と復原できるので，第 1 段石敷には 30%勾配程度の瓦葺の屋根があった。東面中央に大型の仏龕を置くが，他の仏龕は未確認である。

上層頭塔

下層の基壇を踏襲するものの，塔身のかなりを破壊し埋め尽くし増拡したものである。下層から上層への改造に際し，塔身を 3 段から 7 段に変えて高すぎる石積を低くするとともに，仏龕を増やしている。塔身の一辺は 24.2～24.8m，高さは約 8m である。第 1 段石積みと塔中心間の距離の 4 等分線上に，第 3・5・7 段石積を置き，それら石積間を 2：3 に分ける位置に第 2・4・6 段石積を置く設計と推定できる。石敷の幅と勾配は明瞭に対応し，偶数段上面は広くて 5～10%の緩勾配，奇数段上面は狭くて 25～30%の急勾配であるから，奇数段上面にのみ瓦を葺き，偶数段は奇数段に対する基壇状を呈する。頂上には木造瓦葺塔身 1 重を置いたと復元できる。頂上の地下深くに礎石を据え，心柱を立てていた。上層には多数の仏龕がある。各面の第 1 段に 5，第 3 段に 3，第 5 段に 2，第 7 段に 1 カ所，総計 44 カ所と推定できる。

C　岡山県赤磐郡熊山町・熊山遺跡 (図 2)

吉井川の東側にある熊山山頂（標高 508m）の南の峯上に位置する石積遺構である。方形で基壇上に 3 段に築く。東大寺や唐招提寺の戒壇に形が似る

図2　頭塔（左）・**熊山遺跡**（右）（［奈文研 2001］［近江 1973］）

ためか「熊山戒壇」という俗称があるが戒壇ではない。1937年に盗掘され頂部の竪穴に納めてあった遺物が四散した。第二次世界大戦後に陶製筒形容器と三彩釉小壺の存在を知った梅原末治が遺構・遺物を紹介し特殊な塔と論じた［梅原 1953］。その後，近江昌司が石積遺構の性格と年代，陶製筒形容器の用途を詳細に検討した［近江 1973］。1973～74年には調査と修復が行われた［熊山町教委 1974, 1975］。

基壇・塔身ともに石のみで築き，外に現れる石積や仏龕は偏平な割石を小口積みし，内部には小振りの石を詰め込んでいる。基壇および各段の上面が水平で，各段の出が深い点で土塔・頭塔とは異なる。基壇は方11.7～11.9m，塔身の一辺は下から順に，7.7～8.0，5.0～5.4，3.7～3.8m，高さは順に0.8～1.0，1.2～1.3，1.1～1.2mである。2段目の中央に高さ65～90，幅62～73，奥行90～136cmの仏龕を設ける。頂部の竪穴は下部方形，上部隅丸方形で径75～85cm，深さ2mである。創建年代は筒形容器（8世紀後葉），三彩釉小壺（8世紀中葉）の年代観から「8世紀後半には完工した」との説がある［近江 1973］。

Ⅱ　構造・構築法の比較

上記3塔のうち構造が近い土塔・頭塔を比較しよう。熊山遺跡は石のみで築くが，土塔・頭塔は土で築くため，風雨による浸食・崩壊を防ぐために表面を硬質な素材で覆う。ただし基壇上面は上層頭塔では築土が剥き出しであり，土塔も同様と推定されている。塔身の外装材は，土塔が瓦，頭塔が石である。

各段の立ち上がりが，土塔で30cmと低いのは，段の高さが平瓦・丸瓦1枚分の高さに規制されたことによる。平瓦や無段式丸瓦では鉛直に立てて2段以上重ねることは不可能である。その結果，各段の段差が目立たなくなり，塔身全体が甲冑の草摺状の異様・偉観を呈する。頭塔では各段の石積みが，石どうしを直接噛まさず間に築土を挟む特殊な積み方であるので，高さに限度はあるが，奇数段で75～150cm，偶数段で45～100cm鉛直に立ち上げており，段差は明瞭である。

各段の奥行きと上面勾配は，土塔では，初層で奥行270cm－勾配11%，11層で奥行き120cm－勾配25%と，上に行くほど狭く急になるように設計されている。頭塔では，奇数段が奥行き狭く（105～160cm）勾配25～30%，偶数段が奥行き広く（160～200cm）勾配5～10%であり，奇数段上が瓦屋根，遇数段上がテラスとなる。テラスは奇数段に安置した石仏の礼拝用であり，特別な場合には人が登ることを想定した構造である。土塔では人が登るとしても基壇まででであろう。なお階段は土塔・頭塔ともに調査範囲内では存在せず，臨時に木階を架けたのであろう。

塔身の一辺長に対する盛土部分の高さの比では，土塔が18%，頭塔が35%と約2倍の大差があるが，近藤康司はこの差を，盛土法の相違に起因すると考えている。土塔では粘土ブロックを擁壁状に積み上げげつつその間に土を満たす古墳時代以来の盛土法であるのに対し，頭塔では通常の版築であり盛土側面の勾配70%を達成している。土塔の塔身の側面観をみると，盛土が塔の中心に向けて正規分布曲線状のせり上がりをみせている。上記の各段の奥行き・勾配の変化はそれと相関するが，斜面勾配を直線状に仕上げるのに比して，計画した高さを確保しつつ盛土の崩壊を防ぐとともに土量を節約する効果が大きかったと考えられる。

盛土工程と外装工程との関係では，頭塔では盛土と併行して石積み・石敷きを進行させたが，土塔では外装材が瓦であるため外装工程＝瓦葺工程は，盛土・整形が完了してからと考えられる。

瓦葺きは，土塔では外装工程を兼ねて盛土上に直に行い，しかもN重の屋根面最上端の平瓦上に，N+1重の立ち上がり部の瓦を立て，その上に軒端の平瓦を載せるため，下方からしか葺けない。頭塔では野地板状に施した石敷上に行い，しかも偶数段上面テラスを作業用足場・資材置き場に使え，どの段からでも葺き始められるので，実際どこから始めたかは不明である。

平瓦の葺足は通常の建物では40%弱だが，土塔で実測値70%，頭塔で推定値65%と長い。これは雨漏り対策が不要なため枚数を減らそうとした結果である。葺足をさらに長くすることも可能であるのに，その程度に留めた理由は不明だが，土塔の場合，無段式丸瓦の葺足と揃える意識が働いた可能性がある。

Ⅲ　南方系説

段台状仏塔の系譜に関する南方系説は，Aで紹介した諸塔の外見がインド・ミャンマー・やインドネシアの仏塔に似ていると判断している。石田茂作・森蘊・斎藤忠らが古くから唱えてきた。

石田茂作は頭塔の「おし潰したような塔形」がインドの塔・ミャンマーの泥塔に類似し［石田 1958］，仏塔の発展方向のうち，垂直に延びる傾向が中国に，雛壇式に横に広がる傾向が南伝し，後者が婆羅門僧正（菩提僊那）・仏哲の来日に伴って伝来したとみる［石田 1972］。

森蘊はインドで12世紀頃に成立した『ヴィシュヌ寺院曼荼羅図』の諸尊配置を8世紀頃からの伝統と仮定したうえで，それと頭塔石仏の配置との類似に注目し，W1d石仏の表現法（釈迦を表現しない）ともあわせて「インド的要素」の充満を考え，実忠がインド人であった可能性まで考えた［森 1971］。

斎藤忠は，方錐状の段築式で低平な塔が中国・朝鮮にないのに対し，東南アジアにはあると指摘した。具体的には，①ジャワのボロブドール。中核が土盛りで，各段に歩道があり，龕を設けて石仏を配すなど頭塔に類似点があり，建造年代も近い。②カンボジアで 10 世紀頃発達するヒンドゥー寺院のピラミッド形基壇の構築技術は 8 世紀まで遡ってよい。③古代ミャンマーの方錐状階段式泥塔。これらの存在を根拠に，頭塔・土塔・熊山仏塔を南海を通じた東南アジア系と認め，僧侶による情報の流入を考えた［斎藤 1972］。

吉田靖雄は斎藤の説を受け，土塔を造営した行基ないし弟子の中に南海仏教と接触した者があったと想定し，行基と菩提僊那との親交，行基の菩提に対する，さらには菩提が体現するインド仏教への深い関心の存在を考えた［吉田 1987］。

Ⅳ　朝鮮半島の類例

朝鮮にも方形段台状の塔が 4 例ある（［奈文研 2001］に写真掲載）。

A　慶尚北道・安東郡・北後面・石塔洞［秦 1971］

安東市の北西 17km の山奥，名山として知られる鶴駕山の北斜面にあたり，狭隘な盆地の西端にある。すぐ西に深い谷，北側に石塔寺という小寺院がある。周囲の眺望はきかない。片岩系の割り石を積んで方形の塔身を造る。石積は 5 重で 1～3 重はほぼ正方形だが，4・5 重は東西が長い長方形を呈す。平面規模は第 1 段から順に 13.2×13，10.8×10.9，7.7×8.2，5.9×5.5，2.6×2.1m，高さは順に 130，120，100，80，100cm である。仏龕はない。頂上には石を盛り上げて板石を立ててあるが後世の仕事であろう。石積は大きめの割り石を前面を揃えて石垣状に積み上げ，裏込として小振りの石を雑な方法で詰め込んでいる。

B　慶尚北道・義城郡・安西面・石塔洞［秦 1971］

義城市の西北清 5.5km の山奥で，南北に伸びる小さい谷の西斜面にあり，やはり周囲の眺望はきかない。割り石を積んで南北に長い長方形の塔身を造る。東に下がる斜面にあるため，東が 7 段，南・北が 6 段，西が 5 段である。段が 1 周するのは 3 段目以上で，3 段目から順に 11.6×11.1，9.5×8.4，6.7×

5.4，5.1×3.5，3.6×1.7mの平面規模で，高さは順に90，85，75，50，40cmである。東面の下2段を傾斜を正すための基壇とみる説もあり，東面の2段を加えた高さは5.1mである。4重目の中央に仏龕を設け，現状では東と南に石仏座像が安置してあるが，かつては西にもあった。龕の天井は板石で覆っている。頂上は窪んで崩れており本来の状況は不明である。割り石を用いた築造方法は安東塔と同じだが，積み方は雑で，外に見える石積と裏込の差は安東塔ほど明瞭ではない。

C　慶尚南道・山清郡・今西面・伝仇衡王陵［秦 1971］

山清市の西北6.3kmの山間にある。地元では新羅の将軍・金庾信の曾祖父で金官国最後の王・仇衡王の陵と呼んでいるが，①②との類似から石塔と考える研究者が多い。山の急斜面を利用し，東向きに自然石を7段に積み上げる。各層ともおよそ方形ではあるが，隅はやや曲線をなし，頂上部は楕円形である。前面中央で総高11.15m，第1段の長さ20.6m，第4段中央には42×47×65cmの龕室がある。

D　慶尚北道・慶州市・陵旨塔［斎藤 1938；申 1975］

陵旨塔は雁鴨池の東南1.5km，狼山の西麓にあり，善徳女王陵や四天王寺の北方に位置する。崩壊して古墳状（23×21m，高4.5m）になっていたのを，1937年に斎藤忠が調査し，頂上から1.5m下で，切石を3段以上積んだ一辺5.8mの方形壇を検出した。蓮弁を浮き彫りした板石，十二支像を浮き彫りした板石のほか花崗岩切石多数を発見し，寺院跡ないし火葬所跡の可能性を示唆した。1969～75年に黄寿永らが発掘調査を行い，文武王（在位661～681年）の火葬の場所に建てた石造基壇をもつ木造建築が，火災で全焼した跡地にあらためて造営した塔と推定した。調査者は善山桃李寺・華厳塔のような五重あるいは三重の塔と考えているようである。その後整備され，二重で下段（方23.3m）の四周に十二支石像を配し，各段の上縁に蓮弁を浮き彫りした石材をめぐらす形に復原されているが，復原の根拠が明かではない。十二支像には法量上2種あり，高さが低いのは表現が立体的，高いのは平面的であり，二次的に集めた可能性があるようだ。

Ⅴ　中国系の考え方

中国系とみる場合，二つの考え方がありえよう。

①，頭塔の復原の仕方によっては，いわゆる台榭建築的な構造となる。台榭建築とは版築で建物の芯となる高い台・段台を造り，その周囲に木造の部屋や廊下を設けて屋根を差し掛ける建築［関野 1956；田中 1980］であり[1)]，その系譜とみる説である。ただし，中国で台榭建築がいつまで造られたのかが問題であって，結論的には唐代に台榭建築は存在しないので，8世紀に日本に伝わる可能性もない[2)]。

②，塼塔に発想源を求める説。上原真人は，土塔・頭塔が瓦葺であるから南方系ではありえず，中国の塼塔の影響を受け，それを低平に表現したものにあたるとみなした[3)]。現存する唐代の塼塔は瓦を葺いていないようだが，統一新羅期の安東新世洞七層塔と安東東部洞五層塔は瓦葺で，唐代の塼塔にも瓦葺があったことは十分推定できる。

Ⅵ　段台状仏塔の発想源

Ⅲ～Ⅴで述べた，南方系・朝鮮系・中国系の可能性について検討しよう。

結論的には，南方系説は無理な点が目立ち，以下の根拠によって，成立は困難と考える。

①，菩提僊那はインド人であるから，インドの仏塔の知識をもたらした可能性はある。しかし，インドの仏塔の基本形は半球状の覆鉢を主体とした覆鉢塔であって，インド内でも時代が下るにつれて，またガンダーラや新疆へ伝播するにつれて，覆鉢を載せる円筒形の台基やその下の方形の基壇が高くなったのは事実だが［関野 1922；足立 1928, 1929；水野 1936；Franz 1980］，基壇が段台状にはならない。そもそも菩提が入唐したのは陸路・西回りと推定され［堀池 1995］，海路・東南アジア経由ではない。東南アジアにかりに段

台状基壇の塔があったとしても，菩提がその知識を有した可能性は小さい[4)]。菩提が経由したガンダーラや新疆に視野を広げても段台状基壇は少ない。

②，かりに菩提僊那や林邑僧仏哲が知識源としても，彼らの来日は天平 8（736）年であるから，土塔の造営開始が神亀 4（727）年と確定した以上，頭塔はともかく土塔と彼らは無関係となる。

③，そもそもボロブドールなど南方系仏塔の方形段台はストゥーパを載せる基台・基壇にあたるが，土塔・頭塔の段台状部分には屋根があり基壇は別にあるから，中国系楼閣形層塔の塔身にあたり，両者は似て非なるものであり，基壇でなく塔身の形状どうしで比較する必要がある。また土塔・頭塔は瓦葺だが，南方系の仏塔であれば瓦を葺かないのではないかという指摘がある[5)]。

④，ボロブドールの造顕は，775～815 年［Lohuizen-de Leeuw 1980］，790～860 年［千原 1983］などと考えられており，土塔はおろか頭塔よりも下りそうである。それでもボロブドール以外に 7・8 世紀の類似した仏塔があればよいのだが，ボロブドールの印象が強烈で類例が多いように思うと錯覚であって，東南アジアで 8 世紀以前に，方形段台をもつ仏塔が盛行していた証拠はない。インドネシアの研究者は巨石文化の石積テラス遺構がボロブドールの原型と考えており［千原 1983，坂井 1998］，もしそうなら方形段台をもつ仏塔がもっとあってもよさそうだが，今のところ，ボロブドールの形態はインドネシアの仏塔では孤立した存在である。カンボジアやミャンマーに視野を広げると，両地域ともに方形段台が盛行したのは確かだが，年代ははるかに下り問題にならない[6)]。

続いて朝鮮系の可能性はどうであろうか。陵旨塔は復原された姿が妥当か問題があるようなので除外するが，安東・義城・山清の塔は，割石積みで各壇の上面が水平である点で熊山石塔によく似ているから，後者が朝鮮系の可能性も考慮しなければならない。しかし日本の例との系譜関係を考える際の問題点は年代である。義城の塔は石仏の年代観から新羅末～高麗初（10 世紀前半）とされており日本の例より下る［秦 1971］。ただしこれは，石仏が塔創建時のものという前提が必要であって，発掘調査されておらず塔の創建年代の手がかりがない現状では，系譜関係を速断することはできない。かりに新羅からの情報の流入を想定する場合，7 世紀後葉～8 世紀初頭に，新羅と唐との対立抗争が始まり，新羅が対日友好政策を打ち出した結果，新羅との交渉が密になり特に仏教界でそうであったが［関 1955；田村 1972；洪 1975；田村 1980；鈴木 1988］，それを下るにつれ日本と新羅との関係が険悪となったことが重要である。熊山石塔が 8 世紀後半以降に下るなら新羅との関係は考えにくいであろう[7)]。

以上で検討したように，南方系・朝鮮系・中国台榭建築系のいずれも難点があり，結局，中国の塼塔を発想源とみるのが最も妥当であろう。ただし，平城宮第一次大極殿院の塼積擁壁をあげるまでもなく，日本でも塼は多用しており，塼塔そのものを造りえたにもかかわらず，土塔では土のみ，頭塔では土・石で築いており，決して塼塔ではないのがこの説の難点である。しかし，素材は異なるものの，軸組でなく素材の単純な積み上げで造る工法，木造塔の場合よりも明瞭に現れる各層のセットバック，瓦を葺くものの軒の出がほとんどない形状などから，発想源として塼塔を考えるのは無理ではあるまい。

土塔や頭塔の造営者が，木造塔にせずあえて方形段台状の盛土の塔とした直接的事情は何か。行基の場合，仏塔の造立自体は『梵網経』の第三十九軽戒に依拠したのであろうが，神亀 4（727）年頃の行基の立場を勘案すると，木造軸組みの塔を建設する費用が不足した可能性もあるが，土塔の盛土量，基壇・屋根の瓦の使用量は尋常でないことからすれば，費用というよりむしろ建築技術者の動員に難があったとともに，後述するように，行基が唐土直伝の最新式仏塔の建設を志したからではあるまいか。

方形段台状仏塔の形態を知りえた場合の前提について考える。かりに塼塔を発想源とした場合，塼塔に関する情報は，いつから何を契機に流入したのであろうか。7 世紀後葉の遣唐使中断期＝新羅との友好期に新羅の塼塔の様相が伝わった可能性もないではない。しかし，唐からの影響のほうがより大きかったと考える。大宝 2（702）年に出発し慶雲元・4（704・707）年に帰国した遣唐使は，33 ぶりに再開した遣唐使であって，その帰国直後から矢継ぎ早に平城遷都の準備が始められた事実から，彼らがもたらした唐に関する生情報が，支配者層に強烈なインパクトを与えたことがつとに指摘されている。以後，数次の遣唐使が政治的方面に限らず文物についても多くの新情報をもたらしたが［東野 1979, 1987, 1988；中井 1987］，入唐留学僧や渡来僧が，日本で6世紀末以来慣れ親しんだ木造軸組の楼閣形多層塔とは異なり，唐土で盛行していた塼塔に関する知見をもたらした可能性は高い。もっとも日本で塼塔そのものや塼塔風の塔の造営が定着はしなかったことは確かだが，行基が土塔の造営に際して，あるいは造東大寺司に指示を出しうる立場の人間が下層頭塔の造営に際して，より強く大陸色を打ち出せる造形として意識したのではないか。頭塔の場合，天平宝字4年頃という創建年代を勘案すると，平城宮第一次大極殿院の解体後，宝字の大改作で新造した宮殿が唐長安城大明宮麟徳殿の模倣であったように［奈文研 1982］，天平勝宝・宝字年間の仲麻呂政権が，8世紀における天皇制の中国文明受容，唐風化の画期であった［大津 1999］ことと符合する。土塔の場合，ⅠＡで述べたように最上層に宝塔状の構造物があった点からも，行基が唐土の塔を強く意識していた可能性が高い。さらはそこを突き抜けて仏教発祥の地たる天竺の塔にまで意識が及んでいたかどうか。すでに吉田靖夫は，土塔造営の背後に行基のインド仏教への関心を考え，とくに菩提僊那との関係を重視している［吉田 1987］。すでに述べたように，土塔の造営は菩提僊那来日前であるから，直接の関係はないが，行基が養老年間（6年以前）に平城京に進出し，下級官人への布教を始めた際に，養老2年に帰国した遣唐使の参加者などから唐土における仏教・寺院の情報を獲得し，かの地への憧憬を強めていた可能性が強い。それが養老6年の禁令で和泉に帰郷した後の土塔建立（神亀4年）に結実し，さらには天平8（736）年に難波津で菩提僊那を迎える伏線となったのではあるまいか。

註

1）　真の台榭建築と，高い基台上に単層の建物を載せただけで台の周囲に木造の居住空間をもたない建築とを区別する必要があるが，文献史料に「〇〇台」と記載してある場合は判別が難しい。関野雄の「台榭考」でも明瞭に区別してはいない。なお台榭建築については浅川滋男氏の教示を得た。

2） 台榭建築は戦国時代から前漢代に盛行したが，すでに前漢の武帝が台榭建築としての神明台とともに木造楼閣の井幹楼を造ったことが画期となって，後漢以後に木造楼閣が流行し［田中 1999］，台榭建築は衰退に向かったようである。北魏洛陽城の永寧寺木塔（516～534 年に存在）は，日干煉瓦で造った塔芯の周囲に殿堂式回廊をめぐらすものであるが，塔芯の中には角材を縦横に組んでおり，塔芯が段台状の形態ではなく，塔芯に直接屋根を差し掛ける構造でもないから［中国社会科学院 1996］，台榭建築ではない。そして東魏の孝静帝が天平元（534）年に鄴への遷都にあたって洛陽の凌雲台などを解体し，北周の武帝が建徳 6（577）年に北斉を滅ぼして鄴の銅雀台・金虎台・冰井台を破壊したのが最後となって，隋唐代には衰滅したようだ［関野 1956］。

3） 上原真人氏からの直接の教示による。

4） 南伝仏教に関する文物や知識自体は，南海貿易を一手に引き受けていた新羅経由で流入するルートがあっただろう［杉山 1968；鈴木 1988］。良弁が新羅経由で入手した南伝系密部の多目多臂図像をもとに東大寺法華堂の不空羂索観音像を造立したという説もある［杉山 1968］。

5） 上原真人氏が筆者に直接指摘した。氏は頭塔を中国系とみている。

6） ミャンマーの仏塔における方形段台の出現は 11 世紀第 3 四半期に下り［千原 1983；田村 1987］，カンボジアにおける方形段台基壇の本格化は 9 世紀末であろう［千原 1983］。

7） 日本の例との系譜関係は別にしても，新羅において方形段台状の石塔が出現した理由も重要な問題である。安東塔・義城塔は安東ないしその近傍にある。新羅では石塔が主流であり塼塔は少ないが，安東は塼塔が集中する地域である。後述するように土塔や頭塔が塼塔の模倣として出現したのであれば，新羅の方形段台状石塔も一般の層塔状石塔ではなく塼塔との関係で出現した可能性があるだろう。

参考文献

足立　康　1928・29「北魏塔婆様式の系統に就いて」『国華』450～452・455・459～462

石田茂作　1958「頭塔の復原」『歴史考古』2

石田茂作　1972『塔　塔婆・スツーパ』日本の美術 77，至文堂

井上　薫　1959『行基』吉川弘文館

梅原末治　1953「備前熊山上の遺跡」『吉備考古』86

大阪府文化財調査研究センター　1998『蔵塚古墳』

大津　透　1999『古代の天皇制』岩波書店

近江昌司　1973「備前熊山仏教遺跡考」『天理大学学報』85
岡本敏行　1990「大野寺の土塔復原」『千葉乗隆博士古希記念　日本の社会と仏教』永田文昌堂
熊山町教育委員会　1974『熊山遺跡　岡山県赤磐郡熊山町史跡熊山遺跡緊急調査概報』
熊山町教育委員会　1975『熊山遺跡　岡山県赤磐郡熊山町史跡熊山遺跡石積遺構修理報告』
斎藤　忠　1938「狼山麓の一遺構阯」『昭和十二年度古蹟調査報告』朝鮮古蹟研究会
斎藤　忠　1972「わが国における頭塔・土塔等の遺跡の源流」『大正大学研究紀要』57
坂井　隆　1998「群島部（マレー語世界）の考古学」『東南アジアの考古学』同成社
狭山市教育委員会　1996『狭山池』
杉山二郎　1968『大仏建立』学生社
鈴木靖民　1988「新羅・渤海との文化交流」『図説検証　原像日本』4，旺文社
関　晃　1955「遣新羅使の文化史的意義」『山梨大学学芸学部研究紀要』6
関野　貞　1922「南北朝時代の塔と健陀羅塔との関係」『建築雑誌』427
関野　雄　1956「台榭考―中国古代の高台建築について―」『中国考古学研究』
田中　淡　1980「先秦時代宮室建築建築序説」『東方学報』52
田中　淡　1999「漢代の建築」『よみがえる漢王朝』読売新聞社
田村圓澄　1972『アジア仏教史日本編1　飛鳥奈良仏教』佼成出版社
田村圓澄　1980『古代朝鮮仏教と日本仏教』吉川弘文館
田村克己　1987「パガンと黄金の仏塔」『アンコールとボロブドゥール』世界の大遺跡12，講談社
千原大五郎　1983『東南アジアのヒンドゥー・仏教建築』鹿島出版会
東野治之　1979「奈良時代遣唐使の文化的役割」『仏教芸術』122
東野治之　1985「文化の様相」『古代を考える　奈良』吉川弘文館
東野治之　1988「遣唐使と唐・西域文化」『図説検証　原像日本』4，旺文社
中井真孝　1985「宗教と学問」『古代を考える　奈良』吉川弘文館
奈良文化財研究所　1982『平城宮発掘調査報告ＸＩ』
奈良文化財研究所　2001『史跡頭塔発掘調査報告』
堀池春峰　1995「婆羅門菩提僧正とその周辺」『奈良仏教と東アジア』雄山閣出版
水野清一　1936「六朝芸術における漢代の伝統」『東洋史研究』1-4
森　蘊　1971『奈良を測る』学生社
吉田靖雄　1987『行基と律令国家』吉川弘文館
秦　弘燮　1971「所謂方壇式特殊形式の石塔数例」『考古美術』110
秦　弘燮　1974「所謂方壇式特殊形式の石塔数例補」『考古美術』121・122
申　榮勳　1975「陵旨塔の構成」『考古美術』128

洪　淳昶　1975「七・八世紀における新羅と日本との関係」『新羅と飛鳥・白鳳の仏教文化』吉川弘文館

中国社会科学院考古研究所　1996『北魏洛陽永寧寺』

Franz, H.G. 1980. Stupa and stupa-temple in the Gandharan regions and in Central Asia, *The Stupa:Its Religious, Historical and Architectural Significance*, Wiesbaden.

Lohuizen-de Leeuw, J.E. 1980. The Stupa in Indonesia, *The Stupa: Its Religious, Historical and Architectural Significance*, Wiesbaden.

補説

頭塔の系譜については，鳥取環境大学の浅川滋男氏からご教示を受けた。浅川氏は，中国・寧夏回族自治区青銅峡市の「百八塔」を候補にあげた。これは，山の急斜面に，下方ほど正面長が長く，上に行くほど短くなる12段の平坦面を造成し，各段に下から，19，17，15，13，11，9，7，5，5，3，3，1基，総計で108基のラマ式仏塔群を並べたもので，最上段の1基は方形基壇上に高さ3.5mの塔を載せ，他の段の塔は高さ2.5mである。田中淡は，最上段の塔が北京妙応寺の白塔と類似することから，この塔群の年代を元代頃と考えている［田中 1999］。

このような構造の塔群が頭塔の祖型となるであろうか。頭塔は基壇上に多重塔身を載せた1基の塔であるが，百八塔は雛壇状の平坦面に多数の塔を集合させたものであり，基本的構造が異なると考える。また，百八塔は元代とされており，唐代並行の土塔や頭塔の祖型と考えるには，同様な構造の塔の出現が初唐まで遡る必要があるだろう。

他方，百八塔と類似した遺構は日本に別にある。熊本県熊本市池辺寺の百塚は，山の東斜面に，雛壇状の造成はしていないものの，一辺約45mの正方形の区画内に100基（10行×10列）の石積みを整然と配したものである。各石積みは，一辺2.4mの正方形の区画内に石を60～70cmの高さに積んだと推定され，塔を意識したものであり，年代は9世紀代と考えられている［熊本市教委 1996］。このような石塔群は日本国内に類例がなく，その系譜が問題となるものである。中国において百八塔のような多数の塔を整然と配する構造の施設が唐代まで遡るのであれば，池辺寺・百塚の祖型となった可能性が出てくる。なお，坪井清足は，池辺寺・百塚について，天台宗系列で法華経による造塔供養を表したものとする石田尚豊の説を承けて，各石積み上に木製あるいは石製の塔を据えたと考えている［坪井 1996］。また，石積み群の下方に接して特殊な礎石建物群がある。南北棟の正堂，正堂の南北には東西棟の脇堂，正堂の東側に門を兼ねた礼堂があり，礼堂の両側からＬ字状の建物が伸びて脇堂に達している。この建物群について沢村仁は，天台宗寺院としての池辺寺の本山にあたる延暦寺根本中堂の当初の姿に近いと考え，正堂を通して背面に展開する百塔を礼拝する役割を認めている［沢村 1996］。

中国の百八塔がいかなる経典に基づくものか未検討だが，池辺寺・百塔も百八塔も，土塔や頭塔とは別系統のものと理解しておく。いずれにせよ，検討のきっかけを与えてくれた浅川氏に感謝したい。

参考文献

熊本市教委　1996　『池辺寺跡Ⅰ（百塚遺跡Ｃ地点・堂床遺跡　発掘調査報告書）』

沢村　仁　1996　「池辺寺の建築と古代の山寺」『池辺寺跡Ⅰ（百塚遺跡Ｃ地点・堂床遺跡　発掘調査報告書）』

田中　淡　1999　「百八塔」『世界美術全集　東洋編７　元』小学館

坪井清足　1996　「遺跡の保存について」『池辺寺跡Ⅰ（百塚遺跡Ｃ地点・堂床遺跡　発掘調査報告書）』

第12章　蟹満寺本尊・薬師寺金堂本尊をめぐる諸問題
――学説史的検討――

京都府山城町にある蟹満寺の本尊である釈迦如来像，奈良県奈良市の薬師寺金堂本尊薬師像は，飛鳥寺中金堂本尊釈迦如来像・旧山田寺講堂本尊如来像（興福寺仏頭）・薬師寺講堂本尊如来像と並び，日本古代の青銅製丈六像の希有な遺例であり，きわめて優れた作品としてつとに知られている。しかし両者共に制作年代について諸説あり，久しく論争の的となってきた。その如何によって，単に仏像の編年的位置の移動のみならず，いわゆる「白鳳時代」の存否問題[1)]，さらに広く7世紀後半から8世紀前半における文化的画期の設定問題，「白鳳様式」・「天平様式」の内容理解，唐・新羅との交渉とその結果としての文化的影響の流入時期・濃度・契機などの具体相の理解，などが大きく左右されるために，美術史研究者のみならず我々考古学研究者にとっても見過ごせない問題と考える。

これまで仏像彫刻の綿密な様式的研究，文献資料の解釈的研究はもっぱら美術史研究者が手掛けてきた。しかし，寺院やその堂塔の創建年代についての文献資料の解釈論争が行き着くところまでいき，最終的決着には発掘調査をはじめとする考古学的研究方法による事実関係の積み上げが重要な役割を果たすようになったといえよう。たとえば，法隆寺の若草伽藍と西院伽藍の同時存在の可能性が，若草伽藍の造営に際して一部を付け替えた流路が西院伽藍の造営時に埋め立てられた事実の判明によって，最終的に否定された例[2)]はいうまでもなく，山田寺金堂が発掘調査され肘木を放射状に配する形式が推定されたことによって，玉虫厨子が実在した建物形式を模倣した可能性が強まり，天智朝以後とする説[3)]もあった玉虫厨子の年代観にも影響を及ぼした例，本薬師寺本尊像の造顕年代論争を左右する平城薬師寺東塔檫銘の解釈が，本薬師寺西南隅の発掘から本薬師寺の造営着工年代の手がかりが得られた[4]ことによって解決に近づいた例[5]，東大寺法華堂の造営の着手年代が，そこで使用された恭仁宮式文字瓦の分析によって天平12（740）年である可能性が大きくなった例[6]，などをあげることができよう。また，初唐様式の流入年代の決め手の一つとされる塼仏や押出仏の年代の決定にも，寺院遺跡から得られる考古学的脈絡が効いてくる。一方，仏像自体についても人工物である点で考古学的研究の対象に当然なしうると考える。もっとも，考慮すべき属性の数がかなり多くなる点，定量化が困難な属性が多い点，定性的にしか扱いようがない属性が考古学的研究法にそぐわないこと等，クリアすべき困難性が多々あることは十分承知している。しかし，そもそもは美術史研究者の関与によって着手されたにもかかわらず，ほとんどの美術史研究者がなぜか（推定可能だが）その意義を認めず，頑として忌避する写真測量による実測図も，実測図を使って当然の我々考古学研究者であれば使用に際する躊躇はなかろうし，図に表現された情報量の多さはそれを引き出す方法さえ整えれば感覚的表現の曖昧さを避けるのに力を発揮するであろう。また計量的・非計量的を含めて属性の多さに対しては多変量解析などの統計的手法の導入がありうるし，ある自然科学者はファジー理論導入の有効性さえほのめかしている[7]。もっとも考古学研究者が仏像の考古学的研究を本格化させるには写真測量図をさらに集積する必要があり，特にフランクフルト水平面（OAE）に直角な投影面による顔面の正面図と側面図が多量に必要であるので，今すぐ具体化できるわけではないが，その日に備えて考古学の側で環境の整備に着手しておくべきと考える。

本章では，このような意図から，1990年の山城町教育委員会による蟹満寺境内の発掘調査によって重要な事実が明らかとなったのを契機に，蟹満寺釈迦像・薬師寺金堂薬師像の造顕年代をめぐる論争を整理し，7世紀後半から8世紀前半の文化的現象についての歴史的脈絡をも参照しつつ，現状での見通しをつけ，今後究明すべき課題を明らかにしたいと考える。

I　蟠満寺釈迦像をめぐる諸問題

蟠満寺境内の発掘調査によって得られた事実は，①現本堂を中心に瓦積基壇をもつ大規模な建物跡SB101がある。②釈迦像はSB101の基壇内陣より約2mの高さにあり，薬師寺金堂薬師像の床面からの高さとほぼ等しい。③SB101の創建年代は白鳳時代に遡り7世紀末頃である。以上の事実に基き幾つかの仮説が提示された。すなわち，①SB101は金堂と想定され，釈迦如来座像はSB101の本尊として極めて理想的な位置にある。②釈迦像はSB101の本尊として，創建以来ほとんど現位置を動いていない。③釈迦像の像立時期も7世紀末頃である[8)]。

これらの事実と仮説は釈迦像の年代と伝来に関する長年の論争に対して，非移座・「白鳳時代」説での決着を迫っている（補説参照）。これに伴い，薬師寺金堂薬師像を釈迦像より古く考える場合には「白鳳時代」・移座説，新しく考える場合には「天平時代」・非移座（平城新鋳）説が有利となるから事は重大である。もっとも，釈迦像がSB101の身舎中央間北半に位置するかどうかは，釈迦像を中心として今調査地と対称の位置にSB101の基壇東半が検出されるかどうかにかかっているし，かりに釈迦像がその位置にあったことが確認されても，ただちにSB101の創建以来の本尊であったと限定はできず，台座の調査を経るまでは，状況証拠に留まり続けるであろう。また，SB101の創建年代は軒瓦の年代観から求めたと思われるが，これが流動する余地はないのであろうか。仏像の年代論争が問題としている時間差が20〜30年であることを考えると，軒瓦の年代観のわずかの流動が重大な結果をもたらしうるのである（補説参照）。このように考古学サイドで今後煮詰めるべき問題が残っているが，釈迦像自体については美術史研究者の反応待ちで，下駄を預けてお任せし解決して頂くのが筋だとする考えもあろう。しかし私は，すでに述べたような理由によって考古学サイドでも言及したほうがよいと考える。

蟠満寺釈迦像の造顕年代については「白鳳時代」説と「天平時代」説とが

永く対立してきた。この像は薬師寺金堂薬師像とよく似ており，比較されることが多いが，仏像様式上の基準作とされるのは，官大寺の本尊であり当代最高の造仏師や鋳工の作とみられる薬師寺金堂像のほうであり，これと蟹満寺釈迦像との差異を時間差ないしは工人の系統差・力量差とみなし，薬師寺金堂像との相対的位置関係を求めることが通常であった。しかし薬師寺金堂像の年代についても「白鳳時代」説・「天平時代」説との間で激しい論争が続いており未確定であるから，蟹満寺釈迦像の年代観もそれと共に流動することになる。

たとえば，水野清一は，白鳳彫刻の作例として新薬師寺薬師如来立像（香薬師），法隆寺阿弥陀三尊像（橘夫人念持仏），鶴林寺観音菩薩立像，興福寺仏頭などとともに蟹満寺像をあげ，中国の様式にあてはめると「雲門山，駝山の大仏，龍門では賓陽南洞などの大仏にみる隋様式」，「唐にしても，すくなくとも高宗の永徽，顕慶（650～660）以前の様式」とした[9)]。大橋一章は薬師寺金堂像を養老6（722）年とし[10)]，蟹満寺像を白鳳彫刻の代表作である興福寺仏頭（旧山田寺講堂本尊）に様式上類するとみる説を追認している[11)]。松山鉄夫は，技法の成熟序列からみて，興福寺仏頭→興福寺東金堂日光・月光菩薩像→蟹満寺像→薬師寺金堂像の順序が妥当とし[12)]，「天武・持統朝を中心とする白鳳時代の仏像」として興福寺仏頭，当麻寺彌勒仏座像，興福寺東金堂日光・月光菩薩立像，龍角寺薬師如来像，鰐淵寺観音菩薩立像とともに蟹満寺像を掲げた[13)]。町田甲一は薬師寺金堂像を養老・神亀頃とし，蟹満寺像が様式・鋳造技術の点で先行するとみるが，それ以上年代を特定していない[14)]。毛利久は，1966年には，両者が衣文の流れ方と彫出法で酷似することから年代が「あいちかい」（養老～神亀年間，717～728年）とみていたが[15)]，1975年には白鳳時代の基準作として興福寺仏頭をあげ，様式上それに類するものとして法隆寺観音菩薩立像（夢違観音），法隆寺阿弥陀三尊像（橘夫人念持仏），新薬師寺薬師如来立像（香薬師），鶴林寺観音菩薩立像，深大寺釈迦如来倚像，当麻寺彌勒仏座像とともに蟹満寺像をあげ，ほぼ同時代の作品と考えて誤りないとした[16)]。足立康は，薬師寺金堂像と「丈量・比例・形相・手法」が類似するので「天平時代初期」とした[17)]。杉山二郎は，薬師寺金堂像を養老2年以後とみ，蟹満寺像の造形の種々相すなわち，全形姿の印象，頭部の造形，眼・鼻・耳の形式，身体各部の造形，法衣の造形感覚・表現技法・面構成，胴部や背部の肉付けや他の部分との均衡，などを薬師寺金堂像と比較しそれより下らせるとともに，蟹満寺像を山背国分寺本尊と推定し天平15（743）年頃の造顕とした[18]。田辺三郎助は薬師寺金堂像を持統6年以前とみるが，蟹満寺像を「薬師寺金堂像に先行するものと考えられているが，全く問題がないわけではない」とする。すなわち，蟹満寺像の左脇下から上膊部の衣文が，薬師寺金堂像と氏がそれよりかなり下るとみる薬師寺講堂薬師像との中間的な型を示し，組んだ足の腿部にたたむ同心円状の衣文が法隆寺西円堂薬師像などの形式化した物への接近を示し，頭部の造形が東大寺法華堂の不空羂索観音像に近い[19]ことなどから，杉山二郎説を支持している[20]。

以上の諸学説を通覧して奇異に感じるのは，大橋一章・松山鉄夫・毛利久ら薬師寺金堂像「天平時代」説を強力に唱え，文献資料の解釈よりも像自体の様式論的検討を重視するはずの論者が，なぜか蟹満寺像を「白鳳時代」に上げ，興福寺仏頭，当麻寺彌勒仏座像，興福寺東金堂日光・月光菩薩立像，法隆寺観音菩薩立像（夢違観音），法隆寺阿弥陀三尊像（橘夫人念持仏），新薬師寺薬師如来立像（香薬師），鶴林寺観音菩薩立像，深大寺釈迦如来倚像，龍角寺薬師如来像，鰐淵寺観音菩薩立像，などと同時期においている点である。興福寺仏頭と薬師寺金堂像との様式的・時間的距離を力説する論者が，前者と蟹満寺像とをいとも簡単に同時期とするのは不思議なことである。もしそうであれば，町田甲一が薬師寺金堂像に与えた「天平様式の父」の地位[21]は蟹満寺像にこそ与えらるべきであろう。なぜなら，蟹満寺像と薬師寺金堂像との様式的距離が，蟹満寺像と上に示された「白鳳時代」の諸像との距離より小さいことは素人目にも明らかであるから，それにもかかわらず薬師寺金堂像が「天平時代」，蟹満寺像が「白鳳時代」であれば，後者こそが「触知的な運動的視覚活動による第三次元的空間価値の把握が完全な域にまで発達し，同時にプラスティシュな塑形的技術が円熟して，対象の立体性を微妙な一凹一凸まで具現するようになった」，「触知的な働きと塑形の技術，及びこれらにも由来し，またこれらを必要ともした写実的な所謂古典的な感情」が「最初に最も明瞭に最も的確に客観化」された具体的作品になるのではなかろうか。しかし，はたしてそうか。また，松山鉄夫の指摘のように，7・8世紀において丈六像のような大像の鋳造は氏寺クラスでは普通には無理で，官営の大寺ないしは官の特別保護を受けた若干の寺であったとすれば[22)]，時代をリードしている蟹満寺像は当然官寺造営組織の作品ということになろうから，蟹満寺像を本尊としていた寺の実体の解明がいっそう重要な課題となる。ここで，蟹満寺像の造顕年代にさらに言及する前に，薬師寺金堂像の年代をめぐる論争を一瞥しておこう。

Ⅱ　薬師寺金堂薬師像をめぐる諸問題

薬師寺金堂薬師像の年代を推定するについては，次のような手続きが取られるのが普通であろう。

A　本薬師寺本尊及び平城薬師寺本尊の造顕年代を文献資料から割り出す。現在，本薬師寺本尊については持統2（688）年説と持統11（697）年説，平城薬師寺本尊については和銅3（710）年～養老2（718）年説と養老・神亀年中（718～726年）説とがある。

B　薬師寺金堂薬師像がもつ様式的特徴がどちらの年代の作品としてふさわしいかを検討する。具体的には，造顕年代が明らかないし比較的問題なく推定可能な日本における作品と様式的特徴を比較し，相互の年代的関係を推定する。

C　初唐から盛唐にかけての仏像彫刻様式の展開をたどり，薬師寺金堂薬師像の様式的祖型が出現する実年代を把握する。

D　薬師寺金堂像に用いられた文様の唐および日本における流行年代を把握する。

以下，B～Dの論点について諸先学の説を紹介しつつ問題点を整理し，若干の私見を挟ませて頂くこととする。なお，今回はAの論点については省略し他日を期したい[23)]。

B　薬師寺金堂薬師像が持つ様式的特徴がどちらの年代の作品としてふさわしいかを検討する方法。具体的には，造顕年代が明らかないし比較的問題なく推定可能な日本における作品と様式的特徴を比較し，相互の年代的関係を推定する。比較の対象となる像には以下の物があげられることが多い。

①興福寺仏頭（旧山田寺講堂本尊）

②当麻寺彌勒仏像

③法隆寺阿弥陀如来像（伝橘夫人念持仏）

④法隆寺観音菩薩像（夢違観音），深大寺釈迦如来像，鶴林寺観音菩薩像，新薬師寺薬師如来像（香薬師），龍角寺仏頭，など

⑤法隆寺金堂壁画

⑥法隆寺塔本塑像

⑦塼仏・押出仏

薬師寺金堂薬師像と①・②・③・④の諸例との間に様式上の距離が大きいことは共通認識となっている。薬師寺像非移座・平城新鋳説ではこの距離をそのまま制作年代における相当の時間差と考える[24]。一方，移座説では薬師寺金堂薬師像と①・②・③・④の諸例との年代差がほとんどなくなる（持統2年説）か十数年程度（持統11年説）となってしまうため，この距離を施主の力量差（官大寺・私寺）および工人が有した様式系譜（当時最新の手本と技法を有す工人と古いそれを有す工人）の差とみなす。薬師寺金堂像と⑤・⑥・⑦の諸例との関係は論者による見解差が大きい。以下各々を詳述するが，④については，各像を単独で扱う論考が少ないため省略する。

①興福寺仏頭（旧山田寺講堂本尊）

この像が天武7（678）年に鋳造が開始され同14（685）年に開眼されたものであり，薬師寺金堂像と作風・技法上の差があることは定説となっている。ただしその評価は分かれる。

久野健は，薬師寺金堂像を持統11（697）年の作とみるから両者の時間差はわずか（12年）となる。その割に様式差が大きいのは，中国における様式的源流が異なるからであり，仏頭が，蘇我氏に従っていた在野の工人に

よって，旧派の作風（斉・隋の様式）を踏襲した「古様式の手本と技法」によって造られたのに対し，薬師寺金堂像は新しい初唐の様式を受け入れて急激に飛躍したものとした[25)]。

町田甲一は，両者の違いを「個性的なもの」ないし祖型の差とする見方に反対して，第三次元的空間価値の把握の仕方とか，視覚の働きとか，形成の仕方などの展開は，「時代的なもの」であり，両者の差はそうした時代的な差とみるべき要素が大きいとした[26)]。

松山鉄夫は，両者の作風・技法の決定的な差は，同時期に並存した仏像の系統の差とか工房の差とはみられないから，薬師寺金堂像を興福寺仏頭と造顕年代が近い本薬師寺本尊とは考えられないとする[27)]。大橋一章も，この像と本薬師寺本尊とは，同系統の造像グループ＝官寺造営組織が手がけた丈六金銅仏であり[28)]，時期的にもほとんど同じであるから，きわめて様式的に近かったはずで，薬師寺金堂像が仏頭と同時期の，また同じ造像グループの制作とは思えないとした[29)]。

石川麻呂および一族郎党の死によって中断された山田寺の造営工事が再開されるにあたっての名目と財政的裏付けが，鸕野皇女の強い要望と朝廷の直接的援助であったことは，今日では広く受け入れられている。講堂本尊の造顕にあたっても持統天皇が官寺造営組織・官営造仏機構を動員したとする大橋・松山の説に従いたい。やはり，本薬師寺本尊は山田寺講堂本尊[30)]と様式上きわめて類似したものであり，薬師寺金堂像とは距離が大きかったはずだと考えたい。

②当麻寺彌勒仏像

この像の造立は当麻寺の創建（天武9〜14〔680〜685〕年頃）頃で，興福寺仏頭とほぼ同じである。研究者によるニュアンスの差はあるが，この像に新羅の影響をみる説が強いためか[31)]，薬師寺金堂像との直接の比較は行われていないが，松山鉄夫はこの像と興福寺仏頭の作風がかなり近く，天武朝末年の巨像として標準的なものであり，様式展開の段階を両者をもって考えると，これらと薬師寺金堂像が並置されるような極端な現象は起こりえないと考えた[32]。

現在，この像に新羅の影響をみる説が強いようであるが，私には，あげられた特徴が真に新羅系であるのか判断がつきかねる。たしかに頭部が大きく，頸が短く胴体の上に直接頭部を重ねたようになっており，肩幅異様に広く重厚な胴部であるが，こうした特徴は龍門石窟の恵簡洞や摩崖三仏龕の本尊など唐中央の作例にもままみられ，胴部と脚部の結合も非有機的だとは思えない。当麻氏最盛期の造像とはいえ，一氏族でも，新羅風にせよ唐風にせよ当時最新の様式を導入しえた段階で，山田寺講堂本尊が古い斉・隋様で造られたとはやはり考えにくい。両者を天武朝末年の標準的巨像とする松山の説に従いたい。

③法隆寺阿弥陀如来像（伝橘夫人念持仏）

県犬養橘三千代（？～733年）の念持仏との伝えがある像で，山田寺仏頭とともに「白鳳時代」の典型的な彫刻とされている。久野健は，薬師寺金堂像がこの像より古様とみるが[33]，町田甲一は，そのようなことは到底考えられないとする[34]。

伝橘夫人念持仏の年代については，像を納めた厨子が手がかりとなる。この厨子は制作後やや遅れて改造が行われ龕身部の扉が付加されたと考えられている[35]。当初部分について，浜田隆は法隆寺金堂壁画とほぼ相接する時期とした。浜田は壁画を則天武后朝末期様式を受けた慶雲元～和銅4（704～711）年の制作としているから，厨子についても同様の年代観であるようだ[36]。林良一は，天蓋や須彌座の装飾文様に金堂壁画より新しい則天武后朝の要素が加えられているとし，須彌座の上に天蓋のある仏龕を載せる厨子形式が7世紀末の新羅に類例がみられ，この種の厨子形式の日本への伝来は7世紀末とみられることから，厨子の製作年代を8世紀初め頃とした[37]。厨子と法隆寺壁画との年代的関係については浜田と見解が異なるが，厨子そのものの年代観は同じである。浜田・林ともに厨子の改造は制作にやや遅れた頃とみている。町田甲一は，絵画遺品と対比した場合，薬師寺金堂像が法隆寺壁画より伝橘夫人念持仏厨子絵の菩薩像や東大寺大仏連弁の毛彫の像に一層近いとする[38]。町田のいう厨子絵の菩薩像とは，まさしく改造後に付加された扉の内面に描かれたものである。町田の論は伝橘夫人念持仏厨子の改造が明らかになる前のものであるが，改造が知られた現状からみれば，扉の菩薩像は8世紀初頭よりかなり下ると考えられていることになるであろう。秋山光和は扉の菩薩像を則天武后期の敦煌壁画（321・332窟）と共通するとし，改造を天平5（733）年とみる[39]。法隆寺金堂壁画→伝橘夫人念持仏厨子（当初部分）→伝橘夫人念持仏厨子（改造後扉絵）という序列については諸説一致するが，3者のうちどれに則天武后期の影響があるのかについては，三様の説があるから厄介である。ところで，当初からの須彌座の框に描かれた波状唐草文は，藤原宮式軒平瓦6646・6647の瓦当文様と酷似しており，その祖型となった可能性があるから，持統朝末には存在していた意匠であろう。かつて八賀晋・田辺征夫は須彌座の波状唐草文を藤原宮式軒平瓦の変形忍冬唐草文の直接の祖型ではないと考えた[40]。それは厨子の年代を8世紀前半とする説を採用した結果であるが，改造時の付加部分はともかく，当初部分は下っても8世紀初頭とみるのが現在の美術史学界の趨勢らしい。私は持統朝末まで上る可能性があるとみる[41]。

この像の眼の表現をみると，上瞼・下瞼ともに眼先からconvex → concave → convexと流れ，上瞼が直線に近く下瞼が大きく波打ち，8世紀以降に盛行する形であるが，法隆寺観音菩薩像（夢違観音）・竜角寺仏頭など他の白鳳仏にもみられ，ただちに年代を下降させる根拠にはならない。衲衣厚く，胸部・腹部・脚部といった肉体各部の起伏の把握と表現は，まだ不十分である。この時期の唐・日本における理想主義的写実主義の完成へ向かう仏像様式の展開からみて，この像はやはり薬師寺金堂像にかなり先行するものであろう。

⑤法隆寺金堂壁画

法隆寺金堂壁画についても，それ自体の年代観，薬師寺金堂像との年代的関係について諸説があるので厄介である。

久野健は，法隆寺金堂壁画が薬師寺金堂像と同時期で持統朝のものとみる[42]。西川新次も法隆寺金堂壁画を持統末年以前とし薬師寺金堂像との間に様式上の共通性をみる[43]。田辺三郎助も法隆寺金堂壁画を高宗期後半（龍門奉先寺大仏造顕頃）に対応させ，薬師寺金堂像に同じ趣をみる[44]。

松山鉄夫は，薬師寺金堂像と法隆寺金堂壁画との表現上の類似を否定はしないが，様式展開における絵画と彫刻との「平行」を安易に考えるべきではなく，文化現象としての，ごく大局的な意味での共通的傾向はいえるとしても，異なるジャンルの表現に，年代を考定するほどの資料性を期待すべきではないとした[45]。町田甲一は，法隆寺金堂壁画が持統7～8年頃のものとみている。しかし，薬師寺金堂像と法隆寺金堂壁画との類似性は認めるが，壁画には多くの視角を混用した不自然な表現があり，写実的に充分な立体把握の域に達していないので，薬師寺金堂像はそれより遅れるとみる。壁画の画像の眼は天平的な様式を示すが，様式の伝来影響は彫刻より絵画において早いので，その先例が早くも壁画に現れたとする[46]。

法隆寺金堂壁画の年代に関する諸説を，古くみる説から順に一瞥しておく。柳沢孝は，法隆寺金堂壁画は敦煌壁画の220窟（貞観16〔642〕年）と335窟（垂拱2〔686〕年）の間の様式にあたり，唐代中央画壇における則天武后期の様式ではありえず，高宗期（649～683年）後半の様式であり，遅くとも持統朝（686～697年）の作とみた[47]。林良一は，法隆寺金堂壁画の浄土図・中尊後屏・菩薩・飛天などの形式が，唐の中央画壇における高宗～則天武后朝のものを粉本とするとした。武后朝末期長安年間（701～705年）の長安慈恩寺大雁塔楣石説法図は金堂壁画より進んだ様式とされているから，武后朝末期は含まないとみなされているようだ。そして法隆寺金堂壁画の年代は，武后朝末期の慶雲元（704）年に帰朝した第7次遣唐使以前のものであり，金堂壁画より遅れる伝橘夫人念持仏厨子が8世紀初め・文武朝頃の制作であるから，壁画を慶雲元年以前，持統朝か文武朝初めとした[48]。浜田隆は[49]薬師寺金堂像を法隆寺金堂壁画より下るとし，壁画については，以下のような根拠から，大宝2（702）年に出発した第7次遣唐使が慶雲元（704）年と同4（707）年に帰国し，唐での新様式・新技法を伝えた時期，すなわち慶雲元～和銅4（704～711）年，文武・元明朝とみた。伝えられた様式は，初唐様式が醇熟し宝慶寺石彫群のごときが完成する時期とあるから則天武后朝末期の様式のことであろう。①壁画の厳密な左右対称性，とくに菩薩の肩から斜めに垂下する条帛まで左右対称な点が，唐では長安3・4（703・704）年の宝慶寺仏龕三尊仏をほぼ最後に比較的短い期間の流行であること[50)]。②壁画に登場する織文のうち唐花文が，高宗末期から則天武后初期にかけて唐で定着した緯錦の表現とみられること。③脇侍菩薩の表現のいわゆる三曲法が，唐での類例のうち宝慶寺三尊像に最も近い様式であること。

こうしてみると，法隆寺金堂壁画に影響した唐代の様式については高宗期後半，高宗～則天武后朝（末期除く），則天武后朝末期の諸説があり，壁画の年代についても持統朝，持統朝～文武朝初め，文武・元明朝の諸説がある。私は，夏見廃寺出土大型多尊塼仏の年代観を根拠に，持統朝末まで上がりうると考えるが，これらと薬師寺金堂像との間には，唐本土における仏像様式の展開に照らしても，なお若干の時間差を考えざるをえず，この点に次いては後述する。

⑥法隆寺塔本塑像

『法隆寺伽藍縁起并流記資財帳』に，この像が中門の力士像とともに和銅4（711）年に造顕されたと記されていることは周知の事であり，日本における盛唐様式の古い例であることも定説となっている。しかし，薬師寺金堂像との関係については諸説ある。

西川新次は，薬師寺金堂像を養老2～6（718～722）年，薬師寺東院堂聖観音像を天平2（730）年，塔本塑像を天平6（734）年前後とし[51)]，薬師寺金堂像と法隆寺金堂壁画との間には様式上の共通性があるのに対し，塔本塑像には両者のもつ「典型性からの開放の方向」がみられると指摘した[52)]。田辺三郎助は，塔本塑像が，高宗期後半の様式に対応する薬師寺金堂像より下るとする。塔本塑像は盛唐の進んだ様式を直接受けたもので，面長な顔立ち，細くうねる眼つき，後頭部の浅い造形，胴長で膝が小ぶり，衣がきわめて柔軟性を示し自在にうねる，などの特徴をもち，写実が細技に走り写実と理想のバランスをすでに失しているのに対し，薬師寺金堂像の写実性はずっと節度があり前段階的であるという[53]。久野健は，塔本塑像が，氏が持統朝とみる薬師寺金堂像・法隆寺金堂壁画よりはるかに成熟した唐朝様式の影響を受けているとする[54]。

松山鉄夫は，薬師寺金堂像と塔本塑像の様式的発展段階をほとんど同列とした[55]。町田甲一は，薬師寺金堂像が，その肉体把握や衣褶の表現において塔本塑像より円熟し完成されており[56]，塔本塑像より古いとは到底考え難く[57]，やや年代が下るとみる[58]。大橋一章は，塔本塑像が，盛唐彫刻の様式的特色を顕著に示す最古の遺例で，自由なポーズと写実的な表現がほぼ完成しているが，人体に対する観察と造形が完成の域に到達し完全な写実の世界を日本ではじめて実現したのは薬師寺金堂像においてであるとした[59]。

塔本塑像の年代については，大部分が和銅4（711）年で北面最前列の比丘形像7体が8世紀半ば頃とみる町田甲一説[60]，塔本塑像と興福寺八部衆像・同十大弟子像との近似性を重視し両者の造立年次を近づけて考え，群像全体を天平6（734）年の須弥壇の改変時の作とする西川新次説[61]がある。毛利久は和銅4（711）年完成とした上で，大宝2（702）年出発の第7回遣唐使がもたらした盛唐様式の影響を強く受けたものとし[62]，水野敬三郎も同じ見解を示した[63]。

私は塔本塑像が則天武后朝末期の仏像の影響下にあるとみる。薬師寺金堂像との関係は微妙であるが，後者が先行することはありえないであろう。その根拠は，唐本土における仏像様式の展開を検討する後節で述べる。

⑦塼仏・押出仏

橘寺や川原寺裏山遺跡出土の塼仏を，これらの寺院の創建された天智・天武朝のものとみると，すでにこの時期に進歩した唐様式が伝えられていたことになる。そこで，同時期の他の技法による像にも初唐の新様が入っていたはずとする説と，塼仏には初唐の新様がより早く入ったとする説とが分かれる。

久野健は天智朝後半（橘寺・崇福寺）→天武朝（当麻寺・山田寺）→持統朝（夏見廃寺）→文武朝（壺坂寺）という塼仏の様式的展開からみて薬師寺

金堂像は持統朝の制作で何の不思議もないとした。塼仏の様式展開からみて天智～持統朝は迅速に様式が発展し，古い様式と新しい様式が混在した時期であるから，山田寺仏頭が古式であるからといって薬師寺金堂像の年代を下げる根拠にはならないとした[64]。西川新次も川原寺出土の塼仏・塑像が天智朝前半に上がるならば薬師寺金堂像は持統 2（688）年造立の可能性があるとする[65]。

大橋一章も川原寺出土の塼仏・塑像を天智朝の造立とし，山田寺仏頭よりはるかに写実的と認めたが，それらの身体把握が未成熟である点を強調した[66]。なお，長谷川誠は薬師寺金堂像持統朝説に立った上で，藤原京「紀寺跡」出土の如来形独尊塼仏が薬師寺金堂像に類似するので持統朝のものとみるが[67]，大橋は，この独尊塼仏を天智朝とした上で，全体に触知的な肉付が貧弱なため，盛唐の作品や豊かな活力ある肉体を表現している薬師寺金堂像との差が大きい点を指摘した[68]。

一方，水野敬三郎は，初唐様式が塼仏・押出仏→塑像・乾漆像→金銅像・木彫像の順で入ったとみる。中国からの請来品の型どりができる塼仏・押出仏や新技術の伝来に新たな渡来工人が関与した塑像・乾漆像には新様式が早く現れ，飛鳥時代以来の工人や技術的伝統がすでにある金銅像・木彫像の場合には遅かったという理解であり，必ずしも捻塑的技法の物が早かったと考えられているのではない[69]。浜田隆は塼仏の原型が請来品であり日本における様式の進展に積極的役割を果たしたとは考えにくく，天智・天武朝に唐の工人が多数来朝し本格的唐様式が積極的にもたらされたとは考えにくいとした[70]。こう考えると，初唐様式による塑像・押出仏の年代を根拠に薬師寺金堂像の年代を上げるわけにはいかなくなる。また松山鉄夫のように，塼仏一般の年代判定がいまなお曖昧であって，これを支点として様式的序列を判断するほどの基準性があるとは考えられないとする意見もある[71]。

久野・西川が，天智朝・天武朝の塼仏を薬師寺金堂像のような金銅製の本格的造像と直結させるのに対し，浜田・水野・大橋はニュアンスの差はあるがそれを否定する。私は，初唐後期から盛唐前期の唐における仏像様式の展開が，天武朝から文武朝の塼仏にほぼ順を追って反映されたことは認める。

それは遣唐使中断期にも何らかのルートで塼仏の原型が将来され続けたことを示している。また乾漆像・塑像などにもしだいに新様が普及したことは十分想定される。しかし7世紀代の塼仏で最も様式的に進んだものである夏見廃寺出土大型多尊塼仏にしても，薬師寺金堂像との間には，唐本土における仏像様式の展開に照らして，なお若干の時期差を考えざるをえず，この点については後述する。

C　初唐から盛唐にかけての仏像彫刻様式の展開をたどり，薬師寺金堂薬師像の様式的祖型が出現する実年代を把握する方法（補説参照）。

薬師寺金堂薬師像が，Bで示した①・②・③の諸例に比して，唐の仏像様式におけるより進んだ様式を反映していることは共通認識となっている。薬師寺像非移座・平城新鋳説では，本薬師寺本尊造顕年代には唐本土に薬師寺金堂薬師像の様式的祖型たりえる作品はまだ出現していないことを示す。つまり様式差の検出作業自体に時期差確定上の積極的意義を見いだす。一方移座説では，日本においてB①・②・③のような古い様式の作品と並行して新しい様式の作品が制作されうる前提として，様式の発信地たる唐本土において本薬師寺本尊造顕年代以前にすでに薬師寺金堂薬師像の様式的祖型たりえる作品が存在していたことを示す。

この作業上で問題となるのは，初唐～盛唐の仏像編年においてどの作品が薬師寺金堂本尊と様式上対応するかの認定である。初唐～盛唐期の仏像彫刻の一般的推移傾向を明らかにしたのは水野清一であった[72)]。水野は龍門石窟を，第1期（初唐前期，太宗・高宗前期，630～660年），第2期（初唐後期，高宗後期，661～683年），第3期（盛唐前期，則天期，684～705年），第4期（盛唐後期，玄宗期，706～755年）に編年し，そこでの推移傾向が陝西・山東・河北・山西の諸地域にもだいたい当てはまることを示した。今日多くの研究者が，唐代仏像彫刻の様式発展に言及する際には，明示するしないは別にして，水野説を下敷きにしているように思われる[73)]。以下，代表的な学説を細かくみていこう。

久野健は，移座説の立場から，持統11（697）年を遡る作のうち，かつては貞観13（639）年銘如来座像（藤井有隣館蔵，Siren PL.365〔註125のOsvald Siren文献の図版番号。以下同〕）に似るとしていた[74)]が，町田甲一から批判された[75)]。最近では，山東省の神通寺千仏崖石仏のうち顕慶3（658）年銘の丈六阿弥陀如来像（Siren PL.518・519）をあげる。比較の要点は，面相や体躯の豊満さ，両眼が上瞼・下瞼ともにカーブをもった切長であること，肉身部が弾力製のある表現で，衲衣の衣文に自在な皺が刻まれる点である[76)]。この像によって，長安3（703）年の宝慶寺石仏以前，顕慶年間にすでに豊満な様式が成立していた証左とする。千仏崖顕慶期像はかつて水野清一が，唐仏としての顔立ち・肉付けがあるものの，袈裟をつけた服装，衣文のさばき，布片のかたさ，形式的な懸裳に強く隋仏の伝統が残ると指摘した像であって[77)]，阪井卓も水野説を認め，同じ山東の盛唐前期の像（駝山第一洞）と比して隋代の造形感覚のほうにより近い保守的な様式とみた[78)]。事実，最近の龍門窟龕の編年でほぼ同時期に編年されている[79)]潜渓寺洞本尊と比較しても水野・阪井の言は支持できよう。また久野は薬師寺金堂脇侍像が，雲門山や陀山の隋代菩薩像に多い斜掛を有し，日本の和銅以降の菩薩像（法隆寺五重塔塔本塑像文殊菩薩像など）に多い条帛[80)]を有さない点が古様とみた。確かにこの2要素は唐の7世紀代の作品に多いが，龍門極南洞西壁・天龍山第17洞・養老3（719）年将来（？）法隆寺九面観音像など8世紀前半代の例にも残る点が問題となろう。

田辺三郎助も移座説の立場から，薬師寺金堂像と比較されることが多い宝慶寺石仏や神龍2（706）年の菩薩立像（ペンシルベニア大学付属博物館蔵，Siren PL. 402[81)]）にみられる菩薩像のスタイルが，儀鳳3（678）年銘阿弥陀五尊小龕像[82)]にすでにみられることから，現存しない中央寺院の仏像は進んだ写実性を示していたはずと想像し，宝慶寺石仏にはむしろマンネリ化の趣があるとした。そして，薬師寺金堂像に高宗期後半（龍門奉先寺大仏造顕期）の趣をみるとともに，『七大寺巡礼私記』が伝える当初の光背の形式，裳懸宣字座の形は盛唐の進んだ様式を受けていないとみる[83)]。しかし，儀鳳3年銘阿弥陀五尊小龕像の菩薩像については，体躯の曲がり方が不自然で肉身各部の把握も十分でなく，写実的な造形の点で奉先寺像を超えるものではないという大橋一章の評価もあり[84)]，これは支持できよう。

西川新次は，薬師寺金堂像の肥満円熟した肉体表現や流麗な衣文表現が，盛唐前半期（684～705年）様式を祖とするとみるが，それに後続する薬師寺東院堂聖観音像が長安3（703）年の宝慶寺旧蔵十一面観音像や神龍2（706）年の菩薩立像の表現に近く，さらに後続する法隆寺塔本塑像が則天期仏像（天竜山第4・5窟，龍門極南洞・擂鼓台）の洗練された姿に通ずるとしているから，則天期でも前半の影響が重視されているとみられよう[85)]。

水野清一は，薬師寺金堂像を東院堂聖観音像とともに「正しく盛唐の形式で，はやくて高宗末年，実例でいえば，則天時代（684～705年）のもの」であり，持統・文武（687～707年）ないし元明の初期（708年～）に造られていたとした[86)]。

松山鉄夫は，非移座・和銅3～養老2（710～718）年新鋳説の立場から，薬師寺金堂像の表現は則天武后期から玄宗初期にかけての様式に対応するとし，直接影響を与えたのは則天武后期のものとみた[87)]。松山は，自然主義的な人体表現の発展段階からみて，高宗時代後期の中央様式（龍門奉先寺洞・恵簡洞・万仏洞）は，写実表現の成熟の前段階にあり，人体の自然主義的・解剖学的把握や心理主義的性格描写が進むのは則天武后期（685～704年），古典的写実表現の完成期を玄宗初期とし，則天武后期の例として龍門極南洞・東山諸洞・看経寺洞の諸像の他，長安3～4（703～704）年の宝慶寺仏龕諸像，神龍2（706）年観音像など，玄宗初期の例として天龍山第14洞をあげる。そして，大宝2（702）年に出発し慶雲元（704）年と同4（707）年に帰国した第7回遣唐使がもたらした則天武后期の文物が薬師寺金堂像の作風に大きな影響を与えたとした。

松原三郎は，薬師寺金堂像の制作年代を養老・神亀年間（718～728年）と推定し，その源流となる様式を，完成された盛唐前期様式と推定した。盛唐前期様式の中でも，則天武后最末期・中宗復位期・睿宗期（703～713年）の10年間に，写実主義が頂点を極め，自由で滑らかな着衣，量感を示す部厚く丸味のある体躯，ゆったりとしたおおらかさなど，薬師寺金堂像に通じる特色をもつにいたるとし，長安3（703）年宝慶寺仏龕，神龍元（705）年

仏座像（大村　787 図〔註 82 の大村西崖文献の図版番号。以下同〕），慶雲 2（711）年仏座像（書道博物館蔵），太極元（712）年房山雲居寺石塔内三尊仏座像（Siren PL.538B）を例示した[88]。

町田甲一は，非移座・養老～神亀新鋳説で，龍門奉先寺洞大仏，長安 3～4（703～704）年の宝慶寺仏龕諸像，神龍 2（706）年観音像（Siren PL. 402），天竜山第 6 洞左壁倚像仏（8 世紀前半[89]）などはいずれも薬師寺金堂像の祖形となった仏像の様式より古く[90]，薬師寺金堂像の頭部や衣褶の彫出が，慶雲 2（711）年仏座像（書道博物館蔵），伝西安青竜寺旧蔵仏座像[91]などに近いと述べているから[92]，玄宗期前半の像が様式的祖型と考えられているのであろう。なお町田は陝西省博物館蔵の神竜 2（706）年銘「法蔵仏座」と薬師寺金堂像台座との類似を指摘した[93]が，松山鉄夫も後に同じ見解を述べている[94]。

大橋一章も，非移座・養老 6（722）年新鋳説の立場から，薬師寺金堂本尊を盛唐彫刻の影響下のものとする[95]。大橋は盛唐彫刻の様式認識として，表面的な人体の写生ではなく，人体解剖学的な観察が習得され，運動動作を伴ういかなる複雑な姿勢にも身体各部が微妙に応じるさまが，何の破綻もなく造形化されたものであることを条件とした。そして，龍門石窟における盛唐彫刻を則天武后が実権を掌握した嗣聖元（684）年以降とし，それを龍門以外にも適用可能とみる。大橋は奉先寺洞の諸像を，人体の写生が不完全で，運動動作に身体各部がデリケートに対応するさまをまだ正確に把握しておらず，写実的な造形の完成の一歩手前とし，盛唐期彫刻として，永昌元（689）年仏座像（京都国立博物館蔵），天授 2（691）年観音像（Siren PL.379），長安 3～4（703～704）年の宝慶寺仏龕諸像，神龍 2（706）年観音像（Siren PL. 402）のほか，龍門極南洞・擂鼓台三洞・看経寺洞の諸像など，則天武后期から玄宗初期の例をあげる。以上の説は松山ときわめて近いが，薬師寺金堂像に直接影響したのが則天武后期のものか玄宗期のものか特定してはいない。ただし，盛唐彫刻の影響を受けた日本の彫刻として法隆寺五重塔塔本塑像・興福寺西金堂諸像のつぎに薬師寺金堂像をあげ，興福寺西金堂諸像の原像として龍門看経寺洞羅漢像を示しているから，玄宗期前半のものを想定しているのではなかろうか。従来，移座説の立場から，唐代中央寺院における乾漆や塑像の仏像は，石仏より写実的・触知的に進んでいたと推定する説[96]もあったが，大橋はこれを否定し，唐代においては石彫技術が著しく進んだため，石仏と金銅像・乾漆像・塑像で写実的造形の完成はほぼ同時，龍門とそれ以外での盛唐彫刻の成立はほとんど同時とみた。

毛利久は，非移座・養老～神亀新鋳説で玄宗期様式を敏感に反映した作とみる。毛利は，唐代彫刻を，第1期（初唐，高宗前半期），第2期（初唐，高宗後半期），第3期（盛唐，則天武后～玄宗期）に区分し，薬師寺金堂像には初唐様彫刻の特徴をほとんど見いだせないとし，調和のとれた豊かな肉体，流麗な衣文，両脇侍の細巧をほこる宝髪，三面宝冠，瓔珞，葡萄唐草・夜叉・四神の意匠で飾られた台座など，すべての要素が，すでに盛唐にふみいった感覚をそなえているとみる。毛利の盛唐期には則天武后期と玄宗期がともに含まれるが，毛利は「確実な玄宗初期の彫像」である法隆寺九面観音像[97]と薬師寺金堂像との類似性（豊麗な面相，裳の衣文，細密な瓔珞の工芸的装飾性）を指摘し，そうした玄宗初期様式は養老2（718）年に帰国した第8次遣唐使がもたらしたと推定する[98]。

以上の諸学説を通覧して問題となるのは，薬師寺金堂像と対比されることもある龍門奉先寺洞の仏像の評価，すなわち，それによって高宗後半期の仏像全般を代表させうるかという問題である。大橋一章によると，上元2（675）年完成の奉先寺洞諸像は，咸亨4（673）年完成の恵簡洞や永隆元（680）年完成の万仏洞の諸像と比較してもより写実的でモデリングも軽快であり，その理由として，奉先寺洞が皇室勅願であり，造像に参加した工人が当時最先端の技量をもち時代をリードしていたのに対し，恵簡洞などは当時の平均的な工人が参加したからであるとされている[99]。薬師寺金堂像が持統朝の造顕とすると，持統朝は遣唐使中断期であるから，仏像に関する知識は新羅を経由して画像・小規模な彫刻作品・言語化された情報などの形でもたらされた可能性があるものの，奉先寺洞レベルの作品が，唐本土においてもきわめて限られた工人にしか制作できなかった段階において，薬師寺金堂像のような奉先寺諸像を凌ぐ水準の作品を造る技術が，工人の渡来なしに移転可能であっただろうか。則天武后朝～玄宗朝に至れば，かつての奉先寺洞レベルを超える写実的造形が完成し，しかもそれが通常技術化したから，再開された遣唐使による技術移転形態でも導入可能になったと考えるべきであろう。森克己によると，遣唐使の構成員が皆上京を許されたわけではなく，大半は揚州に残留させられたという[100]。長安に行きえた少数の者が，長安や洛陽でしかみられない当時最高水準の作品の様式に関する情報を入手した可能性は否定できないが，画師粟田家継が円仁の命を受け揚州竜興寺法花道場瑠璃殿南廊にあった梁代第一の画家韓幹作の画像を模写した[101]ように，入唐留学生・留学僧の滞在地を勘案すれば，首都以外でも高度に写実的な作品の学習が可能となった段階のほうが，様式伝播の環境としてはふさわしいといえるだろう。

D　薬師寺金堂像に用いられた文様の唐および日本における流行年代を把握する。具体的研究事例があるのは中尊台座の葡萄唐草文である。

林良一は，薬師寺金堂像台座の葡萄唐草文の特徴を，①葡萄の房を葉が包む，②葡萄の房・葉に大きい蕚形をもつ，③蕚形や若芽がきれこみをもつ渦巻形，あたかも霊芝雲風な形式をなすこと，の3点とし，特に霊芝雲風の蕚形式の流行年代から，則天武后朝（684～705年）の唐草文様式の反映と推定した。また，本尊台座内から和銅開珎と共に発見された花唐草文銅板も様式的に大差ないとみた[102]。この林の説を町田甲一は全面的に支持している[103]。

これに対し伊東史朗は[104]，初唐から盛唐にかけての葡萄唐草文の展開の中で，葡萄文様がパルメットとは別の空想花との合成的様相を顕著にあらわすのが初唐頃であること，盛唐期には合成植物文的性格を強く留めながらも，より具象的・装飾的に展開したこと，薬師寺金堂像台座の葡萄唐草文は装飾性に欠け初唐風を忠実に踏襲していること，を主張した。また，薬師寺金堂の裳階地覆抜取り痕跡から発見された透彫飾金具のような蔓主体の抽象性の強い葡萄文様が，「天平時代[105]」に流行し，薬師寺金堂像台座の文様のような具象風文様はより古い文様であること，横長の区画に納める連続波状唐草で，薬師寺金堂像台座例のように中央から始まり左右に伸びるものは白鳳風，両端から始まり中央で接するものは天平風との認識から，薬師寺金堂像を白鳳時代とみた。

しかし，かりに蔓主体の葡萄唐草文[106]が平城遷都以後盛行したとしても，より具象的・描写的な葡萄唐草も並存しえたことは，伊東自身が後者の実例として正倉院の曝布彩絵半臂や鸚鵡花枝八花鏡をあげていることから明らかである。また伊東が，中央から始まり左右に伸びる「白鳳時代」の葡萄唐草文の代表例とみる葡萄唐草文軒平瓦も初現が7世紀末に遡るにせよ主体は8世紀に下る。近江昌司は，中央から発し左右に伸びる葡萄唐草と両端から発し中央で接する葡萄唐草とは，旧法隆寺献納宝物・狩猟紋錦褥や正倉院・御軾鳳凰紋錦のような円周を飾る連続波状葡萄唐草の異なった部分を取り出した差にすぎないことを明らかにした[107]が，首肯できよう。現に，薬師寺金堂像台座の葡萄唐草も台座の裏側では両端から発し中央で接する形となっている。こうして伊東の立論の根拠はほとんど失われるのである。

さて私は，霊芝雲風の蕚形式の流行年代について若干の補足を行いたい。林によると，霊芝雲風の蕚は，上元2（675）年完成の竜門奉先寺洞脇侍菩薩像宝冠にみられるものが古く，光宅元（684）年頃の高宗乾陵石彫天馬像の風翼にも霊芝雲風の唐草形式がみられるので，高宗後期～則天武后初期から行われていたという。奉先寺例の霊芝雲風蕚は，左右の蕚が根元で合体せず分離したままスムーズに茎に移行するもので，薬師寺金堂像台座の葡萄唐草文にみられる霊芝雲風蕚のように，左右の蕚が根元で合体しU字形の基部を形成するものとは異なる。このような基部をもった蕚は，咸亨元（670）年の李勣墓墓誌蓋，上元2（675）年の阿史那忠墓墓誌蓋，調露元（679）年の泉男生墓墓誌蓋などにすでにみられるが，これらの高宗期後半の例は，いずれも蕚の脚が短く先端の巻き込みがきつく薬師寺金堂像のものとは異なる。脚が長く先端の巻き込みが緩くなったものは，弘道元（683）年を上限とする高宗乾陵墓道石彫台座，延載元（694）年以前の涇州大雲寺舎利容器石函蓋，永昌元（689）年以前ないし神竜2（706）年の香積寺大塼塔楣石，開元4（716）年の楊執一夫妻墓墓誌蓋，開元24（736）年の大智禅師碑，天宝2

(743) 年の隆闡法師碑など，則天武后期から玄宗期にみられる[108)]。こうした蕚形式の日本での流行年代の上限は今のところ特定し難いが，平城宮内裏北外郭および内裏外郭東側の南北大溝（SD2700）から出土した鳳凰文鬼瓦や，東大寺戒壇院増長天像，東大寺法華堂増長天像[109)]，などにみられる点からみて，奈良時代前半に年代の中心があったことは間違いない。

Ⅲ　歴史的脈絡の検討

A　遣唐使中断期の問題

遣唐使は，天智 8（669）年の第 6 回以降，大宝 2（702）年の第 7 回まで 30 年間中断した。この遣唐使中断期における中国文化の輸入のあり方についてはいくつかの理解の仕方がある。

毛利久は，遣唐使による唐文化の輸入は全く考えられないとし，大勢として中国に対する鎖国的状況が生まれたと理解する。孝徳・斉明・天智朝に 5 回の遣唐使によって取り入れられた初唐様式が，天武・持統朝に消化され日本化し，はつらつとした作品が生まれたが，公式な交渉が途絶え新来の刺激による作風の転換が行われえなかったため，やがて落ち目となり沈滞し，形式化した生硬な作品しか生み出されえなくなり，それが打破されたのは慶雲元（704）年帰朝の第 7 回遣唐使が則天武后晩年の盛唐様式を伝えてからであるとした[110)]。松原三郎も，白鳳後期を，中国の様式を消化し尽くし日本化が進んだ時期ととらえている[111)]。

これに対し大橋一章は，遣唐使中断期にも天智朝までに数回にわたって派遣された遣唐留学生・学問僧が徐々に新羅経由で帰国し[112)]，彼らによって唐文化が輸入された可能性を示唆した[113)]。ただし大橋も，天武・持統朝の白鳳彫刻に多大な影響を及ぼした初唐様式が，孝徳・斉明・天智朝の間に遣唐使によって輸入され，それが日本の彫刻家によって徐々に習得され山田寺仏頭のような作品が鋳造されるに至ったとみる点では毛利説とまったく同様である。毛利説との差は，毛利が天智朝における初唐前・中期美術の強力な蓄積を指摘したにもかかわらず，「他日の課題」として深入りせず，むしろ新羅経由の唐風のほうを重視し，白鳳彫刻の上限を天武朝に収めてしまった[114]のに対し，大橋が白鳳彫刻の上限を天智朝まで遡上させた点である。

一方，遣唐使中断期に新羅との交渉が密であったことを根拠に，新羅経由での唐様式の輸入を重視する説がある。毛利久は，1966年には，新羅美術は唐美術の分派であるから新羅美術の感化をそう大きくみる必要はないとしていたが[115]，1975年には，白鳳後半期（天武・持統・文武朝）の彫刻の基調を貫く唐風様式には，白鳳前半期に輸入・蓄積されたものと並んで，新羅経由で新たに輸入された新羅化されたものがあり，前者が初唐前・中期のものであったのに対し，後者は初唐末のより新しいものであったとした[116]。毛利の主張の要点は，白鳳後半期における唐風が，いずれにせよ唐からの直接のものではなく，間接的なものであり，奈良時代における直輸入の場合と異なるという点である。

法隆寺金堂壁画や夏見廃寺出土多尊塼仏など持統朝頃の作例からみて，これらの粉本や原型が，唐での流行年代と大きなタイムラグなしで招来されたことは否定できない。しかし3次元的彫刻については，多数の失われた作品の存在を念頭に置いても，現存作例からみる限り，遣唐使再開以前に唐と同水準の写実性を獲得しえていたかどうか疑問である。また持統朝に平行する則天武后朝前半以前の唐本土における彫刻の様式と薬師寺金堂像との差も無視できない。平城京大安寺の乾漆釈迦像は，もともと中大兄発願の百済大寺講堂本尊であったらしく，『七大寺日記』（嘉承元〔1106〕年）が，そのできばえを薬師寺金堂像以上の当時最高の仏像と評価しており，康尚・定朝が模刻している[117]ほどであるので，唐風の様式の像[118]，捻塑的素材で初唐の仏像を忠実に模した写実の萌芽的なもの，ないし後代にも受け入れられる種類の写実性を有した像[119]が，660年代以前にすでに存在した証左とされ，ひいては薬師寺金堂像の年代が上がる傍証とされることがある[120]。しかし，定朝様をもって至高とする平安後期貴族の美意識からの評価であるから，天平彫刻ひいては鎌倉彫刻に通じるような特性ではなく，平等院鳳凰堂本尊のごとき，量感を強調せず，彫りが浅く，線が柔らかく，二次元方向に広がる絵画的な効果をもった彫刻であったのではなかろうか。川原寺裏山遺跡・「紀寺跡」出土の大型独尊塼仏など天智朝の可能性があるとされる塼仏が，プロポーションでは均整がとれているが，全体的な肉付が貧弱で量感に乏しい点が，参考になるであろう。

B　第7・8・9回遣唐使の与えたインパクト

平城宮の第一次大極殿は唐長安城大明宮含元殿を模倣したと考えられている。この点について狩野久は，大宝2（702）年に出発し，慶雲元（704）・同4（707）年に帰国した第7回遣唐使が学んできた中国宮殿の知識が平城宮の造営に反映されたとみている[121)]。天武朝～持統朝の遣唐使中断期に中国の都城についての不十分な知識に基づいて無理して建設した藤原宮・京は，いざ長安や洛陽の実態が判明してみると，彼我の差が大きすぎ当時の支配者層からみて不備な点[122)]が目立ったのであろう。第7回遣唐使が文化上で果たした役割については，養老2（718）年に第8回遣唐使と共に帰国した道慈が長安西明寺を模して大安寺を改造したことなどの他は具体的には知られていないが，その帰国直後から矢継ぎ早に平城遷都の準備が始められた事実からみて，30年ぶりに唐に関する詳しい直接的情報が得られたという点で，支配者層に大きなインパクトを与えたと想像される。

養老元（717）年に出発した第8回遣唐使の文化的役割については，出発の翌年に帰国した時点での影響は不明であるが，天平6（734）年に第9回遣唐使と共に帰国した玄昉が，五台山などの寺観を参拝し，帰国に際し多数の経典・仏像をもたらしたことが特筆され[123)]，それらの仏像が日本の仏像に与えた影響が問題となる。

C　則天武后朝～玄宗朝の仏像様式（補説参照）

第7回遣唐使で伝えられた仏像様式は，則天武后期から神龍年間に至る当時最新の様式であったと考えられる。龍門石窟擂鼓台中洞後壁諸尊[124)]，垂拱3（687）年菩薩立像（クリーブランド美術館蔵），永昌元（689）年仏座像（京都国立博物館蔵），天授2（691）年観音像（Siren PL. 379），長安3・4（703・704）年宝慶寺仏龕諸像，神龍元（705）年仏座像（大村　787図），神龍元

(705) 年仏倚像（シカゴ美術研究所蔵），神龍2 (706) 年菩薩立像（ペンシルベニア大学付属博物館蔵）などからうかがわれるこの時期の仏像様式は，分厚い革ないしフェルトでなく薄い布としての衲衣の質感の表現がかなり可能となり，皺も沈線・凸線ないし段の集合体の段階を脱し，実際の布の起伏・めくれ上がりの写実的な表現となった。薄い布を通して，その下の筋肉の起伏をかなり表現できるようになり，その肉体表現自体が，もちろん理想化を経ているとはいえ，解剖学的により正確になった。すなわち肉体各部の起伏が的確に表現され，身体各部の比率が成人に近くなり，さまざまの動きのある姿勢の表現がようやく不自然でなくなった。このような理想主義的写実主義の完成年代および下限は，盛唐期彫刻の最高峰ともいえる天龍山4・14洞および18洞左右壁の年代が不明瞭であるので[125]問題があるが，下っても開元年間前半以前と考えられる。後述するように，710年代には，量感の強調のために体の一部の幅や厚みを増大させたり，肉体や衣文の表現が単調化・形式化する新傾向が出現し，720年代以降顕著になるからである。ところで則天武后朝から神龍年間頃までの像，特に菩薩像の肉付きは，中肉ないしやや痩身であり，これは神龍2 (706) 年に高宗乾陵に陪葬された永泰公主・懿徳太子・章懐太子墓の壁画に描かれた宮女達の体形を持ち出すまでもなく，当時の好みの反映と考えられる。こうした痩身好みの日本での反映が，法隆寺塔本塑像や，時期は下るが天平6 (734) 年完成の興福寺西金堂の十大弟子像・八部衆像であろう。

薬師寺金堂像を唐代の仏像と比較すると，宝慶寺仏龕諸像のうち「虢國公」（楊思勗）造立の銘がある三尊像（細川家蔵，福山C28）に近い。天龍山では4・5洞に対応し，14・18洞左右壁までは下らせられないであろう（補説参照）。肉体の表現は解剖学的に正確かつ理想化されている。肉体各部の起伏が細やかに誇張なく表現され，身体各部は均整がとれており，動きのある姿勢の表現がまだ自然な柔らかさで過度ではない。衲衣は薄く軽やかで，その下の筋肉の起伏を適度に表し，衣文の流れは繁雑でなくかつ形式化していない。天龍山14・18洞左右壁から21洞に至ると，筋肉の起伏の部分的な誇張，実際の人体以上の体の柔らかさと過度の動きが現れ，理想主義的写実からは離れてしまい，17 洞や 18 洞奥壁では逆に衣文や肉体の表現が硬く形式化してしまう。細川家蔵楊思勗造三尊像は，同じ宝慶寺仏龕諸像のうち原家蔵釈迦三尊降魔像（Siren PL. 395B，福山 C29）に開元 12（724）年楊思勗造立の銘があることから開元 12 年作とする説もあるが，福山敏夫は長安年間の作で銘文は追刻[126]，水野清一は開元 12 年の作としながらも長安年間の諸像と根本的な区別は認めがたいとし[127]，杉山二郎は長安年間の銘文を持つ諸像と共に長寿 2（693）年に則天武后の造立した光宅寺七宝楼の龕仏とみている[128]。私も開元 12 年までは下げられないと考える。天龍山 4・5 洞の年代は水野に従って則天武后末，8 世紀初頭におきたい。したがって，薬師寺金堂像は唐本土における 8 世紀初頭の仏像様式と平行すると考えられる。その時期は，ちょうど第 7 回遣唐使の唐滞在期間の前後であり，彼らがその様式を獲得できたか否か，タイミングは微妙であるが，松山鉄夫がいうように「当時の文化史上の日中関係が，たとえどんなに接近していたとしても，わが国が，中国の様式を先取りするような現象は考えられない[129]」とすれば，薬師寺金堂像が平城遷都後の作品であることはあらためて確認できるであろう。

第 8 回・第 9 回遣唐使が伝えた仏像様式についてはどうであろうか。小田誠太郎は，奈良時代の仏像に施された文様が天平年間の中頃に大きく転換した根本的要因は，唐朝において開元年間の中葉以後に普及した新様を，天平年間の中頃に相前後して帰国した遣唐使がもたらし，それが当時の文様界に大きな衝撃をもって受け容れられたからであるとし，その遣唐使を，天平 5（733）年に出発し天平 6・8・11（734・736・739）年に帰国した第 9 次遣唐使とみている[130]。小田が新様の文様を施された像とするのは，東大寺法華堂の不空羂索観音及びそれに後続する梵天・帝釈天・四天王・金剛力士の諸像であるが，松原三郎は[131]，文様でなく仏像本体について，開元年間半ば（720 年代末〜730 年代初頭以降）に成立した新様式（盛唐後期様式[132]）が，第 9 次遣唐使の帰国時にもたらされ[133]，その新様式の典型が不空羂索観音など法華堂の諸乾漆像であるとしているから，基本的に小田と同じ理解である[134]。第 7 回と第 9 回の間の期間の唐の仏像のうち，造顕年の銘文がある小規模なものでみる限り[135)]，景雲2（711）年仏座像（書道美術館蔵），開元5（717）年仏座像（ブルックリン美術館蔵），開元10（722）年房山雲居寺石塔内三尊像，開元14（726）年仏座像（山西省博物館蔵），開元17（729）年五尊仏龕など，量感の強調のために体の一部の幅や厚みを増大させたり，肉体や衣文の表現が単調化・形式化する新傾向が出現し，特に天宝9（750）載彌勒五尊仏龕（東京藝術大学蔵）ほどでないにせよ，すでに肥満体の好みが出ている。第8回の帰国時では，新傾向の出始めであり，しかも房山雲居寺の太極元（712）年三尊像と開元10（722）年三尊像との比較で明らかなように，720年代に入ってからの新傾向の進展が著しかったようであるから，新様式が伝えられた可能性は大きくないかもしれない。私は第9回の帰国時には，肥満体の様式が招来されていた可能性を考えるが，東大寺法華堂の乾漆諸像はさして肥満体ではなく，明瞭な肥満体の出現は，鑑真が天宝期の盛唐末様式をもたらした後，現存の作例では唐招提寺金堂本尊・西大寺塔本四仏・法隆寺伝法堂諸像の時期まで下るから，日本側の好みによる取捨選択が考えられる。ここで注意すべきは，この時期の唐の仏座像には，肩幅・膝張りの増大，面幅と頬の肉付の増加に起因する顔面の矩形化の傾向があることであり，これは後述するように蟠満寺像の位置づけと関係する。

Ⅳ　蟠満寺釈迦像と薬師寺金堂薬師像との関係

最後に，写真測量による実測図[136)]を用いて，薬師寺金堂像と蟠満寺像との関係を検討してみよう。比較のために唐招提寺金堂本尊盧遮那仏像を加えた。各像の像高の実長は異なるが，比較の基準が必要であるので，頸の側縁と肩との接点までの高さを図上で揃えた。頭頂までの高さを揃えなかったのは，像によって頸の長さ，頸が胴体から立ち上がる位置，頭部の大きさ，肉髻の高さがまちまちで，体部の比較に適さないからである。面部はそれのみで大きさを揃えて比較することにする。

以下に，蟠満寺像と薬師寺金堂像の体部の比較の結果を，蟠満寺像を基準に記述する。すでに指摘されているように，蟠満寺像の頭部が相当に大きい

① 興福寺仏頭

② 薬師寺金堂本尊

③ 蟹満寺本尊

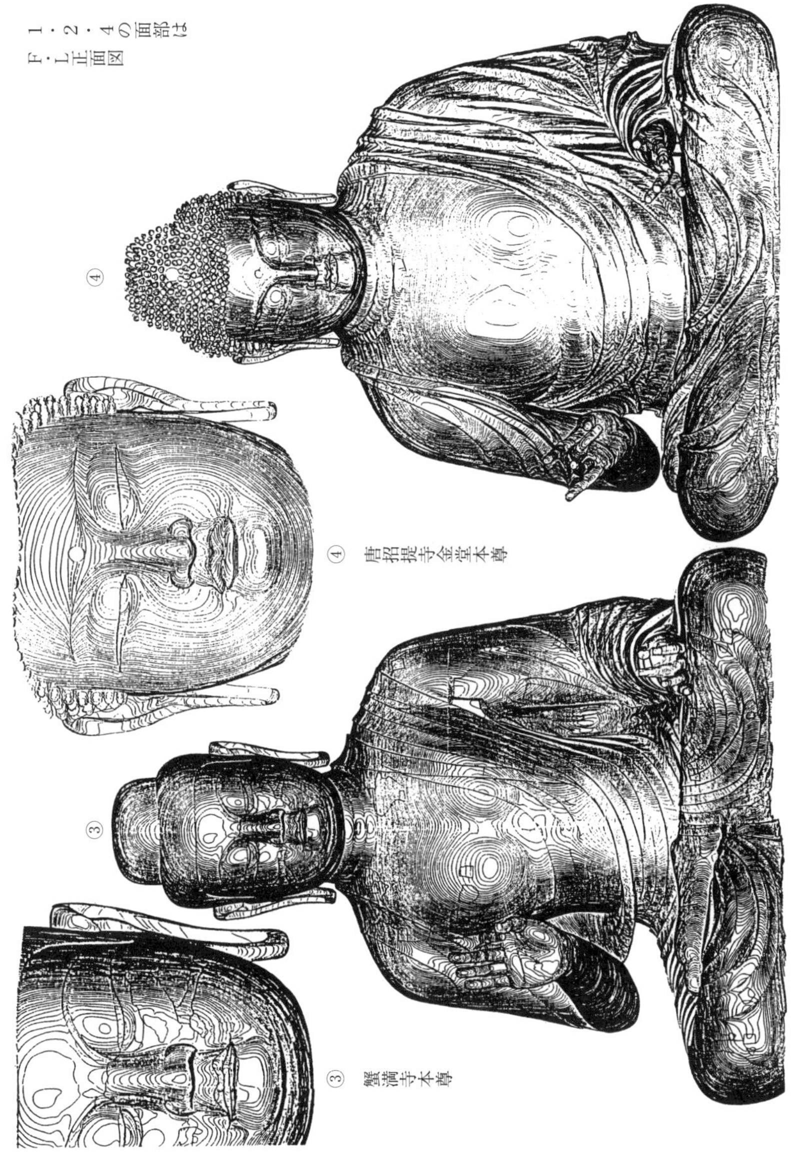

③ 蟹満寺本尊

④ 唐招提寺金堂本尊

1・2・4の面部はF・L正面図

ことが確認できる。蟹満寺像のほうが膝張りが広い。ただしこれは，体の正中線から左（像から見て。以下同）の膝頭までの距離が薬師寺金堂像と大差ないのに対し，正中線から右の膝頭までの距離が薬師寺金堂像より 1.1 倍ほど長いことに起因する。蟹満寺像が立ち上がれば，右脚のほうが左脚より長いはずである。また通常，組んだ左足の踝は正中線から右に寄った位置（右脇腹前）にくるが，蟹満寺像では中央に寄っている。これは，左足の親指先の位置が大差ないのに，蟹満寺像のほうが足が大きいのに起因する。それに伴って薬師寺金堂像ではやや右に寄る裳裾端の位置が，蟹満寺像でほぼ正中線と一致しているために，蟹満寺像の右脛はよけいに長く見え，膝が張る印象を強めている。膝の厚みは蟹満寺像のほうがやや厚いが，膝が張っているので，相対的には蟹満寺像のほうが薄く見える。頸から肩へ下がるラインはほとんど一致するが，蟹満寺像のほうが肩が尖り，幅もやや広い。蟹満寺像のほうが胴が細いとよくいわれるが，実際はわずかに太いし，胸部から腰部へのくびれ方もほとんど変わらない。蟹満寺像のほうが両腕の左右への張り出しが大きいため，相対的に胴が細く見えるのである。杉山が指摘する襞褶の面構成の差，すなわち，薬師寺金堂像では隆起した襞が高くつまみ上げられたようになり，面の曲線がやや粘ったような感覚を溢れさせながら変化を繰り返すのに対し，蟹満寺像では襞褶の面が均整化・整理化されるという点が，実測図からも充分追認できる。

唐招提寺像と比較しよう。頭部の大きさはほぼ同じである。膝張りは蟹満寺像のほうが広いが，唐招提寺像は薬師寺金堂像より張りが強いため，差は縮まっている。膝の厚みは唐招提寺像のほうが厚い。頸から肩へ下がるラインはほとんど一致するが，唐招提寺像のほうが肩幅がわずかに広い。胴は唐招提寺像のほうがはるかに太い。

面部の比較に移る。参考のために興福寺仏頭も掲げておく。蟹満寺像のみ F・L 正面図がないのが残念である。蟹満寺像のほうが薬師寺金堂像より面長というのが一般的評価であるが，実は逆であることが杉山二郎によってすでに指摘されている。もっともその差はわずかである。蟹満寺像のほうが面長に見える理由は，口の位置が同じであるのに対し，眉・眼・鼻下端の位置が高く，眼より下の顔面下半が長く見えるからである。また頰に肉が付き顔面下半が矩形で面積が広いため，よけいに大きく見える。蟹満寺像を唐招提寺像と比較すると，面長と面幅の比はほとんど一致する。眉・眼の位置は蟹満寺像のほうがやや高いが，鼻下端と口の位置は一致する。頰の肉付きは唐招提寺像のほうが豊かで，下半の肥大した顔である。杉山二郎は「時代の推移に従って頰張りはなくなり，矩形に肉付けした造形に近くなる」とし，蟹満寺像の類例として，東大寺三月堂不空羂索観音像・梵天像・帝釈天像，唐招提寺金堂本尊を掲げたが[137]，支持したい。

以上の比較に基づくと，薬師寺金堂像から唐招提寺金堂像への変化の流れの中間に蟹満寺像を位置づけると収まりがよいことがわかる。膝張りはしだいに広くなる。蟹満寺像は3者中で最も広いが，既述したように右脛が異常に長いからであり，試みに正中線から左膝頭までの長さを2倍した数値を用いると，薬師寺金堂像→蟹満寺像→唐招提寺金堂像の順となる。膝もこの順で厚くなる。蟹満寺像の膝が薄いと一般にいわれているのは，膝張りが強く膝・腿部の肉付けが弱いためにそう見える一種の錯覚である。肩幅もこの順で広くなる。胴は唐招提寺金堂像が圧倒的に太いことは一目瞭然であるが，一般に細いといわれている蟹満寺像は薬師寺金堂像よりわずかに太い。蟹満寺像の肘の張りが強く胸部・腹部の肉付けが弱いので細く見えるのである。面部を見ると，しだいに頰に肉が付き矩形に変化する。蟹満寺像の頰張り表現が，東大寺三月堂不空羂索観音像・梵天像・帝釈天像，唐招提寺金堂盧遮那仏像に類似することは，すでに杉山によって指摘されているが，さらに東大寺誕生釈迦像・八角燈籠音声菩薩像，聖林寺十一面観音像，唐招提寺金堂梵天像・帝釈天像・千手観音像，西大寺塔本四仏，法隆寺伝法堂西の間阿弥陀像などにも見られ，740年代以降一般化するといえよう。鼻下端の位置は蟹満寺像と唐招提寺金堂像が等しく，薬師寺金堂像より高い。試みに図示した諸像について鼻下端位置を測ると，次第に高くなっている[138]。

このような薬師寺金堂像と蟹満寺像との差は，唐本土における則天武后朝末＝8世紀初頭の仏像様式と平行する像と，710年代に出現し720年代以降顕著になった新傾向を受けた像との差と考える。薬師寺金堂像の造顕年次については，「天平時代」説の中で和銅・養老年中（710〜718年）説[139]と養老・神亀年中（718〜726年）説とがある。後者は，養老2（718）年に平城京での移転工事が始まり本尊の造顕にも着手した考え，前者は，遷都とほぼ同時に着工し養老2年に金堂・本尊・一部の僧坊が完成し，寺としての宗教的機能を移したとする[140]。私は前者に従いたい。蟹満寺像の様式的ベースとなった唐本土における新傾向の日本への流入年代は，第9回遣唐使の帰国時（734・736・739年）の可能性が大きいが，上限は第8回遣唐使の帰国時（718年）にまで遡ると考えられる。下限は天宝末年の仏像様式を伝えた可能性がある第10回遣唐使の帰国した天平勝宝5・6（753・754）年を遠く離れぬ頃とみたい。もちろん唐の仏像様式の日本への流入の契機は，遣唐使以外に新羅経由の可能性なども排除はできないが，今後の課題としたい。蟹満寺像を山背国分寺本尊とする杉山二郎の説に追従するつもりはないが，蟹満寺像の来歴については機会を改めて検討したい。

以上，薬師寺金堂像の年代についてはあらためて「天平時代」説を追認し，蟹満寺像については，しだいに定説になりつつある「白鳳時代」説にあえて異を唱え薬師寺金堂像より下るとした。美術史学の先行業績には極力眼を通し，引用するように努めたが，遺漏が多いと危惧される。美学・美術史学の専門的訓練を欠く者の妄言と一笑に附されるのはもとより覚悟の上である。

小稿の作成にあたり，前島己基・牛川喜幸・伊東太作の諸氏にお世話になった。末筆ながら記して深甚の謝意を表したい。（1993年5月10日稿了）

註

1）　白鳳時代存否論争についてここで深入りする余裕はないが，論争については，毛利久「白鳳彫刻の新羅的要素」『新羅と飛鳥・白鳳の仏教文化』吉川弘文館，1975，大橋一章「川原寺の造仏と白鳳彫刻の上限について」『仏教芸術』128，1980，同「白鳳仏と初唐文化」『歴史公論』116，1985，を参照。

2）『法隆寺防災施設工事・発掘調査報告書』1985

3）　町田甲一は天智朝以後とする（「本誌904号の『法隆寺と玉虫厨子（一）』における上原和君の論に答う」『国華』908，1967）。村田治郎は宮殿細部の形式，特に尾垂木の反り方を重視して7世紀末〜8世紀初めとする（「玉虫厨子の諸考察」『仏教芸術』63, 1966)。

4）奈良国立文化財研究所『飛鳥・藤原宮発掘調査概報』6, 1976

5）松山鉄夫「薬師寺金堂薬師三尊像の制作年代について」『薬師寺』名宝日本の美術6, 小学館, 1983

6）上原真人「恭仁宮文字瓦の年代」『文化財論叢』奈良国立文化財研究所, 1983

7）三浦定俊は, 数理美術史学を提唱し, その課題として,「知的画像フィルター」による原画像からの特徴（量）抽出に際する印象の数量化, 記述された印象に基づく画像の評価に際しての記述の階層構造の解明に基づくアルゴリズムの分析, を掲げた。また, 清水善三が仏像の像高と膝張りの計測値を藤原彫刻の研究に用いた結果,「彫刻の数値（もしくは比例）による方法は, 物理的な数値（比例）と視覚的な印象とがつねに一致するとはかぎらないという理由から, 彫刻史の方法としてはあくまで補助的な手段にとどめるのがよい」と述べた（「数値より見た藤原彫刻—方法の限界と可能性—」『京都大学美学美術史研究室研究紀要』5, 1984）のに対し, 清水の選択した数値が, 視覚的な印象に部分的には対応しても, 印象全体に対して必ずしも高い相関をもたなかった可能性があることに注意を促した（「数理美術史学への誘い」『MUSEUM』488, 1991)。なお, 仏像の像高と膝張りの関係は, 松原三郎が初唐～盛唐の如来座像の通時的変化の記述に用いている（「天平仏と唐様式〔上〕」『国華』967, 1974)。

写真測量の仏像への応用, あるいは写真測量成果を用いた仏像各部の比例関係の研究については, 以下の文献を参照されたい。牛川喜幸「写真測量の文化財調査への応用」『奈良国立文化財研究所年報　1964』1964, 坪井清足・牛川喜幸・長谷川誠・伊東太作・佃幹雄「写真測量の文化財調査への応用Ⅱ」『奈文研年報1969』1969, 長谷川誠「創建期東大寺大仏の比例的復原」『奈文研年報　1971』1971, 長谷川誠「飛鳥寺本尊・山田寺仏頭の実測調査と推定復原」『奈文研年報1973』1974, 丸安隆和・牛川喜幸・長谷川誠『写真測量による仏像実測図集』平凡社, 1975, 木全敬蔵・伊東太作・牛嶋茂「仏像のデジタルマッピング」『奈文研年報　1991』1992。なお, 手測りによる仏像各部の比例関係の研究は, 太田古朴が古く手掛けているが（『造像法』綜芸舎, 1960,『木割法』綜芸舎, 1961), 太田が在野の研究者であるためか, 他の研究者の注意を引くには至っていないようだ。

8）山城町教育委員会『山城町内遺跡発掘調査概報　蟹満寺第1次調査』1991

9）水野清一「飛鳥白鳳仏の系譜」『仏教芸術』4, 1949

10）大橋一章「奉先寺洞諸像の制作と白鳳・天平彫刻」『中国石窟』龍門石窟2, 平凡社, 1988

11）大橋一章「川原寺の造仏と白鳳彫刻の上限について」『仏教芸術』128, 1980

12）松山鉄夫「薬師寺金堂三尊の制作年代論争について—技法による年代推定の可能性と問題点—」『美学』116, 1979

13) 松山鉄夫「薬師寺金堂薬師三尊像の制作年代について」『薬師寺』名宝日本の美術 6，小学館，1983
14) 町田甲一「薬師三尊像」『薬師寺　全』奈良六大寺大観 6，岩波書店，1970
15) 毛利久「天平彫刻」『奈良の寺院と天平彫刻』原色日本の美術 3，小学館，1966
16) 毛利久「白鳳彫刻の新羅的要素」『新羅と飛鳥・白鳳の仏教文化』吉川弘文館，1975
17) 足立康「蟹満寺釈迦像の伝来に就いて」『日本彫刻史の研究』河原書店，1944
18) 杉山二郎「蟹満寺本尊考—造仏所研究のうち（一）—」『美術史』41，1961。杉山が蟹満寺像と薬師寺金堂像の造形の種々相の比較にまず基づいて両者の前後関係を導き出したのか，蟹満寺像を山背国分寺本尊とみなす結論が先にあって比較研究の結論をそれと合わせたのか，どちらかというと後者のように読み取れるが，いかがなものか。なお，杉山説への反論は，中野玄三「古典彫刻の伝播」『山城町史　本文編』1987。
19) 「顔が面長になり，それだけ頬が長く，顎の肉取りがつよく感じられる。両眼には抑揚がついて目じりがつり上がって長く引かれる。口角を引きしめた唇の形をはじめ，全体にきびしく，一種の暗ささえ感じられる。」
20) 田辺三郎助「薬師寺金堂本尊から唐招提寺金堂本尊へ」『薬師寺と唐招提寺』日本古寺美術全集 3，集英社，1979
21) 町田甲一「天平様式と薬師寺金堂三尊」『国華』799，1958
22) 松山鉄夫「薬師寺金堂三尊の制作年代論争について—技法による年代推定の可能性と問題点—」『美学』116，1979
23) 奈良国立文化財研究所飛鳥藤原宮跡発掘調査部では，本薬師寺跡の継続的発掘調査を 1992 年度から開始した。本薬師寺の造営着工年代の確定，ひいては本薬師寺本尊の造顕年代論争決着の日は近いと信じる。
24) 町田甲一は，「白鳳時代」から「天平時代」の諸像について，眼・口・鼻の細部を細かく比較し，薬師寺金堂像の位置づけを試みた（『薬師寺』1960）。その際，ジョヴァンニ・モレッリ（Giovanni Morelli，1816〜1891）の方法を引き，「眼だとか，耳だとか，或は爪の形だとかいふ，さういふ所に作為しないその人の個性や時代の特徴などが極く自然にあらわれてくるもので，これを作家や時代をアトリビュートする時の根拠とすべきだといふことを主張している」と述べている。ジョヴァンニ・モレッリが主張し（*Italian Painters*, John Murray, London, 1900. この文献の入手に際しては深澤芳樹氏のお世話になった），バーナード・ベレンソン（Bernard Berenson，1865〜1959）が体系化した鑑識法（*The study and criticism of Italian art*, G. Bell and sons, London, 1920. この文献の入手に際しては田中良之氏のお世話になった）は，描かれる人物の表情や個性表現に比較的無関係で，作家の造形意思があまりはたらかず写実の及ばない耳や爪の形式に，逆に作家の個性的処理が露呈するという点に着目し鑑識の目安とするものであり，町田の理解のように，時代の「アトリビュト」に使う類のものなのか（その作家の描法の時期的変化ならいざ知らず）私にはわからないが，杉山二郎が興福寺八部衆・十大弟子像の制作に数人の工人が関与し，東大寺法華堂梵天像と帝釈天像の作者が違うと述べるに際し用い（『天平彫刻』日本の美術15，至文堂，1967），久野健が飛鳥大仏の作者が鞍作止利ではないと主張するに際して用いたのもこの方法であろう（「飛鳥大仏論　上・下」『美術研究』300・301，1975）。この方法が，今日の美術史学界でどの程度有効性を認められ，また実際に活用されているのかは追跡調査していないが，多少表現をかえれば考古学にも当然適用できよう。ただし，考古学界ではこの方法自体はほとんど知られていない。

25）　久野健『白鳳の美術』六興出版，1978

26）　町田甲一「天平様式と薬師寺金堂三尊」『国華』799，1958，同「薬師寺の歴史と彫刻」『薬師寺』，実業之日本社，1960

27）　松山鉄夫「薬師寺金堂三尊の制作年代論争について—技法による年代推定の可能性と問題点—」『美学』116，1979

28）　大橋一章「山田寺造営考」『美術史研究』16，1979

29）　大橋一章「奉先寺洞諸像の制作と白鳳・天平彫刻」『中国石窟』龍門石窟2，平凡社，1988

30）　この像の源流についても諸説ある。水野敬三郎は陝西省博物館蔵の隋代の石造彌勒菩薩交脚像と造形が通じ源流が隋にあるとする（「飛鳥時代の彫刻」『法隆寺から薬師寺へ』日本美術全集2，講談社，1990）。岡田健はこれに加えて麦積山石窟・須彌山石窟の北周・隋・初唐期の像，慶州拝里石仏右脇侍菩薩立像などに近いとみる（「初唐様式と飛鳥時代後期の彫刻」『法隆寺から薬師寺へ』日本美術全集2，講談社，1990）。久野健はこの像が当麻寺彌勒仏像よりさらに初唐の影響が充実した作例であるという（「白鳳の仏像」『薬師寺・唐招提寺』全集日本の古寺13，集英社，1984）。大橋一章は，この像の制作が龍門奉先寺諸像の造像時期と重なるが，肉付けが単調で造形が硬く，写実的表現が未成熟で，奉先寺諸仏よりはるかに古様とした（「奉先寺洞諸像の制作と白鳳・天平彫刻」『中国石窟』龍門石窟2，平凡社，1988）。毛利久は，孝徳・斉明・天智朝に4回出た遣唐使がもたらした初唐彫刻の新様を，遣唐使の往復がなかった天武朝に，日本人の技術の中に消化して造ったものと位置づけた（「天平彫刻」『奈良の寺院と天平彫刻』原色日本の美術3，小学館，1966）。松原三郎は，隋末唐初の様式を源流とはするが，中国の様式では理解できず，日本独自の作風による典型作であるとする（「飛鳥白鳳仏源流考（四）」『国華』935，1999）。

31）　松原三郎は，この像が慶尚北道軍威石仏に酷似し，隋様を基盤としつつも全く新羅化した新羅彫刻の影響を受けたものであるという。あげられた共通点は，頭部が大きく，胴体の上下がつまり，姿態がやや前かがみで，胸部が厚く盛り上がり，両肩が張り，両肩や両膝に同じように丸みがあり，全体の造形が矩形をなす点である。さらに松原は軍威石仏と竜門石窟薬方洞本尊阿弥陀如来像との類似を指摘し，当麻寺彌勒像の頭部については軍威石仏より薬方洞本尊のほうに近いとした（「新羅石仏の系譜—特に新発見の軍威石窟三尊仏を中心として—」『美術研究』250，1967，「飛鳥白鳳仏源流考〔四〕」『国華』935，1971）。毛利久は，初唐彫刻の影響を認めるが新羅経由の作風とみる。頭・胴・膝を積み重ねたようなブロック性は隋から初唐にかけてよくみられるが，当麻寺像のように各部分が短くなって像全体が塊の感じになる（田辺三郎助は頸部の損傷によって継ぎ直した際に寸が詰まった可能性があるとする。「薬師寺金堂本尊から唐招提寺金堂本尊へ」『薬師寺と唐招提寺』日本古寺美術全集 3，集英社，1979）のは新羅彫刻で特に強く現れた特性であるとし，当麻氏と新羅の関係が古く遡ってあったために，新羅的な彫刻が当麻寺の本尊として造顕されたとみる（「天平彫刻」『奈良の寺院と天平彫刻』原色日本の美術 3，小学館，1966，「白鳳彫刻の新羅的要素」『新羅と飛鳥・白鳳の仏教文化』吉川弘文館，1975，「彌勒仏座像」『大和古寺大観 2　当麻寺』岩波書店，1978）。佐藤昭夫は，毛利説を基本的に認めつつ，こうした新羅系の像が出現する背景として，当麻氏と新羅との特殊な関係よりも天武朝における新羅との密接な交渉の中で渡来した技術者の参与を認めた（「当麻寺の歴史と彌勒仏像」『室生寺と南大和の古寺』日本古寺美術全集 8，集英社，1982）。身体各部を有機的に結合させない統一新羅の造形の源流としては，竜門石窟・雲門山石窟・駝山石窟などの北斉地域の隋・初唐の像がもつブロック的造形があげられることが多い。しかし，岡田健は，当麻寺像の身体各部がむしろ有機的結合を見せているとみなし，その点で軍威石窟や北斉地域の造形と異質であり，むしろ身体の写実性を求める長安地域の様式との関係を考慮すべきとした（「初唐様式と飛鳥時代後期の彫刻」『法隆寺から薬師寺へ』日本美術全集 2，講談社，1990）。岡田以外でこの像に初唐彫刻の影響のほうを強くみる説として，久野健は，体部が量感に富み衲衣が薄物でその表現に写実性が増す点を根拠とし（「白鳳の仏像」『薬師寺・唐招提寺』全集日本の古寺 13，集英社，1984），水野敬三郎は，厚く盛り上がる胸，腹を引きしめた堂々たる体躯，左足を上にした結跏趺座の形を根拠とした（「飛鳥時代の彫刻」『法隆寺から薬師寺へ』日本美術全集 2，講談社，1990）。なお大西修也は，軍威石仏自体についても，隋様よりも新羅化した唐様のほうを強くみ，年代も 7 世紀後葉から 8 世紀初頭とし，650 年を下限とする松原三郎・毛利久の見解に反対した（「軍威石窟三尊仏考」『仏教芸術』129，1980）。松原が軍威石仏を隋様とみなしたのは，それと類似する中国の作例とされた龍門薬方洞本尊を隋仏と認識したからであるが，最近では薬方洞を貞観 10（636）年以降とする見解もある（温玉成「龍門唐代窟龕の編年」『中国石窟』龍門石窟 2，平凡社，1988）。薬方洞本尊・軍威石仏の年代を下降させれば，当麻寺彌勒仏像との年代的間隔は，両者の間に系統関係をみるみないは別にして，縮まることになる。

32）松山鉄夫「薬師寺金堂薬師三尊像の制作年代について」『薬師寺』名宝日本の美術6，小学館，1983

33）久野健「白鳳文化」『日本歴史講座』1，東京大学出版会，1956

34）町田甲一「天平様式と薬師寺金堂三尊」『国華』799，1958

35）林良一「伝橘夫人念持仏厨子」『奈良六大寺大観5　法隆寺5』岩波書店，1971

36）浜田隆「金堂の荘厳」『飛鳥・白鳳の美術　法隆寺と斑鳩の寺』日本美術全集2，学研，1978

37）林良一「伝橘夫人念持仏厨子」『奈良六大寺大観5　法隆寺5』岩波書店，1971

38）町田甲一「天平様式と薬師寺金堂三尊」『国華』799，1958

39）秋山光和「玉虫厨子・橘夫人厨子の絵画」『法隆寺　玉虫厨子と橘夫人厨子』岩波書店，1975

40）八賀晋・田辺征夫「瓦の検討」『飛鳥・藤原宮発掘調査報告』Ⅰ，1976

41）大脇潔によると，軒平瓦6646・6647の一部は6641H（薬師寺式）などとともに本薬師寺の建立に際して創案された軒平瓦であって，笵による唐草文軒平瓦では法隆寺東院下層遺構に伴う均整忍冬唐草文軒平瓦に次ぐ古さのものであるとともに，藤原宮式の祖型であるという。そうだとすれば，6646・6647の瓦当文様，ひいては須彌座框の波状唐草文は天武朝後半まで遡る可能性がある。

42）久野健「白鳳文化」『日本歴史講座』1，東京大学出版会，1956

43）西川新次『文化財講座　日本の美術5　彫刻（飛鳥・奈良）』第一法規出版，1978

44）田辺三郎助「薬師寺金堂本尊から唐招提寺金堂本尊へ」『薬師寺と唐招提寺』日本古寺美術全集3，集英社，1979

45）松山鉄夫「薬師寺金堂薬師三尊像の制作年代について」『薬師寺』名宝日本の美術6，小学館，1983

46）町田甲一「天平様式と薬師寺金堂三尊」『国華』799，1958。同「薬師寺の歴史と彫刻」『薬師寺』実業之日本社，1960

47）柳沢孝「金堂の壁画」『法隆寺　金堂壁画』岩波書店，1975

48）林良一「金堂旧壁画」『奈良六大寺大観5　法隆寺5』岩波書店，1971

49）浜田隆「金堂の荘厳」『飛鳥・白鳳の美術　法隆寺と斑鳩の寺』日本美術全集2，学研，1978

50）浜田は日本での例として法隆寺阿弥陀五尊鎚鍱像・伝橘夫人念持仏厨子扉絵菩薩像をあげる。前者は同原型による押出仏と塼仏が多数あり，三重県夏見廃寺出土の大型多尊塼仏には「甲午年」の文字がある。大脇潔は夏見廃寺創建軒瓦の様式を考慮し，「甲午年」を持統天皇8（694）年とし，その表現に絵画的手法が存分に発揮されていることから，法隆寺金堂壁画のような壁画を塼仏に写した可能性を考えている（「塼仏と押出仏の同原型資料―夏見廃寺の塼仏を中心として―」『MUSEUM』418，1986，「塼仏とその製作年代」『特別展　塼仏』1991）。なお岡田健は，夏見廃寺出土大型多尊塼仏の僧形像を除いて三尊像とすると法隆寺金堂6号壁阿弥陀浄土図の三尊像と似ており，塼仏の菩薩が手に瓔珞を執る点でも6号壁の左脇寺観音菩薩と共通すると指摘した（「初唐様式と飛鳥時代後期の彫刻」『法隆寺から薬師寺へ』日本美術全集2，集英社，1990）。

51）西川新次『法隆寺五重塔の塑像』岩波書店，1966

52）西川新次『文化財講座　日本の美術5　彫刻（飛鳥・奈良）』第一法規出版，1978

53）田辺三郎助「薬師寺金堂本尊から唐招提寺金堂本尊へ」『薬師寺と唐招提寺』日本古寺美術全集3，集英社，1979

54）久野健「法隆寺西院と飛鳥地方の美術」『法隆寺と飛鳥の古寺』日本古寺美術全集1，集英社，1979

55）松山鉄夫「薬師寺金堂薬師三尊像の制作年代について」『薬師寺』名宝日本の美術6，小学館，1983

56）町田甲一「薬師寺金堂薬師三尊像の造立年代について」『日本歴史』1961

57）町田甲一「天平様式と薬師寺金堂三尊」『国華』799，1958

58）町田甲一「薬師寺の歴史と彫刻」『薬師寺』実業之日本社，1960

59）大橋一章「奉先寺洞諸像の制作と白鳳・天平彫刻」『中国石窟』龍門石窟2，平凡社，1988

60）町田甲一「上代彫刻史上における様式時期区分の問題（下）」『仏教芸術』39 1959，同「法隆寺五重塔北面における異形の鬼神像及び七体の僧形像について」『国華』834，1961，同「法隆寺塔本塑像中の第一次追加像について―特に北面に於ける比丘形像七軀について―」『仏像芸術』48，1962，同「三たび法隆寺塔本塑像について」『大和文化研究』77，1964，同「五重塔塔本塑像」『奈良六大寺大観2 法隆寺2』岩波書店，1968。なお，長廣敏夫は北面の沈痛な啼泣像と大声で泣く啼泣像とは，制作年時の差ではなく制作者の系統を異にするとみる（「五重塔の塑像」『法隆寺　五重塔の塑像』岩波書店，1974）。

61）西川新次『法隆寺五重塔の塑像』『大和文華』37，1962，同『法隆寺五重塔の塑像』岩波書店，1966

62）毛利久「天平彫刻」『奈良の寺院と天平彫刻』原色日本の美術3，小学館，1966

63）水野敬三郎「奈良時代の彫刻」『東大寺と平城京』日本美術全集4，講談社，1990

64）久野健「塼仏について」『国華』896，1966，同『押出仏と塼仏』日本の美術118，至文堂，1976

65)　西川新次『文化財講座　日本の美術5　彫刻（飛鳥・奈良）』1978

66)　大橋一章「川原寺の造仏と白鳳彫刻の上限について」『仏教芸術』128，1980。なお大橋は，天智天皇には唐文化に対する憧憬があり，天皇の私寺ともいえる川原寺の建立にあたって，堂塔を唐風の仏像で荘厳することを計画し，初唐の塼仏の複製品や初唐彫刻の模造品ともいうべき塑像を造ったとした。しかし大脇潔によると，方形三尊塼仏については，図様の鮮明さからみて，橘寺出土品のほうが川原寺裏山遺跡出土品より先に造られたことが明らかであり，この塼仏はまず橘寺，続いて川原寺に使われたらしいから，大橋の解釈には検討の余地があろう（「塼仏とその製作年代」『特別展　塼仏』1991）。

67)　長谷川誠「薬師寺の創建と薬師三尊」『薬師寺　金堂薬師三尊と聖観音』岩波書店，1974

68)　大橋一章「川原寺の造仏と白鳳彫刻の上限について」『仏教芸術』128，1980。なお，この如来形独尊塼仏について久野健は，同笵品が山田寺出土と伝えられていることを前提に天武14（685）年頃の制作と考えた（『押出仏と塼仏』日本の美術118，1976）が，その後の山田寺の発掘調査でまったく出土しないことから，今日では紀寺出土のものが誤って伝えられてきたと考えられている（大脇潔「塼仏とその製作年代」『特別展　塼仏』1991）。

69)　水野敬三郎「飛鳥時代の彫刻」『法隆寺から薬師寺へ』日本美術全集2，講談社，1990

70)　浜田隆「金堂の荘厳」『飛鳥・白鳳の美術』日本美術全集2，講談社，1978

71)　松山鉄夫「薬師寺金堂薬師三尊像の制作年代について」『薬師寺』名宝日本の美術6，小学館，1983

72)　水野清一「唐代の仏像彫刻」『仏教芸術』9，1950，同「隋唐の彫刻」『世界美術全集』8，平凡社，1950，同『中国の彫刻』日本経済新聞社，1960

73)　もちろん異説もある。たとえば福山敏男は，宝慶寺仏龕諸像の約半分を水野より30～70年古くし，天龍山石窟の唐代窟の年代を水野より約60年古くし（「宝慶寺派石仏の分類」『仏教芸術』9，1950），杉山二郎は逆に「天龍山後期」（天龍山の唐代窟全般のことか？）や宝慶寺の仏像を天宝期に引き下げた（『天平彫刻』日本の美術15，至文堂，1967）。また，龍門擂鼓台中洞を水野は則天期としたが福山は貞観年間とみた。

74)　久野健「薬師寺金堂薬師三尊像の制作年代について」『日本歴史』154，1961。同様の見解はかつて小林剛が示していた。小林剛「薬師寺金堂の薬師三尊像について―唐様式の伝来に関する研究の一節―」『仏教芸術』5，1949。小林は薬師寺金堂像を最も純粋な初唐様式，法隆寺塔本塑像を盛唐に近い頃の様式，東大寺三月堂不空羂索観音を盛唐様が日本でさらに発展したもの，ととらえた。

75)　町田甲一「薬師寺移建説を駁す」『日本歴史』156，1961

76） 久野健「白鳳の仏像」『薬師寺・唐招提寺』全集日本の古寺 13，集英社，1984
77） 水野清一「唐代の仏像彫刻」『仏教芸術』9，1950
78） 阪井卓「神通寺千仏崖の唐代初期造像について」『仏教芸術』159，1985
79） 温玉成「龍門唐代窟龕の編年」『中国石窟』龍門石窟 2，平凡社，1988
80） 条帛を有す菩薩像の古い例は，法隆寺金堂壁画・山田寺講堂本尊脇侍像・法隆寺塔本塑像・薬師寺聖観音像・法隆寺橘夫人厨子扉絵などである。
81） この像と薬師寺東院堂聖観音像との類似をはじめて指摘したのは内藤藤一郎であるらしい。『法隆寺壁画の研究』東洋美術研究会大阪支部，1932
82） ロイアル・オンタリオ博物館蔵。大村西崖『支那美術史彫塑篇』（仏書刊行会図像部，1915）の 777 図に老田家蔵として掲げられたものと同一。
83） 田辺三郎助「薬師寺金堂本尊から唐招提寺金堂本尊へ」『薬師寺と唐招提寺』日本古寺美術全集 3，集英社，1979
84） 大橋一章「奉先寺洞諸像の制作と白鳳・天平彫刻」『龍門石窟』中国石窟 2，平凡社，1988
85） 西川新次『法隆寺五重塔の塑像』岩波書店，1966
86） 水野清一「飛鳥白鳳仏の系譜」『仏教芸術』4，1949
87） 松山鉄夫「薬師寺金堂薬師三尊像の制作年代について」『薬師寺』名宝日本の美術 6，小学館，1983
88） 松原三郎「天平仏と唐様式（上）」『国華』967，1974
89） 町田のほか水野清一・シレン（Osvald Siren）らが第 4 洞左壁とするものが，実は第 6 洞左壁であることが林良一・鈴木潔によって指摘されている（「天竜山石窟の現状」『仏教芸術』141，1982）。
90） 町田甲一「天平様式と薬師寺金堂三尊」『国華』799，1958。この中で町田は，奉先寺像の衣褶の表現はむしろ白鳳仏のそれに近いと指摘した。
91） 細川家蔵，Siren PL. 406A。この像について松原三郎は開元末天宝初期の制作とみている。「唐代玄宗期造像考」『増訂中国仏教彫刻史研究』1966
92） 町田甲一「薬師寺移建説を駁す」『日本歴史』156，1961
93） 町田甲一「薬師寺金堂三尊の白鳳移座新説を再批判する」『仏教芸術』101，1975
94） 松山鉄夫「薬師寺金堂薬師三尊像の制作年代について」『薬師寺』名宝日本の美術 6，小学館，1983
95） 大橋一章「奉先寺洞諸像の制作と白鳳・天平彫刻」『中国石窟』龍門石窟 2，平凡社，1988
96） 田辺三郎助「薬師寺金堂本尊から唐招提寺金堂本尊へ」『薬師寺と唐招提寺』日本古寺美術全集 3，集英社，1979
97） 上原昭一は，毛利とは異なり，九面観音像の将来年には疑問があるとした上で，

1968年にはこの像を「7世紀後半か8世紀初頭の盛唐期」（則天武后期のことか）の作品とみていたが，1977年には，この像には盛唐期の造形ではなく初唐様に通じる造形感覚があり，それが薬師寺東院堂聖観音像に対応し，則天武后期から玄宗初期にかけての盛唐様が薬師寺金堂像に対応するとした（『飛鳥・白鳳彫刻』1968。「天平彫刻の様式」『天平の美術　南都七大寺』日本美術全集4，学研，1977）。町田甲一も招来年に疑問を示すが，年代は上原と全く違い，弘法大師将来の檀造仏龕像（金剛峯寺蔵・枕本尊）ときわめて近い様式・技法であることから8世紀初め頃に招来される可能性をもつ像とは考えられないとした（「法隆寺の『資材帳』に記された『宮殿像』と『檀像』についての疑問」『日本歴史』232，1967）。また伊東史朗は，九面観音像・枕本尊ともに7世紀半ばとする（「金剛峯寺諸尊仏龕〔枕本尊〕について」『国華』1111，1988）。したがって，九面観音像の年代についても100年以上の見解差があることになり厄介である。

98）　毛利久「天平彫刻」『奈良の寺院と天平彫刻』原色日本の美術3，小学館，1966。毛利は盛唐的要素が強い薬師寺金堂像が遣唐使の中断期である持統朝に造られる可能性は少ないとも述べている（「白鳳彫刻の新羅的要素」『新羅と飛鳥・白鳳の仏教文化』吉川弘文館，1975）。

99）　大橋一章「奉先寺洞諸像の制作と白鳳・天平彫刻」『龍門石窟』中国石窟2，平凡社，1988

100）　森克己『遣唐使』至文堂，1955

101）　円仁『入唐求法巡礼行記』

102）　林良一「薬師寺本尊台座の葡萄唐草文」『国華』810，1959

103）　町田甲一「薬師寺の歴史と彫刻」『薬師寺』実業之日本社，1960，「薬師寺金堂薬師三尊像の造立年代について」『日本歴史』154，1961，「薬師三尊像」『奈良六大寺大観6　薬師寺全』岩波書店，1970

104）　伊東史朗「葡萄文様の展開—薬師寺金堂台座の文様をめぐって—」『学叢』9，1987

105）　伊東の「天平時代」には平城薬師寺創建期が含まれる。

106）　これは林良一が「抽象的植物性唐草」と呼ぶものの一種で，文様構成にあたって植物文の写実的表現よりもC字形渦巻のモチーフを駆使することに興味をもったものとされており，藤原宮式軒平瓦・法隆寺五重塔舎利容器・法隆寺五重塔塑像金棺・東大寺三月堂執金剛神像・東大寺三月堂不空羂索観音像宝冠化仏光背・東大寺染革などにみられる。このうち法隆寺五重塔塑像金棺の葡萄唐草文は，慶州仁旺里寺跡出土の統一新羅期の軒平瓦の瓦当文様と酷似し，新羅系の文様であるという。林良一「薬師寺聖観音の宝髻唐草について」『大和文化研究』7-6・7，1962，同「仏教美術の装飾文様11　葡萄唐草」『仏教芸術』117，1978

107）　近江昌司「葡萄唐草紋軒平瓦の研究」『考古学雑誌』55-4，1970

108) 唐代の唐草文については，長広敏夫「唐代の唐草文様」および「補遺」『仏教芸術』8・9，1950，中野徹「唐草文の流れ」『隋唐の美術』大阪市立美術館，1978，林良一「仏教美術における装飾文様⒀・⒁・⒂・⒃　宝相華②・③・④・⑤」『仏教芸術』128・135・145・151，1980・1981・1982・1983，水本咲子「初唐の植物文様について」『美術史』118，1985，などを参考にした。

109) 東大寺法華堂の執金剛神・日光菩薩・月光菩薩，戒壇院の四天王などの塑像，法華堂の不空羂索観音・梵天・帝釈天・四天王・金剛力士などの乾漆像の年代については多くの説がある。小田誠太郎は，諸像の文様に注目し，7世紀末から8世紀中葉前後に至る日本での宝相華文の変遷，その源流である唐朝の文様変遷，遣唐使の帰国動向などの要素から総合的に判断して，上記塑像を金鐘寺期の比較的早い段階（天平年間前半），不空羂索観音像を金鐘寺期の末（天平年間中頃，天平14〔742〕年の直前），他の乾漆像を金光明寺期の末ないし東大寺期のごく初期（天平17〔745〕年前後）に位置づけた（「東大寺天平彫刻の文様について」『仏教芸術』147，1983）。こう考えると，法華堂の造営着手年代が，そこで使用された恭仁宮式文字瓦の分析から天平12（740）年であると主張した上原真人説（「恭仁宮文字瓦の年代」『文化財論叢』奈良国立文化財研究所，1983）と整合するので，小田説に従いたい。

110) 毛利久「天平彫刻」『奈良の寺院と天平彫刻』原色日本の美術3，小学館，1966。毛利はそのような形式化した作品として山田寺講堂本尊両脇侍像（興福寺東金堂日光・月光菩薩像）・薬師寺講堂薬師三尊像をあげる。

111) 松原三郎「飛鳥白鳳仏源流考⑷」『国華』935，1971

112) 天武7（678）年，学問僧道光，第2回（白雉4〔653〕年）で派遣。天武13（684）年，留学生土師宿祢・白猪史寶然，派遣年不明。持統4（690）年，学問僧義徳，第2回で派遣。同年，学問僧知宋，第3回（白雉5〔654〕年）で派遣。同年，学問僧浄願，派遣年不明

113) 大橋一章「川原寺の造仏と白鳳彫刻の上限について」『仏教芸術』128，1980

114) その点で毛利説は首尾一貫していない。

115) 毛利久「天平彫刻」『奈良の寺院と天平彫刻』原色日本の美術3，小学館，1966

116) 毛利久「白鳳彫刻の新羅的要素」『新羅と飛鳥・白鳳の仏教文化』吉川弘文館，1975

117) 康尚は正暦2（991）年に河原院釈迦像，定朝は薬師寺唐院八角円堂釈迦像を造った。

118) 水野敬三郎「飛鳥時代の彫刻」『法隆寺から薬師寺へ』日本美術全集2，講談社，1990

119) 田辺三郎助「薬師寺金堂本尊から唐招提寺金堂本尊へ」『薬師寺と唐招提寺』日本古寺美術全集3，集英社，1979

120)　小林剛「薬師寺金堂の薬師三尊像について—唐様式の伝来に関する研究の一節—」『仏教芸術』5，1949

121)　狩野久「律令国家と都市」『大系日本国家史1　古代』東京大学出版会，1975

122)　たとえそれが帝都の装厳という外見上の問題にウエイトが懸かっていたとしても。含元殿の模倣といっても，国の内外を問わず宮の訪問者を威圧する装置，いわば虚仮威しにすぎないのだが，為政者にとっては切実な問題だったのだろう。

123)　東野治之「奈良時代遣唐使の文化的役割」『仏教芸術』122，1979

124)　多くの論者が則天武后期の代表例にあげてきた龍門石窟極南洞・看経寺洞を，温玉成はそれぞれ中宗期（705～710）と開元10～15（722～727）年頃に下げた（「龍門唐代窟龕の編年」『中国石窟』龍門石窟2，平凡社，1988）。擂鼓台中洞でも中央台上の独立三仏はやや下る可能性がある（水野清一「唐代の仏像彫刻」『仏教芸術』9，1950）。近年の写真によると独立三仏は現存しないようであるが，温は戦前にはあったはずのこれらの像には，なぜかまったく言及していない。韓国慶州仏国寺石窟庵本尊との類似が何かと問題となる看経寺洞本尊（これも現存しないようだ）についてもまったく言及していない。理由が知りたいところである。

125)　オズヴァルト・シレン（Osvald Siren）は天龍山の唐代窟を8世紀の最初の20年間ないし次の20年間の作とみた（*Chinese Sculpture*, Ernest Benn, London, 1925）。水野清一はシレンに賛成しつつ（もっとも「七〇〇年代の最初二十年ばかりと断じた」とあるから多少の誤解があるようである），4(6)・5洞を「則天の末年，700年代初頭」，14洞を玄宗朝初頭，17・18洞をこれに次ぐ開元年中とした（「唐代の仏像彫刻」『仏教芸術』9，1950A，「隋唐の彫刻」『世界美術全集』8，平凡社，1950B，『中国の彫刻』日本経済新聞社，1960）。21洞以下については，1950Aでは開元頃，1950Bでは天宝頃，1960では中唐に下ると見解が推移した。福山敏男は4・6・14・18・21洞を貞観半ば頃，11洞を高宗頃，17洞を則天武后頃と約60年古くしたが（「宝慶寺派石仏の分類」『仏教芸術』9，1950），水野説は多くの研究者に受け継がれた。ほかに，松原三郎は18・21洞を開元後半，17洞を開元末～天宝初とした（「盛唐彫刻以降の展開」『美術研究』257，1968）。杉山二郎は天龍山の唐代窟全般を天宝期に引き下げ，天龍山の仏像に似るものとして唐招提寺金堂梵天・帝釈天像や法隆寺食堂梵天・帝釈天像をあげた（『天平彫刻』1967）。近年，鈴木潔はシレン・水野・ヴァンダースタッペン（Harry Vanderstappen）らの説を批判的に検討し，4・5洞を680～700年頃，14・18洞左右壁を700～710年頃，6・21洞を710～720年頃，17・18洞奥壁を730～750年頃とした（「天龍山唐朝窟編年試論」『論叢　仏教美術史』吉川弘文館，1986）。私は相対編年については鈴木に従いたいが，4・5洞が680年代まで上がるとは考えられない。鈴木が4・5洞との類似を説く炳霊寺石窟第54龕永隆2（681）年阿弥陀三尊像や永昌元（689）年仏座像は写実表現の完成度において4・5洞の前段階にあると思う。なお，水野・シレンらが第4洞左壁とするものが，実は第6洞左壁であることが林良一・鈴木潔によって指摘されている（「天竜山石窟の現状」『仏教芸術』141，1982）。両者の第4洞奥壁には間違いはない。したがって，水野が第4洞という場合，4・6の両洞を含んでいる。常盤大定・関野貞『支那仏教史蹟』（仏教史蹟研究会，1926）には正しい洞名が記されている。

126） 福山敏夫「宝慶寺派石仏の分類　補訂」『仏教芸術』10，1950

127） 水野清一「唐代の仏像彫刻」『仏教芸術』9，1950

128） 杉山二郎「宝慶寺石仏研究序説」『東京国立博物館紀要』13，1977

129） 松山鉄夫「薬師寺金堂薬師三尊像の制作年代について」『薬師寺』名宝日本の美術6，小学館，1983

130） 小田誠太郎「東大寺天平彫刻の文様について」『仏教芸術』147，1983

131） 松原三郎「盛唐彫刻以降の展開」『美術研究』257，1968，同「天平仏と唐様式（下）」『国華』969，1974

132） 具体例として薬王山石窟第2洞・炳霊寺石窟64龕があげられている。

133） 天平6年の帰国時には第8次で出国した玄昉が帰国し，天平8年には唐僧道璿が来日しているが，彼らが新様式の伝来に大きな役割を果たした可能性が指摘されている。

134） ただし，仏像の年代については，小田が不空羂索観音を金鐘寺期の末（天平年間中頃，天平14（742）年の直前），他の乾漆像を金光明寺期の末ないし東大寺期のごく初期（天平17〔745〕年前後）に位置づけたのに対し，松原は前者を740年代後半，後者を750年代前半とし，通説に近い見解を示しているから違いがある。とくに小田が，法華堂の執金剛神・日光菩薩・月光菩薩，戒壇院の四天王などの塑像を金鐘寺期の比較的早い段階（天平年間前半）に位置づけたのに対し，松原がそれらを740年代～750年代半ば頃，すなわち法華堂の乾漆像と併行させ，両者の様式的に明瞭な差を，制作の時期差ではなく，中国の開元代様式の地域性の違いの反映とみている点が，大きな認識の差である。

135） 宝慶寺仏龕諸像のうち開元12（724）年「虢國公」（楊思勗）造立の銘がある釈迦三尊降魔像（原家蔵）や同じく楊思勗造立の銘がある三尊像（細川家蔵）など実際の造顕年代が上がる可能性のあるものは除く。

136） 丸安隆和・牛川喜幸・長谷川誠『写真測量による仏像実測図集』平凡社，1975。ほかに奈良国立文化財研究所所蔵の未公表図面を使用した。以上の図の使用に際しては牛川喜幸氏・伊東太作氏のご高配を頂いた。厚く感謝したい。

137） 杉山二郎「蟹満寺本尊考」『美術史』41，1961

138） 顎下面と頚との接点から下鼻点までの距離を，同じ場所から髪際までの距離で除すと，興福寺仏頭0.34，薬師寺聖観音像0.36，薬師寺金堂像0.38，蟹満寺像0.40，唐招提寺金堂像0.40，新薬師寺像0.41，広隆寺講堂阿弥陀如来像0.45，平等院鳳凰堂阿弥陀如来像0.42，となる。かつて佐藤靖子は，7世紀から9世紀までの仏像の，顎から下鼻点までの距離と，下鼻点から髪際までの距離の比を比較し，顎から下鼻点までが寸詰まりになる例が延暦・弘仁期に多いことを指摘したが（「薬師寺講堂三尊の制作年代について」『仏教芸術』84，1972），顎下面の肉付きが豊かな場合，下顎下縁正中点を決めにくいため，顎下面と頚との接点から測ることにした。試みに佐藤と同じ数値も求めたが，新薬師寺本尊は延暦・弘仁期に属すが寸詰まりにはならず，一方，寸詰まりになるのは7世紀末から8世紀前葉の像と延暦・弘仁期の像の両者が含まれ，この数値では両者を的確には弁別できない。また，私が求めた数値にしても，飛鳥・白鳳期の等身大未満の小像の場合，0.40を越える例が多いから，条件を限定し他種の数値（たとえば顔面の長幅指数など）と組み合わせて用いたほうが有効である。

139)　松山鉄夫「薬師寺金堂薬師三尊像の制作年代について」『薬師寺』名宝日本の美術6，小学館，1983

140)　1977年の奈良国立文化財研究所による薬師寺東僧坊北方の調査で，薬師寺の造営工事にかかわると推定される井戸から「霊亀二年」の紀年木簡と多量の本薬師寺式瓦が出土した（奈良国立文化財研究所『昭和52年度平城宮跡発掘調査部発掘調査概報』1978）。松山はこれに基づき，養老2年以前に工事が始まっていたと考え，金堂や本尊の造顕に必要な時間を養老2年から逆算して，着工年代を遷都とほぼ同時にまで遡らせた。

追記

脱稿後，奥田尚良の論文が発表された（「蟹満寺本尊攷」『仏教芸術』208，1993）。奥田は，蟹満寺境内の発掘調査成果と釈迦像の様式の検討に基づき，釈迦像の年代を大宝～和銅年間（701～714）とみた。この見解は，蟹満寺像が薬師寺金堂像に先行するとする点で，細かい実年代上の見解差を除けば，従来から学界で優勢であった水野清一［1949］・町田甲一［1970］・毛利久［1975］・松山鉄夫［1979］・大橋一章［1988］・八田達夫（「南山城蟹満寺にみる古代寺院の歴史的展開」『龍谷史壇』93・94，1989）の諸氏の説を継承するものであり，発掘調査概報の所見とも整合させてあるため，今後美術史学界で定説化していくと推定される。小稿はあえてそれらに異を唱えたのであるが，私が注意を促したいのは，奥田が蟹満寺像の特徴として掲げた諸点が，必ずしも蟹満寺像を薬師寺金堂像に先行する「写実主義彫刻にまだ一歩至っていない段階の作例」とする根拠にはならず，盛唐後期初頭に理想主義的写実主義が頂点に達した後に出現した新傾向（形式主義，写実への反立など）の日本への波及の先駆けとして評価できるのではないかという点である。　（1993年6月9日記）

追記 2

註 4 および 122 に関して補足したい。

まず本薬師寺の造営開始時期について。1976 年の本薬師寺西南隅の発掘調査では，本薬師寺の瓦を含む溝 SD110 を埋めて整地してから条坊道路 SF102 が設置されており，本薬師寺の造営着手が条坊地割の施工に先立つ可能性が高いと報告された（奈良国立文化財研究所『飛鳥・藤原宮発掘調査概報』6，1976）。ところが 1993 年の本薬師寺中門の調査では，中門 SB130 がいわゆる先行条坊 SF2740 の側溝を埋めてから建立されていることが判明した（『奈良国立文化財研究所年報　1993』）。金堂の建立はおそらく中門に先行するであろうが，金堂→先行条坊→中門の順は考えられないから金堂も先行条坊を廃してから建立されたと考えられる。SF102 が先行条坊を引き継いだ道路とすると，本薬師寺西南部においては寺の造営がある程度進んでから先行条坊が造られたのに対し，中心部においてはその時点まで堂塔がなく，わざわざ先行条坊 SF2740 を通してから中門・金堂が造られたことになり不自然である。したがって，SF102 は先行条坊がそのまま残った道路ではなく，何らかの事情でそれが埋められた後に新益京の条坊としてあらたに設定し直されたものと考えるべきであろう。

先行条坊の設置時期については，上記の 1976 年の調査結果と『日本書紀』による薬師寺の創建年代＝天武 9（680）年とから上限を天武 9 年頃とし，1977 年の藤原宮大極殿北方の調査成果（奈良国立文化財研究所『飛鳥・藤原宮発掘調査概報』8，1978）に基づき天武 14（685）年頃までとする説が有力で，先行条坊と『日本書紀』による天武 11（682）年の「新城」への遷都計画記事とを結び付ける説もある。先行条坊を天武 5（676）年の「新城」記事に引き寄せて薬師寺が発願された天武 9（680）年より古いと考えない限り，そして本薬師寺中門の調査成果に基づく限り，先行条坊の施工をかりに天武 11～14（682～685）年と限定しても，中門・金堂の創建はそれ以降となるから，朱鳥元（686）年の天武死去時点で金堂の造営に着手していたかどうかは微妙になる。とはいえ持統 2（688）年に無遮大会が薬師寺で行われたことに注目すれば，朱鳥元年に薬師寺の寺地すら未確定であったとは考えにくい。やはり東塔檫銘の「鋪金未遂龍駕騰仙」は，松山鉄夫の説に従って天武死去時点での本尊の鍍金未了と解されるべきで，本尊の開眼は持統 2（688）年，本尊の様式は天武 14（685）年開眼の興福寺仏頭と大差ないと考えられよう。

第 7 回遣唐使帰国の直後に遷都が強行された点について。藤原京から平城京への遷都については，その原因の一つとして，第 7 回遣唐使帰国の意義を認める説と，それについては特にふれない説とがある。阿部義平は，第 7 回遣唐使が長安城大明宮の圧倒的な皇帝権力装置の見聞をもたらし，それと対抗する施設の造営を促したとした（「古代宮都中枢部の変遷について」『国立歴史民族博物館研究報告』3，1984）。浅野充は，律令国家が中華としての唐の国家構造を模倣するために，それを体現する場としての大明宮含元殿的場を構築する必要が生じたが，藤原宮中枢部では不可能であったからとする（「古代天皇制国家の成立と宮都の門」『日本史研究』338，1990)。一方，北村優季は，藤原京は基本的に飛鳥浄御原令の原理で造営されており，大宝令制定後にその新しい理念を藤原京で体現するには無理があったとし，大宝令制定の意義のほうを重くみる（「藤原京と平城京」『東北文化論のための先史学歴史学論集』加藤稔先生還暦記念会，1992)。仁藤敦史も，大宝令施行が都城に対する原理的転換をもたらし藤原京の整備が行われたが，古い要素を引きずる藤原京は大宝令制下の都城としては凝集化が不十分であり，残った課題が遷都で解消される必要があったとした（「倭京から藤原京へ―律令国家と都城制―」『国立歴史民族博物館研究報告』45，1992)。確かに都城の変遷は，国家の権力機構・支配機構の構造の質的変化と関係づけて内因から説明されるべきとは思うが，「文物の儀，是に備われり」と宣言した直後に，藤原宮・京の累積的改造ではなく遷都を余儀なくされた背景には，大宝令の理念にはなく，かつ唐との対抗上早急に具現されるべき理念を，32年ぶりの第7回遣唐使がもたらした衝撃があり，それが「京」よりむしろ「宮」の構造にかかわるものであったと考えたい。

（1993年9月8日追記）

追記3

不覚にも追記2執筆後に，山名伸生の論文を知った（「日本彫刻史における古典的様式の成立」『京都大学文学部美学美術史研究室研究紀要』5，1984)。山名は薬師寺金堂本尊と，7世紀後半から8世紀初頭における日本および唐の作例との比較，特に後者との比較によって，薬師寺金堂本尊の様式の唐における成立が「八世紀開始まもなくの頃」，日本におけるその制作年代が8世紀初頭に求められるとし，松山鉄夫説を支持した。私の考えは基本的に山名の説と同じであるが，疑問に思う点が二つある。まず，「紀寺跡」出土の大型独尊塼仏を薬師寺金堂本尊と同じ様式に含め，台座の複弁蓮華文を軒丸瓦の複弁蓮華文と比較し8世紀初頭まで下げる点である。仏像台座の複弁蓮華文は，軒丸瓦のそれより出現がかなり早く，両者は別個に系統を追跡すべきであって，場当り的に両者を比較し類似性を云々できるものではない。また「紀寺跡」出土塼仏台座の複弁蓮華文が大官大寺式軒丸瓦に似るとも思えない。次に，『七大寺日記』が絶賛した大安寺乾漆釈迦像を，中大兄発願の像ではなく文武朝の造立とする点である。山名は，薬師寺金堂本尊より優れた大安寺釈迦像は，前者と同様に8世紀をリードする新様式でなければならないと判断し，大官大寺と結びつけたのであろう。しかし大安寺釈迦像は，『七大寺日記』作者，仏師康尚・定朝，彼らのパトロンなど，平安後期の美と美意識の発信源を形成した人々の目にかなったのであり，盛唐前期末様式ではなかった可能性のほうが大きいと私は考える。

（1993年10月10日追記）

追記 4

註 117，追記 3 に関連して。今はなき大安寺釈迦像を偲ばせる確実なものは何も残っていない。しかし，定朝が大安寺像を模作した薬師寺唐院八角円堂本尊のものかといわれる木造大光背が，薬師寺に残っている。この光背については，大江親通が『七大寺巡礼私記』に記す大安寺釈迦像の光背の意匠と相違点があるため，何かと議論されてきた。竹内奈美子は，親通が見た大安寺釈迦像の光背は，当初のものでなく再造されたものであって，薬師寺光背こそが，大安寺釈迦像の当初の光背の姿を伝えると断じた（「薬師寺光背をめぐる二三の問題」『美術史研究』31，1993）。フェィディアス，ポリュクレイトス，リュシッポス，ミュロンらの傑作も，ローマ時代の模刻でしか偲べないことを考えれば，他ならぬ定朝の模刻が，たとえ光背だけでも残っているのなら，満足すべきかもしれない。しかし，大安寺釈迦像の本体が失なわれたのは，惜しんでも余りある。職場の近くの大官大寺金堂土壇を見るたびに，そう思う。

（1994 年 4 月 8 日追記）

補説

本章は，奈良国立文化財研究所の創立 40 周年記念論文集（1995 年 9 月刊行）用に書き始めたが，諸般の事情から雑誌に発表したものである（1994 年 5 月）。いくつかの論点について補足しておく。

本薬師寺と平城薬師寺の関係について

本論文の執筆時には，平城薬師寺の発掘調査報告書が刊行されており，本薬師寺については寺域西南隅と金堂・東塔・中門・南面回廊の調査成果が出ていた。追記 2 では，その成果に基づき，金堂本尊の開眼を持統 2（688）年で，様式は興福寺仏頭と大差ないと述べた。意図するところは，本薬師寺金堂本尊は平城薬師寺金堂本尊とは異なるということである。

本論文発表後，花谷浩は，本薬師寺・平城薬師寺の発掘調査成果から，両寺の造営過程と平城移建について重要な見解を示した［花谷 1995］。花谷の重要な指摘は，①本薬師寺の中門と回廊は平城薬師寺と規模と構造が異なり，創建軒瓦が多量に残ることから，移建の可能性はない。②両寺の創建軒瓦は異なっており，軒平瓦については本薬師寺所用（6641H）から平城薬師寺所用（6641G・I）への型式変化が認められ，軒丸瓦 6276A については本薬師寺・平城薬師寺に共通してみられるが，笵傷の進行段階が異なる。③このように両寺で創建軒瓦が違うのは，それぞれが時期を違えて造営されたことを意味する。④本薬師寺の金堂・塔・中門・南面東回廊は平城薬師寺の創建後も，現地にそのまま残っており，修理などの管理を受けていた。⑤本薬師寺の造営は藤原宮式軒瓦の古い様式の時期に併行し，天武朝末期に遡る。

以上の花谷の見解は，本薬師寺の平城京への非移建を立証する決定打といってよい。さらに，平城薬師寺東塔の解体修理に伴って部材の年輪年代測定が実施され，初重支輪裏板の伐採年代が729～730年，構造部材の伐採が719年以降と判明し，平城薬師寺東塔が移建ではなく，遷都後の新造であることが明らかとなった［星野・児島・光谷 2017］。平城薬師寺東塔のみ新造で，金堂が移建されたとは考え難い。当然，本薬師寺金堂本尊も移座されていないということになろう。元薬師寺金堂は移されず，本尊のみ平城に移され，本薬師寺の本尊は別の像に取り換えられた可能性を考えても，先に述べたように，本薬師寺本尊の様式は興福寺仏頭と大差なかったはずであり，平城薬師寺金堂本尊ではありえない。したがって平城薬師寺金堂本尊は平城京での新鋳と決着することになる。

唐での仏像の様式変化

唐代の仏像の様式展開については，本論文のⅡC，ⅢC，註125でふれたが補足しておく。問題の中心は平城薬師寺金堂本尊の様式が，7世紀後半から8世紀前半の唐代仏像のいつ頃の像に最も近いかであるが，変化の大勢を知るために，あらためて，紀年銘を有す主要な像を以下に掲げる。もちろん紀年銘がその像の制作年代を示すかどうかの資料批判が必須だが，今後の課題とする。

表のうち，小品で表現が簡略化され様式の細部比較に適さぬものを除き，薬師寺金堂本尊との比較に堪えるものを選ぶとアミを付した像となる。また，◎を付したものは，本論文執筆後の1998～1999年に開催された『唐の女帝・則天武后とその時代展』に出品され，とくに芮城博物館蔵の長安3（703）年釈迦如来坐像，景龍4（710）年如来坐像は優れた丸彫り像で，700～710年の山西省南部地域での造像水準を示す好例である。

表　唐代の仏像（紀年銘を有するもの）

太宗朝（626 ～ 649 年）
　貞観 13（639）年　如来坐像（藤井有鄰館蔵，Siren, PL. 365）
高宗朝（649 ～ 683 年）
　永徽元（650）年　三尊仏碑像（[松原 1966] 図版 241a）
　永徽 3（652）年　三尊仏碑像（[松原 1966] 図版 241b）
　顕慶 2（657）年　釈迦三尊像（Siren, PL. 368）
　顕慶 3（658）年　阿弥陀如来坐像（山東省神通寺千仏崖）
　竜朔元（661）年　三尊物龕像（京都大学蔵，[松原 1966] 図版 242b）
　麟徳元（664）年　釈迦如来他七尊小金銅像（Siren, PL. 416A）
　麟徳元（664）年　七尊仏碑像（[松原 1966] 図版 243a）
　麟徳 2（665）年　如来坐像（[松原 1966] 図版 243b）
　麟徳 2（665）年　仏碑像（[松原 1966] 図版 247b）
　乾封元（666）年　三尊仏物碑像（[松原 1966] 図版 245a）
　咸亨元（670）年　三尊仏倚像（[松原 1966] 図版 246a）
　咸亨 2（671）年　仏碑像（[松原 1966] 図版 248b）
　咸亨 3（672）年　如来坐像（[松原 1966] 図版 246b）
　上元 3（676）年　釈迦三尊像（Siren, PL. 370A）
　上元 3（676）年　仏碑像（[松原 1966] 図版 247c）
　儀鳳 2（677）年　三尊仏碑像（根津美術館像，[松原 1966] 図版 247a）
　儀鳳 3（678）年　阿弥陀五尊小龕像（ロイアル・オンタリオ博物館蔵）
　儀鳳 4（679）年　如来坐像（[松原 1966] 図版 244c）
　儀鳳 4（679）年　仏碑像（[松原 1966] 図版 245b）
　調露元（679）年　五尊仏龕（Siren, PL. 509）
　永隆 2（681）年　阿弥陀三尊像（炳霊寺石窟第 54 龕）
　永淳元（682）年　仏碑像（[松原 1966] 図版 248c）

中宗朝（683 ～ 684 年）
睿宗朝（684 ～ 690 年）
　垂拱 2（686）年　三尊像（[松原 1966] 図版 251a）
　垂拱 3（687）年　菩薩立像（クリーブランド美術館蔵，[松原 1974] 挿図 2）
　永昌元（689）年　如来坐像（京都国立博物館蔵，[松原 1966] 図版 251b）

則天武后朝（690 ～ 705 年）
　天授 2（691）年　十一面観音立像（Siren, PL. 379）
　如意元（692）年　釈迦五尊仏龕（Siren, PL. 385）
　長安 3（703）年　阿弥陀三尊像（長安宝慶寺旧蔵，高延貴造，福山 B15，Siren. PL. 396A）

長安 3（703）年　十一面観音像（長安宝慶寺旧蔵，僧徳感造，福山 B16）
長安 3（703）年　阿弥陀三尊像（長安宝慶寺旧蔵，韋均造，福山 B17，Siren, PL. 396b）
長安 3（703）年　三尊像（長安宝慶寺旧蔵，李承嗣造，福山 B18）
長安 3（703）年　三尊像（長安宝慶寺旧蔵，粛元眘造，福山 B19）
◎長安 3（703）年　釈迦如来坐像（芮城博物館蔵，［東博編 1998］）
長安 4（704）年　三尊像（長安宝慶寺旧蔵，姚元景造，Siren, PL. 397）

中宗朝（705 ～ 710 年）
神龍元（705）年　弥勒仏倚像（シカゴ美術研究所蔵，［松原 1974］挿図 11）
神龍元（705）年　仏坐像（［松原 1966］図版 265a）
◎神龍元（705）年　阿弥陀三尊龕像（洛陽博物館蔵，［東博編 1998］）
神龍 2（706）年　聖観音立像（ペンシルベニア大学博物館蔵，Siren, PL. 402）
神龍 2（706）年　三尊仏坐像（［松原 1966］図版 265b）
景龍 2（708）年　釈迦如来坐像（Siren, PL. 408A）

睿宗朝（710 ～ 712 年）
◎景龍 4（710）年　如来坐像（芮城博物館蔵，［東博編 1998］）
景雲 2（711）年　阿弥陀仏坐像（書道博物館蔵，［松原 1966］図版 272・273）

玄宗朝（712 ～ 756 年）
太極元（712）年　三尊仏像（房山雲居寺石塔内，Siren, PL. 538B）
開元 3（715）年　釈迦如来坐像（Siren, PL. 411A）
開元 5（717）年　如来坐像（ブルックリン美術館蔵，［松原 1994］挿図 18）
開元 10（722）年　三尊仏像（房山雲居寺石塔内，Siren, PL. 538A）
開元 12（724）年　三尊仏像（長安宝慶寺旧蔵，楊思勗造，Siren, PL. 395B）
◎開元 14（726）年　阿弥陀如来坐像（山西省博物館蔵，［松原 1974］挿図 17，［東博編 1998］）
開元 17（729）年　五尊仏龕像（［松原 1966］図版 282a）
開元 22（734）年　七尊仏龕像（Siren, PL. 479）
開元 25（737）年　釈迦如来立像（山西省博物館蔵，［松原 1968］挿図 2）
天宝 3（744）年　金銅如来立像（泉屋博古館蔵，［松原 1968］挿図 10）
◎天宝 4（745）年　弥勒如来倚像（山西省博物館蔵，［東博編 1998］）
天宝 9（750）載　弥勒五尊像（東京芸術大学蔵，［松原 1958］第 1 図）
天宝 11（752）載　釈迦如来坐像（山西省五台山仏光寺，［松原 1966］挿図 151 図）

あらためて7世紀末から8世紀前半代の様式変化をたどっておくと，690年代までは，体にまとった薄い布の表現，布の皺や重なりの自然な表現，布の下の身体・筋肉の起伏の的確な表現，身体各部の比率と姿勢の解剖学的に正確かつ自然な表現は完成していない。それらは700～710年の間に急速に洗練されたようである。その前半期の代表例が長安宝慶寺旧蔵の石仏群である。これには長安3・4（703・704）年および開元12（724）年の銘文をもつものがある。杉山二郎は，これらすべてを長寿2（693）年に則天武后が造立した光宅寺七宝楼の龕仏とみている［杉山1977］。長安3・4年より約10年古く考えるわけだが，私は，他の690年代の像と比較すると無理であり，長安3・4年頃の作で問題ないと考えている。ただし，開元12年説がある「楊思勗造」銘がある像（福山C28）を長安3・4年銘の像と同時期とする杉山の説は妥当だと考えている。この像だけを724年まで下す必要はない。このように宝慶寺旧蔵石仏群から700～705年の像の様式はうかがえるが，705～710年の紀年如来像は乏しく，註125で述べたように天龍山唐代窟の年代観に諸説あり，隔靴掻痒の感があったところに，芮城博物館蔵の長安3（703）年釈迦如来坐像，景龍4（710）年如来坐像が紹介された。

両像は如来の座高46cmと51cmであるため，衣が厚めの表現となってはいるが，薬師寺金堂本尊にほぼ相当する様式内容＝理想主義的写実の完成段階と認められる。710年代に入ると，景雲2（711）年阿弥陀仏坐像（書道博物館蔵）で早くも肥満体で身体や衣文の表現が粗く大雑把となっており，太極元（712）年三尊仏像（房山雲居寺石塔内），開元3（715）年釈迦如来坐像でも，同様な傾向がうかがえる。天龍山唐代窟のうち，オズヴァルド・シレン，ハリー・ヴァンダースタッペン，鈴木潔の諸氏が一致して710～720年とみる第21洞の諸像は，700～710年と推定できる第18洞左右壁と比してさして肥満になってはいないが，筋肉の誇張や姿勢の不自然さが生じ，衣文は細かいが表現は硬くなっており，第18洞左右壁の流麗さは失われ始めている。720年以降となれば，量感の強調，肥満体化，体表の起伏の省略，衣文の表現の単調化は，時期が下るにつれて顕著となる。

あらためて薬師寺金堂本尊の様式内容は，唐本土では700～710年頃のものと確認できる。これが日本に伝わるのに要する時間の見積もり如何にかかわらず，薬師寺金堂本尊が平城遷都後に下ることは，本文のⅢCで述べたとおりである。

なお，本文ⅢCで，薬師寺金堂本尊が「天龍山では4・5洞に対応し，14・18洞左右壁までは下らせられないであろう。」と書いたが，18洞左右壁と6洞・21洞とを区別しそこなっており誤りで，薬師寺像は18洞左右壁に対応すると訂正する。4・5洞の痩身傾向は先行するとみるべきである。6・21洞は，上で記したように，18洞左右壁より新しい傾向が出ている。なお，14洞は18洞左右壁と同時期とされることが多いが，実際の人体以上の柔らかさや，曲線過剰の衣文の装飾性がみられ，18洞左右壁と異質性を有す。ただし，時期差なのか作者の相違かの判断は保留しておく。

蟹満寺本尊の制作技術調査成果について

2008年3月から2009年7月に，蟹満寺釈迦如来坐像調査委員会による製作技術等に関する学術調査が実施された［三船・奥編2011］。この調査で制作年代の解明に直接つながる手がかりが得られたわけではなさそうだが，私が注目したいのは，左側面腰部にある「型持ち65」の裏面に施された「縄目文様の鋳掛け」である。この「型持ち65」は「衣文の稜線と段差線が矩形内を通る片持ち」であり，衣文外面の仕上げは丁寧であるから，初鋳時のものであろう。本来，型持ちの裏側は型持ち土層の盛り上がりのネガで周囲より窪んでいるはずだが，「型持ち65」では，なぜかそこが鋳掛けで平らに埋められており，鋳掛け上面に縄目文様がポジでついている。ということは，縄目文様がネガで付いた平らな板状物を，型持ち裏側の窪みに当てがって蓋をし，窪みの中に溶けた青銅を流し込んだということになる。その「縄目文様がネガで付いた平らな板状物」とは凸面に縄叩きを施した平瓦としか考えられない。しかも，縄目模様は鋳掛面全体ではなく部分的であるから，凸面の縄叩きの施し方が丁寧でなく疎らな平瓦という事になる。当該部分が平瓦全体のどこに当たるのか不明なので断定はできないが，奈良時代に下り，藤原宮期以前に遡るものではないとみるべきであろう。

なお調査委員会の報告書において，奥健夫はあらためて美術史学的見地から本尊の制作年代を検討し，正面右脛部の同心半円状の衣文に注目し，「少なくとも7世紀にはなく，天平後期から10世紀にかけて盛んに用いられることから，蟹満寺像の年代を後寄りに置いて考えさせる要素である」，「むしろ8世紀も半ば近くまで降らせる説に利がある」と述べている［奥 2011］。

蟹満寺の「白鳳期」金堂遺構について

蟹満寺境内が発掘調査され，現本堂の地下で「白鳳期」の金堂の遺構が発見され，釈迦像が金堂本尊があった場所に座っていると発表されて以来，「他の寺からの移座説は論理的に成立しない」などといわれているが，そうではない。

まず，釈迦像が金堂本尊があった場所から動いていないといえるかどうか検討しよう。金堂の柱位置を報告書の柱間復原に従って遺構図上に落としてみると，現本尊は内陣（身舎）の北壁にほとんど接するように据えられている。平城薬師寺の場合，内陣の中央やや後ろ寄りに須弥壇があり，その中央に本尊が据えられているから，本尊の背中は内陣北壁からは 1.6m ほど離れている。平城薬師寺金堂と同じように蟹満寺金堂に本尊が据えられたなら，現本尊は後ろに下がりすぎである。もっとも復興された興福寺中金堂の場合，本尊釈迦如来が内陣北壁に接するように置かれ，本尊前側の須弥壇ががらんと空いている。これが奈良時代の状況と同じ保証はないが，このような本尊の据え方もあるなら，蟹満寺でもありえないことはないが，本尊の位置が創建期以来動いていないと無条件にいえるわけではない。

さらに，飛鳥寺中金堂本尊（飛鳥大仏）のように，本尊の直下で創建期の台座が発見され，現本尊がその台座から動かされた痕跡がない，というような事実が判明していれば，現本尊が創建期の本尊であるといえるだろう。しかし蟹満寺釈迦像の場合，金堂基壇の上半は削平され，創建時の基壇上面や須弥壇，本尊台座はすべて失われている。したがって現本尊の場所が創建期の本尊の場所と同じとしても，現本尊が創建期本尊であるとは証明できない。たとえば，興福寺東金堂の現本尊は創建期本尊と同じ場所に座っているだろうが，応永 18（1411）年の火災後の応永 22（1415）年の復興像であり，応永の火災以前には文治 3（1187）年に山田寺講堂から強奪された像（現「仏頭」）が座っていた。「仏頭」や現東金堂本尊が，神亀 3（726）年に創建された東金堂の本来の本尊でないことは，史料に明記されているし，本尊の様式も奈良時代ではないので明らかだから，本来の本尊と同じ場所に座っているので本来の像だなどという人はいない。しかし，現東金堂本尊の脇侍菩薩像は，文治 3（1187）年に山田寺講堂から「仏頭」と共に強奪されてきた像ではあるが，様式的には「仏頭」より下り奈良時代とみる説が有力である。つまり，東金堂創建期に近いのである。もし史料がすべて失われていたら，この脇侍菩薩像は東金堂創建時の脇侍と同じ場所に立ち，様式的にも東金堂創建期であるから，創建期の脇侍そのものであると判断されてしまうかもしれない。

蟹満寺本尊の場合，様式的には「白鳳仏」説もあったから，白鳳期金堂が発見された時点で創建期本尊とする説がにわかに有力となったが，仮に本尊が「白鳳仏」だとしても，興福寺東金堂脇侍菩薩の例があるから，建物遺構と仏像が同時期だから本来のものとは断ぜられないのである。ましてや，建物遺構が白鳳期で本尊の位置が動いていないから本尊も白鳳期と断ずるのは論理的飛躍であって，蟹満寺本尊はあくまで仏像自体の様式的研究によって年代を決めなければならず，釈迦像が私の説のように奈良時代に下るとすれば，あらためて移座説を検討しなければならない。

ただし，蟹満寺金堂の創建年代については，創建瓦である KnM24-KnH23A の年代観を検討する必要があるだろう。KnM24 は川原寺式の系統ではあるが，中房が小型化し周環を有す蓮子は一重となり，その蓮子間に，周環がない蓮子を置く。蓮弁は単弁化し間弁は消滅している。この KnM24 は，原型たる川原寺式からはかなり変化しており，8 世紀に下る可能性がありうるのではないか。もっとも，KnM24 の断面形は川原寺式の雰囲気をよくとどめ，組み合う KnH23A は四重弧文であるから，あまり年代を下げられないかもしれない。KnM24-KnH23A の年代は今後の検討課題とする。

参考文献

奥　健夫　2011「仏教美術史からの検証」『国宝　蟹満寺釈迦如来坐像―古代大型金銅仏を読み解く―』八木書店
杉山二郎　1977「寶慶寺石仏研究序説」『東京国立博物館紀要』13
東京国立博物館編　1998『宮廷の栄華　唐の女帝・則天武后とその時代展』
花谷　浩　1995「出土古瓦からみた本薬師寺堂塔の造営と平城移建について」『展望考古学』考古学研究会
星野安治・児島大輔・光谷拓実　2017「国宝薬師寺東塔木部材の年代測定―建立年代について―」『奈良文化財研究所紀要 2017』
松原三郎　1958「唐代八世紀半ばの佛像造像についての一考察」『美術史』31
松原三郎　1966『増訂中国仏教彫刻史研究』吉川弘文館
松原三郎　1968「盛唐彫刻以降の展開」『美術研究』257
松原三郎　1974「天平佛と唐様式（上）」『国華』967
三船温尚・奥健夫編　2011『国宝　蟹満寺釈迦如来坐像―古代大型金銅仏を読み解く―』八木書店
Osvald Siren, 1925, *Chinese Sculpture*, Ernest Benn, London.

あとがき

本書は，筆者が過去に発表したものをまとめたものであり，発表後にかなりの時間が経ったものが多く，本来であれば，新事実や他研究者の研究成果もきちんと取り込んで，すべてを大幅に書き改めるべきであるが，あまりの大工事となるため，各論文の最後に簡単な補説を付すことしかできなかった。ご容赦を頂きたい。

私が考古学に関心をもったのは，世田谷区立世田谷小学校4年生の時に，学校の社会科見学で野毛大塚古墳を見て，東京都内の古墳を経巡るようになってからだが，新聞記者業の傍ら万葉集の研究をしていた伯母・菊地恭子が，学校の休みごとに京都や奈良の遺跡や寺院に連れていってくれた影響も大きかった。

中学生の頃から仏像も好きになり，伯母の書棚にあった杉山二郎『大仏建立』（学生社，1968年），森蘊『奈良を測る』（学生社，1971年）などをむさぼり読んだ。杉山氏が『大仏建立』で示した，蟹満寺本尊が新羅系工人による大仏鋳造の技術試験のための作品で山城国分寺の本尊となったとする説に惹かれ，蟹満寺釈迦像に面会にいった。義淵が大和盆地周囲に置いた新羅系雑密集団の情報網を示すのが葡萄唐草文軒平瓦だとする説に惹かれ，岡寺の如意輪観音像に会いにいった。森氏が『奈良を測る』で展開した実忠インド人説に惹かれ頭塔にも登った。世田谷区立梅丘図書館で読んだ『奈良六大寺大観』（岩波書店，1968～1972年）で，杉山氏・森氏の勤務地の奈良国立文化財研究所という平城宮跡を掘っている組織が，仏像の写真測量をしていることを知り，こういう図面を使って仏像の研究をしたいと思った。大好きだった新薬師寺の十二神将・伐折羅大将にも会いにいった。しかし，中学生の私は，自分がやがて奈文研の所員となって，頭塔を掘ることになる，あるいは本書に収録した頭塔や蟹満寺釈迦像や新薬師寺の瓦に関する論文を書くようになるとは夢にも思わなかった。運命の神フォルトゥナの悪戯だろう。

高校に入り受験する大学を決めないといけなくなった頃には再び考古学に

戻り，古墳の出現の研究をしたいと思い，東京都立戸山高校に日本史の講師で来ていた，当時東京大学博士課程在籍中の中野栄夫先生に相談のうえ，洛外の某大学を受験したのだが振られた。御茶ノ水の某予備校に通ったものの，古本屋街の隣では勉強に身が入るはずもなく，1年間の浪人生活は無駄となり，偏差値はまったく上がらず，第一志望をあきらめて九州大学文学部に入学することとなった。九州にも面白い古墳が多いからであったが，武蔵国荏原郡出身の防人が筑前国に赴く心境であった。

高校の授業で中野先生からは，かの安良城理論や「太閤検地の歴史的意義」を教えられていたので，歴史理論を勉強しなければ，古墳のこともわからぬと思い，六本松の教養部の授業で徳本正彦先生の「政治学」を受講した。国家論の講義はボナパルティズム論が中心であったが，参考文献を質問し，最低限読むべき文献として，マルクス『資本主義的生産に先行する諸形態』（1857〜58年執筆），エンゲルス『家族・私有財産，国家の起源』（1884年），モルガン『古代社会』（1877年），ローウィ『国家の起源』（1920年），クレーダー『国家の形成』（1968年），マリノフスキー『未開社会における犯罪と慣習』（1926年）などを教わった。それから私の教養部時代は，読書に明け暮れ，東京に帰省するたびに神田の古本屋街に入りびたることとなった。箱崎では丸山雍成先生の国史学特殊講義を受け藤田五郎の豪農論を教えていただき勉強になった。

考古学の専門課程に進学してからは，真面目に（？）考古学に集中し，古墳の発生を研究するには弥生時代から始めないといけないことに気づき，弥生時代青銅器で卒業論文を書き，弥生時代後期土器で修士論文を書いた。大学在学中は岡崎敬・横山浩一・西谷正・下條信行・木村幾多郎・亀井明徳の諸先生のご指導を受けた。

研究室での日常の勉学とは別に，私が修士課程在学中から，田中良之・澤下孝信・杉村幸一・松永幸男・堤研二・溝口孝司の諸氏とともに，研究室とは別の場所での「研究会」を始め，各人の就職後も月に1回博多で集まる会が長く続いた。この研究会では考古学の方法論の錬磨に注力しており，その後の研究生活の基礎となった。

修士修了後には博士課程への進学を希望していたものの，奈良国立文化財研究所から九大に来られた横山先生のご指示によって，奈良時代や平城宮にまったく関心がないのに，奈文研を受験する羽目になり，記念受験のつもりが合格してしまった。博士課程に進学したいと駄々をこねたが，岡崎先生に怒鳴り飛ばされ，奈良時代の隼人のように平城宮に上ることとなった。ちなみに私の父・賢三は「薩摩隼人」である。

それから約20年間，藤原宮・藤原京・平城宮・平城京や多くの寺院の発掘調査と研究に明け暮れたが，弥生時代以来の国家形成の到達点である律令国家の中枢部をつぶさに見ることができたのは，結果的には誠に幸いであった。ただ，奈文研在職中は私の源蓄期であって，都城制に関する論文は書いていない。とはいえ，多くの所員の方々に鍛えて頂いた。なかでも，坪井清足氏，田中琢氏，佐原眞氏，町田章氏，岡田英男氏，狩野久氏をはじめ，浅川滋男氏，井上和人氏，上野邦一氏，牛川喜幸氏，内田和伸氏，上原真人氏，大脇潔氏，小澤毅氏，川越俊一氏，金子裕之氏，亀井伸雄氏，岸本直文氏，鬼頭清明氏，木下正史氏，工楽善通氏，黒崎直氏，小林謙一氏，佐川正敏氏，佐藤信氏，島田敏男氏，清野孝之氏，高橋克壽氏，立木修氏，巽淳一郎氏，舘野和己氏，田辺征夫氏，玉田芳英氏，千田剛道氏，次山淳氏，寺崎保広氏，中村友博氏，西口寿生氏，西山和宏氏，箱崎和久氏，橋本義則氏，蓮沼麻衣子氏，花谷浩氏，深澤芳樹氏，古尾谷知浩氏，松村恵司氏，宮本長二郎氏，本中眞氏，森郁夫氏，毛利光俊彦氏，安田龍太郎氏，山崎信二氏，山本忠尚氏，渡邊晃宏氏から，さまざまなご教示を頂いた。

私が奈良でひたすら掘立柱の柱穴を掘っていた間，九州では，田中良之氏が古人骨資料に基づく古墳時代親族構造の研究を精力的に進めていた。これは親族構造の時期的変化，財や地位の継承方式の変遷，親族組織の変化と家族集団の出現を論じるものであり，古代国家建設のベースとなった基層社会の実態を明らかにするうえで画期的な研究成果であった。私の国家形成過程研究も，田中氏の仕事から大きな影響を受けている。

古代史の先生方の業績は著作から学ばせていただいたが，奈文研所員の古代史学者に加えて，ある特殊な仕事で知り合った，大津透氏，吉川真司氏，西本昌弘氏からも学んでいる。

奈文研在職中は平城宮が終の棲家と思っていたが，再びフォルトゥナの悪戯で，2000 年 11 月に九州大学総合研究博物館に移ることとなり，今に至っている。九大着任後には，田中良之氏，宮本一夫氏，溝口孝司氏，辻田淳一郎氏，田尻義了氏，舟橋京子氏，米元史織氏，谷澤亜里氏という先輩・同僚に恵まれ，今日まで何とか研究を続けることができている。ただ，2015 年 3 月 4 日に田中氏が急逝され，氏の研究が未完に終わったのは痛恨の極みであった。

現在すいれん舎社長の高橋雅人さんから，「階級社会形成物を本にまとめてほしい」とお声掛けいただいたのは，前任地の奈良国立文化財研究所在籍中の頃で，かれこれ 30 年くらい前だった。当時は柏書房にいた高橋さんを担当者として『古墳時代親族構造の研究』（柏書房，1995 年）を出版した田中良之氏が推薦してくれたのだった。田中氏は私より 3 年先輩で，学生時代以来ともに勉強してきた間柄だった。しかし私自身は，「階級社会形成物」といっても，学説史をまとめただけでオリジナリティーに乏しく，とても世に出せるものではないと思っていた。高橋さんからは 2000 年に私が九大に移ったのちも，折にふれて出版をお勧めいただいていた。九大着任後は，奈文研在任中はあえて書かなかった古代都城制・古代寺院・瓦関係の論考を執筆し始めたが，愚鈍が災いし研究は遅々として進まず，そもそも，どう考えても売れそうにない本を書いて高橋さんに迷惑をかけるわけにはいかない，という思いも強かった。ずるずると時間が経ち，あと 2 年で定年退職という時期に至ってしまった。2018 年 10 月 12 日に，高橋さんから数度目の強い要請を受け，さすがにこれ以上遅らせることはできないと観念し，本書を出版していただく運びとなった。しかし，「階級社会形成物」の大工事は，2019 年 5 月の考古学協会に間に合わないと予想できたため，高橋さんの要請外の古代都城制・古代寺院・瓦関係の論考をまとめたものとさせていただくこととした。ただし，私にとって，日本における階級社会・国家形成の到達点である古代国家の中枢部の研究は，国家形成過程研究と一連のものであるから，「階級社会形成物」の第一部としての位置づけも的外れではないと考えている。辛抱強く待っていただいた（といっても待たせすぎだとは思うが）高橋雅人さんに改めて御礼申し上げる。そして石原重治さん，末松篤子さんは，本書の編集作業で尽力くださった。篤く御礼申し上げたい。高橋さんとの約束を一部果たせて安堵しているが，本書の刊行が，すいれん舎の経営を傾かせることのないようにと切に願っている。本書の刊行が，新天皇即位，大嘗祭挙行の年と重なったのは，全くの偶然，またしてもフォルトゥナの悪戯である。

最後に私事で恐縮であるが，私が考古学の道に進むことを認めてくれた父賢三，母敬子，古代史・美術史への関心を植え付けてくれた伯母菊地恭子，生来怠惰な私を叱咤し軌道修正してくれる妻恵子，娘玲に深い感謝をささげたい。

職場からも住居からも元寇防塁を望みつつ

岩永 省三

初出一覧

第 1 章　「大嘗宮移動論―幻想の議政官合議制―」『九州大学総合研究博物館研究報告』4，九州大学総合研究博物館，2006 年

第 2 章　「大嘗宮移動論補説」『坪井清足先生卒寿記念論文集』下巻，坪井清足先生の卒寿をお祝いする会，2010 年

第 3 章　「大嘗宮の付属施設」『喜谷美宣先生古希記念論集』喜谷美宣先生古希記念論集刊行会，2006 年

第 4 章　「内裏改作論」『九州大学総合研究博物館研究報告』6，九州大学総合研究博物館，2008 年

第 5 章　「二重権力空間構造論―並列御在所の歴史的評価―」『九州大学総合研究博物館研究報告』13，九州大学総合研究博物館，2015 年

第 6 章　「古代都城における帝国標章の浮沈」『大宰府史跡発掘調査 50 周年記念　大宰府の研究』高志書院，2018 年

第 7 章　「日本における都城制の受容と変容」『九州と東アジアの考古学―九州大学考古学研究室 50 周年記念論文集―』上巻，九州大学考古学研究室 50 周年記念論文集刊行会，2008 年

第 8 章　「老司式・鴻臚館式軒瓦出現の背景」『九州大学総合研究博物館研究報告』7，九州大学総合研究博物館，2009 年

第 9 章　「正倉院正倉の奈良時代平瓦をめぐる諸問題」『正倉院紀要』38，宮内庁正倉院事務所，2016 年

第10章　「頭塔の系譜と造立事情」『論集　東大寺の歴史と教学』東大寺，2003 年

第11章　「段台状仏塔の構造と系譜」『史跡土塔―遺構編―』堺市教育委員会，2007 年

第12章　「蟹満寺本尊・薬師寺金堂本尊を巡る諸問題―学説史的検討―」『古文化談叢』32，九州古文化研究会，1994 年

岩永 省三（いわなが　しょうぞう）

1956年，東京生まれ。
九州大学文学部に学び，同大学大学院文学研究科修士課程修了。1981年より奈良国立文化財研究所勤務。2000年より九州大学総合研究博物館，教授。現在，九州大学総合研究博物館副館長，教授。
主な著作に，『金属器登場』（講談社，1997），『弥生時代の装身具』（至文堂，1997），『東アジア古代国家論：プロセス・モデル・アイデンティティ』（共著，すいれん舎，2006）

著者紹介

古代都城の空間操作と荘厳

2019年6月7日第1刷発行

著　者　岩永省三
発行者　高橋雅人
発行所　株式会社　すいれん舎
〒101-0052
東京都千代田区神田小川町3-14-3-601
電話03-5259-6060　FAX03-5259-6070
印刷・製本　藤原印刷株式会社
装　丁　篠塚明夫

ISBN978-4-86369-582-5　Printed in Japan